अतिक्रमण
की अंतर्यात्रा

ज्ञान की समीक्षा का एक प्रयास

भारतीय भाषा कार्यक्रम
CSDS
विकासशील
समाज अध्ययन
पीठ

वाणी प्रकाशन

अतिक्रमण की अंतर्यात्रा

ज्ञान की समीक्षा का एक प्रयास

प्रसन्न कुमार चौधरी

सामयिक विमर्श

वाणी प्रकाशन

4695, 21-ए, दरियागंज, नयी दिल्ली 110 002

शाखा

अशोक राजपथ, पटना 800 004

फ़ोन: +91 11 23273167 फ़ैक्स: +91 11 23275710

www.vaniprakashan.in
vaniprakashan@gmail.com

ATIKRAMAN KI ANTARYATRA
GYAN KI SMIKSHA KA EK PRAYAS
by Prasanna Kumar Choudhary

ISBN : 978-93-5072-830-7
Social Science

प्रथम संस्करण
आवरण : मृत्युंजय चटर्जी

मूल्य : ₹ 700

प्रिंटलैंड डिजिटल, नयी दिल्ली-110 020 में मुद्रित

वाणी प्रकाशन का लोगो मक़बूल फ़िदा हुसेन की कूची से

भूमिका

प्रत्येक पीढ़ी अपनी पूर्ववर्ती पीढ़ियों की अनेक अवधारणाएँ विरासत के रूप में प्राप्त करती है। ये अवधारणाएँ हमारे वैचारिक-मानसिक शरीर के रूप में हमारे चिन्तन तथा व्यवहार का निर्देशन करती रहती हैं। इन्हीं प्रचलित अवधारणाओं के आलोक में हम लम्बे समय तक नये वस्तुगत विकासों की भी व्याख्या करते रहते हैं—प्रायः तब तक जब तक कि ये नये विकास विरासत में प्राप्त अवधारणाओं द्वारा खड़ी की गई दीवारों को खण्ड-खण्ड न कर दें। ऐसा ऐतिहासिक दौर सामाजिक जीवन में, विचार तथा व्यवहार दोनों लिहाज़ से, काफ़ी उथल-पुथल भरा दौर होता है।

विगत तीन शताब्दियों से जिन अवधारणाओं ने हमारे सामाजिक जीवन को प्रभावशाली रूप से निर्देशित किया है, उनका उत्स युरोप के पुनर्जागरण, प्रबोधन तथा धर्म-सुधार आन्दोलन में था। पूँजीवादी आर्थिक प्रणाली, औद्योगिक समाज की विभिन्न संस्थाएँ, व्यक्ति-स्वातंत्र्य, जनतंत्र, अनुदारवादी, उदारवादी, सुधारवादी, अराजकतावादी तथा समाजवादी वैचारिक-राजनीतिक धाराएँ, नारी आन्दोलन, कला तथा साहित्य के क्षेत्र में विभिन्न आधुनिकतावादी धाराएँ, आदि सभी का स्रोत युरोप का वही दौर था। उपनिवेशों तथा अर्ध-उपनिवेशों में चले राष्ट्रीय मुक्ति आन्दोलनों के दौर में औद्योगिक समाज की सर्वांगीण समीक्षा तथा वैकल्पिक सोच विकसित करने की कोशिशें भी हुईं, लेकिन इन समाजों ने आगे युरोप की राह पर ही अपना कदम बढ़ाया। अपनी संस्थाओं के साथ युरोपीय प्रबोधन विभिन्न समाजों के तुलनात्मक अध्ययन का पैमाना बना रहा ।

आज उस पूरे दौर के, तीन शताब्दियों के उस पूरे युग के ही स्थानापन्न होने की सम्भावना उपस्थित हुई है और इसके परिणामस्वरूप उससे जुड़ी तथा प्रचलित बन चुकी अवधारणाओं को भी चुनौती दी जा रही है। चुनौती तो उसे पहले भी मिलती रही है, लेकिन अब मिल रही चुनौती पहले वाली चुनौतियों से काफ़ी भिन्न है।

जिस तरह एक कारीगर अपने उपकरणों को जाँचता-परखता है, उसका परिष्कार करता है और उपलब्ध संसाधनों से सामाजिक रूप से उपयोगी नये-नये सामानों का निर्माण करता है, उसी तरह एक बौद्धिक उद्यमी उपलब्ध अवधारणाओं को जाँचता-परखता है, उनका परिष्कार करता है और परिवर्तित स्थितियों के अनुरूप

सामाजिक रूप से उपयोगी नयी-नयी अवधारणाओं की रचना करता है। वह अवधारणाओं का शिल्पी है। ज़ाहिर है, इतिहास में इन अवधारणाओं की परीक्षा सामाजिक व्यवहार में ही होती है। इस बौद्धिक उद्यम के लिहाज़ से मेरी क्षमता अत्यन्त सीमित है, तथापि मेरी यह कोशिश पाठकों के लिए किसी रूप में कुछ भी उपयोगी सिद्ध हुई तो मैं उसे सार्थक समझूँगा।

कोई भी बौद्धिक पीढ़ी अपने समय की समीक्षा के कार्यभार से मुँह नहीं मोड़ सकती। अतीत के महान विचारक और अतीत के महान कार्य आपके संदर्भ-बिन्दुओं की भूमिका निभा सकते हैं, आपके प्रेरणा-स्रोत हो सकते हैं, लेकिन आपको इस जिम्मेवारी से मुक्त नहीं कर सकते। प्रस्तुत पुस्तक उसी जिम्मेवारी के निर्वाह की दिशा में एक विनम्र प्रयास है।

प्रसन्न कुमार चौधरी

26 अक्टूबर, 2011

अनुक्रम

आगमन का आख्यान

1

आगमन का आगाज़

प्रत्येक प्रस्थान आगमन की नयी कथा के साथ आरम्भ होता है। आगमन की यह नयी कथा प्रस्थान को औचित्य प्रदान करती है और हमें अपने अतीत के अज्ञात आश्चर्य लोक में अपने वर्तमान जीवन का अक़्स ढूँढ़ने का बहाना और अवसर भी। प्रस्थान का प्रयोजन सर्वप्रथम आगमन के आख्यान में ही आकार लेता है।

अपने होने का अर्थ जानने, अपने आपको परिभाषित करने की अंतहीन कोशिशों के क्रम में मानवजाति ने इतिहास में न जाने अपनी कितनी परिभाषाएँ गढ़ीं। रूढ़िग्रस्त परिभाषाएँ कितनी बार टूटीं, कितनी बार अपने होने के नये-नये अर्थ ढूँढ़े गए यहाँ तक कि तमाम परिभाषाओं से छुटकारा पाने की कोशिशों का अंत भी किसी नयी परिभाषा में ही हुआ। अपने अर्थ के अतिक्रमण का हर प्रयास अंततः मनुष्य की, व्यक्ति और समाज की किसी नयी और भव्य परिभाषा में तिरोहित होता गया। मानवजाति के होने का कोई निरपेक्ष, अमूर्त अर्थ नहीं है, उसकी कोई निरपेक्ष परिभाषा भी नहीं। बहरहाल, निरपेक्ष अर्थ की व्यर्थता, अपनी सापेक्षता में अर्थ और परिभाषाओं की उपयोगिता को ख़ारिज नहीं करती।

अतीत वह डाली है जिस पर अपने पंजे टिका कर भविष्य के अनजान आकाश में उड़ान भरने के लिए हम अपने पंख फैलाते हैं, और फिर वापस आकर विश्राम करते हैं। लेकिन हम वापस उसी पेड़ और डाली पर नहीं आते—प्रत्येक उड़ान आकाश के नये-नये क्षितिज उद्‌घाटित करती है और नये पेड़ों और डालियों पर विश्राम पाती है। हर बार भविष्य वही भविष्य नहीं होता। हर बार अतीत वही अतीत नहीं होता। गत्यात्मक वर्तमान अतीत और भविष्य को भी अपने साथ लिए नयी-नयी दुनियाओं की सैर कराता रहता है। आकाश के एक ख़ास कोने में ही बार-बार उड़ान भरते रहने तथा बार-बार वापस एक ही डाली पर विश्राम करने का मतलब है गत्यात्मक वर्तमान से नाता टूट जाना।

मनुष्य के गत्यात्मक वर्तमान का आधार मनुष्यपूर्व, पशुसुलभ सहजवृत्तिक अथवा परावर्ती कार्यसक्रियता की जगह उसकी सापेक्ष स्वाधीन कार्यसक्रियता है। इसलिए गत्यात्मक वर्तमान से नाता टूटने का मतलब है मनुष्यपूर्व सहजवृत्तिक कार्य

सक्रियता की दुनिया में वापसी—पूर्व नियत, लगभग विचलनहीन, अपरिवर्त्य और स्वस्फूर्त कार्यसक्रियता में वापसी। चूँकि मनुष्य की वास्तविक, सृजनकारी कार्य सक्रियता उसकी बुनियादी पहचान है, इसीलिए उसके आगमन का आख्यान मूलतः उसकी इस पहचान की पड़ताल है।

भन्ते! आप जो कहते हैं आरम्भ कहाँ से होता है, इसका पता नहीं—सो यह 'आरम्भ' क्या है?

महाराज! जो भूतकाल है, वही आरम्भ है।

भन्ते! तो क्या किसी भी आरम्भ का पता नहीं लगता?

महाराज! किसी का पता लगता है और किसी का नहीं।

भन्ते! किसका पता लगता है और किसका नहीं?

महाराज! पहले कभी अविद्या बिल्कुल ही नहीं थी, ऐसा 'आरम्भ' पता नहीं लगता है। यदि कोई चीज़ न होकर हो जाती है, और कोई होकर नष्ट हो जाती है—तो ऐसे 'आरम्भ' का पता लगता है।

....

भन्ते! क्या ऐसे संस्कार हैं जो नहीं होकर भी पैदा हो जाते हैं?

महाराज! ऐसे कोई संस्कार नहीं हैं जो नहीं होकर भी पैदा हो जाते हैं। वे ही संस्कार पैदा होते हैं जिनका प्रवाह पहले से चला आता है।

कृपया उपमा देकर समझावें।

महाराज! आप जिस घर में बैठे हैं, क्या यह नहीं होकर हो गया है?

भन्ते! ऐसी कोई भी चीज़ नहीं है जो बिल्कुल नहीं होकर हो जाती है। वही चीज़ें पैदा होती हैं जिनका प्रवाह पहले ही से चला आता है। ये लकड़ियाँ पहले जंगल में मौजूद थीं। यह मिट्टी पहले ज़मीन में थी। स्त्रियों और पुरुषों की मेहनत से ही यह घर तैयार हुआ है।

महाराज! इसी तरह, कोई भी संस्कार नहीं है जो न होकर पैदा हुआ हो। वे ही संस्कार पैदा होते हैं जिनका सिलसिला पहले से चला आता है।

कृपया फिर भी उपमा देकर समझावें।

महाराज! कुम्हार ज़मीन से मिट्टी खोद उससे अनेक प्रकार के बर्तनों को गढ़ता है। वे बर्तन न होकर नहीं हो जाते हैं, किन्तु उनकी स्थिति का प्रवाह मिट्टी से चला आता है। महाराज! इसी तरह, ऐसा कोई संस्कार नहीं है जो न होकर पैदा हो जाता है। वही चीज़ें पैदा होती हैं जिनकी स्थिति का सिलसिला पहले से चला आता है।

कृपया फिर भी उपमा देकर समझावें।

यदि वीणा का पत्र, चर्म, खोखला काठ, दण्ड, गला, तार या धनुही कुछ भी नहीं हो, और कोई बजाने वाला आदमी भी न हो तो क्या कोई आवाज़ निकलेगी?

नहीं भन्ते!
और ये सभी चीज़ें हों तब?
भन्ते! तब आवाज़ निकलेगी।
महाराज! इसी तरह, ऐसा कोई संस्कार नहीं, जो न होकर पैदा हो जाती है। वही चीज़ें पैदा होती हैं जिनकी स्थिति का प्रवाह पहले से चला आता है।[1]

2

आगमन का आख्यान

प्राक्कथन

मानव समाज अपने विस्तारित आत्म-पुनरुत्पादन के क्रम में जीवनयापन की जिस अवस्था में रहा, मानवजाति के उद्‌भव के बारे में उसकी अवधारणा भी उससे प्रभावित होती रही है। शिकारी और फलसंग्राहक अवस्था में रक्त-सम्बन्ध पर आधारित जनों ने अपने-अपने परिवेश के अनुरूप अपने उद्‌भव को किसी-न-किसी मानवेतर प्राणी के साथ रक्त-सम्बन्ध के रूप में वर्णित किया। जनों की पहचान इन्हीं प्राणियों से होती थी—ये प्राणी अपने-अपने जनों के लिए पवित्र माने जाते थे और जनों के कल्याण के लिए किए जाने वाले कर्मकाण्डीय समारोहों में दी जाने वाली बलि को छोड़कर उन्हें अवध्य माना जाता था। गणचिह्नों और वर्जनाओं का विकास।

कृषि युग में, धरती की उर्वरता और मानवजाति के उद्‌भव के अंतर्सम्बन्ध पर स्वभावतः अधिक बल दिया गया और विभिन्न कृषि समुदायों में इसको केन्द्रकर अनेक कर्मकाण्डों की मौजूदगी दिखाई देती है। इन सभी समाजों में मातृ-देवी और उर्वरता से सम्बन्धित कर्मकाण्ड अमूमन समान रूप से लक्षित किए जा सकते हैं।

कृषि युग में ही प्रकृति के स्थूल तत्वों का वर्गीकरण और मनुष्य के निर्माण में इन स्थूल तत्वों की भूमिका का निरूपण किया गया। प्रत्यक्षतः भिन्न दिखने वाली चीज़ों में जो सामान्य है, सबमें मौजूद है, उसकी खोज हुई। इस तरह, किसी-किसी समुदाय में चार (पृथ्वी, जल, अग्नि और वायु) तथा किसी-किसी समुदाय में पाँच (पृथ्वी, जल, अग्नि, वायु और आकाश) मूल तत्वों की शिनाख़्त की गई और मनुष्य भी इन पाँच तत्वों से निर्मित माना गया। आकाश तत्व के बारे में भारतीय चिन्तन परम्परा में आरम्भ से ही साक्ष्य मिलते हैं, लेकिन विश्व के अनेक समुदाय (आकाश तत्व छोड़कर) अन्य चार तत्वों को ही मूल तत्व मानते हैं। मनुष्य के शरीर में जो रिक्त स्थान है, उसे आकाश तत्व से जोड़ा जाता है और शब्द (ध्वनि) के उद्‌भव तथा उसके संचरण में इस तत्व को माध्यम माना जाता है। आकाश को भी विभिन्न रूप दिया जा सकता है (घट का आकाश, बांसुरी का आकाश, आदि)।

औद्योगिक युग में, मानवजाति के उद्‌भव में श्रम के जरिए औजार-निर्माण की

भूमिका को निर्णायक माना गया। मनुष्य को खुद दो मुक्त हाथों के श्रम के उत्पाद के रूप में देखा गया। अथवा उसकी शिनाख़्त औजार बनाने वाले प्राणी के रूप में की गई। मैन्युफैक्चरिंग तथा फैक्टरी उत्पादन के युग में, और मूल्य के श्रम सिद्धान्त के दौर में मानवजाति के उद्‌भव की यह व्याख्या ही सबसे समीचीन थी।

ध्यान से देखिए तो मानवजाति के उद्‌भव के बारे में इन सभी विचारों में सापेक्ष सच्चाई है। मनुष्य का उद्‌भव वास्तव में प्राणिजगत से ही हुआ है। मानव शरीर में निश्चय ही पाँचों तत्व विद्यमान हैं। और मानवजाति के प्रादुर्भाव में सामूहिक क्रिया के रूप में श्रम का बहुमूल्य योगदान रहा है।

आज के कथित रूप से ज्ञान युग में, जाहिर है, मानवजाति के उद्‌भव की नये सिरे से पड़ताल की गई और अब मस्तिष्क के विकास को अन्य कारकों की तुलना में अधिक महत्वपूर्ण स्थान दिया गया। 1990 के दशक को मस्तिष्क का दशक घोषित किया गया। विज्ञान की एक शाखा के बतौर मस्तिष्क-विज्ञान को विशेष महत्व प्राप्त हुआ और कृत्रिम बुद्धि के निर्माण की दिशा में किए जाने वाले अनुसंधानों तथा प्रयोगों को नया आवेग मिला।

उदग्रचारिता और हाथों की मुक्ति

सीधा होकर चलना—द्विपदता और उदग्रचारिता आधुनिक मानव की शारीरिक संरचना का आधार है। यही विशिष्टता प्राग्मानवों को अन्य नर-वानरों से अलग करती थी। कहने की जरूरत नहीं कि चलने के ढंग में यह परिवर्तन भी लम्बे समय के क्रम-विकास में ही हुआ होगा। द्विपदता और उदग्रचारिता ने शारीरिक संरचना के भावी विकास की आधारशिला रख दी थी—हाथ मुक्त हुए, रीढ़ की हड्डी सीधी हुई और मस्तिष्क की पुनर्रचना का मार्ग प्रशस्त हुआ।

सीधा होकर दो टांगों पर चलना वानरों और प्राग्मानवों के बीच सबसे पहला और सबसे पुराना भेद था, यही प्राग्मानवों का आधारभूत आद्य लक्षण था, वानरों और प्राग्मानवों के बीच आकृतिक सीमा-रेखा थी।

क़रीब साठ लाख वर्षों बाद आज भी सीधा खड़ा होकर चलना हमारे आत्म-सम्मान का, हमारी मनुष्यता का सबसे बड़ा प्रतीक है। क़रीब-क़रीब सभी भाषाओं में 'खड़ा होना' मनुष्य के साहस, सम्मान और स्वास्थ्य के मुहावरे के रूप में प्रयुक्त किया जाता है। टहलना सबसे लोकप्रिय व्यायाम है और अनेक बीमारियों का इलाज है। आधुनिक शरीर विज्ञान में, और योग में, सीधी रीढ़ की हड्डी के मूलाधार से मस्तिष्क-नाल के शीर्ष तक की पूरी श्रृंखला निर्णायक महत्व रखती है।

सीधा खड़ा होकर दो पैरों पर चलने और उदग्रचारिता के फलस्वरूप मुक्त हुए हाथों को औजार बनाने के क्रम में कार्यकुशल आधुनिक मानवी हाथ बनने में लाखों वर्षों का समय लगा। इसमें हाथ से किए गए कार्य की, हाथों से औजार-निर्माण की

महत्वपूर्ण भूमिका रही है। औजारों के रूप और प्रकार्यात्मक प्रयोजनों की स्थिरता न केवल इस बात की साक्षी है कि पुरामानवों की चेतना में कई परिवर्तन आये और उनका तकनीकी कौशल अधिक समृद्ध हुआ, वह इस बात की भी साक्षी है कि उनके गति तंत्र का परिष्कार हुआ, हाथ का आगे विकास हुआ और अँगूठे एवं शेष ऊँगलियों की लम्बाई के बीच सच्चा मानवीय अनुपात बना।[2]

शारीरिक संरचना के क्रम-विकास के लिहाज़ से मानव-विज्ञानी निम्नलिखित विशेषताओं पर ग़ौर करते हैं : पैर के कंकाल में अनुप्रस्थ तोरण, टखने के जोड़ अथवा गुल्फ संधि की संरचना, जांघ की हड्डी अथवा उर्वस्थि, अंतर्जंघिका तथा बहिर्जंघिका अस्थियाँ, नितम्ब का आकार और उसकी संरचना, मणिबंध (कलाई) तथा करभ अस्थियाँ, ऊँगलियों का आकार तथा अंगुलास्थियाँ, करभास्थि की संधि का पर्याणरूपी होना, अँगूठे को हथेली की दिशा में लानेवाली अर्थात् अभिवर्तनी मांसपेशियों के जुड़ने के स्थान पर कटक विकसित होना, दाँत, जबड़े तथा ठुड्डी (चिबुक) का आकार, स्वर-यंत्र, ग्रसनी, ललाट का आकार, मस्तिष्क का आयतन तथा उसकी अन्दरूनी संरचना के संकेतक, आदि।

बहरहाल, उदग्रचारिता, हाथ का परिष्कार तथा अँगूठे का शेष ऊँगलियों के आमने-सामने आना, मस्तिष्क तथा वाक्-क्षमता का विकास, और सामूहिक श्रम तथा ज्ञान-क्रियाकलापों की इस पूरी प्रक्रिया के दौरान मानव-समाज का उद्‌भव—ये सभी एक साथ विकसित नहीं हुए। इनका क्रम-विकास कालक्रम में असमानान्तर रहा।

यहाँ आधुनिक मानव के उद्‌भव की एक संक्षिप्त रूपरेखा प्रस्तुत करना अप्रासंगिक नहीं होगा। हमारा इरादा पूरी कहानी प्रस्तुत करना नहीं है—वैसे यह कहानी अभी तक पूरी भी नहीं हुई है। यहाँ हम मानवजाति के उद्‌भव और विकास के कुछ प्रमुख पड़ावों का जिक्र भर करेंगे।

मानवजाति का प्रादुर्भाव

थॉमस हक्सले ('मैन्स प्लेस इन नेचर', 1863) और चार्ल्स डार्विन ('डिसेंट ऑफ मैन', 1871) के अध्ययनों और अनुसंधानों के बाद अब मानवशास्त्रियों में इस बात पर लगभग सर्वानुमति है कि मानवजाति की उत्पत्ति वृक्षों पर निवास करने वाले बन्दरों की किसी (अब तक अज्ञात) प्रजाति से हुई होगी। बन्दर की आज की प्रजातियों (ख़ासकर पूँछविहीन चिम्पांजी, गोरिल्ला तथा ओरांग उटांग) तथा मानवजाति के साझा पूर्वजों के बारे में अब तक कोई प्रामाणिक जानकारी उपलब्ध नहीं हो पाई है। जीवाश्मों की खोज में संलग्न वैज्ञानिकों को बन्दर का सबसे पुराना जीवाश्म मिस्र के काहिरा नगर के दक्षिण स्थित फयूम नामक स्थान के रेगिस्तान में प्राप्त हुआ जिसकी आयु 2.8 करोड़ वर्ष बतायी जाती है। बिल्ली या छोटे कुत्ते के आकार के इस बन्दर को नाम दिया गया एजिप्टोपिथेकस (इजिप्ट अर्थात् मिस्र जहाँ ये बन्दर पाये

गये और यूनानी भाषा के शब्द पिथेकस, जिसका अर्थ है बन्दर, को मिलाकर यह शब्द बना है)। इसके बाद केन्या, भारत, पाकिस्तान, चीन तथा युरोप के विभिन्न हिस्सों में बन्दर के और भी जीवाश्म मिले जो 80 लाख से 2 करोड़ वर्ष पुराने थे। ये सभी हरे-भरे घने जंगलों में रहनेवाले वृक्ष-निवासी बन्दर थे। उन दिनों मिस्र भी उष्णकटिबन्धीय वर्षा-प्रचुर वनों से आच्छादित था। इन सब खोजों के आधार पर बन्दरों की उत्पत्ति क़रीब तीन करोड़ वर्ष पूर्व निर्धारित की गई।

1910 में अंग्रेज जीवाश्म वैज्ञानिक गाई पिलग्रिम को भारतीय भूगर्भीय सर्वेक्षण के क्रम में शिवालिक की पहाड़ियों में निचले जबड़े के दो भाग मिले। फिर 1932 में येल विद्यार्थी जी एडवर्ड लेविस को चंडीगढ़ के निकट हरिताल्या नामक स्थान पर खुदाई के समय जबड़े का ऊपरी हिस्सा मिला। ये जीवाश्म एक करोड़ चालीस लाख साल पुराने थे। इन जीवावशेषों को पहले पूर्वाग्रहवश आदिमानवों के जीवावशेष समझ लिया गया और उन्हें नाम दिया गया रामपिथेकस। इसी तरह के एक और जीवावशेष को नाम मिला शिवपिथेकस। 1979 में येल विश्वविद्यालय (अमेरिका) के ही डेविड पिलबीम ने शिवालिक की पहाड़ियों में इसी तरह के प्राणी की एक पूरी की पूरी खोपड़ी खोज निकाली, जिससे इस बात की पुष्टि हो गई कि ये जीवावशेष किसी आदि मानव के नहीं, बल्कि ओरांग उटांग से मिलते थे। नवंबर, 1974 में डोनाल्ड जोहानसन के दल द्वारा आस्ट्रेलोपिथेकस एफारेंसिस की खोज के बाद यह बात पुष्ट हो गई कि आदिमानवों का प्रादुर्भाव एशिया में नहीं, बल्कि अफ्रीका में हुआ था।

2004 में बार्सीलोना (स्पेन) स्थित मिक्वेल क्रुसाफोंट इन्स्टीट्युट ऑफ पैलियोंटोलोजी के डॉ सल्वाडोर मोया-सोला के नेतृत्व में एक अध्ययन दल को बार्सीलोना के नजदीक ही एक वानर का जीवावशेष मिला जो क़रीब 1.3 करोड़ वर्ष पुराना था। उनके अनुसार, यह जीवावशेष एक ऐसे वानर का हो सकता है जो तमाम बड़े वानरों और मनुष्यों का साझा पूर्वज हो। इस दल ने इस जीवावशेष को नाम दिया—पिएरोलापिथेकस कैटेलौनिकस। ऐसा अनुमान किया जाता है कि क़रीब ढ़ाई करोड़ वर्ष पूर्व नर-वानरों से ही आदिम वानरों की शाखा अलग हुई होगी जो आगे चलकर वानरों और मनुष्यों के रूप में विकसित हुई। कहा जाता है कि एक करोड़ दस लाख से एक करोड़ साठ लाख वर्ष के बीच बड़े वानर (जिनमें अब ओरांग उटांग, चिम्पांजी, गोरिल्ला तथा मानवजाति शामिल हैं) लघु वानरों (जिनका आज के गिब्बन तथा सियामांग से सम्बन्ध बताया जाता है) से अलग हुए होंगे। ऐसी सम्भावना व्यक्त की जाती है कि क़रीब 70 लाख वर्ष पूर्व चिम्पांजी की एक शाखा मानवाभ प्राणियों के रूप में विकसित हुई होगी।[3]

इन बन्दरों में कुछ विशेषताएँ ऐसी थीं जो अन्य स्तनधारी पशुओं में नहीं पाई जातीं। एक तो उन्हें त्रि-आयामी (घन-दर्शी) दृष्टि प्राप्त थी जो वही आँखें दे सकती थीं जो सिर के सामने की तरफ स्थित हो। दूसरे यह कि उनमें सामने की शाखा पर

छलांग लगाने से पहले उसकी दूरी का सही अंदाजा लगाने की क्षमता थी—इसके लिए जरूरी घन-दृष्टि तो उनके पास थी ही, साथ ही पंजों की जगह ऐसे हाथ भी थे जिनमें वृक्ष की शाखाओं को कसकर पकड़े रहने की क्षमता हो। इसके लिए जरूरत थी ऊँगलियों, नाखूनों और मुड़ सकने वाले अँगूठों की। ऐसे हाथों से वे छोटी-छोटी खाद्य वस्तुएँ, गिरीदार और सरस फल चुन सकते थे, पकड़ सकते थे तथा अँगूठे और तर्जनी के प्रयोग से उन्हें तोड़ सकते थे। तीसरा, वे बैठ सकते थे, जरूरत पड़ने पर थोड़े समय के लिए सीधे भी खड़े हो सकते थे और अगली भुजाओं को काम में ला सकते थे—उनसे खाने की वस्तुओं को पकड़ने, उठाने, संभालने, आदि का काम ले सकते थे। चौथा, वे रंगों की पहचान कर सकते थे। वनवासी प्राणियों के अस्तित्व के लिए यह काफ़ी जरूरी था ताकि वे खाद्य-पदार्थों को अलग-अलग पहचान सकें। और अंत में, इन सारी क्षमताओं तथा विशेषताओं को उपयोग में लाने के उपयुक्त उनके मस्तिष्क के सम्बन्धित क्षेत्रों का प्राथमिक विकास भी हो चुका था। ये सारी विशेषताएँ आगे मानवजाति के उद्‌भव में भी काफ़ी अहम साबित हुईं।

इन वृक्षवासी आदिम बन्दरों का अधिकांश समय पेड़ों पर उछलते-कूदते-फांदते ही बीतता था—वे अधिकतर रसदार, गिरीदार तथा अन्य फल खाते, छोटे-छोटे जानवरों को भी अपना आहार बनाते, लेकिन वृक्षवासी होने के कारण ज़मीन पर रहने वाले जानवरों से (चाहे वे घास चरने वाले हों या मांसभक्षी) उनका कम ही साबका पड़ता।[4]

ऐसे ही बन्दरों के किसी साझा पूर्वज से मानवजाति के उद्‌भव और विकास में पहली आधारशिला तो प्रकृति ने ही रखी—पर्यावरण में भारी परिवर्तन के रूप में।

प्राकृतिक परिवेश

क़रीब पचास-साठ लाख वर्ष पूर्व पृथ्वी के तापमान में भारी गिरावट आई। ध्रुवीय हिमपरतों में इतना अधिक पानी फँस कर रह गया कि विश्व भर के सागरों का जलस्तर 50 से 60 मीटर तक नीचे चला गया। जलवायु इतनी शुष्क हो गई कि वर्षा पर उसका जबर्दस्त विपरीत प्रभाव पड़ा और बहुत से स्थान, विशेषकर उष्णकटिबंधीय अफ़्रीका के सघन वर्षावन मात्र घास के मैदान बनकर रह गये। (इस हिमयुग के कारण जंगलों के समाप्त होने के प्रमाण गहरे समुद्र की तहों और धरती पर जमे जीवाश्म परागों तथा अन्य भूगर्भीय रिकार्डों से मिलता है।) जैसे-जैसे जंगल गायब होते गये, वैसे-वैसे बन्दरों का आदिम प्राकृतिक वास तेजी से घटता गया—सीमित होता वन अब उनके भरण-पोषण के लिए पर्याप्त नहीं रह गया। बन्दर की प्रजातियों में से अनेक को वृक्षवास छोड़कर घास के खुले मैदानों में जीवनयापन के लिए मजबूर होना पड़ा। जाहिर है, वे समूह जो सीधे खड़े हो पाने में अधिक दक्ष रहे होंगे, उनकी स्थिति घास के मैदानों में जीवनयापन के लिहाज़ से अधिक बेहतर रही होगी। आगे

चलकर इसी के परिणामस्वरूप लाखों वर्षों की प्रक्रिया में दो पैरों पर खड़े होकर चलने वाले उदग्रचारी मानवाभ प्राणियों के क्रम-विकास का मार्ग प्रशस्त हुआ होगा। इस प्रकार, हिमयुग, वनों का ह्रास, वृक्षवास छोड़कर घास के मैदानों में जीवनयापन में सक्षमता—यह मानवजाति के उद्‌भव का पहला आधार बना। वैसे इस क्रम-विकास की विभिन्न कड़ियों के बारे में अभी तक कोई प्रामाणिक जानकारी नहीं मिल पाई है।

कुल मिलाकर, भूगर्भीय काल (देखें परिशिष्ट) के लिहाज़ से प्लाइओसिन युग के अंत और प्लाइस्टोसिन युग के आरम्भिक भाग में मानवजाति के प्रादुर्भाव का पहला अंक खेला गया, आदिम मानव-सदृश प्राणियों का क्रमशः मानवीकरण हुआ, वह उदग्रचारी बना, उसके हाथ मुक्त हुए और उसने औज़ारों का निर्माण आरम्भ किया। चट्टानी शिखरों से युक्त पहाड़ियाँ, अंशतः झाड़ियों तथा इक्के-दुक्के बड़े वृक्षों से ढंकी हुई और अंशतः खुले मैदानों के रूप में फैली हुई घाटियाँ, शुष्क तथा अपेक्षाकृत गरम जलवायु, विविध वनस्पतियाँ और प्राणीजगत—यह थी तब की दृश्यभूमि। दक्षिण तथा पूर्वी अफ्रीका उस काल में कुछ ऐसा ही दृश्य उपस्थित करता था। भारत की शिवालिक पहाड़ियों में भी ये सारे घटक पर्याप्त मात्रा में मौजूद थे। उन दिनों केन्द्रीय एशिया और पूर्वी तथा दक्षिणी अफ्रीका की भौगोलिक विशेषताओं में कहीं अधिक साम्य था।

क़रीब 44 लाख वर्ष पूर्व से मानवाभ प्राणियों के जीवावशेषों का अब तक जो विवरण प्राप्त हुआ, उस आधार पर आधुनिक मानव के उद्‌भव की एक रूपरेखा तैयार की गई है। इस क्रम-विकास की कुछ कड़ियाँ अब भी छूटी हुई हैं, तथापि यह रूपरेखा कुछ इस प्रकार प्रस्तुत की जा सकती है :

आर्डिपिथेकस रेमिडस

1994 में कैलिफोर्निया विश्वविद्यालय (बर्कले) के पुरामानवविज्ञानी टिम व्हाइट के नेतृत्व वाले एक अंतर्राष्ट्रीय अध्ययन दल ने इथियोपिया के अरामिस नामक स्थान पर कुछ जीवावशेषों की खोज की जिनकी उम्र क़रीब 44 लाख वर्ष थी। एक मादा प्राणी का तो पूरा-का-पूरा जीवावशेष प्राप्त हुआ और उसे इस दल ने नाम दिया आर्डी। आर्डी की प्रजाति के ही कम-से-कम 35 और सदस्यों के जीवावशेष भी खोजे गए। अफार भाषा में रेमिडस का अर्थ होता है मूल। इस पूरी प्रजाति को नाम दिया गया आर्डिपिथेकस रेमिडस।

रेमिडस की औसत कद-काठी 4 फीट (1.2 मीटर) से कुछ कम रही होगी। उसके मस्तिष्क का आकार आजकल के चिम्पांजियों के मस्तिष्क जैसा ही था। बहरहाल, वह दो पैरों पर सीधा खड़ा होकर चलनेवाला प्राणी था। ये जीवावशेष मानवाभ प्राणियों के अब तक प्राप्त सबसे पुराने जीवावशेष थे।

आस्ट्रालोपिथेकस एनामेनसिस

1994 में ही केन्या में तुरकाना झील के पास कनापोई नामक स्थान पर (लुई एस बी लीके के पुत्र) रिचर्ड लीके की पत्नी मीव लीके और उनके दल द्वारा मानवाभ प्राणी के क़रीब 41 लाख वर्ष पुराने जीवावशेष (जबड़े तथा टांग की हड्डियों के टुकड़े) की खोज की गई। टांग की हड्डियों से यह स्पष्ट हुआ कि वे दो पैरों पर चलते थे। दाँतों का आकार भी उन्हें बन्दरों की तुलना में मानवों के अधिक क़रीब लाता था।

आस्ट्रालोपिथेकस एफारेंसिस

नवम्बर 1974 में मानवविज्ञानी डोनाल्ड जोहानसन और उनके दल ने इथियोपिया के अफार क्षेत्र में स्थित हदार नामक स्थान पर मानव पुरखों के अवशेषों की खोज के क्रम में एक वयस्क मादा के जीवावशेषों की खोज की—खोपड़ी का एक हिस्सा, जांघ की हड्डी का एक टुकड़ा, कशेरुकाओं तथा पसलियों के कुछ टुकड़े, कूल्हे का एक हिस्सा और जबड़े के कुछ टुकड़े। यह जीवावशेष 31.8 लाख वर्ष पुराना था। वह छोटे कद (क़रीब एक मीटर) की तथा अनुमानतः तीस किलोग्राम वजन की थी—दो पैरों के बल चलने में सक्षम मुक्त हाथों वाली। वैज्ञानिकों ने बीटल्स के एक गीत के नाम पर उसका नाम रखा लूसी और उसकी प्रजाति को नाम मिला—आस्ट्रालोपिथेकस एफारेंसिस। आस्ट्रालोपिथेकस का अर्थ है दक्षिणी बन्दर और अफार क्षेत्र में जीवावशेषों के मिलने के कारण उसके साथ एफारेंसिस शब्द जोड़ दिया गया। 1994 में रेमिडस तथा एनामेनसिस के जीवावशेष मिलने तक लूसी और उसकी प्रजाति - आस्ट्रालोपिथेकस एफारेंसिस - को मानवाभ प्राणियों का पूर्वज माना जाता था।

बाद में इस प्रजाति के अन्य जीवावशेष भी प्राप्त हुए। 1978 में तंजानिया के लायतोली नामक स्थान पर उसी प्रकार के प्राणियों के पदचिह्नों की खोज हुई। इन्हें पुरामानव विज्ञानी ऐंड्रयू हिल ने ढूँढ़ निकाला था। हिल ब्रिटिश मानव-विज्ञानी लुई एस बी लीके की पत्नी मेरी लीके के सहयोगी थे। पैरों के ये निशान 37 लाख वर्ष पहले ज्वालामुखी की गीली राख पर अंकित हो गए थे और बाद में राख के सूख कर कड़ा हो जाने पर कुछ और राख के नीचे दब गये थे। उनमें मानव पैरों जैसी 'चाप' साफ दिखाई देती थी और अँगूठा आगे की तरफ था, जो बन्दरों के पैरों में नहीं होता।

आस्ट्रालोपिथेकस एफारेंसिस नर अपनी मादाओं की तुलना में डेढ़ गुणे आकार (1.5 मीटर) के होते थे। अनुमान किया जाता है कि उनका वजन मादा की तुलना में दो-तिहाई अधिक रहा होगा। उनके सिर छोटे और दाँत लम्बे थे। उनका मस्तिष्क क़रीब 400 मि.ली. आकार का था (जबकि एक औसत आधुनिक मानव के मस्तिष्क का आकार 1350 मि.ली. होता है)। जाहिर है, उनमें स्पष्ट वाक्-क्षमता नहीं रही होगी।

लूसी की खोज के एक वर्ष बाद 1975 में हदार इलाके में ही हर आयु वर्ग

(वयस्क नर, मादा, बच्चे) के मानवाभ प्राणियों के क़रीब 13 जीवावशेष के टुकड़े मिले। ऐसा समझा जाता है कि वे सभी एक ही परिवार के सदस्य रहे होंगे। इसलिए इस समूह को मानव-विज्ञानियों ने प्रथम परिवार का नाम दिया। इसे मानवाभ प्राणियों के समूह (यूथ) में विचरण करने का प्रमाण भी माना गया। ये एफारेंसिस प्रजाति के ही प्राणी थे।

एफारेंसिस क़रीब तीस लाख वर्ष पूर्व हदार क्षेत्र के (हौबेड़ा तथा जैतून के पेड़ों के) विरल वन में विचरण करते थे। गिरीदार और अन्य फलों, कंद-मूल तथा अन्य शाकाहारी भोजन के अलावे वे सम्भवतः छोटे-छोटे जीव-जन्तुओं का शिकार भी करते थे एवं मांसभक्षी जानवरों के बचे-खुचे आहार का भी उपयोग करते थे। वे शायद पत्थर के अनगढ़, आदिम किस्म के औजारों का भी उपयोग करते होंगे।

दो पैरों पर खड़े होकर चलने की क्षमता घास के मैदानों में जीवनयापन के लिहाज़ से काफ़ी उपयोगी साबित हुई होगी। इसके, और साथ ही त्रिआयामी दृष्टि के कारण उन्हें आसपास का दृश्य बेहतर दिखाई देता होगा और बड़े मांसाहारी जानवरों के बारे में जानकारी हासिल करना सुलभ हो गया होगा। मुक्त हाथों से वे अपने भोजन और साथ ही दूसरे जानवरों द्वारा छोड़े गए शिकारों को उठाकर दूसरी जगह ले जा सकते थे—शायद 'परिवार' के साथ मिलकर खाने के लिए। अपने अनगढ़ पत्थर के औजारों से वे मुख्यतः ज़मीन खोदकर कंद-मूल निकालने तथा मांसाहारी जानवरों द्वारा छोड़े गए शिकार की हड्डियों को तोड़कर मज्जा प्राप्त करने या मांस के टुकड़े काटने-छीलने का काम लेते होंगे। दो वयस्क प्राणियों के भरपेट भोजन लायक पौष्टिक मज्जा तो हिरण जैसे जानवरों की हड्डियों में ही मिल जाती होगी।

आस्ट्रालोपिथेकस एफारेंसिस क़रीब दस लाख वर्षों तक पूर्वी अफ्रीका के घास के मैदानों में विचरण करते रहे। इसके बाद मानवाभ प्राणियों की इस प्रजाति का विलोप हो गया। क़रीब 28 लाख वर्ष पूर्व तक ही इनका जीवावशेष मिलता है।

आस्ट्रालोपिथेकस अफ्रीकनस

1924 में दक्षिण अफ्रीका के विल वाटरसैंड में शरीर-रचना विभाग के अध्यक्ष रेमंड डार्ट को दक्षिण अफ्रीका के ही टौंग नामक स्थान पर चूना पत्थर की खान में मानवाभ प्राणी की खोपड़ी का एक टुकड़ा मिला। अध्ययन से पता चला कि खोपड़ी का वह हिस्सा सीधा खड़ा होकर चलनेवाले आस्ट्रालोपिथेकस जाति के ही प्राणी का था। डार्ट ने उसे नाम दिया आस्ट्रालोपिथेकस अफ्रीकनस (अफ्रीका का दक्षिणी बन्दर)। जीवावशेष एक बच्चे का था, इसीलिए उसे टौंग चाइल्ड के रूप में जाना गया। अफ्रीकनस के मस्तिष्क का आकार 440 मि.ली. था। आस्ट्रालोपिथेकस की यह प्रजाति सम्भवतः तीस से बीस लाख वर्ष पूर्व धरती पर विचरण करती होगी, ऐसा

अनुमान लगाया गया।

आस्ट्रालोपिथेकस रॉबस्टस

1938 में स्कॉटलैंड के एक डॉक्टर तथा पुरामानवविज्ञानी रॉबर्ट ब्रुम को दक्षिण अफ्रीका के जोहान्सबर्ग के निकट स्कर्टफंटीन स्थित चूना पत्थर की खानों में कुछ जीवावशेष मिले जिनके अध्ययन से यह पता चला कि वे अफ्रीकनस से पृथक्, किन्तु आस्ट्रालोपिथेकस जाति की ही अपेक्षाकृत मजबूत कद-काठीवाली प्रजाति के अवशेष थे। आसपास की खुदाई से इस प्रजाति के क़रीब 130 प्राणियों के अवशेष प्राप्त हुए। उनका कद औसतन 1.2 मीटर पाया गया। उनका चेहरा काफ़ी बड़ा और चपटा था, सामने के दाँत तो अपेक्षाकृत छोटे थे, किन्तु चबाने के दाँत काफ़ी बड़े थे और नीचे के मोटे तथा भारी जबड़े में जड़े थे। इनका मस्तिष्क एफारेंसिस (400 मि.ली.) और अफ्रीकनस (440 मि.ली.) से भी बड़ा क़रीब 530 मि.ली. के आकार का था। जीवावशेषों के पास हड्डियों के कुछ औजार भी प्राप्त हुए थे। मजबूत कद-काठी का होने के कारण इस प्रजाति को नाम दिया गया आस्ट्रालोपिथेकस रॉबस्टस। ऐसा अनुमान लगाया जाता है कि इस मानवाभ प्रजाति का उद्‌भव क़रीब बीस लाख वर्ष पूर्व हुआ होगा। लगभग पाँच लाख वर्षों तक धरती पर विचरण करने के बाद, यह प्रजाति सम्भवतः 15 लाख वर्ष पूर्व लुप्त हो गई।

आस्ट्रालोपिथेकस बोयसेई : जुलाई, 1959 में उत्तरी तंजानिया के ओल्डुवाई दर्रे में मेरी लीके को जीवीवशेषों के कई सौ टुकड़े मिले जिन्हें जोड़ने और जिनके अध्ययन से एक ऐसे मानवाभ प्राणी की तस्वीर सामने आई जो औसतन 1.5 मीटर कदवाला तथा बड़े जबड़ों और दाढ़ोंवाला प्राणी था। उसके मस्तिष्क का आकार रॉबस्टस के समान 530 मि.ली. था। मेरी लीके के दल को लगा कि उन्होंने मानवाभ प्राणियों की एक नई प्रजाति ढूंढ़ निकाली है और फलतः उसके लिए नया नाम दिया—जिनजान्थ्रोपस बोयसेई। चार्ल्स बोयसे नामक व्यक्ति ने आदिमानव की खोज में लगे लीके परिवार की अनेक खोज यात्राओं के लिए धन जुटाया था। इस नामकरण के जरिए लीके परिवार ने उनके प्रति अपना आभार प्रदर्शित किया।

बहरहाल, अब अधिकांश मानवशास्त्रियों का यह मत है कि बोयसेई कोई अलग प्रजाति नहीं, बल्कि आस्ट्रालोपिथेकस रॉबस्टस प्रजाति का ही सदस्य था। कद-काठी में मामूली भेद का कारण भौगोलिक परिवेश में निहित हो सकता है। रॉबस्टस अफ्रीका के दक्षिणी हिस्से में वास करते थे, जबकि बोयसेई पूर्वी हिस्से में। बोयसेई के अवशेष (जो ओल्डुवाई दर्रे से प्राप्त हुए थे) क़रीब 18 लाख वर्ष पुराने थे। बाद में केन्या में तुरकाना झील के पास 1969 में एक और खोपड़ी के अवशेष प्राप्त हुए। इन अवशेषों को अब आस्ट्रालोपिथेकस बोयसेई के नाम से जाना जाता है और उन्हें रॉबस्टस प्रजाति का ही अंग माना जाता है।

1925 के पहले मानवाभ प्राणियों के सारे जीवावशेष युरोप और एशिया से ही प्राप्त हुए थे। वे मुख्यतः नीएंडरतल, क्रोमैग्नन तथा होमो इरेक्टस के अवशेष थे, जिन पर हम आगे चर्चा करेंगे। लेकिन आर्डिपिथेकस रेमिडस और आस्ट्रालोपिथेकस की विभिन्न प्रजातियों के अवशेष मिलने के बाद अब प्रायः यह माना जाने लगा है कि मानवजाति का प्रादुर्भाव अफ्रीकी महाद्वीप में (ख़ासकर इसके दक्षिणी तथा पूर्वी हिस्से में) हुआ था। साथ ही, अब यह भी माना जाता है कि आस्ट्रालोपिथेकस अफ्रीकनस ही आगे चलकर होमो (मानव) वंश के रूप में विकसित हुआ जिनसे फिर होमो सेपियन्स तथा होमो सेपियन्स सेपियन्स (आधुनिक मानव) का प्रादुर्भाव हुआ। फिर भी इन सारे प्रश्नों पर अब भी अच्छा-ख़ासा विवाद बना हुआ है।

मानवशास्त्री मानवजाति के प्रादुर्भाव के अध्ययन का आरम्भ प्राणियों के होमिनिड कुल से करते हैं। होमिनिड कुल में मानव, चिम्पांजी, गोरिल्ला, और उनके लुप्त पूर्वज, आदि सभी शामिल हैं। प्राग्मानवों (मानवाभ या मानव-सदृश्य प्राणियों) का विकास चिम्पांजी की ही किसी शाखा से माना जाता है। होमिनिड कुल को दो उपकुलों में बांटा गया है—एक उपकुल आस्ट्रापिथेसिन की विभिन्न प्रजातियों का है। दूसरा उपकुल होमिनिन की प्रजातियों का है जिसमें होमो हैबिलिस तथा होमो इरेक्टस से होमो सेपियन्स सेपियन्स यानी आधुनिक मानव तक शामिल हैं। होमिनिन उपकुल का आरम्भ होमो हैबिलिस से माना जाता है और, जैसाकि हम पहले कह चुके हैं, यह अनुमान किया जाता है कि आस्ट्रालोपिथेसिन उपकुल की आस्ट्रालोपिथेकस अफ्रीकनस प्रजाति से उसका उद्भव हुआ होगा।

आस्ट्रालोपिथेकस सेदिबा

2008 में एक वैज्ञानिक के नौ वर्षीय बेटे ने अनजाने ही दक्षिण अफ्रीका की एक गुफा में प्राग्मानवों की एक लुप्त प्रजाति के जीवावशेषों की खोज कर डाली। ये एक ही प्रजाति के दो व्यक्तियों के जीवावशेष थे—एक दस से तेरह वर्ष के बीच के बालक का था; दूसरा, उसी प्रजाति की मादा के जीवावशेष थे जिसकी उम्र बीस से चालीस वर्ष के बीच रही होगी। वैज्ञानिकों ने इस प्रजाति को नाम दिया आस्ट्रालोपिथेकस सेदिबा। सेदिबा दक्षिण अफ्रीकी भाषा सोथो का शब्द है जिसका मतलब है 'अजस्र स्रोत'। सेदिबा में आस्ट्रालोपिथेसिन तथा होमो, दोनों उपकुलों की विशेषताएँ मिश्रित रूप में पाई गईं जिसके कारण कुछ वैज्ञानिक इसे होमो वंशवृक्ष का निकटतम पूर्वज होने का प्रबल दावेदार मानते हैं। इन जीवावशेषों के अध्ययन की रिपोर्ट 'साइंस' पत्रिका के 9 सितम्बर, 2011 के अंक में छपी।[5]

सेदिबा के हाथ औजार बनाने में सक्षम हाथ थे। अँगूठे लम्बे थे। मस्तिष्क का आकार तो छोटा ही था, लेकिन आँखों के ठीक पीछे के हिस्से का विस्तार मानवों के मस्तिष्क के अग्रखण्ड से प्रत्यक्षतः मिलता-जुलता था। मस्तिष्क का यह क्षेत्र ही

आधुनिक मानवों में दीर्घकालीन योजनाएँ बनाने तथा अन्वेषक आचरण के लिए प्रयुक्त होता है। दक्षिण अफ़्रीका के जोहान्सबर्ग-स्थित विटवाटरस्रैंड विश्वविद्यालय के शोधकर्ता क्रिश्चियन कार्लसन के अनुसार, हम सेदिबा में उपर्युक्त क्षमताओं के विकास की आरम्भिक झलक देख सकते हैं।

सेदिबा का नितम्ब मानवों के जैसा ही था। छोटी तथा चौड़ी श्रोणि मानवों में बड़े मस्तिष्क वाले शिशुओं के प्रजनन में सहायक होती है। अत्यन्त छोटे मस्तिष्क वाले सेदिबा में इस तरह की श्रोणि की एक व्याख्या यह है कि घास के मैदानों के विस्तार के कारण ज्यादा से ज्यादा चलने की जरूरत ने नितम्बों के उद्विकास में अपनी भूमिका निभाई होगी, और इसने आगे चलकर बड़े मस्तिष्क वाले शिशुओं के प्रजनन में भी सहायता प्रदान की होगी।

उपर्युक्त विश्वविद्यालय के ही पुरामानवशास्त्री ली बर्गर (इन्हीं के बेटे को ये जीवावशेष मिले थे) के अनुसार, सेदिबा के पैरों तथा टखनों की आकृति में भी बन्दरों तथा मानवों की लाक्षणिकताओं का मिश्रण स्पष्ट दिखाई देता है। ये लक्षण पहले अन्य किसी होमो प्रजाति में नहीं मिले थे।

इन जीवावशेषों का तिथि-निर्धारण यूरेनियम-ले'ड काल-निर्धारण तकनीक तथा पुराचुम्बकीय काल-निर्धारण पद्धति से किया गया। पुराचुम्बकीय काल-निर्धारण पद्धति में पृथ्वी के चुम्बकीय क्षेत्र की प्रतिवर्तिताओं की गणना की जाती है। सेदिबा के जीवावशेष 19.77 लाख वर्ष पुराने थे। इस आधार पर भी इसके होमिनिड कुल के आस्ट्रालोपिथेसिन उपकुल और होमिनिन उपकुल के बीच की कड़ी होने के अनुमानों को बल मिला है।

इन सबके बावजूद, वैज्ञानिक अभी भी इस मामले में निर्णायक रूप से कुछ कहने से परहेज कर रहे हैं। हो सकता है कि यह भी आस्ट्रालोपिथेसिन की एक ऐसी प्रजाति हो जो विकास-क्रम में आगे जाकर लुप्त हो गई हो।

क़रीब 15 लाख वर्ष पूर्व तक आस्ट्रालोपिथेकस जाति की विभिन्न प्रजातियाँ सम्भवतः लुप्त हो चुकी थीं। इसके साथ ही मानवजाति के उद्भव की कथा का दूसरा सोपान आरम्भ होता है।

होमो हैबिलिस

1960 में ब्रिटिश पुरामानवविज्ञानी लुई एस बी लीके के पुत्र रिचर्ड लीके और उनके दल द्वारा तंजानिया स्थित ओल्डुवाई दर्रे में जिन जीवावशेषों की खोज की गई, वे आगे चलकर आधुनिक मानवों के उद्भव के लिहाज़ से काफ़ी अहम साबित हुए। ये अवशेष क़रीब 18 लाख वर्ष पुराने थे। उनकी खोपड़ी आस्ट्रालोपिथेकस जाति के मानवाभ प्राणियों की तुलना में मानव खोपड़ी से अधिक मिलती थी। चेहरा अधिक चपटा था और मस्तिष्क का आकार (680 मि.ली.) आस्ट्रालोपिथेकस

मस्तिष्क की तुलना में काफ़ी बड़ा था। मस्तिष्क की अन्दरूनी संरचना भी अपेक्षाकृत जटिल थी। आस्ट्रालोपिथेकस के अनगढ़ पत्थर तथा हड्डी के औजारों की जगह इस प्राणी के औजार अपेक्षाकृत उन्नत किस्म के थे। उनकी वाक्-क्षमता भी थोड़ी-बहुत विकसित हो चुकी थी। रेमंड डार्ट के सुझाव पर इस प्राणी का नाम रखा गया होमो हैबिलिस (अर्थात् दक्ष मानव)। ये होमिनिड कुल के आस्ट्रालोपिथेकस उपकुल की जगह होमिनिन उपकुल के प्रथम जीवावशेष थे। बाद में, 1972 में, केन्या की तुरकाना झील के किनारे स्थित कूबी फोरा नामक स्थान पर रिचर्ड लीके के दल ने होमो हैबिलिस की एक और खोपड़ी खोज निकाली जो पूर्व में मिली खोपड़ियों की तुलना में अधिक पूर्ण थी।

होमो हैबिलिस के अवशेष जिन जगहों पर मिले हैं, उन्हीं जगहों पर आस्ट्रालोपिथेकस बोयसेई के अवशेष भी प्राप्त हुए थे। वैसे सबसे पुराना होमिनिन जीवावशेष क़रीब 23 लाख वर्ष पुराना है—यह एक जबड़े का अवशेष है जिसे 1994 में इथियोपिया के हदार नामक स्थान पर कैलिफोर्निया-स्थित इन्सटीट्युट ऑफ ह्यूमन ओरिजिन्स, बर्कले के विलियम किम्बल के नेतृत्व में कार्यरत एक दल ने एक सूखी नदी के पास से खोज निकाला था। इस पर वैसे और अनुसंधान की अपेक्षा है। लेकिन यह तय है कि होमिनिन उपकुल के प्राणी और आस्ट्रालोपिथेकस उपकुल की प्रजातियाँ (ख़ासकर रॉबस्टस) अफ्रीका के उपर्युक्त हिस्सों में साथ-साथ विचरण करते थे। उनके बीच के सम्पर्कों के बारे में हम अभी कुछ नहीं जानते। मानव के विकास का यह चरण भी एक बड़े पर्यावरणीय परिवर्तन से जुड़ा था। क़रीब 25 लाख वर्ष पूर्व धरती का तापमान एक बार फिर काफ़ी गिर गया था और हिमयुग थोड़े समय के लिए वापस लौट आया था।

उदग्रचारी होने के बावजूद आस्ट्रालोपिथेकस के हाथों के परिष्कार में लाखों वर्षों का समय लगा। आस्ट्रालोपिथेकस का करभ आधुनिक मानव की तुलना में लम्बा था, इसके विपरीत ऊँगलियाँ छोटी थीं। होमो हैबिलिस के समय तक इसमें पर्याप्त परिष्कार हो चुका था। ऐसा लगता है कि हैबिलिस की प्रथम करभास्थि की सन्धि पर्याणरूपी थी, अँगूठे को हथेली की दिशा में लाने वाली अर्थात् अभिवर्तनी मांसपेशी के जुड़ने के स्थान पर कटक विकसित था—यह इस बात का प्रमाण है कि अँगूठे में शेष ऊँगलियों के आमने-सामने आने की क्षमता थी।[6]

होमो इरेक्टस

1891 में डच शरीरशास्त्री इयूजीन दुबोय को इंडोनेशिया के जावा द्वीप के त्रिनिल गाँव में कुछ जीवावशेष मिले—एक दाँत तथा एक खोपड़ी का ऊपरी हिस्सा। अगले वर्ष रान की एक हड्डी मिली। इन जीवावशेषों की आयु क़रीब दस लाख वर्ष थी। जाँच-पड़ताल के बाद दुबोय को यह विश्वास हो गया कि ये अवशेष एक ऐसे

मानव-सदृश प्राणी के थे जो जर्मन प्राणीविज्ञानी तथा डार्विन के प्रबल समर्थक अर्न्स्ट हायकल की प्रस्थापनाओं के अनुसार मानव और बन्दरों के बीच की मध्यवर्ती कड़ी थे। दुबोय हायकल की प्रस्थापनाओं से प्रेरणा पाकर ही खोज में निकले थे और जावा की सोसो नदी के किनारे कैदी मजदूरों को लेकर उन्होंने खुदाई आरम्भ की थी। उन्होंने इस प्राणी का नामकरण किया पिथिकैंथ्रोपस इरेक्टस (अर्थात् सीधा खड़ा होकर चलने वाला बन्दर जैसा मानव)। अब इस जाति के प्राणियों को होमो इरेक्टस के नाम से जाना जाता है और जावा में मिले जीवावशेषों को जावा मानव के अवशेषों के रूप में चिह्नित किया जाता है।

1929 में बीजिङ के नजदीक झौकूदियान नामक गाँव में पेई वेनझौंग ने एक खोपड़ी की खोज की जो क़रीब सात लाख वर्ष पुरानी थी। यह जीवावशेष भी होमो इरेक्टस का ही था और इसे बीजिङ मानव के रूप में जाना जाता है। बाद में वहाँ से और भी जीवावशेष प्राप्त हुए और क़रीब एक लाख प्रस्तर उपकरणों के अवशेष भी। चूल्हे तथा कोयले की राख के अवशेष से इस बात की पुष्टि हुई कि बीजिङ मानव आग पर नियन्त्रण करना और उसका प्रयोग करना सीख चुके थे। वे बड़े जानवरों का शिकार करते थे। पुरुषों का औसत कद 1.56 मीटर तथा महिलाओं का भी क़रीब 1.5 मीटर था। जीवावशेषों से यह जानकारी भी मिली कि उनमें से 68.2 फीसदी व्यक्तियों की मृत्यु 14 वर्ष की आयु से पहले ही हो गई थी और 4.5 फीसदी से भी कम लोग 50 वर्ष की उम्र पार कर पाए थे। प्रस्तर उपकरणों में खण्डक तथा प्रस्तर-फलकों के उपकरण ही थे। लेकिन सबसे महत्वपूर्ण विशेषता थी बीजिङ मानवों के मस्तिष्क का आकार–1,088 मि.ली. के आकार वाला उनका मस्तिष्क होमो हैबिलिस के मस्तिष्क (680 मि.ली.) से काफ़ी बड़ा था और आस्ट्रालोपिथेसिन प्रजातियों के मस्तिष्क की तुलना में तो क़रीब दो से ढ़ाईगुणा बड़ा था।

होमो इरेक्टस का चेहरा अपने पूर्ववर्ती होमो हैबिलिस के चेहरे से ज़्यादा भिन्न नहीं था, लेकिन वह अब तक ज्ञात मानवाभ प्राणियों की सभी प्रजातियों में सबसे बड़े मस्तिष्क का स्वामी था और आधुनिक मानवों के मस्तिष्क के औसत आकार (1350 मि.ली.) के काफ़ी क़रीब आ चुका था। मस्तिष्क के आकार में यह वृद्धि बीस से पच्चीस लाख वर्षों के दौरान हुई थी।

1984 में केन्या (अफ़्रीका) के तुरकाना झील के पश्चिमी किनारे स्थित नारियोकोटोम नामक स्थान पर रिचर्ड लीके के दल द्वारा होमो इरेक्टस के जीवावशेष की खोज की गई। सम्भवतः नौ वर्ष की आयु के होमो इरेक्टस बालक का लगभग पूरा-का-पूरा जीवावशेष क़रीब 16 लाख वर्ष पुराना था। अब तक विश्व के कई हिस्सों में इरेक्टस के और भी कई जीवावशेष मिल चुके हैं और जिन स्थानों पर ये अवशेष मिले उन्हीं स्थानों के नाम पर उनका नामकरण किया गया है। आग के प्रयोग का प्राचीनतम साक्ष्य केन्या के चेसोवांजा से प्राप्त हुआ है। यह साक्ष्य

क़रीब 14 लाख साल पुराना है।

होमो इरेक्टस की कुछ और विशेषताओं को निम्नलिखित रूप में सूत्रबद्ध किया जा सकता है :

1. इरेक्टस शिशुओं के मस्तिष्क का आकार जन्म के समय वयस्क मस्तिष्क के आकार की तुलना में अनुमानतः एक-तिहाई रहा होगा। आधुनिक मानवों के संदर्भ में भी लगभग यही अनुपात पाया जाता है। तात्पर्य यह कि इरेक्टस शिशु के मस्तिष्क का विकास जन्म के बाद भी कुछ वर्षों तक जारी रहता था और उस शिशु को भी अपेक्षाकृत लम्बे समय तक लालन-पालन की जरूरत थी। यह एक परिवार तथा मस्तिष्क के विकास में शैशवावस्था के अनुभवों की भूमिका को रेखांकित करता है। जन्म के बाद आनुवंशिक प्रोग्रेमिंग के अनुसार मस्तिष्क के विकास के साथ-साथ परिवेश तथा परिवेश-जन्य अनुभव की भी इस विकास में महत्वपूर्ण भूमिका बन जाती है। इसे ही हम प्रकृति और पालन-पोषण, प्रकृति और संस्कृति के रूप में जानते हैं। कई मानवशास्त्री मानवजाति के विकास में प्रकृति के साथ-साथ संस्कृति की इस भूमिका पर अच्छा-ख़ासा जोर देते हैं (लेवी-स्ट्रॉस)।

2. बड़े आकार के मस्तिष्क के कारण और मस्तिष्क की अन्दरूनी संरचना में सम्भावित परिवर्तन के कारण इरेक्टस की बौद्धिक तथा वाक्-क्षमता भी अपेक्षाकृत विकसित रही होगी। होमो हैबिलिस जिसके मस्तिष्क का आकार 680 मि.ली. था, आस्ट्रालोपिथेकस प्रजातियों की तुलना में औजार बनाने में अधिक निपुण थे—वे बड़े पत्थरों को हाथ से तोड़-तोड़कर तेज किनारे वाले फलकों से ऐसे औजार बना लेते थे जिनसे मरे हुए मैमथ (वृहत्काय हाथियों) के खाल उतारे जा सकें और मरे हुए पशुओं की हड्डियों से मांस को काटा जा सके। इन्हें हम आदिम प्रस्तर छूरी या चाकू कह सकते हैं। हैबिलिस की खोपड़ी के अध्ययन से मस्तिष्क विज्ञानी यह निष्कर्ष भी निकालते हैं कि हैबिलिस के मस्तिष्क में वाक् के लिए अनिवार्य ब्रोका क्षेत्र भी प्रारम्भिक रूप से विकसित हो चुका था। वे थोड़े-बहुत शब्द बोल सकते थे। हालाँकि स्पष्ट वाक् के लिए गले में स्वर-यंत्र का पर्याप्त रूप से नीचे होना जरूरी है ताकि ग्रसनी में ध्वनि-उत्पादन के लिए जगह उपलब्ध हो सके। हैबिलिस का स्वर-यंत्र गले में काफ़ी ऊपर था, इसीलिए उनके मामले में प्राक्-बोलियों के विकास की कोई गुंजाइश नहीं दिखती।

बहरहाल, इरेक्टस अपने क़रीब 1,000 मि.ली. के मस्तिष्क के साथ इन दोनों मामलों में काफ़ी आगे निकल चुके थे। उनके औजारों में विविधता के साथ-साथ काफ़ी परिष्कार दिखता है। वे दुधारी हस्तकुठार तथा तेज धार वाले काटने के औजारवाली संस्कृति के प्रणेता कहे जा सकते हैं। प्रसंगवश, यहाँ हम प्रस्तर उपकरण निर्माण की तकनीकों की चर्चा कर सकते हैं। प्रस्तर औजारों के निर्माण की सबसे प्रारम्भिक तकनीक ओल्डुवाई तकनीक कहलाती है क्योंकि इस तरह के प्रस्तर औजार सर्वप्रथम

ओल्डुवाई दर्रे से ही प्राप्त हुए थे। इस तकनीक के अंतर्गत पत्थर के एक टुकड़े पर पत्थर के दूसरे टुकड़े से चोट कर उसे तोड़ा जाता था। इस तरह पत्थर के फलकों को हटाने के बाद क्रोड़ (पत्थर के मुख्य हिस्से) में काटने लायक धार बन जाती थी। आगे चलकर, क्रोड़ के परिष्कार के साथ-साथ फलक टुकड़ों का भी औजार के रूप में प्रयोग किया जाने लगा और खण्डक-फलक तकनीक भी विकसित हुई।

ओल्डुवाई तकनीक से बने अनगढ़ औजारों की तुलना में इरेक्टस के औजार काफ़ी परिष्कृत थे। हस्तकुठार उनकी पहचान थे। क्रोड़ के दोनों पार्श्व में ढाल बनाते हुए उसमें काटने लायक धार बना लिया जाता था—इसे एश्यूलियन तकनीक भी कहा जाता है। कुछ अन्य तकनीक भी हैं, लेकिन उनके विस्तार में जाना यहाँ जरूरी नहीं। प्राचीनतम हस्तकुठार इथियोपिया के कोन्सो से प्राप्त हुआ है जो क़रीब 14 लाख वर्ष पुराना है।

इरेक्टस का ब्रोका क्षेत्र भी अधिक विकसित रहा होगा और गले में स्वर-यंत्र भी अपेक्षाकृत नीचे स्थित होगा। आज भी जन्म के समय मानव शिशु का स्वर-यंत्र गले में ऊपर स्थित होता है जिसके कारण वह बोलने में, शब्दों के उच्चारण में असमर्थ होता है। शिशु के गले में स्वर-यंत्र का ऊपर होना शिशु की सुरक्षा के लिए जरूरी होता है। ऐसी स्थिति में वह दूध पीने के साथ-साथ साँस लेता रह सकता है। उसकी साँस के अवरुद्ध होने का ख़तरा नहीं होता। कुछ महीनों के बाद उसका स्वर-यंत्र नीचे आ जाता है और वह बोलने में, शब्दों के उच्चारण में समर्थ हो पाता है। लेकिन अब वह अपनी श्वास-प्रक्रिया के साथ-साथ खाना-पीना नहीं कर सकता।

इस बात की अधिक सम्भावना दिखती है कि इरेक्टस की वाक्-क्षमता होमो हैबिलिस की तुलना में अधिक थी, लेकिन उन्हें प्राक्-बोलियों के विकास में सफलता मिली या नहीं, यह काफ़ी विवादास्पद है।

iii. आस्ट्रालोपिथेसिन की विभिन्न प्रजातियाँ छोटे-छोटे झुण्डों (यूथ) में विचरण करती थीं। यूथ के रूप में उनका सामूहिक जीवन बन्दरों के झुण्ड से अधिक भिन्न नहीं रहा होगा। यूथ का मुखिया पिता अथवा वृद्ध नर होता था या वह मातृ-केन्द्रित था, यह कहना कठिन है, क्योंकि अन्य मानवेतर प्राणियों में भी इस मामले में पर्याप्त विविधताएँ देखने में आती हैं। दोनों सम्भावनाएँ भी हो सकती हैं। कोई यूथ मातृ-केन्द्रित भी हो सकता था, और कोई दूसरा ज्येष्ठ नर-केन्द्रित भी। यूथों के बीच सम्बन्ध के बारे में भी हम ज्यादा कुछ नहीं जानते। होमो हैबिलिस के ठिकानों के अध्ययन से एक अति-प्रारंभिक सामाजिक संगठन का आभास तो मिलता है, फिर भी प्रामाणिक रूप से कुछ कहना सम्भव नहीं।

इरेक्टस तक आते-आते यूथों के अपेक्षाकृत बड़े गणों में रूपान्तरण तथा विभिन्न गणों के बीच विभिन्न स्तरों पर सम्बन्ध का कुछ-कुछ अंदाजा लगाया जा सकता है। इसके बिना शायद वे अफ्रीका से बाहर निकलकर दुनिया के विभिन्न हिस्सों में

फैल जाने में समर्थ नहीं हो पाते।

4. जीवावशेषों के आधार पर अब यह माना जाता है कि इरेक्टस का उद्भव क़रीब बीस लाख वर्ष पूर्व हो चुका था। लगभग दस से पन्द्रह लाख वर्ष पूर्व वे अफ्रीका से बाहर निकलकर युरोप तथा एशिया के विभिन्न हिस्सों में फैलने लगे। वे अपने साथ अपने उन्नत औजार—हस्तकुठार तथा तेज धारवाले काटने के औजार तो ले ही गए, विभिन्न क्षेत्रों में वास करने के दौरान उन्होंने नये-नये औजार गढ़ने में भी कामयाबी हासिल की।

पत्थरों में भेद करना तथा अलग-अलग किस्म के औजारों के लिए अलग-अलग पत्थरों का प्रयोग करना—इसकी कुछ झलक हम होमो हैबिलिस में भी पाते हैं। हैबिलिस उपयुक्त पत्थरों की खोज में 10-15 कि.मी. तक का चक्कर लगा लेते थे। इरेक्टस की दुनिया तो अफ्रीका से बीजिङ, जावा, रिवात (पाकिस्तान के पंजाब प्रांत के पोटवार पठार की सोहन घाटी), दामिनिसि (जार्जिया, काकेशस), भारत के हिमाचल प्रदेश की शिवालिक पहाड़ी, हाइडेलबर्ग (जर्मनी), आदि तक फैली थी।

इसी दौर में सम्भवतः इरेक्टस के विभिन्न समूहों की त्वचा के रंग में भी परिवर्तन आया होगा। धरती का काफ़ी बड़ा हिस्सा तब हिमयुगीन बर्फ से ढंका था। उष्णकटिबंधीय अफ्रीका से जब वे उत्तरी क्षेत्रों में गए होंगे तब सूरज की हल्की धूप में (पराबैंगनी किरणों से सुरक्षा के लिए त्वचा पर बने) रंग-द्रव्य की जरूरत नहीं रह गई। उल्टे भूरी त्वचा से विटामिन डी का संश्लेषण भी बाधित हो गया होगा। ठंडी जलवायु में कई पीढ़ियों तक वास के बाद उनकी भूरी त्वचा श्वेत हो गई होगी। इसी प्रकार, अन्य जलवायु वाले क्षेत्रों में रहने के फलस्वरूप समुचित परिवर्तन घटित हुए होंगे। यहाँ हमें याद रखना चाहिए कि अब तक हमने जितनी चर्चा की है, उसमें समय की इकाई हजार वर्ष नहीं, लाख वर्ष रही है।

. जैसा कि हम पहले जिक्र कर चुके हैं, इरेक्टस के ठिकानों से यह जानकारी भी ली है कि उन्होंने आग को नियंत्रित करना सीख लिया था। उनके वास-स्थानों कच्चे कोयले भी मिले हैं। वे पकाना जानते थे—कच्चे मांस या भोजन की ा में पके हुए मांस या भोजन को चबाना आसान होता है। इरेक्टस के जबड़े ी भारी तथा आगे की तरफ निकले हुए थे और उनकी ठुड्डी नहीं थी। दाँतों कार ज़रूर कुछ छोटा था। पके भोजन का अभ्यस्त होने के बाद चबाने के ी जबड़े की जरूरत नहीं रह जाती—पीढ़ी-दर-पीढ़ी के क्रम-विकास में दाँतों ों में होने वाले परिवर्तन ने (और निस्सन्देह इसके साथ-साथ मस्तिष्क के मानवीय चेहरे का आधुनिक रूप ग्रहण किया। जबड़े में इस परिवर्तन का के विकास से भी गहरा सम्बन्ध है। इसकी चर्चा हम बाद में भी करेंगे। ,000 मि.ली. आयतन के मस्तिष्कवाला, अपने मुक्त परिष्कृत हाथों था तेज धार वाले काटने के औजार बनाने वाला, सम्भवतः गणों में

सामाजिक जीवन बिताने वाला, धरती के विभिन्न जलवायु वाले इलाकों में रहने तथा विचरण करने वाला, आग पर नियन्त्रण कर पके भोजन खाने वाला, और शायद प्राक्-बोलियों की क्षमतावाला यह होमो इरेक्टस क़रीब दस-पन्द्रह लाख वर्षों तक अपनी सक्रिय उपस्थिति की छाप छोड़ता हुआ एक नई जाति के आगमन का मार्ग प्रशस्त कर लुप्त हो गया। पाँच लाख से दो लाख वर्ष पूर्व के बीच होमो वंश की ही एक नयी जाति का पदार्पण हुआ।

लेकिन होमो इरेक्टस के साथ ही क्या ऐसा नहीं लगता कि हम अपनी प्रजाति के काफ़ी निकट आ गए हैं?

होमो सेपियन्स नीएंडरतलिस

आज से क़रीब 155 वर्ष पहले डसलडोर्फ (जर्मनी) के नजदीक नीएंडर की वादी में चूना पत्थर की एक गुफा में एक कंकाल मिला जिसकी आकृति अनेक भिन्नताओं के बावजूद आधुनिक मानव से काफ़ी मिलती-जुलती थी। 1856 में 'वानर से नर बनने' के सिद्धान्त का प्रतिपादन भी सम्यक रूप से नहीं हो पाया था। इसीलिए यह कंकाल और वहीं प्राप्त खोपड़ी के टुकड़े कुछ वर्षों तक रहस्यमय ही बने रहे
सर्वप्रथम, टी एच हक्सले ने अपनी पुस्तक मेन्स प्लेस इन नेचर (1863) में
खोपड़ी का सम्बन्ध होमो सेपियन्स जाति की ही किसी शाखा से जोड़ने के प
अपना विचार प्रस्तुत किया था। फिर भी इस विषय पर विवाद बना रहा।
विलियम किंग ने इसे नाम दिया होमो नीएंडरतलेंसिस। बाद के वर्षों
मानवों के और भी कई जीवावशेष युरोप तथा पश्चिम एशिया के वि
प्राप्त हुए। अनुसंधान से यह भी पता चला कि युरोप में वे क़री
पूर्व से ही वास करने लगे थे। यह भी पाया गया कि वे अफ्रीका
होते हुए युरोप में दाखिल हुए थे।

नीएंडरतलों के मस्तिष्क का औसत आकार आधु
सम्भवतः कुछ बड़ा ही था (यद्यपि पूरे शरीर के वजन के
का वजन आधुनिक मानवों की तुलना में कुछ कम
26 कपालों के अध्ययन के आधार पर उनके मस्ति
घन सेमी (अथवा मि.ली.) निकाला गया है। 3
1270.1 घन सेमी। मस्तिष्क का आयतन
बदली। होमिनिन उपकुल के भीतर सर्वा
मस्तिष्क ही है। मस्तिष्क की अन्दरूनी
में आधुनिक मानव मस्तिष्क के बर

नीएंडरतलों के हस्तकुठार
शिकार में भाले का प्रयोग करन

के लिए वे दूर-दराज से पत्थर लाया करते थे। चकमक पत्थर की खोज में वे कई किलोमीटर तक की यात्रा कर लेते थे। होमो इरेक्टस की तुलना में वे कुछ नाटे, मजबूत मांसपेशियों, गठे हुए शरीर तथा चौड़ी नाक वाले मानव थे जो ठंडी जलवायु में रहने के आदी हो चुके थे। अपेक्षाकृत सीमित शब्दों के साथ ही सही, उनमें बोलने की क्षमता थी और सम्भवतः वे किसी प्राक्-बोली का भी प्रयोग करते थे।

नीएंडरतल के ठिकानों के अध्ययन से उनके सामाजिक जीवन की भी कुछ जानकारी मिलती है। वे सम्भवतः छोटे गणों में रहते थे। उनकी औसत आयु तीस से चालीस वर्ष के बीच रही होगी (होमो हैबिलिस, और होमो इरेक्टस की औसत आयु तीस-पैंतीस वर्ष की बताई जाती है)। पत्थरों तथा वनस्पतियों का उन्हें अपेक्षाकृत अधिक ज्ञान था और उनके द्वारा किये जाने वाले कुछेक कर्मकाण्डों का भी प्रमाण मिलता है। वे शवों को दफनाते थे, शवों पर गेरुआ रंग की मौजूदगी से दफनाने के कुछेक कर्मकाण्डों का भी आभास मिलता है। इराक की एक गुफा में क़रीब एक लाख वर्ष पुरानी कब्र में दो स्त्रियों तथा एक शिशु के शवों के साथ फूलों का पराग भी मिला है–ये फूल औषधीय जड़ी-बूटियों के फूल थे। वे अपने जख्मों का उपचार भी किया करते थे।

कुल मिलाकर, नीएंडरतल होमो सेपियन्स जाति की ही एक प्रजाति थी। क़रीब बीस से तीस हजार वर्ष पूर्व यह प्रजाति लुप्त हो गई। आधुनिक मानव होमो सेपियन्स जाति की ही दूसरी प्रजाति है जिसे होमो सेपियन्स सेपियन्स कहा जाता है। होमो सेपियन्स जाति की ये दोनों प्रजातियाँ हजारों वर्षों तक साथ-साथ रहीं। उनके बीच सम्बन्ध तथा नीएंडरतलों के लुप्त होने की वजह को लेकर अब भी मानवशास्त्रियों के बीच विवाद मौजूद है।

आगे बढ़ने से पहले यहाँ कुछ अन्य पक्षों की संक्षिप्त चर्चा अपेक्षित है। दरअसल मानवजाति के प्रादुर्भाव की कहानी में कई छूटी हुई कड़ियाँ हैं, अनेक रिक्त स्थान हैं। इन छूटी हुई कड़ियों को लेकर जीवाश्म-वैज्ञानिकों तथा पुरामानवशास्त्रियों के बीच कतिपय विवाद भी हैं। जीवावशेषों की खोज जारी है और हर नई खोज नए मूल्याँकनों तथा विवादों को भी जन्म देती है। नीचे प्रस्तुत है ऐसे ही कुछ तथ्य और मूल्याँकन :

1. आस्ट्रालोपिथेकस गरही : 1996 में अमेरिकी जीवाश्मवैज्ञानिक टिम व्हाइट तथा इथियोपियाई जीवाश्मवैज्ञानिक बरहाने असफाउ ने इथियोपिया के ही अफार क्षेत्र में कुछ जीवावशेषों की खोज की। 20 नवम्बर, 1997 को इथियोपियाई पुरामानवशास्त्री योहन्ना हैले सेलासी ने इस बात की पुष्टि की कि ये जीवावशेष आस्ट्रालोपिथेसिन की ही एक प्रजाति के थे और उन्होंने इसे नाम दिया आस्ट्रालोपिथेकस गरही। अफार भाषा में गरही का अर्थ है विलक्षण। जीवावशेष क़रीब 25-26 लाख वर्ष पुराने थे। गरही के मस्तिष्क का आकार 450 मि.ली. था। उसके औजार अनगढ़ ओल्डुवाई औजार थे। (1930 के दशक में पुरातत्वविद् लुई लीके ने तंजानिया के ओल्डुवाई दर्रे

में सर्वप्रथम इस तरह के औजारों की खोज की थी, फलतः इस किस्म के औजारों को ओल्डुवाई औजारों के नाम से जाना जाता है। ओल्डुवाई तकनीक की हम पहले चर्चा कर चुके हैं।)

कुछ वैज्ञानिकों का मत है कि गरही होमिनिड कुल के आस्ट्रालोपिथेकस उपकुल और होमिनिन उपकुल के बीच की अन्तिम लापता कड़ी है। वे इसे होमो हैबिलिस का पूर्वज मानते हैं।

2. होमो एरगास्टर : कुछ लोगों का मत है कि (जिस तरह हम होमो सेपियन्स की दो प्रजातियों, होमो नीएंडरतलेंसिस और होमो सेपियन्स सेपियन्स का साक्षात् करते हैं, उसी तरह) होमिनिन उपकुल की आरम्भ से ही दो प्रजातियाँ रही हैं—एक होमो हैबिलिस और दूसरा होमो एरगास्टर। होमो हैबिलिस और एरगास्टर, दोनों का सम्भवतः एक ही साझा पूर्वज से प्रादुर्भाव हुआ, या फिर होमो हैबिलिस की ही कोई शाखा एरगास्टर के रूप में विकसित हुई। इस मत के अनुसार, हैबिलिस की तरह ही एरगास्टर भी आगे चलकर होमो इरेक्टस की एक उपजाति के रूप में सामने आये। 1984 में पुरामानवशास्त्री कमोया किम्यु तथा एलेन वाकर ने केन्या की तुरकाना झील (जिसे पहले रुडोल्फ झील के नाम से जाना जाता था) के क्षेत्र में क़रीब 16 लाख वर्ष पुराने जिस इरेक्टस जीवावशेष की खोज की थी और जिसे 'तुरकाना बालक' के रूप में जाना जाता है, उसका सम्बन्ध ये लोग एरगास्टर से ही जोड़ते हैं और उसे एरगास्टर की विशेषताओं के नमूने के बतौर पेश करते हैं। इस प्राणी का पहला जीवावशेष दक्षिण अफ्रीका में दक्षिण अफ्रीकी जीवाश्म वैज्ञानिक जॉन टी रॉबिन्सन द्वारा 1949 में खोजा गया, लेकिन इसका नामकरण 1975 में कोलिन ग्रोव्स और व्रातिस्लाव मझाक ने किया। ग्रीक भाषा में एरगास्टर का अर्थ होता है कारीगर।

इसके मस्तिष्क का आकार प्रारम्भिक अवस्था में 700-900 मि.ली. तथा विकसित अवस्था में 900-1100 मि.ली. था। बहरहाल, इसकी सबसे उल्लेखनीय विशेषता थी इसका कद जो 1.89 मीटर (क़रीब 6 फीट 2 इंच) था। इसके अवशेष तंजानिया, इथियोपिया, केन्या और दक्षिण अफ्रीका में भी पाए गए। इसका काल सामान्यतः 25 लाख से 14 लाख वर्ष पूर्व तक बताया जाता है। 14 लाख वर्ष पूर्व के बाद इसका अवशेष मिलना बंद हो गया। कहा जाता है कि क़रीब दो से तीन लाख वर्षों तक हैबिलिस और एरगास्टर साथ-साथ विचरण करते रहे।

इस मत को मानने वाले एश्यूलियन तकनीक के विकास का श्रेय भी इसी प्रजाति को देते हैं। एश्यूलियन औजारों का विकास अफ्रीका में क़रीब 17.6 लाख वर्ष पूर्व हुआ। इस तकनीक की ख़ास उपलब्धि थी हस्तकुठार। अफ्रीका में विकसित होने के बावजूद इसका नामकरण उत्तरी फ्रांस के आम्यां के वर्तमान उपनगर सन-एश्यूल के नाम पर किया गया क्योंकि इसी स्थान पर उन्नीसवीं सदी में इन औजारों के अवशेष पहली बार मिले थे।

21 अक्टूबर, 1907 को जर्मनी के मौएर नामक स्थान पर काम करते वक्त एक मजदूर डेनियल हार्टमैन को बालू की ढ़ेर में एक जबड़ा मिला। उसने परीक्षण के लिए यह जबड़ा हाइडेलबर्ग विश्वविद्यालय के प्रोफेसर ओटो शोएतनसैक को सौंप दिया। उन्होंने ही इस जीवावशेष की खिनाख़्त की और उसे नाम दिया होमो हाइडेलबर्गेनसिस। इसे हाइडेलबर्ग मानव के रूप में भी जाना जाता है। यह जीवावशेष क़रीब 4 से 6 लाख वर्ष पुराना था। एश्यूलियन तकनीक के औजारों का प्रयोग करनेवाले इस मानव के मस्तिष्क का आकार 1100-1400 मि.ली. का था। इसका मूल निवास स्थान दक्षिण अफ्रीका था। इसका कद छः फीट (1.8 मीटर) था और यह अनुमान लगाया गया कि मजबूत कद-काठी के इस प्राणी के पुरुषों का वजन क़रीब 100 कि.ग्रा. के आसपास रहा होगा। एरगास्टर को हैबिलिस से अलग प्रजाति माननेवाले हाइडेलबर्गेनसिस का सम्बन्ध होमो इरेक्टस की उस प्रजाति से जोड़ते हैं जिसका उद्भव होमो एरगास्टर से हुआ। वे हाइडेलबर्ग मानव को युरोप के नीएंडरतलों तथा आधुनिक मानवों का पूर्वज बताते हैं।

एक विचार यह भी है कि होमो इरेक्टस के उद्भव के पूर्व ही होमो हैबिलिस के कुछ समूह अफ्रीका से बाहर निकल चुके थे और मुख्यतः एशिया के विभिन्न क्षेत्रों में फैल चुके थे। अफ्रीका से इन समूहों का बहिर्गमन अठारह से बीस लाख वर्ष पूर्व हुआ होगा, ऐसा अनुमान किया जाता है। दामिनिसि (जार्जिया), में प्राप्त अवशेष क़रीब 17 लाख वर्ष पुराना बताया जाता है। इसी तरह, सोहन घाटी (पंजाब, पाकिस्तान), शिवालिक पहाड़ी (हिमाचल प्रदेश, भारत), मोजोकेर्तों (जावा, इंडोनेशिया), आदि में प्राप्त जीवावशेषों की उम्र भी 18 से 20 लाख वर्ष मानी जाती है। जाहिर है, तब तक एश्यूलियन तकनीक का, हस्तकुठार का, विकास नहीं हुआ था। यही कारण है कि एशिया के होमो इरेक्टस के वास-स्थलों से, जावा मानव या बीजिङ मानव के ठिकानों से खण्डक तथा फलक उपकरण तो मिलते हैं, लेकिन हस्तकुठार नहीं। इस आधार पर होमो इरेक्टस के आरम्भिक काल की दो संस्कृतियों का निरूपण किया गया—हस्तकुठार संस्कृति और खण्डक संस्कृति। परवर्ती काल में इन दोनों संस्कृतियों के मिलन-स्थलों की भी खिनाख़्त की गई।

1944 में प्रसिद्ध अमेरिकी पुरातत्वविद् एच मॉवियस ने प्रागैतिहासिक विश्व, अर्थात् पुरानी दुनिया के दोहरे विभाजन का सिद्धान्त प्रतिपादित किया। इसके अनुसार यह गोलार्ध उत्तर से दक्षिण तक दो भागों में बंटा हुआ था : पश्चिमी भाग में हस्तकुठार का प्राधान्य था और पूर्वी भाग में खण्डकों का। यह समझा जाता था कि विभाजन रेखा मोटे तौर पर युरोप तथा एशिया की सीमा के साथ-साथ और आगे उत्तरी भारत तथा दक्षिण-पूर्वी एशिया से होते हुए गुजरती थी। इस विभाजन या मॉवियस रेखा को ऐतिहासिक मौलिकता के अस्तित्व और ऐतिहासिक प्रक्रिया की स्थानबद्धता का इतिहास में प्रथम वस्तुतः गम्भीर संकेत माना जा सकता है।... दोनों

प्रकार के औजार पश्चिमी भाग में भी बनाए और इस्तेमाल किए जाते थे और पूर्वी भाग में भी। किन्तु फिर भी पश्चिम में हस्तकुठार की प्रधानता थी और पूर्वी भाग में खण्डक की।...[7] इन दो संस्कृतियों के मिलन-स्थल के रूप में जिन क्षेत्रों की शिनाख़्त की गई, उनमें ऊपर वर्णित सोहन घाटी का क्षेत्र भी शामिल है।

कहने की जरूरत नहीं कि अनेक मानवशास्त्री, पुरातत्वविद् तथा इतिहासकार होमो एरगास्टर से सम्बन्धित उपयुक्त विश्लेषण से सहमति नहीं रखते। वे एरगास्टर को होमो हैबिलिस तथा होमो हाइडेलबर्गेनसिस को होमो इरेक्टस की सामान्य श्रेणी में ही रखते हैं—स्थानबद्ध विशेषताओं तथा विभेदों को स्वीकारते हुए भी वे युरोपीय और एशियाई मानवों के पृथक्-पृथक् विकास-क्रमों की अवधारणा को ख़ारिज करते हैं।

3. 1982 में जियोलॉजिकल सर्वे ऑफ इण्डिया के निदेशक (नागपुर) अरूण सोनाकिया को नर्मदा घाटी के हथनौरा में एक पुरानी खोपड़ी मिली। यह जीवावशेष 1.3 लाख वर्ष से भी पुराना था। कुछ इतिहासकार इसकी खिनाख़्त आद्य होमो सेपियन्स के रूप में करते हैं, तो कुछ अन्य इसे होमो इरेक्टस की ही विकसित उपजाति का अवशेष होने की सम्भावना व्यक्त करते हैं। 2003 में पूर्वी भारत के घाटशिला-मयूरभंज क्षेत्र में बारह से बीस लाख वर्ष पुराने जीवावशेषों की खोज का भी दावा किया गया है। इन सारे मामलों में और अनुसंधान की अपेक्षा है।[8]

बहरहाल, यह तो स्पष्ट है कि होमो इरेक्टस एशिया के विभिन्न क्षेत्रों (इंडोनेशिया, चीन, भारत, आदि) में फैल चुके थे। क़रीब एक लाख से सत्तर हजार वर्ष पूर्व जब आधुनिक मानवों के समूह अफ्रीका से निकलकर एशिया के विभिन्न क्षेत्रों में प्रवेश कर रहे थे, क्या तब एशिया में होमो इरेक्टस की विभिन्न प्रजातियाँ विद्यमान थीं? यह भी काफ़ी विवादास्पद प्रश्न रहा है। युरोप में नीएंडरतलों और आधुनिक मानवों के साथ-साथ वास करने के प्रमाण तो मिलते हैं, लेकिन पूर्वी तथा दक्षिणी एशिया में आधुनिक मानवों और इरेक्टस की बची-खुची प्रजातियों के साथ-साथ रहने का वैसा कोई प्रमाण अब तक प्राप्त नहीं हुआ है।

इसी से सम्बन्धित दूसरा प्रश्न आधुनिक मानवों और नीएंडरतलों तथा इरेक्टस की प्रजातियों के बीच यौन-सम्बन्धों की सम्भावना का है। कुछ लोग इस सम्भावना को पूरी तरह ख़ारिज करते हैं, तो कुछ अन्य इस सम्भावना से सहमति व्यक्त करते हैं। हालाँकि हमारी आनुवंशिक संरचना में उनका योगदान नगण्य या महत्वहीन माना जाता है।

कोशिकाओं के माइटोकांड्रिया में पाया जाने वाला आनुवंशिक पदार्थ डीएनए माँ से संतान में बिना बदले ही चला जाता है, जबकि कोशिका के केन्द्रक में पाए जाने वाले डीएनए में आधा अंश माँ से और आधा पिता से प्राप्त होता है। इस डीएनए के अध्ययन से यह निष्कर्ष निकाला गया कि आधुनिक मानवों की आदि जननी लगभग दो लाख वर्ष पूर्व अफ्रीका में निवास करती थी।

4. होमो फ्लोरेसिएनसिस : 2004 में ऑस्ट्रेलिया तथा इंडोनेशिया के वैज्ञानिकों ने इंडोनेशिया के फ्लोरेस द्वीप स्थित चूना पत्थर की एक गुफा में दबे-पड़े जीवावशेषों की खोज की। इन जीवावशेषों के अध्ययन से वैज्ञानिकों ने जो निष्कर्ष निकाला, वह इस प्रकार था—ये अवशेष मानवाभ प्राणी के थे। इस प्राणी का कद औसतन एक मीटर से अधिक नहीं था। आकार में नाटे और अत्यन्त छोटे आकार के मस्तिष्क के बावजूद ये प्राणी पत्थर के काफ़ी परिष्कृत औजार बनाने में माहिर थे, आग को नियंत्रित करना जानते थे, भुने हुए भोजन खाते थे और उन दिनों मौजूद हाथियों की बौनी प्रजाति का सामूहिक रूप से शिकार करते थे। उनके द्वारा किसी प्राक्-बोली के प्रयोग की सम्भावना भी व्यक्त की गई। इस प्राणी को वैज्ञानिकों ने नाम दिया होमो फ्लोरेसिएनसिस। वैसे इसका एक उपनाम होमो होब्बिट्स भी है जो 'द लॉर्ड ऑफ दि रिंग्स' श्रृंखला के रचयिता जे आर आर टोल्किन के 'होब्बिट्स' से प्रेरित है। अनुमान किया जाता है कि यह प्राणी 90 हजार से क़रीब 14 हजार वर्ष पूर्व तक विद्यमान था। होमो होब्बिट्स का अन्य मानव प्रजातियों से सम्भवतः कोई सम्पर्क नहीं था।

इस अध्ययन को प्रामाणिक माना जाए तो आज से एक लाख से चौदह हजार वर्ष पूर्व तक होमो वंश की तीन प्रजातियाँ मौजूद थीं—होमो नीएंडरतलेंसिस, होमो फ्लोरेसिएनसिस, और होमो सेपियन्स सेपियन्स। बहरहाल, होमो फ्लोरेसिएनसिस के बारे में और अनुसंधान किया जाना बाकी है और अनेक वैज्ञानिक इस प्राणी को किसी होमो प्रजाति के रूप में स्वीकार करने से ही इनकार करते हैं।

5. आदिमानव की उत्पत्ति की खोज में जिन वैज्ञानिकों की अहम भूमिका रही, उनकी कुछ चर्चा यहाँ बेमानी नहीं होगी। यह चर्चा हम कार्ल लिन्ने से शुरू कर सकते हैं जिन्होंने वनस्पति और पशुओं का पहला सुसंगत वर्गीकरण प्रस्तुत किया और नर-वानर (प्राइमेट) गण निर्धारित किया। इन गण में उन्होंने होमो वंश का अलग दरजा किया जिसमें सभी मानव प्रजाति (एक जाति : बुद्धिसम्पन्न अथवा दिनचर), मानवाभ वानर तथा मिथकीय पूँछदार या निशाचर (दूसरी जाति : वन्य अथवा निशाचर) रखे गये।

लिन्ने के क़रीब सौ साल बाद थॉमस हक्सले ने यह दिखाया कि मानव की शरीर रचनात्मक मौलिकता एक वंश के मानक की सीमाओं में नहीं समाती है और उसे कुल का स्तर प्रदान किया जाना चाहिए। तब से मानव-विज्ञान में एक अलग कुल—होमिनिड कुल माना जाने लगा। इसी कुल में होमो वंश आता है। इसी वंश में आधुनिक मानव शामिल है। हक्सले के क़रीब चालीस साल पहले (1825 में) जे ग्रे ने होमिनिड शब्द सुझाया था।

हक्सले के ही समकालीन चार्ल्स डार्विन के नाम से तो हम भलीभाँति परिचित हैं ही जिनका क्रम-विकास का सिद्धान्त मानवजाति के प्रादुर्भाव को समझने में भी

काफ़ी मददगार साबित हुआ। चूँकि मानवजाति के उद्‌भव और विकास में प्राकृतिक वरण के साथ-साथ मानवाभ प्राणियों द्वारा जीविकोपार्जन के लिए किए गए सामूहिक क्रियाकलाप के जरिए औजार-निर्माण की भूमिका भी महत्वपूर्ण रही है, इसीलिए इस अध्ययन में डार्विन के पूर्ववर्ती जां-बपतिस्त लामार्क के अंगों की सक्रियता-निष्क्रियता सम्बन्धी सिद्धान्त से भी पर्याप्त रोशनी मिली।

आदिमानवों के जीवावशेषों की खोज में जिन लोगों का अहम योगदान रहा, उनमें लुई लीकी परिवार का नाम सबसे पहले आना स्वाभाविक है। रेमंड डार्ट ने आस्ट्रालोपिथेकस वंश का नामकरण किया (1925), आस्ट्रालोपिथेकस को होमिनिड कुल में शामिल करने का प्रस्ताव सबसे पहले एस वाशवर्न, जी हेबरर और ले ग्रो क्लार्क ने रखा, ब्रुम ने आस्ट्रालोपिथेसिन की दूसरी शाखा के रूप में पेरांथ्रोपस का नामकरण किया (1938), ग्रिग्रोरी और हेलमैन ने होमिनिड कुल का दो उपकुलों –आस्ट्रालोपिथेसिन तथा होमिनिन–के रूप में वर्गीकरण किया (1939), जर्मन प्राणीविज्ञानी तथा डार्विन के प्रबल समर्थक अन्स्र्ट हायकल ने बन्दर और मानव के बीच की मध्यवर्ती कड़ी के रूप में (बन्दर जैसे मानव) पिथेकेंथ्रोपस का नामकरण किया, डच शरीरशास्त्री इयुजीन दुबोय ने होमिनिन उपकुल के पिथिकेंथ्रोपस इरेक्टस (जिसे अब होमो इरेक्टस के नाम से जाना जाता है) का नामकरण किया (1894), विलियम किंग ने होमो नीएंडरतलेंसिस की खिनाख़्त की (1861), पेई वेनझौंग तथा ब्लैक ने पिथिकेंथ्रोपस पेकिनेंसिस (बीजिङ मानव, 1929) की खोज की, आदि। पिथिकेंथ्रोपस अथवा इरेक्टस के विभिन्न जीवावशेषों की खोज करनेवाले अन्य वैज्ञानिक हैं शोएतेनसैक (हाइडलबर्गेनसिस, 1908), ओपेनूर्थ (सोलोएनसिस, 1932), हेबरर (लीकेई, 1963), वलेरी अलेक्सेयेव (रुडोल्फेंसिस, 1976), कमोया किम्यू तथा एलन वाकर (तुरकाना बालक, 1984), आदि। आस्ट्रालोपिथेकस गरही की खोज का श्रेय बरहाने असफाउ तथा टिम ह्वाइट के नेतृत्व वाले खोजी दल को जाता है (1996)। आस्ट्रालोपिथेकस सेदिबा के जीवावशेष को अनजाने ही खोज करने का श्रेय वैज्ञानिक ली बर्गर के नौ-वर्षीय पुत्र को जाता है (2008)।

उन्नीसवीं सदी के उत्तरार्ध में (जब युरोप में ही खोजे गए नीएंडरतल तथा क्रोमैगनन मानवों के जीवावशेष ही उपलब्ध थे) फ्रेडरिक एंगेल्स ने 'वानर के नर बनने की प्रक्रिया में श्रम की भूमिका' की रचना कर तथा मानवोत्पत्ति का श्रम सिद्धान्त प्रस्तुत कर इस अध्ययन में अपना महत्वपूर्ण योगदान दिया।

होमो सेपियन्स सेपियन्स

आज से क़रीब 1.15 लाख वर्ष पूर्व होमो सेपियन्स की एक और प्रजाति अस्तित्व में आई जिसे होमो सेपियन्स सेपियन्स, अथवा शारीरिक संरचना के लिहाज़ से आधुनिक मानव कहा जाता है। इसके प्रथम जीवावशेष 1868 में दक्षिण-पश्चिम

फ्रांस के क्रोमैगनन नामक स्थान पर रेलवे लाइन बिछाने के लिए की जाने वाली खुदाई के दौरान मिले थे। पाँच कंकालों के अध्ययन से इस बात की पुष्टि हुई कि ये कंकाल नीएंडरतलों से भिन्न, आधुनिक मानवों की शक्ल के कंकाल थे। इनका माथा ऊँचा था, ठुड्डी स्पष्ट रूप से निकली हुई थी, भौंहों की हड्डियाँ बैठी हुई थीं और मस्तिष्क की संरचना इस बात का स्पष्ट संकेत देती थी कि उनमें वाक्-क्षमता पर्याप्त विकसित हो चुकी थी। नीएंडरतलों की भाँति, इन्हें भी स्थान के नाम पर क्रोमैगनन मानव कहा गया। यह हम थे। ये कंकाल हमारे कंकाल थे।

बाद में दक्षिण अफ्रीका की एक गुफा में इसी मानव की लगभग 1,10,000 साल पुरानी खोपड़ी मिली और इजराइल की कफजेह गुफा से क़रीब 92,000 वर्ष पुराना जीवावशेष प्राप्त हुआ। इन खोजों से यह प्रमाणित हुआ कि होमो सेपियन्स सेपियन्स की उत्पत्ति भी अफ्रीका में ही हुई और वहीं से वे दुनिया के विभिन्न हिस्सों में फैले। क्रोमैगनन में मिले अवशेष इस बात की पुष्टि करते थे कि 35,000 वर्ष पूर्व तक वे युरोप में बस चुके थे। एक लाख वर्ष से सत्तर हजार वर्ष पूर्व के बीच उनका अफ्रीका से बहिर्गमन शुरू हो चुका था। अफ्रीका सिनाई प्रायद्वीप होकर पश्चिम एशिया से जुड़ा हुआ था। अफ्रीका से निकलने के बाद दो प्रमुख यात्रा मार्ग खुलते थे—एक मार्ग उन्हें (आज के) इजराइल, लेबनान, सीरिया, अनातोलिया के पठार (तुर्की) के रास्ते उत्तर की ओर युरोप ले जाता था, और दूसरा मार्ग पूरब की ओर इराक, ईरान, भारत, चीन, दक्षिण पूर्व एशिया और आस्ट्रेलिया तक। क़रीब साठ हजार वर्ष पूर्व वे अंडमान निकोबार द्वीप समूह आ चुके थे। वहाँ के जरावा जन उन्हीं के वंशज हैं। अब उनकी संख्या मात्र 380 है। दक्षिण पूर्व एशिया से कम-से-कम 100 कि.मी. खुले समुद्र को पार कर क़रीब 50 से 60 हजार वर्ष पहले वे आस्ट्रेलिया और न्यू गिनी (जो उस समय भू-सेतुओं से जुड़े हुए थे) जा पहुँचे। वे बेड़े तथा किश्तियाँ बनाना जानते थे। क़रीब बीस हजार वर्ष पूर्व एशियाई रूस भू-सेतु से (आज जहाँ बेरिंग जलडमरुमध्य है) उत्तरी अमेरिकी महाद्वीप (अलास्का) से जुड़ा हुआ था। इसी रास्ते आधुनिक मानव अमेरिकी महाद्वीप में भी जा पहुँचे और पन्द्रह हजार वर्ष पूर्व तक दक्षिण अमेरिकी महाद्वीप में भी दाखिल हो गये। इस तरह पन्द्रह हजार वर्ष पूर्व तक आधुनिक मानव सभी महाद्वीपों में फैल चुके थे, और तब तक होमो सेपियन्स की दूसरी प्रजाति नीएंडरतलों का प्रायः लोप हो चुका था।

आदिमानवों के मस्तिष्क की बनावट अपेक्षाकृत सरल थी—कपाल तोरण की ऊँचाई अल्पविकसित थी, ललाट खण्ड की आकृति अपरिष्कृत थी, पश्चकपाल खण्ड बहुत बढ़ा हुआ था, अनुमस्तिष्क छोटा था। आनन खण्ड में अधःहनु अपेक्षाकृत भारी था, चिबुक उत्सेध अनुपस्थित था और दाँतों की संरचना भी भिन्न थी। आधुनिक मानव के कपाल तोरण की ऊँचाई अधिक तथा सुस्पष्ट है, अधिनेत्र गुहा विकसित है, उन्नत ललाट और ललाट का झुकाव परिष्कृत है। पश्चकपाल का रूप और उस

पर मांसपेशियों का उभार भी बदला हुआ तथा विकसित है। निचला जबड़ा अपेक्षाकृत हल्का तथा चिबुक उत्सेध भी स्पष्ट है। साथ ही दाँतों की संरचना में भी सुधार है। (वैसे आनन-खण्ड में, और अन्य संरचनाओं में भी, क्रम-विकास के कुछ लक्षण आधुनिक मानवों में भी यदा-कदा दिख जाते हैं।)

आधुनिक मानव का स्वर-यंत्र मानवाभ वानरों के स्वर-यंत्र की अपेक्षा अधिक नीचे स्थित है, दूसरे यह कि स्वर-रज्जू अधिक मोटे तथा वर्तुलित हैं। ऐसे स्वर-रज्जुओं की बदौलत प्रबल ध्वनियों का उच्चारण करना सम्भव होता है, जबकि स्वर-यंत्र के नीचे चले जाने से पर्याप्त लम्बा और लचीला मुख विवर बना है, जिससे सूक्ष्मतः विभेदित ध्वनियों का उच्चारण सम्भव होता है। किन्तु यह कहना कठिन है कि मानवोत्पत्ति के किस चरण में ये परिवर्तन आये, क्या वे एक ही समय पर आये या इनका सम्बन्ध अलग-अलग काल-क्रमिक चरणों से है। निचले जबड़े के उद्विकास पर विचार करने के लिए हमारे पास विभिन्न कालों के जीवाश्मी अवशेष हैं। मोटे तौर पर इनसे यह पता चलता है कि होमिनिड कुल के सारे इतिहास में निचला जबड़ा छोटा होता गया, आस्ट्रालोपिथेकस से होमो इरेक्टस में तथा नीएंडरतल से आधुनिक मानव में संक्रमण के दौरान यह परिवर्तन विशेषतः दृष्टिगोचर होता है। निस्संदेह, भारी जबड़े की तुलना में हल्का जबड़ा कारगर उच्चारण में अधिक सहायक होता है। ध्वनियों के उच्चारण के समय जबड़े की स्थिति में द्रुत, क्षणिक परिवर्तन अपेक्षित होते हैं —स्वाभाविक ही है कि जबड़ा हल्का होने पर ऐसे परिवर्तनों के लिए कम प्रयत्न करना पड़ता है। चर्वण मांसपेशियों का ह्रास भी उच्चारण में सहायक है, क्योंकि कम प्रबल मांसपेशियाँ तान—कसाव और ढ़ील—के द्रुत प्रत्यावर्तनों में अधिक सक्षम होती हैं, जो कि उच्चारण के लिए इतना आवश्यक है। निचले जबड़े के बाहरी उभारों में परिवर्तन भी उपरोक्त दो कालक्रमिक चरणों-आस्ट्रालोपिथेकस से होमो इरेक्टस और नीएंडरतल से आधुनिक मानव में संक्रमण के चरणों में ही आए। चिबुक उत्सेध का पूर्ण निरूपण भी आधुनिक मानव के गठन के काल में हुआ। वाक्-प्रक्रिया में इसका बहुत महत्व है।[9]

क्रोमैगनन में मिले अवशेष इस बात की पुष्टि करते थे कि उनके पत्थर के औजार काफ़ी विविध और उन्नत थे। शीघ्र ही वे खण्डकों, खुरचनियों तथा हस्तकुठार की दुनिया से बहुत आगे निकल गये। उनके पास हत्थायुक्त कुल्हाड़ियाँ थीं, चाकू, दराती, छेनी, भाला ही नहीं, अब उनके पास (क़रीब 20,000 वर्ष पूर्व) दूर से जानवरों का शिकार करने के लिए भाला फेंकनेवाला यंत्र 'अटलाटल' भी था। एक डंडे पर खांचा बनाया जाता था और उसमें बर्छी रखकर चलाई जाती थी। इस प्रकार हाथ के घुमाव का विस्तार बढ़ता था और परिणामतः बर्छी अधिक शक्ति से छूटती थी। ऐसे औजार (अटलाटल) से छोड़ी गई बर्छी कुशल से कुशल भालावरदार के फेंके भाले से दो-तीन गुनी अधिक तेजी से जाती थी। गुलेल, तीर-धनुष इसी के विकसित रूप थे। धनुष से छोड़े गये वाण की गति अटलाटल से भी दो-तीन गुनी अधिक होती थी।

वे लताओं तथा पौधों के रेशों या पशुओं की नसों से रस्सियाँ या धागे बनाना जानते थे, और बेहतरीन जाल बुनने में भी माहिर हो चुके थे। वे मछलियों का शिकार करते थे, और मधु निकालना भी जानते थे। आग का इस्तेमाल वे सिर्फ़ भोजन पकाने के लिए ही नहीं, बल्कि रोशनी तथा पानी गरम करने के लिए, और औजार का निर्माण करने के लिए भी, करते थे। कोयला, लकड़ी और हड्डियों का वे ईंधन के रूप में उपयोग करते थे। उन्हें रालयुक्त (रेजिनयुक्त) मशालों का प्रयोग करना भी आता था। वे बेड़े तथा किश्तियाँ बनाना भी जानते थे।

वे तंबुनुमा घरों का निर्माण करना सीख चुके थे। यूक्रेन में खोजे गये एक दर्जन से अधिक स्थलों पर मिले शरण-स्थलों के अवशेष से यह पता चलता है कि इमारती सामग्री के रूप में मुख्यतः (आज के) हाथियों के वृहदाकार पूर्वज (मैमथ) की हड्डियों का प्रयोग किया जाता था। एक स्थान पर 24 वर्गमीटर के एक बड़े आवास को बनाने में ऐसे 95 मैमथों की हड्डियों का इस्तेमाल किया गया था। एक अनुमान के अनुसार, इसे बनाने में 21,000 कि.ग्रा. हड्डियों का इस्तेमाल किया गया होगा और 10 पुरुषों तथा महिलाओं का छः दिन का श्रम लगा होगा। हड्डियाँ शिकार में मारे गये पशुओं की न होकर सम्भवतः बहुत पहले मर चुके पशुओं के कंकालों की थी जिन्हें आवास निर्माता आसपास से बटोर लाए होंगे।

क़रीब 24-25,000 वर्ष पहले वे (मुख्यतः चमड़ों के) वस्त्र बनाना भी जान चुके थे। उनके शरण-स्थलों से हाथी दाँत या हड्डी की बनी क़रीब 8 से 10 से.मी. लम्बी सूइयाँ भी मिली हैं, जिनका इस्तेमाल वे वस्त्र सिलने के लिए करते थे। इन वस्त्रों का प्रमाण तो नहीं मिलता, लेकिन उनके द्वारा बनाई गई मूर्तियों से यह आभास मिलता है कि वे पैर से लेकर सिर तक पहने जाने वाले लबादे अथवा कुरते का इस्तेमाल करते होंगे। कंकालों पर मिले मनकों से यह भी पता चलता है कि वे आभूषण भी पहनते थे। उनके आवास-स्थलों से पारिवारिक-सामाजिक जीवन की भी झांकी मिलती है। वे बोलियों का प्रयोग करने लगे थे। उनके अपने कुछ कर्मकाण्ड भी थे—जिनका भरपूर प्रमाण शव दफनाने की उनकी प्रक्रिया से तथा गुफाओं, पत्थरों पर उकेरी गई आकृतियों से मिलता है। 'वीनस' (अथवा मातृदेवी) की मूर्तियों से प्रजनन-सम्बन्धी कर्मकाण्ड का भी आभास मिलता है। वे चित्रों और मूर्तियों के अद्‌भुत शिल्पी थे। फ्रांस के एक मध्यपाषाणकालीन स्थल पर 25,000 वर्ष पुरानी बांसुरी के अवशेष मिले हैं जो किसी पक्षी की हड्डी से बनाई गई थी। यह संगीत का प्राचीनतम प्रमाण माना जाता है।

इन सारे विषयों पर कुछ चर्चा हम आगे भी करेंगे। यहाँ हमने मानवजाति के उद्‌भव की जो संक्षिप्त रूपरेखा प्रस्तुत की है, उसके आधार पर निष्कर्ष-स्वरूप हम अपनी चर्चा अब आगे बढा सकते हैं।

3

आगमन का अभिप्राय

श्रम और ज्ञान

मानवजाति के प्रादुर्भाव के विवरण से हम इस पूरी प्रक्रिया को सहज ही दो महत्वपूर्ण चरणों में बांट सकते हैं। पहला चरण आस्ट्रालोपिथेसिन से होमो इरेक्टस तक का विकास है। दूसरा चरण होमो इरेक्टस से होमो सेपियन्स सेपियन्स के विकास का है। पहले चरण में, कार्यसक्रियता अथवा दो मुक्त हाथों द्वारा किए जाने वाले श्रम ने निर्णायक भूमिका अदा की। दूसरे चरण में मस्तिष्क तथा वाक्-भाषा क्षमता के विकास ने। पहले चरण ने दूसरे चरण के द्रुत विकास की आधारशिला रख दी थी। मस्तिष्क का विकास मानव शिशु के जन्म के बाद भी कुछ वर्षों तक जारी रहता है, और जन्म के समय किसी भी शिशु में वाक्-प्रकार्य का अंकुरण तक नहीं होता। मानव समाज के सम्पर्क से कई वर्षों तक वंचित कोई शिशु वाक्-भाषा क्षमता से सदा के लिए अयोग्य हो जाता है।

फ्रेडरिक एंगेल्स का 'मानवोत्पत्ति का श्रम सिद्धान्त' मूलतः होमो इरेक्टस के प्रादुर्भाव पर लागू होता है। आरम्भ में बहुत आदिम ढंग की और फिर धीरे-धीरे लक्ष्योन्मुख सामूहिक क्रियाओं के रूप में श्रम सक्रियता, हाथ का परिष्कार, औजारों की विविधता तथा उनका परिष्कार, और इस दौरान (क़रीब 25 लाख वर्षों में) आस्ट्रालोपिथेसिन की तुलना में मस्तिष्क की ढ़ाई गुनी वृद्धि (400 मि.ली. से 1000 मि.ली.) एवं मस्तिष्क के अंदर वाक्-क्षेत्रों का प्रस्फुटन—यह पूरी प्रक्रिया होमो इरेक्टस के प्रादुर्भाव की प्रक्रिया है। सामूहिक श्रम-क्रिया वह बुनियादी कारक था जिसने होमो इरेक्टस को पशुजगत से अलग किया। ये इरेक्टस फिर पृथ्वी के अन्य हिस्सों में भी फैल गए। श्रम ने आधुनिक मानव को नहीं, होमो इरेक्टस को बनाया।

होमो इरेक्टस से होमो सेपियन्स सेपियन्स के विकास में निर्णायक भूमिका मस्तिष्क तथा वाक्-क्षमता के विकास ने निभाई। होमो इरेक्टस से होमो सेपियन्स सेपियन्स के विकास के अन्तिम पाँच लाख वर्षों में न सिर्फ़ मस्तिष्क के आकार में (क़रीब 300-400 मि.ली. की) तेज वृद्धि हुई, बल्कि मस्तिष्क की अन्दरूनी संरचना में भी निर्णायक परिवर्तन घटित हुए तथा वाक्-भाषा क्षेत्रों का यथेष्ट विकास हुआ।

(मस्तिष्क की अन्दरूनी संरचना के बारे में हम आगे चर्चा करेंगे।)

श्रम-सक्रियता के जरिए निश्चय ही मस्तिष्क एवं वाक्-क्षमता के विकास की आधारशिला रखी गई, लेकिन मस्तिष्क की अन्दरूनी संरचना में यथोचित परिवर्तन न होने तथा वाक्-क्षमता का विकास अवरुद्ध हो जाने की स्थिति में उस आधारशिला के बावजूद आधुनिक मानव का प्रादुर्भाव सम्भव नहीं था। सामूहिक क्रियाओं के रूप में श्रम-सक्रियता (उपर्युक्त परिवर्तनों के अभाव में) अधिक-से-अधिक होमो नीएंडरतलिस के उद्‌भव तक जा सकती थी, उसके आगे नहीं। सामूहिक ज्ञान-क्रिया ने आधुनिक मानवों को जन्म दिया। सामूहिक श्रम-क्रिया और सामूहिक ज्ञान-क्रिया के दौरान ही काल-क्रम में मानव-समाज ने आकार ग्रहण किया। कुछ वैज्ञानिक आधुनिक मानवों की तुलना में नीएंडरतलों के बीच सामाजिकता के अपेक्षाकृत अभाव को नीएंडरतलों के विलोप का निर्णायक कारण मानते हैं।[10]

सामूहिक श्रम-क्रिया, जो निश्चय ही मानवजाति के उद्‌भव का एक अत्यन्त महत्वपूर्ण घटक है, पर जोर देने के कारण एंगेल्स स्वभावतः जां लामार्क के अंगों की सक्रियता-निष्क्रियता सम्बन्धी सिद्धान्त के हिमायती थे और मानवजाति के उद्‌भव की व्याख्या में भी उन्होंने इसका उपयोग किया। बहरहाल, लामार्क का सिद्धान्त चार्ल्स डार्विन के वरण-विषयक सिद्धान्त का विरोधी नहीं है। हमें याद रखना चाहिए कि हम यहाँ लाखों वर्षों की प्रक्रिया की चर्चा कर रहे हैं और जहाँ बात लाखों वर्षों की हो, वहाँ डार्विन के प्राकृतिक वरण-सम्बन्धी सिद्धान्त की उपयोगिता स्वतःसिद्ध है। जेनेटिक परिवर्तन एक लम्बे कालखण्ड में ही सम्पन्न होता है। लेकिन साथ-ही-साथ एक अपेक्षाकृत छोटे कालखण्ड में किसी प्राणी के अंगों की सक्रियता-निष्क्रियता, उसका व्यवहार भी उसके विकास को प्रभावित करता है। जैसे वरण श्रम-सक्रियता में संक्रमण के दौरान भी एक प्रबल परिवर्तनकारी शक्ति बना रहता है, वैसे ही श्रम द्वारा अभिदिष्ट वरण (लम्बे कालखण्ड में) एक जैव परिघटना के रूप में सामने आता है। होमो नीएंडरतलेंसिस सम्भवतः इस वरण की प्रक्रिया में कुछेक जैव परिवर्तनों से वंचित रह गए।[11]

बहरहाल, आगे बढ़ने से पहले हम एंगेल्स के इस उद्धरण पर ग़ौर कर सकते हैं। एंगेल्स लिखते हैं, "पहले श्रम, उसके बाद और तब उसके साथ वाणी—ये ही दो सबसे सारभूत उद्दीपनाएँ थीं जिनके प्रभाव से वानर का मस्तिष्क धीरे-धीरे मनुष्य के मस्तिष्क में बदल गया, जो सारी समानता के बावजूद वानर के मस्तिष्क से कहीं बड़ा और अधिक परिनिष्पन्न है। मस्तिष्क के विकास के साथ साथ ही उसके सबसे निकटस्थ करण, ज्ञानेन्द्रियों का विकास हुआ। जिस तरह वाणी के क्रमिक विकास के साथ अनिवार्य रूप से श्रवणेन्द्रिय का तदनुरूप परिष्कार होता है, ठीक उसी तरह से समग्र रूप से मस्तिष्क के विकास के साथ-साथ सभी ज्ञानेन्द्रियों का परिष्कार होता है।... प्रत्येक व्यक्ति में ही नहीं, बल्कि समाज में भी हाथों, स्वरांगों और मस्तिष्क

के सामंजस्य से मानव अधिकाधिक पेचीदे कार्य तथा सतत् उच्चतर लक्ष्य अपने सामने रखने और उन्हें हासिल करने योग्य बने। हर पीढ़ी के गुजरने के साथ श्रम स्वयं भिन्न, अधिक परिनिष्पन्न, अधिक विविधता युक्त होता गया। शिकार और पशुपालन के अतिरिक्त कृषि भी की जाने लगी। फिर कताई, बुनाई, धातुकारी, कुम्भकारी और नौचालन की बारी आई। व्यापार और उद्योग के साथ अंततः कला और विज्ञान का आविर्भाव हुआ। कबीलों से जातियों और राज्यों का विकास हुआ। कानून और राजनीति का आविर्भाव हुआ और उनके साथ मानव मस्तिष्क में मानव-जगत के काल्पनिक दर्पण-प्रतिबिम्ब—धर्म का उदय हुआ। प्रथमतः मस्तिष्क की उपज लगने वाले और मानव समाजों के ऊपर छाये ज्ञात होने वाले इन सारे सृजनों के आगे श्रमशील हाथ के अधिक साधारण उत्पादन पृष्ठभूमि में चले गये। ऐसा इस कारण से और भी हुआ कि समाज के विकास की बहुत प्रारंभिक मंजिल में ही (उदाहरणार्थ आदिम परिवार में ही) श्रम को नियोजित करने वाला मस्तिष्क नियोजित श्रम को दूसरों के हाथों से करा सकने में समर्थ था। सभ्यता की द्रुत प्रगति का समूचा श्रेय मस्तिष्क को, मस्तिष्क के विकास एवं क्रियाकलाप को दे डाला गया। मनुष्य अपने कार्यों की व्याख्या अपनी आवश्यकताओं से करने के बदले अपने विचारों से करने के आदी हो गये (हालाँकि आवश्यकताएँ ही मस्तिष्क में प्रतिबिम्बित होती हैं, चेतना द्वारा ग्रहण की जाती हैं)। अतः कालक्रम में उस भाववादी विश्व दृष्टिकोण का उदय हुआ जो प्राचीन जगत के अंत के बाद से तो ख़ास तौर पर मानवों के मस्तिष्क पर हावी रहा है। वह अब भी इस हद तक उनके ऊपर हावी है कि डार्विन पंथ के भौतिकवादी से भौतिकवादी प्रकृतिविज्ञानी भी अभी तक मनुष्य की उत्पत्ति के विषय में स्पष्ट धारणा निरूपित करने में असमर्थ है क्योंकि इस विचारधारा के प्रभाव में पड़कर वे इसमें श्रम द्वारा अदा की गई भूमिका को नहीं देखते।''[12]

एंगेल्स के समय आदिमानवों के जीवावशेषों की ज्यादा खोज नहीं हुई थी, तथापि उन्होंने मानवजाति की उत्पत्ति के विषय में एक स्पष्ट वैज्ञानिक व्याख्या प्रस्तुत की थी। बहरहाल, शारीरिक संरचना के क्रम-विकास में हाथ की तरह मस्तिष्क भी एक अत्यन्त महत्वपूर्ण घटक है। उपर्युक्त उद्धरण में एंगेल्स जिस कालावधि का जिक्र करते हैं, वह क़रीब चालीस लाख वर्षों की विराट कालावधि है जिसके दौरान मानवों का विकास-क्रम कई चरणों से गुजरता है। औजार निर्माण के रूप में सामूहिक श्रम-क्रिया के मस्तिष्क, ख़ासकर मस्तिष्क के भाषा-क्षेत्रों के साथ सम्बन्ध पर हम आगे चर्चा करेंगे। भाषा से युक्त होकर ही ज्ञान सामूहिक ज्ञान-क्रिया का रूप लेता है। समाज के विकास की बहुत प्रारंभिक मंजिल में ही, न सिर्फ़ श्रम को बल्कि ज्ञान को भी नियोजित करने वाला मस्तिष्क नियोजित ज्ञान को दूसरों के मस्तिष्कों से क्रिया रूप देने में भी समर्थ होने लगा था। सवाल श्रम की भूमिका को नकारने का नहीं, अपितु विकास-क्रम के विभिन्न चरणों में शारीरिक संरचना के विभिन्न घटकों की

भूमिका के यथोचित निरूपण का है। भाववादी विश्व दृष्टिकोण का विरोध करने के लिए हाथ और मस्तिष्क को, श्रम और ज्ञान को, सामूहिक श्रम-क्रिया और सामूहिक ज्ञान-क्रिया को एक दूसरे के विरुद्ध खड़ा करना जरूरी नहीं। लेख के अंत में एंगेल्स खुद ''युरोप में प्राचीन क्लासिकीय युग के अवसान के बाद उद्भूत होने वाली और ईसाई मत में सबसे अधिक विशद् रूप में निरूपित की जाने वाली, मस्तिष्क और भूतद्रव्य, मनुष्य और प्रकृति, आत्मा और शरीर के वैपरीत्य की निरर्थक एवं अप्राकृतिक धारणा''[13] के अधिकाधिक असम्भव होते जाने की बात कहते हैं।

अधि-आनुवंशिकी

हाल के वर्षों में विज्ञान की एक नई शाखा 'एपिजेनेटिक्स' (अधि-आनुवंशिकी) सामने आई है जिसकी खोजों तथा प्रस्थापनाओं से मानवजाति के उद्भव को, और होमो इरेक्टस तथा होमो नीएंडरतलेंसिस के लुप्त हो जाने के कारणों को भी, समझने में पर्याप्त मदद मिल सकती है। एपिजेनेटिक्स चार्लूस डार्विन और जां-बपतिस्त लामार्क के सिद्धान्तों के बीच सम्बन्धों को भी स्पष्ट करता है और उन्हें एक दूसरे के विरुद्ध खड़ा करने के बजाए, एक दूसरे के पूरक के रूप में देखता है। लामार्क के सिद्धान्तों को डार्विन (जो लामार्क से 84 वर्ष छोटे थे) के सिद्धान्तों के बरक्स एक 'वैज्ञानिक भूल' के रूप में देखा जाता था। डार्विन के अन्तिम वर्षों के पत्र से यह प्रमाणित होता है कि भले शुरू में उन्होंने लामार्क के सिद्धान्तों को नकारा हो, अंत आते-आते उन्हें भी आंशिक रूप से उन्हें स्वीकृति देनी पड़ी थी—भले ही यह स्वीकृति उनके लिए कितनी भी कष्टकर क्यों न रही हो। एपिजेनेटिक्स लामार्क की पुनर्स्थापना तो करता ही है, उन्हें पर्याप्त सम्मान भी देता है।

आखिर एक ही जीनोम वाले व्यक्ति अथवा समूह की विभिन्न मानसिक तथा शारीरिक व्याधियों के प्रति अतिसंवेदनशीलता अलग-अलग क्यों होती है? इसमें उनके खान-पान, रहन-सहन, क्रियाकलापों, तथा उनकी भौतिक-पारिस्थितिक अवस्थाओं की क्या भूमिका है? और अगर इनकी भूमिका है (लामार्क) तो लम्बे समय में होनेवाले आनुवंशिक परिवर्तन अथवा प्राकृतिक वरण (डार्विन) के साथ उनका क्या सम्बन्ध है? एपिजेनेटिक्स जीनसम्बन्धी क्रियाविधान में ऐसे परिवर्तनों का अध्ययन करता है, जो यूँ तो जीनोम में (जेनेटिक कोड में) किसी परिवर्तन को अंजाम नहीं देते, तथापि कम-से-कम एक पीढ़ी से दूसरी पीढ़ी में स्थानान्तरित होते हैं। दरअसल, जीनोम के बाहर, ठीक उसके शीर्ष पर एपिजीनोम स्थित होता है। इन एपिजेनेटिक संकेतकों के निर्देश पर जीन 'ऑन-ऑफ' होता है, यानी वह क्रिया करता है अथवा नहीं करता है। इन एपिजेनेटिक संकेतकों के निर्माण में व्यक्ति अथवा समूह की पारिस्थितिक स्थितियाँ, उनका क्रियाकलाप, उनका भोजन, आदि महत्वपूर्ण भूमिका अदा करते हैं। इन संकेतकों से व्यक्तियों अथवा समुदायों की निजी विशिष्टताएँ निर्मित होती हैं, और

बिना जीनोम का हिस्सा बने ये विशिष्टताएँ एक पीढ़ी से दूसरी पीढ़ी में स्थानान्तरित भी होती हैं। चूँकि ये विशिष्टताएँ जीनोम का हिस्सा नहीं होतीं, इसीलिए व्यक्ति अथवा समुदाय के भौतिक जीवन, उनेक क्रियाकलापों तथा भोजन, आदि में परिवर्तन से ये विशिष्टताएँ स्वतः मिट भी जाती हैं अथवा नई विशिष्टताएँ जुड़ जाती हैं। डार्विन के अनुसार, जीनोम का क्रम-विकास कई पीढ़ियों में सम्पन्न होता है; जबकि शोधकर्ताओं ने पाया कि मात्र कुछ रसायनों के प्रयोग से एपिजीनोम में परिवर्तन घटित होता है और अगर उन रसायनों का प्रयोग जारी रहा तो यह परिवर्तन (बिना जीनोम का हिस्सा हुए) दूसरी पीढ़ी में भी स्थानान्तरित हो जाता है।[14]

ख़ैर, यहाँ हम इस विज्ञान तथा इसकी खोजों के विस्तार में नहीं जा रहे हैं। संक्षेप में, इन वैज्ञानिकों ने ही जीनोम तथा एपिजीनोम के सम्बन्धों की तुलना आजकल की कम्प्यूटर की भाषा में इस प्रकार की है—अगर जीनोम हार्डवेयर है, तो एपिजीनोम सॉफ्टवेयर। हार्डवेयर एक होने पर भी सॉफ्टवेयर भिन्न होने से, जैसे हमें भिन्न परिणाम प्राप्त होते हैं, उसी तरह एक ही जीनोम होने के बावजूद, एपिजीनोम में भिन्नता भिन्न किस्म की कोशिका को जन्म दे सकती है। एक प्रश्न और भी उठता है—एपिजेनेटिक संकेतक में परिवर्तन अगर कई पीढ़ियों तक बना रहे तो क्या वे जीनोम का भी हिस्सा बन जाते हैं?

डार्विन और लामार्क, जीनोम और एपिजीनोम के जरिए मानव विकास को समझने के अतिरिक्त एक और विचार है जिसके प्रमुख प्रणेता नोबेल पुरस्कार प्राप्त फ्रांसीसी आण्विक जीवविज्ञानी दिवंगत जैक्वा मोनो थे। हम जानते हैं कि प्राणीजगत की अधिकांश जैव-रासायनिक क्रियाएँ प्रोटीन अणुओं द्वारा सम्पन्न की जाती हैं और प्रोटीन का खाका जीन समूहों (डीऑक्सीराइबोन्यूक्लियक एसिड, डीएनए) में निहित होता है। ये जीनसमूह अपनी प्रतिकृति तैयार करते रहते हैं। अगर जीन समूहों में अंतर्निहित प्रोटीन के खाके में कुछ परिवर्तन घटित हो जाए, तो जाहिर है, प्रोटीन की क्रिया में भी बदलाव आ जाता है। जीनसमूहों की आत्म-प्रतिकृति तैयार करने की प्रणाली की, और कोशिकाओं द्वारा प्रोटीन को संश्लेषित करने के तरीकों की व्याख्या के लिए ही जैक्वा मोनो को नोबेल पुरस्कार प्रदान किया गया था। उनके अनुसार, अपनी प्रतिकृति आप गढ़ने के दौरान कभी-कभी चूक हो जाती है और जीनसमूहों में ऐसी चूक हो जाना कोई अनहोनी बात नहीं है। बहरहाल, ऐसी चूक के कारण कोशिकाओं द्वारा प्रोटीन के संश्लेषण में भी बदलाव आ जाता है और प्रोटीन का प्रकार्य भी बदल जाता है। और इस चूक के कारण एक नया जीव अस्तित्व में आ जा सकता है।

कुल मिलाकर, जीवों की उत्पत्ति और विकास के अरबों वर्षों के विशाल फलक पर जीनसमूहों द्वारा अरबों-खरबों बार अपनी प्रतिकृति तैयार करते जाने के क्रम में कभी-कभी होने वाली विच्युति नये-नये जीवों की उत्पत्ति का सबब बन जा सकती

है। यहाँ कुछ तथ्यों पर नज़र दौड़ाना ग़ैर-मुनासिब नहीं होगा। अपने पूरे जीवनकाल में हमारे शरीर की कोशिकाएँ 10^{16} बार, यानी एक लाख खरब बार विभाजित होती हैं। इस प्रकार, 'आगे बढ़' और 'थम' जैसे संकेतकों के इतने ही अवसर उपस्थित होते हैं, और साथ ही भूलचूक के भी। एक महत्वपूर्ण एनजाइम टेलोमेरेज है जो एक स्वस्थ कोशिका को क़रीब 50 बार विभाजित होने के बाद मर जाने के निर्देश देता है। इसमें गड़बड़ी भी कोशिकाओं की अबाध वृद्धि का कारण बन सकती है। इसके अलावा एक जीन क्षतिग्रस्त कोशिकाओं को आत्मघात के लिए निर्देशित करता है। इस जीन में खराबी भी कोशिकाओं की सतत् वृद्धि को न्योता दे सकती है। मोनो के अनुसार, जीवन के उद्‌भव और विकास के विराट कालखण्ड में सारे विकास-क्रम का आधार 'दुर्घटनाओं, चूकों, विच्युतियों, गलतियों' की यही श्रृंखला है। जीवन का उद्‌भव निरा संयोग है, दुर्घटना है, नितान्त स्वतन्त्र लेकिन अंध परिघटना भी। उनकी यह भी मान्यता थी कि भूलवश अणुओं का यह संयोजन जिसके परिणामस्वरूप जीवन की उत्पत्ति हुई, सम्भवतः एक बार ही हुआ हो, और यह अनोखी घटना घटी क्योंकि 'मांटे कार्लो के खेल में हमारा नम्बर ऊपर आ गया।'[15] संक्षेप में, यह है एक दुर्घटना, एक जुए के रूप में जीवन की उत्पत्ति के बारे में उनका सिद्ध ान्त। जीवन की उत्पत्ति का कारण यह था कि अपनी प्रतिकृति आप गढ़ने वाले जीन मुम्बई के डब्बावालों की तरह 'सिक्स सिग्मा' के हकदार नहीं थे, कि उनसे यदा-कदा गलतियाँ हो जाया करती थीं।

जीन-केन्द्रित विकास की इस अवधारणा को रिचर्ड डॉकिन्स अपनी रचना 'दि सेल्फिश जीन्स' में और विस्तार देते हैं तथा 'निरा संयोग' अथवा 'दुर्घटना' के बजाए इस विकास-क्रम को जीन द्वारा अपने विकास की स्वाभाविक क्रिया के रूप में पेश करते हैं।[16]

बहरहाल, समग्र रूप से जीवन की उत्पत्ति की मोनो की राय से कोई सहमत हो या न हो, अपनी प्रतिकृति आप गढ़ने वाले जीन के सम्बन्ध में उनकी शोधपूर्ण खोज का आण्विक जीवविज्ञान में अत्यन्त महत्वपूर्ण स्थान है। यह सही है कि प्रतिकृति बनाने की प्रक्रिया में चूक होती है, कि इस चूक के कारण प्रोटीन संश्लेषण तथा प्रोटीन का प्रकार्य प्रभावित होता है। सम्बन्धित प्राणी की शारीरिक संरचना में भी इस कारण परिवर्तन घटित होता है। कुत्तों, घोड़ों, आदि प्राणियों की नस्लों में होने वाले परिवर्तनों का अध्ययन करने वाले वैज्ञानिक दरअसल एपिजीनोम तथा उपयुक्त जेनेटिक म्युटेशन पर ज्यादा जोर देते हैं। मनुष्य की शारीरिक संरचना के विकास में भी इस सिद्धान्त का अपना महत्व है। 2005 में शिकागो विश्वविद्यालय के वैज्ञानिकों ने मस्तिष्क के आकार से जुड़े दो जीन की पहचान की, जिनमें समय-समय पर बड़े परिवर्तन घटित हुए। सबसे बड़ा म्युटेशन उत्तर पुरापाषाणकाल में क़रीब पचास हजार

वर्ष पूर्व हुआ जो आज भी हमारी आबादी के 70 प्रतिशत लोगों में मौजूद बताया गया। दूसरा महत्वपूर्ण म्युटेशन उन्होंने क़रीब 5,800 वर्ष पहले लक्षित किया है और यह परिवर्तन क़रीब तीस फीसदी आबादी में पाए जाने का दावा किया गया। परिवर्तन का यह काल कृषि, बस्तियों तथा लिखित भाषा के विकास के काल से मेल खाता है। वैसे ये सारे विषय काफ़ी विवादास्पद हैं और अभी शोध का विषय बने हुए हैं।[17]

प्राकृतिक वरण के समर्थक इस सच्चाई से इनकार नहीं करते। उनके अनुसार, इस तरह का आनुवंशिक परिवर्तन यदि प्राकृतिक वरण से मेल खाता है, या उसकी सहायता करता है तो स्वभावतः उस परिवर्तन में काफ़ी गति आ जाएगी, जबकि प्राकृतिक वरण से मेल नहीं खाने वाले ऐसे परिवर्तनों का हश्र शारीरिक विकृति और अंततः शारीरिक क्षय में होगा। और अगर उसका प्राकृतिक वरण पर कोई ख़ास असर नहीं पड़ता है, तो कुछेक शारीरिक विशिष्टताओं के रूप में वह बना रह सकता है।

बहरहाल, यहाँ हमारा आशय यह है कि होमो इरेक्टस से होमो सेपियन्स सेपियन्स के विकास में मस्तिष्क की संरचना में परिवर्तन और इस परिवर्तन के साथ ही वाक्-क्षमता तथा भाषा के विकास ने निर्णायक भूमिका अदा की। इस कारक को आगे से हम ज्ञान के रूप में वर्णित करेंगे। कुल मिलाकर, श्रम ने होमो इरेक्टस का निर्माण किया, ज्ञान ने आधुनिक मानवों का।

जन्मभूमि

इस बात पर मानवशास्त्रियों के बीच व्यापक सहमति है कि न सिर्फ़ आस्ट्रालोपिथेसिन तथा होमो वंश की विभिन्न प्रजातियों का, बल्कि आधुनिक मानव (होमो सेपियन्स सेपियन्स) का भी प्रादुर्भाव अफ्रीका में हुआ। सबसे पुराने सारे जीवावशेष अफ्रीका में ही, वह भी दक्षिणी तथा पूर्वी अफ्रीका (आज के इथियोपिया, केन्या, तंजानिया तथा दक्षिण अफ्रीका के क्षेत्रों) में ही मिले हैं। इस मामले में सबसे प्रचलित सिद्धान्त 'आउट ऑफ अफ्रीका थ्योरी' (अफ्रीका से बहिर्गमन के सिद्धान्त) के नाम से जाना जाता है। इसके अनुसार, आधुनिक मानवों का प्रादुर्भाव क़रीब 1.15 लाख वर्ष पूर्व अफ्रीका में हुआ और वहीं से वे क़रीब एक लाख वर्ष पूर्व बाहर निकल कर पूरी दुनिया में फैले।

दूसरा सिद्धान्त 'मल्टीरीजनल हाइपोथीसिस' (बहुक्षेत्रीय परिकल्पना) के नाम से जाना जाता है। इसके अनुसार, मानवजाति का प्रादुर्भाव एक जटिल प्रक्रिया रही है। होमो वंश की विभिन्न प्रजातियों की दुर्गम यात्राओं की प्रक्रिया में उनके बीच लैंगिक सम्बन्धों और अंतर-प्रजातीय प्रजननों से इनकार नहीं किया जा सकता। इस क्रम में यह सम्भव है कि आधुनिक मानवों का प्रादुर्भाव विश्व के कई भागों में एक साथ हुआ हो और फिर वे विभिन्न क्षेत्रों में फैल गए हों। यहाँ यह स्मरण रखना चाहिए

कि आधुनिक मानव के आगमन के लाखों वर्ष पूर्व ही होमो वंश की विभिन्न प्रजातियाँ किसी एक क्षेत्र में सीमित रहने के बजाए विश्व के विभिन्न हिस्सों में फैल चुकी थीं। बहरहाल, अब तक जो जीवावशेष प्राप्त हुए हैं, वे पहले सिद्धान्त की ही पुष्टि करते हैं। वैसे मानवजाति के विकास-क्रम में जो लापता कड़ियाँ हैं, उनकी खोज से इस बाबत और भी स्पष्टता हासिल की जा सकेगी।

काल-निर्धारण

जब से मानवाभ प्राणियों के जीवावशेष प्राप्त हुए हैं, तब से लेकर अब तक की कालावधि को पुरातत्वविद् और मानवशास्त्री कुछेक कालों में बांटते हैं। यह काल-निर्धारण मुख्यतः प्रस्तर औजारों के निर्माण तथा उसमें होने वाले परिष्कार को ध्यान में रखकर किया गया है। यहाँ हम उसके विस्तार में गये बगैर उसकी महज एक संक्षिप्त रूपरेखा ही प्रस्तुत करेंगे।

क़रीब 26 लाख से 6 लाख वर्ष पूर्व तक के बीस लाख वर्षों के काल को सामान्यतः पूर्वपुरापाषाण काल के रूप में देखा जाता है। इस काल के पहले दौर में आस्ट्रालोपिथेसिन की विभिन्न प्रजातियाँ मौजूद थीं और यह पहला चरण होमो हैबिलिस के आगमन तथा प्रस्थान का चरण भी था। इस काल का दूसरा चरण पूरी तरह होमो इरेक्टस का है। औजारों के लिहाज़ से पहला चरण ओल्डुवाई तकनीक के उपकरणों का है तो दूसरा चरण एश्यूलियन औजारों का।

6 लाख से 1.3 लाख वर्ष पूर्व के क़रीब 5 लाख वर्षों को मध्यपुरापाषाण काल के रूप में चिह्नित किया जा सकता है। इस काल का आरम्भिक दौर इरेक्टस से आद्य होमो सेपियन्स में संक्रमण का दौर है, जबकि इसका उत्तरार्ध होमो नीएंडरतलेंसिस के उत्थान तथा प्रसार और होमो सेपियन्स सेपियन्स के प्रादुर्भाव का काल है।

क़रीब 1.3 लाख से 30 हजार वर्ष पूर्व का काल उत्तरपुरापाषाण काल माना जा सकता है। इस काल में होमो सेपियन्स की दोनों प्रजातियाँ—नीएंडरतलेंसिस तथा सेपियन्स सेपियन्स मौजूद थीं। तीस हजार वर्ष पूर्व से क़रीब आठ हजार वर्ष पूर्व तक के काल को मध्यपाषाण काल के रूप में और उसके बाद के काल को नवपाषाण काल के रूप में दर्ज किया जाता है। मध्यपाषाण काल के आरम्भिक दौर में ही नीएंडरतलों का विलोप घटित हुआ। मध्यपाषाण तथा नवपाषाण काल की हम आगे भी चर्चा करेंगे।

जहाँ उत्तरपुरापाषाण काल आधुनिक मानव के आगमन का काल है, वहीं मध्यपाषाण काल से मानवजाति के वास्तविक इतिहास की शुरुआत होती है। इसी काल में हम 'ज्ञान के पहले विस्फोट' का साक्षात् करते हैं जिसमें आधुनिक मानव अपनी विविधता, भव्यता और प्रतिभा के साथ उपस्थित होता है। अब तक प्रचलित

इतिहास को जो अमूमन नवपाषाण काल से शुरू होता है, दरअसल मध्यपाषाण काल से शुरू किया जाना चाहिए। इतिहास को प्राक्-इतिहास से ज़मीन का उद्धार करना है। आठ-दस हजार वर्ष पूर्व नवपाषाष काल से शुरू होने वाले इतिहास को क़रीब बीस हजार वर्ष पूर्व मध्यपाषाण काल से शुरू करना चाहिए। (वैसे प्रचलित इतिहास नवपाषाण काल की शुरुआत के भी तीन-चार हजार साल बाद धातु युग में कृषि, नगरीकरण और लिपियुक्त भाषा के प्रयोग के साथ आरम्भ किया जाता है। इसे 'सभ्यता की शुरुआत' भी माना जाता है।)

मध्यपाषाण काल से इतिहास की शुरुआत करने के पक्ष में कई वजहें हैं। पहला, इसी काल में नीएंडरतलों के लुप्त हो जाने के कारण होमो सेपियन्स सेपियन्स होमो सेपियन्स की एकमात्र प्रजाति के रूप में बचे रह गये। दूसरा, इसी काल में आधुनिक मानव सभी महाद्वीपों में जा पहुँचे। तीसरा, इसी काल में हम भौतिक जीवन के क्षेत्र में, औजारों में, रहन-सहन में भारी प्रगति देखते हैं। गोत्र-व्यवस्था, चूल्हा-युक्त आवास, औजारों में भारी विविधता, सूक्ष्म उपकरण तथा महापाषाण संरचनाएँ, श्रम-विभाजन, सरदार-प्रथा, चित्रकला, मूर्तिकला, जन्म-मृत्यु सम्बन्धी कर्म-काण्ड, मैजिक, बोलियों का विकास, आदि—ये सब इसी काल में उल्लेखनीय रूप में अभिव्यक्त होते हैं। जेनेटिक्स, काल-गणना की नवीनतम प्रविधियों, उपग्रह-तकनीक, कम्प्यूटर सिमुलेशन, आदि की मदद से हम पूरी दुनिया में फैले मध्यपाषाणयुगीन संस्कृति की अपेक्षाकृत प्रामाणिक एवं भव्य तस्वीर उपस्थित कर सकते हैं।

ऐतिहासिक परिप्रेक्ष्य

आधुनिक मानव के प्रादुर्भाव को उसके समग्र ऐतिहासिक परिप्रेक्ष्य में देखने की भी जरूरत है। क़रीब 44 लाख वर्षों के क्रम-विकास का हमने जो संक्षिप्त खाका रखा है, उसमें आधुनिक मानवों का आगमन बिल्कुल हाल-फिलहाल की घटना ही है। मानवजाति के प्रादुर्भाव के पूरे काल-क्रम के पैमाने पर हमारा आना तो बस अभी-अभी दर्ज हुआ है। आस्ट्रालोपिथेसिन, होमो हैबिलिस और होमो इरेक्टस की कौन कहे, हमने इस पृथ्वी पर अभी उतना वक्त भी नहीं गंवाया है, जितना वक्त गंवा कर हमारे ज्येष्ठ नीएंडरतल प्रस्थान कर चुके।

पृथ्वी के सबसे नये प्राणी होने के बावजूद, यह भी आश्चर्यजनक तथ्य है कि लाख या हजार वर्षों की बात तो छोड़िए, पिछले मात्र सौ वर्षों में हमने जो उपलब्धियाँ हासिल की हैं, जो उपकरण विकसित किये हैं और जीवन के विभिन्न क्षेत्रों में जो मंजिलें तय की हैं, वे किसी जादुई करामात से कम नहीं लगतीं।

अपने जादुई करामातों के आश्चर्यलोक में भ्रमण करते हुए हमें हर वक़्त इस बात का एहसास भी होता है कि हमारा लाखों वर्षों का अतीत हरदम साये की तरह हमारे साथ-साथ है—भौतिक रूप से अव्वल तो इस तथ्य के रूप में कि हमारे अपने

अरबों लोगों की जीवन-स्थिति अब भी आदिमयुगीन स्थिति से बहुत भिन्न नहीं है। उनका पूरा जीवन अब भी जीविकोपार्जन का साधन जुटाने में ही बीत जाता है। फिर भी नहीं जुटता। दूसरे, हमारे अनेको रीति-रिवाजों, कर्मकाण्डों, विश्वासों, पूर्वाग्रहों, आदतों और मुहावरों में हमारा आदिम इतिहास अपनी भव्यता तथा अपनी विकृतियों, दोनों रूपों में भरपूर मात्र में मौजूद है।

हमारी क्रीड़ाओं में, विभिन्न प्रतिस्पर्धाओं में हमारा आदिम आखेटक-फलसंग्राहक जीवन तो सदैव झाँकता रहता है। उसमें हमारी उदग्रचारिता तथा हाथों की मुक्ति और परिष्कार का आनन्दोत्सव स्पष्ट रूप से झलकता है। फर्राटा दौड़ में उसान बोल्ट को अद्भुत वेग से भागते हुए, मिडफील्ड से पैरों की जादुई फुर्ती से फुटबॉल को लेकर मैराडोना को गोल दागते हुए, शेन वार्न या मुरलीधरन को अपनी ऊँगलियों की पकड़ तथा कलाई की नाजुक हरकतों से लेग-ब्रेक या दूसरा बॉल फेंकते हुए, सॉबर्स या सचिन के फुटवर्क को अथवा कलाई को हल्के से घुमाते हुए बल्ले से बॉल को सीमारेखा से बाहर भेजते हुए जब हम देखते हैं तो इन अंगों से जुड़ी हमारे मस्तिष्क की कोशिकाओं में कोई आदिम स्मृति कौंध उठती है, आनन्दातिरेक में वे जगमगाने लगती हैं, हमारे पैर थिरक उठते हैं, उंगलियाँ नाचने लगती हैं और हम किसी आदिम नशे में झूम उठते हैं। ये जादुई करामात सिर्फ़ मानवीय हाथों और पैरों के वश की बात है और मानवीय हाथों तथा पैरों का इतिहास होमो सेपियन्स सेपियन्स के भी कई लाख वर्ष पहले तक जाता है। यह हमारे हाथों की मुक्ति, दो पैरों पर चलने तथा दौड़ने, ऊँगलियों तथा कलाइयों के परिष्कार का आनन्द समारोह है जो हमें अनजाने ही लाखों वर्ष पूर्व के आदि मानवों से एकबारगी एकाकार कर देता है। इस आनन्द-उल्लास को हम दस-बारह महीने के उस मानव-शिशु के चेहरे पर भी देख सकते हैं जो पहली बार दो पैरों पर खड़े होकर ठिठक-ठिठक कर चलते हुए सहसा दौड़ने लगता है। हमारे नृत्य-संगीत, कला की अन्य विधाओं के साथ भी यही बात है।

इसी तरह एक आम मध्यवर्गीय भारतीय के रसोईघर में झांककर देखिए। वहाँ पच्चीस लाख वर्षों का इतिहास एक साथ मौजूद दिखेगा। सिल्ला-लोढ़ी जहाँ पुरापाषाण काल की याद दिलाता है, वहीं अनेक खाद्य-सामग्रियाँ, बर्तन-बासन, आदि कृषि युग की। बिजली के उपकरण, गैस-चूल्हा आदि औद्योगिक युग की देन है, तो माइक्रोवेव ओवन 'इलेक्ट्रानिक ज्ञान युग' की।

अतिक्रमण का सम्मोहन

माना जाता है (और कार्ल मार्क्स ने एक जगह लिखा भी है) कि जहाँ प्रकृति जी खोलकर अपना ऐश्वर्य लुटाती है, वैसे प्रदेशों में बसनेवाले मानव समुदायों में नया कुछ करने, जीविकोपार्जन की कोई नई विधि अपनाने की प्रेरणा नहीं आती। वे

क्रमशः एक गतिरुद्ध समाज में तब्दील हो जाते हैं। इसी पृष्ठभूमि में टॉयनबी ने 'चैलेंज एण्ड रेस्पांस' (चुनौती और प्रत्युत्तर) का सिद्धान्त पेश किया।[18] मानव समाजों का विकास उन्हीं जगहों पर हुआ, जहाँ प्रकृति कुछ चुनौती पेश करती थी और उसी चुनौती का मुकाबला कर मानव समुदायों ने नये मुकाम हासिल किये। लेकिन कुछ प्राकृतिक चुनौतियाँ (उन दिनों) अलंघ्य थीं—ऐसी अलंघ्य चुनौतियाँ प्राचीन काल में मानव समाज की प्रगति की सीमा बन जाती थी। आइसलैंड के आगे का हिमाच्छादित आर्कटिक क्षेत्र (और इसी तरह अंटार्कटिक क्षेत्र) तथा उष्णकटिबन्धीय सघन वर्षावन वाला क्षेत्र—प्राचीन काल के मानव समुदायों के लिए ये दो प्राकृतिक सीमाएँ थीं। फलतः प्रारम्भिक समाजों का निर्माण इन दो सीमाओं के बीच के अंचलों में ही सम्भव हुआ। (मानव वैसे भी घास के मैदानों तथा विरल वन क्षेत्रों में विचरण करने वाले प्राणी थे।)

बहरहाल, सीमाओं का अतिक्रमण मानवजाति का स्वभाव है। 'क्षितिज पटी को उठा बढ़ो ब्रह्माण्ड-विवर में'...।[19] सीमाएँ उसे हमेशा अतिक्रमण का निमंत्रण देती हैं और मनुष्य इस निमंत्रण को सहर्ष स्वीकारता रहा है। इसीलिए आज वह, आर्कटिक-अंटार्कटिक प्रदेशों अथवा उष्णकटिबंधीय सघन वर्षा वनों की कौन कहे, चाँद पर अपना पग-चिह्न छोड़ आया है, पृथ्वी की सीमा लाँघकर मंगल ग्रह के भी चक्कर लगा चुका है।

अतिक्रमण का यह सम्मोहक आकर्षण क्या उसके आत्म-संहार का भी कारण बनेगा? हम नहीं जानते, लेकिन सम्मोहक प्यार का अंत हम प्रायः आत्म-हत्या में होते देख चुके हैं।

बाधाओं का अतिक्रमण कर जो अबाध हो दौड़ चले,
वही स्नेह अपराध हो उठा जो सब सीमा तोड़ चले।
अपना हो या औरों का सुख बढ़ा कि बस दुख बना वही,
कौन बिन्दु है रुक जाने का यह जैसे कुछ ज्ञात नहीं।...[20]

मस्तिष्क का मायाजाल

4

मस्तिष्क का मानचित्र

प्राक्कथन

आधुनिक मानव के मस्तिक की वे कौन-सी विशेषताएँ हैं जो उन्हें आदिमानवों से पृथक् करती हैं और उसे प्रगति के अनवरत मार्ग पर चलने के लिए प्रेरित करती हैं? इस प्रश्न में जाने से पहले हम मानव मस्तिष्क का एक अत्यन्त संक्षिप्त चित्र उपस्थित करना चाहेंगे।

मानव शरीर में मस्तिष्क के महत्व को समझने में हमारे पूर्वजों को अधिक वक़्त नहीं लगा होगा। शिकारी जीवन में माथे पर चोट लगना सामान्य घटना रही होगी। ऐसी गहरी चोट की स्थिति में अपने संगी-साथियों का अचेत हो जाना, निरर्थक बड़बड़ाना, उनके अंगों को लकवा मार देना, उनका स्मृति-लोप होना, आदि मानसिक तथा शारीरिक व्याधियों से वे भली-भाँति परिचित होंगे और इन सब के बारे में उनकी अपनी व्याख्याएँ भी होंगी। लेकिन इतना तो वे जान ही गए होंगे कि उनकी शारीरिक-मानसिक क्रियाएँ, उनका चलना, काम करना, देखना, बोलना, यह सब मस्तिष्क द्वारा ही संचालित होता है।

त्रियेक मस्तिष्क

तंत्रिका विज्ञानी पॉल मैक्लियन ने आज से क़रीब साठ साल पहले मानव मस्तिष्क के बारे में त्रियेक मस्तिष्क की अवधारणा प्रस्तुत करते हुए तीन मस्तिष्कों की चर्चा की थी। ये तीनों मस्तिष्क सरिसृप से स्तनपायी प्राणियों और फिर मानवों के क्रम-विकास की तीन परतों को अभिव्यक्त करते हैं।

मेरु-रज्जू के शीर्ष पर स्थित मस्तिष्क-नाल—मस्तिष्क के इस सबसे आदिम हिस्से को वे सरिसृप मस्तिष्क की संज्ञा देते हैं। मस्तिष्क का यह भाग हमारे सहजवृत्तिक अथवा (लड़ो या भागो वाले) परावर्ती आचरण के लिए जिम्मेवार है। साथ ही यह हमारी श्वास-प्रश्वास क्रिया को भी नियंत्रित करता है। (प्रसंगवश, हम प्रतिदिन औसतन 21,600 बार और अस्सी वर्ष के जीवनकाल में 63,07,20,000 बार साँस लेते हैं। हमारा दिल पूरे जीवनकाल के दौरान बिना रुके क़रीब चार अरब बार धड़कता है।)

मस्तिष्क की लिम्बिक प्रणाली मस्तिष्क-नाल से ही विकसित हुआ पुरास्तनपायी मस्तिष्क है। यह मध्यमस्तिष्क भी कहलाता है तथा हमारे भावनात्मक और यौन आचरण को नियंत्रित करता है। हमारा भावनात्मक प्रहरी (बादाम के आकार का) 'एमिगडला' इसी पुरास्तनपायी मस्तिष्क का हिस्सा है। मस्तिष्क का यह हिस्सा 'हाँ-ना', 'करने योग्य-न करने योग्य', 'सहमति-असहमति' के द्विचर विरोधों के आधार पर काम करता है। मैक्लियन इसे 'भावनात्मक मस्तिष्क' की भी संज्ञा देते हैं। संकट तथा तनाव की स्थितियों में लिम्बिक प्रणाली मस्तिष्क के उच्चतर तर्क-बुद्धि संगत हिस्से के निर्देश की प्रतीक्षा किए बिना तुरत प्रतिक्रिया करती है। इस प्रकार यह हमारे भावनात्मक जीवन का नियामक है। जब हम कहते हैं कि 'दिल है कि मानता नहीं', या फिर 'दिमाग पर दिल हावी हो गया', तो हम इसी पुरास्तनपायी मस्तिष्क की प्रतिक्रिया की ही चर्चा कर रहे होते हैं। किसी भारी सदमे की वजह से जब हमारा दिमाग काम नहीं कर रहा होता, तनाव की किसी स्थिति में जब हम अचानक रो पड़ते हैं और हमारे आँसू नहीं थमते, इसी तरह जब अप्रत्याशित रूप से कोई सकारात्मक सूचना मिलने पर हम खुशी से झूम उठते हैं और अनायास हमारी आँखों से खुशी के आँसू रोके नहीं रुकते, तो समझिए हमारे मस्तिष्क को उसकी लिम्बिक प्रणाली ने अपहृत कर लिया है। दरअसल, यही हमारा 'दिल' है, जो हमारे वक्ष में नहीं, मस्तिष्क के मध्य स्थित है।

अंत में, मस्तिष्क का तीसरा हिस्सा हमारा अपना हिस्सा नव-प्रान्तस्था है : हमारा 'चिन्तनशील मस्तिष्क'—मैक्लियन के शब्दों में 'आविष्कार की जननी और अमूर्त चिन्तन का जनक', हमारे मस्तिष्क का नवीनतम सबसे सघन, कई परतों में दबा तर्क और बुद्धि का आगार!

मैक्लियन के 'त्रियेक मस्तिष्क' के इस संक्षिप्त विवरण के बाद आइये हम अपने मस्तिष्क की संरचना का जायजा लें।

मानव मस्तिष्क

हमारी सारी शारीरिक तथा मानसिक क्रियाओं का संचालन हमारे मस्तिष्क द्वारा होता है। शरीर के वजन के अनुपात में मानव मस्तिष्क का वजन अन्य सभी प्राणियों की तुलना में सबसे ज्यादा है। लेकिन इसके साथ यह तथ्य महत्वपूर्ण है कि मानव मस्तिष्क की आंतरिक संरचना अन्य प्राणियों की तुलना में बेहद भिन्न है। जीवित प्राणियों में सबसे बड़ा मस्तिष्क स्पर्म व्हेल का है। मस्तिष्क और शरीर के वजन के अनुपात के मामले में डॉल्फिन हमारे काफ़ी क़रीब है। नीएंडरतलों में यह अनुपात भी हमसे थोड़ा कम था, हालाँकि उनके मस्तिष्क का औसत वजन हमसे थोड़ा ज्यादा ही था।

मानव मस्तिष्क का औसत वजन पुरुषों में क़रीब 1.5 किलोग्राम है और महिलाओं में इससे थोड़ा कम है। लेकिन मस्तिष्क और शरीर के वजन का अनुपात

महिलाओं में कुछ ज्यादा ही है। मस्तिष्क की बुनियादी इकाई तंत्रिका-कोशिकाएँ हैं। हमारे मस्तिष्क में इन कोशिकाओं की संख्या क़रीब एक खरब है। हम अतिरिक्त कोशिकाओं के साथ जन्म लेते हैं। मस्तिष्क में नई कोशिकाएँ बनाने की क्षमता नहीं होती (वैसे यह मान्यता अभी अनुसंधान का विषय है)।

मस्तिष्क के पोषण का एकमात्र जरिया रक्त है। मस्तिष्क में यह शुद्ध रक्त चार प्रमुख धमनियों द्वारा लाया जाता है। हालाँकि मस्तिष्क का वजन पूरे शरीर के वजन का मात्र दो प्रतिशत है, तथापि पूरे शरीर के रक्त का पन्द्रह प्रतिशत रक्त मस्तिष्क ले लेता है। इसी प्रकार, हमारे शरीर के लिए जरूरी ऑक्सीजन का बीस प्रतिशत मस्तिष्क द्वारा खपत किया जाता है। मस्तिष्क को अनवरत ऊर्जावान बनाये रखने के लिए ग्लूकोज की अबाध आपूर्ति भी जरूरी होती है। रक्त के अभाव में हमारा मस्तिष्क अधिक-से-अधिक क़रीब तीन मिनट तक ही जिन्दा रह सकता है।

हमारे जीवन में मस्तिष्क के निर्णायक स्थान को देखते हुए हमारे शरीर में मस्तिष्क के लिए एक विशिष्ट सुरक्षा प्रणाली है ताकि कोई परायी चीज़ इस दुर्ग में प्रवेश न कर सके। शेष शरीर के प्रोटीन के अधिकांश हिस्से के लिए मस्तिष्क में प्रवेश वर्जित है। जैसाकि हम पहले कह चुके हैं, मस्तिष्क का पोषण चार धमनियों द्वारा लाए गए शुद्ध रक्त द्वारा होता है। रक्त और मस्तिष्क के बीच कायम यह विशिष्ट और अनवरत् सक्रिय सुरक्षा प्रणाली मस्तिष्क को हमारे शरीर के सम्प्रभु की महिमा प्रदान करता है।

हमारे शारीरिक और मानसिक क्रियाकलापों को संचालित करने के लिए इस संप्रभु को हमारे आसपास होनेवाली सारी घटनाओं से निरन्तर वाकिफ रहना जरूरी होता है। इसीलिए हमारे मस्तिष्क में ऐसे हिस्से हैं जहाँ हमारी इन्द्रियों से सूचनाएँ निरन्तर संप्रेषित की जाती हैं। फिर अलग-अलग हिस्सों में इन सूचनाओं का प्रसंस्करण होता है और जरूरी निर्णय लिए जाते हैं। इसके बाद शरीर के सम्बन्धित अंगों को निर्णयों के समुचित क्रियान्वयन के निर्देश निर्गत किए जाते हैं। इतना ही नहीं, अनेक सूचनाओं को भविष्य में उपयोग के लिए संग्रहित करने के भी क्षेत्र हैं। मस्तिष्क के अलग-अलग क्षेत्र होने के बावजूद कोई क्रिया सम्पन्न करने के लिए मस्तिष्क के अनेक क्षेत्रों की भागीदारी जरूरी होती है। मस्तिष्क के ये क्षेत्र भी नियमित रूप से स्थापित क्षेत्र नहीं हैं। क्रम-विकास की प्रक्रिया में नई उपजी जरूरतों को पूरा करने के लिए मस्तिष्क की अतिरिक्त कोशिकाओं को जहाँ जगह मिली, वहीं उन्होंने अपना डेरा जमा लिया। यानी मामला नियमित बसी कॉलोनियों जैसा नहीं, बल्कि अनियमित बसी झुग्गी बस्तियों जैसा है। लेकिन मस्तिष्क के निर्णायक क्षेत्र इन पर बुलडोजर नहीं चलाते। हमें होने वाली अजीब-अजीब व्याधियों का एक कारण यह है कि शरीर के बिल्कुल भिन्न हिस्सों में स्थित अंगों से जुड़े मस्तिष्क के क्षेत्र आस-पास स्थित हैं, और इन्द्रियों द्वारा अथवा शरीर के विभिन्न हिस्सों द्वारा भेजी गई

सूचनाएँ गलती से पड़ोस के घरों में सम्प्रेषित कर दी जाती हैं।

हमारा मस्तिष्क दायें और बायें, दो लगभग बराबर हिस्सों में बंटा है। वे आपस में तंत्रिका प्रणाली के जरिए जुड़े हुए हैं। अमूमन शरीर के बायें भाग की अनेक क्रियाएँ मस्तिष्क के दायें हिस्से से, और शरीर के दायें हिस्से की अनेक क्रियाएँ मस्तिष्क के बायें हिस्से से संचालित होती हैं। लेकिन यह बात सभी क्रियाओं पर लागू नहीं होती और यह याद रखना भी जरूरी है कि ये दोनों हिस्से बिल्कुल अलग-थलग श्रेणियाँ नहीं हैं और विभिन्न कार्यों के सम्पादन में मस्तिष्क के विभिन्न क्षेत्र भगीदारी निभाते हैं।

बहरहाल, अब हम मस्तिष्क की आम संरचना का मुआइना कर सकते हैं। ऊपर से ही शुरू करते हैं।[1]

1. प्रमस्तिष्कीय प्रान्तस्था : यह हमारे मस्तिष्क का सबसे बड़ा हिस्सा तो है ही, आधुनिक मानवों में यह सबसे विकसित भी है। यह हमारी चेतन क्रियाओं का नियामक और आधुनिक मानव के रूप में हमारी पहचान का सर्वप्रमुख अंग है। यह इतना बड़ा हिस्सा है कि कपाल के अंदर इसकी सीधी पैकिंग सम्भव नहीं थी, इसीलिए कई परतों में इसकी सघन पैकिंग की नौबत आन पड़ी। रंग भूरा होने के कारण यह 'ग्रे मैटर' भी कहलाता है—जब हम किसी को 'दिमाग में भूसा भरा होने' अथवा 'गोबर गणेश' कह कर उसकी बुद्धिहीनता का उपहास करते हैं, तो हम इसी प्रमस्तिष्कीय क्षेत्र की बात करते होते हैं। यह प्रान्तस्था कई खण्डों में बंटी है और अलग-अलग खण्डों को एक या एक से अधिक दायित्व सौंपे गये हैं (जैसे देखना, सुनना, बोलना, सोचना, आदि)।

क. अग्र खण्ड : यह अग्र मस्तिष्क सोचने-विचारने, योजना बनाने, निर्णय लेने, समस्या का समाधान करने जैसी उच्च बौद्धिक क्रियाओं का स्थल है और आधुनिक मानव की विशिष्ट पहचान। 'उन्नत ललाट' बौद्धिकता की पहचान के मुहावरे के रूप में प्रायः प्रयुक्त होता है। (वैसे यह अग्र मस्तिष्क हम सब में अमूमन समान ही होता है। अगर किसी का ललाट बालों में थोड़ा ढका दिखे तो यह मत समझिए कि उसकी बौद्धिक क्षमता कमतर है। टकले माथेवाले उन्नत ललाट के स्वामियों का बौद्धिकता पर एकाधिकार नहीं है।)

ख. लिम्बिक खण्ड अथवा मध्य मस्तिष्क : यह खण्ड हमारी भावनाओं, स्मृति और अंग संचालन के कुछेक पहलुओं का नियामक है। स्मृति इस खण्ड से जुड़ी तो है, लेकिन वह एक अत्यन्त जटिल प्रक्रिया है और इसमें मस्तिष्क के अन्य खण्डों की भी महत्वपूर्ण भागीदारी है।

ग. भित्तीय खण्ड : यह खण्ड शरीर के विभिन्न भागों तथा वातावरण से आम संवेदनात्मक सूचनाएँ प्राप्त करता है, और उन्हें पढ़कर समुचित खानों में डालता है। इसका काम डाक छाँटने जैसा है।

घ. पश्चकपाल खण्ड : दृश्य जगत इसी खण्ड में आकर अर्थ पाता है। यह दृष्टि से जुड़ा क्षेत्र है।

ङ. शंख खण्ड : यह हमारी कनपटी वाला खण्ड है। लिम्बिक खण्ड का एक भाग, हिप्पोकैम्पस (अश्वमीन), जिसका सम्बन्ध चिरकालिक स्मृति से बताया जाता है, इसी शंख खण्ड में स्थित है। आम कहावत है कि (कान के ठीक पीछे) कनपटी को रगड़ने से याद्दाश्त ठीक रहती है। लेकिन इसके लिए किसी शिक्षक द्वारा छात्र की कनपटी पर थप्पड़ मारना काफ़ी नुकसानदेह होता है, इससे शंख खण्ड को क्षति पहुँचती है।

च. प्रमस्तिष्कीय प्रान्तस्था के अंदर ही चेतक, उपचेतक तथा आधारभूत गंडिका स्थित हैं। प्रमस्तिष्कीय प्रान्तस्था से जुड़े लगभग तमाम संवेदी तथा चालक प्रकार्यों के नियमन के लिए चेतक ही प्रसारण-केन्द्र का काम करता है। वहीं उपचेतक की भूमिका एक मिलन-बिन्दु की है—यहीं शरीर के अन्दरूनी अंगों की समस्त क्रियाओं, मध्य मस्तिष्क की भावनात्मक क्रियाओं तथा शरीर की स्वायत्त क्रियाओं की निगरानी करने वाले हिस्से आकर मिलते हैं। उपचेतक का कार्य तंत्रिकाओं तथा अंतःस्रावी या पीयूष ग्रंथि के जरिए इन समस्त क्रियाओं का नियन्त्रण करना है।

छ. मस्तिष्क-नाल : यह तीन हिस्सों में बंटा है—मध्य मस्तिष्क, निसेतु और अंतस्था। मध्य मस्तिष्क की हम पहले चर्चा कर चुके हैं। निसेतु तथा अंतस्था को संयुक्त रूप से पश्चमस्तिष्क भी कहते हैं। हमारे शरीर की सामान्य दैनिक क्रियाओं का केन्द्र यही पश्चमस्तिष्क है—साँस लेना, देखना, चबाना, चेहरे की भाव-भंगिमा, आँत तथा हृदय की क्रियाएँ, सभी मस्तिष्क के इसी हिस्से से नियंत्रित होती हैं। जाहिर है, इस हिस्से का दोतरफा सम्पर्क होता है—एक ओर मस्तिष्क के उच्च क्षेत्रों से, और दूसरी ओर गला, हृदय, रक्त-नलिकाओं, श्वास-प्रश्वास प्रणाली, आँत या आहार-पाचन प्रणाली, एवं विभिन्न ग्रंथियों से। इस दोहरे सम्पर्क प्रणाली के जरिए, एक ओर यह क्षेत्र सूचनाएँ प्राप्त करता है तो दूसरी ओर निर्देशों का कार्यान्वयन भी करता है। स्वाद, श्रवण-क्रिया, दिक् में मस्तिष्क के अवस्थान से सम्बन्धित प्रकोष्ठीय क्रियाएँ, आदि विशिष्ट संवेदी सूचनाएँ भी मस्तिष्क-नाल के जरिए ही मस्तिष्क के उच्चतर क्षेत्रों को सम्प्रेषित की जाती हैं।

ज. अनुमस्तिष्क : मस्तिष्क-नाल से घनिष्ठ रूप से जुड़ा यह अनुमस्तिष्क शरीर के विभिन्न अंगों के संयोजन में सक्रिय भूमिका निभाता है। हमारा शारीरिक संतुलन, हमारी चाल और विभिन्न आंगिक क्रियाओं के बीच तालमेल के साथ-साथ यह अनुमस्तिष्क (मस्तिष्क-नाल के स्तर पर) संवेदी-चालक नियन्त्रण का भी निर्णायक केन्द्र है।

झ. सुषम्ना : पश्चमस्तिष्क से शुरू होकर यह सुषम्ना मेरुदण्ड के अन्तिम सिरे से जुड़ी रहती है। इसी मेरु-रज्जू से होकर ही अन्दरूनी शरीर की सारी सूचनाएँ मस्तिष्क के उच्चतर हिस्सों तक पहुँचती हैं और पुनः मस्तिष्क के उच्चतर हिस्सों से प्राप्त

निर्देश इसी से होकर सम्बन्धित क्षेत्रों तक सम्प्रेषित होते हैं।

मस्तिष्क तथा सुषम्ना झिल्ली की सुरक्षात्मक परत से ढंके होते हैं जिसे तानिका कहते हैं। तानिका की दो परतों के बीच एक सुरक्षात्मक द्रव्य निरन्तर बहता रहता है जिसे प्रमस्तिष्कीय-मेरुदंडीय द्रव्य कहा जाता है। मस्तिष्क के अंदर ही प्रमस्तिष्कीय निलय (अथवा कोटरों) से इस रस का निरन्तर स्रोव होता रहता है। मस्तिष्क के विभिन्न हिस्सों में प्रमस्तिष्कीय निलय नामक इस प्रकोष्ठ का स्वरूप यद्यपि भिन्न-भिन्न होता है, तथापि यह पूरे मस्तिष्क में एक अनवरत् नलिका के रूप में विद्यमान होता है। यह द्रव्य मस्तिष्क-नाल के रास्ते बाहर आता है और मस्तिष्क के बाहर तानिका की दो परतों के बीच बहता रहता है। यहीं से रक्त में उसका अवशोषण होता है। यह प्रमस्तिष्कीय-मेरुदंडीय द्रव्य मस्तिष्क तथा सुषम्ना को तरोताजा तो रखता ही है, साथ ही मस्तिष्क के कचरों को बाहर निकालने का भी काम करता है। अगर किसी कारणवश इस द्रव्य का (मस्तिष्क-नाल के रास्ते) बाहर निकलना अवरुद्ध हो जाए तो यह प्रमस्तिष्कीय निलयों में ही जमा होता जाएगा और मस्तिष्क असामान्य रूप से फूलकर बड़ा हो जाएगा। बढ़ते बच्चों में 'जलशीर्ष' की यह बीमारी कभी-कभी दिखाई देती है—ऐसे बच्चों का कपाल, ख़ासकर उसका अग्रभाग असामान्य रूप से बड़ा होता है।

कमोबेश मस्तिष्क की रूपरेखा ऐसी ही है। वैसे इसके और भी कई हिस्से हैं। प्रमस्तिष्कीय प्रान्तस्था में 'ग्रे मैटर' के अलावा 'ह्वाइट मैटर' (श्वेत पदार्थ) भी है जो मुख्यतः तंत्रिका-तंतुओं का समूह है और सहायक कोशिकाएँ हैं जिन्हें 'न्यूरोग्लिया' के नाम से जाना जाता है। बहरहाल, इन सबके विस्तार में जाने के बजाए अब हम मानव मस्तिष्क की कुछ और विशेषताओं की चर्चा करेंगे। (तंत्रिका-कोशिका या तंत्रिकोशिका की जगह आगे से हम सिर्फ़ तंत्रिका का प्रयोग करेंगे।)

तंतु : पहले हम देख चुके हैं कि मस्तिष्क की मूलभूत इकाई तंत्रिका है। सूचनाओं का प्रसारण तथा क्रियाओं का निष्पादन इन्हीं तंत्रिकाओं के तंतुओं द्वारा सम्पन्न होता है। इन तंतुओं की लंबाई अलग-अलग होती है। इन्हीं तंतुओं के जरिए तंत्रिकाओं का आपस में तथा शरीर के विभिन्न अंगों के साथ सम्पर्क कायम होता है। अधिकांश तंत्रिकाओं के एक से अधिक तंतु होते हैं। छोटे तंतु तंत्रिका के आसपास ही समाप्त हो जाते हैं। सबसे लंबा तंतु अक्षतंतु कहलाता है और मस्तिष्क के अंदर अथवा शरीर के विभिन्न हिस्सों में दूर तक फैला होता है। शरीर के विभिन्न अंगों तथा ऊतकों तक जाने वाले अक्षतंतुओं का समूह एक गुच्छ के रूप में ऊतकों द्वारा घिरा-बंधा होता है और इस तरह शरीर के आसपास के हिस्सों से सुरक्षित भी। ये गुच्छ स्नायु कहलाते हैं और प्रत्येक गुच्छ के अंदर का प्रत्येक अक्षतंतु भी माइलीन द्वारा पृथक्-पृथक् सुरक्षित होता है। अक्षतंतुओं की इस सुरक्षा प्रणाली के कारण ही सूचनाओं तथा निर्देशों की आवाजाही में घालमेल नहीं होता। आजकल की भाषा में

कहें तो 'क्रॉस-कनेक्शन' अथवा 'क्रॉस-टॉक' से बचने की शरीर की यह अपनी सुरक्षा प्रणाली है। अक्षतंतु अमूमन सूचना-सम्प्रेषण की प्रक्रिया से जुड़े होते हैं।

तंत्रिकाओं से जुड़े छोटे तंतुओं को शाखा-तंतु (डेंड्राइट) कहा जाता है। इन शाखा-तंतुओं की और छोटी प्रशाखाएँ भी होती हैं। ये शाखा-तंतु सामान्यतः सूचना-संग्रह का काम करते हैं। तंत्रिकाओं से जुड़े ये शाखा-प्रशाखा तंतु देखने में वृक्ष का आभास देते हैं। इसीलिए इन्हें डेंड्राइट नाम दिया गया। ग्रीक भाषा में डेंड्राइट का अर्थ है वृक्ष। अपनी शाखा-प्रशाखाओं से युक्त अरबों तंत्रिकाओं वाला हमारा मस्तिष्क सघन वन का दृश्य उपस्थित करता है। इसलिए उसे 'बोलने वाले वृक्ष' (स्पीकिंग ट्री) की उपमा भी दी जाती है।

सूत्रयुग्मक : अनेक अक्षतंतुओं, शाखा तंतुओं तथा उनकी प्रशाखाओं से युक्त एक तंत्रिका का इसी तरह की दूसरी तंत्रिका के साथ सम्पर्क ख़ास मिलन-बिन्दुओं के जरिए सम्पन्न होता है। ये मिलन-बिन्दु सूत्रयुग्मक कहलाते हैं। ये सूत्रयुग्मक तंत्रिकाओं और अक्षतंतुओं के बीच अथवा अक्षतंतुओं और शाखा-तंतुओं के बीच स्थित होते हैं। दो तंत्रिका सीधे तौर पर कहीं भी एक दूसरे से नहीं मिलती है—सूत्रयुग्मक ही उन्हें जोड़ते हैं। क्रियात्मक रूप से सम्बन्धित तंत्रिकाओं द्वारा किसी एक तंत्रिका पर स्थापित इन सूत्रयुग्मकों की संख्या हजारों और लाखों में भी हो सकती है। मानव मस्तिष्क के इस अतिसूक्ष्म संसार की, उसके अद्‌भुत आश्चर्यलोक की कल्पना भी बमुश्किल ही की जा सकती है—क़रीब एक खरब तंत्रिकाएँ और उन्हें आपस में मिलाने वाले खरबों सूत्रयुग्मक!

तंत्रिका-प्रसारक : अक्षतंतुओं के जरिए सूचनाओं का संचरण विद्युतीय उद्दीपन-अवरोधन के रूप में घटित होता है। यह विद्युतीय उद्दीपन-अवरोधन सूत्रयुग्मक तथा एक रसायन, तंत्रिका प्रसारकों, द्वारा साथ वाली तंत्रिका को प्रसारित किया जाता है। मस्तिष्क में ऐसे कई तंत्रिका-प्रसारक हैं (जैसे, एसेटाइकोलिन, कैटेकोलामिन, डोपामिन, सेरोटोनिन, आदि। कुछ एमिनो एसिड भी तंत्रिका-प्रसारक की भूमिका निभाते हैं; जैसे, ग्लुटामेट, एस्पार्टेट, ग्लाइसिन, गामा-एमिनो ब्युटाइनिक एसिड, आदि)। तंत्रिकाओं को उनके तंत्रिका-प्रसारकों के आधार पर भी वर्गीकृत किया जाता है। यह पूरी प्रक्रिया एक जटिल विद्युतीय-रासायनिक-जैव प्रक्रिया है जिसके विस्तार में जाना यहाँ हमारा मकसद नहीं है। दीवाली में जैसे हम जलते-बुझते छोटे-छोटे बल्बों की झालर सजाते हैं, ठीक वैसे ही अगर अक्षतंतुओं पर छोटे-छोटे बल्बों की झालर बिछा दें, तो पूरा मस्तिष्क जलते-बुझते बल्बों की जगमग दुनिया का दृश्य उपस्थित करेगा।

इन तंत्रिका-प्रसारकों के क्रियाविधान में व्यवधान अनेक व्याधियों का कारण बनता है। ज़ैसे, यदि हम हमेशा थका-थका-सा महसूस करते हों, मांसपेशियाँ कमजोर हो गई हों (चिकित्सीय भाषा में अगर हमें माइस्थेनिया ग्रेविस की बीमारी हो) तो

इसका मतलब है कि अस्थि-संरचना से जुड़े तंत्रिका-प्रसारक एसेटाइकोलिन के क्रियाविधान में बाधा उत्पन्न हो गई है। मस्तिष्क में यही तंत्रिका-प्रसारक बौद्धिक कार्यों तथा स्मृति से भी जुड़ा बताया जाता है। शैशवावस्था में, तंत्रिका-प्रसारकों के रूप में काम करने वाले एमिनो एसिड, ग्लुटामेट और एस्पार्टेट की मस्तिष्क की विकास-प्रक्रिया में महत्वपूर्ण भूमिका बताई जाती है। इन तंत्रिका-प्रसारकों की अतिसक्रियता या निष्क्रियता बीमारियों का कारण बनती है। पार्किंसन्स बीमारी से ग्रस्त लोगों में डोपामिन नामक तंत्रिका-प्रसारक की मात्रा कम होती है। तनाव या उत्तेजना की स्थिति् में शरीर में नोरड्रेलहेलिन तंत्रिका-प्रसारक की मात्रा बढ़ जाती है। यही तंत्रिका-प्रसारक सीखने तथा स्मरण के लिए भी जरूरी होता है। आप हमेशा बुझे-बुझे रहते हैं अथवा मस्त, तरोताजा—यह बहुत कुछ आपके दिमाग और शरीर में सेरोटोनिन नामक एमिनो एसिडरूपी तंत्रिका-प्रसारक पर निर्भर करता है। एमिनो एसिड की एक छोटी श्रृंखला जो पेपटाइड्स के नाम से जानी जाती है, दरअसल हमारे मस्तिष्क का अपना नशीला पदार्थ है, अपना 'अफीम' है जो दर्दनिवारक का भी काम करता है।

चालक-प्रणाली : शरीर की क्रियाओं के लिए जो दो बुनियादी आवश्यकताएँ हैं, वे हैं : एक, संवेदी सूचनाओं का मस्तिष्क के उच्चतर हिस्सों में सम्प्रेषण और इन सूचनाओं के आधार पर मस्तिष्क के इन हिस्सों द्वारा जारी निर्देश; तथा दूसरा, अस्थि-संरचना से जुड़ी मांसपेशियों तक इन निर्देशों का सम्प्रेषण और इन मांसपेशियों द्वारा उन निर्देशों का क्रियान्वयन। ये दोनों क्रियास्थान मस्तिष्क में ही अवस्थित हैं। मस्तिष्क-नाल और सुषम्ना में स्थित चालक-तंत्रिकाओं का काम मस्तिष्क के उच्चतर हिस्सों द्वारा लिए गए निर्णयों को क्रियान्वित कराना है और वे अपने अक्षतंतुओं का स्नायुओं के रूप में मांसपेशियों तक विस्तार कर इसे अंजाम देते हैं। इन चालक-तंत्रिकाओं में गड़बड़ी की स्थिति में मस्तिष्क के उच्चतर हिस्सों के निर्देश के बावजूद शरीर के सम्बन्धित हिस्से में कोई हरकत नहीं होती है—इसे आम तौर पर लकवा मार देना कहते हैं।

दृष्टि : हमारे दृश्यपटल का बाहरी हिस्सा स्याह रंगद्रव्यवाली कोशिकाओं की एक परत द्वारा संरक्षित होता है। यही परत अतिरिक्त प्रकाश को अवशोषित तो करती ही है, साथ ही उन रसायनों को भी सक्रिय करती है जो प्रकाश ऊर्जा को विद्युतीय ऊर्जा में रूपान्तरित करते हैं। यह रसायन विटामिन ए का ही एक रूप है। इसीलिए विटामिन ए से भरपूर भोजन आँखों के स्वास्थ्य के लिए जरूरी होता है।

जैसाकि हम जानते हैं, सूर्य की रोशनी दरअसल विद्युत-चुम्बकीय विकिरण है —प्रकाश इसी विकिरण का एक रूप है, यह निम्न ऊर्जा और दीर्घ तरंगोंवाला विकिरण है जो आँखों को क्षति नहीं पहुँचाता है। उच्च ऊर्जा तथा लघु तरंगोंवाली और आँखों तथा त्वचा को क्षति पहुँचाने वाली पराबैंगनी किरण धरती के वातावरण में मौजूद ओजोन परत द्वारा अवशोषित कर ली जाती है।

हमारे मस्तिष्क की विभिन्न कोशिकाएँ तीन बुनियादी रंगों की ही पहचान करती हैं —लाल, हरा और नीला। इन्हीं तीन रंगों के मिश्रण से बाकी रंगों और रंगों की अनेक छवियों का निर्माण और उनकी पहचान मस्तिष्क के उच्चतर क्षेत्रों की ऐसी क्रिया है जो हम मानवों की विशिष्ट पहचान है।

श्रवण : ध्वनि तरंगों को हर्ट्ज में मापा जाता है। प्रति सेकण्ड इन चक्राकार तरंगों की संख्या मंद, मध्यम तथा तीव्र ध्वनियों में अलग-अलग होती है। हम 20 से 15,000 हर्ट्ज के सीमा-क्षेत्र में श्रवण-क्षमता रखते हैं। 20 हर्ट्ज से कम ध्वनि तरंगों को हम नहीं सुन सकते हैं—इन ध्वनियों की दुनिया हमारे श्रव्य-अनुभव से बाहर रहती है। उसी तरह 15,000 हर्ट्ज से ऊपर की ध्वनि तरंग हमारी श्रवण-इन्द्रियों को नुकसान पहुँचाकर हमें बहरा बना देंगी। इस प्रकार, ब्रहमाण्ड के ध्वनि संसार का एक छोटा हिस्सा ही हमारी श्रवणेन्द्रियों का हिस्सा बन पाता है।

दृश्य और श्रवण, दोनों मामलों में हमारी क्षमता अनेक प्राणियों से काफ़ी कम है। दृश्य और श्रवण ही नहीं, स्पर्श, घ्राण, आदि क्षेत्रों में भी यह बात लागू होती है। इन मामलों में हम 'श्रेष्ठता' का कोई दावा नहीं कर सकते—अनेक कीट-पतंग, गिद्ध, कुत्ते, हाथी, गाय, आदि इन क्षेत्रों में हमसे बहुत आगे हैं। लेकिन आधुनिक मशीनों की सहायता से हम इन मामलों में भी काफ़ी आगे निकल चुके हैं। बहरहाल, व्हेल और डॉल्फिन की श्रवण-क्षमता लगभग हमारी जैसी ही है, लेकिन कुछ कीट और स्तनपायी पशु 50,000 हर्ट्ज और उससे भी अधिक की ध्वनियों को जज़्ब करने की क्षमता रखते हैं।

वाक्-भाषा : होमो हैबिलिस के संदर्भ में ही हम ब्रोका क्षेत्र की चर्चा कर चुके हैं। वैसे वाक्-भाषा को नियंत्रित करने वाले मस्तिष्क के कई क्षेत्र हैं और उन पर कुछ विस्तार से हम आगे चर्चा करेंगे। यहाँ मानव मस्तिष्क की परिचयात्मक टिप्पणी में हम इन क्षेत्रों की अत्यन्त संक्षिप्त चर्चा तक ही ख़ुद को सीमित रखेंगे।

ब्रोका क्षेत्र : मस्तिष्क के अग्रखण्ड में (और उसके बायें गोलार्ध में) स्थित यह क्षेत्र वाक्-भाषा के विकास के लिहाज़ से विकसित होने वाला सम्भवतः पहला क्षेत्र है। इसी क्षेत्र में ध्वनि संकेत शब्दों में आकार लेते हैं—हम गुड़गुड़ाने, चीखने-चिल्लाने, खिलखिलाने की जगह बोलने लगते हैं शब्द। शब्दों के संसार में यह हमारा पहला कदम होता है। एक मानव शिशु को ग़ौर से देखिए—क़रीब एक वर्ष तक वह रोने के जरिए ही अपनी जरूरतें सम्प्रेषित करता है। उसकी माँ अथवा उसकी देखभाल करने वाले उसके रोने के तरीके और उसकी तीव्रता के आधार पर उसकी जरूरतों का अंदाजा लगाते हैं। इस समय तक वह घुटनों के बल ही चलता है ('घुटरुनु चलत रेनु तन मंडित, मुख दधि लेप किये...'; सूरदास)। क़रीब एक साल का होते-होते जब वह दो पैरों पर खड़े होकर चलने की कोशिश करने लगता है, उसी के आसपास वह शब्दों का प्रयोग भी शुरू कर

देता है। भले ही इन शब्दों का कोई अर्थ निकले या न निकले, इन शिशुओं के चेहरे पर आप 'बोलने' के आनन्द का अक्स ज़रूर देख सकते हैं। चलने का आनन्द तो प्रायः खिलखिलाहट बनकर उभर ही आता है। बोलना और चलना—मानव शिशु के विकास के इस चरण के आनन्द-उल्लास में हमारे साहित्य का एक बड़ा अंश समर्पित है। उसमें इस चरण का जो उदात्त चित्रण मिलता है, आनन्दोत्सव का जो अद्भुत काव्य मिलता है, वह समग्रतः हमारी अपनी शैशवावस्था के इस निर्णायक संक्रमणकाल का ही महिमागान है।

ब्रोका क्षेत्र का नामकरण प्रख्यात फ्रांसीसी तंत्रिकाविज्ञानी पॉल ब्रोका के नाम पर किया गया है। ब्रोका क्षेत्र मुख्यतः वाक्य-विन्यास से सम्बन्धित क्षेत्र है। इस क्षेत्र के क्षतिग्रस्त होने पर व्यक्ति बोलता तो है, लेकिन रुक-रुक कर, टुकड़े-टुकड़े में शब्दों के जरिए अपनी बात रखता है। इस वाक्-व्याधि का वर्णन भी सबसे पहले (1865 में) पॉल ब्रोका ने ही किया था, इसीलिए इस व्याधि का नाम भी उन्हीं के नाम पर 'ब्रोकाज एफेसिया' रखा गया। मस्तिष्क के बायें गोलार्ध के अग्रखण्ड में अग्रखण्ड और भित्तीय खण्ड को अलग करने वाली जो लम्बी दरार है, उसके ठीक सामने यह क्षेत्र स्थित है।

ब्रोका क्षेत्र में वाक्-क्रिया की सूचना प्रान्तस्था के चालक क्षेत्रों को जाती है और वही वाक्-अभिव्यक्ति के लिए जरूरी (मुँह, जिह्वा तथा स्वरयंत्र की) मांसपेशियों को क्रियाशील करता है।

वर्निक क्षेत्र : इस क्षेत्र का नामकरण वैज्ञानिक कार्ल वर्निक के नाम पर किया गया है। यह क्षेत्र दृष्टि तथा स्मृति-संग्रह क्षेत्रों के क़रीब है और ब्रोका क्षेत्र से जुड़ा हुआ है। शब्द इसी क्षेत्र में आकर अर्थ ग्रहण करता है। इस क्षेत्र के क्षतिग्रस्त होने से, हम बिना किसी बाधा के सटीक वाक्य बोल सकते हैं, लेकिन उन वाक्यों का कोई अर्थ नहीं होगा। उदाहरण के तौर पर हम फिल्म 'अमर अकबर एंटोनी' का यह संवाद याद कर सकते हैं : 'वेट वेट वेट... यू सी दि होल कंट्री ऑफ दि सिस्टम इज जक्सटेपोजीशन बाइ द हीमोग्लोबिन इन दि एटमॉस्फेयर बिकॉज यू आर सॉफिस्टिकेटेड डेटरियॅरेशन इंटॉक्सिकेटेड बाइ द एक्सूबरेन्श ऑफ योर ओन वर्बोसिटी।...यू सी द कोइफीसिएंट ऑफ द लिनीयर...जक्सटेपोजीशन... बाइ द हीमोग्लोबिन ऑफ द एटमॉस्फेयरिक प्रेशर ऑफ द कंट्री।' इस तरह की व्याधि को ब्रोकाज एफेसिया की तर्ज पर 'वर्निक एफेसिया' कहा जाता है।

ब्रोका और वर्निक क्षेत्र, शब्द और अर्थ के अंतर्सम्बन्ध के प्रश्न पर दार्शनिकों तथा भाषाशास्त्रियों के बीच प्राचीन काल से ही विमर्श की दिलचस्प परम्परा रही है। क्या शब्द और अर्थ का कोई नियत सम्बन्ध है? या फिर हम शब्दों की उठती-गिरती लहरों पर जगमगाती अनन्त अर्थ-छवियों की दुनिया के बाशिन्दे हैं? यहाँ इस विमर्श में जाने का अवसर नहीं, तथापि महाभारत के इन दो श्लोकों पर

नज़र डाली जा सकती है :

शब्दार्थयोर्न चैवास्ति सम्बन्धोऽत्यन्त एव हि।
पुष्करे च यथातायं तथास्तीति च वेत्थ तत्॥

(शब्द और अर्थ में एक प्रकार से कोई नियत सम्बन्ध नहीं है। कमल के पत्ते पर स्थित जल की भाँति शब्द एवं अर्थ का अनियत सम्बन्ध है, ऐसा जानो॥)

स संसर्गोऽतिमात्रस्तु वाचकत्वेन वर्तते।
अस्ति चेद् वर्तते नित्यं विकारोच्चारणेन वै॥

(अर्थ के साथ शब्द का वाचकत्व रूप सम्बन्ध है और वह सम्बन्ध नित्य है। यदि शब्द है तो उसका अर्थ भी सदा है ही। विपरीत क्रम से उच्चारण करने पर भी शब्द का कुछ-न-कुछ अर्थ होता ही है।)[2]

वाक्-भाषा क्षमता होने के बावजूद कोई मानव-शिशु भाषा-ज्ञान के साथ जन्म नहीं लेता। जन्म के बाद बाल्यावस्था में ही भाषा सीखी जाती है—यह एक सामाजिक क्रिया है। मनुष्य का विकास, जैसाकि हम पहले देख चुके हैं, अंशतः प्रकृति और अंशतः संस्कृति (सामाजिक पालन-पोषण और श्रम) का परिणाम है। भाषा इस संस्कृति का स्वभावतः केन्द्रीय तत्व है। मानवशिशु को जन्म के साथ ही बाल्यावस्था तक मानव समाज से अलग पशु-पक्षियों की दुनिया में रख दिया जाए तो वह (अंतर्निहित भाषा-क्षमता के बावजूद) कभी भाषा नहीं सीख पाएगा। यहाँ हम किपलिंग की जंगल बुक की रोचक दुनिया का, 'चढ्ढ़ी पहनकर फूल के खिलने'[3] की दुनिया का स्मरण कर सकते हैं। मानव-मस्तिष्क में अंतर्निहित वाक्-भाषा क्षमता के बावजूद भाषा एक सामाजिक क्रिया है।

मानवशिशु अपूर्ण मस्तिष्क के साथ जन्म लेता है, लेकिन उसके मस्तिष्क में अतिरिक्त तंत्रिका-कोशिकाएँ होती हैं। ये अतिरिक्त कोशिकाएँ नई जरूरतों के उत्पन्न होने पर उनकी पूर्ति के लिए नये-नये परिपथ (सर्किट) बना सकती हैं, तथा अक्षतंतुओं की संख्या बढ़ सकती है। जेनेटिक प्रोग्रेमिंग के आधार पर विकसित हो रहे शैशवावस्था के मस्तिष्क में, और कुछ हद तक बाद में भी इस तरह के सुधार होते रहते हैं, जिन्हें मस्तिष्क की 'नमनीयता' कहा जाता है। चिन्तन और संवाद के माध्यम के रूप में भाषा की भूमिका पर हम आगे चर्चा करेंगे।

स्मृति : स्मृति के कई रूप हैं—आनुवंशिक स्मृति, दीर्घकालिक तथा अल्पकालिक स्मृति, सांख्यिकी स्मृति, प्रक्रियागत स्मृति, चित्रात्मक स्मृति, आदि। स्मृति और विस्मृति की प्रणाली इतनी जटिल है कि वैज्ञानिक इस पहेली से अब तक जूझ रहे हैं और इस प्रक्रिया में निरन्तर नये-नये तथ्यों से रू-ब-रू हो रहे हैं।

हमारे शरीर में अंतर्निहित आनुवंशिक स्मृति के आधार पर कोशिकाएँ जीतीं और मरती हैं, पराये तत्वों से लड़ती हैं, और शरीर की सारी क्रियाओं का संचालन करती हैं। हमारा शारीरिक अस्तित्व खरबों कोशिकाओं की लयबद्ध तथा समन्वित

स्मृतियों का जीता-जागता आश्चर्यलोक है। इसी स्मृति-संसार में होने वाली मामूली विच्युति हमारी शारीरिक-मानसिक व्याधियों का कारण बन जाती है।

आनुवंशिक स्मृति से इतर हमारे रोजमर्रे के जीवन-व्यवहार से प्राप्त सूचनाओं और अनुभवों की स्मृति का संसार है। अल्पकालिक तथा, कुछ हद तक, अपेक्षाकृत दीर्घकालिक स्मृति का क्षेत्र हमारे प्रमस्तिष्कीय प्रान्तस्था के भित्तीय खण्ड में स्थित हिप्पोकैम्पस है। (ठीक कान के पीछे अश्वमीन की आकृति वाले इस क्षेत्र को इस आकृति के कारण ही अश्वमीन या हिप्पोकैम्पस के नाम से जाना जाता है।) दीर्घकालीन स्मृति के लिए तंत्रिकाविज्ञानी एक तंत्रिका-प्रसारक ग्लुटामेट की भूमिका स्वीकार करते हैं—अश्वमीन की कोशिका पर इस तंत्रिका-प्रसारक के संग्राहक पाये जाते हैं। इन ग्लुटामेट संग्राहकों (एन-मिथाइल डी-एस्पार्टेट, एन एम डी ए) की अश्वमीन पर बहुतायत दीर्घकालिक स्मृति में भी अश्वमीन की भूमिका को रेखांकित करती है।

बहरहाल, स्मृतियों की यह दुनिया उपर्युक्त तथ्यों से भी कहीं आगे जाती है। अश्वमीन को क्षति पहुँचने अथवा उसके रोगग्रस्त होने पर भी स्मृति का पूर्णतः विलोप नहीं होता। जाहिर है, दीर्घकालिक स्मृति का क्षेत्र अनुमस्तिष्क तथा प्रान्तस्था के अनेक क्षेत्रों में फैला हो सकता है। भूलने की बीमारी तथा स्मृति-लोप के उपचार में लगे वैज्ञानिक स्मृति की इस पहेली का हल ढूँढ़ने में जुटे हैं।

हमारे रोजमर्रे के जीवन-व्यवहार से प्राप्त सूचनाओं और अनुभवों का वह भंडार, 'अभिलेखागार' कहाँ है और किस रूप में कार्य करता है—यह अभी भी पर्याप्त शोध का विषय है। हमारे मस्तिष्क में निहित 'निर्णय लेनेवाले उच्चतर क्षेत्र' निर्णय लेने के क्रम में इस 'अभिलेखागार' में संचित सूचनाओं तथा अनुभवों, और आनुवंशिक स्मृति, दोनों का उपयोग करते हैं।

भेद का ज्ञान : जन्म के समय में शिशु में भेद करने की क्षमता लगभग नगण्य होती है। क़रीब तीन महीने के बाद वह कुछ-कुछ भेद करने लगता है। (हा हा! यह माँ की ध्वनि है! माँ की देहगंध है! यह किसकी ध्वनि है? किसका स्पर्श? किसकी गंध?) जैसे-जैसे वह बढ़ता जाता है, वह भेद करना सीखने लगता है। भिन्न-भिन्न ध्वनियों, गंधों, स्वादों, दृश्य चीज़ों, स्पर्शों, आदि के बीच ही नहीं, भावनात्मक संकेतों, सुखद-दुखद, अच्छे-बुरे, आदि के बीच भी। धीरे-धीरे उसके सामने भेदों का अनन्त संसार खुल जाता है। इसके साथ ही, वह बड़ों की, दूसरों की विभिन्न क्रियाओं की नकल करना तथा दूसरों के मनोभावों को पढ़ने की क्षमता भी हासिल करने लगता है। इन दोनों गुणों की आगे हम थोड़े विस्तार से चर्चा करेंगे।

ऊर्जा : औसतन मात्र 1350 घन सेमी के आकार का हमारा मस्तिष्क अत्यन्त सघन क्षेत्र है। इसके मात्र एक घन सेमी ऊतक में क़रीब पाँच करोड़ तंत्रिकाएँ हैं, कई सौ मील लम्बे अक्षतंतु और क़रीब एक खरब सूत्रयुग्मक हैं। वैसे अभी तक

स्मृति-सम्बन्धी हमारी जानकारी काफ़ी सीमित है, तब भी अगर यह मान लिया जाए कि एक सूत्रयुग्मक में एक बाइट (आठ बिट) स्मृति संग्रह की क्षमता है तो मात्र एक घन सेमी ऊतक में एक हजार गीगाबाइट (एक टेराबाइट) सूचनाएँ निहित होंगी। एक हजार घन सेमी में तो दस लाख गीगाबाइट, यानी एक पेटाबाइट सूचनाएँ संग्रहित होंगी। फिलहाल इंटरनेट पर समस्त संग्रहित सूचनाएँ मात्र तीन पेटाबाइट हैं।[4] मस्तिष्क अपनी समस्त गणनाओं एवं अन्य क्रियाओं के लिए मात्र बारह वाट विद्युत खपत करता है। एक अनुमान के अनुसार, एक कृत्रिम मस्तिष्क की स्मृति के लिए (2025 तक) क़रीब एक गीगाबाइट बिजली जरूरी होगी, जो आज पूरे वाशिंगटन डी सी द्वारा खपत की जाने वाली बिजली की मात्रा है। आखिर हमारा मस्तिष्क मात्र एक रेफ्रीजरेटर बल्ब द्वारा खपत की जाने वाली बिजली से इतनी सूचनाओं का संग्रह और उनकी गणना क्योंकर कर पाता है?

हमारे मस्तिष्क में विभिन्न विद्युत-चुम्बकीय तरंगें भी बनती-मिटती रहती हैं। आधुनिक उपकरणों की मदद से वैज्ञानिक आज इन तरंगों की तस्वीरें उतारने में कामयाब हुए हैं। हमारी शारीरिक-मानसिक अवस्थाओं में परिवर्तन इन तरंगों में भी प्रतिबिम्बित होता है। जाग्रत अवस्था में हमारा मस्तिष्क बीटा (और कभी-कभी गामा) अवस्था में होता है। नींद के ठीक पहले अल्फा अवस्था में, नींद में डेल्टा तथा गहरी नींद में थीटा अवस्था में होता है। गहरे ध्यान की अवस्था में मस्तिष्क ज्यादातर थीटा और अल्फा विद्युत-चुम्बकीय तरंगे पैदा करता है। कहने की जरूरत नहीं कि इन तरंगों का बनना-मिटना मस्तिष्क में होनेवाले जैव-रासायनिक क्रियाओं से, तथा डीएनए द्वारा अपनी प्रतिकृति तैयार करने की प्रक्रिया से भी अभिन्न रूप से जुड़ा है।

योग : भारतीय योग साहित्य में भी मस्तिष्क की विशद विवेचना मिलती है और आजकल इसका आधुनिक तंत्रिका विज्ञान के साथ तुलनात्मक अध्ययन भी किया जाता है। औसतन (चौबीस घण्टों में) 21,600 बार सहज-संतुलित श्वास-क्रिया के साथ-साथ मेरुदण्ड के मूलाधार से शुरू कर स्वाधिष्ठान, मणिपूर, अनाहत, विशुद्धि, आज्ञा चक्र से होते हुए सहस्रार तक सुषम्ना में ऊर्जा का अबाध प्रवाह आध्यात्मिक अनुभवों के अनेक रूपों में अभिव्यक्त हुआ है। प्रमस्तिष्कीय निलयों से प्रमस्तिष्कीय-मेरुदंडीय रस का स्राव, मस्तिष्क में उठने-गिरनेवाली विद्युत-चुम्बकीय तरंगों और चेतना की अवस्था में होने वाले परिवर्तनों का विस्तृत ब्यौरा इस साहित्य में उपलब्ध है। ख़ैर, यहाँ इसके विस्तार में गये बगैर कबीर के इन दोहों के साथ हम इस प्रसंग को समाप्त करते हैं :

अवधू जोगी जगथैं न्यारा।
मुद्रा निरति सुरति कहि सींगी नाद न खण्डै धारा॥
बसै गगन में दुनि न देखै चेतनि चौकी बैठा।
चढ़ अकास आसण नहीं छांड़ै पीवै महारस मीठाँ।

परगट कंथा माँहै जोगी दिल मै दरपन जोवै।
सहस इकीस छ सै धागा निहचल नाकै पोवै।
ब्रह्म अगिनि में काया जारै त्रिकुटी-संगम जागै।
कहै कबीर सोई जोगेस्वर सहज सुंनि ल्यो लागै॥

अवधू, गगनमंडल घर कीजै।
अमृत झरै सदा सुख उपजै, बंकनालि रस पीजै।
मूल-बाँधि सर-गगन-समाना सुषमन यों तन लागी॥
काम क्रोध दोउ भया पलीता तहाँ जोगणी जागी॥
मनवाँ जाइ दरीबै बैठा मगन भया रसि लागा।
कहै कबीर जिय संसा नाहीं सबद अनाहद बागा॥[5]

मानव मस्तिष्क की उपर्युक्त संक्षिप्त झांकी के बाद अब हम उसके मायालोक में दाखिल हो सकते हैं।

5

मस्तिष्क का मायाजाल

मानव मस्तिष्क की गति-प्रकृति, उसकी विशेषताओं के बारे में अनेक मत हैं। हम यहाँ आजकल प्रचलित मस्तिष्क-सम्बन्धी कुछेक प्रस्थापनाओं के विवेचन तक ही ख़ुद को सीमित रखेंगे।

गाँधी तंत्रिका

सबसे पहले तंत्रिकाविज्ञानी विलयनर एस रामचन्द्रन की प्रतिरूप तंत्रिका कोशिकाओं की अवधारणा से शुरू करते हैं। रामचन्द्रन के अनुसार, प्रतिरूप तंत्रिकाओं ने ही सम्भवतः मानव सभ्यता को साकार किया है। प्रतिरूप तंत्रिकाएँ मानव मस्तिष्क की कोशिकाओं का वह विशिष्ट समूह है जिसने हमें 'संस्कृति' में जीने तथा साँस लेने वाली एक अकेली प्रजाति बनने में निर्णायक भूमिका अदा की है। संस्कृति से उनका आशय ज्ञान तथा जटिल कौशलों का वह विशाल समुच्चय है जो भाषा तथा अनुकरण के दो आधारभूत माध्यमों के जरिए एक व्यक्ति से दूसरे व्यक्ति में स्थानान्तरित होता है।[6]

ये प्रतिरूप तंत्रिकाएँ कुछ मात्रा में बन्दरों में भी पाई जाती हैं। इसके कारण बन्दरों के लिए भी दूसरे बन्दरों की सामान्य लक्ष्योद्दिष्ट क्रियाओं का पूर्वानुमान करना सम्भव हो पाता है। लेकिन सिर्फ़, और सिर्फ़ मनुष्यों में ही, यह इतनी परिष्कृत होती है कि जटिल से जटिल इरादों को भांपना और उनकी व्याख्या करना सम्भव हो पाता है। इन्हीं प्रतिरूप तंत्रिकाओं के कारण हम दूसरे की गतिविधियों और क्रियाओं का अनुकरण करने में सक्षम होते हैं। इस सक्षमता के कारण दूसरों द्वारा विकसित-व्यवहृत कौशल को सांस्कृतिक 'विरासत' के रूप में प्राप्त करने का मार्ग प्रशस्त होता है। सम्भवतः, सांस्कृतिक संचरण के प्रमुख माध्यम—भाषा के कुछ पहलू भी, अंशतः ही सही, अनुकरण की हमारी इसी योग्यता पर निर्मित हुए हैं। बन्दरों के मस्तिष्क के जिस क्षेत्र (वेंट्रल प्रीमोटर एरिया) में प्रतिरूप-तंत्रिकाएँ पाई जाती हैं, सम्भवतः वही क्षेत्र आगे चलकर हमारे मस्तिष्क के 'ब्रोका क्षेत्र' के रूप में विकसित हुआ।

प्रतिरूप-तंत्रिकाओं के भी कई रूप हैं और ये मस्तिष्क के कई हिस्सों में पाई जाती हैं। एक ऐसी ही तंत्रिका है संवेदी पीड़ा तंत्रिका। यह तंत्रिका न सिर्फ़ अपने शरीर की त्वचा से प्राप्त पीड़ा-संवेदनाओं पर क्रियाशील होती है, बल्कि दर्द से पीड़ित

किसी दूसरे व्यक्ति को देखने पर भी सक्रिय हो उठती है। रामचन्द्रन इसे गांधी तंत्रिका की संज्ञा देते हैं, क्योंकि इस स्थिति में स्वयं और अन्य का भेद रूपक के तौर पर ही नहीं, बल्कि सचमुच, वस्तुगत रूप से भी मिट जाता है। ('वैष्णवजन तो तेने कहियोजी पीड़ पराई जाने रे...')। मस्तिष्क चित्रांकन तकनीक के जरिए भित्तीय खण्ड में स्पर्श से जुड़ी ऐसी प्रतिरूप-तंत्रिकाओं का भी पता चला है। वैसे, हमलोग आम जीवन में भी इसकी झलक देखते हैं। किसी व्यक्ति को टांग हिलाते देख, हमारी टांगें भी अनेक अवसरों पर खुद हिलने लगती हैं। या फिर, फुटबॉल मैच ग़ौर से देखते समय, जब कोई खिलाड़ी गोल करता है या गोल करने से अचानक चूक जाता है तो हमारे पैर भी स्वतः मचल उठते हैं। पर्यवेक्षण के जरिए सह-अनुभूति तथा सह-क्रिया की अनेक मिसालें दी जा सकती हैं।

अब सवाल उठता है कि हम दूसरे की हर क्रिया का अनुकरण क्यों नहीं करते? वह कौन सी चीज़ है जो हमारी तंत्रिका को दूसरे की क्रियाओं का अंध-अनुकरण करने से रोक देती है? प्रतिरूप तंत्रिकाएँ सह-अनुभूति तथा सह-क्रिया को अंजाम तो देती हैं, लेकिन अगर यह सह-अनुभूति तथा सह-क्रिया सार्विक रूप ले ले, तो 'स्व' का अस्तित्व ही नहीं रहेगा, 'स्व' और 'अन्य' का द्वैत ही मिट जाएगा। 'मैं वै, वै मैं, ये द्वै नांहीं। आपैं अकल सकल घट मांही।'[7]

रामचन्द्रन के अनुसार, जब किसी ख़ास संदर्भ में हमसे किसी कार्य की अपेक्षा की जाती है तो मस्तिष्क के बायें गोलार्ध में स्थित निम्न भित्तीय खण्ड सम्बन्धित कार्य के लिए अनेक विकल्पों की सुस्पष्ट छवियाँ अनवरत् उपस्थित करता रहता है। लेकिन हमारी प्रान्तस्था के अग्रखण्ड में अवरोधक परिपथ होते हैं जो विकल्पों की बहुलता के बीच एक विकल्प को छोड़ कर बाकी सारे विकल्पों को रद्द कर देता है। दूसरे शब्दों में, हमारी प्रमस्तिष्कीय प्रान्तस्था का बायाँ भित्तीय खण्ड किसी भी कार्य के लिए अनेक संभावित विकल्पों की सूची अग्रखण्ड को भेजता है। अग्रखण्ड में एक विकल्प को 'सेलेक्ट' कर अन्य सारे 'ऑप्संस' 'डिलीट' कर दिए जाते हैं। विकल्पों की बहुलता के बीच ख़ास, सापेक्ष संदर्भ में कार्यकारी निर्णय की एकता की मस्तिष्क की ऐसी ही प्रणाली है। फ्रंटल लोब सिंड्रोम से ग्रसित व्यक्ति (जिसके अग्रखण्ड का अवरोधक परिपथ क्षतिग्रस्त हो जाता है), दूसरे व्यक्ति की क्रियाओं का कभी-कभी अनियंत्रित रूप से नकल करने लगता है। इसे 'इकोप्रेक्सिया' भी कहा जाता है। आम व्यक्तियों में भी प्रतिरूप तंत्रिकाओं के कुछ अतिक्रमण के कारण इस तरह के रुझान कभी-कभार दिखाई देते हैं।

एक और कारण है जो दूसरों की क्रिया के बरक्स हमारी सह-क्रिया को बाधित करता है। यह सही है कि अगर हम किसी व्यक्ति को घुटने के दर्द से (या किसी अन्य दर्द से) पीड़ित देखते हैं, तो हमारे मस्तिष्क के सम्बन्धित क्षेत्र में स्थित प्रतिरूप तंत्रिकाएँ भी क्रियाशील हो उठती हैं मानो हमारे घुटनों में ही दर्द हो रहा हो—यहाँ स्व

और अन्य का भेद मिट जाता है। बहरहाल, हमारे घुटनों पर स्थित ग्राही संवेदकों से मस्तिष्क के उच्चतर क्षेत्रों को यह सूचना संप्रेषित होती है कि वहाँ सब ठीक है, दर्द जैसी कोई बात नहीं। घुटनों से दर्द की सूचना का अभाव प्रतिरूप तंत्रिकाओं की क्रियाशीलता को निरस्त कर देता है—मानो मस्तिष्क के उच्चतर निर्णायक क्षेत्र प्रतिरूप तंत्रिकाओं से कह रहे हों, 'ठीक है, पीड़ित व्यक्ति के दर्द से सहानुभूति प्रकट करो, लेकिन उस दर्द को ख़ुद महसूस करने की जरूरत नहीं, क्योंकि तुम्हारे घुटने सही-सलामत हैं।'

कुल मिलाकर, अग्र तथा भित्तीय खण्ड में स्थित प्रतिरूप तंत्रिकाएँ, अग्रखण्ड में अवरोधक परिपथ, और शरीर के सम्बन्धित अंगों के ग्राही संवेदकों से प्राप्त सूचनाएँ—इन तीनों की गतिमान अंतःक्रिया हमें अपनी निजता को अक्षुण्ण रखते हुए दूसरों के साथ पारस्परिक सम्बन्धों का उपयोग करने की अनुमति प्रदान करती है। आनुवंशिक सहजवृत्तिक अथवा परावर्ती क्रिया, तथा साहचर्य से सीखने के परिणामस्वरूप प्राप्त ज्ञान-आधारित क्रिया—इन दोनों में दूसरी क्रिया मानवजाति के विकास में अहम महत्व रखती है, और मानवजाति को शेष प्राणीजगत से अलग करती है। इसी पक्ष को हम संस्कृति कहते हैं।

भाषा के विकास में भी रामचन्द्रन निम्न भित्तीय खण्ड की भूमिका को निर्णायक मानते हैं। निम्न स्तनपायी प्राणियों में यह क्षेत्र बड़ा नहीं है, लेकिन नर-वानरों में इसकी उपस्थिति स्पष्टतया चिह्नित की जा सकती है। नर-वानरों में भी यह चिम्पांजी की तुलना में ओरांगउटांग में अपेक्षाकृत बड़ा है। मानवों में यह अपना पूर्ण आकार ग्रहण करता है। सिर्फ़ मानवों में ही यह क्षेत्र दो भागों में बंट जाता है—कोणीय कर्णक और उपरि पार्श्ववर्ती कर्णक में। इससे इस बात का भी पता चलता है कि प्राकृतिक वरण की करोड़ों वर्षों की प्रक्रिया में मस्तिष्क के इस खण्ड में कुछ महत्वपूर्ण परिवर्तन घटित हो रहे थे। मस्तिष्क में इसका अवस्थान भी ग़ौर करने लायक है—यह क्षेत्र पश्चकपाल खण्ड (दृष्टि), भित्तीय खण्ड (स्पर्श) और शंख खण्ड (श्रवण) के तिराहे पर स्थित है। फलतः निम्न भित्तीय खण्डक सभी संवेदक प्रणालियों से सूचनाएँ प्राप्त करने की सहज स्थिति में होता है। पृथक्-पृथक् संवेदक-मंडलियों से आई सूचनाएँ इस तिराहे पर आकर घुलमिल जाती हैं और इस प्रकार पृथक्-पृथक् प्रणाली-जनित अवरोधक ढह जाते हैं तथा प्रणालियों से स्वतन्त्र, प्राप्त सारी सूचनाओं के मिश्रित आधार पर कल्पन-निरूपण सम्भव हो पाता है। यही पृथक्-पृथक् संवेदक प्रणालियों से प्राप्त पृथक्-पृथक् सूचनाओं से प्रणाली-मुक्त सामान्यीकरण, अमूर्त कल्पन-निरूपण की प्रक्रिया है; बिल्कुल भिन्न संवेदनात्मक (दृश्य, श्रव्य, स्पर्श, आदि) सूचनाओं में निहित समान तत्वों को, उनके समान सारतत्व को उपलब्ध करने की प्रक्रिया है। दो हिरणों (दृष्टि क्षेत्र), दो ध्वनियों (श्रवण क्षेत्र) और दो चिकोटियों (स्पर्श क्षेत्र) में क्या सामान्य है? दो, उनकी द्वेयता।

की लाल? की लाल?
अढ़ूलक फूल लाल!
आरतिक पात लाल!
तिलकोड़क फऽड़ लाल!
छउँड़ीक ठोर लाल!
सूगाक लोल लाल!
ई लाल! ओ लाल![8]

जब आप यात्री (नागार्जुन) की यह मैथिली कविता पढ़ रहे होंगे तो आपके मस्तिष्क का यह क्षेत्र तुरत बोल उठेगा—लाली! कविता में वर्णित सभी चीज़ों में एक चीज़ समान है, उनकी लाली। इसी क्षेत्र में मिश्रित संवेदनों पर आधारित रूपकों का भी सृजन होता है; जैसे, क्षुधित पाषाण, मधुर चांदनी, भींगी आवाज, आदि।

हम देख चुके हैं कि प्रतिरूप तंत्रिकाओं का एक महत्वपूर्ण कार्य प्रणालियों की पृथक्ता से परे जाना है, कि उनमें सार्विकता की एक अंतर्निहित प्रवृत्ति है। इसीलिए यह कोई संयोग नहीं कि इस निम्न भित्तीय खण्डक के आसपास इन प्रतिरूप तंत्रिकाओं की भरमार है। इससे सामान्यीकरण-अमूर्तन में इन तंत्रिकाओं की भूमिका स्पष्ट हो जाती है। भाषा इस अमूर्तन के बिना सम्भव नहीं। इसीलिए भाषाओं के विकास में भी निम्न भित्तीय खण्डक तथा प्रतिरूप तंत्रिकाओं की भूमिका असंदिग्ध मानी जा सकती है। मानव मस्तिष्क में इस क्षेत्र का आनुपातिक रूप से काफ़ी बड़ा और विभेदित होना भी प्राकृतिक वरण की प्रक्रिया में एक महत्वपूर्ण छलांग का संकेत करता है।

प्रतिरूप तंत्रिकाएँ अमूर्तन के अलावा अनुकरण में भी महत्वपूर्ण भूमिका निभाती हैं। मानवजाति के विकास में अनुकरण का उल्लेखनीय योगदान है—इसके जरिए ही हम ज्ञान को दूसरे को सम्प्रेषित करने में सक्षम हुए। इसी कारण प्राकृतिक वरण के जरिए लाखों वर्षों में जीन-आधारित क्रम-विकास की जगह सांस्कृतिक क्रम-विकास साकार हुआ। मनुष्यों में अनुकरण की यह प्रतिभा सबसे विकसित है—मानव शिशुओं के हावभाव में ही इसकी झलक देखी जा सकती है। चीनी भाषा में 'सीखना', 'अनुकरण करना' और 'ज्ञान' समानार्थक शब्द हैं जिन्हें चित्रलिपि में 'श्यू' अक्षर से व्यक्त किया जाता है।

रामचन्द्रन के अनुसार, एक लाख से साठ हजार वर्ष पूर्व हम मानवजाति को एक 'लम्बी छलांग' लगाते देखते हैं। कुछ ऐसी विशेषताएँ प्रकट हुईं जो सिर्फ़ हमारी विशेषताएँ थीं—अनोखी और अद्वितीय; यथा, अग्नि का बहुविध उपयोग, कला, निर्मित आवास, अंगराग, गहने, कई पार्ट-पुजो√ से युक्त उपकरण, भाषा का जटिल उपयोग, आदि। अनेक मानवशास्त्रियों की नज़र में सांस्कृतिक परिष्कार का यह विस्फोट अनायास नहीं प्रकट हुआ—इसके पीछे मस्तिष्क में हुए कुछ नये परिवर्तन

थे। मस्तिष्क में ऐसे किसी जेनेटिक परिवर्तन के बिना लगभग एक ही समय एक ही साथ इतनी चमत्कारिक क्षमताओं का विस्फोट नहीं हुआ होता। लेकिन यह एक ऐसा आनुवंशिक परिवर्तन था जिसने हमें क्रम-विकास के आनुवंशिक पथ से बहुत हद तक आजाद भी कर दिया। एक दूसरे से सीखने और ज्ञान तथा कौशल को भाषा के माध्यम से आने वाली पीढ़ियों को हस्तान्तरित करने की हमारी क्षमता में आश्चर्यजनक वृद्धि हुई और हम विकास के सांस्कृतिक पथ पर तेजी से बढ़ चले। संस्कृति ने सभ्यता का बीजारोपण किया।

हमारे और वानरों के बीच आचरण और व्यवहारगत जो विराट खाई पैदा हुई, उसकी व्याख्या हम अपने अनुकरण की और (दूसरों के) इरादों को पढ़ने की हमारी क्षमता में उत्तरोत्तर होने वाले परिष्कार से कर सकते डैं। हमारे किसी व्यक्ति द्वारा दुर्घटनावश भी किया गया कोई अभिनव परिवर्तन अब कहीं गुम हो जाने के बजाए तेजी से पूरे समुदाय में प्रसारित हो सकता था—दरअसल कोई नवाचार (अथवा अभिनव प्रवर्तन) तभी मूल्यवान होता है (और उसकी प्रेरणा भी तब ही जागती है) जब वह तेजी से विस्तार पाता है। रामचन्द्रन के अनुसार, मानवजाति के इस विकास में प्रतिरूप तंत्रिकाओं ने तब वही भूमिका अदा की जो आज के ज़माने में इंटरनेट, विकीपीडिया, ब्लॉगिंग, आदि निभा रहे हैं। एक बार जब यह प्रक्रिया चल पड़ी तो पीछे मुड़ने का सवाल ही नहीं था।

इसी तरह, भाषा के विकास में भी रामचन्द्रन प्रतिरूप तंत्रिकाओं की अहम भूमिका दर्शाते हैं। कुछ पहलुओं की चर्चा हम पहले कर चुके हैं। वाक्य के तीन घटकों—शब्द-निर्माण, वाक्य-विन्यास, अर्थग्रहण—का मस्तिष्क के अलग-अलग हिस्सों से सम्बन्ध है। मानव मस्तिष्क में शब्द आनुवंशिक रूप से सन्निहित नहीं है —शब्द-निर्माण की क्षमता के बावजूद जन्म के बाद शब्द सीखना पड़ता है। यही कारण है कि अलग-अलग भाषाओं में एक ही वस्तु अथवा क्रिया या घटना के लिए अलग-अलग शब्द मिलते हैं।

ध्वनि-संकेतों और आंगिक भंगिमा के जरिए ही आदिमानव संवाद कायम करते थे। (विभिन्न प्राणी ध्वनि-संकेतों से ही आपस में संवाद करते हैं।) मानव मस्तिष्क में मुँह और हाथ से जुड़े प्रान्तस्था के क्षेत्र आसपास ही स्थित हैं। फलतः चालक क्षेत्रों से मुँह और हाथ को दिए जानेवाले निर्देश एक-दूसरे से घुलमिल जाते हैं—इस 'क्रॉस-कनेक्शन' के परिणामस्वरूप ध्वनि-संकेत तथा आंगिक भाव-भंगिमा के बीच परस्पर सम्बन्ध बन जाता है। बात करते समय हमारे हाथ भी उसी अनुरूप क्रियाशील हो उठते हैं। जब हम किसी को कहते हैं 'आओ', तो हमारी हथेली और ऊँगलियाँ स्वतः अंदर की ओर (हमारी तरफ) मुड़ जाती हैं और 'जाओ' कहने पर बाहर की ओर। ध्वनि-संकेतों तथा हाथ की भंगिमाओं का यह सम्बन्ध हमारे पूर्वजों को भी अच्छी तरह पता था। वैदिक ऋचाओं के पाठ में ध्वनियों और हाथ की भंगिमाओं के

तालमेल पर पर्याप्त ध्यान दिया जाता है। नृत्यों, नाटकों, आदि में तो हम इसका सहज ही साक्षात् करते हैं। हाथों की भंगिमा इस प्रकार होठों, जिह्वा, तालु, गले, नाक से युक्त होकर स्वरयंत्र द्वारा 'प्रतिध्वनित' होती है। सामूहिक श्रम-क्रिया के जरिए हाथों के परिष्कार और संवाद की बढ़ती आवश्यकताओं ने कालक्रम में ध्वनि-संकेतों को शब्दों का रूप दिया, और फिर शब्दों के व्यापक परिचलन की प्रक्रिया में हजारों वर्षों के दौरान ये शब्द अपनी आदिम ध्वनियों से अधिकाधिक मुक्त होते गए, शब्दों का स्वायत्त संसार बना और सामान्यीकरण-अमूर्तन के जरिए शब्दों का अपना सफर शुरू हुआ। आदिम बोलियों में व्यंजनों के साथ स्वर-ध्वनियों की मंद, मध्यम तथा तीव्र संगतियों से अर्थ स्पष्ट होते हैं—भाषा के विकास के साथ ध्वनियों की यह संगति अप्रासंगिक होती गई। ध्वनियों और शब्दों का द्वैत सामने आया। ध्वनियों की भूमिका दूसरे क्षेत्रों में—आध्यात्मिक-कर्मकाण्डीय क्रियाकलापों में और संगीत में मुखर हुई।

हम देख चुके हैं कि ब्रोका क्षेत्र वाक्य-विन्यास तथा वर्निक क्षेत्र अर्थग्रहण से जुड़ा है। कोणीय कर्णक, जहाँ विभिन्न क्षेत्रों का मिश्रण होता है, अमूर्तन से जुड़ा क्षेत्र है। इस प्रकार, कुल मिलाकर, हाथों को निर्देश देने वाला प्रान्तस्था का चालक क्षेत्र, आनन क्षेत्र की मांसपेशियों (होंठ, जिह्वा, आदि) को निर्देश देने वाला चालक क्षेत्र, दृश्य तथा श्रवण क्षेत्र, कोणीय कर्णक, ब्रोका और वर्निक क्षेत्र भाषा इन सभी क्षेत्रों की सह-क्रिया की देन है। एक बार प्रचलन में आ जाने के बाद भाषाओं का विकास कितनी तेज गति से होता है, इसका अंदाजा न सिर्फ़ मानव समाज में भाषाओं की बहुलता से लगता है, बल्कि इस बात से भी कि अमूमन दो सौ साल के अंदर कोई एक भाषा भी इतनी बदल जाती है कि आज का बालक अपने दादा-परदादाओं के साथ संवाद करने में भी खुद को असमर्थ पाता है। ऐसी जगहों पर जहाँ विभिन्न भाषा-भाषी समूह मिलते हैं, वहाँ बच्चे और बड़े शीघ्र ही एक प्रारम्भिक मिश्रित भाषा बोलने लगते हैं, जिसका सीमित शब्द-भंडार विभिन्न भाषाओं से लिए गए शब्दों से बनता है, जिसका काम-चलाऊ वाक्य-विन्यास अत्यन्त प्रारम्भिक स्तर का होता है, लेकिन जो शीघ्र ही एक पृथक् भाषा बन जाती है—अपने व्याकरण, अपनी नमनीयता, अपने साहित्य की सारी गरिमा तथा मर्यादा से युक्त। उदाहरण के लिए हम अमिताभ घोष के उपन्यास 'सी ऑफ पॉपिज' में जहाजियों की मिश्रित भाषा को याद कर सकते हैं, और इस तरह की मिश्रित भाषा से पृथक् भाषा का विकास देखना हो तो उसका हम मॉरिशस की 'क्रियोल' भाषा में साक्षात् कर सकते हैं। (भाषाई बहुलता तथा विविधता के बीच इंडोनेशिया में आजादी के बाद शब्दावलियों पर गठित एक आयोग के निर्णय के तहत भाषा इंडोनेशिया में 37,795 नये शब्द शामिल किये गये।)[9]

यहाँ वाक्य-विन्यास पर एक संक्षिप्त चर्चा जरूरी है। बन्दरों, हाथियों, कुछ पक्षियों, आदि द्वारा औजारों (डंडियों, टहनियों, पत्थरों, आदि) का यदा-कदा उपयोग

किया जाता है, हालाँकि इससे उनके जीवन में सारतः कुछ नहीं बदलता। जानवर औजारों का उपयोग किसी तात्कालिक जरूरत को पूरा करने के लिए करते हैं। जबकि मनुष्य भावी इस्तेमाल के लिए, और अलग-अलग कार्यों के लिए, उपयुक्त औजार बनाते हैं, उन्हें कार्यानुरूप ढालते हैं और जमा कर रखते हैं। यह पूर्वापेक्षा तथा योजना बनाने की हमारी क्षमता दर्शाता है।

औजार-निर्माण सम्बन्धी श्रम-सक्रियता मानवाभ प्राणियों से ही शुरू होती है। पेड़ की टहनियों पर छलांग लगाने वाले बन्दरों में हाथ और दृष्टि क्षेत्र का सह-संयोजन (हाथ-नेत्र संयोजन) निम्न भित्तीय खण्ड के ऊपरी हिस्से उपरि पार्श्ववर्ती कर्णक द्वारा सम्पन्न होता है। यही निम्न भित्तीय खण्ड क्रम-विकास में दो भागों में विभाजित होकर मनुष्यों में औजारों के कुशल उपयोग तथा अनुकरण की नई परिष्कृत जरूरतों को पूरा करता है।

श्रम-सक्रियता के तीन घटक होते हैं—श्रम, श्रम की वस्तु (जिस पर श्रम लक्षित होता है) और श्रम का साधन (वह वस्तु जिसकी मदद से श्रम किया जाता है यानी श्रम का औजार)। लाखों वर्षों की प्रक्रिया में मानव मस्तिष्क में औजारों के प्रयोग को सुलभ बनाने वाली जो तंत्रिका प्रणाली विकसित हुई, आगे चलकर वही प्रणाली एक दूसरे कार्य के सम्पादन में भी (वाक्य-विन्यास के लिए भी) सुगमतापूर्वक उपलब्ध हो गई। औजार-निर्माण के तीन घटक—औजार प्रयोग करने वाला ('कर्ता'), औजार का प्रयोग (पत्थर तोड़ना, 'क्रिया') तथा जो चीज़ तोड़ी गई (पत्थर, 'कर्म') वाक्य-विन्यास के भी तीन घटक बन गये (कर्ता-कर्म-क्रिया) बन गये।

औजार-निर्माण का ही अगला चरण था दो या उससे अधिक उपकरणों को एक-दूसरे से जोड़कर एक औजार का निर्माण। उदाहरण के लिए, हस्तकुठार में हत्था जड़कर कुल्हाड़ी का निर्माण। हस्तकुठार के चौड़े पृष्ठभाग में छेदकर हड्डी या लकड़ी की डंडी जड़कर बनाई गई कुल्हाड़ी उपयोग के लिहाज़ से तो आसान हो ही गई, अब उसका प्रयोग वृक्षों को काटने के लिए भी किया जा सकता था। इसी तरह, लकड़ी के लंबे डंडे के शीर्ष पर पत्थर के चाकू जड़कर, लग्गी के रूप में, पेड़ की ऊँची कमजोर डालियों में लटके फलों को तोड़ा जा सकता था। यह विधि आज भी इस्तेमाल की जाती है। उपकरणों को जोड़कर औजार बनाने के ये कुछ सामान्य उदाहरण हैं। जोड़ने की यह क्रिया प्राकृतिक जगत में काफ़ी प्राचीन है। कई रेंगनेवाले कीड़े (रेल के जुड़े हुए डिब्बों की तरह) दरअसल स्वायत्त अंगों के जोड़ से बने हैं। सारतः, कहने का आशय यह है कि हमारे मस्तिष्क में वस्तुओं को जोड़ने वाली जो प्रणाली है, वही औजार-निर्माण तथा भाषा की जरूरतों के परिप्रेक्ष्य में दो उपशाखाओं में बंट गई, और एक उपशाखा वाक्यों को जोड़ने, वाक्य के अंदर वाक्यों के विन्यास के विशेष कार्य को सम्पन्न करने लगी। दूसरे शब्दों में, यही शाखा ब्रोका क्षेत्र के रूप में विकसित हुई। वाक्य के अंदर वाक्यों

का विन्यास हमारी भाषा को पर्याप्त विस्तार देता है; 'यदि', 'लेकिन', 'और' जैसे जोड़ने वाले (प्रकार्यात्मक) शब्द इसी जरूरत को पूरा करते हैं। वाक्य के अंदर वाक्यों की यह विशेषता हमें अपनी कार्यशील स्मृति में समा सकने लायक लम्बे वाक्यों का निर्माण करने में समर्थ बनाती है। साहित्यिक कृतियों में ऐसे संयोजनों के बेहतरीन नमूने देखे जा सकते हैं। यहाँ हम हजारी प्रसाद द्विवेदी की 'वाणभट्ट की आत्मकथा' के वाक्य-विन्यास का स्मरण कर सकते हैं। प्रूस्त की 'इन सर्च ऑफ लॉस्ट टाइम' के पृष्ठों में फैले वाक्य में सन्निहित वाक्यों की दिलचस्प लड़ियाँ तो सचमुच अद्‌भुत हैं—एक वाक्य के विस्तार में ही न मालूम कितनी चीज़ें समेट ली गई हैं। स्मृति के कुछ क्षण हैं, भविष्य की आशाएँ-आशंकाएँ हैं, वर्तमान की चाहतें और कुण्ठाएँ हैं, अचानक कौंध उठा कोई दृश्य है अथवा कोई संवाद है, ताकती-झाँकती काव्य-पंक्तियाँ हैं, ऐतिहासिक संदर्भ हैं, दार्शनिक सूत्र हैं, वैज्ञानिक व्याख्याएँ हैं और मनोवैज्ञानिक विश्लेषण भी। इस मामले में जेम्स ज्वॉयस का कहना ही क्या? 'यूलीसिस' के आखिरी पृष्ठ में 'यस' के अद्‌भुत प्रयोग के जरिए वे वाक्यों का सम्मोहक बंदनवार सजाते हैं। बहरहाल, मानवजाति की इन भाषाई विलक्षणताओं को याद करते समय हमें उनके पूर्वजों को, इल्लियों और कुल्हाड़ियों को नहीं भूलना चाहिए।

भाषा संवाद का ही नहीं, चिन्तन का, आत्माभिव्यक्ति का भी माध्यम है। लेकिन चिन्तन के लिए क्या भाषा जरूरी है, चिन्तन भाषा के पहले अस्तित्व में आया या उसके बाद? मानवजाति के क्रम-विकास को देखने से यही प्रतीत होता है कि चिन्तन भाषा के प्रादुर्भाव के काफ़ी पहले ही अस्तित्व में आ चुका था। हाँ, चिन्तन ने भाषा के विकास को अवश्य गति प्रदान की और एक बार अस्तित्व में आ जाने के बाद भाषा ने चिन्तन के अभूतपूर्व विकास तथा प्रसार को सम्भव बनाया। वैसे, अर्थमय और अभिव्यंजनात्मक एकालाप (स्वगत कथन) और संवादी वाक् के पारस्परिक सम्बन्धों को लेकर भाषाविदों में मतैक्य नहीं। भाषाविदों का एक समूह एकालापी वाक् की उत्पत्ति संवादी वाक् से बतलाता है और संवादी वाक् के व्यापक प्रचलन को इस बात के प्रमाण के रूप में प्रस्तुत करता है।

बहरहाल, वाक्-भाषा के अस्तित्व में आने के काफ़ी पहले चिन्तन के अस्तित्व में आने के प्रमाण प्रस्तर-उपकरणों में होने वाले परिष्कार के संदर्भ में भी देखे जा सकते हैं। "अमेरिकी पुरातत्वविद् टी विन्न ने प्रस्तर उपकरणों की कुछ आकृतिक विशेषताओं की ओर ध्यान आकृष्ट किया है, क्योंकि ये विशेषताएँ एक ओर तो लक्ष्योद्दिष्ट क्रियाओं के फलस्वरूप आकृति-विशेष की कृत्रिम उत्पत्ति का असंदिग्ध प्रमाण प्रस्तुत करती हैं और, दूसरी ओर, किन्हीं नई मनोवैज्ञानिक विशिष्टताओं के निर्माण को दिखाती हैं, जो श्रम के विकास के साथ-साथ होने वाले चिन्तन के विकास के नये युग के अनुरूप होती हैं। टी विन्न ने इसीमिल से प्राप्त (1,70,000 से

3,30,000 वर्ष पुरानी) पुरातात्विक सामग्री और ओल्डुवाई दर्रे से प्राप्त (11,50,000 से 16,00,000 वर्ष पुरानी) सामग्री की तुलना की। इस प्रकार दस लाख वर्ष से भी ज्यादा लम्बे कालखण्ड के दौरान औजार निर्माण में हुए परिवर्तन और साथ ही उसमें प्रतिबिम्बित मानसिक संरचनाओं के विकास क्रम का अनुमान लगाया जाता है। टी विन्न मानस के चार साधारण, किन्तु बुनियादी संक्रियात्मक गुण बताते हैं, जिनका प्रतिबिम्ब पत्थर के औजारों में देखा जा सकता है। ये गुण हैं :

i. पूर्ण से अंश के, और अंश से पूर्ण के सम्बन्ध की समझ;

ii. अंशों के सह-सम्बन्ध का ज्ञान;

iii. दिक्-काल सम्बन्धों की चेतना; और

iv. वस्तुओं तथा संक्रियाओं की एकरूपता का बोध।

वस्तुगत रूप से विद्यमान पत्थर के औजारों के प्रतिबिम्ब के तौर पर ये चार मानसिक संरचनाएँ इसीमिल से प्राप्त पत्थर के औजारों की आकृति में प्रदर्शित हुई हैं। उनमें, एक, न्यूनतम श्रम का व्यय करके आवश्यक आकृति गढ़ी गई है, यानी भावी औजार की आकृति की समझ इतनी स्पष्ट है कि कम-से-कम संसाधन प्रयोग करके आवश्यक आकृति का औजार बना लिया गया है (पहला गुण); दो, काटनेवाली धार सीधी रखी गई है, जो आनुक्रमिक आघातों की शक्ति में सन्तुलन बनाये रख कर ही सम्भव था (दूसरा गुण); तीन, औजार को द्वि पार्श्व सममिति प्रदान करने की योग्यता का प्रदर्शन किया गया है (तीसरा गुण); और चार, अनुप्रस्थ काट के विभिन्न स्तरों पर औजार को सममित बनाये रखा गया है (चौथा गुण)। ओल्डुवाई दर्रे से प्राप्त औजारों में हमें द्विपार्श्व सममिति के इक्के-दुक्के उदाहरण ही मिलते हैं, हालाँकि औजारों के निर्माण के दौरान अनुप्रस्थ काट से अचर त्रिज्या के महत्व की कुछ-कुछ समझ दिखाई जाने लग गई थी। ओल्डुवाई की ही अधिक पुरानी सामग्री में तो ये साधारणतम बातें भी नहीं दिखाई देतीं।... सम्भवतः औजार निर्माण और मानस के चारों तत्व औजार निर्माण सम्बन्धी सक्रियता के इतिहास के सबसे आरम्भिक कालों में ही पैदा हो गये थे।... हम किसी भी वस्तु को औजार कह सकते हैं, यदि उसमें चाहे क्षीण रूप में ही सही, इनमें से कोई एक लक्षण विद्यमान है।''[10]

मानव शिशु द्वारा भाषा सीखने की प्रक्रिया से भी भाषा के विकास को समझने में मदद मिलती है। ध्वनि संकेतों से शब्द सीखने के क्रम में बच्चा शब्द को बहुत ही अनिश्चित रूप से समझता है। प्रायः उसके भाव को गड्डमड्ड कर देता है, नया शब्द ग्रहण करते हुए अक्सर उसका नाता उस वस्तु से नहीं जोड़ता जिसे यह शब्द नामोद्दिष्ट करता है, बल्कि पहली वस्तु से मिलती-जुलती स्पष्टतः दृष्टिगोचर किसी लक्षण में बिल्कुल पहली वस्तु जैसी दूसरी वस्तु से उसका सम्बन्ध जोड़ता है। इस प्रकार, विकास के आरम्भिक दिनों में उसके लिए शब्द बहु-अर्थी होता है... वस्तुओं

के ध्वनिक संज्ञापन, उनके अर्थ के स्पष्टीकरण और संकीर्णन, इसके पश्चात् उन वस्तुओं से सम्बन्धित क्रिया के तत्वों का संज्ञापन, शब्द-वाक्य, वाक्य-विन्यास और वाक्-संवाद—भाषा के, संवादी भाषा के विकास की यह प्रक्रिया हम बच्चों के भाषा सीखने की प्रक्रिया के रूप में आसानी से देख सकते हैं।[11]

औजार बनाने के क्रम में मस्तिष्क में औजार का एक 'वर्चुअल' चित्र भी बनता है। वैसे आजकल किसी परियोजना का पूरा नक्शा, उसकी पूरी डिजाइन कम्प्यूटर पर ही बना ली जाती है, लेकिन आदिम युग में भी औजार बनाने के क्रम में धरती पर या पत्थर पर उसकी आकृति उतारी जाती होगी। इसका अंदाजा हम आज के ग्रामीण कारीगरों को देख कर भी कर सकते हैं। आज भी ऐसे कारीगर लकड़ी या धातु पर काम करते समय ऊँगलियों से ही मिट्टी में (बनने वाले औजार की) आकृति उकेरते रहते हैं। सम्भवतः इसी प्रक्रिया में आगे चित्रलिपियों का भी विकास हुआ होगा। चित्रलिपि भी बहुअर्थी रहा होगा—ध्वनि संकेतों की तरह। चीनी भाषा में इसके अक्श आज भी देखे जा सकते हैं।

बहरहाल, भाषा के विकास की दुनिया से हम वापस रामचन्द्रन की दुनिया में लौटते हैं। हम पहले देख चुके हैं कि भाषा के विकास में भी रामचन्द्रन प्रतिरूप तंत्रिकाओं की भूमिका को अहम मानते हैं। लेकिन कई तंत्रिका विज्ञानी रामचन्द्रन के (प्रतिरूप तंत्रिकाओं के) विचार से सहमत नहीं हैं, अनेक तो ऐसी तंत्रिकाओं के अस्तित्व पर ही प्रश्न उठाते हैं। रामचन्द्रन द्वारा इन तंत्रिकाओं को दी गई केन्द्रीय भूमिका को ये वैज्ञानिक मानव-मस्तिष्क की अतिजटिल गति-प्रकृति की अतिसामान्यीकृत व्याख्या मानते हैं। वैसे रामचन्द्रन ने अपने तर्कों के पक्ष में अनेक वस्तुपरक, क्लिनिकल साक्ष्य भी प्रस्तुत किए हैं।

क्वांटम परिघटना

मानव-मस्तिष्क की विशेषता के संदर्भ में रामचन्द्रन के विचारों के केन्द्र में जहाँ प्रतिरूप तंत्रिकाएँ हैं, वहीं रोजर पेनरोज—स्टुअर्ट हैमरॉफ की नज़र में मानव-मस्तिष्क की विलक्षणता उसके अंदर होनेवाली क्वांटम परिघटना में निहित है।[12] पेनरोज तंत्रिकाओं की दुनिया से आगे सूत्रयुग्मकों तथा सूक्ष्मनलिकाओं की अतिसूक्ष्म दुनिया में हमें ले जाते हैं और वहाँ होनेवाली क्वांटम परिघटना में चेतना का उत्स ढूँढ़ते हैं। यहाँ हम इस विचार की कुछ मूल प्रस्थापनाओं को संक्षेप में रखेंगे—वैसे प्रतिरूप तंत्रिकाओं के रामचन्द्रन के विचारों की तरह ही पेनरोज की प्रस्थापनाओं पर भी वैज्ञानिकों में पर्याप्त विवाद है।

प्रचलित दृष्टिकोण के अनुसार, मस्तिष्क की क्रियाओं को मूलतः शास्त्रीय भौतिकी के संदर्भों में ही समझा जाता है। कम्प्यूटर के इलेक्ट्रॉनिक परिपथ में प्रवाह की तर्ज पर स्नायु संकेतों को अमूमन 'ऑन'-'ऑफ' परिघटना के रूप में लिया जाता

है, जो 'या तो घटती है' अथवा 'नहीं घटती है'। क्वांटम अवस्था की विलक्षणता–यानी 'विकल्पों' के रहस्यमय अध्यारोपण की बात स्वीकार नहीं की जाती। क्वांटम अध्यारोपण का मतलब है, एक ही समय कोई क्रिया 'घटती' भी है और 'नहीं भी घटती' है, एक ही समय वैकल्पिक अवस्थाओं का सह-अस्तित्व। दूसरे शब्दों में, यह 'हाँ' या 'ना' की अवस्था नहीं, वरन् 'हाँ भी और ना भी' की अवस्था है।

यह परिघटना ऐसी स्थितियों का संकेत करती है जहाँ एक एकल क्वांटम अवस्था में बड़ी संख्या में सूक्ष्म कण सामूहिक सहभागिता की स्थिति में होते हैं। यह क्वांटम अवस्था वातावरण से जुड़ी नहीं होती। वातावरण और इस क्वांटम अवस्था के बीच एक 'ऊर्जा अंतराल' होता है ताकि वातावरण इस क्वांटम अवस्था को भंग न कर सके। अगर वातावरण का तापमान काफ़ी ज्यादा है तो उसमें मौजूद अतिसूक्ष्म कणों की ऊर्जा इतनी अधिक हो जा सकती है कि वे इस ऊर्जा अंतराल को पाट कर क्वांटम अवस्था को भेद सकें और इस प्रकार, क्वांटम सहभागिता की स्थिति भंग कर दें। यही कारण है कि यह क्वांटम अवस्था सामान्यतः अतिनिम्न तापमान पर ही साकार होती है–निरपेक्ष शून्य (-273^0 सेल्शियस) से कुछ ही ज्यादा के तापमान पर। ऐसे अतिनिम्न तापमानों पर हम अतिचालकता (जहाँ वैद्युतिक रुकावट शून्य हो जाती है) तथा अतितरलता (जहाँ तरल-घर्षण अथवा श्यानता शून्य हो जाती है) की अवस्थाओं का साक्षात् करते हैं। क्या हमारे मस्तिष्क में भी ऐसी अवस्था साकार होती है? पेनरोज कहते हैं, 'हाँ'। इसकी व्याख्या करने में वे हमें जीवन के विकास-क्रम के एकदम शुरुआती दिनों में ले जाते हैं–तंत्रिका-कोशिकाओं की दुनिया से बहुत दूर एक कोशिकावाले पैरामेसियम की दुनिया में। एक भी तंत्रिका-कोशिका और सूत्रयुग्मक के बिना यह पैरामेसियम अपने रोएँदार 'पैरों'–सिलिया की मदद से पानी में तैरते हुए, अपनी विभिन्न प्रणालियों का उपयोग कर, न सिर्फ़ अपने भोजन का पता लगा लेती है, बल्कि ख़तरा उपस्थित होने पर पीछे हटकर दूसरी दिशा में तैर जाती है। तैरने के क्रम में कोई बाधा आने पर, उससे बचकर उसकी बगल से घूमकर निकल जाती है, और दिखता तो यह भी है कि वह, यहाँ तक कि, अपने अतीत के अनुभवों से सीख भी लेती है। (बहरहाल, पेनरोज के इस अन्तिम पर्यवेक्षण से कुछ वैज्ञानिक इत्तेफाक नहीं रखते।) तंत्रिकाओं तथा सूत्रयुग्मकों से रहित इस प्राणी में (और इसी के जैसी एक-कोशिकावाली अमीबा में) वह कौन-सी जटिल नियन्त्रण-प्रणाली है जो उसके व्यवहार को निर्देशित करती है? जो संरचना इसके लिए जिम्मेवार है, उसे साइटोस्केलेटन के नाम से जाना जाता है। सिलिया खुद साइटोस्केटेल रेशों की ही अन्तिम सिराएँ हैं। यह साइटोस्केलेटन न सिर्फ़ कोशिका को बांधे रखता है, बल्कि विभिन्न अणुओं को एक सिरे से दूसरे सिरे तक पहुँचाने वाले 'कन्वेयर बेल्ट' का भी काम करता है। इसके अलावा, वह कोशिका के लिए नियन्त्रण-प्रणाली की भूमिका अदा करता है। कुल मिलाकर, वह एक

कोशिका के लिए उन सभी भूमिकाओं का निर्वाह करता है जो अस्थि-संरचना, मांसपेशियाँ, पैर, रक्त-संचार प्रणाली और स्नायविक प्रणाली अन्य जीव-जंतुओं के लिए अदा करती है। यहाँ हमारे अध्ययन के लिए जो चीज़ महत्वपूर्ण है, वह है कोशिका की स्नायविक प्रणाली के रूप में साइटोस्केलेटन की भूमिका।

अब जरा ध्यान दीजिए। हमारे मस्तिष्क की कोशिकाएँ (तंत्रिका-कोशिकाएँ) भी आखिर कोशिकाएँ ही हैं। यानी हर तंत्रिका-कोशिका का अपना-अपना साइटोस्केलेटन भी है। इसका अर्थ है प्रत्येक तंत्रिका-कोशिका की, कहिए तो, अपनी-अपनी 'निजी स्नायविक प्रणाली' भी है।

यह अटपटा लग सकता है, लेकिन सच्चाई यह है कि प्रत्येक कोशिका में दो बिल्कुल भिन्न 'मुख्यालय' स्थित हैं। एक मुख्यालय कोशिका का केन्द्रक (न्यूक्लियस) है—इसी केन्द्रक में हमारी आधारभूत आनुवंशिक सामग्री (डीएनए) स्थित है। यह आनुवंशिक तत्व ही कोशिका की आनुवंशिकी का और उसकी अपनी विशिष्ट पहचान का नियन्त्रण करता है। कोशिका ख़ुद जिन प्रोटीन सामग्रियों से बनी है, उन प्रोटीनों के उत्पादन का नियमन भी यही आनुवंशिक तत्व करता है।

दूसरा मुख्यालय साइटोस्केलेटन का केन्द्रीय तत्व (सेंट्रियोल के अपने महत्वपूर्ण घटक के साथ) सेंट्रोसोम है। यह मुख्यालय कोशिका की संरचना और उसकी गतियों का नियंत्रण करता है। (तंत्रिका-कोशिकाओं के अंदर, साइटोस्केलेटन सूत्रयुग्मीय सम्पर्कों को बनाये रखने तथा उन्हें नियंत्रित करने का भी काम करता है।) सेंट्रोसोम में सूक्ष्म नलिकाओं (माइक्रोट्युब्युल्स) का समूह होता है जिसे सेंट्रियोल कहते हैं। एक ख़ास अवस्था में यह सेंट्रोसोम दो हिस्सों में विभाजित हो जाता है और प्रत्येक हिस्से के इर्द-गिर्द सूक्ष्म नलिकाएँ जमा हो जाती हैं। इन्हीं सूक्ष्म नलिकाओं के रेशे केन्द्रक में स्थित डीएनए के पृथक्-पृथक् धागों से सेंट्रोसोम को जोड़ देते हैं और इस प्रकार डीएनए के धागे भी एक-दूसरे से अलग हो जाते हैं—फिर वह असाधारण प्रक्रिया शुरू होती है जिसे आम तौर पर हम कोशिकाओं के विभाजन के रूप में जानते हैं, और तकनीकी रूप से 'मिटोसिस' के रूप में जानते हैं।

बैक्टीरिया, नील-हरित शैवाल और वायरसों को छोड़कर धरती के सभी प्राणियों तथा वनस्पतियों की कोशिकाएँ यूकेरॉयटिक कोशिकाएँ कहलाती हैं और इन सभी यूकेरॉयटिक कोशिकाओं में इन दो संरचनाओं की, दो 'मुख्यालयों' की उपस्थिति पाई जाती है। ऐसा माना जाता है कि धरती पर पहले ऐसी कोशिकाओं का उद्भव हुआ जिनके साइटोस्केलेटन्स नहीं थे (बैक्टीरिया, नील-हरित शैवाल के रूप में ऐसी कोशिकाओं का अब भी अस्तित्व बना हुआ है)। इन कोशिकाओं को प्रोकैरियोटिक कोशिका कहा जाता है। साथ ही, तरंग-अणुओं (स्पाइरोकीट) के रूप में ऐसे जीव भी रहे होंगे जो डोर-सरीखी पूँछ के सहारे तैरते होंगे। उनकी डोर-सरीखी पूँछ साइटोस्केलेटल प्रोटीन से बनी होगी। कार्ल सागान के विचार से, कुछ आरम्भिक प्रोकैरियोट इसी तरह के

जीव से जुड़ गये होंगे—अथवा, इन तरंगाणुओं ने कुछ प्रोकैरियोट्स को संक्रमित किया होगा। इस तरह, दो बिल्कुल पराये जीव एक एकल यूकेरॉयटिक कोशिकाओं के रूप में एक-दूसरे के साथ स्थायी रूप से जुड़ गये। तरंगाणु ही अंततः कोशिकाओं के साइटोस्केलेटन में रूपान्तरित हो गये और इस तरह उस भावी विकास-क्रम में साझीदार बने जिसने हमारा होना सम्भव बनाया।

बहरहाल, हम फिर सूक्ष्म नलिकाओं की दुनिया में लौटते हैं। सूक्ष्म नलिकाएँ खोखली बेलनाकार नलियों से बनी होती हैं जिनका बाहरी व्यास 25 और अन्दरूनी व्यास 14 नैनोमीटर (1 नैनोमीटर = 10^9 मीटर, यानी एक मीटर का अरबवाँ भाग) होता है। यह सूक्ष्म नलिका खुद एक प्रोटीन बहुलक (पोलिमर) है जिसकी अपनी छोटी इकाइयाँ होती हैं जिन्हें ट्युब्युलिन (अतिसूक्ष्म नलिका) कहा जाता है। प्रत्येक ट्युब्युलिन एक डाइमर होती है, यानी वह मूलतः दो पृथक् अंशों—अल्फा-ट्युब्युलिन तथा बीटा-ट्युब्युलिन से बनी होती है और ये दोनों ट्युब्युलिन क़रीब 450 एमिनोएसिड से। यहाँ हम इन तकनीकी बारीकियों में जाने के बजाए सीधे पेनरोज तथा हैमरॉफ की प्रस्थापनाओं पर आते हैं।

पूरी तरह आकार ले लेने के बाद मस्तिष्क की कोशिकाएँ विभाजित नहीं होतीं, इसलिए तंत्रिका में स्थित सेंट्रोसोम की इस बाबत कोई भूमिका नहीं बनती। सूक्ष्म नलिकाएँ अक्षतंतुओं के उस सिरे तक फैली होती हैं जो सूत्रयुग्मकों के ठीक पहले खत्म होती है। साथ ही, वे सूत्रयुग्मकों की दरारों के अंत में, सूत्रयुग्मकों के ठीक बाद शाखा-तंतुओं की सिराओं तक भी विस्तृत होती हैं। इन शाखा-तंतुओं की सिराओं की वृद्धि और उनका क्षरण होता रहता है और यह प्रक्रिया मस्तिष्क की नमनीयता (प्लास्टिसिटी) का महत्वपूर्ण अंग मानी जाती है। इसी नमनीयता के परिणामस्वरूप मस्तिष्क के अंदर के समग्र अंतर्सम्पर्कों में निरन्तर सूक्ष्म परिवर्तन घटित होता रहता है।

अगर यह माना जाए कि मस्तिष्क की संगणक क्षमता का आधार केवल तंत्रिका-कोशिकाएँ नहीं, बल्कि ट्युब्युलिन डाइमर्स हैं, तो 'कृत्रिम बुद्धि' के निर्माण से जुड़े साहित्य में मस्तिष्क की संगणक क्षमता का जितना अंदाजा लगाया जाता है, उससे उसकी क्षमता कई गुणा अधिक प्रमाणित होगी। पेनरोज इस सम्बन्ध में हैन्स मोरावेच द्वारा अपनी पुस्तक 'माइण्ड चिल्ड्रेन' (1988) में किए गये तुलनात्मक अध्ययन का हवाला देते हैं। पहले यह मान कर चलें कि मस्तिष्क की संगणक क्षमता का आधार केवल तंत्रिका-कोशिकाएँ हैं। अगर मस्तिष्क में कार्यशील तंत्रिकाओं की संख्या 10^{11} (1 खरब) है और प्रत्येक तंत्रिका प्रति सेकंड 10^3 (एक हजार) संकेत प्रेषित करने में सक्षम है, तो सिद्धान्ततः मानव मस्तिष्क प्रति सेकंड 10^{14} (एक हजार खरब) बुनियादी गणनाएँ करने में सक्षम होगा। अब ट्युब्युलिन डाइमर्स को मस्तिष्क की संगणक क्षमता के बुनियादी आधार के रूप में लेते हुए विश्लेषण करें। प्रत्येक तंत्रिका में क़रीब 10^7 (1 करोड़) डाइमर्स होते हैं। इस स्थिति में प्राथमिक गणनाओं

की रफ़्तार 10^6 (दस लाख) गुणा बढ़ जाएगी। इस प्रकार हमें प्रति सेकंड क़रीब 10^{27} गणनाओं की क्षमता हासिल होगी। वर्तमान समय में, कम्प्यूटर प्रति सेकंड 10^{14} गणनाओं के पहले वाले आँकड़े को छूने के क़रीब है, जबकि मोरावेच के अनुसार प्रति सेकंड 10^{27} गणनाओं के दूसरे वाले आंकड़े को छूने की कोई सम्भावना अभी दूर-दूर तक दिखाई नहीं देती। वैसे हमारा मस्तिष्क सूक्ष्म नलिकाओं की गणना क्षमता का शत-प्रतिशत उपयोग करने से भी काफ़ी पीछे है—हम अपनी इस क्षमता का अत्यन्त अल्पांश ही इस्तेमाल करते हैं।

पेनरोज के अनुसार, यदि मस्तिष्क की क्रियाओं का नियन्त्रण सूक्ष्म नलिकाएँ करती हैं, तो सूक्ष्म नलिकाओं की क्रियाप्रणाली में ऐसा कुछ ज़रूर है जो महज गणना-क्रिया से निश्चित रूप से भिन्न है। पेनरोज इस भिन्नता को सूक्ष्म नलिकाओं में होनेवाली 'क्वांटम सहभागिता' से, बोस-आइंस्टीन कंडेन्सेशन (बी ई सी) की परिघटना से, एक एकल क्वांटम अवस्था में बड़ी संख्या में सूक्ष्म कणों की सामूहिक सहभागिता की परिघटना से जोड़ते हैं।

चेतना की परिघटना को भी पेनरोज-हैमरॉफ साइटोस्केलेटन से, ख़ासकर सूक्ष्म नलिकाओं से सम्बद्ध करते हैं। ऐसे कई पदार्थ हैं जिनके प्रयोग से मनुष्य ही नहीं, अन्य प्राणी, यहाँ तक कि पैरामेसियम और अमीबा जैसे जीव भी 'बेहोश' हो जाते हैं। इसका स्पष्ट आशय यह है कि बेहोश करने वाले इन पदार्थों से सीधे साइटोस्केलेटन प्रभावित होता है। अगर तंत्रिकाओं के प्रभावित होने से हम संज्ञाहीन होते, तो इन पदार्थों का पैरामेसियम पर असर नहीं होता, क्योंकि उसके पास ये तंत्रिकाएँ हैं ही नहीं। बेहोश करने के लिए अमूमन जिन पदार्थों (नाइट्रस ऑक्साइड, N^2O; ईथर, $CH^3CH^2OCH^2CH^3$; क्लोरोफॉर्म, $CHCl^3$; हैलोथेन, $CF^3CHClBr$; इसोफ्लुओरेन, $CHF^2OCHClCF^3$; और रासायनिक रूप से निष्क्रिय गैस जेनॉन) का प्रयोग किया जाता है, उनके बीच कोई रासायनिक सम्बन्ध नहीं है। जाहिर है, बेहोशी अथवा संज्ञाहीनता के लिए रसायन जिम्मेवार नहीं हैं। अणुओं के बीच विभिन्न तरह के अंतर्सम्बन्ध होते हैं—कुछ अंतर्सम्बन्ध रासायनिक शक्तियों की तुलना में अत्यन्त क्षीण होते हैं। ऐसी ही एक शक्ति है वान डर वाल्स लंडन शक्ति। पेनरोज तथा हैमरॉफ के अनुसार, बेहोश करनेवाले उपर्युक्त गैस इसी शक्ति की अंतःक्रिया के जरिए सूक्ष्म नलिकाओं के क्रियाविधान में व्यवधान डालते हैं जिसके परिणामस्वरूप हम अपनी चेतना खो बैठते हैं।

हम जानते हैं कि सृष्टि की सभी चीज़ें, हम भी, अतिसूक्ष्म कणों से बने हैं। इन सूक्ष्म कणों की दुनिया में लागू होनेवाले नियम हमारे स्थूल जगत के नियमों से काफ़ी भिन्न हैं। तो फिर सूक्ष्म कणों की क्वांटम दुनिया का स्थूल जगत में निपात कैसे घटित होता है? यह प्रश्न आधुनिक युग के वैज्ञानिकों के लिए बड़ी चुनौती बना हुआ है। वैसे, क्वांटम दुनिया की गति-प्रकृति को लेकर और क्वांटम अवस्था

से स्थूल अवस्था में रूपान्तरण को लेकर क्वांटम वैज्ञानिकों ने जटिल संख्याओं तथा संभाव्यता के सिद्धान्तों के आधार पर कुछ सूत्र विकसित किए हैं और ये सूत्र प्रयोग तथा व्यावहारिक उपयोग में भी कारगर सिद्ध हुए हैं, तथापि इन मामलों में अब भी काफ़ी पहेलियाँ बनी हुई हैं और वैज्ञानिकों में इन्हें लेकर पर्याप्त विवाद बना हुआ है। हम यहाँ इन प्रश्नों के विस्तार में जाने के बजाए पेनरोज-हैमरॉफ की कुछ प्रस्थापनाओं का, ख़ासकर मस्तिष्क में इस प्रकार की क्रियाओं से सम्बन्धित उनकी प्रस्थापनाओं का जिक्र करेंगे।

पेनरोज-हैमरॉफ के अनुसार, कुछ तंत्रिकाओं के अंदर सूक्ष्म नलिकाओं के अंतर्वर्ती प्रोटीनों (ट्युब्युलिनों) में क्वांटम अध्यारोपित अवस्थाओं का निर्माण होता है—अनेक सूक्ष्म कण क्वांटम सहभागिता की अवस्था में आ जाते हैं और वे अधिकाधिक अध्यारोपित ट्युब्युलिनों को अपने में समाते जाते हैं। फिर (क्वांटम गुरुत्व से सम्बन्धित) एक ऐसी स्थिति आती है जब अकस्मात् यह क्वांटम संगति आत्म-निपात का, वस्तुगत निपात का शिकार हो जाती है। वे संतुलन-भंग के पूर्व, या निपात-पूर्व की स्थिति को, अथवा क्वांटम संगति की स्थिति को चेतना-पूर्व प्रक्रियाओं से जोड़ते हैं, और प्रत्येक क्षणिक (तथा असंगणनीय) आत्म-निपात अथवा वस्तुगत निपात को सूक्ष्म चेतन परिघटना के रूप में प्रस्तुत करते हैं। क्वांटम संगति और आत्म-निपात की यह प्रक्रिया अनवरत् चलती रहती है और प्रत्येक निपात के साथ चेतना के 'क्षण' निसृत होते रहते हैं। समग्र रूप से चेतन-क्षणों की यही तरंग 'चेतना के प्रवाह' के रूप में सामने आती है। जैसे हम प्रकाश-कणों (फोटोन, इकाई के रूप में जिसे क्वांटम के रूप में मापा जाता है) और प्रकाश-तरंगों की चर्चा करते हैं, वैसे ही (क्षण-तरंग द्वैत के रूप में) पेनरोज चेतना-क्षण (क्वालिया) और चेतना-तरंग (चेतना-प्रवाह) की बात करते हैं। सूक्ष्म नलिकाओं से सम्बन्धित प्रोटीन संसक्त अध्यारोपित अवस्थाओं के क्वांटम दोलन को संतुलित बनाए रखता है, उसकी ट्युनिंग करता रहता है। इस प्रकार, सूक्ष्म जगत से स्थूल जगत में 'वस्तुगत निपात' आत्म-संगठित होता है। दूसरे शब्दों में, इसे 'लयबद्ध वस्तुगत निपात' भी कहा जाता है। लयबद्ध वस्तुगत निपात की प्रत्येक परिघटना सूक्ष्म नलिकाओं की इकाइयों की उन (अगणनीय) अवस्थाओं का भी चयन करती है जो स्थूल संकेतकों के जरिए सूत्रयुग्मीय/तंत्रीय संक्रियाओं का नियन्त्रण करती है।

बड़े पैमाने पर अध्यारोपित क्वांटम अवस्थाओं की अपनी-अपनी दिक्-काल ज्यामिति भी होती है, और कुछ हद तक पृथक् होने के बावजूद वे भी अध्यारोपित अवस्थाओं में होती हैं। लेकिन जब यह संतुलन भंग हो जाता है तब अध्यारोपित दिक्-काल ज्यामितियाँ भी अस्थिर हो जाती हैं। अंततः उनका भी एक एकल वैश्विक अवस्था में निपात घटित होता है—बहु-विश्वों की अध्यारोपित अवस्था से एकल विश्व में रूपान्तरण। इन वैज्ञानिकों की नज़र में प्रकृति द्वारा किया गया

अवस्था का चयन भी अगणनीय है। इस प्रकार, लयबद्ध वस्तुगत निपात की प्रत्येक परिघटना दिक्-काल ज्यामिति का निपात है, जो सूक्ष्म नलिकाओं तथा जैव-अणुओं के जरिए मस्तिष्क से जुड़ा हुआ है। (देखें परिशिष्ट।)

संक्षेप में, यह है मस्तिष्क की संरचना तथा चेतना के उद्भव के बारे में रोजर पेनरोज और स्टुअर्ट हैमरॉफ का सिद्धान्त। ये वैज्ञानिक अपनी प्रस्थापनाओं के प्रतिपादन के क्रम में कई दार्शनिकों के निष्कर्षों की भी समीक्षा करते चलते हैं। बहरहाल, जो दर्शन उन्हें अपनी प्रस्थापनाओं के सबसे क़रीब लगता है, उनमें दो का वे ख़ास तौर से जिक्र करते हैं। एक, अलफ्रेड नार्थ ह्वाइटहेड का दर्शन और दूसरा, बौद्ध दर्शन, ख़ासकर बौद्धों की सर्वास्तिवादिन् शाखा। ह्वाइटहेड के 'अनुभव के अवसरों' की अवधारणा का सम्बन्ध वे 'क्वांटम परिघटनाओं' के साथ जोड़ते हैं। क्वांटम सिद्धान्त की प्रचलित 'कोपेनहेगेन व्याख्या' में क्वांटम-संगत अध्यारोपण के निपात का कारण पर्यावरणीय विसंगति, मापने की क्रिया तथा सचेत पर्यवेक्षण बताया जाता है। पेनरोज-हैमरॉफ इसे मनोगत निपात मानते हैं। उनके अनुसार, चेतना के उद्भव के लिए आत्म-निपात जरूरी है और यह तब सम्भव होता है जब क्वांटम गुरुत्व एक ख़ास अवस्था में पहुँचकर संगत अध्यारोपण की क्वांटम स्थिति को भंग कर देता है और दिक्-काल पार्थक्य घटित होता है। यह आत्म-संगठन, आत्म-निपात, आत्म-चयन तथा आत्म-संतुलन की अनवरत् चलनेवाली नैसर्गिक प्रक्रिया है; मनोगत निपात की कोई मनमर्जी प्रक्रिया नहीं। आत्म-निपात का यह क्षण ही ह्वाइटहेड के 'अनुभवों के अवसर' का क्षण है। साथ ही, यह आत्म-निपात का अ-संगणनीय क्षण भी है और इस अर्थ में मस्तिष्क की तुलना कम्प्यूटर से नहीं की जा सकती।

बौद्ध दर्शन में भी चेतना को 'पृथक्, असम्बद्ध और नश्वर क्षणों' के रूप में वर्णित किया गया है जो प्रकट होने के साथ ही नष्ट भी हो जाते हैं। चेतना 'मानसिक परिघटनाओं की क्षणिक प्राप्ति' के रूप में निरूपित की गई है, जहाँ एक-के-बाद-एक असम्बद्ध चेतन-क्षण प्रकट होने के साथ ही लुप्त होते रहते हैं। इसके क्षणिक अस्तित्व की कोई समयावधि नहीं होती, जैसे किसी बिन्दु की कोई लम्बाई नहीं होती। यहाँ नागसेन-मिलिन्द संवाद का निम्नलिखित अंश प्रस्तुत करना समीचीन होगा :

नागसेन : 'महाराज! यदि कोई आदमी दिया जलावे, तो क्या वह रात भर जलता रहेगा?'

मिलिन्द : 'हाँ भन्ते! रात भर जलता रहेगा।'

नागसेन : 'महाराज! रात के पहले पहर में जो दिये की टेम थी, क्या वही दूसरे या तीसरे पहर में भी बनी रहती है?'

मिलिन्द : 'नहीं भन्ते!'

नागसेन : 'महाराज! तो क्या वह दिया पहले पहर में दूसरा, दूसरे और तीसरे पहर में दूसरा हो जाता है?'

मिलिन्द : 'नहीं भन्ते! वही दिया रात भर जलता रहता है।'

नागसेन : 'महाराज! ठीक इसी तरह किसी वस्तु के अस्तित्व के सिलसिले में एक अवस्था उत्पन्न होती है, एक लय होती है–और इस तरह प्रवाह जारी रहता है। एक प्रवाह की दो अवस्थाओं में एक क्षण का भी अंतर नहीं होता क्योंकि एक के लय होते ही दूसरी उत्पन्न हो जाती है। इसी कारण, न वही जीव रहता है और न दूसरा ही हो जाता है।

एक जन्म के अन्तिम विज्ञान के लय होते ही दूसरे जन्म का प्रथम विज्ञान उठ खड़ा होता है।'[13]

सर्वास्तिवादिन् 24 घण्टे में ऐसे 64,80,000 'क्षणों' का वर्णन करते हैं (13.3 माइक्रोसेकण्ड में औसतन एक क्षण)। इसी तरह चीनी बौद्धों के कुछ हिस्सों में प्रति 20 माइक्रोसेकण्ड एक 'विचार' का जिक्र पाया जाता है। हैमरॉफ के अनुसार, लयबद्ध वस्तुगत निपात के आधार पर देखा जाए तो चेतना-पूर्व 13.3 माइक्रोसेकण्ड का अंतराल $4X10^{10}$ संगत ट्युब्युलिनों के निपात के साथ मेल खाता है, जबकि 20 माइक्रोसेकण्ड का अंतराल $2.5X10^{10}$ संगत ट्युब्युलिनों के निपात से। इस प्रकार वे बौद्धों के 'अनुभवों के क्षणों', ह्वाइटहेड के 'अनुभव के अवसरों' तथा प्रस्तावित 'लयबद्ध वस्तुगत निपात' की परिघटनाओं के बीच संतोषजनक हद तक साम्य देखते हैं।

सिंगुलरिटी

रामचन्द्रन की प्रतिरूप-तंत्रिकाओं की दुनिया और पेनरोज-हैमरॉफ की सूक्ष्म-नलिकाओं की क्वांटम दुनिया से अब हम कम्प्यूटरों की दुनिया में कदम रखेंगे। मानव मस्तिष्क के बारे में एक प्रचलित विचार मस्तिष्क को और कुछ नहीं, बल्कि एक विकसित संगणक (कम्प्यूटर) के रूप में देखता है, जिसे मनुष्य खुद निर्मित कर सकता है। 'कृत्रिम बुद्धि' के प्रयोगों से जुड़े वैज्ञानिक इसी प्रयास में लगे हुए भी हैं।

दरअसल, आज से क़रीब सौ साल पहले सेंटियागो रेमन-इ-कैजल ने मस्तिष्क-सम्बन्धी अपने अनुसंधानों के जरिए यह दिखाया कि मस्तिष्क तंत्रिका-कोशिकाओं से बना है और ये तंत्रिका-कोशिकाएँ सूत्रयुग्मकों के जरिए आपस में संवाद करती हैं। इस तरह उन्होंने तंत्रिका-सिद्धान्त की नींव रखी। उन्होंने सूत्रयुग्मीय नमनीयता के लिए जिम्मेवार शाखा तंतु-सिराओं की भी खोज की थी। कैजल के सिद्धान्तों की रोशनी में ही आगे चलकर मस्तिष्क और कम्प्यूटर के बीच व्यापक साम्य वैज्ञानिक चर्चा का विषय बना, पृथक् सूचना 'बिट्स' के रूप में तंत्रिका-कोशिकाओं तथा सूत्रयुग्मकों की भूमिकाओं की व्याख्या की जाने लगी और कम्प्यूटर के रूप में मस्तिष्क के आधुनिक सिद्धान्त की आधारशिला रखी गई।

लेकिन अब बात सिद्धान्त से काफ़ी आगे निकल चुकी है। कम्प्यूटरों की

संगणन-क्षमता तेजी से विस्तार पा रही है और वह हमारे मस्तिष्क की क्षमता के काफ़ी क़रीब आ चुकी है। कुछ वैज्ञानिकों का दावा है कि चेतना-सृजन की मस्तिष्क की प्रक्रिया का अनुकरण करते-करते हम ऐसी 'कृत्रिम बुद्धि' का शीघ्र ही विकास करने में सक्षम हो जाएँगे जो सिर्फ़ अंकगणित के टेढ़े प्रश्नों को चुटकी में ही हल करने में सक्षम नहीं होगी, बल्कि हमारी तरह या हमसे भी श्रेष्ठ तरीके से पियानो संगीत की रचना कर सकेगी, कार चला सकेगी, किताबें लिख सकेगी, नैतिक निर्णय ले सकेगी, चित्रकला की बारीकियों का आनन्द उठाएगी तथा, और तो और, कॉकटेल पार्टियों में हमारी ही तरह मजेदार चुटकुले सुनाकर लोगों का दिल जीतने में भी कामयाब होगी।[14]

1965 में ही ब्रिटिश गणितज्ञ आइ जे गुड ने 'बुद्धि के विस्फोट' की भविष्यवाणी करते हुए लिखा था, "चतुर से चतुर व्यक्तियों के बौद्धिक क्रियाकलापों को भी पार कर जाने वाली मशीन को हम अतिबुद्धिमान मशीनों के रूप में परिभाषित कर सकते हैं। चूँकि मशीनों की डिजाइनिंग बौद्धिक क्रियाकलापों का ही एक अंग है, इसीलिए एक अतिबुद्धिमान मशीन हमसे भी बेहतर मशीन डिजाइन कर सकेगा। तब निस्संदेह 'बुद्धि का विस्फोट' घटित होगा। मनुष्य की बुद्धि काफ़ी पीछे छूट जाएगी। अतः प्रथम अतिबुद्धिमान मशीन का निर्माण मनुष्य का अन्तिम आविष्कार होगा। इसके बाद उसे किसी और आविष्कार की आवश्यकता नहीं रह जाएगी।"[15]

कुल मिलाकर, मनुष्य अपने मस्तिष्क को पूरी तरह जान लेगा और उसके इस ज्ञान की प्रामाणिकता इस बात से सिद्ध हो जाएगी कि वह अपने मस्तिष्क से भी बेहतर 'अतिबुद्धिमान मशीन' का निर्माण कर पाएगा। इसके साथ ही मानव मस्तिष्क के युग का अंत घटित होगा।

1993 में अमेरिकी अंतरिक्ष संस्थान नासा की एक गोष्ठी में विज्ञान कथा लेखक और उपन्यासकार वर्नर विंज ने यह घोषणा की कि 'तीस साल के भीतर हमारे पास अतिमानवीय बुद्धि के सृजन लायक तकनालॉजिकल साधन उपलब्ध हो जाएँगे। इसके शीघ्र बाद ही, मानवीय युग का अंत हो जाएगा।'

बहरहाल, इस विचार के अग्रणी प्रणेताओं में से एक हैं रेमंड कुर्जवील। कुर्जवील और इस विचार के समर्थक वैज्ञानिक उस अवस्था को जब 'अतिबुद्धिमान मशीन' मनुष्य को पीछे छोड़ देगी, 'सिंगुलरिटी' की संज्ञा देते हैं (यह शब्द खगोल भौतिकी से लिया गया है ; खगोल भौतिकी में सिंगुलरिटी का तात्पर्य दिक्-काल के उस बिन्दु से है जहाँ सामान्य भौतिकी के नियम लागू नहीं होते, जैसे 'कृष्ण विवर')। कुर्जवील ने इस विचार को एक आन्दोलन, सिंगुलरिटी मूवमेण्ट, तथा एक समुदाय (सिंगुलरिटेरियन्स) का भी रूप दिया है और उनके अनुसार सिंगुलरिटी की यह अवस्था 2045 तक आ जाएगी। उसके बाद हमें यह धरती उन अतिबुद्धिमान मशीनों के साथ साझा करनी पड़ेगी। उन मशीनों के साथ हमारे सम्बन्धों के बारे में कुछ

कहना अभी सम्भव नहीं—वे हमारा खात्मा भी कर सकते हैं, अतिबुद्धिमान साइबोर्ग के रूप में हम उनके साथ घुलमिल जा सकते हैं, उनकी मदद से हम बुढ़ापे की समस्याओं से निजात पा सकते हैं और अपने जीवन को अनिश्चितकाल तक जारी रख सकते हैं, डार्विन को धता बताते हुए हम खुद अपने विकास के नियंता बन सकते हैं (मानव जीनोम जाना जा चुका है और अतिबुद्धिमान मशीनों की मदद से हम अपने जेनेटिक कोड को न सिर्फ़ सुधार सकते हैं, बल्कि जरूरत पड़ने पर उसे नये सिरे से लिख भी सकते हैं), और हम अपने मस्तिष्क की समस्त चेतना को कम्प्यूटरों में स्कैन कर सकते हैं, डाउनलोड कर सकते हैं तथा सॉफ्टवेयर के रूप में उसे हमेशा के लिए सुरक्षित रख सकते हैं। इस प्रकार अतिबुद्धिमान मशीन हमारे मस्तिष्क को कम्प्यूटरों की वर्चुअल दुनिया में सदा के लिए जिन्दा रख सकती है। कोई आश्चर्य नहीं कि यह पढ़ते वक्त आपके मस्तिष्क में 'मैट्रिक्स' के दृश्य नाच रहे हों और किआनु रीव्स तथा फिशबर्न के चेहरे चमक रहे हों।[16]

बहरहाल, कृत्रिम बुद्धि के विकास में लगे वैज्ञानिकों को ज्ञान-उद्योग से जुड़े संस्थानों तथा व्यक्तियों का भरपूर संरक्षण तथा सहयोग प्राप्त है। 2008 में कुर्जवील द्वारा स्थापित सिंगुलरिटी विश्वविद्यालय का संस्थापक-प्रायोजक गूगल था और मेजबान नासा। 2010 में गूगल के मुख्य कार्यकारी पदाधिकारी तथा सह-संस्थापक लैरी पेज ने वहाँ व्याख्यान भी दिया था।

सन फ्रांसिस्को में सिंगुलरिटी इंस्टीट्यूट ऑफ आर्टिफिसियल इंटेलिजेंस की भी स्थापना की गई। इसके सलाहकारों में पीटर थिएल भी हैं जो फेसबुक के शुरुआती निवेशक तथा पेपाल के भूतपूर्व मुख्य कार्यकारी अधिकारी रह चुके हैं। चूँकि सिंगुलरिटी का पूरा सिद्धान्त अंतर्ज्ञानानुशासनात्मक चरित्र का है, इसलिए इससे विभिन्न ज्ञान-शाखाओं के वैज्ञानिक तथा विचारक जुड़े हैं।

डब्ल्यू बी यीट्स की कविता 'सेलिंग टू बाइजेंटियम'[17] को याद करते हुए लेव ग्रॉसमैन लिखते हैं, "यीट्स ने मानवजाति की बिडम्बना का संकेत करते हुए लिखा था कि किस तरह आत्मा हाड़-मांस से युक्त, मरणशील पशु-देह से बंधी है।" कुर्जवील और सिंगुलरिटी से जुड़े वैज्ञानिक आत्मा को इस बंधन से मुक्त कर उसे एक अमर्त्य रोबोट के आलिंगन में डाल देना चाहते हैं। कुर्जवील के अनुसार, मनुष्य से अधिक बुद्धिमान कम्प्यूटर की बात तो बहुधा लोग पचा लेते हैं, लेकिन मनुष्य की आयु को पर्याप्त विस्तार देने की बात सुनते ही वे असहज हो उठते हैं। 'जीवन और मृत्यु के प्रश्न से जुड़े दर्शनों से लोग इस कदर आक्रांत हैं और उनमें इतने डूबे हुए हैं कि मनुष्य की आयु में पर्याप्त परिवर्तन का विचार अत्यन्त विवादास्पद बन जाता है। हमारे बीच विभिन्न पंथों की मौजूदगी की वजह भी यही है।'[18]

बहरहाल, मस्तिष्क और कम्प्यूटर की इस तुलना से अनेक वैज्ञानिक असहमत हैं। उनकी नज़र में यह सही है कि कम्प्यूटर की क्षमता काफ़ी तेजी से बढ़ रही है, लेकिन

कृत्रिम बुद्धि कुछ चुनिन्दा क्षेत्रों में ही महारत हासिल कर पाई है। कम्प्यूटर संदर्भों के एक ख़ास चौखटे में ही कार्य करते हैं—बुद्धिमत्ता के एक संकीर्ण दायरे में ही उन्हें 'बुद्धिमान' कहा जा सकता है। अगस्त 2010 के सालाना सिंगुलरिटी शिखर सम्मेलन में सिंगुलरिटी के विचार से अपनी असहमति दर्ज करते हुए जीवविज्ञानी डेविस ब्रे ने उन पहलुओं की ओर ध्यान आकृष्ट किया जो मस्तिष्क को कम्प्यूटरों से बुनियादी रूप से पृथक् करते हैं। उनके व्याख्यान का शीर्षक ही था 'कोशिकाएँ क्या कर सकती हैं जो रोबोट नहीं कर सकते'। उनके अनुसार, अनेकानेक जैवरासायनिक प्रक्रियाएँ प्रोटीन अणुओं में रासायनिक परिवर्तनों को अंजाम देती रहती हैं। पुनः एक कोशिका के निर्धारित स्थानों पर अवस्थित पृथक्-पृथक् संरचनाएँ उनसे जुड़कर उनमें और अधिक विविधताएँ सृजित करती रहती हैं। इन तमाम संयोजनों के परिणामस्वरूप विभिन्न अवस्थाओं का जो विस्फोट होता है, वह सजीव प्रणालियों को अतीत तथा वर्तमान स्थितियों से सम्बन्धित सूचनाओं के संग्रह की लगभग अनन्त क्षमता तथा भावी घटनाओं के लिए प्रस्तुत रहने का अनोखा सामर्थ्य प्रदान करता है।[19]

खोल दो

आजकल चुम्बकीय संस्पंद चित्रांकन (एम आर आइ) तकनीक के जरिए मस्तिष्क की त्रिआयामी तस्वीर उतारी जा सकती है और मस्तिष्क की व्याधियों (जैसे, ट्युमर) का सहज ही पता लगाया जा सकता है। इससे भी आगे बढ़कर, संक्रियात्मक चुम्बकीय संस्पंद चित्रांकन (एफ एम आर आइ) के जरिए तो एक क्रियाशील मस्तिष्क की छवि उतार कर हम यह देख सकते हैं कि कोई क्रिया करते वक्त मस्तिष्क का कौन-सा क्षेत्र सक्रिय होता है। परम्परागत एम आर आइ में हम पूरे मस्तिष्क की छवि तो देख सकते हैं, लेकिन मस्तिष्क के विशिष्ट क्रियाकलापों का जायजा नहीं ले सकते।

कोई काम करते वक्त मस्तिष्क के सम्बन्धित क्षेत्र को ऑक्सीजनयुक्त रक्त की अधिक मात्रा चाहिए होती है। रक्त प्रवाह में वृद्धि चुम्बकीय क्षेत्र में मामूली हलचल पैदा करती है। यह मामूली हलचल भी एफ एम आर आइ के जरिए देखी जा सकती है। इस तकनीक के जरिए हम अपने मस्तिष्क को खुद पढ़ सकते हैं। ऐसा करने के लिए मात्र दो फीट चौड़े सुरंगनुमा (क़रीब 5 टन भार के) भारी-भरकम स्कैनर में प्रवेश करना पड़ता है। एकाकी, बंद और तंग स्थान में जिन्हें दम घुटने का भय सताता है, उनके लिए इस विशाल चुम्बक में प्रवेश करना मुश्किल है। मशीन का शोर विचलित कर देने वाला होता है और बिना ईयर-प्लग के उसे झेला नहीं जा सकता। नज़रों के सामने ताश के पत्ते के आकार का छोटा-सा आईना बाहरी दुनिया में झाँकने का एकमात्र माध्यम होता है।

अमेरिकी लेखक स्टीवन जॉन्सन यह देखना चाहते थे कि नये विचार के सृजन

में आखिर मस्तिष्क के कौन से क्षेत्र सक्रिय भूमिका निभाते हैं। वे अपने मन के पिंजरे के दरवाजों को पूरी तरह खोलकर उसके अंदर झाँकना चाहते थे। प्रेरणा के रूप में उनके मन में काफ्का की यह पंक्ति कौंध रही थी ''अपने कमरे के बारे में अपने ज्ञान की तुलना में ख़ुद अपने बारे में मेरा ज्ञान दयनीय रूप से कितना क्षुद्र है।... बाहरी दुनिया के पर्यवेक्षण की भाँति अन्दरूनी दुनिया के पर्यवेक्षण जैसी कोई चीज़ नहीं है।'' उन्हें लगा कि एफ एम आर आइ अब अपनी अन्दरूनी दुनिया के पर्यवेक्षण का सुनहरा अवसर प्रदान करता है। तो क्यों न कीट्स के इस आह्वान 'ओपेन वाइड द माइण्ड्स केज्ड डोर्स' को साकार किया जाए? जॉन्सन ने ख़ुद अपना एफ एम आर आइ कराने का निर्णय लिया और उसके अनुभवों पर (तथा सामान्य रूप से तंत्रिका विज्ञान के विभिन्न आयामों पर) लिखी अपनी पुस्तक को, कीट्स की उपयुक्त काव्य-पंक्ति से प्रेरित होकर, नाम दिया 'माइण्ड वाइड ओपेन' (न्यूयार्क, 2004)। मन और मस्तिष्क के भेद को स्पष्ट करते हुए वे कहते हैं कि मस्तिष्क जहाँ (पर्दे के पीछे का) सारा कुछ है—तंत्रिकाएँ, तंत्रिका-प्रसारक, तथा सूत्रयुग्मक, सभी कुछ, वहीं मन का वास्ता हमारे भावावेगों, संवेदनों, भयों, स्मृतियों से जुड़े अनुभवों से है। मस्तिष्क के विभिन्न क्षेत्रों में क्षण-प्रतिक्षण सूचनाओं तथा निर्देशों की आवाजाही होती रहती है, भावावेग बनते-बिगड़ते रहते हैं, स्मृति-विस्मृति का प्रपंच चलता रहता है—टुकड़ों में अनवरत् घटने वाली इन परिघटनाओं का सामग्रिक प्रकटीकरण है मन। बहरहाल, यह 'समग्र' 'अंशों' के योगफल से कहीं अधिक कुछ है। मन और मस्तिष्क के अंतर्सम्बन्ध का प्रश्न प्रायः रहस्याच्छादित रहा है, लेकिन अब इन दोनों के बीच के ठोस सेतुओं के निर्माण की दिशा में काफ़ी प्रगति हो रही है। उन्होंने स्पष्ट किया कि पुस्तक के शीर्षक से यह नहीं समझना चाहिए कि उन्होंने मस्तिक की तुलना में मन को वरीयता दी है—'दरअसल, मैंने मन के स्तर से मस्तिष्क में दाखिल होने तथा पुनः मस्तिष्क के स्तर से मन को टटोलने में कोई कोताही नहीं बरती है।'[20]

रिपोर्ट आने के बाद स्टीवन डॉक्टर की सहायता से अपनी आँखों से अपने मस्तिष्क को देख-पढ़ रहे थे। चेकरबोर्ड देखते समय उनके मस्तिष्क के पचानबे फीसदी हिस्से में कोई हरकत नहीं हुई। सिर्फ़ मस्तिष्क के पिछले हिस्से में बंधी पतली पट्टी पीताभ हो उठी। यह प्रमस्तिष्कीय प्रान्तस्था के पश्चकपाल खण्ड का प्राथमिक दृष्टि क्षेत्र था—यह सिर्फ़ देखना था। इस क्षेत्र से कोई सूचना प्रान्तस्था के अग्रखण्ड को नहीं जा रही थी। मस्तिष्क इस चेकरबोर्ड को महज देखने के अतिरिक्त अपनी कोई शक्ति जाया नहीं कर रहा था। प्रायः यह कहा जाता है कि हम अपने मस्तिष्क की क्षमता का महज दस फीसदी ही इस्तेमाल करते हैं और कल्पना की जाती है कि अगर हम सौ फीसदी उपयोग करने लगे तो न जाने क्या गजब ढ़ा सकते हैं। स्टीवन के अनुसार, मस्तिष्क अगर अपनी क्षमता का दस फीसदी ही उपयोग

में लाता है तो यह उसकी कार्यकुशलता का प्रतीक है, न कि उसकी क्षमता से काफ़ी कम उपलब्धि हासिल करने का। अगर कुछ लिखते समय हमारा काम वर्णमाला के दस अक्षरों से ही चल जाता है तो हम अपनी वर्णमाला के सारे अक्षरों का भला क्यों उपयोग करेंगे?

नोबेल पुरस्कार प्राप्त तंत्रिका विज्ञानी एरिक कंडेल की पुस्तक के कुछ अंश पढ़ने के समय आँखों की गतिविधि से सम्बन्धित क्षेत्र सक्रिय हो उठे। साथ ही, ब्रोका और वर्निक क्षेत्र जगमगाने लगे। पढ़ने के दौरान, दृष्टि क्षेत्र, आँख की गतिविधि नियंत्रित करने वाला क्षेत्र तथा भाषा से जुड़े दोनों (ब्रोका और वर्निक) क्षेत्र—ये सभी पढ़ने की क्रिया में भागीदारी निभा रहे थे। यह पीताभ जगमगाहट कुछ ज्यादा ही सक्रिय थी, कारण यह था कि स्टीवन अपने प्रिय लेखक को पढ़ रहे थे।

अब बारी थी अपनी ही रचना को पढ़ने के दौरान मस्तिष्क की गतिविधियों को देखने की। कंडेल की रचना पढ़ने के दौरान जो क्षेत्र सक्रिय थे, वे तो सक्रिय थे ही, अब एक अन्य क्षेत्र भी जगमगा उठा था। वह क्षेत्र था स्मृति से जुड़ा हिप्पोकैम्पस (अश्वमीन) क्षेत्र। पहले की अपेक्षा ये सारे क्षेत्र कुछ अधिक ही सक्रिय थे। अपनी रचना से जुड़ी सारी यादें हिप्पोकैम्पस में कौंध उठी थीं—उसके प्रारूप, उसकी काट-छाँट, उसके कठिन क्षण, प्रकाशित रूप में उसे देखना, रचना-प्रक्रिया से जुड़ी सारी स्मृतियाँ एकबारगी जाग उठी थीं। अपनी ही किताब को पढ़ते हुए स्टीवन को बीस लाख डॉलर का चुम्बक भी पढ़ रहा था, और उसके सहारे स्टीवन अपने ही मस्तिष्क की हरकतों को पढ़ रहे थे। देख रहे थे अपने सारे सम्बन्धों तथा सारी स्मृतियों के साथ अपने हिप्पोकैम्पस का प्रकाशित होना—यह यथार्थ था, भ्रम नहीं। उनका अपना मस्तिष्क उनके सामने खुला पड़ा था।

स्कैनिंग की दूसरी रिपोर्ट से कुछ और बातें स्पष्ट हुईं। भाषा तथा स्मृति से जुड़े क्षेत्रों को छोड़कर मस्तिष्क के शेष अधिकांश हिस्से शान्त थे। लेकिन एक विशिष्टता थी। मध्यवर्ती अग्र कर्णक (मेडियल फ्रण्टल जाइरस) का पूरा क्षेत्र काफ़ी सक्रिय था। यह क्षेत्र मस्तिष्क की विभिन्न गतिविधियों को संयोजित करता है तथा उसे सही समय पर सही उपकरण उपलब्ध कराता है। मस्तिष्क के विभिन्न हिस्सों के बीच तालमेल कायम करनेवाले क्षेत्र के सक्रिय होने के कारण ही मस्तिष्क के अधिकांश हिस्सों में कोई ख़ास खटर-पटर नहीं हो रही थी। वे शान्त थे।

जैसाकि हम पहले देख चुके हैं, मस्तिष्क में अनेक प्रणालियाँ (मोड्युल्स) कार्यरत रहती हैं। विभिन्न मस्तिष्कों में इन प्रणालियों की स्थिति थोड़ी भिन्न-भिन्न हो सकती है और उस भिन्नता के कारण विभिन्न व्यक्तियों की कुशलता भी अलग-अलग क्षेत्रों में भिन्न-भिन्न होती है। आइंस्टीन का निम्न भित्तीय खण्ड अपेक्षाकृत बड़ा था जिसके कारण उनकी दिक् तार्किक क्षमता कहीं अधिक समृद्ध थी। कहा जाता है कि वे समस्याओं को अपने मस्तिष्क में चित्र के रूप में पहले हल कर लेते थे, और हफ़्तों

बाद उसे समीकरणों का रूप देते थे। विशिष्ट कार्यों में विशिष्ट क्षमतावान व्यक्तियों से हम प्रायः रू-ब-रू होते रहते हैं। कोई गणित के सवालों को मन-ही-मन अपेक्षाकृत जल्दी हल कर लेता है, किसी में संगीत के धुन रचने की असाधारण क्षमता होती है, आदि। मस्तिष्क की विभिन्न प्रणालियों में सापेक्ष भिन्नताओं के मद्देनज़र, स्टीवन प्रतिभा की दुनिया को दो स्वरूपों में देखते हैं—एक, विशिष्ट कार्यों में विशिष्ट अथवा असाधारण क्षमताओं से लैस लोग; और दूसरा, ऐसे लोग जिनमे चौंकाने वाली कोई विशिष्ट प्रतिभा नहीं होती, लेकिन जो तालमेल तथा समन्वय के कार्यों में अधिक सक्षम होते हैं, उनका मस्तिष्क उन्हें इसी कार्यकुशलता से नवाजता है। एफ एम आर आइ ने स्टीवन को यह बताया कि उनमें विशिष्ट कार्य की विशिष्ट प्रतिभा नहीं है और यह कि वे दूसरी श्रेणी में आते हैं। उनका दिमाग संतुलित तथा लय में था, इसलिए मस्तिष्क के शेष हिस्सों में कोई हलचल नहीं थी।

मस्तिष्क के अनेक आयाम हैं और अलग-अलग आयामों पर काम करने वाले विशेषज्ञ उसके अलग-अलग पक्षों पर अपना ध्यान केन्द्रित करते हैं। सवाल ज्ञान की किसी शाखा को स्थानापन्न कर किसी दूसरी शाखा को स्थापित करना नहीं, वरन् विभिन्न शाखाओं को एक दूसरे से जोड़ना और उन्हें एकताबद्ध करना है। स्टीवन पिंकर को उद्धृत करते हुए वे लिखते हैं, "...एक भूगोलवेत्ता इस प्रश्न का कि क्यों अफ्रीका की तटीय रेखा (दक्षिण) अमेरिका की तटीय रेखा से मेल खाती है, यह कहकर व्याख्या कर सकता है कि ये दोनों तटीय रेखाएँ कभी आसपास थीं, लेकिन दो भिन्न प्लेटों पर स्थित थीं जो बाद में अलग हो गईं। प्लेटों के अलग होने का प्रश्न वह भूगर्भशास्त्रियों के लिए छोड़ दे सकता है। भूगर्भशास्त्री प्लेटों के अलग होने के कारण के रूप में यह व्याख्या दे सकते हैं कि धरती के केन्द्र में मैगमा के ऊपर उठने के चलते ऐसा हुआ। लेकिन मैगमा इतना गर्म कैसे हुआ, इस प्रश्न का जवाब पाने के लिए वे भौतिकशास्त्रियों को बुला सकते हैं। अब धरती के केन्द्र और उसकी बाह्य भित्ती में होने वाली प्रतिक्रियाओं की व्याख्या करने की बारी भौतिकशास्त्रियों की होगी। इनमें से किसी भी वैज्ञानिक की उपेक्षा नहीं की जा सकती। अलग-थलग काम करनेवाले भूगोलवेत्ता को महाद्वीपों को अलग करने के लिए जादू का सहारा लेना पड़ेगा, और एक अलग-थलग भौतिकशास्त्री दक्षिण अमेरिका के आकार की कभी भविष्यवाणी नहीं कर सकेगा।" इसी क्रम में स्टीवन जॉन्सन कहते हैं, "तंत्रिका विज्ञानी इस बात की व्याख्या करते हैं कि मस्तिष्क की विद्युतीय-रासायनिक श्रृंखलाएँ कैसे काम करती हैं, क्रम-विकास का अध्ययन करने वाले मनोवैज्ञानिक यह बताते हैं कि कैसे और क्यों ये श्रृंखलाएँ 'तत्पर ज्ञान' अथवा 'सहजवृत्ति' के परिपथों का निर्माण करती हैं, समाजशास्त्री इस बात की पड़ताल करते हैं कि जब ये परिपथ बड़ी संख्या में व्यक्तिगत मनों के साथ जुड़ते हैं तो क्या घटता है, राजनीतिक सिद्धान्तकार तथा नैतिक रहनुमा व्यक्तिगत जरूरतों के साथ सामूहिक आचरण के

ढाँचे का तालमेल बिठाते हुए समाज की संरचना के सर्वश्रेष्ठ तरीके ढूँढ़ते हैं, इतिहासकार हमें बताते हैं कि इतिहास के रूले'ट व्हील के साथ टकराते हुए इन तमाम श्रेणियों का क्या हश्र हुआ। इस श्रृंखला में जैविक ज्ञान की कुछ और श्रेणियाँ जोड़ देने से यह प्रक्रिया अपहृत नहीं हो जाएगी, इससे हम अपनी तंत्रिका अथवा डीएनए के दास नहीं हो जाएँगे।... जितना ज्यादा हम अपनी प्रकृति को समझेंगे, हम अपनी उतनी ही बेहतर परवरिश कर सकेंगे।... मस्तिष्क मानवीय संस्कृति का प्रस्थान-बिन्दु है, संस्कृति मस्तिष्क की जैविक अधिवृद्धि है, लता-गुल्मों पर प्रस्फुटित पुष्प की तरह—अपने अवलम्ब-आधार से कहीं अधिक सुंदर, तथापि उसी से रूपायित भी।...''[21]

पुरातंत्रिकाविज्ञान

आदिमानव के औजार-निर्माण तथा रहन-सहन से हम उनके मस्तिष्क के बारे में महत्वपूर्ण निष्कर्ष निकाल सकते हैं। इसका कुछ विवरण हम पहले दे चुके हैं। पुरातंत्रिकाविज्ञान के क्षेत्र में टी एडिंगर ने अश्मीभूत जीवों के मस्तिष्क के बारे में 1929 में अपनी पहली शास्त्रीय रचना प्रकाशित की थी।

विस्तार में जाने के बजाए हम यहाँ अलेक्सेयेव के कुछ महत्वपूर्ण निष्कर्षों को संक्षेप में रख दे सकते हैं :

क. शिकार, खाद्य-संग्रहण, स्थानीय दिशा ज्ञान, शैलाश्रयों का उपयोग, काल की गति, तथा प्राकृतिक प्रक्रियाओं की मौसमी आवर्तिता की चेतना—ये सब निस्संदेह मानव चिन्तन की बहुत पहले की उपलब्धियाँ हैं और उनके बिना मानवजाति पिथिकैंथ्रोपसों (होमो इरेक्टस) के चरण में भी जिन्दा नहीं रह सकती थी।

ख. चेतना के तीन क्षेत्र—इन्दियानुभव का क्षेत्र, इन्द्रियानुभवों के सामान्यीकरण का क्षेत्र और अमूर्त चिन्तन का क्षेत्र। अस्तित्व और श्रम-सक्रियता के सबसे साधारण रूप भी यौक्तिक, तार्किक नियमों के अटल पालन को आवश्यक बना देते हैं। प्राकृतिक सम्बन्धों का आदिम मानस द्वारा यौक्तिक, तार्किक अवबोधन—आदिम समाज के विकास की पहली शर्त है।

ग. बुनियादी विरोधों और मानसिक अचरों की उत्पत्ति। आदिम चिन्तन में युग्म प्रतीकों और द्विचर विरोधों—हाँ-ना, स्याम-श्वेत, नर-मादा, (पशुओं के शरीर में तथा औजार-निर्माण में) दक्षिण तथा वामपक्षीय सममिति, उर्ध्व और अधर, अग्र और पश्च, मध्य और छोर, 'हम' और 'वे', आदि सामान्य प्रकार के द्विचर विरोध। इसी तरह त्रिचर अथवा त्रि-अंगी विरोध। (बुनियादी विरोधों के रूप में ऐसे वर्गीकरण सिद्धान्तों का निरूपण 1896 में इंगलैंड में आर डेन्नेट द्वारा और 1902 में फ्रांस में ई द्युर्कहाइम तथा एम मास्स द्वारा एक दूसरे से स्वतन्त्र रूप से किया गया था। इस संदर्भ में के लेवी-स्ट्रॉस का उल्लेख भी आवश्यक होगा।)

घ. उत्तर पुरापाषाणकाल में संख्यात्मक सम्बन्धों की काफ़ी अधिक पुनरावृत्ति होती है और इसे तार्किक एवं गणितीय चिन्तन के विकास के आरम्भिक चरणों के रूप में प्रस्तुत किया जाता है। मूर्तिशिल्पों पर दोहराये गये अलंकरण की संख्या तथा क्रम, आभूषणों, ख़ासकर कंठहार में बार-बार मिलने वाले तत्वों की संख्या, आदि इस ओर पर्याप्त संकेत देते हैं। मूल संख्याओं के अगले असम सदस्य, यानी पाँच और सात, उत्तर पुरापाषाणकाल में ही आ जाते हैं। चार और छः से भाग की क्रियाओं की उत्पत्ति भी सम्भवतः इसी काल में हो चुकी थी—ये अपने सरलतम रूप में बुनियादी द्विचर और त्रिचर विरोधों के संयोजन ही हैं।

ङ. भेद करने की निरन्तर बढ़ती क्षमता। पत्थरों, रंगों, वनस्पतियों प्राणियों तथा प्राणियों के स्वभाव, आदि में भेद का ज्ञान अनवरत् बढ़ता गया। इसके साथ-ही-साथ भेदों के बीच एकत्व की चेतना भी स्पष्टतः लक्षित की जा सकती है। पूर्व पुरापाषाणकाल में ही औजार बनाने की सामग्री के नाते चकमक की उत्कृष्टता को पूरी तरह अनुभव किया गया। पत्थरों में भेद और एकता—सभी पत्थर हैं (एकत्व), लेकिन यह चकमक है और यह चूना-पत्थर (पार्थक्य/भेद)। यह पत्थर का पूरा टुकड़ा है (पूर्ण) और ये उसी पत्थर के छोटे-छोटे टुकड़े हैं (अंश); यह पूरा पेड़ है (पूर्ण) और ये उसी पेड़ की डालियाँ और पत्ते हैं (अंश), आदि। द्विचर विरोधों के अनुसार किये जाने वाले द्विविभाजन को एकत्व की चेतना से और अंशों को पूर्ण की चेतना से प्रतिसंतुलित किया गया। पृथक्त्व और एकत्व, भेद और एकता के प्रवर्ग की उत्पत्ति एवं इन्द्रियानुभव और उसके परिणामों का सामान्यीकरण लगभग समकालिक ही रहा होगा।

च. रक्त-सम्बन्ध, शिकार तथा खाद्य-संग्रहण की दत्त समूह के लिए लाक्षणिक सामान्य युक्तियाँ तथा कौशल, घनिष्ठ आर्थिक जीवन (सामूहिक श्रम सक्रियता) की प्रक्रिया में समूह के सभी सदस्यों की मनोवैज्ञानिक संसक्तता, स्थापित पारंपरिक तरीकों से पत्थर के संसाधन तथा औजारों के निर्माण का रिवाज, साझी भाषा तथा पूर्ण भाषाई परस्पर समझ, तथा आधारभूत ज्ञान की एक निश्चित साझी समष्टि—आदिम समुदायों के गठन और दूसरे समुदायों के साथ उनके भेद का आधार थे।[22]

पटाक्षेप

मस्तिष्क और मन, चेतना और यथार्थ, सत्य और मिथ्या जैसे प्रश्नों पर दार्शनिकों, वैज्ञानिकों, मानवशास्त्रियों, भाषाविज्ञानियों, समाजशास्त्रियों, मनोवैज्ञानिकों के इतने मत हैं कि उनकी एक संक्षिप्त झांकी भी किसी एक किताब के सीमित दायरे में नहीं समा सकती। हाँ, इससे यह ज़रूर प्रमाणित होता है कि किस तरह आदिकाल से ही मानवजाति इन प्रश्नों से पूरी शिद्दत के साथ जूझती रही है और यह कि इन प्रश्नों का बहुआयामी स्वरूप इन्हें किसी एक ज्ञानशाखा की सीमा से परे ले जाकर अनेक—कहिए तो लगभग सभी सम्भावित—ज्ञान-शाखाओं का अत्यन्त विवादास्पद प्रश्न बना देता है।

फलतः इन प्रश्नों का जवाब ढूँढ़ने वाले लगभग हर विवेचन में हमें वैज्ञानिक व्याख्याओं, तर्कों तथा उदाहरणों के साथ-साथ तत्वशास्त्र तथा साहित्य की महान कृतियों से ढेरों दिलचस्प उद्धरण मिल जाते हैं—पाइथागोरस, आर्यभट, भास्कराचार्य, कारडानो, न्यूटन, लीबनीज, आइंस्टीन, श्रोडिंगर, नील्स बोर, आदि के साथ-साथ वेद-उपनिषद, बुद्ध, लाओत्से, कन्फ्यूशियस, प्लेटो, अरस्तू, रामायण, महाभारत, बाइबल, कुरान, जनजातीय सृष्टि कथाएँ, इब्न रोश्द, इब्न सीना, इब्न खाल्दुन, फ्रांसिस बेकन, जॉन लॉक, देकार्त, स्पिनोजा, कांट, रूसो, वाल्तेयर, हेगेल, मार्क्स, ऑगस्ट कॉम्टे, अल्फ्रेड रसेल वैलेस, अर्नेस्ट मॉख, जेम्स फ्रेजर, दुर्कहाइम, सास्यूर, बर्ट्रेंड रसेल, विटजेन्सटाइन, स्टीफन जे गाउल्ड, फ्रायड, जुंग, एडलर, ह्वाइटहेड, लेवी-स्ट्रॉस, रुडोल्फ कार्नेप, अदोर्नो, होर्खाइमर, नोम चोम्स्की, आदि ही नहीं, बल्कि कालिदास, शेक्सपीयर, गेएठे, यीट्स, वर्जीनिया वुल्फ, जेम्स ज्वॉयस, मार्सेल प्रूस्त, रवीन्द्रनाथ ठाकुर, महात्मा गांधी, एमी सीजैर, बोर्हेस, आदि भी साथ-साथ अपनी पूरी भव्यता तथा उदात्त भाव के साथ कदम मिलाकर चलते नज़र आएंगे। इनके और ऐसे ही अनेक नामों के साथ अगर विभिन्न ज्ञान-शाखाओं के समकालीन लेखकों का सिर्फ़ नाम ही लिख दिया जाए, तो वही एक पूरी किताब हो जाएगी। वैसे अमूमन वैज्ञानिक व्याख्याओं तथा निष्कर्षों को अपनी अभिव्यक्ति के लिए प्रायः तत्वशास्त्र तथा साहित्य की गोद में ही शरण लेनी पड़ती है—वहीं उन्हें उपयुक्त वाणी अथवा शब्द सहज उपलब्ध होते हैं। ख़ैर, यहाँ पर हम इन नामों की चर्चा को और आगे नहीं बढ़ाने जा रहे।

इन प्रश्नों की बहुआयामिता के कारण, इस विषय से सम्बन्धित कई स्कूलों तथा शाखाओं का भी अस्तित्व रहा है, यथा, भाषाशास्त्रीय शाखा, नृतत्वशास्त्रीय, तत्वशास्त्रीय, मनोवैज्ञानिक, तंत्रिकावैज्ञानिक, डार्विनीय-विकासवादी, आदि शाखाएँ। इसका सकारात्मक पक्ष यह है कि अलग-अलग आयामों पर केन्द्रीत होने के कारण, इन शाखाओं में हमें सम्बन्धित आयामों के बारे में विस्तृत जानकारी उपलब्ध होती है। इसका नकारात्मक पक्ष यह है कि इनमें पृथक् शाखा-सुलभ एकांगीपन और पूर्वाग्रह भी पनाह पाते हैं। आम तौर पर युरोपीय अथवा पश्चिमी लेखकों की रचनाओं में एक बड़ा अंश इन प्रश्नों पर युरोपीय पुनर्जागरण काल से शुरू होकर, कभी-कभी तो और पीछे जाकर प्रायः प्लेटो से शुरू करते हुए अब तक, यानी उत्तर-आधुनिक विचारकों तक की प्रस्थापनाओं और मान्यताओं के एक सर्वेक्षण तथा उनकी (अपनी-अपनी स्थितियों से) समीक्षा का होता है। दरअसल, पश्चिमी लेखक प्रायः अपनी रचनाओं को युरोपीय विचार-परम्परा में अवस्थित करने को उद्यत होते हैं—या तो उसी विचार-परम्परा की किसी शाखा से अपना आवयविक रिश्ता बनाते हुए तथा उसे विस्तार देते हुए अथवा खुद एक नई शाखा या उपशाखा का प्रवर्तन करते हुए। गैर-पश्चिमी देशों के अनेक लेखक भी इसी पद्धति का अनुसरण करते देखे जा सकते हैं। उपर्युक्त पद्धति की अपनी खूबियाँ हैं, तथापि इसमें गैर-पश्चिमी देशों की समृद्ध वैचारिक परम्परा या

तो पूरी तरह अनुपस्थित रह जाती है या फिर हाशिये पर ही झांकती नज़र आती है। इसके अलावा, जिन्हें अपने अध्ययन को युरोपीय विचार-परम्परा में अवस्थित करने की आवश्यकता महसूस नहीं होती, उनके लिए यह पद्धति अधिक उपयोगी नहीं रह जाती। बात युरोपीय विचार-परम्परा को नकारने अथवा उसकी भूमिका को कमतर आँकने की नहीं है। बात उस विचार-परम्परा में ख़ुद को आवयविक रूप से अवस्थित करने अथवा न करने की है।

6

मस्तिष्क : स्मृति और ज्ञान

प्राक्कथन

स्मृति, और इसलिए विस्मृति भी, मानवीय चिन्तन के सबसे आदिम प्रवर्गों में से एक है। यह हमारे अंतर्जगत का, हमारे मनोजगत का स्थायी तत्व रहा है। स्मृति और विस्मृति की यह पहेली, और इस पहेली का हल ढूँढ़ने की अनथक कोशिश मानवीय विरासत का, उसके साहित्य एवं संस्कृति का सबसे महत्वपूर्ण, सबसे वृहद् और सबसे आकर्षक अंश रहा है, और सबसे उदात्त भी। आदिम जनों की सृष्टि-कथाओं से लेकर दुनिया भर की कालजयी कृतियों और अनगिनत लोक-कथाओं को, विभिन्न समुदायों के आदि-ग्रंथों और रीति-रिवाजों, पर्व-त्योहारों को, नृत्य-गीतों, चित्रकलाओं तथा मूर्तिशिल्पों को ग़ौर से देखिए—स्मृति-विस्मृति की यह शाश्वत पहेली इन सबमें रची-बसी मिलेगी।

स्मृति-विस्मृति की कई श्रेणियाँ हैं। अपने अस्तित्व में सन्निहित आनुवंशिक स्मृति से हम भली-भाँति परिचित हैं। प्राणियों में, हममें भी, सहजवृत्तिक अथवा परावर्ती क्रियाओं का उत्स यही अंतर्निहित स्मृति है। बया पक्षी को अपने प्राकृतिक परिवेश से छः पीढ़ियों तक अलग और अन्य पक्षियों के बीच रखकर देखा गया कि उसकी सातवीं पीढ़ी के बच्चे में, इतने अंतराल के बाद भी, सुन्दर घोंसले बनाने का गुण विद्यमान था।[23] जैसे हम जीन-संरचना के आधार पर जीव-जगत का वर्गीकरण करते हैं, अथवा कर सकते हैं, उसी तरह स्मृतियों के आधार पर भी ऐसा वर्गीकरण सम्भव है। जीन-आधारित वर्गीकरण और स्मृति-आधारित वर्गीकरण लगभग एक ही चीज़ है, क्योंकि अंतर्निहित स्मृति आनुवंशिक स्मृति ही है, जीनसमूह ही इन स्मृतियों का आगार है। लेकिन हम कथित जीवजगत की दुनिया से भी पीछे जा सकते हैं—अणुओं, परमाणुओं तथा सूक्ष्म कणों की दुनिया में।

हर अस्तित्व-रूप में अपने अस्तित्व में आने तक की स्मृति अंतर्निहित होती है। अन्य अस्तित्व-रूपों के साथ उसकी सहज, स्वाभाविक अंतःक्रिया इसी स्मृति से निर्धारित होती है। (हम जानते हैं कि सृष्टि अनादि और अनन्त है, कि अनेक ब्रह्माण्ड हैं। बहरहाल, इस अनादि-अनन्त सृष्टि के ब्रह्माण्डों का लेकिन आदि-अंत

है। निहारिकाओं की उत्पत्ति और उनका संहार है। इसीलिए, उपर्युक्त वाक्य में 'अस्तित्व में आने' से हमारा तात्पर्य हमारे ब्रह्माण्ड में सम्बन्धित अस्तित्व-रूप के उद्‌भव से है। हम ब्रह्माण्ड से परे, या अन्य किसी ब्रह्माण्ड की चर्चा नहीं कर रहे।) यही स्मृति सभी अस्तित्व-रूपों की अपनी-अपनी भेद करने की शक्ति का निर्धारण करती है। भेद करने की शक्ति से ही सम्बन्धित अस्तित्व-रूपों की अपनी-अपनी दुनियाओं का निर्माण होता है। सूक्ष्म-कणों, परमाणुओं, अणुओं, यौगिकों, आदि में उपर्युक्त गुण स्वभाव के रूप में, मानवेतर प्राणियों में स्वभाव तथा अंतर्निहित प्रवृत्तियों के रूप में, और मनुष्य में स्वभाव, प्रवृत्ति तथा ज्ञान के रूप में मौजूद रहता है।

ब्रह्माण्ड के प्राचीनतम कणों की अंतर्निहित स्मृति सबसे कम होती है, और ब्रह्माण्ड की नवीनतम रचना मनुष्य में सबसे अधिक। अगर स्मृति दो तक सीमित है, तो सम्बन्धित अस्तित्व-रूप की भेद-क्षमता भी दो तक सीमित होगी और उसकी दुनिया भी बस दो की दुनिया होगी। शेष अस्तित्व-रूपों के प्रति वह तटस्थ अथवा निष्क्रिय होगा।

मनुष्य की स्मृति अनन्त है, इसीलिए भेद करने की उसकी शक्ति भी अनन्त है और उसकी दुनिया भी। अनन्त की स्मृति प्रकट रूप में अनन्त दुनिया का संज्ञान है।

चूँकि ब्रह्माण्ड के प्राचीनतम कणों की स्मृति काफ़ी सीमित होती है, इसीलिए वे स्वभावतः अत्यन्त सीमित अस्तित्व-रूपों के साथ ही क्रिया करते हैं तथा अन्य अस्तित्व-रूप उनके लिए कोई मायने नहीं रखते। अतः वे अन्य अस्तित्व से सम्बन्धित सूचनाओं के सर्वश्रेष्ठ संवाहक सिद्ध होते हैं। यही कारण है कि सूचना-संचार क्रान्ति के इस युग में मनुष्य प्राचीन से प्राचीन कणों—ब्रह्माण्ड की उत्पत्ति के क्षण अस्तित्व में आये कणों की खोज में जुटा है। लगभग शून्य स्मृति वाले ऐसे कण लगभग अनन्त सूचनाओं के वाहक होंगे। इन कणों की खोज कम्प्यूटर की भावी पीढ़ियों के विकास की आवश्यक शर्त है—उनका व्यावहारिक उपयोग कम्प्यूटरों की मौजूदा प्रणाली को अप्रासंगिक तथा अनुपयोगी बना देगा। पार्टिकल एक्सलेटर्स/लार्ज हेड्रन कोलाइडर इसी खोज के अंग हैं। इस खोज में जुटे वैज्ञानिक एक 'चमत्कारिक देव-कण' —हिग्स-बोसोन कण के संधान में सतत् प्रयासरत हैं। यह प्रोटोन-न्यूट्रॉन के अस्तित्व में आने से पहले की दुनिया में प्रवेश है—क्वार्क-ग्लुओन प्लाज्मा और उसके पूर्व की दुनिया में कदम रखना है।

बहरहाल, इस तरह की खोज की प्रवृत्ति मानवजाति के लिए कोई नई बात नहीं है। पाषाण युग में श्रेष्ठ से श्रेष्ठ पत्थर की खोज मनुष्य को 'देव-प्रस्तर' की खोज की ओर ले गई—एक ऐसे प्रस्तर की खोज जो अन्य सभी किस्म के प्रस्तरों को स्थानापन्न कर सके। ऐसा प्रस्तर जिसके स्पर्श मात्र से अन्य पदार्थ सोने में रूपान्तरित हो जायें। पारसमणि की तलाश मध्ययुग तक जारी रही। मूल अवधारणा थी—किसी भी पदार्थ

को किसी अन्य पदार्थ में रूपान्तरित किया जा सकता है; सवाल यह है कि उसे कितने तापमान पर किन-किन पदार्थों के साथ कितने समय तक गलाया/मिलाया जाए। मध्य युग के तांत्रिक और कीमियागर इसी प्रयोग में लगे थे—पारसमणि की उपलब्धि भले न हुई हो, लेकिन इन प्रयोगों ने कतिपय रासायनिक उपलब्धियाँ अवश्य हासिल कीं। (प्रसंगवश, प्रोटोन भी $3X10^{12}$ डिग्री सेल्शियस के तापमान पर गलकर क्वार्क-ग्लुओन प्लाज्मा द्रव्य में रूपान्तरित हो जाता है।)

इस 'देव प्रस्तर' की खोज में मनुष्य ने नये-नये प्रस्तरों और धातुओं की खोज की, धातुओं को गलाना तथा मिश्र धातुओं का निर्माण करना सीखा तथा उत्पादन के नये-नये उपकरणों का आविष्कार किया। क्वार्जाइट, स्फटिक, हीरा, पन्ना, वैदुर्यमणि, शालिग्राम, पाषाण पूजा, शिवलिंग, आदि इसी प्रक्रिया की देन हैं। इसी तरह ताम्बा, कांसा, लोहा, चांदी, सोना, आदि भी। इन प्रस्तरों के 'चमत्कारी गुणों' से मनुष्य आजतक मोहाविष्ट है।

कृषि युग में 'देव प्रस्तर' की खोज तो जारी रही ही, 'चमत्कारी बीजों, पत्रों, पुष्पों, फलों तथा वृक्षों' की भी तलाश की जाने लगी। एक साथ कई स्वाद धारण करने वाले फलों (हरड़, आंवला) के औषधीय चमत्कारिक गुणों की खोज के अलावा कई पत्तों-पुष्पों-फलों (बेलपत्र, तुलसी, जवा, कमल, नारियल, आदि) तथा वृक्षों (अक्षयवट, पीपल, ओक, साल, करम, आदि) को दैवीय महिमा से अभिहित किया गया।

औद्योगिक युग में यह खोज एक आदर्श 'देव-यंत्र' की खोज में अभिव्यक्त हुई—एक ऐसा स्वचालित रोबोट जो अन्य सारे यंत्रों को स्थानापन्न कर दे। गॉड मशीन। 'गॉड पार्टिक्ल' (देव कण) की खोज सूचना-संचार क्रान्ति के युग में उसी परम्परा की नवीनतम कड़ी है।

स्मृति और ज्ञान

उत्स की विस्मृति ज्ञान का प्रस्थान-बिन्दु है। शिशु जन्म के साथ अपने उत्स को—वह कहाँ से आया है—नहीं जानता। धीरे-धीरे उसकी भेद करने की शक्ति (ज्ञान) उद्घाटित होने लगती है। कालक्रम में वह अपने उत्स को लेकर प्रश्न पूछने लगता है। माता-पिता तरह-तरह की कहानियों के जरिए उसकी जिज्ञासा शान्त करने की कोशिश करते हैं। बाद में ज्ञानार्जन के क्रम में वह अपने अस्तित्व में आने के वैज्ञानिक कारणों से अवगत होता है। फिर भी मूल प्रश्न तो बना ही रहता है—आखिर सारे अस्तित्व-रूपों का उत्स क्या है?

मानवजाति अपने जन्म से ही स्मृति-लोप का शिकार होती है। उस स्मृति की पुनर्प्राप्ति का अनवरत् प्रयास मानवजाति के अस्तित्व का अपरिहार्य अंग रहा है। एक मानव शिशु की तरह ही मानवजाति हमेशा अपने अस्तित्व में आने के प्रश्न से, अपने

उत्स के संधान से मोहाविष्ट रही है। यही उसके आध्यात्मिक और वैज्ञानिक खोजों का चिरस्थाई स्रोत रहा है।

हर अस्तित्व-रूप की तरह मनुष्य में भी अपने अस्तित्व में आने तक के सारे क्रम की स्मृति विद्यमान रहती है। भले ही प्रकटतः हमें उसका भान नहीं होता। 'माता के गर्भ में मानव भ्रूण के विकास का इतिहास करोड़ों वर्षों में फैले, हमारे पशु पूर्वजों के केंचुए से आरम्भ करके अब तक के शारीरिक विकास के इतिहास की संक्षिप्त पुनरावृत्ति है।'[24] मनुष्य में क्वार्कों (और उससे भी प्राचीन परिकल्पित कणों) से लेकर स्तनपायी प्राणियों और फिर होमिनिडों से आधुनिक मानव तक के विकास-क्रम की स्मृति अंतर्निहित है। स्मृति इन सारे क्रमों को खंगालती हुई उत्स की ओर—शून्य की ओर प्रवृत्त होती है। आधुनिक मानव...होमिनिड...स्तनपायी प्राणी... सरिसृप...उभयजीवी...एक कोशिका वाले जीव...अणु...परमाणु...उच्च ऊर्जा वाले सूक्ष्म कण... अंततः वह परिकल्पित शून्य की कगार पर जा पहुँचती है। हमारी अंतर्निहित स्मृति की यह प्रवृत्ति ही मनुष्य की आध्यात्मिकता का, तथा कला-संस्कृति का स्रोत है।

मानवजाति के प्रायः सभी समुदायों में उत्स की यह स्मृति किसी आदिम संतुलन की अवस्था के रूप में उपस्थित देखी जा सकती है—गर्भ के रूप में (हिरण्यगर्भ), अण्डे के रूप में, अर्धनारीश्वर के रूप में, यिन-यांग की संतुलन अवस्था के रूप में, आदि, आदि। सृष्टि को उपर्युक्त संतुलन (सिमिट्री) की अवस्था से संतुलन-भंग (सिमिट्री-ब्रेकिंग) के रूप में देखा जाता है।

विज्ञान की भाषा में उपयुक्त स्मृति दरअसल क्वांटम-युग्मन (क्वांटम एंटैंगलमेण्ट) की अवस्था की, आदिम सिमिट्री की स्मृति है। (विज्ञान में भी ब्रह्माण्ड के अस्तित्व में आने को सिमिट्री-ब्रेकिंग के रूप में ही देखा जाता है। एक परिकल्पित ऊर्जा के रूप में पदार्थ (मैटर) और प्रति-पदार्थ (एंटी-मैटर) की संतुलन अवस्था में कभी एक बार व्यवधान, पदार्थ के एक सूक्ष्म कण का अतिरिक्त सृजन, सिमिट्री-ब्रेकिंग के रूप में सामने आता है और पदार्थों की बहुलता वाले हमारे ब्रह्माण्ड की उत्पत्ति का कारण बन जाता है। संतुलन को भी कई स्तरों पर देखा जा सकता है। हर स्तर पर संतुलन-भंग एक नई दुनिया की, नये पदार्थ की, नये जीवों की, नयी प्रजाति की उत्पत्ति को अंजाम देता है।)

मिथुनरत क्रौञ्च का जोड़ा संतुलन की अवस्था का प्रतीक है। व्याध ने एक को मारकर इस संतुलन को भंग कर दिया और इस संतुलन-भंग का साक्ष्य हमें वाल्मीकि के प्रथम काव्य के रूप में उपलब्ध हुआ :

मा निषाद प्रतिष्ठां त्वमगमः शाश्वतीः समाः।
यत् क्रौञ्चमिथुनादेकमवधीः काममोहितम्।।

अपने उत्स से अनजान मनुष्य में भेद करने की भी क्षमता (ज्ञान-क्षमता) है। (अन्य

प्राणियों में भी यह क्षमता सीमित रूप में विद्यमान है, लेकिन मनुष्य में यह क्षमता असीमित है।) यहाँ भी वह अपने भेद करने के क्रम में विभिन्न अस्तित्व-रूपों के उत्स तक, और कालक्रम में खुद सृष्टि के उत्स तक पहुँचने की कोशिश करता है।

भेद करने की क्षमता (ज्ञान) का अर्थ यह है कि वह पदार्थ, विचार, काम करने के तरीके, आदि के क्षेत्र में किसी एक (अथवा कुछ) पदार्थ, विचार और तरीके तक सीमित नहीं रहता, बल्कि नये-नये (भिन्न-भिन्न) पदार्थों, विचारों और तरीकों की खोज में संलग्न रहता है। अन्य पदार्थ, अन्य विचार, काम करने के अन्य तरीके का निरन्तर संधान, दूसरे शब्दों में, अन्वेषण, आविष्कार और नवाचार मानवजाति के अस्तित्व की शर्त बन जाता है। कुल मिलाकर, ज्ञान उसके अस्तित्व का आधार बन जाता है—अन्य प्राणियों की तुलना में यही उसकी विशिष्ट पहचान है।

बहरहाल, असीमित ज्ञान क्षमता के बावजूद, मनुष्य में भी, प्राणीजगत से विरासत के रूप में प्राप्त सीमितता की, भेदों की एक ख़ास सीमा में बँध जाने की प्रवृत्ति समय-समय पर हावी होती रही है और इसी कारण जीवनयापन के क्षेत्र में, और विचार के क्षेत्र में भी, वह जड़ता का शिकार होता रहा है। बस अब जानने को कुछ नहीं रह गया : अन्तिम उपकरण, जीवनयापन की अन्तिम विधि, अन्तिम विचार, अन्तिम पदार्थ जैसे निष्कर्षों का वह बन्दी होता रहा है। ज्ञान और अध्यात्म, दोनों क्षेत्रों में यह प्रवृत्ति इतिहास में लक्षित की जा सकती है। अध्यात्म के क्षेत्र में 'अन्तिम प्रकाशन' और विज्ञान के क्षेत्र में 'अन्तिम पदार्थ अथवा कण' की घोषणा मानवजाति के इतिहास में अनेक बार देखने को मिली है।

मनुष्य में अनन्त भेद की क्षमता है। लेकिन इस क्षमता को साकार करने का वस्तुगत आधार क्वांटम क्रान्ति ने मुहैया किया। अब कुछ भी अन्तिम नहीं रह गया। मानव समाज की भौतिक प्रगति ज्ञान के उपर्युक्त संधान (अनन्त शक्ति के संधान) का उप-उत्पाद है। अनन्त के इस संधान में मनुष्य आज सृष्टि के उत्स की कगार पर जा पहुँचने की कोशिश में है। यह कोशिश दरअसल (सृष्टि के लिहाज़ से) अतीत में वापसी है—मनुष्य की दुनिया से क्वार्कों की दुनिया में वापसी। (मनुष्य का) भविष्य वस्तुतः (सृष्टि का) अतीत है।

कुल मिलाकर, स्मृति अंतर्मुखी ज्ञान है, ज्ञान बहिर्मुखी स्मृति। विलुप्त स्मृति ज्ञान में पुनर्प्राप्त होती है। (कृष्ण विवर में लुप्त सूचनाएँ महाविस्फोट में पुनः प्रकट होती है।) मनुष्य का अस्तित्व स्मृति और ज्ञान, स्मृति में ज्ञान और ज्ञान में स्मृति; शून्य और अनन्त, शून्य में अनन्त और अनन्त में शून्य का अंतर्गुंथन है ($0 \times \infty = 1$)। प्रसंगवश, अब जीवजगत सम्बन्धी अवधारणाएँ भी बदल रही हैं। एक आयामी मान्यताएँ टूट रही हैं। वैज्ञानिकों ने गहरे समुद्र की दरारों के गर्म झरनों में, जीवन के लिहाज़ से अत्यन्त विषम स्थितियों में, अतिसूक्ष्म जीवाणुओं की नयी प्रजाति की

खोज का भी दावा किया है। कुछ वैज्ञानिकों ने कैलिफोर्निया के मोनो झील से ऐसे जीवाणुओं के साक्ष्य का भी हवाला दिया है जो सम्भवतः पृथ्वी के एकदम शुरुआती दिनों में ही अस्तित्व में आ गये थे जब वायुमण्डल में ऑक्सीजन लगभग नहीं हुआ करता था। संयुक्त राज्य ज्योलॉजिकल सर्वे के जियोकेमिस्ट रोनाल्ड ओरेमलैंड के अनुसार, आर्सेनिक प्रकाशसंश्लेषण चयापचय का प्राचीन रूप हो सकता है। उन्होंने पहले ऐसे जीवाणुओं की खोज का भी दावा किया था जो श्वसन-प्रक्रिया में आर्सेनिक का प्रयोग करते हैं।[25] इस प्रकार, आज जो चीज़ हमारे लिए जहर है, वही उन जीवाणुओं के जीवन का आधार था। आर्सेनिक-आधारित जीवन से ऑक्सीजन-आधारित जीवन में संक्रमण कैसे हुआ? अगर हुआ तो उसके और संक्रमणकालीन रूप क्या थे? क्या उन सूक्ष्म जीवाणुओं की कुछ लाक्षणिकताएँ अथवा उसके कुछ अवशेष ऑक्सीजन-आधारित जीवन-प्रक्रिया में भी स्थानान्तरित हुए? आदि, आदि। ये सारे प्रश्न आज जीव-विज्ञानियों के बीच शोध तथा विवाद के विषय बने हुए हैं (हाल में ही वैज्ञानिकों ने आर्सेनिक बैक्टीरिया के अस्तित्व की सम्भावना को ख़ारिज कर दिया है)।

बहरहाल, यदि आत्म-पुनरुत्पादन जीवन का मूलभूत लक्षण है तो हाल के वैज्ञानिक अनुसंधानों से ग्लुओन्स के भी आत्म-पुनरुत्पादित होने के साक्ष्य मिलने का दावा किया गया है। (कहने की जरूरत नहीं कि ये सारे अनुसंधान अभी विकासमान अवस्था में हैं और इन दावों अथवा खोजों की प्रामाणिकता के बारे में निर्णायक रूप से कुछ कहना सम्भव नहीं।)

क्वांटम युग्मन और उसका निपात

मानव मस्तिष्क के छोटे आकार में खरबों तंत्रिका-कोशिकाएँ, अक्ष-तंतु, शाखा-प्रशाखा तंतु, सूत्रसयुग्मक, सूक्ष्म नलिकाएँ, आदि इतने सघन रूप में, अनेक परतों में, इतनी जटिल संरचना में सम्बद्ध हैं कि लगता है जैसे वे कपाल के आवरण को तोड़कर बाहर आ जाएँगी। एक छोटी पेटी में जैसे इतने सामान ठूंस दिए गए हों कि उसके कब्जे के टूटने का ख़तरा हमेशा मँडराता रहता है। यह सघन संरचना करोड़ों वर्षों के उद्विकास का परिणाम है और इस उद्विकास के प्रत्येक चरण इसमें संयोजित होते गये हैं। इसी जटिल तथा सघन संरचना की गहरी-दबी परतों में, उसकी सूक्ष्म-नलिकाओं में क्वांटम युग्मन का आदिम क्षण साकार हो उठता है। यह परिघटना ही आदिम स्मृति का, अतीत में परिकल्पित संतुलन की स्थिति का स्रोत है। यही आदिम स्मृति हमारी सार्विक एकत्व की चेतना, सार्विक सहानुभूति का चिरंतन स्रोत रहा है।

जाहिर है, मस्तिष्क की जो बनावट है, उसमें यह स्थिति निरन्तर बनी नहीं रह सकती। मानव-मस्तिष्क हमेशा बाह्य वातावरण के सम्पर्क में भी रहता है और इस वातावरण के संवेदनों की हलचल तथा उससे उत्पन्न विद्युत-रासायनिक क्रियाएँ इस अवस्था को निरन्तर भंग भी करती रहती हैं। संतुलन तथा संतुलन-भंग की यह क्रिया

अनवरत् चलती रहती है। संतुलन की भेदहीनता की आदिम स्मृति का स्खलन संतुलन-भंग की स्थिति में अनन्त भेदोंवाली सृष्टि के संज्ञान में होता है। शून्य का निपात अनन्त है।

संतुलन और संतुलन-भंग का यह द्वैत सिर्फ़ आधुनिक मानवों के मस्तिष्क में ही घटित होता है—यह हमारे मस्तिष्क की विशिष्ट लाक्षणिकता है। इस परिघटना के दो आधारभूत कारण हैं—एक तो उद्विकास की दीर्घ प्रक्रिया में मस्तिष्क का निरन्तर जटिल होते जाना, और दूसरा, अपेक्षित परिपक्वता हासिल करने के पहले ही मानव शिशु के जन्म के कारण अपेक्षाकृत दीर्घ पालन-पोषण की प्रक्रिया। इस प्रक्रिया में विकासमान शिशु मस्तिष्क को अपने प्राकृतिक-पारिवारिक परिवेश के प्रति कुछ ज्यादा ही सक्रिय और संवेदनशील होना पड़ता है—अनजान वातावरण के उन्मुक्त आकाश में उड़ान भरते हुए उसे अपना मार्ग बनाने में कड़ी मशक्कत करनी पड़ती है।

मस्तिष्क की गहरी परतों में दबा संतुलन और संतुलन-भंग का यह अनवरत् चलने वाला प्रवाह तंत्रिका-कोशिकाओं के स्तर पर भी प्रतिबिम्बित होता रहता है। बहरहाल, तंत्रिका-कोशिकाओं की दुनिया मुख्यतः ज्ञानेन्द्रियों से प्राप्त बाह्य वातावरण की सूचनाओं के प्रसंस्करण और सम्बन्धित नियमनों में व्यस्त रहती है। मनुष्य एक पृथक् प्राणी भी है और एक पृथक् प्राणी के रूप में अपने अस्तित्व के लिए उसे बाह्य वातावरण से प्राप्त इन्हीं सूचनाओं के आधार पर काम करना पड़ता है और निर्णय लेने पड़ते हैं। अस्तित्व के लिए रोजमर्रे का यह कार्यकारी जीवन स्मृति तथा ज्ञान का दूसरा महत्वपूर्ण स्रोत है। पहला स्रोत जहाँ हमारा 'हार्डवेयर' है, वहीं दूसरा निरन्तर परिष्कृत होने वाला हमारा 'सॉफ्टवेयर'। हमारा मन हमारी अंतर्निहित स्मृति तथा अर्जित स्मृति की सह-क्रिया है।

रामचन्द्रन जिन्हें प्रतिरूप-तंत्रिकाएँ अथवा गांधी-तंत्रिकाएँ कहते हैं, वे दरअसल कोशिकाओं के स्तर पर क्वांटम युग्मन (अथवा अध्यारोपण) की परिघटना का ही प्रतिबिम्ब हैं। पर्यवेक्षण के जरिए, किसी दूसरे की पीड़ा को देखकर, सार्विक एकत्व की आदिम स्मृति तंत्रिकाओं के स्तर पर भी कौंध उठती है और युग्म कण के रूप में हम भी उस पीड़ा को महसूस करने लगते हैं। लेकिन शरीर के विभिन्न अंगों से जुड़ा हमारा तंत्रिका-तंत्र, हमारा सॉफ्टवेयर हमें आश्वस्त करता है कि पीड़ा जैसी कोई बात नहीं है, सम्बन्धित अंग ठीक-ठाक काम कर रहे हैं और चिन्ता करने की जरूरत नहीं। सम्भवतः प्रतिरूप-तंत्रिकाएँ सम्बन्धित क्षेत्रें की तंत्रिकाओं का ही 'वर्चुअल' रूप हैं—वही तंत्रिकाएँ क्वांटम युग्मन की स्मृति के जागृत होने पर जगमगा उठती हैं। बहरहाल, उपर्युक्त उदाहरण से यह भी प्रमाणित होता है कि पेनरोज के 'लयबद्ध वस्तुगत निपात' के साथ-साथ कोपेनहेगेन व्याख्या के 'मनोगत निपात' के तर्क में भी दम है। पर्यवेक्षण भी प्रभाव डालता है; वैसे प्रतिरूप-तंत्रिकाएँ यहाँ 'मनोगत निपात' (क्वांटम अध्यारोपण

की अवस्था से स्खलन) का नहीं, बल्कि 'मनोगत उन्नयन' (भेदोंवाली स्थूल दुनिया से क्वांटम सहभागितावाली सूक्ष्म दुनिया में उन्नयन) का उदाहरण प्रस्तुत करती हैं। इन्द्रियों से प्राप्त सूचनाओं के आधार पर निर्णय लेने के समय हमारे मस्तिष्क में क्षण में ही अनेक विकल्प उभरते हैं, हालाँकि निर्णय लेने वाले प्रमस्तिष्कीय प्रान्तस्था के उच्च क्षेत्र विकल्पों की बहुलता के बीच एक विकल्प पर मुहर लगाकर उसे लॉक कर देते हैं। जहाँ पहले वाले उदाहरण में हम 'क्वांटम सहभागिता' की स्थिति का अवलोकन करते हैं, वहीं इस उदाहरण में हम सहभागिता की उस अवस्था के निपात का। सहभागिता की स्थिति का निपात अनन्त विश्व के संज्ञान में होता है। यह संज्ञान ही तंत्रिका के स्तर पर किसी भी प्रश्न पर विकल्पों की बहुलता को जन्म देता है और निर्णय लेने वाले मस्तिष्क के उच्च क्षेत्र विकल्पों की बहुलता के बीच से एक विकल्प चुनकर उस पर अमल करने का आदेश निर्गत करते हैं।

क्वांटम युग्मता की स्मृति और अनन्त भेदोंवाली सृष्टि का संज्ञान—ये दोनों मनुष्य की इन्द्रियग्राह्य ज्ञान की, और इस ज्ञान पर आधारित सामान्यीकरण तथा अमूर्तन की उपज नहीं है। मनुष्य अपनी इन्द्रियों द्वारा प्रेषित सूचनाओं के जरिए अधिक-से-अधिक भेदों की एक सीमित दुनिया तक ही पहुँच सकता है। जैसा कि हम पहले कह चुके हैं, सीमित रूप में विभिन्न प्राणियों में भी भेद करने की शक्ति होती है, लेकिन प्राकृतिक परिवेश से आवयविक रूप से जुड़े होने के कारण मानवेतर प्राणियों में क्वांटम युग्मता और अनन्त भेद की ज्ञान-क्षमता का द्वैत पैदा नहीं होता। क्षण और अनन्त, नश्वर और अनश्वर, मर्त्य और अमर्त्य का द्वैत उत्पन्न नहीं होता। जैसा कि बोर्हेस ने लिखा है, 'अमर होना आम बात है; मनुष्यों को छोड़कर, सभी प्राणी अमर हैं, क्योंकि वे मृत्यु से अनजान हैं।'

क्वांटम युग्मन की स्थिति में सारे भेद मिट जाते हैं, सार्विक एकत्व की अनुभूति होती है, सार रूप में कहें तो, दिक्-काल शून्य हो जाता है। इस अवस्था के निपात की स्थिति में दिक्-काल के अनन्त भेदोंवाली दुनिया प्रकट होती है। ये दोनों वृत्तियाँ हर व्यक्ति में अलग-अलग अनुपात में हर समय मौजूद रहती हैं और जीवन के अलग-अलग दौरों तथा काल-खण्डों में बदलती भी रहती हैं। इन्हीं भिन्नताओं तथा बदलावों के कारण व्यक्तियों के विशिष्ट स्वभावों का भी निर्माण होता है। मानसिक व्याधियों की कुछ स्थितियों में हम मनुष्य की इन अंतर्निहित लाक्षणिकताओं से रू-ब-रू होते हैं। मस्तिष्क प्रान्तस्था के अग्रखण्ड की एक प्रणाली (जिससे, रामचन्द्रन के अनुसार, प्रतिरूप-तंत्रिकाओं की सक्रियता बाधित होती है और जो प्रणाली अतिसहानुभूति को दमित कर, सहानुभूति बरकरार रखते हुए हमारी निजी पहचान बनाये रखती है) में क्षति पहुँचने से व्यक्ति में सार्विक एकत्व का भाव, सबमें समा जाने का भाव और अधिक गहरा हो जाता है—शरीर की सीमा से परे जा कर अनश्वर, अनन्त सारतत्व के साथ एकात्म होने का

यह भाव भी मानवों में ही देखा जाता है। इसी तरह शंख खण्ड-मिर्गी (टेम्पोरल लोब-एपिलेप्सी) की स्थिति में कुछ ऐसी ही स्थिति उत्पन्न होती है। सह-अनुभूति की चरम अवस्था में व्यक्ति अन्य प्राणियों के प्रति ही नहीं, जड़ पदार्थों के साथ भी एकात्मता अनुभव करता है। यह ईश्वर के साथ एकात्म होने के अनुभव जैसा होता है। इसी तरह 'कोटार्ड सिंड्रोम' से ग्रस्त व्यक्ति अपने अस्तित्व से, अपने होने से ही इनकार करता है।[26]

प्लेटो और उनका आदर्श

इन्द्रियों से प्राप्त सूचनाओं के सामान्यीकरण तथा अमूर्तन के जरिए हम कहाँ तक पहुँच सकते हैं, इसकी मिसाल के तौर पर तो हम कई तत्वशास्त्रियों की अवधारणाओं का जिक्र कर सकते हैं, लेकिन यहाँ प्लेटो की अवधारणा, उनके 'आइडियल्स' की एक संक्षिप्त समालोचना ही पर्याप्त होगी। इसका एक कारण तो यही है कि पिछले क़रीब तीन सौ वर्षों से जो विचार-प्रणालियाँ युरोप तथा युरोप के माध्यम से पूरे विश्व को प्रभावित करती रही हैं, उनका एक बड़ा अंश मूलतः प्लेटो की अवधारणाओं से ही प्रेरणा पाता रहा है—सीधे तथा उलट दोनों रूपों में।

मस्तिष्क में सामान्यीकरण-अमूर्तन की प्रक्रिया के बारे में हम पहले चर्चा कर चुके हैं। चकमक भी पत्थर है, स्फटिक भी पत्थर है, चूना पत्थर भी पत्थर है... इन सबमें सामान्य है उनका पत्थर होना, प्रस्तरपन। यह पत्थर उस पत्थर के टुकड़े का अंश है। पत्थर का वह टुकड़ा खुद उस चट्टान का अंश है और वह चट्टान उस पहाड़ का। सापेक्ष अंश और सापेक्ष पूर्ण की इस कड़ी का अगला स्वाभाविक प्रश्न होगा—वह पूर्ण पत्थर कहाँ है, ये सभी पत्थर जिसके अंश हैं? और आगे बढ़िये। आग जलाने के लिए यह पत्थर (चकमक) श्रेष्ठ है, चित्र उकेरने के लिए वह (चूना) पत्थर, यह पत्थर निम्न कोटि का है, किसी काम का नहीं। सापेक्ष रूप से श्रेष्ठ और सापेक्ष रूप से निम्न का अगला कदम सामान्य रूप से श्रेष्ठ और सामान्य रूप से निम्न की श्रेणियाँ होंगी। अब इन सारे पहलुओं का अमूर्तन होगा एक सामान्य (निरपेक्ष), श्रेष्ठ और पूर्ण पत्थर की श्रेणी में, एवं साथ ही सापेक्ष, निम्न तथा अपूर्ण पत्थरों की श्रेणियों में भी। 'एक आदर्श पत्थर है', उसी आदर्श पाषाण के अधूरे, खंडित और विकृत रूप हैं दूसरी श्रेणी के पत्थर। अधूरे, खंडित पत्थरों के सापेक्ष इन्द्रियग्राह्य ज्ञान का अमूर्तन है 'आदर्श पत्थर' (जिसे ज्ञानेन्द्रियों के जरिए नहीं जाना जा सकता और जिसका कहीं कोई वस्तुगत अस्तित्व नहीं है, लेकिन इस अमूर्त पत्थर की स्थिति से देखने पर वस्तुगत रूप से विद्यमान सभी किस्म के पत्थर अधूरे, खंडित, निम्न और विकृत नज़र आएंगे)।

प्लेटो के आइडियल्स की दुनिया में इसी तरह आदर्श मनुष्य हैं, आदर्श प्राणिजगत है, आदर्श संख्याएँ हैं, आदर्श ज्यामिति है, हमारी दुनिया में विद्यमान हर चीज़ अपने आदर्श रूप में वहाँ मौजूद है। दरअसल, हमारी दुनिया उस आदर्श की ही प्रतिच्छाया

है, सारी चीज़ें 'आदर्श दुनिया में अपने समकक्ष आदर्श चीज़ों का' विकृत रूप हैं।

प्लेटो की यूटोपिया आदर्श समाज की प्राचीनतम यूटोपिया है। उनके आदर्श समाज में नागरिकों को तीन वर्गों में बांटा गया था—आम जनता, सैनिक और अभिभावक वर्ग। पहले दो वर्गों की तुलना में अभिभावकों की संख्या काफ़ी कम रखी गई थी, लेकिन राजनीतिक सत्ता उन्हीं के हाथों में रहनी थी। अभिभावक वर्ग सबसे बुद्धिमान लोगों का, दार्शनिकों का वर्ग था। ये वर्ग बन्द श्रेणियाँ थीं जिनके बीच आवाजाही सामान्यतः नामुमकिन थी। अपवाद रूप में निम्न वर्ग (आम जनता) का कोई अत्यन्त मेधावी बालक इस वर्ग में शामिल किया जा सकता था या फिर दार्शनिक वर्ग का कोई अधोपतित होकर निम्न वर्ग में गिर जा सकता था; लेकिन प्लेटो की नज़र में यह अपवाद भी एक-दो पीढ़ियों में समाप्त हो जाने वाला था। उच्च वर्ग में जन्म के कारण तथा उच्च वर्ग के अनुरूप शिक्षा पाने के कारण इस वर्ग के बच्चों का निम्न वर्ग के बच्चों से श्रेष्ठ होना स्वाभाविक था। बुद्धि के लिए फुरसत के समय का होना जरूरी था। इसलिए इन दार्शनिक अभिभावकों को किसी भी तरह के काम से बिल्कुल मुक्त रहना था। निम्न वर्ग के लोगों का काम इन अभिभावकों को अपनी सेवाएँ प्रदान कर उनके फुरसत काल को साकार करना था। राज्य और सैनिकों को भी उन्हें सारी चिन्ताओं से मुक्त रखना था। फुरसत के क्षण से विहीन (अपने जीविकोपार्जन के लिए) दिन-रात अपने उच्च वर्गों की सेवा में लगे निम्न वर्गों के लिए बुद्धि की प्राप्ति असम्भव थी।

इस यूटोपिया में श्रेष्ठ वर्गों के बच्चों का लालन-पालन, उन्हें क्या देखना है, क्या सुनना है, क्या पढ़ना है, कैसे रहना है, सब कुछ तय किया हुआ था और उसका कठोरता से पालन करना था। कहने की जरूरत नहीं कि तीनों वर्गों के लिए अधिकार, दण्ड, आदि भिन्न-भिन्न थे।

दार्शनिकों के राज्य द्वारा निर्धारित 'अच्छी' चीज़ें ही श्रेष्ठ वर्ग के बच्चों को देखनी, सुननी और पढ़नी थी—किसी बुरी चीज़ का जिक्र करना मना था। उन्हें ऐसे अच्छे लोगों की कहानियाँ सुनानी थीं जो अपने मित्रों की मृत्यु पर भी रोते-धोते नहीं थे, उन्हें जोर से हँसना, उत्तेजक संगीत सुनना, देवताओं की वासनाओं का वर्णन करने वाली कहानियाँ पढ़ना, आदि सब कुछ निषिद्ध था। होमर और हेसियोड की रचनाओं पर पाबन्दी थी, संगीत तथा नाटक भी अमूमन प्रतिबन्धित ही था। खलनायकों और किसी भी बुरे चरित्र को दिखाने पर सख्त पाबन्दी थी। श्रेष्ठ वर्ग के बच्चों को न सिर्फ़ अपराधियों का, बल्कि स्त्रियों, दासों और निम्न वर्ग के लोगों का किसी भी रूप में अनुकरण नहीं करना था—चाहे वह नाटक के पात्र के रूप में ही क्यों न हो। नाटकों में सिर्फ़ श्रेष्ठ जन्म के निर्दोष पुरुष नायकों का ही चरित्र-चित्रण करने की इजाजत थी। चूँकि नाटकों में इसका पालन करना असम्भव था, इसीलिए प्लेटो ने तमाम नाटककारों को ही निर्वासित करने का निर्णय लिया। इसी तरह, उनकी

यूटोपिया में कविता, संगीत, आदि के लिए भी कोई स्थान नहीं था, क्योंकि किसी तरह की निराशा, दुःख, उत्तेजना, आदि की अभिव्यक्ति की मनाही थी। इसी प्रकार, खाने-पीने के मामले में भी अच्छे तथा बुरे भोजन का विस्तार से श्रेणीकरण किया हुआ था। एक ख़ास उम्र तक नौजवानों को कोई बुरी या कुरूप चीज़ नहीं दिखानी थी। उसके बाद ऐसी चीज़ें दिखाने का मकसद भी उनकी परीक्षा लेना था कि उनमें बुरी चीज़ों के प्रति आकर्षण है या नहीं।

सभी वर्गों के प्रायः बन्द, जन्मजात समूहों के सारे स्त्री-पुरुष अपने-अपने समूहों के अंदर एक-दूसरे के साथ यौन-सम्बन्ध बनाने के लिए यूं तो 'स्वतन्त्र' थे, लेकिन किस स्त्री के साथ किस पुरुष का सम्बन्ध होगा, यह राज्य को तय करना था। बच्चे को जन्म के बाद अपने माता-पिता से अलग कर देना था, ताकि माता-पिता यह न जान सकें कि उनका शिशु कौन है, और बच्चा भी आगे चलकर यह न जाने कि उसके माता-पिता कौन हैं। स्त्रियाँ 20 से 40 वर्ष की उम्र के बीच ही माँ बन सकती थीं और पुरुष 25 से 55 वर्ष के बीच ही पिता बन सकते थे। इन उम्र-सीमाओं के परे स्त्री-पुरुष यौन-सम्बन्ध बनाने को स्वतन्त्र थे, लेकिन गर्भ-धारण या बच्चे के जन्म की स्थिति में गर्भपात कराना या शिशु-हत्या अनिवार्य था। इन सारे नियमों का उद्देश्य था श्रेष्ठ नस्ल के बच्चे तैयार करना, और यह राज्य का कर्तव्य था। किसी शारीरिक अयोग्यता के साथ जन्मे बच्चे या निम्न कोटि के माता-पिता की संतानों को किसी रहस्यमय अनजान जगह में निर्वासित कर दिया जाना था।

प्लेटो नागरिकों को छलने के लिए एक 'शाही झूठ' का सहारा लेते हैं। उन्हें पता था कि उनकी पीढ़ी के लोगों के लिए इस झूठ पर विश्वास करना कठिन होगा, लेकिन वे आश्वस्त थे कि आने वाली पीढ़ियों को इस तरह शिक्षित किया जाएगा कि वे उस पर संदेह नहीं कर पाएंगी। इस झूठ का विस्तार से वर्णन किया गया है। इसका सबसे महत्वपूर्ण अंश यह था कि ईश्वर ने तीन तरह के लोगों का सृजन किया है—सर्वश्रेष्ठ लोग सोने से रचे गये, उनसे नीचे के लोग चांदी से, और सबसे नीचे के आम लोग कांसे तथा लोहे से। सोने से रचे गये लोग ही अभिभावक बनने के योग्य थे, चांदी से बने लोग सैनिक बनने, और सबसे निम्न कोटि के कांसे तथा लोहे से बने लोग शारीरिक श्रम करने के लिए ही बनाये गये थे। आम तौर पर, कुछेक अपवादों को छोड़कर, इन तीन श्रेणी के बच्चों को भी अपने-अपने माता-पिता की श्रेणियों में ही रहना था।

प्लेटो के लिए न्याय का मतलब था इन श्रेणियों को अपनी-अपनी सीमाओं-मर्यादाओं में बनाये रखना। इन श्रेणियों में घालमेल ही अन्याय था। अंकगणित तथा ज्यामिति को भी वे अपने दार्शनिकों के अल्पतंत्र के नजरिये से व्याख्यायित करते थे। ज्यामिति पर उनके जोर का कारण अल्पतंत्र के हित में सम्पत्ति के 'योग्यता पर आधारित आनुपातिक वितरण' को न्यायोचित ठहराना था। आम जनता में अंकगणित के

प्रसार से अल्पतंत्र को ख़तरा महसूस होता था, क्योंकि इससे 'समानता पर आधारित सम्पत्ति के न्यायपूर्ण वितरण' की आकांक्षा को बल मिलता। इसीलिए प्लेटो के ईश्वर 'ज्यामितिज्ञ ईश्वर' थे।[27]

प्लेटो की यूटोपिया ने, एक आदर्श समाज की उनकी प्रस्थापना तथा उसे समाज पर थोपने की कोशिशों ने बाद में इतिहास में अनेक विचारकों तथा शासकों को प्रभावित किया। रूपगत भिन्नताओं के बावजूद ऐसे आदर्शों तथा ऐसी कोशिशों की एक लम्बी परम्परा रही है।

यह सब लिखने का मतलब चिन्तन के इतिहास में प्लेटो के महत्व को कम करना नहीं है। उनके और भी कई योगदान हैं। बहरहाल, प्लेटो के गुरू सुकरात ख़ुद मूर्ति-भंजक दार्शनिकों की श्रेणी में आते हैं और उनके शिष्य अरस्तू की प्लेटो की यूटोपिया में कोई ख़ास दिलचस्पी नहीं थी।

चर्चा भले ही हमने प्लेटो के 'आदर्शों' की की है, यह वैचारिक प्रवृत्ति सभी मानव समुदायों में विभिन्न कालखण्डों में परिलक्षित होती है। चीन में इसे कन्फ्यूशियस की विचार प्रणाली में, और भारत में धर्मसूत्रों तथा स्मृति-ग्रंथों में इसका सहज ही साक्षात किया जा सकता है। भारत के धर्मसूत्रों तथा स्मृति-ग्रंथों की चर्चा हम आगे करेंगे। इस दृष्टिकोण का प्रभाव हम विभिन्न ज्ञान-शाखाओं में भी देख सकते हैं। चिकित्सा विज्ञानियों के सामने एक आदर्श स्वस्थ शरीर की अवधारणा होती है और उस आदर्श शरीर के नजरिये से दुनिया का प्रत्येक व्यक्ति बीमार दिखेगा (आखिर हर मूर्त शरीर उस आदर्श अमूर्त शरीर का विकृत रूप ही तो है। चिकित्सकों तथा दवा व्यवसायियों के लिए यह नज़रिया अत्यन्त लाभप्रद भी है)। एक तंत्रिका विज्ञानी को हर व्यक्ति किसी-न-किसी मानसिक व्याधि से ग्रस्त नज़र आएगा, क्योंकि उसके पास 'आदर्श मस्तिष्क' की एक रूपरेखा है। एक भाषाविज्ञानी को इसी तरह एक 'आदर्श भाषा' की स्थिति से प्रत्येक भाषा विकृत और भ्रष्ट प्रतीत होगी। (इसका एक सकारात्मक पक्ष यह है कि किसी आदर्श श्रेणी के निरूपण की प्रक्रिया में हम उस श्रेणी के बारे में अच्छी-ख़ासी जानकारी हासिल कर पाते हैं।) कुल मिलाकर, इस विचार प्रणाली के अंतर्गत एक अमूर्त, नियत आदर्श मूर्त, परिवर्तनशील यथार्थ का नियमन करता है।

अगर आपके पास एक आदर्श दुनिया, आदर्श समाज, आदर्श मनुष्य की रूपरेखा है तो जाहिर है, आप उस आदर्श को यथार्थ रूप देने के लिए अभियान भी चलाएंगे और यह अभियान आपके लिए अपूर्णता से पूर्णता की ओर, विकृति से उन्नति की ओर, खंडित जीवन की दासता से मुक्त जीवन की उसकी समग्रता में पुनर्प्राप्ति की ओर नैतिक अभियान भी होगा। मानवजाति अपने इतिहास में ऐसे कई अभियानों की, जो प्रायः रक्तरंजित भी रहे हैं, रणभूमि बनती रही है और अपना काफ़ी लहू भी बहा चुकी है।

अब प्रश्न है कि आदर्श दुनिया, आदर्श समाज, आदर्श मनुष्य का निरूपण कौन करेगा और उसके निरूपण पर सहमति कैसे बनेगी? आदर्श की अवधारणा से सहमत

लोगों में भी आदर्श का निरूपण हमेशा विवादास्पद विषय रहेगा क्योंकि विभिन्न स्थितियों में जीवनयापन करने वाले लोगों के लिए आदर्श में सन्निहित गुणों के प्रश्न पर मतैक्य होना सम्भव नहीं।

बहरहाल, किसी भी विकासमान चीज़ या परिघटना का, सामान्य अर्थ में, कोई आदर्श रूप नहीं हो सकता। चूँकि सृष्टि ख़ुद एक गतिशील श्रेणी है, इसीलिए कोई आदर्श दुनिया, कोई आदर्श समाज, कोई आदर्श मनुष्य, आदर्श शरीर, आदर्श मस्तिष्क, आदर्श भाषा, आदर्श विचार नहीं है और न हो सकता है। चूँकि आदर्श की अवधारणा में ही विकृति की अवधारणा भी सन्निहित है, इसीलिए सामान्य अर्थ में, कोई विकृत दुनिया, कोई विकृत समाज, कोई विकृत मनुष्य, विकृत शरीर, विकृत मस्तिष्क, विकृत भाषा, विकृत विचार भी नहीं है। एक संक्षिप्त कालखण्ड में और सापेक्ष, विशिष्ट संदर्भों में ही हम आदर्श-विकृत की बात कर सकते हैं, सामान्य अर्थों में नहीं।

इसीलिए मानवजाति में विचारों की, तत्वशास्त्रियों की एक दूसरी परम्परा भी हमेशा मौजूद रही है जो ऐसे आदर्शों का खण्डन करती है, पूरी सृष्टि, समाज, विचार, आदि सभी को अनवरत् प्रवाह के रूप में देखती है, जिस प्रवाह में हर चीज़ हमेशा बनती-मिटती रहती है। लोकजीवन में भी यह मूर्तिभंजक परम्परा 'आदर्शों' का मखौल उड़ाने के रूप में हमेशा उपस्थित देखी जा सकती है। बहरहाल, हम यहाँ तत्वशास्त्रों का कोई इतिहास रखने नहीं जा रहे। हम यहाँ यह दिखाना चाह रहे थे कि इन्द्रियग्राह्य ज्ञान-आधारित सामान्यीकरण-अमूर्तन और क्वांटम युग्मन की स्मृति पर आधारित सार्विक सहानुभूति एवं तत्सम्बन्धी अमूर्तन एक ही चीज़ नहीं है। एक 'सॉफ्टवेयर'-जनित अमूर्तन है, दूसरा हार्डवेयर-आधारित।

दो दृष्टियाँ

एक दृष्टि है जो चीज़ों को, परिघटनाओं को निरपेक्ष रूप से एक दूसरे के विरुद्ध खड़ा कर देखती है, 'बनाम' की दृष्टि से चीज़ों को परखती है। ईश्वर बनाम शैतान, अच्छा बनाम बुरा, सही बनाम गलत, सफेद बनाम स्याह, श्रेष्ठ बनाम निम्न, सभ्य बनाम बर्बर, हम बनाम वे, आदि, आदि। फलतः यह विचार पद्धति स्याह को समाप्त कर सफेद को, गलत का विनाश कर सही को, निम्न को निष्कासित कर श्रेष्ठ को, बर्बर का उन्मूलन कर सभ्य को... प्रतिष्ठित करने का अभियान चलाती है।

इसी के साथ एक और दृष्टि भी जोड़ दीजिए। इसके अनुसार, सृष्टि और उसके सारे अस्तित्व-रूप कुछ निश्चित नियमों से संचालित होते हैं, इन नियमों को पूरी तरह जाना जा सकता है, और इन नियमों को जान लेने के बाद सृष्टि का सारा रहस्य स्वतः समाप्त हो जाएगा। इसी दृष्टि के आधार पर कुछ वैज्ञानिक 'थ्योरी ऑफ एवरीथिंग' विकसित करने में जुटे हैं।

इस जीवन दृष्टि पर आधारित कई वैचारिक शाखाएँ, सम्प्रदाय और स्कूल मौजूद हैं। जीवन दृष्टि एक होने पर भी अनेक विचारशाखाओं की मौजूदगी और उनके बीच निरन्तर चलने वाले विवादों का कारण यह है कि क्या सफेद है और क्या स्याह, क्या सही है और क्या गलत, क्या श्रेष्ठ है और क्या निम्न, क्या सभ्य है और क्या बर्बर...इन प्रश्नों पर इनमें मतैक्य नहीं है (हो भी नहीं सकता)। इसी तरह सृष्टि और मानव समाज को संचालित करने वाला कौन-सा नियम अथवा नियमों का समूह सही या गलत है, इस पर इनमें सहमति नहीं है।

यह दृष्टि हर विचार को विभिन्न सांचों पर बांटकर रख देती है—भाववादी, भौतिकवादी, द्वन्द्ववादी, अधिभूतवादी, प्रत्यक्षवादी, प्रभाववादी, सारसंग्रहवादी, तार्किक प्रत्यक्षवादी, आदि। जो विचार इन सांचों में नहीं समा पाते, उन्हें वे तोड़कर अलग-अलग सांचों में डाल देते हैं। बुद्ध के विचार फलां प्रतिशत भौतिकवादी और फलां प्रतिशत भाववादी। कबीर थोड़े भौतिकवादी, थोड़े अद्वैतवादी। उनके दोहे की एक पंक्ति भौतिकवादी, दूसरी पंक्ति रहस्यवादी-भाववादी, आदि, आदि। इस तरह, इस दृष्टि के विचारक मानवजाति के सभी पूर्व विचारकों और उनके विचारों के प्रति न्यायाधीश का रुख अख्तियार करते हैं और उन पर अपने फैसले सुनाते हैं।

दूसरी दृष्टि चीज़ों और परिघटनाओं को उनके दिक्-काल सापेक्ष परिप्रेक्ष्य में देखती है। किसी भी चीज़ अथवा परिघटना को अनंत (सापेक्ष) परिप्रेक्ष्यों में देखा जा सकता है। कोई भी पर्यवेक्षण अन्तिम नहीं होता। देखना कभी खत्म नहीं होता। एक सापेक्ष परिप्रेक्ष्य में जो महान है, वही दूसरे परिप्रेक्ष्य में अधम हो सकता है, सफेद भिन्न परिप्रेक्ष्य में स्याह है, श्रेष्ठ निम्न है, सभ्य बर्बर और पूरब पश्चिम हो सकता है। जैसाकि स्टार वार्स में एनाकिन स्काइवाकर के इस प्रश्न कि 'या तो तुम मेरे साथ हो या फिर मेरे दुश्मन हो' के जवाब में जेदाइ ओबे-वान केनोबी कहता है, 'निरपेक्षों में सिर्फ़ सिथ (तामसिक लोग) ही विश्वास करते हैं।'

अतः यह दृष्टि विभिन्न दिक्-काल सापेक्ष परिप्रेक्ष्यों को समझने और उन्हें उचित सम्मान देने पर जोर देती है। दो भिन्न परिप्रेक्ष्यों के बीच का सम्बन्ध सही और गलत का सम्बन्ध नहीं है, उन्हें बनाम के रूप में पेश नहीं किया जा सकता। एक ही समय एक साथ कई (कहिए अनन्त) सत्य मौजूद रहते हैं। संघर्ष और टकराव की स्थिति तब पैदा होती है जब एक सापेक्ष सत्य एकमात्र सत्य होने का दावा करते हुए अन्य सारे सापेक्ष सत्यों का सफाया करने लगता है। हर सत्य का अपना समय है, अपना स्थान है, अपनी उम्र है। समस्या अपनी उम्र से परे जीने की लालसा है।

इस समावेशी जीवन दृष्टि में 'एकमात्र' और 'अन्तिम' जैसे शब्दों का कोई स्थान नहीं है। इसमें 'कोई विकल्प नहीं है' जैसे प्रस्ताव नहीं होते। चूँकि सृष्टि और उसके अस्तित्व-रूपों के अनन्त आयाम हैं, इसीलिए विकल्पों का भी कोई अंत नहीं। जब आपको लगता है कि सारे दरवाजे बंद हो चुके हैं, तब यह दृष्टि आप में विकल्पों

के अनेक झरोखे होने का विश्वास जगाती है और उन्हें ढूँढ़ने तथा साकार करने का साहस पैदा करती है।

यह दृष्टि हमें किसी व्यक्ति, समाज और बाह्य जगत की किसी एकआयामी व्याख्या से रोकती है और हमारे मूल्याँकनों को निन्दा-प्रशंसा की सफेद-स्याह दुनिया से मुक्त कर देती है। इस दृष्टि के अनुसार, एक बंद दुनिया के ही कुछ निश्चित नियम अथवा नियमों के समूह हो सकते हैं। एक खुली दुनिया को, अनन्त प्रवहमान सृष्टि को नियमों के कुछ निश्चित समूहों में कैसे सीमित किया जा सकता है? नियम हैं और उनके व्यावहारिक उपयोग भी हैं, लेकिन वे एकमात्र नियम नहीं हैं। इस दृष्टि में अनवरत अन्वेषण का आनन्द है, न कि अन्तिम नियम पा लेने की अहमन्यता।

इस दृष्टि के अनुसार, हर विचारशाखा के अतिवादी दावों और सार्विक होने की जिद को दरकिनार कर दिया जाए तो उनमें अंतर्निहित सापेक्ष सत्यों की खिनाख़्त की जा सकती है। पहली दृष्टि पर आधारित विभिन्न विचारशाखाएँ आपस में भले लड़ती रहें, यह दृष्टि तो पहली दृष्टि में भी अंतर्निहित दिक्-काल सापेक्ष सत्य को स्वीकार करती है और इतिहास में उसके यथोचित स्थान का सम्मान करती है।

स्वसिद्धान्तव्यवस्थासु द्वैतिनो निश्चिता दृढ़म्।
परस्परं विरुध्यन्ते तैरयं न विरुध्यते।।[28]

मानव समाज के सभी समाजों में ये दोनों दृष्टियाँ मौजूद रही हैं। हाँ, अलग-अलग स्थितियों में जीवन के विभिन्न क्षेत्रें में दोनों दृष्टियों का अनुपात एक समान नहीं रहा है। किसी ख़ास काल में किसी समाज अथवा जीवन के किसी क्षेत्र में एक दृष्टि प्रभावशाली स्थिति में हो सकती है, तो दूसरे काल में दूसरी दृष्टि।[29]

संवाद की दुनिया

सृष्टि में संवाद-सम्प्रेषण के अनेक रूप हैं और पूरी सृष्टि इन्हीं रूपों में सतत् संवादरत रहती है। सूक्ष्म कणों से लेकर मनुष्य तक इन्हीं सम्प्रेषण-रूपों के माध्यम से एक-दूसरे से जुड़ते और बिछुड़ते हैं, क्रिया-प्रतिक्रिया करते हैं और सृष्टि के अनवरत् प्रवाह में प्रकट तथा अंतर्धान होते रहते हैं। विद्युत्चुम्बकीय, रासायनिक, गतिक, ध्वनिक-आंगिक, चित्रात्मक, वाक्-भाषा—मनुष्य में सम्प्रेषण के ये सारे रूप मौजूद हैं, तथापि उसका मुख्य रूप भाषा है। भाषा के विकास के साथ ही हमारे बीच सम्प्रेषण के अन्य माध्यम पृष्ठभूमि में चले गये और भाषा हमारी पहचान का प्रमुख अंग बन गई।

मस्तिष्क में तंत्रिका-कोशिकाओं के बीच वैद्युतिक-रासायनिक संवाद का जिक्र हम पहले कर चुके हैं। हमारे शरीर का वैद्युतिक सम्प्रेषण अत्यन्त क्षीण होने के कारण हम उसे महसूस नहीं करते। फेरोमोन्स के रूप में रासायनिक सम्प्रेषण अब भी महत्व रखता है और खरबों रुपये के इत्र-उद्योग का आधार है। आंगिक भंगिमा तथा ध्वनि-संकेतों के जरिए संवाद-सम्प्रेषण प्राग्मानवों के बीच सम्प्रेषण का प्रमुख

माध्यम था। आज भी नृत्य-नाट्य-गीत-संगीत-अभिनय हमारे जीवन का अभिन्न अंग बना हुआ है। संकेत-चिह्न-चित्रांकन के जरिए संवाद भी काफ़ी पहले प्रकट हो चुका था –आज भी बच्चे अक्षर-ज्ञान और चित्रांकन की दुनिया में एक साथ प्रवेश करते हैं।

मानवेतर जगत में रासायनिक संवाद को निम्नलिखित उदाहरण से समझा जा सकता है। जिराफ का कोई झुण्ड जब एकेसिया के जंगल में आता है और किसी एक वृक्ष के पत्ते खाने लगता है, तब वह पेड़ इथाइलिन नामक एक रसायन वायुमण्डल में छोड़ता है। इस रसायन की भनक पाते ही एकेसिया के अन्य पेड़ अपने पत्तों में बड़े पैमाने पर एक जहरीला रसायन टैनिन पैदा करने लगते हैं। पाँच से दस मिनट के अंदर ही अन्य सारे वृक्षों के पत्ते टैनिन की बढ़ी हुई मात्रा के कारण जहरीले हो जाते हैं। अपने क्रम-विकास के दौरान जिराफ भी जान चुके हैं कि वे इन वृक्षों के पत्तों को कुछ मिनटों से ज्यादा चबा नहीं सकते और वे दूसरी तरफ निकल जाते हैं। इस तरह एकेसिया के पेड़ सुरक्षित रह जाते हैं। ओक के वृक्ष भी इल्लियों से अपनी सुरक्षा के लिए टैनिन और फेनोल पैदा कर शेष वृक्षों को सावधान कर देते हैं।

गतिक संप्रेषण का एक अच्छा उदाहरण मधुमक्खियों के नृत्यों का है। मधुमक्खियाँ छत्ते पर लौटकर दूसरी मधुमक्खियों को 'नृत्य' के जरिए यह बताती हैं कि पराग पाने का स्थान कितनी दूर है और उसकी दिशा क्या है। पराग तक की दूरी और दिशा के अनुसार नृत्य का स्वरूप–उसकी गतियाँ और रफ़्तार–बदल जाता है। (कार्ल फ्रीश, 1955, 1980)[30]

बहरहाल, भाषा के बारे में कहना ही क्या? सम्प्रेषण के माध्यम के रूप में इसकी तुलना अन्य माध्यमों से नहीं की जा सकती। अन्य माध्यम प्राकृतिक वरण की प्रक्रिया में प्राणियों में आनुवंशिक रूप से सन्निहित हैं, जबकि भाषा को मूर्त रूप देने में जैविक विकास ने भले अपनी भूमिका निभाई है, तथापि वह मानव समाज द्वारा निर्मित और विकसित हुई है। भाषा में अनन्त सूचनाओं को संग्रह करना सम्भव हुआ, इन सूचनाओं को दूसरों को तुरत सम्प्रेषित करना, और लिखित रूप में तो भावी पीढ़ियों को सूचना-ज्ञान का भंडार हस्तान्तरित करना, मूर्त-अमूर्त चिन्तन का आदान-प्रदान, भावनाओं को साझा करना, विभिन्न मतों का खण्डन-मण्डन, सभी कुछ सम्भव हुआ। इसने क्रम-विकास के आनुवंशिक पथ से हमें बहुत हद तक मुक्त कर दिया और हमारे सांस्कृतिक विकास का आधार बना।

भाषा के पुरातत्व की आदिम परतों में हमें ध्वनियों के ऐसे संसार का साक्षात् होता है, जो प्राचीन काल से लेकर आजतक भाषाशास्त्रियों के शोध का विषय रहा है। जैसे, ऐसे सामाजिक सम्बन्ध जो बाद में निषिद्ध हो गये, उनके भाषाई रूप आज हमारी गालियों का हिस्सा बन गये हैं, उसी तरह अनेक ध्वनि-संकेत जो कभी हमारे सामाजिक जीवन का अभिन्न अंग थे, आज निरर्थक प्रतीत होते हैं या फिर 'अश्लील-असभ्य'।

अपनी गालियों तथा निरर्थक प्रतीत होने वाली ध्वनियों का अनुसरण कर हम अपने अतीत के सामाजिक जीवन की कुछ थाह अवश्य पा सकते हैं।

आरम्भिक दिनों में भाषा के विकास में चिन्तन, स्वप्न, यौन-क्रीड़ा तथा पालन-पोषण के दौरान शिशुओं के साथ माँ के तथा परिवार के अन्य सदस्यों के वार्तालाप (जिसमें आज भी ध्वनियों तथा शब्दों का दिलचस्प घालमेल होता है) ने अत्यन्त महत्वपूर्ण भूमिका निभाई होगी। जीवनयापन के कार्य के दौरान निरन्तर बढ़ती सूचनाओं की बौछार और उसके सम्प्रेषण की जरूरत की भूमिका तो स्वतःसिद्ध है। आज भी शिशुओं के साथ संवाद भाषा की प्राथमिक पाठशाला है। उन दिनों बच्चों को शिकार की दिलचस्प कथा सुनाने की कोशिश (जो अनुकरण की प्रवृत्ति के भाषाई रूपान्तर की कोशिश भी मानी जा सकती है) ने इस दिशा में अपनी भूमिका अदा की होगी। (शिकार की कहानियाँ, सृष्टि-कथाएँ, जादू-टोने से सम्बन्धित किस्से, आदि आज भी साहित्य के महत्वपूर्ण अंग हैं।) इसी तरह भाषा की उत्पत्ति से लेकर आजतक यौन-क्रीड़ा-व्यापार से भाषा का एक बड़ा हिस्सा भरा-पड़ा है। इसके अलावा, चिन्तन को अभिव्यक्त करने तथा स्वप्नों को साझा करने का दबाव तो था ही। स्वप्न में प्रायः जड़-चेतन, जीवित-मृत सभी इकट्ठे संवाद करते दिख जाते हैं—भाषा में इन्हें व्यक्त करने के प्रयासों ने कालक्रम में मिथकीय शैली को जन्म दिया होगा। आरम्भ में चिन्तन तथा स्वप्न की विभाजक रेखा भी काफ़ी क्षीण रही होगी। स्वप्न की शैली में चिन्तन का भाषाई सम्प्रेषण अधिक सुगम रहा होगा। भाषा के विकास की यह पूरी प्रक्रिया होमो सेपियन्स सेपियन्स के काल में ही सम्पन्न हुई। अब हम आधुनिक मानवों के इतिहास में दाखिल हो सकते हैं।

मध्यपाषाणकालीन मानव

7

मध्यपाषाणकालीन जीवन

प्राक्कथन

ज्ञान ने अगर आधुनिक मानवों की रचना की, तो मध्यपाषाण संस्कृति इस ज्ञान का 'पहला विस्फोट' थी। इतिहास तथा प्राक्-इतिहास की पुस्तकों में यह काल अब तक सबसे उपेक्षित रहा है। उत्तर पुरापाषाणकाल और नवपाषाणकाल के बीच का क़रीब पच्चीस हजार वर्षों का यह काल कमोबेश महत्वहीन संक्रमणकाल के रूप में, उत्तर पुरापाषाणकाल के फुटनोट अथवा नवपाषाणकाल की प्रतीक्षा में गुजरे काल के रूप में वर्णित होता रहा है।

यह सही है कि आधुनिक मानव का आगमन उत्तर पुरापाषाणकाल में हुआ और उसकी बुनियादी लाक्षणिकताएँ इसी काल में प्रकट हो चुकी थीं। लेकिन उत्तर पुरापाषाणकाल (क़रीब एक लाख वर्ष पूर्व से तीस हजार वर्ष पूर्व के काल) में आधुनिक मानव के अन्य प्रतिद्वंद्वी भी मौजूद थे—ख़ासकर युरोप में नीएंडरतल मानव और एशिया में सम्भवतः होमो इरेक्टस की प्रजातियाँ (?)। तब तक यह स्पष्ट नहीं हुआ था कि इन मानव समुदायों के बीच कौन अपना अस्तित्व बचाये रखेगा तथा विस्तार पाएगा और कौन कालक्रम में लुप्त हो जाएगा। यह प्रश्न अनुत्तरित था कि मानव वंश की ये सारी प्रजातियाँ, अन्य प्राणियों की तरह, धरती पर साथ-साथ विचरण करती रहेंगी या फिर इनमें से कोई एक ही बच पाएगी। अगर हम एक लाख वर्ष पूर्व की स्थितियों पर नज़र डालें तो नीएंडरतलों का दावा ही मजबूत दिखेगा। तब तक वे पश्चिम एशिया और युरोप के अनेक हिस्सों में फैल चुके थे, होमो सेपियन्स सेपियन्स का तब उद्‌भव ही हो रहा था, दोनों प्रजातियों के औजारों में भी कोई ख़ास फर्क नहीं था, और शारीरिक रूप से शायद नीएंडरतलों की कद-काठी ही मजबूत थी। इस लिहाज़ से उत्तर पुरापाषाणकाल को आधुनिक मानवों के आगमन के काल के रूप में, मानव वंश की अन्य प्रजातियों से आधुनिक मानव में संक्रमणकाल के रूप में देखा जाना ही उपयुक्त है।

आगे बढ़ने से पहले यहाँ कुछ बातें स्पष्ट करना जरूरी है। प्राक्-मानव और मानव समुदायों की विभिन्न जातियों तथा प्रजातियों के जीवावशेषों के काल-निर्धारण

से प्राप्त सूचनाओं के आधार पर उनके आगमन के काल को ही हम सम्बन्धित जाति-प्रजाति के युग का प्रस्थान-बिन्दु बनाते हैं और जब उन जातियों-प्रजातियों के अवशेष मिलने बन्द हो जाते हैं, तो उस काल को उनकी विलुप्ति के रूप में चिह्नित करते हैं। नये-नये जीवावशेषों की खोज से, और काल-निर्धारण की तकनीक के परिष्कार से इन काल-निर्धारणों में समय-समय पर कुछेक फेरबदल भी होते रहे हैं। इसके अलावा, किसी एक जाति-प्रजाति के आगमन और विलुप्ति के बीच के काल में विभिन्न क्षेत्रों में उस जाति-प्रजाति के पूर्व की जातियों-प्रजातियों का अस्तित्व बना रह सकता है—इसीलिए किसी नई जाति-प्रजाति के आगमन से जब हम उस जाति-प्रजाति के युग की चर्चा करते हैं, तो उसी नये युग में पुरानी जाति-प्रजातियाँ भी अपने विभिन्न औजारों के साथ लम्बे काल तक बनी रहती हैं। विभिन्न जाति-प्रजातियों के कालखण्डों के बीच कोई चीन की दीवार नहीं होती, उनके बीच 'ओवरलैपिंग' अथवा घालमेल होती रहती है। उत्तर पुरापाषाणकाल और मध्यपाषाणकाल में भी विभिन्न क्षेत्रों में मध्य पुरापाषाणकाल में अस्तित्वमान मानव समुदाय निवास करते होते हैं, नीएंडरतलों के आगमन के बावजूद विभिन्न क्षेत्रों में होमो इरेक्टस के वंशज फलते-फूलते हो सकते हैं। (जैसे, औद्योगिक युग के आगमन के बावजूद धरती के विभिन्न हिस्सों में आखेटक-फलसंग्राहक जन और कृषक समुदाय बने रहते हैं।)

प्राग्मानवों तथा मानवों के प्रादुर्भाव के लाखों वर्षों के इतिहास को सुसंगत रूप देने में जीवावशेषों के अलावा सबसे बड़ा स्रोत प्रस्तर उपकरण हैं। जीवावशेषों में हड्डियाँ/कंकाल ही बचे रहते हैं और सिर्फ़ इनके आधार पर शरीर रचना का पुनर्कल्पन प्रायः काफ़ी विवादास्पद भी होता रहा है। वैसे आनुवंशिकी विज्ञान के विकास के कारण अब इन जीवावशेषों से भी डीएनए प्राप्त करना सम्भव हो पाया है और इसके फलस्वरूप इस दिशा में शोध को अभूतपूर्व आवेग मिला है। उपकरणों के मामले में, मनुष्य द्वारा लकड़ी से बनाये गये उपकरण तो बचे ही नहीं। टिकाऊ होने के कारण प्रस्तर उपकरण इसीलिए इस अध्ययन के लिए अत्यन्त महत्वपूर्ण स्रोत बन गये। इन उपकरणों के परिष्कार के अध्ययन से मस्तिष्क क्षमता में होनेवाले परिवर्तन का भी अंदाजा लगाया जा सकता है, क्योंकि सामान्य-से-सामान्य उपकरणों के निर्माण के लिए भी अवधारणात्मक चिन्तन तथा भावी कल्पनात्मक चित्रांकन की क्षमतावाला मस्तिष्क जरूरी है। जैविक उद्यानों के पिंजरों में बन्द चिम्पांजियों को लकड़ी की छोटी डंडियों को जोड़कर लम्बी छड़ी बनाते देखा जा सकता है—उपकरण निर्माण की दिशा में उनकी अधिकतम सीमा यही है। वह भी किसी तात्कालिक उद्देश्य की पूर्ति के लिए और बन्दी अवस्था में। अपने परिचित प्राकृतिक परिवेश में तथा भविष्य को ध्यान में रखकर वे शायद ही ऐसा करते हों। इस सम्बन्ध में हम पहले भी चर्चा कर चुके हैं।

मध्यपाषाण काल (क़रीब तीस हजार से आठ हजार वर्ष पूर्व के काल) की खिनाख़्त सूक्ष्म प्रस्तर उपकरणों से की जाती है। यहाँ हम इस काल का पूरा इतिहास

नहीं रखने जा रहे, हम अपना अध्ययन इस काल की कुछ लाक्षणिकताओं तक ही सीमित रखेंगे। पहले प्रस्तर उपकरणों से शुरू करते हैं।

उपकरण

उत्तर पुरापाषाणकाल में जिन उपकरणों का मुख्यतः प्रयोग होता था, वे थे—परिष्कृत हस्तकुठार एवं खण्डक, काटने-छीलने-खोदने के लिए पत्थर की छोटी-छोटी पत्तियाँ, छूरी, बसूला, सूआ, आदि। खुरचनियों को ख़ास कामों के लिए विशिष्ट आकार दिया जाने लगा था। बसूले, सूओं तथा गेज के प्रयोग से अब हड्डियों के टुकड़ों तथा मृगश्रृंग को भी विभिन्न आकार दिया जा सकता था अथवा उनका उपकरणों के रूप में विकास किया जा सकता था। शल्कों को निकाले जाने के बाद बचे क्रोड़ (जो चक्के का रूप ले लेता था) को भी और अधिक संसाधित कर औजार के रूप में इस्तेमाल किया जाता था। हड्डियों के छोटे टुकड़ों में छेद कर सूइयाँ बनाई जाती थीं। हड्डियों तथा पत्थरों की छूरियों को भालों की नोक के रूप में और फिर आगे चलकर उनका कांटेदार बर्छियों के रूप में प्रयोग होने लगा। इन्हीं से मत्स्यभाला तथा अंकुश भी बनाया जाने लगा था। उत्तर पुरापाषाणकाल में ही भाला फेंकनेवाले उपकरण—अटलाटल का आविष्कार हुआ, जिसने एक शिकारी के रूप में होमो सेपियन्स सेपियन्स की क्षमता काफ़ी बढ़ा दी और वे नीएंडरतलों से आगे निकल गये। इस काल की दो विशेषताएँ स्पष्टतः देखी जा सकती हैं। एक, छेनी, गेज और सूए ऐसे उपकरण थे जिनका (हस्तकुठार और खण्डक की तरह) कोई प्रत्यक्ष उपयोग नहीं था, बल्कि उनकी उपयोगिता अन्य उपकरणों के निर्माण में थी। ये उपकरण बनाने वाले उपकरण थे। इसके अलावा, उनका प्रत्यक्ष उपयोग पत्थर की दीवारों पर कलाकृतियाँ गढ़ने अथवा उकेरने में किया जाता था। दूसरी विशेषता थी : भाले फेंकनेवाले उपकरण (अटलाटल) में पहली बार उत्तोलक (लीवर) के उसूल का प्रयोग हुआ जिससे मांसपेशियों की श्रम क्षमता में वृद्धि हुई। (आगे मध्यपाषाण काल के तीर-धनुषों में ऊर्जा के केन्द्रीकरण के और भी विकसित नियम का कार्यान्वयन हुआ।)

भारत में (आन्ध्र प्रदेश, कर्नाटक, महाराष्ट्र, केन्द्रीय मध्य प्रदेश, दक्षिणी उत्तर प्रदेश, झारखण्ड, ओड़िसा के पठारी क्षेत्रों में) उत्तर पुरापाषाणकाल के क़रीब 566 स्थल पाए गए हैं। कुल मिलाकर, उपकरणों के मामले में यह थी मध्यपाषाण काल के ठीक पहले की स्थिति।

मध्यपाषाण संस्कृति को उपर्युक्त उपकरण तो विरासत में प्राप्त हुए ही, मध्यपाषाणकालीन जनों ने इन उपकरणों का और अधिक परिष्कार किया, उपकरणों को एक दूसरे से जोड़कर नये-नये उपकरणों का आविष्कार किया जिनमें से अनेक उपकरण तो आगे आनेवाली नवपाषाणकालीन कृषि संस्कृति के लिए भी काफ़ी उपयोगी साबित हुए। पत्थरों के सूक्ष्म उपकरणों का बड़े पैमाने पर निर्माण तो इस

युग की विशेषता थी ही, कुछ बड़े उपकरण भी पहली बार इसी संस्कृति में दिखाई देते हैं। इन उपकरणों में अत्यन्त मूल्यवान उपकरण था हत्थायुक्त भारी कुल्हाड़ी तथा बसूला। इन कुल्हाड़ियों तथा बसूलों के निर्माण में उन्होंने काफ़ी कुशलता अर्जित कर ली थी और इन उपकरणों के उपयोग से अब वे पेड़ काट सकते थे, और लकड़ी के अनेक उपकरण बना सकते थे। इसका अर्थ था श्रम-विभाजन का और विस्तार—प्रस्तर-कर्म के साथ-साथ काष्ठ-कर्म का विकास।[1]

मध्यपाषाण काल में वनों के विस्तार के कारण उत्तरी युरोप के मध्यपाषाणकालीन जनों द्वारा कुल्हाड़ियों की मदद से बड़े पैमाने पर पेड़ काटे गये; कुल्हाड़ियों तथा बसूले से, और आग का प्रयोग कर, डोंगियों को खोखला बनाया गया; परिष्कृत चप्पुओं तथा बूमरेंग-सरीखी (फेंकी जाने वाली) डंडियों का निर्माण किया गया। पेड़ों को काटने के लिए प्रयोग की जानेवाली पहली कुल्हाड़ियों के रूप में लिंगबी कुल्हाड़ियों का नाम लिया जाता है (मध्यपाषाणकालीन लिंगबी संस्कृति का क्षेत्र था उत्तरी जर्मनी, पोलैण्ड, डेनमार्क और दक्षिणी स्वीडन)। छेद करने तथा खोखला बनाने में पहली बार मांसपेशियों की शक्ति के अलावा अग्नि-ऊर्जा का प्रयोग भी महत्वपूर्ण उपलब्धि थी।

उत्तर पुरापाषाणकाल में डोंगियों और नौकाओं का कोई प्रमाण नहीं मिलता। अगर उत्तर पुरापाषाणकालीन मानव समुदाय छोटी झीलों अथवा जल-मार्गों का उपयोग करते भी होंगे, तो इसके लिए वे सम्भवतः लट्ठों अथवा अनगढ़ बेड़ों का प्रयोग करते होंगे, ख़ासकर मछली पकड़ने या छोटी-मोटी नदियों या झीलों को पार करने के लिए। मध्यपाषाणकाल में ही डोंगियों, नावों और चप्पुओं का प्रचलन हुआ। अब तक ज्ञात सबसे प्राचीन नावें उत्तरी युरोप के मध्यपाषाणकाल की हैं। नीदरलैंड्स के ड्रेंथ से मिली पहली नाव क़रीब 8,300 वर्ष पुरानी है। दूसरी प्राचीन नाव पर्थ (स्कॉटलैंड) के टे नदी की गाद में मिली। पहली वाली नाव चीड़ के तने से बनी थी, दूसरी देवदारु के तने से। दोनों को बनाने में आग का प्रयोग किया गया था। यह (उत्तरी युरोप में ब्रिटेन से पूर्वी बाल्टिक प्रदेशों तक फैले) मैगलमोसियन जनों की कृति मानी जाती है।

तीर-धनुष के आविष्कार का श्रेय भी मध्यपाषाणकालीन संस्कृति को दिया जाता है। अफ्रीका के उत्तर-पश्चिम समुद्रतटीय छोर पर विकसित मध्यपाषाणकालीन अटेरियन जनों को इसका आविष्कारक माना जाता है। इसी काल में डेनमार्क के होल्मगार्द में मिला मैगलमोसियन जनों का एक धनुष काफ़ी सुन्दर और परिष्कृत था। चिराबेल की लकड़ी के एक ही टुकड़े से काटकर बनाये गये इन धनुषों में से एक की लम्बाई तो क़रीब 145 से.मी. थी।

इसी काल में सूक्ष्म प्रस्तर उपकरणों का बड़े पैमाने पर निर्माण होने लगा था। इसका अर्थ था प्रस्तर-कर्म का दो भागों में सुस्पष्ट विभाजन—प्रत्यक्ष उपयोग में आनेवाले प्रस्तर उपकरण और उपकरण बनाने वाले प्रस्तर उपकरण। इस तरह श्रम

का विशिष्टीकरण मूर्त रूप लेने लगा था। विभिन्न किस्म के पत्थरों की मांग बढ़ी, पत्थर के नये-नये भंडारों की खोज हुई और दूर-दराज से उन्हें लाने की व्यवस्था की गई। इस दौरान मार्ग में बसने वाले अन्य मानव जनों से विभिन्न रूपों में अंतर्सम्पर्क भी बढ़ा।

इस काल का तकनीकी कौशल पत्थर अथवा हड्डियों को काट-छीलकर उनकी छोटी पत्तियों में धार करने, उनको नुकीला अथवा कांटेदार बनाने, फिर उन्हें किसी दूसरे उपकरण में जड़कर विशिष्ट कार्यों के लिए उपयोगी उपकरण बनाने में प्रकट होता था। इन कार्यों में मध्यपाषाणकालीन जनों ने काफ़ी दक्षता हासिल कर ली थी। पत्थर और हड्डियों के अलावा इन सूक्ष्म उपकरणों के निर्माण में हाथी-दाँत का भी प्रयोग किया जाता था। ऐसा भी माना जाता है कि पेड़-पौधों की डालियों को काटने के लिए उपयोग में लाई जानेवाली इस काल की मूठ जड़ी चाकुओं का ही आगे कृषि काल में फसल काटनेवाली हँसिया के रूप में विकास हुआ होगा। दरअसल, पश्चिम एशिया के मध्यपाषाणकालीन नातुफियन जन सरकंडे का तीर बनाने के क्रम में, उसके सिरे को नुकीला बनाने के लिए, पत्थर के अर्धचन्द्राकार कचिए का इस्तेमाल करने लगे थे।

मछलियों के शिकार का पर्याप्त विस्तार इसी युग की विशेषता मानी जाती है। मछली पकड़ने के उपकरणों का, जालों और फंदों का इसी काल में काफ़ी परिष्कार हुआ। पुराने ग्रीवात्राण की जगह हड्डी की अँकुसियों का आविष्कार किया गया, मछली मारने वाले भाले में छेदकर उन्हें कांटेदार बर्छियों का रूप दिया गया, और पक्षियों के शिकार के लिए विशेष रूप से तैयार किए गए हड्डी अथवा पत्थर के सूक्ष्म, नुकीले शीर्ष वाले तीर बनाये गये। मछली पकड़ने के लिए जालों के एक सिरे को नदी के किनारे बाँधकर दूसरे सिरे को नाव से जोड़कर दूर तक फैला दिया जाता था। मछली पकड़ने के लिए नावों का इस्तेमाल पहली बार इसी काल में आरम्भ हुआ। आज भी गाँव के मछुआरे जिस तरह से अथवा जिन उपकरणों से मछलियाँ मारते हैं, वे अमूमन मध्यपाषाणकालीन तरीके तथा उपकरण ही हैं।

रस्सी बनाने के लिए पौधों, लता-गुल्मों के रेशों या फिर मृत पशु-शरीर से निकाले गये तंतुओं के गुच्छों को बटा जाता होगा और फिर इन रस्सियों से जाल बुने जाते होंगे। ऐसे जालों का उपयोग गड्ढ़े खोदकर छोटे पशुओं के शिकार के लिए भी किया जाता होगा। मछली पकड़ने के लिए बुने गये महीन जाल उन जनों की दक्षता का प्रमाण प्रस्तुत करते हैं। सबसे पुरानी ऐसी रस्सियों की जो खोज हुई है, वे क़रीब आठ हजार वर्ष पुरानी हैं—एक, फिनलैंड में वाइबोर्ग के निकट, और दूसरी, उत्तर-पूर्वी एस्टोनिया से प्राप्त हुई हैं।

इस काल के प्रस्तर, अस्थि, काष्ठ, हाथी दाँत, मृगश्रृंग, आदि के उपकरणों में अनेक ज्यामितीय आकार देखे जा सकते हैं—वृत्त, त्रिभुज, शंकु, वर्ग, आयत, आदि।

छेनी की मदद से या घिसकर किनारों को सममिति प्रदान करने के साथ-साथ उन्हें पॉलिश किया जाता था और धारदार बनाया जाता था। इससे उनकी मस्तिष्क क्षमता के विकास तथा तेजी से बढ़ रही कार्यकुशलता और विशेषज्ञता का अंदाजा लगाया जा सकता है। मछली पकड़ने के जालों के निर्माण में तो यह और परिलक्षित होता है, क्योंकि कल्पनाशील दूरदृष्टि के पर्याप्त विकास के बिना इन जालों का बुना जाना ही सम्भव नहीं था। सबसे पुराने जाल डेनमार्क के मध्यपाषाणकालीन एर्तेबोल जनों द्वारा बुने गये बताये जाते हैं। इस तरह के जालों का प्रयोग युरोप में अब भी किया जाता है।

उपयुक्त विवरण से यह अंदाजा लगाया जा सकता है कि इन जनों की भेद करने की क्षमता कितनी विकसित हो चुकी थी और भेद करने की इस क्षमता का (अपने जीविकोपार्जन के रोजमर्रे के जीवन में) व्यावहारिक उपयोग करने में उन्होंने कितनी दक्षता हासिल कर ली थी।

यह तो बहुत पहले ही जाना जा चुका था कि प्रस्तर उपकरणों के निर्माण के लिए प्राकृतिक रूप से सर्वश्रेष्ठ पत्थर है चकमक (कमोबेश शुद्ध सिलिका) और लावा कांच। स्टील से भी अधिक कठोर और काफ़ी समरूप इन पत्थरों को ठीक-ठीक ज्यामितीय आकारों में काटा जा सकता था। सामान्य कार्यों के लिए और अनेक किस्म के पाषाण भी उपलब्ध थे; यथा, सिलिका से बना चर्ट (जो अपेक्षाकृत दानेदार होने के कारण ठीक-ठीक आकारों में काटे या तोड़े नहीं जा सकते थे), ग्रेनाइट, स्तरित पाषाण, स्फटिक, अश्मीभूत काष्ठ, आदि। पाषाण उपकरणों के परिष्कार के साथ-साथ जब उन पर सान चढ़ाने तथा चमकाने का कार्य प्रचलित हुआ तो स्वभावतः आग्नेय चट्टानों का महत्व बढ़ गया। सूक्ष्म उपकरण बनाने के क्रम में मुख्य उपकरण तथा पाषाण पत्तरों अथवा शल्कों का श्रेणीकरण भी सामने आया।

इस काल के कुछ प्रमुख उपकरण इस प्रकार थे—कुल्हाड़ी तथा बसूले के अलावा, गैंती, गदा, खंती, तीर, भाला, बर्छी, छूरी, पत्तियाँ, आदि; तीर, भाले, बर्छी के लिए पत्थर, अस्थि, मृगश्रृंग, हाथी दाँत, आदि से बनाये गये तीक्ष्ण, नुकीले शीर्ष; मूठ के लिए पत्थर में छेद या सुराख करने के दौरान पहले तो नुकीली छेनी से दोनों ओर से छेद किया जाता था, लेकिन मध्यपाषाण युग का एक और महत्वपूर्ण आविष्कार सुराख करने के लिए सरकफन्दे अथवा बरमा का आविष्कार था।

पशुपालन

मध्यपाषाणकालीन संस्कृति की एक और विशेषता पशुपालन की शुरुआत थी। मानव जनों का पहला पालतू पशु कुत्ता था। प्राणीजगत में कई पशु-पक्षी मुर्दारखोर की भूमिका अदा करते हैं—यानी बड़े पशुओं द्वारा शिकार करने और उसे खाने के बाद बचे छिछड़े तथा हड्डियों से ही अपना गुजारा करते हैं। ऐसे छोटे प्राणी प्रायः शिकार

तथा शिकारी दलों के इर्द-गिर्द ही चक्कर काटते रहते हैं। प्राग्मानव भी शुरू में ऐसे ही छोड़े गए शिकार की अस्थि-मज्जा और मांस का सेवन करते थे। खुरचनियों का इस्तेमाल हड्डियों से मांस को छीलने-काटने के लिए होता था। इसीलिए यह अत्यन्त स्वाभाविक था कि मुर्दारखोर लोमड़ियों तथा भेड़ियों का झुण्ड मानव शिकारी दल के साथ लगा रहता। ये शिकारी दल भी अपने खाने के बाद बची-खुची हड्डियाँ इनकी ओर फेंक देते होंगे और इस तरह इन प्राणियों और मनुष्यों के बीच सम्बन्ध बना होगा और कालक्रम में इन पशुओं के पालतू बनने का आधार भी तैयार हुआ होगा। मनुष्यों को भी ऐसे प्राणी उपयोगी लगे होंगे और बाद में वे शिकार में सहयोगी के रूप में प्रशिक्षित भी किये जाने लगे होंगे। मनुष्यों के डेरों के पहरे के लिए भी उनका इस्तेमाल होने लगा होगा। (कृषि के आगमन के साथ जब और पशुओं को पालतू बनाया जाने लगा, तब इनका उपयोग पालतू पशुओं के झुण्डों को हाँकने में किया गया।) ऐसा अनुमान लगाया जाता है कि प्रारम्भ में जिस जंगली पशु को पालतू बनाया गया होगा, वह दक्षिणी भेड़ियों की किसी छोटी नस्ल का प्राणी रहा होगा। बहरहाल, मध्यपाषाणकालीन ठिकानों से कई जगहों पर पालतू कुत्तों के प्रमाण मिले हैं। इनमें ब्रिटानी (फ्रांस) में टारडेनॉसियन जनों तथा डेनमार्क के मैगलमोसियन जनों के ठिकाने भी शामिल हैं। उत्तर-पश्चिम ईरान की पहाड़ियों की तलहटी में स्थित बेल्ट गुफा में कुत्ते का जो प्राचीनतम अवशेष प्राप्त हुआ है, वह आकार में अपेक्षाकृत बड़ा था, जबकि स्विट्ज़रलैंड की झील किनारे बसी नवपाषाणकालीन बस्तियों में जो अवशेष प्राप्त हुए, वे काफ़ी छोटे कुत्तों के अवशेष थे। कुत्तों की कुछ प्रजातियों का विकास सियार-सदृश किसी प्राणी से भी होने का अनुमान किया जाता है।

इतना तो निश्चित है कि पालतू कुत्ते मध्यपाषाणकालीन मानव जनों के डेरों के अनिवार्य अंग बन चुके थे। इसी काल में क़रीब 10-12 हजार वर्ष पूर्व भेड़ भी पालतू बना लिए गए। (क़रीब छः हजार साल पूर्व घोड़े, और फिर ऊँट, उत्तरी हिरण, गाय, भैंस, छोटी सींगों वाले बैल, आदि नवपाषाण कृषि युग में पालतू बने।)

खान-पान

आग का आविष्कार काफ़ी पहले हो चुका था, आग जलाने की विभिन्न विधि तथा भोजन पकाने और मशाल के रूप में उसके विविध उपयोग मध्यपाषाणकाल के पहले ही प्रचलित हो चुके थे। मानव इतिहास में ईंधन के रूप में कोयले के सर्वप्रथम उपयोग का पहला प्रमाण पेत्रोविच (रूस) में मिलता है। पत्थर के दीयों अथवा चिरागों में पशु चर्बी का उपयोग किया जाता था। मांस, कंद-मूल, फल, आदि तो पहले से ही भोजन की सामग्री थे। अन्तिम हिमयुग के बाद वनों के विस्तार की पृष्ठभूमि में, मध्यपाषाण युग में भोजन में भी, ख़ासकर युरोप में, काफ़ी परिवर्तन आया। मैमोथ तथा रेनडियर के मांस की जगह बड़ी सींगों वाले मवेशियों तथा हिरणों और अन्य वन्य जन्तुओं

के मांस का प्रचलन काफ़ी बढ़ गया। ग्रीष्मकाल में ख़ासकर मछलियों तथा पक्षियों का मांस भोजन का एक महत्वपूर्ण अंश बन गया था। हम पहले देख चुके हैं कि मछलियों और पक्षियों के शिकार के लिए उपयुक्त उपकरण भी इसी काल में बने।

पूर्वी स्पेन के एक शैलचित्र में एक स्त्री को रस्सियों से बनी सीढ़ी के सहारे खड़ी चट्टान से नीचे उतरते हुए मधुमक्खी के छत्ते तक पहुँचने का उपक्रम करते चित्रित किया गया है, जिससे ज्ञात होता है कि उस समय तक मधु भी भोजन का अंग बन गया था।

लगभग 12,000 वर्ष पहले जब धरती अन्तिम हिमयुग से मुक्त हो रही थी, पर्यावरण में महत्वपूर्ण परिवर्तन घटित हो रहे थे। क़रीब नौ-दस हजार वर्ष पूर्व, प्राकृतिक रूप से जंगली गेहू का एक अलग किस्म की घास (गोटग्रास) के साथ संकरण हो गया—इस संकरण के कारण गेहूं की एक नई प्रजाति सामने आई जो 'एम्मर गेहूं' कहलाती थी, जिसके दाने मोटे होते थे और जिसमें जंगली गेहूं के 14 गुणसूत्रों की जगह 28 गुणसूत्र होते थे। इसी एम्मर गेहूं के गोटग्रास से पुनः दो बार प्राकृतिक संकरण के फलस्वरूप 42 गुणसूत्रों वाली (रोटी बनाने लायक) गेहूं सामने आयी। यही वह समय था जब मानव समुदाय शिकार-फलसंग्रह के साथ-साथ कृषि की ओर बढ़ रहे थे। कृषि का आदि क्षेत्र पश्चिम एशिया (इजराइल, फिलिस्तीन, जॉर्डन, सीरिया, इराक, कैस्पियन और उससे जुड़े ईरान के पठारी क्षेत्र) को माना जाता है, क्योंकि इसी क्षेत्र में दो प्रमुख फसलों, गेहूं और जौ, के जंगली पूर्वज तथा भेड़, बकरी, सूअर तथा पालतू मवेशियों के पूर्वज मिलते हैं। मध्यपाषाणकालीन नातुफियन जन इस क्षेत्र में इस दिशा में बढ़ चुके थे। अनातोलिया (तुर्की के एशियाई क्षेत्र) में, ईरान के पठार पर तथा कुछ अन्य स्थानों पर आज भी जंगली गेहूं के खेत के खेत उगते पाए जाते हैं।

ऐसा अनुमान किया जाता है कि भोजन के लिए जंगली दाने बटोरना मध्यपाषाण काल में प्रचलन में आ चुका था। उत्तरी अमेरिका के आदिवासी कृषि कार्य में प्रवृत्त होने से बहुत पहले ही झीलों के तटों पर जंगली चावल की 'फसलें' बटोरा करते थे।

आवास

मानव-निर्मित आवासों की शुरुआत उत्तर पुरापाषाणकाल में ही हो चुकी थी। ऐसे आवासों का प्राचीनतम अवशेष चेक, दक्षिणी रूस तथा साइबेरिया से प्राप्त हुए हैं। चेक की पावलोव पहाड़ियों की निचली ढलान पर स्थित वेस्तोनिच नामक स्थान पर कुछ सौ मीटर के दायरे में तीन झोपड़ियों का समूह मिला है। ये ग्रेवेटियन संस्कृति के मैमोथ शिकारियों के डेरे बताए जाते हैं। ये एक छोटे से झरने के समीप ढलान के एक हिस्से को काटकर बनायी गई समतल भूमि पर स्थित थे। गुफाविहीन इस ठंडे क्षेत्र में ये शिकारी डेरे बनाने को बाध्य हुए होंगे। एक डेरा काफ़ी लम्बा था और

वहाँ कई चूल्हे थे। सम्भवतः यहाँ एक पूरा शिकारी कुनबा वास करता था। डेरे के पास ही मैमोथ, रेनडियर, घोड़ों, भेड़ियों और लोमड़ियों की हड्डियाँ भी बिखरी मिलीं। झोपड़ी के पास ही क़रीब चालीस वर्षीय महिला की कब्र भी मिली जिस पर गेरुआ रंग लिपा हुआ था और वह मैमोथ की अस्थियों तथा विभिन्न उपकरणों से ढंका था। दूसरी झोपड़ी काफ़ी छोटी थी और लगभग वृत्ताकार थी। छत का निर्माण पेड़ की शाखाओं, घास और मिट्टी से किया गया था और उसे पशु-चर्म से ढ़क दिया गया था। फिर उसे मैमोथ की हड्डियों से दबा दिया गया था। पूरी झोपड़ी एक वृत्ताकार दीवार से घिरी हुई थी। क़रीब छः मीटर लम्बी इस दीवार का निर्माण चूना पत्थर तथा मिट्टी से किया गया था। माना जाता है कि यह धरती पर मानव हाथों से निर्मित सही मायने में सबसे प्राचीन दीवार है।[2]

लेकिन इस झोपड़ी की सबसे उल्लेखनीय विशेषता थी इसके मध्य स्थित मधुमक्खी के छत्ते के आकार की भट्ठी जिसकी बाहरी दीवार पर मोटी काली परत थी और अन्दरूनी दीवार जलने के कारण लाल हो गई थी। इस भट्ठी में मिट्टी की छोटी-छोटी मूर्तियों को पकाया जाता था, क्योंकि यहाँ दो हजार से भी ज्यादा पकी हुई मिट्टी के टुकड़े मिले—कुछ पर शिल्पकार की ऊँगलियों के निशान भी थे। इन टुकड़ों में मिट्टी के बने दो भालुओं और एक लोमड़ी के सिरों के टुकड़े थे, पशु शरीर के टूटे पैर थे, और छोटी-छोटी मूर्तियों के आधे-अधूरे टुकड़े थे। यह सम्भवतः प्राचीनतम भट्ठी थी। पुरातत्ववेत्ताओं की नज़र में यह कोई आम झोपड़ी नहीं, बल्कि उन शिकारी जनों के किसी ओझा-गुणी अथवा वैद्य की झोपड़ी रही होगी। शिकार तथा प्रजनन सम्बन्धी कर्मकाण्डों के लिए वह पशुओं और स्त्रियों की माटी की मूरतें बनाता होगा और यह झोपड़ी एक पवित्र स्थल मानी जाती होगी।

चेक के ही ओदेर नदी के वाम तट पर स्थित ओस्त्रावा-पेत्रोविच में भी इसी तरह के डेरे मिले हैं। स्त्रियों की मूर्तियाँ भी मिलीं। इन स्त्री-मूर्तियों को 'ग्रेवेटियन वीनसेज' के नाम से जाना जाता है—प्रजनन-सम्बन्धी कर्मकाण्ड से जुड़ी ये मूर्तियाँ आगे चलकर विभिन्न संस्कृतियों में पाई जाने वाली 'मातृ देवियों' का पूर्व रूप मानी जाती हैं।

इसी तरह जर्मनी, चेक, स्लोवाक, उक्रेन से लेकर रूस के साइबेरिया तक (देस्ना नदी के किनारे तिमोनोव्का में, दोन नदी के किनारे कोस्तिएंकी में, साइबेरिया के बैकाल झील के पूर्वी क्षेत्रों में, श्लेसविग-होल्स्टीन के शिकारी हैम्बर्गियन जनों के क्षेत्र में) कई मानव-निर्मित आवासों और डेरों की खोज हुई। ये आवास-डेरे-खेमे गृह-निर्माण सम्बन्धी वास्तुशिल्प के सबसे पहले नमूने हैं।

मध्यपाषाणकाल में भी मानव-निर्मित आवासों के लगभग सभी प्रमाण युरोप से ही प्राप्त होते हैं। बहरहाल, वनों के विस्तार के कारण आवास-निर्माण की सामग्री काफ़ी बढ़ गई थी। लेकिन लकड़ी के आवास टिकाऊ नहीं होते और उनके पुरातात्विक अवशेष नहीं मिलते। हिमयुग समाप्त होने के बाद मिट्टी के भूतल घरों का

निर्माण जरूरी नहीं रह गया था। जहाँ सम्भव हुआ, मध्यपाषाणकालीन जनों ने बलुआही अथवा कंकरीली ज़मीन पर, जहाँ वनस्पति ज्यादा घनी नहीं होती थी, घर बनाने की कोशिशें अवश्य की थीं।

मध्यपाषाणकालीन मानव-निर्मित आवासों के प्रमाण हमें हनोवर (जर्मनी) के बोकुम में, बेल्जियम में, इंगलिश पेन्नाइन्स, सर्रे के फर्नहैम में, वुज्टेमबर्ग की बंजर भूमि के समीप (अड़तीस झोपड़ियाँ), यार्कशायर के स्टार कार, सीमर में, डेनिश द्वीप (न्यूजीलैंड) के आमोसेन में, (मैगलमोसियन जनों के) लुब्वेक के नजदीक दुवेनसी में, आदि स्थानों में मिलते हैं।

मिट्टी के बर्तन

उत्तरी युरोप तथा पूर्वी अफ्रीका के मध्यपाषाणकालीन स्थलों से मिट्टी के बर्तन प्राप्त हुए हैं, लेकिन पुरातत्वशास्त्री मृदभांडों को नवपाषाणकालीन आविष्कार मानते हैं, और उनके अनुसार, मध्यपाषाणकालीन जनों ने इन्हें अपने आस-पड़ोस के उन्नत नवपाषाणकालीन जनों से उधार लिया होगा। बहरहाल, यह विवादास्पद विषय है। यह याद रखना चाहिए कि मिट्टी की छोटी-छोटी मूर्तियों को पकाने के लिए उत्तरी युरोप के मैमोथ-शिकारी उत्तर पुरापाषाणकालीन जन भट्टियों का आविष्कार कर चुके थे--जब ऐसी भट्टियाँ हों, मिट्टी की मूर्तियाँ गढ़ने तथा पकाने की कला हासिल हो चुकी हो, तो फिर मिट्टी के बर्तन बनाने का कौशल हासिल कर लेना कोई दूर की कौड़ी नहीं मानी जानी चाहिए।

वस्त्र और आभूषण

सूए का आविष्कार हो चुका था और इससे चमड़े को सिला जा सकता था। उत्तर पुरापाषाणकालीन मैगडलेनियन जन हड्डियों की छोटी-छोटी सुइयाँ भी इस्तेमाल करते थे जिनसे बारीक सिलाई भी की जा सकती थी। धागे के रूप में पशु-तंतुओं का इस्तेमाल होता था। एस्कीमो तथा कई अमेरिकन इण्डियन जनों के लोग अब भी लगभग इन्हीं उपकरणों से चमड़े के सुन्दर वस्त्र सिलते हैं। साइबेरिया के मा'ल्टा से प्राप्त उत्तर पुरापाषाणकालीन ग्रेवेटियन संस्कृति के अवशेषों में मिली एक मूर्ति में एक पुरुष को शिरोवस्त्र (टोप) सहित रोएंदार चमड़े का सिला हुआ लबादा पहने हुए दिखाया गया है। नारियों की लघु प्रतिमाओं में नारियों को प्रायः नग्न ही दिखाया गया है और उसकी एक वजह यह बताई जाती है कि इन प्रतिमाओं का उपयोग सम्भवतः प्रजनन-सम्बन्धी किसी कर्मकाण्ड में होता था। फिर भी एक नारी प्रतिमा है जिसमें उसने पृष्ठभाग में नितम्ब के ऊपर एक पट्टिका पहन रखी है। इसे 'मिनी स्कर्ट' का प्राचीनतम रूप कहा जा सकता है।[3] फ्रांस के एक ऐसे ही उत्तर पुरापाषाणकालीन स्थल से तो एक दाढ़ी वाले शिकारी का उत्कीर्ण किया हुआ रूपचित्र मिला जिसमें उसे

रोएंदार लबादे के भीतर गले तक ऊँचा अंतर्वस्त्र पहने दिखाया गया है। ये शिकारी बर्फीली ज़मीन पर चलने के लिए पैरों में भी सम्भवतः चमड़ा या खाल बांधते होंगे। कुल मिलाकर, यह कहा जा सकता है कि वस्त्र का प्रचलन उत्तर पुरापाषाणकाल में ही हो चुका था।

उत्तर पुरापाषाणकाल और मध्यपाषाणकाल में आभूषणों का न सिर्फ़ व्यापक प्रचलन था, बल्कि उनमें काफ़ी विविधता भी आ चुकी थी। हाथी दाँत, कौड़ियों और अन्य सीपियों, अस्थियों, पत्थर, आदि से कंठहार, कंगन, झूलन, पादबंद, पगड़ी, आदि बनाये जाते थे। काफ़ी कुशलता के साथ मनकों में छेद कर हार या माला बनाया जाता था। मध्यपाषाणकालीन सबसे सुन्दर आभूषण फिलिस्तीन के वादी-अल-मुगरा की नातुफियन कब्रों से प्राप्त हुए। शवों के साथ आभूषणों और उपकरणों को दफ्न करने का रिवाज प्रचलित हो चुका था। पुरातत्वविदों को कब्रों के उत्खनन के दौरान आभूषणों तथा औजारों से सम्बन्धित महत्वपूर्ण जानकारी प्राप्त होती है। आभूषणों के लिए सामग्री भी दूर-दूर से लाई जाती थी। अन्दरूनी हिस्सों में रहने वाले जन मीलों दूर समुद्र तट से मोती तथा अन्य सीपियाँ चुनकर लाते थे।

कला

जैसा कि हम पहले देख चुके हैं, इसी काल में भाषाओं का विकास और परिष्कार हुआ तथा वे हमारे जीवन के अभिन्न अंग बन गये। चूँकि उस काल में जन अपेक्षाकृत छोटे समूह ही होते थे, इसीलिए भाषाओं की संख्या भी अधिक रही होगी। कहा जा सकता है कि तमाम प्रचलित तथा लुप्त भाषाओं की आधारशिला इसी काल में रखी गई। संकेत-चिह्नों का प्रयोग भी इसी काल में शुरू हुआ। लेकिन इस काल की सबसे लाक्षणिक विशिष्टता चित्रकला तथा मूर्तिकला में दिखाई देती है। वैसे यह विशिष्टता भी उत्तर पुरापाषाणकाल में ही आकार ले चुकी थी, तथापि मध्यपाषाणकाल में ही हम लगभग उन सभी अवयवों का साक्षात् करते हैं जो आज भी कला की आधारभूमि हैं।

तीस हजार से दस हजार वर्ष पूर्व की उन जनों की गुहा तथा गृह कलाओं में निम्नलिखित चीज़ें शामिल थीं—रेखांकन, उत्कीर्णन, स्टेनसिलिंग, रंगचित्र, उभरी हुई अथवा सपाट प्रतिमा निर्माण, आदि। उनके चित्रों तथा मूर्तिशिल्प में शुद्ध ज्यामितीय आकृतियों का सहज ही दर्शन किया जा सकता है। विषय-वस्तु का चयन आम जनजीवन और पशुजगत से किया जाता था। पत्थर, हाथी दाँत, अस्थि, आदि पर पशुओं की आकृतियाँ उकेरी जाती थीं। ऐसी कुछ कृतियों तथा रंगे हुए पत्थर के टुकड़ों को जंतर अथवा ताबीज के रूप में शायद धारण भी किया जाता था।

रंगद्रव्य के रूप में गेरुआ अथवा लौह-ऑक्साइड का प्रयोग प्रचलित था। इसी

से हल्का लाल, नारंगी, पीला तथा चाकलेटी रंग हासिल किए जाते थे। लाल रंग की विभिन्न छटाएँ हेमेटाइट की ही विभिन्न किस्में कही जा सकती हैं, तथा नारंगी और पीला रंग लाइमोनाइट की। मिट्टियों तथा अन्य अशुद्धियों के साथ ये प्रायः प्राकृतिक रूप से उपलब्ध थे। गुफाओं में जहाँ ऐसे रंगचित्र मिले हैं, वहाँ ये पदार्थ भी पाए गए हैं। इन्हें काफ़ी सूझबूझ के साथ विभिन्न स्थानों से लाकर जमा किया जाता था और फिर इन्हें साफ कर तथा संशोधित-मिश्रित कर प्रयोग में लाया जाता था।

दूसरा प्रचलित रंगद्रव्य मैंगनीज के ऑक्साइड्स थे। इससे भूरा तथा नीला-काला रंग तैयार किया जाता था। जली हुई हड्डी और काजल से काले रंग के विभिन्न शेड्स बनाए जाते थे। इन रंगद्रव्यों को खरल-मूसल में अच्छी तरह पीसा जाता था। इन कार्यों में मध्यपाषाणकालीन लोगों ने कितनी दक्षता हासिल कर ली थी, इसका एक प्रमाण तो यही है कि इस कार्य के लिए विशेष रूप से निर्मित खरल-मूसल का उपयोग होता था। मैमोथ की दाँत से निर्मित एक अत्यन्त परिष्कृत शंकु के आकार का मूसल वेस्तोनिस से और एक पाषाण खरल दोन्ये (फ्रांस) से प्राप्त हुआ है।

इन रंग-चूर्णों को अस्थि अथवा पाषाण कटोरियों या डिबियों में रखा जाता था। एक जगह तो अस्थि की ढक्कन लगी हुई डिबिया भी मिली है। रंग-चूर्ण रखने के लिए सीपियों, पत्थर के कटोरों और, यहाँ तक कि, नरमुण्डों तक का भी प्रयोग किया जाता था। इन रंग-चूर्णों को प्रायः पानी, और कभी-कभी चर्बी के साथ मिलाया जाता था। रंगों का मिश्रण तैयार करने के लिए अस्थि या प्रस्तर की पट्टिका का उपयोग किया जाता था। दोन्ये क्षेत्र से ही मछली के आकार में गढ़ी हुई एक अत्यन्त सुन्दर अस्थि पट्टिका मिली है। (कार्बन को छोड़कर जो कच्चे हो सकते हैं और जिनके ऑक्सीकरण की सम्भावना बनी रहती है) उपयोग में लाये जाने वाले सारे रंगद्रव्य बिल्कुल पक्के और चिरस्थाई थे। चित्र बनाने में टहनियों, टहनियों की कूचियों तथा ऊँगलियों का प्रयोग किया जाता था। रंग का छिड़काव मुँह से किया जाता था—मुँह से पिचकारी की शक्ल में लार मिले रंग की फुहार की जाती थी।

1940 में दक्षिण-पश्चिम फ्रांस स्थित लासकाक्स की गुफाओं में 600 से भी अधिक चित्र और लगभग 1500 नक्काशियाँ पाई गईं। ये कलाकृतियाँ क़रीब 17,000 वर्ष पुरानी हैं। इन चित्रों और नक्काशियों में बड़े-बड़े सांड, काले घोड़े, लाल तथा काले हिरण, कल्पित पशु एकश्रृंग (यूनीकॉर्न) के साथ-साथ एक मानव आकृति भी मिलती है। लासकाक्स की इसी गुफा में एक वर्णनात्मक चित्र भी है जिसे विश्व का पहला वर्णनात्मक चित्र माना जाता है। इस चित्र में काफ़ी बारीकी से ज़मीन में लेटे एक मृत व्यक्ति का चित्रांकन किया गया है। उस मृत व्यक्ति के सामने विचित्र कठोर मुद्रा में एक बाइसन इस तरह खड़ा चित्रित किया गया है मानो वह बस गिरने ही वाला हो, उसकी आंत पेट से नीचे झूलती दिखाई गई है और बगल में एक टूटा भाला पड़ा हुआ है।

एक अन्य जगह पशुओं के बस टांगों और खुरों के चित्रांकन के जरिए दौड़ते पशुओं के झुण्ड का आभास दिया गया है।

वीनस और इसी तरह की प्रतिमाओं का हम पहले जिक्र कर चुके हैं जिनका सम्भवतः प्रजनन या अन्य कर्मकाण्डों में उपयोग किया जाता था। पशु मुखौटे वाले मनुष्य, या फिर आधा मानव, आधा पशु जैसी आकृतियों का सम्बन्ध भी जादू-टोने के कर्मकाण्डों से बताया जाता है, जैसा कि ल'ट्रॉय फ्रेरेरे के प्रसिद्ध 'सोरसरर' (जादूगर) के चित्र से समझा जा सकता है। फ्रेंच पायरेनीस में ले टक द' अडौबर्ट की भूमिगत गुफा में एक जंगली भैंसे के जोड़े की 15,000 साल पुरानी मूर्ति मिली है जो मैथुन अवस्था में दिखाई देती है। पास के एक कक्ष में कई युवाओं और युवतियों के पगचिह्न जमकर घनीभूत हो गए हैं। समझा जाता है कि यह किसी आनुष्ठानिक नृत्य के निशान हैं। बहरहाल, ऐसे चित्र तथा मूर्तिकला के नमूने सिर्फ़ फ्रांस में ही नहीं, बल्कि पूरे विश्व में बिखरे मध्यपाषाण युगीन आवासों से भी प्राप्त हुए हैं—स्पेन, जर्मनी, चेक, स्लोवाक, रूसी साइबेरिया, भारत, ऑस्ट्रेलिया, ब्राजील, आदि।

1958 में वी एस शकनकर ने भोपाल के दक्षिण भोपाल-होशंगाबाद मार्ग से लगी हुई पहाड़ियों में आठ से पन्द्रह हजार वर्ष पुराने शिला-चित्रों की खोज की। यहाँ मध्यपाषाणकालीन जनों के 200 से भी अधिक चट्टानी शरण-स्थलों में से क़रीब 130 में चित्र अंकित पाए गए। इन चित्रों और भारत के अन्य गुफा आवासों में पाए गए चित्रों में पशुओं के साथ-साथ मानव आकृतियाँ भी काफ़ी बड़ी संख्या में मिलती हैं। मध्यप्रदेश के भीमबेटका के अलावा, भारत में ऐसे शिलाचित्र अनेक जगहों पर मिले हैं—ओड़िशा के रायगढ़ जिले के सिंघनपुर में, कर्नाटक के बेल्लारी में, उत्तर प्रदेश-बिहार के सीमावर्ती अंचल की कैमूर पहाड़ियों में, झारखण्ड के घाटशिला में।

उत्तरी ऑस्ट्रेलिया में क़रीब दस हजार साल पहले तक के ऐसे हजारों चित्र खोजे गए हैं, जिनमें वहाँ पाये जाने वाले पशुओं, कंगारू, तस्मानियाई बाघ, इन्द्रधनुषी सांप, एमू पक्षी, आदि के साथ-साथ शिरोवस्त्र, भाले फेंकने वाले यंत्र और बूमरेंग से सुसज्जित योद्धाओं को भी चित्रित किया गया है।

उत्तर-पूर्वी ब्राजील में पेदरा फुरादा नामक स्थल पर, जो एक चट्टानी शरण-स्थल है, क़रीब दस हजार साल पुराने चित्र मिले हैं—ये चित्र अमेरिका की सबसे पुरानी गुफा कलाकृतियाँ हैं।

चट्टानी शरण-स्थलों में ऐसा माना जाता है कि लोग गुफाओं के बाहरी भाग का, जो खुले मैदान से जुड़ा होता था, आवास के रूप में इस्तेमाल करते थे। गुफा के भीतरी, अपेक्षाकृत अंधेरे हिस्से का उपयोग आनुष्ठानिक कर्मों में होता था और उन्हीं हिस्सों में ऐसे चित्र भी मिलते हैं। इन चित्रों को पाषाण दीयों की रोशनी में बनाया जाता होगा। कुछ चित्र शैल दीवारों पर काफ़ी ऊँचे मिलते हैं जिससे यह पता चलता है कि उतनी ऊँचाई तक पहुँचने के लिए वे सीढ़ी के रूप में पेड़ की शाखाओं का

उपयोग करते होंगे। इन कलाकृतियों से यह स्पष्ट संकेत मिलता है कि जनों के कुछ सदस्य, स्त्री-पुरुष, इस काम में काफ़ी निपुण हो चुके थे, कि उनके पास इन कार्यों के लिए अतिरिक्त समय उपलब्ध था, और यह कि इस मामले में भी प्राथमिक स्तर का एक श्रम-विभाजन हो चुका था।

फ्रांस में ही एक मध्यपाषाणकालीन स्थल पर किसी पक्षी की हड्डी से बनाई गई 25,000 वर्ष पुरानी बांसुरी के अवशेष मिलने का हम पहले जिक्र कर चुके हैं। इसे संगीत का प्राचीनतम प्रमाण माना जाता है।

8

महापाषाण इमारत

प्राक्कथन

मध्यपाषाणकाल का आगमन अगर सूक्ष्म पाषाण उपकरणों (माइक्रोलिथ) से माना जाता है तो इसका अंत महापाषाण इमारतों (मेगालिथ) के निर्माण से होता है। आज से दस से आठ हजार वर्ष पूर्व का काल इतिहास में एक महत्वपूर्ण संक्रमणकाल के रूप में जाना जाता है—मध्यपाषाण काल से नवपाषाण काल में, शिकारी-फलसंग्राहक जीवन से कृषि के युग में संक्रमण का काल। वी गॉर्डन चाइल्ड इस काल को नवपाषाण क्रान्ति का काल मानते हैं।[4] इस काल में मध्यपाषाण और नवपाषाण संस्कृतियाँ विभिन्न क्षेत्रों में एक-दूसरे से घुली-मिली दिखती हैं। यह वह काल है जिसके ठीक बाद इतिहास की किताबों में मिस्र, सुमेर, चीन, हड़प्पा, आदि 'सभ्यताओं' की गाथा शुरू होती है।

कोई जरूरी नहीं कि सबसे विकसित मध्यपाषाण संस्कृति नवपाषाण संस्कृति में रूपान्तरित हो गई हो। इतिहास के विभिन्न संक्रमण कालों में, जैसा कि हम देखते हैं, प्रायः इसका उलट ही होता है। कृषि समाजों से औद्योगिक समाजों में रूपान्तरण के संक्रमणकाल में भी हम ऐसा देख चुके हैं।

बहरहाल, उन दिनों प्राकृतिक परिवेश की भी अत्यन्त महत्वपूर्ण भूमिका बनी हुई थी। उन स्थितियों का विकास हो चुका था जिसे अलेक्सेयेव (1975) मानव भूपरिस्थितितंत्र की संज्ञा देते हैं।[5] 'मानव इतिहास के विभिन्न चरणों में आर्थिक समुदाय और उसके द्वारा आबाद किए गए भूक्षेत्र की सहजीविता को और इसी प्रकार स्वयं समुदाय और उसके साथ प्रयुक्त भूक्षेत्र को मानव भूपरिस्थितितंत्र कहा जाता है।' इस तंत्र को वे इस प्रकार वर्गीकृत करते हैं :

i. आर्कटिक क्षेत्र के समुद्री जीवों का शिकार करने वाले। (एस्कीमो, एल्यूत, चुक्चा और आंशिकतः कोर्याक जन);

ii. दक्षिण अमेरिका, अफ्रीका और दक्षिण-पूर्व एशिया के उष्णकटिबंधीय वनों में शिकार तथा खाद्य संग्रहण करने वाले। (इसमें मध्य अफ्रीका की बंतुभाषी जातियाँ और मलक्का प्रायद्वीप के ऑस्ट्रेलोनेशियाई भाषाएँ बोलने वाले सेमांगा भी शामिल हैं।)

iii. बड़ी नदियों की घाटियों के शिकारी तथा मछलियाँ पकड़ने वाले।
iv. केन्द्रीय एशिया की स्तेपियों तथा अर्ध-रेगिस्तानों के पशु चारक (तुर्की और मंगोल, दोनों ही परिवार की भाषाएँ बोलनेवाली जातियाँ)।

इस मानव भूपरिस्थितितंत्र में, जाहिर है, अलग-अलग मानव समुदाय कृषि में संक्रमण के लिहाज़ से काफ़ी भिन्न स्थितियों में थे। फलतः नवपाषाण क्रान्ति विभिन्न क्षेत्रें में भिन्न-भिन्न रूपों में सम्पन्न हुई और काल के लिहाज़ से उनमें पर्याप्त अंतराल दिखता है। ख़ैर, हम यहाँ नवपाषाण युग के आगमन की नहीं, वरन् मध्यपाषाण युग के समापन और उसकी एक लाक्षणिकता महापाषाण इमारतों के निर्माण की चर्चा तक ही ख़ुद को सीमित रखेंगे।

मृतकों को दफ्न करने के कर्मकाण्ड का विकास उत्तर पुरापाषाणकाल में ही हो गया था (दरअसल, नीएंडरतलों में भी ऐसे कर्मकाण्डों के कुछ प्रमाण मिलते हैं)। शव के साथ औजार एवं पशु-अस्थियाँ रखना, गेरुआ रंग छिड़कना, तथा रंगे हुए पत्थर रखना, यह सब तो प्रचलित था ही, आगे चलकर कब्र पर माथे के ठीक ऊपर बड़े शिलाखण्ड भी रखे जाने लगे। क्या यही महापाषाण इमारतों का आगाज़ था, इस बारे में मुकम्मल तौर पर कुछ नहीं कहा जा सकता। वैसे, बतौर एक सम्भावना इसे स्वीकार किया जाता रहा है।

महापाषाण इमारतें

बात पुनः पश्चिम युरोप से आरम्भ करनी होगी, क्योंकि सबसे प्राचीन महापाषाण मकबरे, स्मारक अथवा स्तम्भ इन्हीं क्षेत्रों में मिले हैं, ख़ासकर अटलांटिक महासागर तथा उत्तरी सागर के तटीय इलाकों में—स्पेन, पुर्तगाल, फ्रांस, ब्रिटेन, आयरलैंड, हॉलैंड, जर्मनी, डेनमार्क और स्वीडन में। पश्चिम युरोप में लिखित भाषा की शुरुआत के क़रीब 3,000 वर्ष पूर्व, पिरामिडों के निर्माण के भी कई शताब्दियों पहले, धातुओं के प्रयोग से बिल्कुल अनजान जनों द्वारा निर्मित ये भव्य पाषाण मकबरे आज भी पुरातत्वविदों और इतिहासकारों को हैरान करते रहे हैं। अपनी वास्तुकला के कारण भी ये स्मारक हमें चकित करते हैं—पाँच हजार से भी अधिक वर्ष पूर्व इनके निर्माण में जिस कल्पनाशीलता और कौशल, अद्भुत डिजाइन तथा उम्दा क्रियान्वयन का हम दीदार करते हैं, वह सचमुच दुर्लभ ही मानी जाएगी। कुछ मकबरों में शव को दफ्न करने के लिए भूमिगत कोठरियाँ होती थीं जिनके ऊपर छतें इस तरह बनाई गई थीं कि लोग उनके अंदर प्रवेश कर सकें और खड़े रह सकें। स्पेन के माइशोवे तथा एण्टेक्वेरा स्थित मकबरों में तो प्रवेश के लिए एक लम्बा गलियारा बना हुआ था। ये मकबरे अब भी लगभग उसी अवस्था में थे जैसे पाँच हजार से भी अधिक वर्ष पहले अपने निर्माण के समय।

मध्य, पूर्व तथा दक्षिण-पूर्व युरोप में ऐसे स्मारक नहीं मिलते। लेकिन पूर्वी

भूमध्यसागर के तटीय क्षेत्र फिलिस्तीन में ऐसे कुछ महापाषाण स्मारक दिख जाते हैं। भूमध्यसागर के ही पश्चिमी तटवर्ती क्षेत्रों में भी उनकी व्यापकता नहीं दिखती। स्पेन और फ्रांस में ही हम अपेक्षाकृत अधिक संख्या में उनका साक्षात् करते हैं। दक्षिण इटली और उसके आसपास के द्वीपों में पाये जाने वाले महापाषाण स्मारक बाद के काल के हैं।

कोलिन रेनफ्र्यू 'इन महापाषाण स्मारकों और इनके काफ़ी बाद के महापाषाणीय निर्माणों (जैसे, माल्टा के मन्दिर, ब्रिटानी की एक सीध में बनी वृहत् पाषाण संरचनाएँ, स्टोनहेंज समेत ब्रिटेन के प्रस्तर-वृत्त, आदि) में फर्क करते हैं—इन निर्माणों में जिन आकारों के प्रस्तर का उपयोग किया गया था, वे मकबरों के निर्माण में प्रयुक्त प्रस्तर के जैसे तो थे, लेकिन उनकी प्रतीति और उनका प्रकार्य भिन्न था। बहरहाल, रेनफ्र्यू पश्चिम युरोप के उपर्युक्त महापाषाण मकबरों के निर्माण को नवपाषाणकाल में ही अवस्थित करते हैं।

तमाम भिन्नताओं के बावजूद विभिन्न स्थानों पर बने इन मकबरों में कुछ समानताएँ साफ दिख जाती हैं। ये सभी मकबरे प्रायः बड़ी पाषाण शिलाओं से बने थे (इसलिए इनको महापाषाण कहा जाता है), इन मकबरों का उपयोग सामूहिक दफन के लिए किया जाता था, उनमें शव को दफ्न करने के लिए अनेक बार प्रवेश किया जाता था, और शव के साथ जो सामग्रियाँ रखी जाती थीं, वे लगभग एक जैसी थीं, जैसे, कुछ भांड, एक पाषाण कुल्हाड़ी, चकमक का एक या दो फलक।

ऐसे सबसे पुराने मकबरे ब्रिटानी (फ्रांस) में मिले हैं, जिनका निर्माण क़रीब छः हजार वर्ष पूर्व (ईसा से चार हजार वर्ष पूर्व) किया गया था। ब्रिटेन तथा डेनमार्क के मकबरे भी पाँच हजार साल पुराने हैं। मिस्र का प्राचीनतम प्रस्तर पिरामिड 4,700 वर्ष (2,700 ई.पू.) पुराना है—इससे पुराने मिट्टी की ईंटों के कुछ ढाँचे अवश्य मिले हैं, लेकिन मिस्र में 5,000 वर्ष पुराना ऐसा कोई प्रस्तर निर्माण कतई नहीं दिखता जिसकी तुलना पश्चिम युरोप के इन महापाषाण मकबरों से की जाए।

बड़े-बड़े शिलाखण्डों को दूर-दराज से लाना, उन्हें काफ़ी नफासत के साथ उपयुक्त ज्यामितीय आकारों (ख़ासकर आयताकारों) में तराशना, सुनियोजित रूप से उन्हें स्तम्भ के रूप में खड़ा करना, इन स्तम्भों पर पुनः प्रस्तर-स्तम्भों को चढ़ाना और उन्हें सही-सही उन पर आरोपित करना, आदि, आदि—यह सब उच्च स्तर की तकनीक और कौशल का, उपकरणों का (पाषाण उपकरणों के साथ-साथ चमड़े से बनी मजबूत रस्सी का), दीर्घकाल के सामूहिक तथा समन्वित श्रम का, उन्नत मानसिक क्षमता का, और सारी क्रियाओं के कुशल प्रबन्धन-संचालन का साक्ष्य प्रस्तुत करते हैं। विभिन्न क्षेत्रों के मकबरों की अपनी-अपनी कुछ विशेषताएँ भी हैं जिनकी तफ्सील में हम यहाँ नहीं जाएँगे।

हम पहले देख चुके हैं कि यह पूरा क्षेत्र कृषि की शुरुआत के पहले कई

मध्यपाषाण संस्कृतियों का केन्द्र बना हुआ था। वे निश्चय ही शिकारी, फलसंग्राहक तथा मछुआरे समुदाय थे, लेकिन उनके द्वारा विकसित कई बड़े तथा सूक्ष्म प्रस्तर उपकरण कृषि समुदायों के लिए भी जरूरी उपकरण थे (मजबूत कुल्हाड़ियाँ, बसूला, गैंता, खंती, चाकू-छूरी, पत्तियाँ, आदि आजतक किसानों, कारीगरों और आम लोगों के जरूरी उपकरण बने हुए हैं; भले ही वे अब धातु के बने हों, उनका आकार-प्रकार लगभग वैसा ही है जैसा कि मध्यपाषाणकाल में था)।

युरोप का यह क्षेत्र खेती की शुरुआत के काफ़ी पहले से ही बसा-बसाया क्षेत्र था—यहाँ का प्राकृतिक परिवेश कुछ ऐसा था कि बिना खेती के भी शिकार, फलसंग्रह तथा मछली मारने के जरिए मध्यपाषाण समुदाय अपना भरण-पोषण कर लिया करते थे। आसपास से जब नवपाषाणकालीन खेतिहर तथा पशुपालक समुदाय इन क्षेत्रों में आकर बसने लगे होंगे तो जाहिर है, इन समुदायों की उत्पादकता और बढ़ गई होगी। स्थानीय आबादी में तेजी से विस्तार तो हुआ ही होगा, अन्य इलाकों के जन भी यहाँ आकर बसने लगे होंगे। कालक्रम में इसका सामाजिक परिणाम भी दिखने लगा होगा—आबादी में वृद्धि के साथ भूमि पर बढ़ते दबाव की पृष्ठभूमि में विभिन्न जनों द्वारा अपने-अपने भू-क्षेत्रों के निर्धारण तथा सीमांकन के प्रयास भी तेज हो गये होंगे। (नवपाषाण क्रान्ति एक वृहत्तर क्षेत्र में लम्बे काल तक चलने वाली प्रक्रिया थी।)

रेनफ्र्यू के अनुसार पहले से बसी हुई स्थानीय मध्यपाषाणकालीन आबादी तथा आव्रजक नवपाषाणकालीन कृषि समुदायों के बीच के अंतर्सम्पर्कों की प्रक्रिया में स्थानीय आबादी ज्यों-ज्यों कृषि को अपनाती गई होगी, त्यों-त्यों उनमें भू-क्षेत्र के स्पष्ट सीमांकन की भावना भी बलवती होती गई होगी और इस सीमांकन में तथा आव्रजक समुदायों के साथ प्रतिद्वन्द्विता में अपने जनों की एकजुटता के प्रतीक के रूप में उन्होंने इन महापाषाण मकबरों का, प्रस्तर में विश्व के प्रथम वास्तुशिल्पों का निर्माण किया होगा। इस लिहाज़ से वे पश्चिमी स्कॉटलैंड के अरान द्वीप का विस्तार से अध्ययन प्रस्तुत करते हैं। इस द्वीप पर अठारह मकबरे थे जिनके बीच एक निश्चित फासला था। कृषि योग्य भूमि के आधार पर पूरा द्वीप क़रीब 16 या 17 लगभग बराबर क्षेत्रों में बांटा गया था, प्रत्येक क्षेत्र की पहचान एक मकबरे से होती थी। (कृषि क्षेत्र का पूर्ण उपयोग करने की स्थिति में) प्रत्येक क्षेत्र की आबादी अधिकतम 35 से 70 व्यक्तियों की आंकी गई। कृषि क्षेत्र का पूरा उपयोग नहीं करने की स्थिति में, ऐसा अनुमान लगाया गया कि एक-एक क्षेत्र की आबादी न्यूनतम दस व्यक्तियों की रही होगी। न्यूनतम क़रीब दस व्यक्तियों पर एक क्षेत्र होने का अर्थ है कि प्रत्येक मकबरा अमूमन एक-एक परिवार से सम्बद्ध रहा होगा।

बहरहाल, उपयुक्त विवरण से यह स्पष्ट है कि ये महापाषाण मकबरे मध्यपाषाणकाल और नवपाषाणकाल के सन्धि-स्थल पर निर्मित हुए थे। उन्हें मध्यपाषाणकाल के समापन के साथ जोड़ा जा सकता है।

महापाषाण स्मारकों की परम्परा दक्षिण-पूर्व एशिया के उत्तर बोर्नियो और ईस्टर आइलैंड्स (ताहिती, टोंगा, आदि) में तो हाल तक प्रचलित थी। यहाँ इनके निर्माण का उद्देश्य कुछ दूसरा ही था। लेकिन प्रकटतः भिन्न उद्देश्य के बावजूद ये महापाषाण स्मारक भी सम्बन्धित जनों की पहचान और उनके रुतबे का प्रतीक हुआ करता था। बोर्नियो के केलाबित जनों की महापाषाण इमारतें प्रायः एक व्यक्ति के स्मारक या मकबरे हैं। इनके निर्माण में आस-पड़ोस के गणों को अथवा पूरी जनजाति को शामिल किया जाता था। इन स्मारकों के निर्माण का मकसद भी आनुष्ठानिक कम, सामाजिक ज्यादा था। उसका आशय पूरी जनजाति की अस्मिता तथा उसकी एकजुटता का प्रदर्शन करना था। इसी संदर्भ में, अफ्रीका के जिम्बाब्वे स्थित महापाषाण इमारतों का जिक्र भी किया जा सकता है।[7]

भारत में महाराष्ट्र, कर्नाटक, आन्ध्र, झारखण्ड के विभिन्न क्षेत्रों में महापाषाण संरचनाएँ पाई जाती हैं। इस सम्बन्ध में डी डी कोसाम्बी लिखते हैं, "कर्नाटक, आन्ध्र और भुरभुरे पत्थर के प्रदेशों में, ये महापाषाण लौह युग के हैं। (लेकिन) दक्षिणी पठार की काली चट्टानों पर बसे महाराष्ट्र में महापाषाण कहीं अधिक पुराने हैं।... यह सम्भव है कि दक्षिणी पठार के पश्चिमी भाग में चट्टानों के बहुत से ढेर मुख्यतः प्राकृतिक कारणों से बने हों; पर प्राक्-ऐतिहासिक मनुष्य ने उन पर अपनी छाप गहरी नक्काशी के रूप में छोड़ी है। उनमें खाँचे केवल घिसकर ही बनाये गये हैं, या कम-से-कम उन्हें अन्तिम रूप घिसाई द्वारा ही दिया गया है। परिश्रम की मात्रा का अनुमान खाँचों की गहराई से होता है जो कहीं-कहीं चार सेंटीमीटर तक हैं। पत्थर इतना कड़ा है कि आधुनिक इस्पात के औजारों की धार भी मार दे। कहीं-कहीं तीन टन की चट्टानों को खिसकाकर अन्य चट्टानों पर रखा गया है। इससे यह नतीजा निकलता है कि महापाषाण युग के लोगों के पास इतना समय और इतना अतिरिक्त खाद्य था कि ऐसे स्मारक बना सकें जिनमें बहुत अधिक कठोर और दीर्घकालीन शारीरिक परिश्रम की आवश्यकता है। ऐसी पाषाण-राशियाँ और नक्काशीदार चट्टानें हजारों की संख्या में मिली हैं जिससे पता चलता है कि यह कार्य वर्षों, शताब्दियों तक चलता रहा होगा। इनका उद्देश्य स्पष्ट नहीं है। इन खाँचों में अत्यन्त साधारण वृत्त या अंडाकार आकृतियों से अधिक कोई विशेष रूपाकार कदाचित् ही मिलता है।..."[8]

महापाषाण इमारतों की इस श्रृंखला की अन्तिम कड़ी के रूप में हम अब क़रीब पाँच हजार वर्ष पुराने माल्टा के द्वीपों के भव्य पाषाण मन्दिरों की थोड़ी चर्चा करेंगे। माल्टा द्वीप समूहों के ये वाशिन्दे जिनकी आबादी अधिक-से-अधिक ग्यारह हजार रही होगी, औसतन दो हजार की आबादी वाले छः क्षेत्रों में बंटे थे। वे गेहूं और जौ की खेती करने लगे थे; बकरी, भेड़, सूअर, गाय-बैल पालने लगे थे, लेकिन उनके सारे उपकरण मध्यपाषाण संस्कृति के उपकरण ही थे। कुल्हाड़ी तथा अन्य प्रस्तर उपकरणों के लिए आवश्यक लावा कांच और अन्य पत्थर उन्हें पड़ोस के सिसिली और अन्य

द्वीपों से प्राप्त हो जाता था। यहाँ प्रत्येक क्षेत्र में एक-एक जोड़े भव्य पाषाण मन्दिर थे; मन्दिरों से छोटी-छोटी नारी प्रतिमाएँ भी मिली हैं। टार्कसिएन के मन्दिर में तो (एक बैठी हुई) नारी की विशाल मूर्ति के टुकड़े भी मिले—यह प्रस्तर मूर्ति क़रीब दो मीटर ऊँची रही होगी और इसे विश्व की प्राचीनतम विशाल मूर्ति के रूप में चिह्नित किया जाता है। टार्कसिएन तथा हगार किम के जुड़वां मन्दिर काफ़ी जटिल रूप में एक दूसरे से जुड़े हुए थे। मन्दिर के स्तम्भों पर पशुओं के चित्र उकेरे गए थे और सर्पीले आकार की अत्यन्त सुन्दर नक्काशी भी की गई थी। कहने की जरूरत नहीं कि तत्कालीन उपलब्ध उपकरणों से ऐसे भव्य मन्दिरों का निर्माण एक ऐसे सामाजिक संगठन की पूर्वापेक्षा करता है जिसके तहत इनके निर्माण के लिए आवश्यक श्रम का कुशलतापूर्वक प्रबन्धन किया जा सके। एक अनुमान के अनुसार, इस तरह के मन्दिरों के निर्माण के लिए ऐसे सामाजिक समूह अपरिहार्य थे जिनकी संख्या 500 से 2,000 के बीच हो। इन मन्दिरों की तकनीकी बारीकियों में तो हम यहाँ नहीं जाएंगे; हाँ, सामाजिक संगठन की आगे अवश्य चर्चा करेंगे।[9]

बहरहाल, माल्टा के मन्दिर, विभिन्न क्षेत्रों के जनों की अस्मिता, उनके क्षेत्रीय सीमांकन तथा उनके आनुष्ठानिक क्रियाकलाप—इन तीनों के सम्मिलित प्रतीक थे। (प्रसंगवश, भव्य मूर्तियों तथा स्मारकों के निर्माण के पीछे आज भी यह मकसद देखा जा सकता है। मन्दिर तथा स्मारकों और आनुष्ठानिक क्रियाकलापों के जरिए भूमि पर अपना दावा ठोकना, अपनी अस्मिता का प्रदर्शन करना, उनका अपने-अपने समुदायों के मिलन-स्थल अथवा अड्डों के रूप में इस्तेमाल करना आज के समाज में भी बदस्तूर जारी है। कोई चाहे तो पूरे विश्व में इस तरह के विवादों के आंकड़े जुटा सकता है।)

मध्यपाषाण और नवपाषाण काल के सन्धि-स्थल पर बने इन महापाषाण इमारतों पर चर्चा करते समय हमें यह स्मरण रखना चाहिए कि ये महापाषाण स्मारक, स्तम्भ और मकबरे नवपाषाण तथा धातु युग में कृषि के व्यापक प्रचलन के क्रम में (मिट्टी तथा प्रस्तर से निर्मित) सुमेर की इमारतों, मिस्र के पिरामिडों, हड़प्पा-मुअनजोदड़ो के निर्माणों से काफ़ी पहले की इमारतें हैं। (अफ़्रीका तथा दक्षिण-पूर्व एशिया के पोलिनेशियन स्मारक काल में भले बहुत बाद के हों, लेकिन इन क्षेत्रों में मध्यपाषाणकालीन संस्कृति लम्बे समय तक बनी रही या कह सकते हैं कि मध्यपाषाण संस्कृति से नवपाषाण संस्कृति में संक्रमण का काल कभी खत्म ही नहीं हुआ।)

प्रस्तर कारोबार

हम देख चुके हैं कि पुरापाषाणकाल में ही औजार निर्माण के लिए उपयुक्त पत्थर की खोज में लोग दूर-दूर तक जाया करते थे। मध्यपाषाणकाल में उपयुक्त पत्थरों की मांग तो और ज्यादा बढ़ गई। साथ ही इस काल तक मानव जन धरती के अनेक हिस्सों में फैल चुके थे। इसीलिए दूर-दूर से प्रस्तर-खण्डों को लाने का मतलब था मार्ग में पड़ने

वाले दूसरे जन-क्षेत्रों से गुजरना और उन जनों के साथ एक कार्यकारी सम्बन्ध विकसित करना। सूक्ष्म पाषाण उपकरणों के लिए सबसे उपयुक्त पत्थर था लावा कांच जिसकी किरचों को आश्चर्यजनक हद तक पैना बनाया जा सकता था। फलतः मध्यपाषाण काल में विभिन्न जनों के बीच अपने-अपने प्रस्तर-उद्योगों के लिए लावा कांच का कारोबार काफ़ी बड़े पैमाने पर फैल चुका था और उनके जीवन में अत्यन्त महत्वपूर्ण स्थान ग्रहण कर चुका था। प्रस्तर-खण्डों को दूर-दराज के प्राकृतिक भंडारों से संग्रह कर अपने-अपने जनों तक पहुँचाना ख़ुद एक विशेषीकृत श्रम का रूप ले चुका होगा और इस प्रक्रिया में अन्य जनों को विभिन्न भू-क्षेत्रों के बारे में तथा अन्य जनों के जीवनयापन/रीति-रिवाजों के बारे में भी महत्वपूर्ण ज्ञान हासिल हुआ होगा।

लावा कांच का एक बड़ा भंडार (आज के) आर्मेनिया क्षेत्र में था। इस बात के प्रमाण मिले हैं कि इस प्राकृतिक भंडार से दस-पन्द्रह हजार वर्ष पूर्व लावा कांच 350-400 किलोमीटर दूर तक पहुँचाया जाता था। लावा कांच के प्राकृतिक भंडार के 250-300 किलोमीटर अर्धव्यास के क्षेत्र में बसने वाले सभी जन अपने-अपने प्रस्तर उद्योग के लिए इसी भंडार पर निर्भर रहते थे। अपने प्राकृतिक भंडार से लावा कांच को अपनी पीठ पर लादकर सैकड़ों किलोमीटर दूर अपने जन-क्षेत्र में ले जाना कितना श्रम-साध्य कार्य रहा होगा, इसका सहज ही अंदाजा लगाया जा सकता है। यह भी स्वाभाविक लगता है कि प्रत्येक जन अपने कुछ सदस्यों को इसी काम के लिए नियुक्त करते होंगे। इसी क्रम में लावा कांच के साथ अन्य चीज़ें भी जुड़ती गई होंगी। यह प्रस्तर कारोबार नवपाषाण युग में भी बदस्तूर जारी रहा। इसी प्रक्रिया में विभिन्न जनों के बीच वस्तु विनिमय भी शुरू हुआ होगा, तथा जनों के बीच भिन्नताओं, वैमनस्य तथा युद्धों के बावजूद उनके बीच विनिमय के कुछ सूत्र और नियम भी बने होंगे।

ऑस्ट्रेलिया की जनजातियाँ (क़रीब 50-60 हजार वर्ष पूर्व) उत्तर पुरापाषाणकाल में ही वहाँ आ बसी थीं और उसके बाद शेष दुनिया से वे सामान्यतः अलग ही रहीं। उसी तरह अमेरिका की इण्डियन जनजातियाँ मध्यपाषाणकाल में ही उत्तरी तथा दक्षिणी अमेरिकी महाद्वीप में जा पहुँची थीं, और उसके बाद वे भी शेष विश्व से लगभग अलग-थलग ही रहीं। आधुनिक काल में (15वीं सदी के बाद) युरोपीय लोगों के अमेरिका तथा ऑस्ट्रेलिया पहुँचने के बाद इन जनजातियों के बीच पारस्परिक विनिमय की जो प्रथा प्रचलित मिली, उसके आधार पर हम मध्यपाषाणकालीन अवस्था की भी कुछ झलक पा सकते हैं (हालाँकि दस हजार वर्ष पूर्व की मध्यपाषाण संस्कृति और 16-18वीं सदी में अमेरिका तथा ऑस्ट्रेलिया की जनजातियों की संस्कृति में बहुत अधिक समानता ढूँढ़ना भी उपयुक्त नहीं होगा, क्योंकि अलग-थलग रहने के बावजूद हजारों वर्षों का फासला है और इन हजारों वर्षों के दौरान अलग-थलग पड़ी जनजातियों के उत्थान-पतन की भी अपनी प्रक्रिया होती है)।

ऑस्ट्रेलिया की जनजातियाँ भी मृतक के अन्तिम संस्कार में गेरुआ रंग का

प्रयोग करती थीं। वे जन, जिनके इलाके में गेरू रंग पाया जाता था, अपने पड़ोसी जन की इस आवश्यकता को समझते थे, भले ही उनके बीच शत्रुता चल रही हो। दो-तीन व्यक्तियों का दल निर्बाध रूप से शत्रु कबीले के क्षेत्र में चला जाता था और गेरू लाद कर ले आता था। भोजन या आखेट के उपकरणों के बदले भी गेरू का विनिमय हो सकता था। विभिन्न जन अलग-अलग उपकरण बनाने में अधिक दक्ष थे, फलतः इन उपकरणों का भी विनिमय होता था। यह विनिमय बहुधा भेंट के रूप में होता था —एक जन भेंट के रूप में अपना कोई उपकरण देता था, तो उसके बदले दूसरा जन अपना कोई विशिष्ट उपकरण उसे उपहार स्वरूप प्रदान करता था।[10]

इसी तरह का विनिमय अमेरिकन इण्डियन समुदायों के बीच होता था। होपी जनों में तो विनिमय का प्रबन्ध विशेष बिरादरियाँ करती थीं। इस प्रकार विनिमय एक विशिष्ट कार्य बन चुका था। अमेरिकन इण्डियनों की एक और उपलब्धि 'मेलों' की व्यवस्था थी। मेलों के ख़ास दिन युद्धरत जन भी युद्ध-विराम की घोषणा करते और मेलों में आवश्यक सामानों का विनिमय करते। अनेक अमेरिकन इण्डियन भाषाओं में 'शान्ति' और 'विनिमय' शब्द एक ही धातु से बना है।[11]

नवपाषाणकाल और कांस्य युग में भी प्रस्तर का कारोबार बड़े पैमाने पर जारी रहा। ईसा की तीसरी तथा दूसरी सहस्राब्दी पूर्व दक्षिण मेसोपोटामिया (इराक) और हड़प्पा के बीच होने वाले व्यापार की एक प्रमुख सामग्री थी लाजवर्द पाषाण (वैदुर्य मणि)। रोमिला थापर के अनुसार, आज से क़रीब 4,000-4,100 वर्ष पूर्व गुजरात के लोथल बन्दरगाह से मेसोपोटामिया को निर्यात की जानेवाली अनेक सामग्रियों में लाल पाषाण (कार्नेलियन), वैदुर्य पाषाण, स्फटिक, गोमेद, दूधिया पाषाण का महत्वपूर्ण स्थान था। यहाँ तक कि लोथल में इन पाषाणों से माला बनाने का बड़ा उद्योग था। उत्खनन से पता चला है कि 4,450 वर्ष पूर्व (ई.पू. 2,450) लोथल एक गाँव था। हड़प्पा संस्कृति के आगमन के बाद वह एक नियोजित व्यापारिक नगर में तब्दील हो गया था और समुद्री मार्ग से फारस की खाड़ी, इराक, अफ्रीका के पूर्वी तट के साथ व्यापार का प्रमुख केन्द्र बन गया था। सुमेरियन स्रोतों में वर्णित एक स्थान मेलुहा के बारे में इतिहासकारों के बीच काफ़ी विवाद रहा है। थापर के अनुसार, मेलुहा दरअसल आधुनिक गुजरात ही था, जो उन दिनों हड़प्पा संस्कृति का एक प्रमुख स्थल था। कार्नेलियन का बड़ा भंडार राजपिपला और नर्मदा क्षेत्र में था, जबकि वैदुर्य पाषाण सुदूर उत्तरी अफगानिस्तान (बदक्शान) से लाया जाता था। वैदुर्य पाषाण का एक और महत्वपूर्ण भंडार पश्चिमी भारत की सतपुड़ा पहाड़ियों में था। पश्चिमी घाट के उत्तरी हिस्से (जिसे सहयाद्रि श्रृंखला के नाम से भी जाना जाता है) में भी वैदुर्य पाषाण का भंडार था और उसे वैदुर्य पर्वत के नाम से भी जाना जाता था।[12] इस तरह यह पाषाण कारोबार दूर-दूर तक फैला था। सिर्फ़ औजारों के उपयुक्त प्रस्तरों का नहीं, बल्कि आभूषण तथा अनुष्ठान के लिए उपयुक्त पाषाण का संधान और उसका विनिमय (जो आज भी बड़े पैमाने पर जारी है) कांस्य युग आते-आते महाद्वीपीय व्यापार का रूप ले चुका था।

9

मध्यपाषाण मैजिक

प्राक्कथन

मध्यपाषाणकालीन शिकारी, फलसंग्राहक तथा मछुआरे समुदायों की रोजमर्रे की जिन्दगी की कल्पना कीजिए। उनका प्राकृतिक परिवेश एक आश्चर्य लोक की भाँति सदा उनके साथ होता। वनों में अजीब-अजीब किस्म के पशु-पक्षी अजीब-अजीब करतबों में व्यस्त रहते। इन जीव-जंतुओं के गुण और स्वभाव भी अलग-अलग होते। अनेक स्वादों तथा सुगंधों वाले पत्तों, रंग-बिरंगे फूलों तथा फलों से भरा-पूरा लता-गुल्मों, पेड़-पौधों का अपना सम्मोहक संसार था। मिट्टी की परतों में दबे कंद-मूल थे। सुबह उगते हुए सूरज का तिलिस्म था जिसकी पहली किरणों के साथ पूरी धरती अनेक ध्वनियों के साथ अंगराई लेती जाग उठती थी। रात थी और सितारों की हर पल घूमती दुनिया थी, चन्द्रमा की विभिन्न कलाएँ थीं। झरनों तथा नदियों का जल-प्रवाह था और उन जलधाराओं में मचलता एक पूरा जीवलोक था। गरजता समुद्र था। मूसलाधार बारिश थी, इन्द्रधनुष था, दामिनी थी, वज्रनाद था, वज्रपात था, ऋतुएँ थीं जो पूरे परिवेश का कायाकल्प करती आती-जाती थीं। रात के अन्धेरे में जंगलों से अजीब-अजीब आवाजें आतीं, छाया-प्रतिच्छाया बनती-मिटती। और इस आश्चर्यलोक में मानवों के छोटे-छोटे कुनबे थे—हर पल भोजन तथा अपनी सुरक्षा की चिन्ता में कठोर श्रमसाध्य जीवन जीते। जन्म था, मृत्यु थी। अपने संगी-साथियों की अजीब-अजीब व्याधियाँ थीं। यौन-क्रीड़ाएँ थीं। स्वप्नों की सतरंगी स्मृति थी। उफ्! कितने प्रश्न थे? और इन सवालों से रू-ब-रू उनके मस्तिष्क के एक अत्यन्त छोटे हिस्से में, प्रमस्तिष्कीय प्रान्तस्था के अग्रखण्ड की जलती-बुझती तंत्रिका-कोशिकाएँ थीं! हजारों वर्षों से आजतक ये तंत्रिका-कोशिकाएँ उन प्रश्नों का हल ढूँढ़ती आ रही हैं। ख़ैर, अन्तिम हल तो नहीं ही मिला, लेकिन समय-समय पर अपने मस्तिष्क के प्रश्नाकुल क्षेत्रों को अग्रखण्ड की ये निर्णायक तंत्रिकाएँ कुछ जवाब मुहैया कर शान्त करती रही हैं। सांत्वना के रूप में पेश इन जवाबों से ही अलग-अलग कालों में हमारी जीवन-दृष्टि बनती रही है।

मातृ-शक्ति

दृष्टि तथा श्रवण क्षेत्रों से उपर्युक्त सारी सूचनाएँ जब 'हाउजैट' के शोर के साथ निम्न भित्तीय खण्ड में पहुँची, तो यह उसके लिए 'यूरेका' क्षण था। उसने नोटिस किया कि सारे जीवजगत में एक चीज़ सामान्य थी—प्रजनन। पशु-पक्षियों की यौन-क्रीड़ाएँ और उनकी प्रजनन-क्रिया तो वह प्रायः देखता ही रहता था। मनुष्य समेत अनेक प्राणियों के शिशुओं का जन्म, सरिसृपों और पक्षियों के अण्डों से सरिसृप-शिशुओं और चूजों का बाहर निकलना, हर प्राणी में नर और मादा का होना, नर-मादा की यौन-क्रीड़ा, मादा का गर्भवती होना और उसके जनने की क्रिया—समस्त जीवजगत का यह था सामान्य गुण। मस्तिष्क के अग्रखण्ड के उच्च निर्णायक क्षेत्रों ने निम्न भित्तीय खण्ड के इस सामान्यीकरण को 'ओके' किया और अपना फैसला सुनाया—एक प्रजनन-शक्ति है सब जगह व्याप्त। मातृ-शक्ति। गर्भवती स्त्री उसका मूर्त रूप थी। वीनस मूर्तियों की चर्चा हम पहले कर चुके हैं। अपनी-अपनी विशिष्टताओं के साथ मातृदेवी की परम्परा लगभग सभी प्राचीन समाजों में पाई जाती है और उसकी सशक्त उपस्थिति आज भी देखी जा सकती है (या देवि सर्वभूतेषु शक्तिरूपेण संस्थिता। नमस्तस्यै नमस्तस्यै नमस्तस्यै नमो नमः।। या देवि सर्वभूतेषु मातृरूपेण संस्थिता। नमस्तस्यै नमस्तस्यै नमस्तस्यै नमो नमः।। या देवि सर्वभूतेषु शान्तिरूपेण संस्थिता। नमस्तस्यै नमस्तस्यै नमस्तस्यै नमो नमः।।)

इस सामान्यीकरण-अमूर्तन ने संसार को देखने की उस पद्धति की भी नींव रखी जिसे हम द्वंद्वात्मक-तार्किक पद्धति कहते हैं। पूर्व पक्ष : नारी। उत्तर पक्ष : नर। सन्धि : संतान। सन्धान : यौन-क्रिया। देश-दुनिया को समझने में इस पद्धति का हम आज भी प्रयोग करते हैं। उन दिनों भी यह पद्धति जीवजगत को समझने के साथ-साथ औजार-निर्माण और भाषा के विकास में भी काफ़ी उपयोगी साबित हुई। पूर्व पक्ष : परिष्कृत हस्तकुठार। उत्तर पक्ष : लकड़ी, पत्थर या हड्डी की डंडी। सन्धि : हत्थायुक्त कुल्हाड़ी। सन्धान : हस्तकुठार के चौड़े पृष्ठभाग में छेदकर डंडे जड़ने की श्रमक्रिया। हत्थायुक्त कुल्हाड़ी, जैसा कि हम देख चुके हैं, मध्यपाषाण युग का महत्वपूर्ण आविष्कार था। वैसे तो तैत्तिरीय उपनिषद मध्यपाषाणकाल के बहुत बाद की कृति है, लेकिन उसके इस उद्धरण में हम इस पद्धति का विस्तार देख सकते हैं :

"...पञ्चस्वधिकरणेषु। अधिलोकमधिज्योतिषमधिविद्यमधिप्रजमध्यात्मम्। ता महासंहिता इत्याचक्षते। अथाधिलोकम्। पृथ्वी पूर्वरूपम्। द्यौरुत्तररूपम्। आकाशः संधिः।।1।। वायुः सन्धानम्। इत्यधिलोकम्। अथाधिज्यौतिषम्। अग्निः पूर्वरूपम्। आदित्य उत्तररूपम्। आपः सन्धिः। वैद्युतः सन्धानम्। इत्यधिज्यौतिषम्। अथाधिविद्यम्। आचार्यः पूर्वरूपम्।।2।। अंतेवास्युत्तररूपम्। विद्या सन्धिः। प्रवचनं सन्धानम्।

इत्यधिविद्यम्। अथाधिप्रजम्। माता पूर्वरूपम्। पितोत्तररूपम्। प्रजा सन्धिः। प्रजननं सन्धानम्। इत्यधिप्रजम्।।3।। अथाध्यात्मम्। अधरा हनुः पूर्वरूपम्। उत्तरा हनुरुत्तररूपम्। वाक्सन्धिः। जिह्वा सन्धानम्। इत्यध्यात्मम्। इतीमा महासंहिताः।...।।4।।"[13]

(विश्व, द्युलोक, ज्ञान, संतान और शरीर—इन पाँच श्रेणियों के जरिए हम संहिता पर ध्यान की चर्चा करेंगे। ये महासंहिताएँ कहलाती हैं। विश्वों पर ध्यान इस प्रकार है : पृथ्वी पूर्व पक्ष है। द्युलोक उत्तर पक्ष है। आकाश सन्धि है। वायु सन्धान है। द्युलोक पर ध्यान। अग्नि पूर्व पक्ष है। सूर्य उत्तर पक्ष है। जल सन्धि है। विद्युत सन्धान है। ज्ञान पर ध्यान। गुरू पूर्व पक्ष है। शिष्य उत्तर पक्ष है। ज्ञान सन्धि है। प्रवचन सन्धान है। सन्तति पर ध्यान। माता पूर्व पक्ष है। पिता उत्तर पक्ष है। सन्तान सन्धि है। प्रजनन सन्धान है। व्यक्ति-शरीर पर ध्यान। अधः हनु पूर्व पक्ष है। उत्तर हनु उत्तर पक्ष है। वाक् सन्धि है। जिह्वा सन्धान है। यही महासंहिताएँ हैं।...)

बहरहाल, उन दिनों इस प्रजनन-शक्ति का ख़ास महत्व था। अपने-अपने गणों का विस्तारित आत्म-पुरुत्पादन गणों की सुरक्षा तथा अस्तित्व की सबसे अहम शर्त थी। गणों की आबादी बढ़ाना उनका सर्वप्रमुख कार्यभार था।

खाद्य शृंखला

अपने-अपने गणों का भरण-पोषण, उनके लिए भोजन जुटाना, उन दिनों जनों की पूरी दिनचर्या का केन्द्र हुआ करता था। अपने प्राकृतिक परिवेश के पर्यवेक्षण से उन्हें विभिन्न जीव-जन्तुओं की भोजन-प्रणाली का भी आभास मिल चुका था। प्रकृति में पूरी खाद्य-श्रृंखला का भले ही उन्हें विस्तृत ज्ञान न हो, लेकिन अपने निकट परिवेश की खाद्य-श्रृंखला से वे सहज ही वाकिफ हो गए होंगे। खाद्य ही जीवन था और हर प्राणी किसी-न-किसी प्राणी का भक्ष्य या भक्षक था। यह भी जीवजगत को देखने की एक दृष्टि प्रदान करती थी। प्रजनन-शक्ति के साथ-साथ खाद्य-शक्ति। अन्न शक्ति।

अन्नाद्वै प्रजाः प्रजायन्ते। याः काश्च पृथिवींश्रिताः।
अथो अन्नेनैव जीवन्ति। अथैनदपि यन्त्यन्ततः।
अन्नं हि भूतानां ज्येष्ठम्। तस्मात् सर्वौषण्मुच्यते।
सर्वं वै तैन्नमाप्नुवन्ति। येऽन्न ब्रह्मोपासते।
अन्नं हि भूतानां ज्येष्ठम्। तस्मात् सर्वौषधमुच्यते।
अन्नाद् भूतानि जायन्ते। जातान्यन्नेन वर्धन्ते।
अद्यतेऽत्ति च भूतानि। तस्मादन्नं तदुच्यत इति।...[14]

(पृथ्वी पर जितने भी जीव हैं, वे अन्न से ही उत्पन्न हैं। वे अन्न पर ही जीवित रहते हैं और अंत में अन्न में ही मिल जाते हैं। सभी प्राणियों से पहले अन्न था। इसलिए अन्न को सबकी औषधि कहा जाता है। जो अन्न की ब्रह्म के रूप में उपासना करते

हैं, उन्हें सारा अन्न प्राप्त होता है। सभी प्राणियों के पहले अन्न था।... अन्न से ही सभी प्राणियों का जन्म होता है, अन्न से ही उनकी वृद्धि होती है। चूँकि यह खाया जाता है और यह सभी प्राणियों को खाता है, इसीलिए इसे अन्न कहते हैं।)

उपर्युक्त उद्धरण यद्यपि कृषि समाज का है, तथापि मध्यपाषाणकाल में भी खाद्य पदार्थ कर्मकाण्ड का अभिन्न हिस्सा बन चुके थे, इसका प्रमाण शवों को दफनाने के क्रम में औजारों के साथ-साथ भोज्य पदार्थों को, हड्डियों को दफन करने की परम्परा में मिलता है।

अनुकरण

उस काल में भोजन प्राप्त करने का साधन था शिकार और फलसंग्रह। पशु-पक्षियों की ध्वनियों का अनुकरण शिकार का अभिन्न अंग है। आज भी बहेलिये शिकार के क्रम में विभिन्न पक्षियों की आवाजों की हू-ब-हू नकल उतारते हैं। अनेक पशु-पक्षी अपनी-अपनी ध्वनियों के अनुकरण को सुनकर सामने उपस्थित हो जाते हैं और शिकारियों के बिछाए जाल में फँस जाते हैं। अब इस सापेक्ष सत्य का—किसी ख़ास प्राणी के ध्वनि संकेत के अनुकरण और उस प्राणी की साक्षात् उपस्थिति के बीच के सम्बन्ध का—सामान्यीकरण कीजिए। जिस किसी की ध्वनि का अनुकरण किया जाएगा, वह साक्षात् उपस्थित हो जाएगा। यह सार्विकरण, ध्वनि और उपस्थिति का यह सादृश्य, और इसी तरह अन्य सार्विकरण तथा सादृश्य उस मैजिक का, जादू-टोने का आधार है, जिसे जेम्स फ्रेजर 'अनुकरणमूलक जादू-टोना' (इमिटेटिव मैजिक) कहते हैं।[15] अब देखिए कि यह सार्विकरण किस जीवन-दृष्टि और कर्मकाण्ड को जन्म देता है। सारा संसार ध्वनिमय है—हर प्राणी के अपने-अपने ध्वनि-संकेतों के समूह हैं जो उनकी विभिन्न दशाओं की सूचना देते हैं। अगर हम इन ध्वनि-संकेतों का हू-ब-हू अनुकरण करने में समर्थ हुए तो हम इन प्राणियों को अपने सामने उपस्थित कर सकते हैं। सार्विकरण के जरिए हम इस दृष्टि का प्रकृति में भी विस्तार कर सकते हैं। जैसे, अगर मेघ-गर्जन की हू-ब-हू नकल की जाए तो मेघों को भी उपस्थित किया जा सकता है और बारिश कराई जा सकती है। मृतकों की आवाज़ का अनुकरण कर उनकी आत्मा को बुलाया जा सकता है, आदि, आदि। इसी आधार पर समुदाय में कई करनीय या अकरनीय नियम बनाये जा सकते हैं। असमय किसी पितर की आवाज़ की नकल मत करो, वह आत्मा नाराज़ होकर नुकसान पहुँचा सकती है। किसी शत्रु की आवाज़ की नकल शत्रु को साक्षात् उपस्थित कर सकती है। कहने की जरूरत नहीं कि आरम्भिक जनों में इसी आधार पर अनेक विचित्र ध्वनियों से युक्त कर्मकाण्ड सिरजे गये और नैतिक मूल्य विकसित हुए। इन्हीं ध्वनियों ने आगे मंत्रों का रूप लिया। ग़ौर से देखिए तो हम आज भी चेतन-अवचेतन-अचेतन रूप से ऐसे कई टोने-टोटकों पर अमल करते होते हैं।

सह-सम्बन्ध

इसी तरह मैजिक का एक दूसरा रूप 'सहानुभूतिमूलक जादू-टोना' (सिम्पैथेटिक मैजिक)[16] है। शिकार में अनेक पशु अपने मांस की गंध पर खिंचे चले आते हैं। विभिन्न प्राणियों के बीच भक्ष्य-भक्षक का एक सम्बन्ध तो होता ही है, प्राकृतिक परिवेश और अन्य चीज़ों के साथ भी अपना-अपना ख़ास सम्बन्ध होता है। अलग-अलग पक्षी घोंसले बनाने के लिए अलग-अलग वृक्ष चुनते हैं। पहाड़, झील या वन के अलग-अलग हिस्सों में अलग-अलग प्राणियों के डेरे होते हैं। चीज़ों तथा स्थानों के साथ प्राणियों के सम्बन्ध का ज्ञान शिकारी जनों के लिए काफ़ी लाभदायक होता है। अब इस सापेक्ष सत्य का सार्विकरण कीजिए। इस सार्विकरण के कारण प्रकृति की विभिन्न घटनाओं के बीच सम्बन्धों की समझ ने भी ज्ञान को पर्याप्त विस्तार दिया। चन्द्रमा, ग्रह-नक्षत्रों की गति और ऋतु परिवर्तन, समुद्र के ज्वार-भाटे, नदियों में बाढ़, आदि के सम्बन्धों ने आगे चलकर ज्योतिष-विद्या की नींव रखी।

बहरहाल, इस सार्विकरण का दूसरा पहलू भी था। मृतक प्राणी के आवासों और उनके अवशेषों के पास उनकी आत्माएँ भी भटकती हैं। पितरों के द्वारा इस्तेमाल किए जानेवाले उपकरणों और अन्य सामानों की उनकी आत्माएँ निगहबानी करती हैं। इस तरह सह-सम्बन्ध मूलक जादू-टोने का कर्मकाण्ड विकसित हुआ और अनेक करनीय-अकरनीय-नैतिकताओं का भी। लहू के रंग का होने के कारण गेरुआ अथवा लाल रंग जीवन का प्रतीक माना गया। मोर चूँकि साँप का भक्षक है, इसीलिए अपने डेरों से साँप को दूर रखने के लिए मोर के पंख आज भी आवासों के प्रवेश-द्वार पर लटकाये जाते हैं। सह-सम्बन्धमूलक जादू-टोने, रीति-रिवाजों के जाने-अनजाने अनेक अवशेष हमारे जीवन में अब भी आसानी से पहचाने जा सकते हैं। अपने मृतक सम्बन्धियों के सामानों, कपड़ों, चश्मों, किताबों, लाठियों, आदि से रू-ब-रू होते ही हम आज भी ख़ुद को बरबस जादू-टोने की उसी आदिम रहस्यमयी दुनिया में अनजाने ही उतरते पाते हैं। मृत माँ के कम्बल ओढ़ती लड़की गाहे-बगाहे एक अतिरिक्त उष्मा से भर उठती है, मृत पिता की कलम से लिखते वक़्त कोई लड़का अकस्मात् अपनी ऊँगलियों पर परिचित स्पर्श से रोमांचित हो उठता है।

कुल मिलाकर, अनुकरण-मूलक तथा सहानुभूति-मूलक जादू-टोने और रीति-रिवाजों के परिप्रेक्ष्य में आरम्भिक जीवन अनेक उचित-अनुचित कर्मों, नियमों और निषेधों की सीमाओं में बंधता गया।

बहरहाल, शिकारी-फलसंग्राहक जनों के जादू-टोने को महज 'मिथ्या आस्था' अथवा अन्धविश्वास कहकर ख़ारिज नहीं किया जा सकता। इस मिथ्या आस्था और अन्धविश्वास के केन्द्र में सापेक्ष सत्यों का समूह होता था। दरअसल, सापेक्ष सत्य का निरपेक्ष सार्विकरण ही 'मिथ्या आस्था' अथवा अन्धविश्वास है जो सिर्फ़ जादू-टोने

पर ही नहीं, वरन् अनेक आधुनिक विचार-प्रणालियों तथा जीवन-दृष्टियों पर भी लागू होता है। यह अलग बात है कि कालक्रम में कर्मकाण्डों का बाह्य रूप, उनका तकनीकी पक्ष हावी हो जाता है और उनका अंतर्निहित सत्य ओझल हो जाता है।

स्वप्न

मैजिक के कर्मकाण्डों का एक अन्य स्रोत स्वप्नों का अबूझ संसार था। स्वप्न में सारा परिवेश—पेड़-पौधे-प्राणी-मनुष्य सब एक-दूसरे से संवादरत होता है। डेल्टा तरंगों से आवेशित हमारे मस्तिष्क के निम्न भित्तीय खण्ड में संचित (विभिन्न संवेदी क्षेत्रों से प्राप्त) सूचनाएँ अग्रखण्ड के निर्णय लेने वाले क्षेत्रों की सामयिक निष्क्रियता का लाभ उठाकर खुलकर नाचने लगती हैं, दिन भर की बंदिशों तथा दबावों से मुक्त होकर, आपस में घुल-मिलकर आजादी के जश्न में एक अद्‌भुत लोक का सृजन करती हैं। इस लोक में शिकार में भागा कोई प्राणी उन्हें चिढ़ाकर उनका उपहास उड़ाता था, लता-कुंजों की कोई रहस्यमयी गुहा उन्हें अपने रहस्यलोक के दिग्दर्शन का निमंत्रण देती थी, इसी लोक में वे अपने मृत पूर्वजों से मिलते थे जो उनकी किसी अवारगी के क्षण में अचानक चट्टानों की किसी अंधेरी दरार से प्रकट हो जाते थे और उन्हें फटकारते थे, वहीं किसी दूसरे क्षण उन्हें किसी घोर मुसीबत से बचा भी ले जाते थे, आदि। आत्माओं से भरे-पूरे लोक का जन्म सम्भवतः इसी स्वप्नलोक में हुआ होगा। दूसरे शब्दों में, स्वप्न में खुलकर खेलती दुनिया जागने पर आत्माओं के रूप में सारी सृष्टि में—पाषाण में, प्राणियों में, वनस्पतियों में, नदियों और झरनों में, झाड़ियों और दरारों में छिप जाती। यह सार्विक एकत्व और अनन्त भेदों की सम्मिलित दुनिया थी। तत्वशास्त्री इसे 'जड़ात्मवाद' की संज्ञा देते हैं, जिसके प्रवर्तक हमारे उत्तर पुरापाषाणकालीन तथा मध्यपाषाणयुगीन पूर्वज थे।

इस तरह, जाग्रत अवस्था में स्वप्न लुप्त नहीं हो जाता। वह सर्वव्यापी आत्माओं के रूप में हमारी जाग्रत दुनिया का स्थायी अंग बन जाता है—जाग्रत और स्वप्न का यह अंतर्गुंथन, अनेक रूपों में, आज भी हमारे अस्तित्व का अनिवार्य पहलू बना हुआ है।

उन दिनों इस अंतर्गुंथन ने भी जादू-टोने के अनेक कर्मकाण्डों को जन्म दिया। वे जानते थे कि उनके आसपास आत्माओं की एक पूरी दुनिया मँडराती रहती थी। वे अपने टोने-टोटके के सहारे इन आत्माओं से संवाद स्थापित करते थे। वे अनुकरण-मूलक अथवा सह-सम्बन्ध-मूलक कर्मकाण्डों के जरिए अपने किसी मृत पूर्वज की ध्वनि का अनुकरण कर अथवा उनसे सम्बद्ध कोई चीज़ रखकर उनका आवाहन करते थे और सवाल-जवाब भी। वे चट्टानों, पेड़-पौधों, पशु-पक्षियों की आत्माओं से भी इसी तरह जिरह करते थे। वे किसी जंगली सांड की आत्मा को बुलाकर उससे पूछते—आखिर तुमने मेरे कुनबे के बच्चे को क्यों मारा? अब मैं तुम्हें नहीं छोड़ूँगा। लो, मैंने तुम्हें

इस स्तम्भ से बाँध दिया है और अब मैं तुम्हें जला डालूँगा। रात में किसी जंगली सांड की चीत्कार सुनने पर उन्हें लगता कि उनके टोने-टोटके का असर हो रहा है, कि जंगली सांडों की दुनिया में हड़कम्प मचा है। स्वप्न में जंगली सांड की आत्मा आती, दया की भीख मांगती और वह क्षेत्र छोड़कर कहीं और चले जाने का वादा करती। अपने किसी मृतक साथी की आत्मा को बुलाकर वे पूछते : आखिर हमारी वह सुन्दर कुल्हाड़ी तुमने कहाँ छिपाकर रखी है? मुझे पता था तुम्हें वह कुल्हाड़ी कितनी प्यारी थी। वे उसे डराते-धमकाते। अगले दिन चट्टान की किसी दरार में वह कुल्हाड़ी उन्हें मिल जाती। हमारे पुरखे आत्माओं की दुनिया से परिचित ही नहीं थे, वे उन्हें वश में करना, उनके साथ गाना-नाचना, खेलना-कूदना भी जानते थे। दुनिया भर के साहित्य को पलटिए—आदिकाल से आजतक ऐसी अनगिनत कहानियाँ मिल जाएँगी। महाभारत, रामायण, कथासरित्सागर, पंचतंत्र, अलिफ लैला, आदि में ही नहीं, बल्कि बोर्हेस, मार्खेज, पाउलो कोएल्हो में भी। प्रूस्त, बोर्हेस, ओरहान पामुक और अनेक लेखक 'अरेबियन नाइट्स' से प्रेरणा पाते हैं। जे के रॉलिंग की हैरी पोटर श्रृंखला की पुस्तकें आज की तारीख में भी सबसे ज्यादा बिकनेवाली पुस्तकों में है। यह बात कला के अन्य क्षेत्रों—चित्रकला, मूर्तिकला, फिल्म, आदि पर भी लागू होती है। अनेक कला समीक्षक अपनी कला समीक्षा के क्रम में बरबस 'मेसोलिथिक आर्ट' की याद कर बैठते हैं और कई तो मध्यपाषाणकालीन कला का बतौर कसौटी प्रयोग करते हैं।[17]

गणचिह्न और निषेध

शिकारी-फलसंग्राहक जीवन में, जिन प्राणियों का शिकार किया जाता है, जिन पेड़-पौधों के सानिध्य में जीवन बीतता है, उनके साथ एक आवयविक रिश्ता भी बनता जाता है। टॉयनबी के 'चैलेंज एण्ड रेस्पांस' के सिद्धान्त को यहाँ लागू करें, तो मानव जनों में उन प्राणियों का शिकार करने की प्रवृत्ति अधिक मुखर थी जो उनके समक्ष कड़ी चुनौती पेश करते थे; जैसे, हिरण, जंगली सांड, आदि। इन्हीं पशुओं के चित्र भी अधिक उकेरे गए हैं। जंगल में पीछा करते हुए हिरण को पकड़ना, उसकी गति और फुर्ती के कारण, काफ़ी चुनौतीपूर्ण रहा होगा। इस चुनौती में खरा उतरने का आनन्द अलग किस्म का सुकून देता है। (प्रसंगवश, रामायण में भी, वनवास के दौरान राम और सीता के वियोग का प्रसंग मृग के शिकार के साथ जुड़ा है।)

इसी प्रकार, जो पशु-पक्षी उन्हें ज्यादा सताते होंगे, कालक्रम में उनके साथ उनका एक ख़ास किस्म का आत्मीय सम्बन्ध भी बन जाता होगा। इसे उस जमाने का 'स्टॉकहोम सिंड्रोम' आप चाहें तो कह सकते हैं, यानी अपने सताने वाले से, अपने उत्पीड़क से एक विशेष रागात्मक सम्बन्ध में बंध जाना।

कुल मिलाकर, उस जीवन में पशु-पक्षियों और वनस्पतियों के साथ बनने वाले

आवयविक रिश्तों की पृष्ठभूमि में, और प्रजनन-सम्बन्धी दृष्टि और कर्मकाण्डों के परिप्रेक्ष्य में, अपने परिवेश से जैविक सम्बन्ध ने 'गणचिह्नों' (टोटेम) का रूप लिया होगा। एक ख़ास पशु अथवा पेड़-पौधे से अपनी उत्पत्ति को जोड़ा गया, वह पशु अथवा वृक्ष सम्पूर्ण गण का प्रतीक चिह्न बन गया, (कर्मकाण्डीय बलि को छोड़कर) उस पशु को अवध्य घोषित कर उसका शिकार प्रतिबंधित कर दिया गया। इस गणचिह्न के साथ ही अनेक 'निषेधों' (टेबू) की भी व्यवस्था की गई।[18]

ऊपर हमने जितने पहलुओं का जिक्र किया है, संक्षेप में, उन सभी के सम्मिलित योग से उस जीवन-दृष्टि और उन कर्मकाण्डों का निर्माण हुआ जिसे 'मध्यपाषाणकालीन मैजिक' के नाम से अभिहित किया जाता है। यह मध्यपाषाणकालीन जीवन के आध्यात्मिक पक्ष का विशिष्ट रूप था, जो आगे चलकर कृषि समाज के विभिन्न पंथों में भी विभिन्न रूपों में अपनी उपस्थिति का अहसास कराता रहा। पूरे विश्व में फैले तांत्रिक सम्प्रदायों को तो उस परम्परा से सीधे तौर पर जोड़ा जा सकता है।

ऊपर हमने मध्यपाषाणकालीन जादू-टोने पर आधारित जिस दृष्टि और कर्मकाण्डों की बात रखी है, वे क़रीब-क़रीब सभी मध्यपाषाण संस्कृतियों में पाई जाती थी। लेकिन इन सभी संस्कृतियों के अपने-अपने कर्मकाण्डों के अपने-अपने विशिष्ट पक्ष भी थे, जो बहुत हद तक उनके भिन्न प्राकृतिक परिवेश तथा भिन्न जीवनानुभवों से वास्ता रखते थे। उन दिनों गणचिह्नों तथा कर्मकाण्डों की विशिष्टताएँ ही इन संस्कृतियों की विशिष्ट पहचान थीं, अपने पराये के भेद का आधार थीं।

10

मध्यपाषाण संस्कृति का विस्तार

विश्वव्यापी प्रसार

हम पहले देख चुके हैं कि मध्यपाषाण युग में ही मानव संस्कृति का धरती के सभी महाद्वीपों में विस्तार हुआ। विस्तृत विवरण की जगह नीचे हम विभिन्न क्षेत्रों में फैली इन मध्यपाषाणकालीन संस्कृतियों की एक संक्षिप्त झांकी प्रस्तुत कर रहे हैं :[19]

1. एजीलियन संस्कृति : फ्रांस-स्पेन के सीमावर्ती क्षेत्र में फैली यह संस्कृति उत्तर पुरापाषाणकालीन मैग्डेलेनियन संस्कृति का उत्तराधिकारी मानी जाती है। यहाँ से बड़ी संख्या में (सूक्ष्म-तक्षणी तकनीक द्वारा निर्मित) ज्यामितीय आकारों के सूक्ष्म उपकरण प्राप्त हुए हैं। इस संस्कृति का सबसे लाक्षणिक उपकरण मृगश्रृंग से बना मत्स्य-भाला शीर्ष है।

2. सॉवेटेरियन संस्कृति : एजीलियन संस्कृति से पृथक् यह संस्कृति फ्रांस और ब्रिटेन में स्थित थी। अन्तिम हिमयुग की समाप्ति के बाद बदली हुई जीवनशैली की झलक यहाँ स्पष्ट रूप से देखी जा सकती है। यहाँ भी (सूक्ष्म-तक्षणी तकनीक द्वारा निर्मित) अनेक सूक्ष्म उपकरण प्राप्त हुए हैं। सूक्ष्म पत्तियाँ, छोटे-छोटे नुकीले फलक जिनसे कुशल कारीगर सूक्ष्म उपकरण तैयार करते थे, आदि यहाँ काफ़ी मात्रा में मिले हैं। अन्य महत्वपूर्ण उपकरण थे—सूक्ष्म, लम्बा, त्रिभुजाकार शीर्ष उपकरण, छोटी छूरियाँ, अर्धचन्द्राकार छूरियाँ, आदि। यह संस्कृति युरोप के कुछ अन्य उत्तरी तथा पूर्वी क्षेत्रों में भी विस्तृत जान पड़ती है।

3. टार्डेनॉसियन संस्कृति : इस संस्कृति का केन्द्र फ्रांस का ईल दे फ्रांस क्षेत्र था। लेकिन इसका सम्बन्ध आइबेरियन प्रायद्वीप से लेकर जर्मनी, पोलैंड तथा दक्षिणी रूस की तत्कालीन संस्कृतियों से भी बताया जाता है। यहाँ भी अनेक किस्म के सूक्ष्म उपकरण प्राप्त हुए हैं, लेकिन इसकी ख़ास पहचान समलम्ब झूले हैं जिसका एक कोण समकोण था। माना जाता है कि शिकार तथा फलसंग्रह के अलावा ये पशुपालन भी करने लगे थे।

4. अहरेन्सबर्ग, रेभुचैम्प्स, स्वीडेरियन तथा उत्तरी युरोप के मैदानों की संस्कृतियाँ : कोम्सा तथा फोस्ना संस्कृतियाँ इन्हीं का नार्वे में विस्तार मानी जाती हैं। तीखी नोंक

वाले सूक्ष्म उपकरण इन संस्कृतियों की ख़ास पहचान हैं।

5. लिंगबी संस्कृति : इस संस्कृति का क्षेत्र उत्तरी जर्मनी, पोलैंड, डेनमार्क और दक्षिणी स्वीडन था। रेनडियर (उत्तरी हिरणों) के सींगों से जड़ी भारी कुल्हाड़ियाँ, बसूले तथा हत्थों से इस संस्कृति की पहचान की जाती है। लिंगबी कुल्हाड़ी उत्तरी युरोप में प्राचीनतम असली कुल्हाड़ी मानी जाती है।

6. मैगलमोस और कुंडा संस्कृतियाँ : उत्तरी युरोप में यह संस्कृति ब्रिटेन से पूर्वी बाल्टिक प्रदेशों तक फैली थी। इस संस्कृति की पहचान पेड़ काटने के लिए बनी विशिष्ट कुल्हाड़ियों, काष्ठकर्म, मत्स्य शिकार तथा पक्षियों के शिकार के लिए बने उपकरणों, जाल तथा फंदों, आदि से की जाती है। ये लोग हड्डी तथा मृगश्रृंग से अनेक किस्म के उपकरण बनाने में काफ़ी दक्ष थे। वे आग्नेय पत्थरों के क्रोड़ से भारी कुल्हाड़ी, बसूला तथा नुकीले उपकरण बनाने में भी माहिर थे।

7. एर्टेबोल संस्कृति : डेनमार्क तथा उत्तरी जर्मनी में फैली यह संस्कृति मैगलमोस संस्कृति का ही उत्तराधिकारी मानी जाती है। यहाँ मृदभांडों के अस्तित्व का भी साक्ष्य मिला है।

8. एस्ट्युरियन तथा लार्नियन संस्कृति : स्पेन तथा पुर्तगाल के उत्तरी तटीय क्षेत्र तथा आयरलैंड के उत्तर-पूर्वी समुद्र तटीय क्षेत्र में यह संस्कृति स्थित थी।

9. साइबेरिया के येनिसी-बैकाल क्षेत्र की संस्कृति।

10. उत्तरी बेरिंग सागर तट की केपडेनबिग संस्कृति। अलास्का (अमेरिका) की यह संस्कृति मध्यपाषाणकालीन साइबेरियाई संस्कृतियों से सम्बद्ध बतायी जाती है। उत्तरी ध्रुवीय क्षेत्र में अलास्का से ग्रीनलैंड तक फैली मध्यपाषाणकालीन संस्कृतियाँ एस्कीमो जनों की सांस्कृतिक परम्परा का आधार मानी जाती है।

11. अमेरिका के दक्षिण-पश्चिम तथा उत्तरी मेक्सिको की कोचिस संस्कृति जिसका प्रारम्भ क़रीब दस हजार वर्ष पूर्व बताया जाता है।

12. मेक्सिको घाटी की चालियो संस्कृति। उत्तरी मेक्सिको की कोचिस संस्कृति से इसका सम्बन्ध माना जाता है, हालाँकि यह उसके बाद अस्तित्व में आई।

13. उत्तरी अमेरिका के अमेरिकन इण्डियन जनों की संस्कृति।

14. दक्षिण अमेरिका की अज्टेक (मेक्सिको), इंका (पेरू), माया तथा कुछ अन्य संस्कृतियों को भी मध्यपाषाण संस्कृतियों का स्वाधीन विकसित रूप माना जा सकता है।

15. ऑस्ट्रेलिया, न्यूजीलैंड तथा पोलिनेशियन द्वीप समूहों के जनों की संस्कृति।

16. केन्या (अफ्रीका) की मेगोसियन संस्कृति।

17. अफ्रीका की स्मिथफील्ड संस्कृति।

18. दक्षिण अफ्रीका की विल्टन संस्कृति : क़रीब छः हजार वर्ष पूर्व युरोप में मध्यपाषाणकाल की समाप्ति के समय से लेकर आधुनिक काल में यूरोपियनों के दक्षिण अफ्रीका में कदम रखने तक यह संस्कृति फलती-फूलती रही थी। इसका क्षेत्र

केन्या से उत्तमाशा अंतरीप तक फैला था।

19. पूर्वी तथा मध्य अफ्रीका की एलीमेंटीटान संस्कृति। यह केन्याई कैपसियन संस्कृति का उत्तराधिकारी मानी जाती है।

क़रीब दस हजार से आठ हजार वर्ष पूर्व (लगभग दो हजार वर्षों तक) वर्तमान सहारा रेगिस्तान के दक्षिणी क्षेत्र में (जो अटलांटिक महासागर से नील नदी तक फैला था) पुरातत्वविद् डॉ जे इ जी सटन के अनुसार, एक समृद्ध जल-पाषाण संस्कृति फलती-फूलती रही थी। इस क्षेत्र में तब कई बड़ी-बड़ी नदियाँ थीं, ताल थे और दलदली ज़मीन थी। जलस्रोतों से समृद्ध इस क्षेत्र में विकसित संस्कृति ने तब आसपास के जनों को भी आकर्षित करना शुरू किया था। जाहिर है, इन जनों के बीच अवश्य कोई सम्पर्क भाषा विकसित हुई होगी। वर्तमान समय में इन क्षेत्रों तथा आस-पड़ोस के देशों की भाषाओं की गहन छानबीन के बाद भाषाविद् जे एच ग्रीनबर्ग ने जो निष्कर्ष निकाले ('लेंग्वेजेज ऑफ अफ्रीका'; 1963), उस आधार पर सटन उन जनों की भाषा को नाइलो-सहारन वृहत् भाषा परिवार से जोड़ते हैं। ग्रीनबर्ग वर्तमान में उस वृहत् भाषा-परिवार का सम्बन्ध चारी-नाइल भाषा-परिवार से बताते हैं। पूर्वी सूडानी, मध्य सूडानी और कुछ अन्य लघु भाषाएँ इस चारी-नाइल भाषा परिवार की ही शाखाएँ हैं।

क़रीब दो हजार वर्षों तक फलने-फूलने के बाद यह संस्कृति जल-स्रोतों के छीजने अथवा सूखने के कारण बिखर गई और सम्भवतः (एशिया की ओर) उत्तर-पूर्वी क्षेत्रों की नवपाषाणकालीन संस्कृतियों से जा मिली।[20]

इस क्षेत्र में भी बड़े पैमाने पर सूक्ष्म उपकरणों के साथ-साथ हड्डियों से बनी कलाकृतियाँ, तथा अलंकृत मृदभांड भी प्राप्त हुए हैं। रुडोल्फ (तुरकाना), नोकुरु, एलीमेंटीटा, बेरिंगों झीलों का यह इलाका पुरातत्वविदों के लिए काफ़ी महत्वपूर्ण क्षेत्र रहा है। 1920 के दशक में लुइस लीकी द्वारा नोकुरु झील के आसपास के क्षेत्रों (लॉयन हिल गुफा तथा गैम्बल की गुफा) की छानबीन की गई थी। इन्हीं क्षेत्रों में पुरापाषाणकालीन औजार भी बड़ी मात्रा में मिले थे जिन्हें केन्या कैपसियन के नाम से जाना जाता है। दरअसल, इस क्षेत्र में लावा कांच का भंडार होने के कारण उम्दा फलक उपकरणों के निर्माण के लिए जरूरी संसाधन स्थानीय पैमाने पर ही उपलब्ध हो जाता था।

20. मंगोलिया की शबा-रख-उसु संस्कृति।

21. चीन के इनर मंगोलिया क्षेत्र की संस्कृति।

22. उत्तरी चीन के ओर्दोस क्षेत्र की संस्कृति।

23. शेन्सी (चीन) की लो नदी क्षेत्र की संस्कृति।

24. चीन के हेनान प्रान्त की शुआनयुआन पहाड़ियों (वर्तमान शिनजेंग शहर) स्थित क़रीब आठ हजार वर्ष पुरानी पेइलीगांग संस्कृति। (चीनी मिथकों में) चीन के प्रथम

पीत सम्राट का सम्बन्ध इसी संस्कृति से जोड़ा जाता है। 'येलो एम्पेरर' (पीत सम्राट) के बारे में कहा जाता है कि वे 'जी' उपनाम (कुछ लोगों के अनुसार गोंगसुन उपनाम) वाले कुनबे से सम्बन्धित थे। उन्होंने यान राज्य के सम्राट को पराजित किया था और फिर यान सम्राट के साथ संश्रय कायम करते हुए नौ जनजातियों के हमले को विफल कर दिया था। बहरहाल, यान सम्राट को नवपाषाण क्रान्ति का सूत्रधार बताया जाता है और उन्हें ही कृषि, औषधियों, पंचांग, जहाज, तीर-धनुषों, आदि के आविष्कार का श्रेय दिया जाता है।

25. नातुफियन संस्कृति : फिलिस्तीन-इजराइल, मिस्र, सीरिया और लेबनान में फैली यह संस्कृति नवपाषाणकालीन संस्कृति का पूर्वाभास देती प्रतीत होती है। यहाँ प्रचुर मात्रा में विभिन्न किस्म के (ख़ासकर त्रिभुजाकार, समलम्बाकार तथा अर्ध-चन्द्राकार) उपकरण प्राप्त हुए हैं। ये जन मूठ जड़ी हँसियों को पशुओं के चित्र उकेर कर अलंकृत भी किया करते थे। इनकी हँसियों की चमकती धार से अंदाज लगाया जाता है कि इनका उपयोग घास काटने के लिए भी किया जाता था। कठोर पाषाण के बेलनाकार मूसल तथा कप के आकार के गहरे खरल (ओखली) इस संस्कृति की ख़ास पहचान हैं। खरल-मूसल का उपयोग सम्भवतः बटोरे गये अन्न-दानों को कूटने-पीसने के लिए किया जाता था।

26. पूर्वी इराक की जर्जी, पेलगावरा, करीम शहीर संस्कृति।

27. उत्तर-पश्चिम ईरान में अलबुर्ज पहाड़ियों की तलहटी में स्थित होतु और बेल्ट-गुहा की संस्कृति।

28. पश्चिमी तुर्कमेनिया में दमदम चश्मे की गुहा संस्कृति।

29. उज्बेकिस्तान की कट्टा-कुरगान की संस्कृति।

30. श्रीलंका की फाहियान गुफा (क़रीब 34,000 वर्ष पूर्व) तथा बाटाडोम्बा लेना (क़रीब 28,000 वर्ष पूर्व) की संस्कृति। इरफान हबीब के अनुसार, यह दक्षिण एशिया में, और सम्भवतः पूरी दुनिया में सूक्ष्म उपकरणों की पाई जानेवाली प्राचीनतम जगह है।[21]

31. श्रीलंका की बेली लेना की संस्कृति। यहाँ के मध्यपाषाणकालीन अवशेषों में क़रीब बारह हजार तथा नौ हजार साल पुराने (मडुआ के) जले हुए दाने भी मिले जिससे यह पता चलता है कि भोजन के लिए जंगली दानों का उपयोग होने लगा था।

32. मुम्बई के उत्तर स्थित कांदिवली, और मार्वे तथा मनोरी प्वाइंट क्षेत्र की संस्कृति।

33. महाराष्ट्र में चालीस गाँव के नजदीक पतने में उत्तर पुरापाषाणकालीन औजारों के साथ-साथ मध्यपाषाणकालीन सूक्ष्म उपकरण भी मिले हैं।

34. कृष्णा तथा गोदावरी घाटियों की संस्कृति।

35. तमिलनाडु के तिरुवेनवेली क्षेत्र की संस्कृति।

36. मध्य गुजरात की लंघनाज संस्कृति (क़रीब 4-4.5 हजार वर्ष पुरानी)।

37. नर्मदा घाटी की आदमगढ़ संस्कृति : क़रीब आठ हजार वर्ष पुरानी यह मध्यपाषाणकालीन संस्कृति अन्य संस्कृतियों की तुलना में अपेक्षाकृत उन्नत थी। यहाँ पालतू पशुओं, यथा, कुत्ते, बैल (जेबू), भैंस, भेड़ और सूअर के अलावा काफ़ी मात्रा में जंगली जानवरों (हिरण, साही, आदि) के भी जीवावशेष मिले हैं। इससे पता चलता है कि ये लोग शिकार के साथ-साथ अंशतः पशुपालन भी करने लगे थे। इनके औजार तो समानान्तर पार्श्ववाले फलकों (ब्लेडों) पर ही आधारित थे, लेकिन सूओं, बरमों और छेनियों-तक्षणियों आदि में काफ़ी विविधता आ गई थी। हाथ से बने मृदभांडों के अवशेष भी प्राप्त हुए हैं। लोग शैलाश्रयों (पहाडी कंदराओं) में रहते थे। भारत में गुफा चित्रांकन का श्रेय इसी आदमगढ़ संस्कृति के लोगों को ही जाता है। भोपाल के नजदीक भीमबेटका में पहाड़ी आश्रयों में उनकी विश्वविख्यात चित्रकारी क़रीब आठ हजार वर्ष पुरानी मानी जाती है। इस चित्रकारी में उनका दैनन्दिन जीवन बखूबी प्रतिबिम्बित हुआ है। इसमें तीर-धनुष से शिकार करते लोग हैं, बोझा ढ़ोती एक स्त्री है और उम्दा कलात्मक कौशल का परिचय देती मोरनी का रेखांकन भी है।

38. मेवाड़ में अरावली पर्वत श्रृंखला को छूते मरु प्रदेश की बागोर-स्थित मध्यपाषाणीय संस्कृति (क़रीब 7-7.5 हजार वर्ष पुरानी)। बागोर और मध्य गुजरात स्थित लंघनाज संस्कृति आदमगढ़ संस्कृति का ही अवशेष हो सकती है।

39. सराय नाहर राय और मरदाहा की संस्कृति : मध्य उत्तर प्रदेश के मैदानी इलाकों में सराय नाहर राय और मरदाहा में दस हजार वर्ष पुराने अवशेष मिले हैं। पशु-पक्षियों के जीवावशेषों से पता चलता है कि तत्कालीन लोग जेबू (भारतीय बैल), भैंस, भेड़-बकरी, बारहसिंगा, सूअर, गेंडा, हाथी, कछुआ और विभिन्न पक्षियों का शिकार किया करते थे। तीर-धनुष के प्रयोग का भी प्रमाण मिला है। मांस पकाने के लिए आग का उपयोग किया जाता था, बीजों का संग्रह किया जाता था और उन्हें दलने के लिए पत्थर की चक्की और सिलौटी का इस्तेमाल होता था। वैसे खेती का कोई प्रमाण नहीं मिला है, लेकिन उपयुक्त उपकरणों से अंदाजा लगाया जा सकता है कि बीजों का संग्रह भविष्य में उपयोग के लिए किया जाता था। वस्त्र के रूप में पशु-चर्म का इस्तेमाल होता था, हाथ से बटकर बालों की रस्सी बुनी जाती थी। मृदभांडों का कोई प्रमाण नहीं मिला है। मरदाहा में हड्डियों से बने कंठहार तथा झूलन जैसे आभूषण मिले जो पुरुषों द्वारा पहने जाते थे।

कब्रों के अध्ययन से पता चला है कि मृत्यु से सम्बन्धित कर्मकाण्ड प्रचलित हो चुके थे और लोग मृत्यु के बाद के जीवन में विश्वास करते थे। मृतकों के साथ आभूषण, पशुओं की अस्थियाँ, आदि भी दफनाई जाती थीं। पुरुषों तथा स्त्रियों के दफनाने की विधि एक ही थी।

सराय नाहर राय की कब्रों से मिले नरकंकालों से यह अनुमान लगाया जाता है कि तब पुरुषों की औसत लम्बाई 180 से.मी. तथा महिलाओं की 170 से.मी. रही

होगी। मरदाहा में दफन किए गए 13 व्यक्तियों की औसत आयु 19 से 28 वर्ष के बीच थी। सिर्फ़ एक की उम्र 40 वर्ष के ऊपर थी और पचास से ऊपर की उम्र का कोई नहीं था।

40. इलाहाबाद के दक्षिण बेलन नदी की घाटी में स्थित बेलन संस्कृति : चोपानी-मांडो में जो मध्यपाषाणकालीन अवशेष प्राप्त हुए हैं, उनका काल क़रीब 5,385 से 5,135 वर्ष पूर्व बताया जाता है। यहाँ वास करनेवाला शिकारी-फलसंग्राहक समुदाय झोपड़ियों में निवास करता था—इन झोपड़ियों के फर्श से काफ़ी मात्रा में सूक्ष्म उपकरण मिले हैं। पुरुषों की औसत लम्बाई सराय नाहर राय और मरदाहा में क़रीब पाँच हजार वर्ष और पहले के अवशेषों से मिलती-जुलती है, लेकिन स्त्रियों की औसत लम्बाई थोड़ी कम थी (162 से.मी.)। मिर्जापुर जिले के लोखाहिया से प्राप्त कंकालों से यही निष्कर्ष निकलता है। उन्नीस कंकालों के अध्ययन से पता चलता है कि ग्यारह की मृत्यु पच्चीस वर्ष के पूर्व ही हो चुकी थी।

चोपानी-मांडो में भी पत्थर के हथौड़े, चक्की और मूसली मिली है तथा जंगली चावल के संग्रह के प्रमाण भी मिले हैं। यहाँ हाथों से बने मृदभांडों में से कुछ पर रस्सियों से अलंकरण भी किए गए थे।

विन्ध्य नवपाषाण संस्कृति (5,530 से 3,265 वर्ष पूर्व के बीच) को चोपानी-मांडो मध्यपाषाणकालीन संस्कृति का ही उत्तराधिकारी माना जाता है।

मध्यपाषाण काल और इतिहास

इतिहास की आधुनिक दृष्टि प्रबोधनकालीन युरोप की देन है, जिसके अंतर्गत कृषि के विकास के साथ-साथ नगरीकरण, व्यापार तथा लेखनी की शुरुआत, और निजी सम्पत्ति तथा राजसत्ता की उत्पत्ति को 'सभ्यता' के रूप में चिह्नित किया गया। इसी सभ्यता के आगमन को मानव जाति के इतिहास का प्रस्थान-बिन्दु माना गया, और उसके पूर्व के समाजों को 'बर्बर' समाजों के नाम से अभिहित किया गया। सभ्यता-बर्बरता के द्वैत पर आधारित यह दृष्टि न सिर्फ़ तत्कालीन उदीयमान पूँजीवादी युरोपीय समाजों के अपने पूर्वाग्रहों पर आधारित थी, बल्कि इस दृष्टि ने उन समाजों को अपने औपनिवेशिक अभियान का तर्क और लक्ष्य भी मुहैया किया—उनके औपनिवेशिक अभियान 'बर्बर समाजों को सभ्य बनाने के महान दायित्वभार' के रूप में, एक विराट ऐतिहासिक आदर्श की प्राप्ति की महिमा से मंडित किए गए।

इस प्रकार, सभ्यता के आगमन के साथ 'इतिहास' की भी शुरुआत हुई। उसके पहले के 'जांगल और बर्बर समाज' प्राक्-इतिहास की विषय-वस्तु बने। चूँकि सभ्यता की एक विशिष्ट पहचान थी नगरों का उदय, सो इतिहास की शुरुआत मिस्र की नील घाटी की सभ्यता से, दजला-फरात की घाटियों में उभरे सुमेर, बेबीलोन, असीरियन सभ्यता से, चीन की पीली नदी घाटी की सभ्यता से, और सिन्धु घाटी की हड़प्पा

सभ्यता से की गई—इन सभी सभ्यताओं की पहचान उनके नगरों से होती थी। प्रागैतिहासिक समाजों को संस्कृति की संज्ञा दी गई। इस प्रकार, 'प्रागैतिहासिक संस्कृतियों' और 'ऐतिहासिक सभ्यताओं' का द्वैत सामने आया।

युरोपीय लिहाज़ से भी सिविलाइजेशन शब्द अपेक्षाकृत नया शब्द ही है। आधुनिक अर्थ में इस शब्द का पहला प्रयोग फ्रांस में मिराबो के मार्की, विक्टर रिकेटी की पुस्तक 'ए ट्रीटाइज ऑन पॉपुलेशन' में 1756 ई. में मिलता है।[22] वैसे 1752 ई. में फ्रांसीसी राजनीतिज्ञ और अर्थशास्त्री आन राबेर जाक तर्गोत (1727-1781) ने इतिहास की अपनी एक पुस्तक तैयार करने के दौरान 'सिविलाइजेशन' शब्द का प्रयोग किया था। लेकिन इसे वे खुद प्रकाशित नहीं कर सके। 1732 ई. के आसपास फ्रांस में इस शब्द का प्रयोग विधि-विधान के क्षेत्र में किया जाता था, जिसका अर्थ था न्याय अथवा निर्णय की प्रक्रिया में फौजदारी मामलों को दीवानी मामलों में बदलना। अंग्रेजी में इस शब्द का पहला प्रयोग सम्भवतः 1772 ई. में हुआ, और इसके बाद धीरे-धीरे यह पूरे युरोप में व्यापक प्रचलन में आ गया। 1756 ई. में प्रकाशित वाल्तेयर की रचना 'एसे ऑन द कस्टम्स एण्ड स्पिरिट ऑफ नेशन्स' में इस शब्द का उल्लेख नहीं है। बहरहाल, रूसो अपने 'श्रेष्ठ' बर्बर को भी 'सिविलाइज्ड' नहीं मानते थे। 1874 ई. में ई बी टेलर के 'प्रिमिटिव कल्चर' के प्रकाशन के बाद ब्रिटिश तथा अमेरिकी मानवशास्त्री 'आदिम समाजों' को संस्कृतियों के रूप में वर्णित करने लगे, और इस तरह आदिम समाजों की संस्कृतियों तथा ऐतिहासिक समाजों की सभ्यताओं का द्वैत प्रचलित हुआ (1819 के आसपास से एकवचन सभ्यता की जगह बहुवचन सभ्यताओं का प्रयोग होने लगा था)। सभ्यताओं में संस्कृति का अर्थ अब कला-साहित्य, आदि तक सिमट कर रह गया।[23]

जब से इस शब्द की उत्पत्ति हुई, तब से इसकी परिभाषा और इसके दायरे को लेकर इतिहासकारों तथा मानवशास्त्रियों के बीच काफ़ी विवाद भी हुए। लेकिन ऊपर इसका जो सामान्य अर्थ दिया गया है, वह आजतक प्रचलन में है। अर्नाल्ड टॉयनबी सभ्यता के साथ-साथ 'समाज' (और समाज की प्रजातियों) का प्रयोग करते रहे, हालाँकि उनके समाजों का इतिहास भी वहीं से शुरू होता है, जहाँ से सभ्यताओं का। मार्सेल मास्स सभ्यता के दायरे में मानव जाति की समस्त उपलब्धियों को शामिल करते थे। क्लाउड लेवी-स्ट्रॉस के विचारों में हम 'आदिम संस्कृतियों' और 'सभ्यताओं' के बीच एक स्पष्ट विभाजन रेखा देखते हैं। उनके अनुसार, आदिम संस्कृतियाँ समतामूलक समाजों की उपज थीं, जहाँ समूहों के बीच के सम्बन्ध हमेशा के लिए निश्चित और नियत होते थे, जबकि सभ्यताएँ सोपानमूलक समाजों पर आधारित होती हैं, जहाँ समूहों के बीच पर्याप्त खाई और असमानताएँ होती हैं और इसलिए वे बदलते तनावों, सामाजिक विवादों, राजनीतिक संघर्षों, तथा अनवरत् उद्विकास की प्रक्रिया में होती हैं। अमेरिकी मानवविज्ञानी और इतिहासकार लुइस मॉर्गन (1818-1881)

ने भी अपनी प्रसिद्ध कृति 'एंशिएण्ट सोसाइटी' में (अमेरिकी इण्डियन गणों, ख़ासकर इरोक्वा गण के अध्ययन के क्रम में) युगों का वर्गीकरण जांगल, बर्बर तथा सभ्य युगों के रूप में किया है।[24] फ्रेडरिक एंगेल्स की पुस्तक 'परिवार, निजी सम्पत्ति और राज्यसत्ता की उत्पत्ति' का एक प्रमुख स्रोत मॉर्गन की उपर्युक्त पुस्तक ही है। मार्क्सवादी विचार परम्परा भी कमोबेश सभ्यता के उपयुक्त प्रचलित अर्थ का ही अनुगमन करती है, और नगरों के विकास, लिखित भाषा के विकास, परिवार, निजी सम्पत्ति, वर्ग और राज्यसत्ता के उद्भव को इतिहास तथा सभ्यता के आरम्भ के रूप में देखती है।[25] अल्विन टॉफ्लर इतिहास की तीन लहरों (कृषि, औद्योगिक और ज्ञान युग) में शिकारी-फलसंग्राहक युग को शामिल नहीं करते।[26] बहरहाल, यहाँ हम इन विचारों तथा विवादों के विस्तार में नहीं जाएँगे।

'सभ्यता' अपने जन्म से ही पाखण्डपूर्ण श्रेणी रही है। युरोप के जिस ऐतिहासिक काल में इस शब्द का जन्म हुआ और इतिहास के निरूपण में इस अवधारणा का प्रयोग किया गया, उस समय से आजतक 'सभ्यता' के नाम पर जितनी बर्बरताएँ की गईं, जितना बड़ा दास-व्यापार हुआ, जितने जनसंहार हुए, जितनी लूट मचाई गई, उसकी इतिहास में कोई मिसाल नहीं मिलेगी। 'सभ्य' देशों के बीच इसी 'सभ्यता' के हृदय-स्थल में दो-दो विश्वयुद्ध लड़े गये और इतिहास में सबसे बड़े जनसंहार के—कुछ ही मिनटों में लाखों लोगों को मौत के मुँह में झोंक देने के बर्बर कृत्य को भी 'सबसे सभ्य राष्ट्र' ने ही अंजाम दिया। 'श्रेष्ठ सभ्य' और 'निम्न बर्बर' के तर्क की परिणति स्वयं युरोप के 'सभ्य' राष्ट्रों को ही भुगतनी पड़ी, जब उन्हीं के बीच से एक 'सभ्य' राष्ट्र में नस्लवादी नाजीवाद ने 'ट्युटोनिक नस्ल की श्रेष्ठता' स्थापित करने की प्रक्रिया में एक-के-बाद-एक युरोपीय राष्ट्रों को ही अपना शिकार बनाना शुरू किया। इस 'सभ्यता' की बर्बरता के इतने किस्से हैं कि उनको यहाँ बयाँ करना सम्भव नहीं। तथाकथित बर्बरों को सभ्य बनाने का अभियान आज भी बदस्तूर जारी है। सभ्यता की उपर्युक्त अवधारणा अब भी इतना घर कर चुकी है कि उन समुदायों को जो नगरों में नहीं रहते, लिखना नहीं जानते, उन्हें अमूमन 'असभ्य, मूर्ख, जाहिल, गंवार, बर्बर (और न जाने क्या-क्या)' माना जाता है।

इसलिए सभ्यता शब्द का, और इतिहास को सभ्यता से शुरू करने की प्रचलित अवधारणा का परित्याग करने का मतलब सिर्फ़ यह नहीं है कि हम प्राक्-इतिहास के कुछ हजार वर्षों की ज़मीन का उद्धार कर मानवजाति के इतिहास को और पच्चीस हजार वर्ष पीछे ले जाकर मध्यपाषाण युग से शुरू करें। दरअसल, मानव समुदायों के बीच परस्पर सम्मान और समानता का सम्बन्ध कायम करने के लिए इस अवधारणा से छुटकारा पाना जरूरी है। (कहने की जरूरत नहीं कि) इस शब्द अथवा अवधारणा के परित्याग से मानव समुदायों के बीच परस्पर सम्मान तथा समानता का सम्बन्ध कायम हो जाएगा, ऐसी बात नहीं है। यह तो अतिसरलीकरण और निहायत भोलापन

होगा। जब यह अवधारणा नहीं थी, तब भी मानव समुदायों के बीच परस्पर सम्मान तथा समानता का भाव नहीं था, श्रेष्ठ और निम्न की श्रेणियाँ थीं और इस आधार पर बर्बरताएँ भी थीं। इसीलिए मामला सिर्फ़ इस शब्द और अवधारणा के परित्याग तक ही सीमित नहीं है। तथापि यह भी सही है कि हम इस अवधारणा को ढोते हुए उस दिशा में एक कदम भी आगे नहीं बढ़ सकते।

ऊपर हमने मध्यपाषाण संस्कृतियों की जो संक्षिप्त झांकी प्रस्तुत की है, उससे यह तो निस्सन्देह स्पष्ट हो जाना चाहिए कि वे जीवन्त मानव समुदाय थे और मानव जाति के इतिहास में अपने सम्मानजनक स्थान के वाजिब हकदार हैं। आज के हमारे भौतिक-आध्यात्मिक जीवन में भी उनकी महत्वपूर्ण उपस्थिति बनी हुई है।

एक और तर्क है जिसके आधार पर उन्हें इस हक से वंचित करने का प्रयास किया जा सकता है। फ्रेडरिक एंगेल्स की रचना 'परिवार, निजी सम्पत्ति और राज्यसत्ता की उत्पत्ति' का हवाला देते हुए अलेक्सेयेव लिखते हैं, "मानव जाति की आर्थिक सक्रियता के इतिहास के दो कालानुक्रमिक चरण हैं : विनियोजी अर्थव्यवस्था और उत्पादक अर्थव्यवस्था। विनियोजी अर्थव्यवस्था पूरी तरह प्रकृति पर निर्भर होती है। उसमें मनुष्य केवल प्रकृति के उत्पादों का विनियोजन करना, उन्हें लेना जानता है और स्वयं कुछ उत्पादित करना नहीं जानता है। आद्य मानव की औजार निर्माण सम्बन्धी सारी सक्रियता का स्वरूप विनियोगात्मक था। लोग मात्र उपभोग करते थे, उत्पादन नहीं। शिकार, संग्रहण और मछली पकड़ना प्रकृति के तैयार उत्पादों के विनियोजन के विभिन्न रूप हैं और उनके दौरान किन्हीं नयी वस्तुओं का निर्माण, उत्पादन नहीं किया जाता है। जब वानस्पतिक तथा जैव आहार के प्राकृतिक भंडारों के रूप में किसी इलाके के खाद्य संसाधन समाप्त हो जाते थे तो मनुष्य के पूर्वज उस इलाके को छोड़कर नये इलाके में चले जाने को विवश हो जाते थे। इसी कारण वे पूरी तरह प्राकृतिक प्रक्रियाओं तथा प्राकृतिक विपदाओं की मौसमी आवर्तिता पर निर्भर थे और इसी कारण उनका रहन-सहन सचल, घुमंतू अथवा अर्ध-घुमंतू किस्म का था। इस तरह की अर्थव्यवस्था का आभास, चाहे वह क्षीण-सा ही है और युरोपीय सांस्कृतिक विश्व के साथ सम्पर्कों के परिणामों द्वारा आंशिकतः विकृत भी है, हमें इतिहासकारों और नृजाति वर्णन की रचनाओं में अभिलिखित समाजों—18वीं, 19वीं शतियों के ऑस्ट्रेलियाई मूलवासियों, रूसियों के आगमन से पहले साइबेरिया के भीतरी भागों में रहने वाली शिकारी जनजातियों और 18वीं शती के उत्तर अमेरिकी इण्डियनों के शिकारी कबीलों से मिलता है।"[27]

उत्पादक अर्थव्यवस्था की शुरुआत कृषि से मानी जाती है और कृषि की शुरुआत नवपाषाणकाल से होती है। नवपाषाण क्रान्ति के अपने महत्वपूर्ण अध्ययन के जरिए वी गार्डन चाइल्ड ने इस युग को इतिहास में पर्याप्त सम्मान भी दिलाया। बहरहाल, यह तर्क भी मध्यपाषाणकालीन समाजों को इतिहास से बाहर रखने का

कोई कारण नहीं बनता। मध्यपाषाणकालीन समाजों के अध्ययन से यह स्पष्ट है कि औजारों का उत्पादन दो विभागों में बंट चुका था—सीधे हस्तगतकरण के औजारों तथा औजारों का निर्माण करने वाले सूक्ष्म औजारों का उत्पादन। दरअसल ये सूक्ष्म उपकरण, यह श्रम-विभाजन तथा श्रम का विशिष्टिकरण ही मध्यपाषाणकाल की पहचान है। ये सूक्ष्म उपकरण, कुल्हाड़ी और बसूला जैसे उपकरण नयी वस्तुओं का उत्पादन थे और इन्हीं उपकरणों ने आगे कृषि तथा कारीगरी के उपकरणों का रूप लिया। आज हमारे द्वारा इस्तेमाल किए जाने वाले उपकरणों– ब्लेड, सूई, धागा, चाकू, कुल्हाड़ी, बसूला, बरमा, हँसिया, आदि के आविष्कारक वे ही जन थे। उन्होंने हमें पहली बार वृत्त, त्रिभुज, आयत, वर्ग, समकोण, विषम चतुर्भुज, आदि का ज्ञान दिया। तार्किक पद्धति और सृष्टि की अंतर्निहित एकता के प्रणेता वही थे। सृष्टि की शक्तियों से तादात्म्य कायम करने और इन शक्तियों को वश में कर अपने हित में इस्तेमाल करने की हमारी परम्परा की नींव उन्होंने ही रखी थी। इसीलिए हमने उस काल को 'ज्ञान के प्रथम विस्फोट' की संज्ञा दी है। इसके अलावा, मध्यपाषाणकाल में ही उत्पादक श्रमकाल तथा अवकाश काल (खाली समय) का विभेद भी स्पष्ट दिखाई देता है। इसी अवकाश-काल के कारण कलाकृतियों तथा पाषाण-स्मारकों का निर्माण सम्भव हुआ और इन कार्यों में दक्ष लोगों की श्रेणी सामने आई।

बहरहाल, कृषि के साथ-साथ मध्यपाषाणकालीन शिकारी-फलसंग्राहक समाजों को इतिहास में पर्याप्त सम्मानजनक स्थान देने के प्रश्न का एक महत्वपूर्ण सामाजिक पक्ष भी है। यह प्रश्न आज भी पूरी दुनिया में बिखरे जनजातीय समुदायों को समाज में समानता और सम्मान का स्थान दिलाने, इतिहास में इन जनजातीय समुदायों की अहम भूमिका को स्वीकारने तथा उसे समुचित महत्व देने के प्रश्न के साथ अभिन्न रूप से जुड़ा है। मानव इतिहास पर सिर्फ़ कृषि और औद्योगिक समाजों का एकक्षत्र वर्चस्व समाप्त करना जरूरी है।

जैसाकि लगभग सभी संक्रमणकालों में देखा जाता है, आरम्भ में कृषि की ओर कदम बढ़ानेवाले जनों को ये मध्यपाषाणकालीन जन सम्भवतः अच्छी नज़र से नहीं देखते होंगे (प्राचीनकाल के अनेक यायावर जन और मध्यकाल के सौदागर जन बस्ती में बसे किसानों को निम्न भाव से देखते थे)। कालक्रम में जब कृषि बड़े पैमाने पर अतिरिक्त सम्पत्ति तथा अतिरिक्त अवकाश पैदा करने लगी, और कृषि आबादी में तेजी से विस्तार हुआ, तब बाजी पलट गई। कृषि समाजों की नज़र में उनके पड़ोसी आखेटक-संग्राहक समुदाय निकम्मे माने गए और उन्हें कृषि-श्रम की बढ़ती मांग की पृष्ठभूमि में जबरन खेती में शामिल करने की कोशिशें तेज हुईं।

औद्योगिक समाज में ऐसे कई विचारक-लेखक हुए जिन्होंने औद्योगीकरण के दुष्परिणामों के परिप्रेक्ष्य में 'औद्योगिक सभ्यता' की कड़ी आलोचना की, और इस

आलोचना के रूप में 'आदिम समाजों' का महिमामंडन भी किया। यह एक किस्म का 'उलट सभ्यतावाद' ही कहा जा सकता है, सभ्यता-बर्बरता के द्वैत की ही एक उलट प्रतिक्रिया। एक विचार प्रणाली तो सभ्यता का विरोध करने के क्रम में मानवजाति की मूल लाक्षणिकता—उसकी स्वाधीन कार्य सक्रियता—के ही विरोध में चली जाती है। यह मानवजाति को उसकी मानवता से ही वंचित कर देना है। इसका मतलब है मनुष्य मनुष्य के रूप में न रहे, अपनी स्वाधीन कार्यसक्रियता का, अपनी ज्ञानक्रिया का ही परित्याग कर दे। इसप्रकार यह विचारप्रणाली मानव समाज में मौजूद अन्याय के लिए (समाज में ही मौजूद शक्तियों की खिनाख़्त करने तथा समाज व्यवस्था में अपेक्षित बदलाव की हिमायत करने की जगह) मानव जाति के मूल चरित्र-लक्षण को ही जिम्मेवार ठहराती है और समाधान के रूप में लोगों से अपना मानवोचित चरित्र-लक्षण छोड़ देने की अपेक्षा करती है।

बहरहाल, मामला न औद्योगिक समाजों को नकारने का है और न ही मध्यपाषाणकालीन समाजों के महिमामंडन का, बल्कि मानवजाति के इतिहास में विभिन्न समाजों के संतुलित मूल्याँकन का, सभी समाजों की खूबियों-कमियों, उपलब्धियों-विफलताओं तथा हमारे आज में उनके योगदानों के समुचित अनुशीलन का है। साथ ही, हमें अपनी समस्याओं को अपने मूल चरित्र-लक्षण, अपनी स्वाधीन कार्य सक्रियता, अपनी सामूहिक ज्ञान-क्रिया के परिप्रेक्ष्य में ही हल करना है।

एक विचार के रूप में मानवजाति के एकत्व का विचार, मानवीयता, एक प्राचीन विचार है। मानवीयता का पहला गुण सभी मानव समुदायों को, चाहे वे किसी भी अवस्था में हों, परस्पर सम्मान और समानता की नज़रों से देखना है। लेकिन यह मानवीयता भी अबतक अपनी विकास-प्रक्रिया में है। यथार्थ में उसकी प्राप्ति गणों, समाजों, जातियों, वर्गों, राष्ट्रों, विभिन्न पंथ अथवा पेशा-आधारित, या फिर विभिन्न कार्यभार-केन्द्रित वैश्विक संगठनों की संकीर्ण दुनिया में ही सिमटी-सिकुड़ी, या मिलती-लड़ती रही है। मानवजाति के अबतक के विकास-क्रम में ख़ुद मनुष्य कभी केन्द्र में नहीं रहा। अपने-अपने जनों का विस्तारित पुनरुत्पादन, भू-राजस्व, मुनाफा ही उसके केन्द्र में रहे और इनके लिए आपसी लड़ाइयों और युद्धों में मानवजाति काफ़ी लहू बहा चुकी है। प्राचीन समाज में, जब 'वसुधैव कुटुम्बकम' जैसे विचार रखे जा रहे थे, तब जनों के बीच दाशराज्ञ युद्ध भी चल रहा था; गीता की रचना एक महाविनाशकारी युद्ध की पूर्वबेला में कुरुक्षेत्र की रणभूमि में हुई थी; बुद्ध और महावीर की कर्मभूमि होने के बावजूद, मगध और लिच्छवियों के बीच युद्धों का सिलसिला थमा नहीं था।

मानवजाति और समाज की कोई एकआयामी व्याख्या नहीं हो सकती। हम हमेशा अनेक विरोधों के समुच्चय रहे हैं—एक ही समय और एक ही साथ उदात्त भी, और क्षुद्र भी।

समाजों की सह-क्रिया

11

समाजों का संसार

यूथ से जन

आधुनिक मानवों के आगमन की प्रक्रिया आदिम यूथों से जन-समाज बनने की दीर्घकालीन प्रक्रिया भी रही है। शिकार तथा फलसंग्रह की सामूहिक श्रम-क्रिया ने यूथ के अन्दरूनी सम्बन्धों में व्यवस्था का एक अतिरिक्त घटक पैदा किया और सामूहिक ढंग से कार्य करने की आदत को पुख़्ता बनाया। साथ ही, यूथों के विस्तारित आत्म-पुनरुत्पादन के निमित्त यौन-सम्बन्धों में भी परिवर्तन घटित हुए। आदिम यूथ में पारस्परिक सम्बन्ध सामूहिक श्रम-क्रिया-जनित सम्बन्धों तक सीमित नहीं थे, उनका आधारभूत घटक लैंगिक जनन पर आधारित रक्त-सम्बन्ध था। आदिम यूथों में स्वच्छन्द यौन-सम्बन्धों की बात मानवशास्त्रियों के बीच कमोबेश स्वीकृत है। अलग-अलग विचरण करनेवाले आदिम यूथों के लिए और कोई विकल्प भी शायद नहीं था। लेकिन यहाँ यह भी ग़ौर करना चाहिए कि प्राग्मानवों का औसत जीवनकाल काफ़ी कम था (मात्र पच्चीस से पैंतीस वर्ष के बीच)। इसीलिए विभिन्न पीढ़ियों के बीच यौन-सम्बन्धों की सम्भावना कम थी। कालक्रम में मानव-यूथों की संख्या बढ़ने के साथ, नरों के एक यूथ से दूसरे यूथ में जाते रहने तथा विभिन्न यूथों में लैंगिक जनन में भाग लेने के फलस्वरूप विभिन्न यूथों के बीच आनुवंशिक तत्वों का आदान-प्रदान होता रहा होगा। आदिम यूथों के मादा अंश की अपेक्षाकृत स्थिरता एवं नर-अंश की चरता आधुनिक आनुवंशिकी शोधों से भी प्रमाणित हुई है। लेकिन इसकी भी उन दिनों एक सीमा थी। कोई भी यूथ किसी निश्चित पारिस्थितिक कोष्ठक से सम्बद्ध होता था, हालाँकि उसकी सीमाओं में भी उसका वास-क्षेत्र अनवरत नहीं होता।[1]

रक्त सम्बन्ध

उन दिनों सदस्यों की संख्या में अधिकाधिक बढ़ोत्तरी यूथों के अस्तित्व के लिए अत्यावश्यक थी। कालक्रम में उन्हें इस बात का इल्हाम हो गया होगा कि कौटुम्बिक यौन-सम्बन्धों पर आधारित यूथों की आबादी का विस्तार नहीं हो पाता, वे छोटे ही रह जाते हैं। आबादी में अपेक्षित विस्तार न हो पाना अपने अस्तित्व पर ही खतरे

को न्योता देना था। कौटुम्बिक यौन सम्बन्धों पर आधारित यूथों की तुलना में उन यूथों की आबादी तेजी से बढ़ी होगी जो अपने यूथों से बाहर यौन-सम्बन्ध स्थापित करते थे। इस तरह, एक दीर्घ विकास-क्रम में यूथों का बहिर्विवाही गणों और इन बहिर्विवाही गणों पर आधारित अंतर्विवाही जनों में रूपान्तरण हुआ होगा। कौटुम्बिक यौन-सम्बन्ध निषिद्ध हुए होंगे।

यमी : जीवन-सखा वरूंगी उसको
जो है जन्म-सखा मेरा
चाहे सागर-पार दूर
उसने जा डाला हो डेरा...
यम : यमी! तुम्हारा जन्म-सखा है
नहीं चाहता यह सम्बन्ध,
नहीं सोदरा है निज घर में
जाया होने को स्वच्छंद...
यमी : किया गर्भ में दम्पति हमको
सविता ने, वह स्रष्टा है,
उसके नियम नहीं मिटते हैं
विश्वरूप वह त्वष्टा है,
यह निसर्ग सम्बन्ध हमारा
इसे जानते दोनों लोक।।
यम : कौन जानता पहले दिन
क्या हुआ? किसी ने देखा है?
कौन कहेगा? मित्र-वरुण का
वृहत् धाम सारा जग है
स्वैरिणी! क्या मिथ्या कह-कह कर
लोगों को भरमाओगी।।...[2]

आदिम यूथों से जन-समाज में यह रूपान्तरण दसियों लाख वर्षों में घटित हुआ। गणों तथा जन-समाज का विकास आधुनिक मानवों के आगमन के साथ जुड़ी परिघटना है। हम पहले जिक्र कर चुके हैं कि इतिहास में हम मातृसत्ताक तथा पितृसत्ताक, दोनों तरह के जन-समाजों का साक्षात् करते हैं, इसीलिए आदिम यूथ भी सम्भवतः मातृ- तथा पितृ/ज्येष्ठ नर-केन्द्रीत रहे होंगे, ऐसा अनुमान किया जाता है। मध्यपाषाण युग आते-आते जनसमाज लगभग आकार ले चुका था और इस युग के समापन तक पर्याप्त स्थिरता ग्रहण कर चुका था।

जन रक्त-सम्बन्ध पर आधारित थे और उसकी सदस्यता जन्म से ही निर्धारित थी। रक्त-सम्बन्ध से बाहर के किसी व्यक्ति का प्रवेश निषिद्ध था। व्यक्ति की पहचान जन से थी–'देखो, वह किरात मृगछौने को कन्धे पर उठाए ले जा रहा है।... भरत-जन के लड़कों का झुण्ड कहाँ से आ रहा है?' आदि, आदि। कृषि समाज में जन के साथ-साथ जाति और जनपद की पहचान भी जुड़ गई–ख़ासकर जाति, और जनपदीय राजतंत्र की प्रजा के रूप में पहचान अधिकाधिक महत्व धारण करने लगी। 'वह मगधवासी है, और वह अवन्तिवासी।... वह कोसल का चांडाल है और वह विदेह का ब्राह्मण।' शूद्रक के इस उद्धरण में आप पहचान के रूप में (व्यंग्य भाव लिए) जन, जाति और जनपद का सम्मिलित उल्लेख देख सकते हैं–"हम दक्षिण के रहने वाले अस्पष्ट और अशुद्ध बोलते ही हैं। खस, खत्ति, खडा, खडट्टो, विलय, कर्णाट, कर्ण, प्रवारण, द्रविड़, चोल, बर्बर, खेर, खान, मुख, मधुघात, आदि म्लेच्छ जाति वाले हम लोग अनेक देश-भाषाओं के जानकार होने के कारण लिंगभेद आदि का विचार न करते हुए, 'देखा गया' या 'देखी गई', और 'आर्य' या 'आर्या' आदि शब्दों का स्वेच्छा से प्रयोग किया करते हैं।"

औद्योगिक समाज में भी राष्ट्रों की नागरिकता आम तौर पर जन्म से ही निर्धारित होती है। अन्य लोगों को नागरिकता प्रदान करने के लिए पृथक् विधि-विधान बनाये गये हैं। इस मामले में विभिन्न राष्ट्रों के नागरिकता-कानूनों की अपनी-अपनी विशिष्टताएँ भी हैं।

आस्था-कर्मकाण्ड

जनों की दूसरी पहचान उनकी आस्थाओं और कर्मकाण्डों से होती है। जैसा कि हम पहले देख चुके हैं कि प्रत्येक मानव-जन में सृष्टि से, प्रकृति से, तथा प्राकृतिक परिवेश से अपना एक ख़ास सम्बन्ध कायम करने की स्वाभाविक प्रवृत्ति होती है। लेकिन यह सार्विक, स्वाभाविक प्रवृत्ति अलग-अलग जनों में, अपने भिन्न प्राकृतिक परिवेश तथा जीवनानुभवों के कारण, अपने-अपने विशिष्ट रूपों में अभिव्यक्ति पाती है। उनकी सृष्टि-कथाओं तथा जादू-टोने के कर्मकाण्डों की यह भिन्नता रक्त-सम्बन्ध के बाद उनकी पहचान का दूसरा घटक है। सामान्यतः एक ही तरह की जीवनशैली के कारण उनकी इन कथाओं और कर्मकाण्डों में भी अनेक सामान्य तत्व देखे जा सकते हैं, लेकिन ये सामान्य तत्व उनकी पहचान नहीं हो सकते थे; इन सामान्य तत्वों से उनकी पृथक् पहचान नहीं बन सकती थी। इसीलिए इनमें जो विशिष्ट तत्व थे, वही पहचान के अभिन्न अंग बने। जनों के गण-चिह्न अलग-अलग थे। किसी का गण-चिह्न वानर हो सकता था और किसी का नाग। इन पृथक् गण-चिह्नों का सामान्य तत्व यह था कि दोनों गण प्राणी-जगत से अपना रक्त-सम्बन्ध जोड़ रहे थे। लेकिन यह सामान्य तत्व पहचान का आधार नहीं हो सकता था। पृथक् पहचान

के आधार थे वानर और नाग। वानर गणों के लिए वानर अवध्य और पूजनीय थे, जबकि नाग वध्य, तुच्छ और शत्रु-सरीखा। नागों के लिए नाग अवध्य और पूजनीय थे, जबकि वानर वध्य, तुच्छ और शत्रु-समान। वानर गणों के लिए नागों का अस्तित्व उसी तरह था जैसे अन्य प्राणियों और वनस्पतियों का। नागों के लिए भी वानर गण पराये प्राणियों की तरह थे। बहरहाल, दोनों गण मूसक-गणवालों का उपहास कर सकते थे।

इसी तरह, कर्मकाण्डों का सामान्य तत्व था यह विश्वास कि आत्माओं को उपयुक्त टोने-टोटकों के जरिए वश में किया जा सकता है और उन्हें अपने हित में काम करने के लिए बाध्य किया जा सकता है। लेकिन टोने-टोटके की सामग्री और उसकी विधि पृथक् प्राकृतिक परिवेशों तथा अनुभवों की भिन्नताओं के कारण विभिन्न जनों में अपनी कुछ विशिष्टताएँ लिए होती थीं। यहाँ भी सामान्य तत्व पहचान का आधार नहीं हो सकता था, विशिष्टताओं से ही पहचान बनती थी।

कुल मिलाकर, सृष्टि के साथ एकत्व को, और सृष्टि के अन्य अस्तित्व-रूपों के साथ अपने पार्थक्य को परिभाषित करने की यह प्रवृत्ति मानवजाति के इतिहास में हर काल में विद्यमान रही है। जीविकोपार्जन की अलग-अलग विधियों तथा देश-काल की भिन्नताओं के कारण यह मूल वृत्ति अनेक रूपों में अभिव्यक्ति पाती रही है। कृषि संस्कृति में शिकारी-फलसंग्राहक संस्कृति की कथाएँ और उसके कर्मकाण्ड जारी रहे, लेकिन साथ ही कृषि-आधारित जीविकोपार्जन की विधि ने नई विशेषताओं को भी जन्म दिया। भूमि की उर्वरता कृषि समाज के लिए अहम महत्व रखती थी, इसीलिए उर्वरता के प्रतीक के रूप में मातृ-देवियों की परम्परा प्रत्येक कृषि संस्कृति में काफ़ी फली-फूली। ऋतु-परिवर्तन तथा विभिन्न प्राकृतिक शक्तियों का, नदियों, आदि का कृषि समाज में जो अत्यन्त महत्वपूर्ण स्थान था, उसकी पृष्ठभूमि में प्राकृतिक शक्तियों, और मानवीय वृत्तियों ने भी, देवताओं के रूप में मूर्तिमान रूप ग्रहण किया। कृषि संस्कृतियों में ही राजतंत्रों और साम्राज्यों का उदय हुआ और देवलोक में भी सर्वशक्तिमान ईश्वर का। कालक्रम में कृषि संस्कृतियों की इन विशेषताओं ने पंथों तथा पंथ-आधारित कर्मकाण्डों का रूप लिया। देश-काल की भिन्नताओं के कारण संसार की विभिन्न कृषि संस्कृतियों में पंथों और पंथ-आधारित कर्मकाण्डों के भी अपने-अपने पृथक् रूप उभरे। पंथ-सम्प्रदाय-आधारित यह पार्थक्य इन समाजों की पहचान का आधार बना और उनके बीच होने वाले अनेक संघर्षों तथा युद्धों का भी। विनिमय के युग में औद्योगिक संस्कृति के कारण मानवजाति के जीवनयापन की पद्धति फिर एकबारगी बदल गई। कृषि संस्कृति में वणिकों को उच्च स्थान प्राप्त नहीं था (उत्तम खेती, मध्यम बान, निषिद चाकरी भीख निदान)। औद्योगिक-व्यावसायिक समाजों ने खेतिहर समाजों को औपनिवेशिक प्रणाली के माध्यम से जबरन पूँजी के विश्व बाजार का हिस्सा बनाया। इस युग में शिकारी-फलसंग्राहक युग के टोने-टोटके

तथा कृषि युग के पंथों का अस्तित्व तो जारी रहा, लेकिन साथ ही साथ इस नये युग के अनुरूप सापेक्ष सत्यों के सामान्यीकरण के जरिए अस्तित्व में आई सेक्यूलर विचार-प्रणालियों का दबदबा बढ़ता गया। इन सेक्यूलर विचार-प्रणालियों पर आधारित कर्मकाण्डों ने नई जीवनशैली के रूप में, स्वीकृत और निषिद्ध आचारों के रूप में मूर्तिमान रूप ग्रहण किया। इस युग में भी, देश-काल तथा विरासत में प्राप्त पंथों-कर्मकाण्डों की भिन्नताओं के कारण सेक्यूलर विचार-प्रणालियों के भी अनेक पृथक् रूप उभरे और यह पार्थक्य राष्ट्रीय विशिष्टताओं के रूप में पहचान बनकर सामने आए। कहने की जरूरत नहीं कि इसने (जनों तथा पंथों-सम्प्रदायों के बीच होनेवाले युद्धों की तुलना में) बर्बर राष्ट्रीय युद्धों और विश्वयुद्धों को अंजाम दिया। कुल मिलाकर, सृष्टि के साथ एकत्व को, और सृष्टि के अन्य अस्तित्व-रूपों के साथ अपने पार्थक्य को परिभाषित करने की प्रवृत्ति जीवनयापन की तीन भिन्न प्रणालियों में क्रमशः मैजिक, पंथ और सेक्यूलर विचार-प्रणालियों के रूप में प्रकट हुई। तीनों में मूलभूत समानता है, वे एक ही प्रवृत्ति की अभिव्यक्तियाँ हैं। उनके बीच जो भिन्नता दिखाई देती है, उसका कारण जीवनयापन की भिन्न स्थितियाँ, भिन्न प्राकृतिक परिवेश, भिन्न उपकरण, भिन्न अनुभव, भिन्न परम्पराएँ हैं। उनके बीच का सम्बन्ध श्रेष्ठ-निम्न का नहीं है। ऐसा नहीं कि मैजिक से पंथ श्रेष्ठ था, और पंथों से सेक्यूलर विचार-प्रणाली : हम देख चुके हैं कि मैजिक के मूल में शिकारी-फलसंग्राहक जीवन के सापेक्ष-सत्यों का समूह था। इन सापेक्ष-सत्यों के सार्विकरण को हम मैजिक-जनित अंधविश्वास कहते हैं। कृषि युग में जनों का अतिक्रमण कर कृषि समाजों का गठन हुआ। पंथ और सम्प्रदाय जनों का अतिक्रमण थे। पंथों और सम्प्रदायों के मूल में कृषि-जीवन के सापेक्ष-सत्यों का समूह था। इन सापेक्ष-सत्यों का सार्विकरण पंथ-आधारित अन्धविश्वास था। औद्योगिक युग में पंथों-सम्प्रदायों का अतिक्रमण कर राष्ट्रों का निर्माण हुआ। सेक्यूलर विचार-प्रणालियों के मूल में भी औद्योगिक समाजों के सापेक्ष-सत्यों का समूह था। इन सापेक्ष-सत्यों का सार्विकरण औद्योगिक समाज के अंधविश्वास हैं—कथित 'आधुनिकता के अंधविश्वास'। औद्योगिक समाज में विभिन्न ज्ञान-शाखाएँ तो अपने-अपने सापेक्ष सत्यों के सार्विकरण पर ही आधारित हुईं।

जड़ात्मवादी जादू-टोना (मैजिक) आत्माओं के नियम में विश्वास करता था और इन नियमों के आधार पर आत्माओं को वश में कर अपने-अपने जनों की सुरक्षा तथा संवृद्धि का माध्यम था। पंथ और सम्प्रदाय देवों और ईश्वर के नियम का अनुपालन कर अपने-अपने कृषि समाजों की सुख-समृद्धि की मंगल-कामना करते थे। सेक्यूलर विचार-प्रणाली विज्ञान के नियमों के आधार पर एक समृद्ध औद्योगिक समाज के निर्माण का मार्ग प्रशस्त करने का दावा करती है। इस विचार-प्रणाली में अवधारणाओं को स्थापित करने के लिए वैज्ञानिक अनुसंधानों के निष्कर्षों का हवाला दिया जाता है और प्रायः वैज्ञानिक शब्दावली का प्रयोग किया जाता है। मानविकी विषयों के

अध्ययन में भी विज्ञान के सापेक्ष सत्यों का सार्विकरण करते हुए भरपूर उपयोग देखा जा सकता है। सामाजिक-आर्थिक अध्ययनों में डार्विन के क्रम-विकास सम्बन्धी सिद्धान्त से जुड़ी शब्दावलियाँ (ख़ासकर 'सर्वाइवल ऑफ द फिटेस्ट') खूब प्रयुक्त हुईं। कार्ल मार्क्स ने माल को पूँजीवादी अर्थव्यवस्था की 'कोशिका' के रूप में वर्णित किया और इसी कोशिका के अध्ययन से 'पूँजी' की शुरुआत की। न्यूटन के गति के नियम (ख़ासकर क्रिया-प्रतिक्रिया के नियम) तो समाजशास्त्र-राजनीतिशास्त्र में प्रायः उद्धृत किए जाते हैं। इस विचार-प्रणाली पर आधारित कर्मकाण्डों का दैनन्दिन जीवन में कोई भी साक्षात् कर सकता है। राष्ट्रीय भिन्नताओं के साथ इस औद्योगिक समाज के 'भद्र नागरिकों' के अपने मानदण्ड और अपनी अर्हताएँ हैं। औद्योगिक महानगरीय जीवन की कसौटियों पर खरा न उतरनेवाले उपहास के पात्र 'गंवार' हैं जिनका प्रवेश 'भद्र नागरिकों' के सुरक्षित-संरक्षित लोक में निषिद्ध है। फलतः इस समाज में प्रवेश को इच्छुक प्रत्येक व्यक्ति इन कसौटेयों पर खरा उतरने के लिए, एक ख़ास जीवनशैली, बोलचाल, लहजा, आदि में प्रशिक्षित होने के लिए अथक परिश्रम करता है और धन खरचता है, वह भी अपने आप से नफरत करते हुए। कोई भी व्यक्ति अपने आसपास की दुनिया को ग़ौर से देखे तो वह इन 'आधुनिक कर्मकाण्डों' की एक पूरी किताब लिख सकता है।

इसी तरह, इस विचार-प्रणाली के अंधविश्वासों को—विज्ञान के सापेक्ष नियमों के सार्विकरण को भी हम सहज ही पहचान सकते हैं। इस मामले में भी अनेक उदाहरण दिए जा सकते हैं। विज्ञान से ही एक उदाहरण अनेक बार उद्धृत हो चुका है। न्यूटन के सापेक्ष सत्यों के सार्विकरण के कारण उन्नीसवीं सदी के अंत तथा बीसवीं सदी के आरम्भ में वैज्ञानिकों को विद्युत-चुम्बकीय परिघटनाओं के अध्ययन में कितनी मुश्किलें पेश आईं। सूक्ष्म प्रकाश-कण, फोटोन, ने न्यूटन के सापेक्ष नियमों की सार्विकता के खिलाफ विद्रोह कर दिया था और वह अपने लिए नये नियम बनाये जाने की मांग कर रहा था।

हम पहले कह चुके हैं कि किस तरह मैजिक, पंथ और सेक्यूलर विचार-प्रणालियाँ भी अलग-अलग जनों, कृषि समाजों तथा राष्ट्रों में अलग-अलग विशिष्टताओं के साथ आविर्भूत हुईं और यह कि ये विशिष्टताएँ ही जनों, पंथों और राष्ट्रों की पहचान बनीं।

कृषि समाज में मैजिक-आधारित सम्प्रदाय तो क्रियाशील रहे ही, मैजिक को थोड़े-बहुत परिष्कार के साथ पंथ के व्यापक ढाँचे में शामिल कर लिया गया। उसी तरह औद्योगिक समाज में भी ओझा-गुणी तथा पंथ बने रहे; साथ ही पंथों को थोड़े-बहुत परिष्कार के साथ, उनको कुछ हद तक 'सेक्यूलराइज' करने के साथ, सेक्यूलर विचार-प्रणालियों के विस्तृत संसार में स्थान दे दिया गया।

(सामान्यतः एकेश्वरवादी, स्वर्ग-नरक, प्रलय, पुनरुत्थान, पुनर्जन्म, आदि मान्यताओं पर आधारित) पंथ और सम्प्रदाय भी जन की सीमा का अतिक्रमण करते थे। इन पंथों

और सम्प्रदायों में अनेक जन के लोग शामिल होते थे। इन पंथों और सम्प्रदायों की सदस्यता आरम्भ में तो पंथ पर आस्था तथा प्रवेश के विभिन्न कर्मकाण्डों के जरिए सम्पन्न होती थी (बाहर के, अथवा दूसरे पंथ के लोगों के प्रवेश के लिए यह प्रक्रिया आगे भी जारी रही), तथापि पंथ के अनुयायियों के मामले में यह जन्म से निर्धारित होने लगी—यानी अनुयायियों की संतानें स्वतः पंथ का सदस्य बन जातीं; जन्म और नामकरण, आदि से सम्बन्धित संस्कार पंथों के कर्मकाण्ड का अभिन्न अंग थे। सामान्यतः पंथ के अनुयायी पंथ के अंदर ही विवाह करने लगे।

विभिन्न समाजों के निर्माण और विस्तार में पंथों की भूमिका पर अर्नोल्ड टॉयनबी ने विशद् अध्ययन किया है और समाज की विभिन्न प्रजातियों के निरूपण में पंथों की अहम भूमिका उनकी रचनाओं में सहज ही रेखांकित की जा सकती है। टॉयनबी ने मानव समाज की कुल इक्कीस प्रजातियों का जिक्र किया है, जिनमें कुछ मृत हो गईं। शेष 'अपरेंटेशन-एण्ड-एफीलिएशन' के जरिए नये-नये रूपों में अवतरित होती रहीं। जीवित प्रजातियों को उन्होंने पाँच श्रेणियों में बांटा है—i. पश्चिमी क्रिश्चियन समाज; ii. ऑर्थोडॉक्स क्रिश्चियन समाज, iii. इस्लामी समाज; iv. हिन्दू समाज; v. सुदूर पूर्वी समाज। सुदूर पूर्वी समाज ख़ुद सिनिक (चीनी) समाज का उत्तराधिकारी था और आगे चलकर वह दो शाखाओं में बंट गया—मुख्य भाग चीनी समाज के रूप में, और शेष भाग कोरियाई-जापानी समाज के रूप में।[3] पंथों के उद्‌भव, समाज निर्माण में उनकी भूमिका, और पंथों के पारस्परिक संघर्षों तथा सम्मिलनों का उनका विराट अध्ययन अनेक महत्वपूर्ण प्रस्थापनाएँ और अवधारणाएँ प्रस्तुत करता है जिसके विस्तार में हम फिलहाल नहीं जाएंगे। हम सिर्फ़ यह दिखाना चाह रहे हैं कि किस तरह जनों के विघटन के फलस्वरूप जो कृषि समाज सामने आया, उसमें अन्य विशेषताओं के साथ-साथ पंथ, पंथों का बीच संघर्ष तथा सम्मिलन, और पंथ-आधारित उत्पीड़न जैसे तत्व भी जुड़ गये।

अपनी मूलभूत समानताओं के कारण, तीनों—मैजिक, पंथ और सेक्यूलर विचार-प्रणालियाँ—आज भी साथ-साथ फल-फूल रही हैं। झाड़-फूंक, जादू-टोना, और इसी तरह के कर्मकाण्ड आज जितने बड़े पैमाने पर हो रहे हैं और जितनी संख्या में उसमें आमजन ही नहीं, बल्कि आधुनिक 'भद्रजन' शामिल होते हैं, उतनी तो शिकारी-फलसंग्राहक जनों की आबादी भी नहीं थी। आज सात अरब लोगों की ऊँगलियों, कलाइयों, बाँहों, गलों, आदि को ग़ौर से देखिए—बुरी आत्माओं या सायों को दूर भगाने के लिए वहाँ जितने हीरे, पन्ने, पुखराज, गोमेद, स्फटिक, मोती, कौड़ी, रुद्राक्ष, घोड़े की नाल के टुकड़े, मंत्रसिद्ध ताबीज, आदि आप पाएंगे, उतनी संख्या की कल्पना हमारे आखेटक-संग्राहक जनों ने सपने में भी नहीं की होगी। फिर इन सात अरब लोगों के दैनिक जीवन-व्यवहार पर ध्यान दीजिए। रोज कितने टोने-टोटके किए जाते हैं, कितने शगुन-अपशगुन का ख़याल रखा जाता है! उनके घरों में होने वाले

कर्मकाण्डों पर नज़र डालिए। टेलीविजन पर झाड़-फूंक, भूत-प्रेत-आत्मा से सम्बन्धित कार्यक्रमों की टी आर पी देखिए तथा नेट पर इनसे सम्बन्धित साइट्स। हम आज भी अपने आखेटक-संग्राहक जीवन के कर्मकाण्डों में कितने गहरे डूबे हैं, इसका सहज ही अंदाजा लगाया जा सकता है। पंथों की तो चर्चा भी, इस मामले में, जरूरी नहीं रह जाती। पंथों के अनुयायियों की संख्या पर बस नज़र दौड़ा लीजिए। दरअसल, मैजिक, पंथ तथा अनेक सेक्यूलर विचार-प्रणालियों के अनुयायी आपस में, एक-दूसरे से, घुलेमिले हैं। सिर्फ़ किसी सेक्यूलर विचार-प्रणाली को मानने वालों की संख्या, औद्योगिक समाज के क़रीब तीन सौ वर्षों के बाद भी, सबसे कम मिलेगी। हमारे मानसिक जगत पर आज भी क़रीब लाख वर्षों का आखेटक-संग्राहक तथा क़रीब दस हजार वर्षों का कृषि जीवन तीन सौ वर्षों के औद्योगिक जीवन पर हावी है। टोने-टोटके तथा पंथ-आधारित कर्मकाण्डों का व्यवसाय आज भी खरबों रुपये में है।

मैजिक, पंथ और सेकुलर विचार-प्रणालियों के समानान्तर एक दूसरी परम्परा भी आरम्भ से ही मौजूद रही है। यह परम्परा 'पार्थक्य' की जगह 'एकत्व के सारतत्व' पर जोर देती है, और विशिष्टताओं को इसी सारतत्व की (भिन्न-भिन्न स्थितियों में) भिन्न-भिन्न अभिव्यक्तियों के रूप में देखती है—एक सारतत्व की ही अनेक छटाओं के रूप में। इस परम्परा में, अनेक एक के ही अस्तित्व का ढंग मानी जाती है, भिन्नताएँ यहाँ विरोधी प्रवर्ग नहीं हैं—'सत्य एक है, लोग इसकी ही अनेक रूपों में व्याख्या करते हैं।' रूपों को, विशिष्टताओं को निरपेक्ष रूप दे देने से वे एक दूसरे के विरुद्ध हो जाती हैं, टकरावों और हिंसा को प्रोत्साहित करती हैं और हमें मनुष्य, एक मानवजाति के रूप में अपनी मुकम्मल पहचान से वंचित कर देती हैं। एकत्व के सारतत्व पर जोर देने वाली यह धारा हमें विशिष्टताओं से युक्त मैजिक, पंथ, राष्ट्र और सेक्यूलर विचार-प्रणालियों की संकीर्ण-संकुचित बंद दुनिया से ऊपर उठने तथा एक मुकम्मल मानवजाति के रूप में उठ खड़ा होने को प्रेरित करती है। इतिहास में यही धारा आध्यात्मिक धारा के रूप में जानी जाती है और सभी मानव समाजों में आरम्भ से ही उपस्थित रही है। दो दृष्टियों वाले प्रसंग में हम इसकी पहले चर्चा कर चुके हैं। जाहिर है, यह धारा किसी एक जन, पंथ, राष्ट्र या विचार-प्रणाली की पहचान नहीं बन सकती। वैसे यह आध्यात्मिक धारा, विभिन्न रूपों में, मैजिक, पंथ और सेक्यूलर विचार-प्रणालियों में भी अपनी उपस्थिति दर्ज करती रही है।

'सभ्यतामूलक अभियान'

पुनर्जागरण-प्रबोधनकालीन युरोप में इतिहास की जो अवधारणा विकसित हुई और जिसकी मूल प्रस्थापनाओं पर लगभग सभी आधुनिक विचार-प्रणालियों में सहमति है, वह उपर्युक्त विवरण से मूलतः भिन्न है। इस अवधारणा के अनुसार, मैजिक, पंथ और सेक्यूलर विचार-प्रणालियाँ एक ही सारतत्व की जीवनयापन की विभिन्न

स्थितियों में विशिष्ट अभिव्यक्तियाँ नहीं, बल्कि 'मिथ्या आस्था' से 'सत्य चेतना' की ओर, शैशवावस्था के मिथकों-अंधविश्वासों से वयस्क अवस्था के वैज्ञानिक-तार्किक चिन्तन की ओर, और कुल मिलाकर, जांगल-बर्बर युग के अत्यन्त सीमित-संकुचित 'निम्न ज्ञान' से औद्योगिक युग के विस्तृत वैज्ञानिक 'श्रेष्ठ ज्ञान' की ओर सतत् एकरेखीय विकास को दर्शाती हैं। मैजिक से पंथ श्रेष्ठ था, और पंथों से सेक्यूलर विचार-प्रणालियाँ। दरअसल, पंथों से पल्ला झाड़कर युरोप में जो विचार-प्रणालियाँ सामने आईं, वे ही सेक्यूलर विचार-प्रणालियाँ कहलाती हैं और वे ही युरोप में 'अन्धकारमय मध्ययुग' से 'आधुनिक युग' के आगमन का आगाज़ करती हैं। महाद्वीपीय युरोप में यह काल चौदहवीं सदी से अठारहवीं सदी तक का, दाँते (1265-1321) और पेत्रार्क (1304-1374) से फ्रांसीसी राज्य क्रान्ति (1789) के बीच का काल है। इंगलैंड में यह काल मैग्ना कार्टा (1215) और रोजर बेकन (1220-1292) से ग़ौरवशाली क्रान्ति (1688) और जॉन लॉक (1612-1704) के बीच का काल माना जा सकता है। यह दौर महाद्वीपीय युरोप तथा इंगलैंड, दोनों जगह काफ़ी उथल-पुथलभरा और रक्तपातपूर्ण दौर भी था।

बहरहाल, इतिहास की उपर्युक्त अवधारणा ने युरोपीय राष्ट्रों के 'सभ्यतामूलक अभियान' को नैतिक आभा से मंडित किया—उनके सामने दुनिया को 'टोने-टोटके और बर्बर कर्मकाण्डों' से मुक्ति दिलाकर उसे आधुनिक वैज्ञानिक शिक्षा से, उन्नत विचारों से शिक्षित करने का 'महान कार्यभार' था। इस महान कार्यभार का क़रीब तीन शताब्दियों बाद क्या हश्र हुआ, यह हम आज दुनिया के विभिन्न हिस्सों में देख सकते हैं। यह अन्धविश्वासों की प्राचीन दुनिया पर अन्धविश्वासों तथा पूर्वाग्रहों की दूसरी, और भी भयावह दुनिया का अध्यारोपण था, जिसके वर्णनातीत विध्वंसक परिणाम आने ही थे। विशेषकर अफ़्रीकी और विभिन्न जनजातीय साहित्य में हम इस महाविध्वंस का चित्रण करने के लिए शिल्पों और बिम्बों के नये-नये प्रयोगों का सहज ही साक्षात् करते हैं।

"मेरे पिता मुझसे प्रायः कहा करते थे : दिन के उजाले में जब कभी किसी बेंग को उछलते देखो, तब समझ लो कोई उसकी जान के पीछे पड़ा है। आज अहले सुबह जब चारो दिशाओं से मैंने आप लोगों को इस सभा के लिए यहाँ आते देखा, तो मैं जान गया कि कोई हमारी जान के पीछे पड़ा है।... हमारे सारे देवता रो रहे हैं। इदेमिली, ओग्वूग्वू, अगबला—सभी के सभी। हमारे मृत पिता रो रहे हैं। कितनी निर्लज्जता के साथ उनकी पवित्रता भंग कर दी गई है। वे जहालत झेल रहे हैं। यह सब जघन्य कृत्य हमने अपनी आँखों से देखा है।... सो अब हमें वह करना है, जो हमारे पिता कभी नहीं करते। एनेके पक्षी से जब पूछा गया कि वह क्यों हमेशा डैने फैलाये उड़ता रहता है, तो उसने कहा, 'मनुष्य बिना निशाना चूके गोली मारना सीख गये हैं, और मैं किसी टहनी पर पंजे टिकाये बिना उड़ना सीख गया हूँ।'...

अफ्रीका के विभिन्न हिस्सों में सभ्यता लाने के लिए आयुक्त ने कई वर्षों तक काफ़ी मेहनत की थी। इस दौरान उसने कई चीज़ें सीखीं। एक सीख यह थी कि शव को पेड़ से काटकर उतारने के अशोभनीय कृत्य के समय आयुक्त को वहाँ उपस्थित नहीं होना चाहिए। ऐसा करने से देसी लोगों में उसकी छवि खराब होगी। वह जो किताब लिखने जा रहा है, उसमें वह इस बिन्दु पर जोर देगा। कोर्ट की ओर वापस जाते समय वह अपनी किताब के बारे में सोचने लगा। संवादवाहक को मार कर खुद फांसी लगा लेने वाले इस व्यक्ति की कहानी काफ़ी रोचक होगी।... काफ़ी सोच-विचार के बाद उसने किताब का नाम भी तय कर लिया था : 'द पैसिफिकेशन ऑफ द प्रिमिटिव ट्राइब्स ऑफ द लोअर नाइजर' (लोअर नाइजर की आदिम जनजातियों का शमन)।..."[4]

****

विशाल नदी में बाढ़ आई है, आसमान में धूलभरी
आँधी उमड़-घुमड़ रही है,
ओ मैना, भाग जा, भाग जा।
जंगल में आग और धुआँ जोरों से उठ रहा है,
ओ मैना ....
तेरा बाप बाढ़ में असहाय बहा जा रहा है,
ओ मैना ....

xxxxxxxxx

देश आग की लपटों में है।
ओ बहन, आग की नाईं वह
जला जा रहा है,
सर्वग्रासी, लपटों की जीभ लपलपाती
भीषण आग में, सूखी घास की तरह देश जल रहा है
पेड़ में नई निकलती हुई पत्तियों की तरह
आग की लपटें बढ़ती जा रही हैं, बढ़ती जा रही हैं,
देश पीपल की पत्तियों की भाँति असहाय फड़फड़ा रहा है।
ओ बिरसा, तुमने उसे अपने पाँवों पर खड़ा कर दिया।
वह पूर्ण विकसित अवन्ध्याकृत भैंसे की तरह तनकर खड़ा हो गया।
ओ बिरसा, तुमने यातनाएँ सहीं, तुम्हें सताया गया।...
तुमने मुण्डाओं को (माला के फूलों की तरह)
एक साथ गूँथ दिया।
तुमने मुण्डाओं का नाम ऊँचा किया।
ओ बिरसा, मुण्डा तुम्हें याद करते हैं,

वे (तुम्हारे लिए) रोते हैं,
मुण्डा युग-युगान्त तक तुम्हारा अभिवादन करते रहेंगे।[5]

आधुनिक युरोपीय विचार-प्रणालियाँ आज भी इस पूरी परिघटना को 'मिथ्या आस्था बनाम सत्य', 'मिथ बनाम यथार्थ' के नजरिये से ही परखती हैं। पीटर मुंज के अनुसार, ''साझी आस्थाएँ ही समाजों को बांध कर रख सकती हैं, और ऐसी साझी आस्थाएँ कर्मकाण्डों के व्यवहार में अभिव्यक्त होती हैं। सामाजिक बन्धन के उसूल के रूप में अपनी भूमिका का निर्वाह करने में, इस बात से कोई फर्क नहीं पड़ता कि ज्ञान सही है या गलत। जब तक समाज के सभी सदस्य इसे साझा करते हैं, तब तक वह उन्हें बांधे रखेगा। इतना ही नहीं, ऐसी स्थिति में यह जरूरी होता है कि इसे (साझी आस्था को) आलोचना से बचाया जाय और इस बात की गारंटी की जाए कि अगर यह (आस्था) झूठी भी हो, तो कोई यह झूठ कभी पकड़ न पाए। अगर लोग यह जान जाएंगे कि यह झूठ है तो यह (आस्था) सामाजिक बन्धन के रूप में अपनी भूमिका का निर्वाह नहीं कर पाएगी और वह समाज (जिसमें यह झूठ पकड़ लिया गया है) बिखर जाएगा।... (झूठे ज्ञान के पक्ष में यह धारणा भी काम करती है कि) सच्चा ज्ञान (समाज को) बांध कर रखने में शायद ही सक्षम होगा, क्योंकि देर-सबेर सभी इसे (सच्चे ज्ञान को) अंगीकार कर लेंगे। सामाजिक बन्धन के लिए यह जरूरी है कि अपने समाज के लोगों को बांध कर रखने के साथ-साथ शेष अधिकांश लोगों को समाज के बाहर रखने की भी गारंटी की जाए। (यह काम झूठा ज्ञान ही कर सकता है, क्योंकि सच्चे ज्ञान को तो देर-सबेर सभी मानने लगेंगे और इन सारे लोगों को समाज में शामिल नहीं किया जा सकता)। सच्चे ज्ञानवाले सिद्धान्त थोड़े ही हैं, जबकि झूठे सिद्धान्तों की संख्या अनन्त है। प्रत्येक झूठा सिद्धान्त लोगों को बांटता है—एक झूठे सिद्धान्त को मानने वाला समाज और उसे न माननेवाले अन्य समाज। अन्य समाज भी अपने-अपने मिथ्या सिद्धान्तों से ही बंधे होते हैं। इस प्रकार समाज में मिथ्या सिद्धान्तों के बने रहने के पक्ष में हमेशा एक प्रकल्पना मौजूद रहती है।... कहा जा सकता है कि इससे तो, झूठ पकड़ लिए जाने की स्थिति में, समाजों के विघटन का ख़तरा निरन्तर मौजूद रहेगा। लेकिन यह आशंका भी गलत साबित हुई है। जब कोई जन वर्षा के बारे में अपने झूठे ज्ञान के कारण संकट से जूझने लगता है, तब वह (इसी झूठे ज्ञान पर आधारित) अपनी मजबूत सामाजिक एकजुटता के कारण अन्य किसी की तुलना में बेहतर युद्ध-गिरोह बना लेगा और अन्य जनों से वही खाद्यान्न छीन पाएगा जो अपने झूठे ज्ञान के कारण वह उपजा नहीं पाया था। यानी हम यह कह सकते हैं कि उनका मिथ्या ज्ञान उन्हें इस ज्ञान के कारण होनेवाले नुकसानों की क्षतिपूर्ति करने में भी सक्षम बनाता है। उनका ज्ञान जितना झूठा होगा, उनकी एकजुटता उतनी ही सुदृढ़ होगी और ऐसी क्षतिपूर्ति पाने की उनकी क्षमता भी ज्यादा होगी। ज्ञान के इस दुरुपयोग के कारण ही सच्चे ज्ञान की प्राप्ति की प्रक्रिया

(इतिहास में) काफ़ी धीमी रही है।"[6] ये हैं प्रारंभिक मानव-जनों के कर्मकाण्डों के बारे में मुंज के विचार। ग़ौर से देखिए तो क्या मुंज के ये विचार आधुनिक काल में विभिन्न विचारधाराओं के अनुयायियों पर भी (शायद कहीं ज्यादा) लागू नहीं होते?

प्राचीन कला और मिथकों के बारे में चर्चा करते हुए कार्ल मार्क्स एक जगह लिखते हैं, "तमाम मिथक कल्पना में और कल्पना के द्वारा प्रकृति की शक्तियों पर काबू पाते हैं, उन पर अपनी प्रभुता स्थापित करते हैं और उन्हें आकार देते हैं। अतः प्रकृति की शक्तियों पर यथार्थ स्वामित्व की स्थापना के साथ वे लुप्त भी हो जाते हैं। ... कोई व्यक्ति अपनी शैशवावस्था को पुनः प्राप्त नहीं कर सकता... लेकिन क्या वह बच्चे के निश्छल क्रियाकलापों में आनन्द नहीं पाता? क्या उसे इस सच्चाई को उन्नत स्तर पर पुनरुत्पादित करने का ख़ुद प्रयास नहीं करना चाहिए? क्या हर युग का सच्चा चरित्र उसके शिशुओं के स्वभाव में जीवन्त नहीं हो उठता है? तब फिर मानवजाति की ऐतिहासिक शैशवावस्था, इसका सबसे खूबसूरत प्रकटीकरण, एक ऐसी अवस्था के रूप में जो फिर कभी लौटकर वापस नहीं आनेवाली है, अपना शाश्वत आकर्षण क्यों न बरकरार रखे? कुछ बच्चे उच्श्रृंखल होते हैं और कुछ अकाल प्रौढ़। अनेक प्राचीन जन इस श्रेणी में आते हैं। यूनानी सामान्य बच्चे थे। हमारे लिए उनकी कला का आकर्षण, समाज की जिस अविकसित अवस्था में उनका जन्म हुआ, उसके विरोध में नहीं है। यह उसी का परिणाम है, और कहिए तो, इस तथ्य के साथ अभिन्न रूप से जुड़ा हुआ है कि जिन अपरिपक्व सामाजिक स्थितियों में उनका उत्थान हुआ, और सिर्फ़ उन्हीं स्थितियों में उनका उत्थान हो सकता था, वे कभी लौटकर वापस आनेवाली नहीं हैं।"[7]

बहरहाल, प्रकृति के बारे में हमारे ज्ञान में बढ़ोत्तरी प्रकृति के बारे में हमारे अज्ञान को कम नहीं करती—ऐसा तब होता जब प्रकृति एक बंद इकाई होती। एक सतत् विकासमान अनन्त प्रकृति और उसके बारे में हमारी ज्ञान-प्रक्रिया के बीच का सम्बन्ध शैशवावस्था की सीमा लांघ नहीं पाता (अनन्त में अनन्त घटाने से भी अनन्त ही बचता है)।[8] इसीलिए मिथकों के प्रति हमारा शाश्वत आकर्षण मानवजाति की शैशवावस्था के प्रति हमारा शाश्वत आकर्षण ही नहीं है—चूँकि प्रकृति के साथ सम्बन्ध में हमारी शैशवावस्था निरन्तर बनी रहती है, इसीलिए हर युग में हम मिथकों की भी रचना करते आए हैं। मानव इतिहास में सबसे ज्यादा मिथक आज के युग में ही रचे जा रहे हैं। पुराने मिथक भी हर युग में, अपना आकर्षण बरकरार रखते हुए, अपने नये-नये अवतारों में प्रकट होते रहे हैं।

विटजेन्स्टाइन (1889-1951) ने अपने 'ट्रैक्टेटस' के अंत में यह टिप्पणी की है कि 'रहस्य यह नहीं है कि दुनिया कैसी है, बल्कि यह है कि दुनिया है!' प्रकृति कैसी है, प्रकृति की गति-प्रकृति क्या है, इसका संधान तो हम करते रहते हैं, और इस बारे में थोड़ी-बहुत जानकारी भी प्राप्त होती रहती है, लेकिन प्रकृति क्यों है, यह

रहस्य तो बना ही रहता है। प्रकृति की गति-प्रकृति भी कम रहस्यमय नहीं–किसी एक पक्ष अथवा उसकी किसी एक परत के उद्घाटन के साथ ही उसका एक नया अद्भुत संसार प्रकट हो जाता है। लेकिन प्रकृति क्यों है, यह रहस्य उसके बारे में हमारे प्रक्रियागत ज्ञान को भी निरन्तर सापेक्ष और संदिग्ध बनाये रखता है।[9]

बहरहाल, प्राचीन मानव जनों के चिन्तन, कर्मकाण्डों और मिथकों पर उन्नीसवीं और बीसवीं सदी में जिन विद्वानों ने महत्वपूर्ण अध्ययन किया है, उनमें लुसिएं लेवी-ब्रुहल (फ्रांस, 1857-1939), 'द गोल्डन बाउ' के रचयिता जेम्स जी फ्रेजर (ब्रिटेन, 1854-1941) और संरचनात्मक मानवशास्त्र के प्रवर्तक क्लाउड लेवी-स्ट्रॉस (फ्रांस, 1908-2009) का नाम प्रमुखता से लिया जाता है।

यहाँ हमारा उद्देश्य चिन्तन के इतिहास में आधुनिक सेक्यूलर विचार-प्रणालियों के अमूल्य योगदान को कम करके आँकना नहीं है, बल्कि उन्हें अपनी 'श्रेष्ठता के दंभ' से वंचित करना है। श्रेष्ठता का यह दंभ आज भी मानव समुदायों के बीच समानता और परस्पर सम्मान का सम्बन्ध कायम करने की राह में बड़ी बाधा बना हुआ है। प्राचीन मानवजनों के आत्म-संगठन के दो तत्वों–रक्त-सम्बन्ध और आस्था-कर्मकाण्ड के वर्णन के बाद अब हम समाजों की संरचना की चर्चा में जा सकते हैं।

12

समाजों की संरचना

प्राक्कथन

मध्यपाषाणकालीन जनों की सामाजिक संरचना के बारे में अधिक जानकारी नहीं मिलती। लेकिन मध्यपाषाणकाल तथा नवपाषाणकाल के सन्धिकाल में कुछ जनों के महापाषाण अवशेषों के आधार पर कुछ विद्वानों ने प्राचीन जनों की जो सामाजिक रूपरेखा प्रस्तुत की है, उससे उन जनों में विकसित हो रही सामाजिक संरचना की भी झलक मिल जाती है।

अब तक के विवरण से हम मध्यपाषाणकाल के अंत तथा नवपाषाणकाल के आरम्भ के काल में मानव-जनों में मौजूद श्रम-विभाजन का थोड़ा-बहुत अंदाजा तो लगा ही सकते हैं : क. प्रस्तर, अस्थि और काष्ठ से सूक्ष्म उपकरण बनाने वाला एक दक्ष समूह; ख. मछुआरों का समूह; ग. सुदूर इलाकों से उपकरणों के लिए जरूरी सामग्री जुटाने वाला समूह; घ. शिकार में कुशल श्रेणी; ङ. फसल बटोरने अथवा प्रारम्भिक स्तर की खेती-बागवानी और इन्हीं से जुड़े अन्य सहायक कर्म करनेवाला समूह; च. कर्मकाण्डों से जुड़े ओझा-गुणी-वैद्य जैसे दक्ष लोग; और छ. पूरे जन का नेतृत्व करने वाले सरदार अथवा सरदारिन तथा उनके सहायक। इस श्रम-विभाजन के भी अमूमन तीन रूप होंगे—एक, कई छोटे जनों में इस श्रम-विभाजन के बावजूद अनेक लोग एक साथ कई तरह के श्रम में भाग लेते होंगे; दूसरे, अपेक्षाकृत बड़े जनों में यह विभाजन अधिक स्पष्ट होगा और विभिन्न कार्यों में दक्ष लोग अथवा गण विकसित हो गए होंगे; और, तीसरा, जनों के स्तर पर भी यह विभाजन हुआ होगा—जैसे, कुछ जन मछुआरे जन होंगे अथवा उपकरणों के निर्माण में दक्ष कारीगर जन, और मछलियों अथवा उपकरणों के विनिमय के जरिए वे अपनी जरूरत की अन्य चाजें दूसरे जनों से प्राप्त कर लेते होंगे।

कहने की जरूरत नहीं कि जनों के अपने-अपने निर्धारित क्षेत्र भी होंगे (दरअसल, अन्य प्राणी भी विभिन्न रूपों में अपने-अपने क्षेत्रों का सीमांकन करते हैं और अपने सीमा-क्षेत्र में अन्य के प्रवेश पर लड़ते-झगड़ते देखे जा सकते हैं)। इन क्षेत्रों के अतिक्रमण, आदि को लेकर जनों के बीच युद्ध भी होते थे। अपने प्राकृतिक परिवेश

में जीविकोपार्जन के लिए जरूरी भोज्य पदार्थों के क्षय होने पर वे दूसरे क्षेत्रों में कूच कर जाते थे। झूम खेती करने वाले समुदाय कुछ-कुछ वर्षों पर अपने पुराने क्षेत्रों में वापस लौटते हैं और ऐसे समुदाय अपने पुराने क्षेत्रों को भी सुरक्षित रखने के उपाय करते हैं।

उपर्युक्त स्थितियाँ जनों के बीच ऐसे सत्ता-संगठनों की जरूरत पेश करती थी जो जनों के विभिन्न समूहों के बीच समन्वय कायम करने और बाहरी जनों से सुरक्षा प्रदान करने अथवा कार्यकारी सम्बन्ध विकसित करने के जरिए जनों के विस्तारित आत्म-पुनरुत्पादन का मार्ग प्रशस्त कर सकें। सत्ता-संगठन के इस प्रारम्भिक रूप को इतिहासकार तथा मानवशास्त्री सरदारी-प्रथा (चीफडम) के नाम से सम्बोधित करते हैं। स्मरण रहे, ये सरदारी समाज 'इतिहास-पूर्व', 'सभ्यता-पूर्व', मिस्र-सुमेर, आदि में राज्यों के उदय के पूर्व के समाज थे।

सोलहवीं-सत्रहवीं सदी में, युरोपीय शक्तियों द्वारा अफ्रीका में औपनिवेशिक अभियान शुरू करने के वक्त, कई अफ्रीकी जन शिकारी-फलसंग्राहक अवस्था में ही थे अथवा प्राथमिक स्तर की खेतिहर अवस्था में। इन जनों का सामाजिक ढाँचा सरदारी-प्रथा पर ही आधारित था। सूडानियों के अलावा ऐसे कुछ समूह थे—उत्तरी क्षेत्रों में बसे डोगोन, गिनी के कोनियागी और बसरी, आइवरी कोस्ट के बोबो और लोबी, एवं नाइजीरिया के फाबी और अंगु जन। केन्या के किकुयु खेतिहर जन थे, जबकि उनके पड़ोसी मसाई पशुपालक। कुछ बड़े जन भी थे, जैसे, टॉ कूलेउर, मंडींग्यू, बमबारा, हौसा, योरुबा और इबो जन—योरुबा तथा इबो नाइजीरिया के ही दो मुख्य जन थे और अपेक्षाकृत समृद्ध तथा विकसित थे। इन सभी जनों की अपनी-अपनी आस्थाएँ थीं, अपने-अपने कर्मकाण्ड थे और अपनी-अपनी जीवनशैली थी। इन जनों के अलग-अलग रहने के कारण उनका विकास भी प्रायः अवरुद्ध था—वे पहिये और हल से भी अनजान थे। इथियोपिया, सूडान तथा पूर्वी तटीय क्षेत्रों को छोड़कर शेष हिस्सों में रहने वाले जन लेखनी से भी अपरिचित थे। (उत्तर-पूर्वी, मध्य तथा दक्षिण भारत के कुछ हिस्सों में वास करने वाले कई जनों की भी यही स्थिति थी।) पन्द्रहवीं सदी के एक पुर्तगाली जहाजी ने सहारा के अटलांटिक तट के जनों के बारे में हिकारत के साथ लिखा था कि इन लोगों के पास अपना राजा भी नहीं है।[10] (प्रसंगवश, ऐसे सरदारी समाजों के अलावा, अफ्रीका के कुछ हिस्से में राजतंत्रों तथा साम्राज्यों का भी उदय हो चुका था। जिम्बाब्वे में मोनोमोतापा का राजतंत्र था। मोनेन मोतापा का मतलब था खनिजों का राजा। 17 वीं सदी में रौजी के सम्प्रभु माम्बो ने इसका विध्वंस किया। सातवीं सदी के बाद अफ्रीका के पूर्वी तटीय इलाके में व्यापार का भारी विस्तार हुआ—इसमें अरब तथा फारसी व्यापारियों का अहम योगदान था। इसी दौरान, 648 ई. के बाद कई व्यापारिक नगर अस्तित्व में आये—मोगादिशु, सोफाला, मालिंदी, मोम्बासा, ब्रावा और जांजीबार। व्यापार मुख्यतः सोना, हाथी दाँत और दासों

का होता था। इस क्षेत्र का भारत के साथ भी घनिष्ठ व्यापारिक सम्बन्ध था। लोहा और वस्त्र भारत से निर्यात की जानेवाली प्रमुख सामग्री थी। 800 ई. के आसपास घना साम्राज्य की स्थापना हो चुकी थी। इसके अलावा, माली साम्राज्य था–इसी साम्राज्य में टिम्बकटू एक प्रभावशाली राजधानी के रूप में उभरा। फिर आया सोनघे साम्राज्य जिसकी राजधानी गावो और टिम्बकटू में थी। 1591 ई. में मोरक्को के एक अभियान में, जिसमें कुछ स्पेनी टुकड़ियाँ भी थीं, टिम्बकटू पर कब्जा कर लिया गया और इस साम्राज्य का पतन हुआ। ग्यारहवीं से पन्द्रहवीं सदी के बीच बेनिन राज्य भी काफ़ी फला-फूला और इसने एक हद तक कलात्मक ऊँचाई हासिल की। परन्तु इसका क्षेत्र सीमित था–यह नाइजर नदी के मुहाने और आज के लागोस के बीच का योरुबा क्षेत्र था।)[11]

भूमध्यसागर स्थित माल्टा तथा ईस्टर आइलैण्ड्स (पोलिनेशिया) के जनों के बारे में कोलिन रेनफ्र्यू, ए मेट्रॉ, एस राउटलेज, आर सी सग्स, आदि लेखकों की रचनाओं में हमें सरदारी समाज के बारे में महत्वपूर्ण जानकारियाँ हासिल होती हैं। ऐसे समाजों की संरचनात्मक विशेषताओं के बारे में हम यहाँ संक्षिप्त चर्चा कर सकते हैं।[12]

सरदारी समाज

जन के मुखिया के रूप में, उसके मूर्त प्रतीक के रूप में सरदार एक संस्था का रूप ले चुका था। साथ ही, सरदारी समाजों में सामाजिक सोपान का बनना स्पष्टतः दिखने लगा था। इस सोपान में किसी व्यक्ति अथवा परिवार का स्थान सामान्यतः जन्म से ही निर्धारित होता था। सरदार के बाद सबसे उच्च स्थान उनका होता था जो रक्त-सम्बन्ध के लिहाज़ से सरदार के सबसे नजदीक होते थे। इसके बाद सम्बन्ध की निकटता के लिहाज़ से सरदार के कुनबे के अन्य सदस्यों का स्थान आता था। पितृसत्ताक समाज में सरदार पुरुष होते थे और उन्हीं से वंश-वृक्ष तय होता था।

सरदारी समाज कई समूहों अथवा गणों में बंटा होता था और हर समूह का एक उप-सरदार होता था। सामान्यतः प्रत्येक समूह जन के आदि-पुरुष के पुत्रों से अपना नाता जोड़ते थे। सरदार को पूरे जन की निर्विवाद प्रतिष्ठा हासिल होती थी। वही जन के कर्मकाण्डों का संचालक तथा सभी समारोहों का केन्द्र होता था। इन कर्मकाण्डों-समारोहों में जन के सभी सदस्य भाग लेते थे। सरदार ही युद्ध में अपने जन का आवाहन और नेतृत्व करता था। जन की सारी इकाइयाँ सरदार के प्रति अपनी निष्ठा के जरिये एक सामाजिक इकाई के रूप में बंधी थीं।

सामाजिक के साथ-साथ सरदार की एक महत्वपूर्ण आर्थिक भूमिका भी थी। इन जनों में श्रम-विभाजन हो चुका था और जन के विभिन्न समूह अलग-अलग क्रियाकलापों में लगे थे। हर समूह जो उत्पादन करता था, उसे वह अपने उप-सरदार को तथा उप-सरदार सरदार को 'भेंट या उपहार' के रूप में सौंप देता था। इस तरह, सरदार

के पास सारे समूहों की हस्तगत या उत्पादित सामग्रियाँ जमा हो जाती थीं। यह इस बात का प्रमाण भी था कि सारी सामग्री पूरे जन की, और जन के मूर्त प्रतीक के रूप में सरदार की सम्पत्ति थी। इन सामग्रियों का एक अंश अपने तथा अपने कुनबे के उपभोग के लिए रख लेने के बाद, बचे हुए अंश को सरदार 'दान' के रूप में पुनः जन के विभिन्न समूहों में इस तरह बांट देता था कि प्रत्येक समूह को वह सामग्री मिले जिसका वह ख़ुद उत्पादन नहीं करता था (अथवा जिसे वह ख़ुद हस्तगत नहीं करता था)। जाहिर है, आरम्भ में यह सब बतौर सामाजिक शिष्टाचार ही होता था, लेकिन कालक्रम में यह जन के अंदर वितरण की एक प्रणाली बन गई और इससे श्रम-विभाजन तथा श्रम के विशिष्टीकरण को और आवेग प्राप्त हुआ। अपने शिकार, फलसंग्रह अथवा उपज को 'बलि' के रूप में सरदार को सौंपना, और पुनः 'दान' के रूप में अपनी जरूरत की चीज़ें प्राप्त करना—बलिदान की इस प्रणाली के जरिए जन के समस्त उत्पादन के जन के अंदर वितरण की यह प्रथा सरदारी समाज में ही शुरू हो चुकी थी। उदाहरण के लिए, जन के अंदर मछुआरों और सूक्ष्म उपकरण बनाने वाले समूहों को लीजिए। मछुआरे अपनी मछलियाँ 'बलि' के रूप में सरदार को सौंप देते थे और कारीगर अपने उपकरण। 'दान' के रूप में सरदार मछलियों का एक हिस्सा कारीगरों को दे देते थे, और मछली मारने के लिए जरूरी कुछ सूक्ष्म उपकरण मछुआरों को। गैर-मछुआरे समुदाय आश्वस्त थे कि मछलियाँ उनके लिए दुष्प्राप्य नहीं थीं, और मछुआरे भी निश्चिन्त थे कि उन्हें अनाज या अन्य जरूरी उपकरण तो मिलने ही थे। सरदार की मध्यस्थता से लेन-देन की इस प्रणाली के जरिए जन के विभिन्न समूहों के विशिष्ट श्रमों के उत्पाद—मांस, मछली, उपकरण, आदि—जन के सभी समूहों तथा सदस्यों को उपलब्ध हो जाते थे।

जन के विभिन्न समूहों से 'बलि' के रूप में प्राप्त सामग्रियों का एक बड़ा अंश, ख़ासकर ऐसी सामग्री जिसे भंडार के रूप में सुरक्षित रखा जा सकता था (जैसे अनाज), सरदार अपने पास ही रख लेते थे—सिर्फ़ अपने उपभोग के लिए नहीं, बल्कि समय-समय पर होने वाले कर्मकाण्डों तथा समारोहों पर आयोजित सामूहिक भोज के लिए, और महापाषाण स्मारकों जैसे वृहत निर्माण-कार्य में लगे जन के कारीगर सदस्यों के लिए। ऐसे निर्माण-कार्यों में लगे अनेक लोगों को कई दिनों तक श्रम करना पड़ता था। अपेक्षाकृत खुशहाल तथा अधिक अतिरिक्त सम्पत्ति पैदा करने वाले जन ही इस तरह के निर्माण में सक्षम थे। कुल मिलाकर, यह एक ऐसे समाज की प्रणाली थी, जहाँ श्रम-विभाजन तो हो गया था, अतिरिक्त सम्पदा भी पैदा होने लगी थी, लेकिन अभी भी निजी सम्पत्ति का, और इसीलिए जन के अंदर विनिमय का आरम्भ नहीं हुआ था। विनिमय—वस्तु-विनिमय—सम्भवतः जनों के बीच होता था, जनों के अंदर नहीं।

उपहार और प्रति-उपहार की प्रथा हम अपने सामाजिक जीवन में आज भी देखते

हैं। कृषि समाज में जन्म, शादी-ब्याह, श्राद्ध, आदि अवसरों पर विभिन्न जातियों के कर्मकाण्डों-समारोहों में लोग उपहार के रूप में सम्बन्धित परिवारों को अवसर के उपयुक्त और उन परिवारों की जरूरतों को ध्यान में रखकर अनाज, वस्त्र, बर्तन, आदि दिया करते थे। उपहार देने वाले परिवार अपने यहाँ इस तरह के समारोहों में उन्हीं लोगों से पुनः उपहार प्राप्त करते थे। बदले हुए रूपों में आज भी यह प्रथा प्रचलित है। उपहार और प्रति-उपहार से शुरू यह प्रथा जो सरदारी समाजों में ही बलि-दान के विधान में परिणत हो गई थी, वह भी अपने परिवर्तित रूप में कृषि तथा आज के समाज में देखी जा सकती है। विभिन्न करों के रूप में बलि और राज्य के 'कल्याणकारी कार्यक्रमों' के रूप में दान की व्यवस्था का उत्स हम प्राचीन जनों की समाज-व्यवस्था में ढूँढ़ सकते हैं।

बहरहाल, हम वापस सरदारी समाज पर लौटते हैं। बलि-दान की उपर्युक्त प्रणाली के कारण जनों के लिए अपने-अपने प्राकृतिक परिवेश का अधिक-से-अधिक उपयोग करना सम्भव हुआ, श्रम-विभाजन और बढ़ा। नाव बनाने, मृदभांड बनाने, धातु-कर्म, और नये-नये क्षेत्रों में कार्य का विस्तार हुआ। श्रम-विभाजन के विस्तारित पुनरुत्पादन और बलि-दान की प्रथा ने रक्त-सम्बन्ध तथा कर्मकाण्ड-आधारित सम्बन्धों के अलावा, सामाजिक एकजुटता का एक और आयाम विकसित किया जिसे द्युर्कहाइम जन के विभिन्न समूहों के बीच 'आवयविक एकजुटता' की संज्ञा देते हैं। इसके फलस्वरूप, जनों के लिए बड़े-बड़े निर्माण कार्य हाथ में लेना सम्भव हुआ, जनों की आबादी में अपेक्षित वृद्धि हुई। कर्मकाण्डों तथा समारोहों के आयोजनों का भी विस्तार हुआ और इन कर्मकाण्डों-समारोहों के संचालकों के रूप में विशेषीकृत समूह—पुरोहितों के समूह सामने आये, जिन्हें अन्य विशिष्ट समूहों के रूप में इस वितरण-प्रणाली के तहत अपना अंश प्राप्त होने लगा। प्रारम्भ में कर्मकाण्ड का संचालन सरदार ही करते थे। (प्राचीन भारत के व्रात्य-जनों के सरदार गृहपति कहलाते थे और कर्मकाण्डीय कार्य भी वही सम्पन्न करते थे।)[13]

कुल मिलाकर, जन की संहति रक्त-सम्बन्ध तथा कर्मकाण्डों के आधार पर बरकरार थी, लेकिन उसके अंदर विस्तार पा रहे श्रम-विभाजन के फलस्वरूप पृथक्-पृथक् समूह विकसित हो रहे थे और इन समूहों के बीच सरदार के माध्यम से नये सामाजिक सम्बन्ध निर्मित हो रहे थे। एक अन्य स्तर पर भी सम्बन्धों का विस्तार हो रहा था—वह था विनिमय के रूप में जनों के बीच सम्बन्ध। मानव समाज के आगामी विकास के सारे तत्व भ्रूण रूप में प्रकट हो चुके थे।

कृषि समाज

धरती के विभिन्न हिस्सों और प्राकृतिक परिवेशों में विस्तार पा चुके जनों में पर्याप्त विविधता आनी स्वाभाविक थी। कुछ जन जीविकोपार्जन के लिहाज़ से अधिक समृद्ध

थे, कुछ अत्यन्त कठिन स्थितियों में जीवन-निर्वाह करते थे, कोई जन किसी ख़ास कार्य में अधिक निपुण था तो कोई अन्य किसी दूसरे कार्य में। अपने-अपने प्राकृतिक परिवेश के अनुरूप उनके खान-पान, रहन-सहन, कुल मिलाकर उनकी जीवनशैली में भी अनेक विविधताएँ जुड़ गई थीं। रक्त-सम्बन्ध तथा कर्मकाण्डों के भेद तो थे ही। इस पृष्ठभूमि में नवपाषाणकालीन कृषि-संस्कृति के विकास ने जनों की दुनिया में नये क्रान्तिकारी परिवर्तनों को जन्म दिया।

जनों और उनके जन-क्षेत्रों की जगह अब नदी घाटियों की कृषि-योग्य भूमि इतिहास का केन्द्र बन रही थी। इन नदी घाटियों में कृषि समुदायों की बस्तियाँ बसने लगी थीं। शिकार तथा फलसंग्रह की तुलना में कृषि चूँकि काफ़ी उन्नत उत्पादक प्रणाली थी, इसीलिए ऐसे कृषि समुदायों की न सिर्फ़ समृद्धि बढ़ी, बल्कि उनकी जनसंख्या भी। कृषि कार्य में विभिन्न किस्म के श्रम की और औजारों की मांग काफ़ी बढ़ी, और साथ ही नये-नये उपकरणों के निर्माण का मार्ग प्रशस्त हुआ। एक जन की सीमा में ये सारे संसाधन जुटाना असम्भव होता गया—जन की सीमा के अंदर श्रम का विस्तारित एवं क्रमशः श्रेणीकृत पुनरुत्पादन और जनों के बीच प्राथमिक वस्तु-विनिमय जरूरी तो था ही, परन्तु इससे भी कृषि-जन्य मांगों की पूर्ति नहीं हो सकती थी। जन का अतिक्रमण जरूरी हो गया था। कृषि को केन्द्र कर बनने वाला कृषि समाज अथवा खेतिहर समुदाय जन-समाज का अतिक्रमण करके ही अस्तित्व में आए। जन-समाज का कृषि-समाज में रूपान्तरण एक जटिल दीर्घकालीन प्रक्रिया थी।

जनों के बीच अपने-अपने जन-क्षेत्रों को लेकर होने वाले युद्धों के अलावा उनके बीच विनिमय की प्रक्रिया पहले ही शुरू हो चुकी थी। ज्ञान और तकनीक के विकास में आरम्भ से ही जनों के बीच सम्पर्कों की अहम भूमिका रही है। मानवजाति की भौतिक और आध्यात्मिक प्रगति हमेशा विभिन्न जनों तथा समुदायों की सह-क्रिया का परिणाम, उसका समुच्चय रही है। अलगाव की स्थिति में कोई मानव-जन विकास की एक मंजिल के बाद गतिरुद्ध हो जाने और फिर पराभव का शिकार हो जाने को बाध्य होता है। इसका प्रमाण हम उत्तर पुरापाषाणकाल तथा मध्यपाषाणकाल के कुछ जनों में देख सकते हैं। उत्तर पुरापाषाणकाल में ही क़रीब साठ हजार वर्ष पहले जरावा जन अंडमान निकोबार द्वीप समूह में दाखिल हो गये थे। उसके बाद अन्य जनों के साथ उनका सम्बन्ध कमोबेश टूट गया। अपने स्वाभाविक एकाकी विकास की एक प्रक्रिया के बाद आज वे विनाश की कगार पर हैं, उत्तर पुरापाषाणकालीन अनेक ज्ञान भी भुला चुके हैं और उनकी जनसंख्या भी मात्र 380 के आसपास रह गयी है। इसी तरह, क़रीब पचास हजार वर्ष पूर्व उत्तर पुरापाषाणकालीन जनों का एक समूह ऑस्ट्रेलिया जा पहुँचा था और उसके बाद शेष दुनिया से वे लगभग कटे ही रहे। अपने विकास की एक प्रक्रिया के बाद वे भी कमोबेश गतिरुद्ध जीवन जी रहे थे, जब अठारहवीं सदी में युरोपीय औपनिवेशिक शक्तियाँ वहाँ अपना उपनिवेश कायम कर रही थीं।

मध्यपाषाणकालीन जनों के कुछ समूह क़रीब पन्द्रह हजार वर्ष पूर्व अमेरिकी महाद्वीप में दाखिल हुए और उसके बाद उनकी दुनिया पन्द्रहवीं सदी तक उसी महाद्वीप में सिमट कर रह गई। अलगाव की स्थिति में इन जनों की प्रगति किस मुकाम तक पहुँची, इसका प्रमाण पेरु, मेक्सिको, ग्वाटेमाला, आदि की भव्य इंका, अज्टेक तथा माया संस्कृतियाँ हैं। लेकिन विकास की एक मंजिल तय करने के बाद ये संस्कृतियाँ भी ठहरकर गतिरुद्ध हो गई थीं। उत्तर पुरापाषाणकालीन जनों की तुलना में उनकी प्रगति निस्सन्देह हमें आकर्षित करती हैं, लेकिन अगर हम निम्नलिखित तथ्यों पर ग़ौर करें तो हम सहज ही जान सकते हैं कि ज्ञान, अनुसंधान तथा तकनीकी प्रगति के लिए अलगाव की क्या सीमाएँ थीं और यह कि उनके लिए समाज की सह-क्रिया कितनी जरूरी है। इंका तथा अज्टेक की संस्कृतियों में धातु के औजारों का प्रयोग नहीं होता था, वे पत्थर और हड्डी से ही अच्छे औजार बनाते थे। वे पहियों से परिचित नहीं थे, और न ही उनके पास घोड़े थे। पहाड़ी घाटियों में पैदल चलने के लिए ही इंका लोगों ने सर्वश्रेष्ठ मार्ग बनाये जो आज भी लोगों को चकित करते हैं। प्राचीन युग के इन सबसे अच्छे मार्गों के निर्माण के लिए उन्होंने (रास्तों को सीधा रखने तथा उतार-चढ़ाव कम करने के लिए) दर्रों को पाटा और पहाड़ों में सुरंगें खोदीं।

मानव-जनों की सह-क्रिया को लेकर मानवशास्त्रियों के बीच कतिपय सिद्धान्त प्रचलित हैं, हालाँकि उनके विस्तार में जाने की यहाँ जरूरत नहीं है। दरअसल प्रख्यात मानवशास्त्री एडवर्ड टेलर ने अपने 'क्रॉस-कल्चरल' सर्वे के दौरान यह पाया कि दुनिया भर में फैले विभिन्न जनों के बीच कुछ कर्मकाण्ड और रीति-रिवाज प्रायः एक जैसे पाये जाते हैं। इसकी व्याख्या करते हुए वे इस निष्कर्ष पर पहुँचे कि विभिन्न जन अलग-अलग क्षेत्रों में रहने के बावजूद स्वतंत्र रूप से समान आविष्कारों तथा मिलते-जुलते कर्मकाण्डों तक पहुँच जाते हैं। यह विचारशाखा स्वतंत्र आविष्कारवाली अथवा विकासवादी धारा के रूप में जानी जाती है। टेलर के इस निष्कर्ष की आलोचना करते हुए 1889 में फ्रांसिस गाल्टन ने यह दिखाया कि विभिन्न संस्कृतियों के तुलनात्मक सर्वेक्षण से सिर्फ़ यही जाहिर नहीं होता कि लगभग मिलती-जुलती स्थितियों में विभिन्न क्षेत्रों में रहने वाले जनों के मस्तिष्क प्रायः समान रूप से कार्य करते हैं, बल्कि यह विचारों तथा विचारों के समूह के प्रसार का सीधा-सादा मामला भी हो सकता है। यह प्रसार-मूलक विचारशाखा ऐतिहासिक धारा भी कही जाती है। प्रसारवादी शाखा में ही ए एल क्रोबर की 'प्रेरक अथवा उद्दीपक प्रसार' की अवधारणा भी है—किसी बाहरी संस्कृति से कोई संस्कृति एक विचार अथवा विचारों का समूह ग्रहण करती है और फिर उस विचार या विचारों के समूह से प्रेरित होकर खुद नया आविष्कार करती है। दूसरे शब्दों में, यह हुआ बाह्य विचार से प्रेरित स्थानीय आविष्कार। 'चीन में विज्ञान और सभ्यता' (1961) पर बहुमूल्य शोध करने वाले जोसेफ नीढम ने क्रोबर के इसी प्रेरक प्रसार की अवधारणा पर जोर दिया है। उदाहरण

के लिए, नीढम उत्तरी अमेरिकी चेरोकी भाषा की लिपि के आविष्कार का जिक्र करते हैं। 1821 ई. में जिस व्यक्ति ने इस लिपि का आविष्कार किया उसे अँग्रेजी का कोई ज्ञान नहीं था, न ही किसी लिपि की बारीकियों का। लेकिन उसे इस विचार का पता था कि कोई भाषा लिखी भी जा सकती है, कि लिखित भाषाओं का अस्तित्व है। इस तरह, चेरोकी लिपि का आविष्कार 'प्रेरक प्रसार' का, बाह्य विचार से प्रेरित स्थानीय आविष्कार का उदाहरण है।[14] इसी से कुछ मिलता-जुलता उदाहरण हम झारखण्ड की (ऑस्ट्रिक भाषा परिवार की) हो भाषा की विस्मृत लिपि की खोज और उसके प्रचार का दे सकते हैं। हो भाषा की लिपि वारङ क्षिति की खोज और उसके प्रचार-प्रसार का श्रेय लाको बोदरा (1919-1986) को दिया जाता है—''चक्रधरपुर के समीप पासेया गाँव के हाइस्कूल में छात्रों को आचार्य महावीर प्रसाद द्विवेदी लिखित एक आलेख पढ़ाया जा रहा था। आलेख का पाठ करने की जब लाको बोदरा की बारी आई तो आलेख का पाठ करते हुए उसके वाक्यांश 'जिस समाज की अपनी भाषा, लिपि और साहित्य नहीं है, वह समाज बिना चोंचवाले पक्षी के समान है', को पढ़ने से उन्होंने इनकार कर दिया। परिणामस्वरूप उन्हें कक्षा से बाहर निकल जाने की सजा मिली। उसी दिन उन्होंने प्रण किया कि वे हो लिपि एवं साहित्य की रचना करेंगे। 1954 में उन्होंने 'आदि समाज' नामक सुधार संगठन की स्थापना की, और इसके माध्यम से वारङ क्षिति लिपि का प्रचार-प्रसार किया।''[15]

यही बात अनेक औजारों, शिल्पों, आदि के बारे में भी घटित होती है। हमें किसी औजार के बारे में, उसकी कुछ रूपरेखा अथवा उसके प्रयोग के बारे में किसी दूसरे से पता चलता है। हमने वह औजार देखा भी नहीं है, लेकिन ऐसे औजार का होना हमें भी वैसा औजार बनाने को प्रेरित कर सकता है। ख़ैर, हम यहाँ स्वाधीन, प्रसारवादी तथा उत्प्रेरक-प्रसारवादी उदाहरणों में और नहीं जाएंगे।

जनों के अंदर श्रम-विभाजन का विस्तार तथा आबादी में वृद्धि जनों की बढ़ती उत्पादक शक्ति का द्योतक होती है। परन्तु कोई भी जनसमाज अपने दायरे में एक ख़ास सीमा में ही अपनी आबादी को बांधे रख सकता है—औसतन यह सीमा चार से पाँच सौ की आबादी मानी जाती है। अधिक आबादी की स्थिति में जनों की अन्दरूनी सामाजिक संरचना दरकने लगती है—जनों का एक हिस्सा मूल जनों से अलग होकर नये जन के रूप में संगठित होने लगता है या फिर विस्तार पाते श्रम-विभाजन के आधार पर नई सामाजिक संरचनाएँ खड़ी होने लगती हैं। बड़े जनों में नये सामाजिक सम्बन्ध बनाने के इस दबाव के साथ कृषि के रूप में नई उत्पादक शक्तियों के विकास द्वारा जनों की सामाजिक संरचना पर पड़नेवाले दबावों को जोड़ दीजिए तो नवपाषाणकालीन क्रान्ति के दौरान जनों के टूटने और नये सामाजिक सम्बन्धों के बनने, ग्राम-आधारित जनपदीय समाजों के आकार लेने की प्रक्रिया आसानी से समझी जा सकती है।

''प्राणी जगत में भी 'कार्य सक्रियता' की एक प्रमुख विशेषता प्रकार्यों का बंटवारा है, 'श्रम विभाजन' है। यह बंटवारा कभी-कभी तो इतना विकसित होता है कि अलग-अलग कार्य करने वाले एक ही जाति के अलग-अलग प्राणी आकृति में भी एक दूसरे से बहुत भिन्न होते हैं। इस तरह से बहुत ही अधिक विविध संक्रियाओं का निष्पादन सम्भव बनता है। यह वैविध्य अपनी कार्यसाधकता तथा आभासी सोद्देश्यता से हमें चकित कर डालता है। किन्तु इस आश्चर्यजनक सिम्फनी में तनिक सी अव्यवस्था का सुर पैदा कर दीजिए, किसी कृत्रिम विघ्न के जरिए काम की संतुलित, सुबद्ध लय को भंग कर दीजिए और आप वह चीज़ देखेंगे जो प्रसिद्ध जां फाब्र से लेकर आज तक के सैकड़ों शौकिया कीट विज्ञानियों ने देखी है : व्यवस्था का स्थान अव्यवस्था ले लेगी और अपना नियत कार्य करनेवाले प्राणी बदली हुई परिस्थितियों में अपने को बिल्कुल असहाय पाएंगे। इस प्रकार शरीर क्रिया-जन्य 'श्रम विभाजन', पशुओं की 'कार्य सक्रियता' के जटिल रूप जहाँ इस जटिलता को बनाये रखने का तरीका है, वहाँ वे विकासमूलक दृष्टि से सम्भावना. हीन और गतिशून्य हैं। कार्य विभाजन में हर प्राणी का स्थान आनुवंशिक तौर पर पूर्व निर्धारित होता है।''[16] मानवजाति में यह श्रम विभाजन और उसके आधार पर बननेवाले सामाजिक सम्बन्ध आनुवंशिक तौर पर पूर्व निर्धारित नहीं होते, वे सामाजिक व्यवहार के क्रम में खुद मनुष्यों द्वारा निर्मित होते हैं और इसीलिए विकासमूलक दृष्टि से सम्भावनापूर्ण तथा गतिशील होते हैं।

कुल मिलाकर, उपर्युक्त स्थितियों ने जनों की प्रचलित सामाजिक संरचना की जगह कृषि समाज की नई सामाजिक संरचना को जन्म दिया। यह नई सामाजिक संरचना निजी सम्पत्ति, पितृसत्ता, वर्ग-जाति, और कुलीनतंत्र-राजतंत्र के आधार पर निर्मित हुई थी। भ्रूण रूप में ये सारे तत्व जनसमाज में ही अस्तित्व में आ चुके थे। यहाँ हम इस पूरी प्रक्रिया की प्रमुख विशेषताओं के निरूपण तक ही सीमित रहेंगे।

श्रम विभाजन

कृषि युग के आगमन के साथ ही श्रम विभाजन में तेजी से विस्तार हुआ। धातुओं का प्रयोग, धातुओं को गलाना तथा मिश्र धातु बनाना, आदि क़रीब छः हजार वर्ष पूर्व ही प्रचलित होने लगे थे (ताम्बा, कांसा, आदि)। तीन हजार वर्ष पूर्व से लोहे का प्रचलन भी आरम्भ हो गया। खेती के विकास के साथ भूमि का विभिन्न रूपों में वर्गीकरण किया जाने लगा। भारत में वेद, उपनिषद्, बौद्ध तथा जैन साहित्य, धर्मसूत्र, कौटिल्य के अर्थशास्त्र, जातक कथाओं तथा अन्य साहित्यिक रचनाओं, आदि से प्राचीन समाज की जो जानकारी प्राप्त होती है, उसकी संक्षिप्त झांकी प्राचीन कृषि समाज में श्रम-विभाजन के विस्तार का पर्याप्त प्रमाण प्रस्तुत करती है। इस श्रम-विभाजन का आगे और विस्तार होता गया।

सबसे पहले तो भूमि को ही क़रीब ग्यारह श्रेणियों में वर्गीकृत किया गया था—कृष्ट या क्षेत्र (जुता हुआ खेत), अकृष्ट या अषर (गैर-आबाद या बंजर), केदार (फसल लगी या सिंचित भूमि), गोचर या विवीत (चारागाह), आराम (बाग या उद्यान की भूमि), स्थल (ऊँची ज़मीन), शण्ड (फुलवाड़ी), मूलवाण (अदरख, हल्दी, आदि कंद-मूलों की भूमि), बन (ईख का खेत), वन (जंगल), और पथिन (सड़क की ज़मीन)। मिलिन्द-प्रश्न में कृषि-कर्म की सारी प्रक्रिया—जोतना, कोड़ना, बोआई, सिंचाई, बाड़ाबन्दी, रखवाली, कटनी, दौनी—का सविस्तार वर्णन है। पतंजलि ने कटे खेत से पौधों की खूटियों को स्थम्बन नामक कुशल से साफ करने का वर्णन किया है। खेत का वर्गीकरण बीज की अपेक्षित मात्र के आधार पर भी किया जाता था, जैसे, प्रास्थिक, द्रौणिक, और खारिक, वे क्षेत्र खण्ड थे जिनमें क्रमशः एक प्रस्थ, एक द्रोण और एक खारिक बीज लगते थे। खेत की सिंचाई नहरों के जरिए भी की जाती थी, जिन्हें कुल्या, प्रणाली और मतीक, आदि नामों से जाना जाता था। वैदिक साहित्य में वर्णित 'खनिमित्र' कुँए से निकाले गये पानी को खेत में ले जाने की कृत्रिम नाली थी। बाड़े, जाल, और रखवाले चिड़ियों और चौपायों से खेतों की रक्षा करते थे। हल, कुदाल, गैंता, कुल्हाड़ी, हँसुआ, खंती, आदि प्रमुख उपकरण थे। कृषि की तरह पशुपालन का भी विस्तृत विवरण मिलता है। जुताई, बोआई तथा कटनी, आदि के साथ क्रमकाण्ड भी जुड़े थे। पुरोहित शुभ दिन तय करते थे और विधिवत् कर्मकाण्ड के साथ विभिन्न कृषि कर्म सम्पन्न किये जाते थे।

कृषि के साथ-साथ जिन उद्योगों का विकास हुआ, उनमें प्रमुख थे—कृषि के लिए जरूरी धातु, काष्ठ, अस्थि तथा प्रस्तर उपकरणों का निर्माण और इन निर्माणों से विभिन्न कारीगर समुदाय (जैसे, लोहार, बढ़ई, आदि) जुड़े थे; वस्त्र निर्माण (वस्त्र कपास, रेशम, ऊन, रेशे, तरुवल्कल का बनता था); चर्म उद्योग (इसे चर्मण्य कहा जाता था, पानी तथा शराब रखने के लिए चमड़े के थैले, तीरंदाजों के हाथों के लिए दस्ताने, जूते, आदि बनाये जाते थे); मृद-भांड उद्योग (मिट्टी के बर्तन, ढक्कन, माटी की मूरतें, खिलौने, आदि बनाये जाते थे; मिट्टी के बर्तनों पर नक्काशी, कलाकारी, उसे पॉलिश करने की कला, आदि काफ़ी उन्नत हो चुकी थी; माटी की मूरतों का उपयोग कर्मकाण्डों में भी होता था); काँच उद्योग (मौर्य युग के पूर्व ही काँच बनाने की कला, मणिकारी काफ़ी परिष्कृत हो चुकी थी); बेंत, बांस, लकड़ी, सीकी, आदि से विभिन्न उपकरण (डलिया, सूप, आदि) बनाने की कला कुटीर उद्योग का रूप ले चुकी थी; हाथी-दाँत उद्योग; लवण उद्योग; आभूषण उद्योग (रत्न-जड़ित विभिन्न आभूषण, कण्ठहार, बाजूबंद, कमरबंद, झुमका, पायल, अँगूठी, आदि काफ़ी प्रचलित हो चुके थे; सुनार अथवा जौहरी एक समुदाय के रूप में सामने आ चुके थे; 'वृहत्संहिता' में बाइस रत्नों का उल्लेख है—हीरा, पन्ना, नीलम, मरकत, वैदुर्य, जमुनिया, स्फटिक, चन्द्रकान्त, पुखराज, शंख, आदि; 'अमरकोश' में इनके पर्याय भी मिलते हैं;

वात्स्यायन ने जिन चौंसठ कलाओं का वर्णन किया है, उनमें रत्नशिल्प भी एक है; साहित्यिक कृतियों में तो अनेक किस्म के आभूषणों का चित्रण मिलता है; कौटिल्य ने हीरे के कई प्रभेदों का वर्णन किया है जिनके उद्‌गम-स्थल क्रमशः विदर्भ, कोसल, कासी, और कलिंग बताये गये हैं); रथ-निर्माण उद्योग; शस्त्र-निर्माण उद्योग; चीनी उद्योग; गंध-द्रव्य निर्माण उद्योग; मद्य-निर्माण उद्योग; वाद्य-यंत्र निर्माण उद्योग; चित्रकला तथा मूर्ति-शिल्प उद्योग (संगीतकार, चित्रकार तथा मूर्ति-शिल्पी पेशेवर समुदायों के रूप में उभर चुके थे); रंगसाजी; प्रस्तर उद्योग और अन्य छोटे-छोटे उद्योग; आदि।[17]

श्रम विभाजन के साथ ही व्यक्ति की पहचान का एक नया आयाम उद्घाटित हुआ। जन-समाज में व्यक्ति की पहचान जन से थी और जन में उसकी सदस्यता जन्म से निर्धारित थी। जन की पहचान में निज के रूप में पहचान गौण थी—वह नाग था, किरात था, भरत था, वानर था, आदि। श्रम विभाजन के कारण जन और निज का पृथक्करण घटित हुआ, श्रम के विशिष्टीकरण के फलस्वरूप जन-कार्य और विशिष्ट कार्य का विभेद सामने आया। निज के विस्तार के साथ जन पीछे छूटता गया। नदी के जल में अथवा शीशे में अपना प्रतिबिम्ब देखते समय अब वह एक नहीं, बल्कि दो प्रतिबिम्ब देखने लगा—एक में वह नाग था, दूसरे में वह एक काष्ठकर्मी था, काष्ठ से उपकरण बनाने वाला कारीगर। एक अपने का एक-दूसरे पर अध्यारोपित दो प्रतिबिम्ब। हम आगे देखेंगे कि जन और निज का यह द्वैत विभिन्न रूपों में आज तक हमारे साथ चलता आ रहा है।

विशिष्ट श्रम की समरूपता के कारण दो जनों के एक ही तरह के श्रम-कार्य में लगे लोगों के बीच सम्पर्क तथा सम्बन्ध विकसित होना बिल्कुल स्वाभाविक था। यह जन का अतिक्रमण कर वृत्ति-आधारित सम्बन्धों का विकास था। वृत्ति-आधारित सम्बन्धों का अपनापन, उसका निजत्व, और जन के साथ अपने जन्मजात सम्बन्धों का विकसित होता परायापन—व्यक्तित्व का यह द्वंद्व आगे अनेक जटिल रूपों में उपस्थित होनेवाला था।

एडम स्मिथ : श्रम विभाजन की इस परिघटना का एडम स्मिथ कुछ इस रूप में वर्णन करते हैं, "श्रम का यह विभाजन... मूल रूप से किसी मानवीय बुद्धिमत्ता का प्रमाण नहीं है...। वह एक वस्तु को दूसरी वस्तु के साथ अदल-बदल करने, वस्तु विनिमय करने, तथा विनिमय करने की प्रवृत्ति का आवश्यक, मंदगामी तथा क्रमिक परिणाम है।... व्यापार की यह प्रवृत्ति सम्भवतः विवेक और वाणी के उपयोग का अवश्यंभावी परिणाम है। यह चीज़ सभी मानवों में पायी जाती है, और पशुओं की दूसरी किसी नस्ल में नहीं पायी जाती।... मनुष्य को लगभग सदा ही दूसरों की सहायता की आवश्यकता होती है, और उसके लिए यह आशा करना कि वह उसे केवल उनकी दया भावना से प्राप्त हो जाएगी, निरर्थक है। यदि वह उनके निजी हित

के नाम पर अपील करे, और उनके सामने यह सिद्ध कर दे कि जो कुछ वह उनसे अपने लिए करवाना चाहता है, उसका करना स्वयं उनके ही हित में है, तो इस बात की अधिक सम्भावना है कि वह कामयाब हो जाएगा। ... हम उनकी मानवता के नाम पर नहीं, बल्कि उनके आत्म-प्रेम के नाम पर अपील करते हैं, और स्वयं अपनी आवश्यकताओं की बात उनसे कभी नहीं करते, बल्कि उनके फायदों की ही बात करते हैं। जिस पारस्परिक सहायता की हमें आवश्यकता होती है, उसके अधिकांश को हम चूँकि एक दूसरे के साथ संधि करके, वस्तु विनिमय करके, तथा खरीद कर प्राप्त करते हैं, इसीलिए अदला-बदली करने की यह प्रवृत्ति ही वह चीज़ है जो आरम्भ में श्रम-विभाजन को जन्म देती है। उदाहरण के लिए, शिकारियों तथा गड़ेरियों के कबीले में एक विशेष व्यक्ति अन्य किसी व्यक्ति की अपेक्षा अधिक तत्परता तथा निपुणता के साथ तीर-कमान तैयार करता है। बहुधा अपने साथी-संगियों से चौपायों अथवा मृग-मांस के बदले में वह उनका विनिमय कर लेता है; और अंत में उसे यह पता चलता है कि खुद मैदान में जाकर उन्हें पकड़ने के बजाए इस ढंग से काम करके वह अधिक चौपाये और मृग-मांस प्राप्त कर ले सकता है। अतः स्वयं अपने ही लाभ की दृष्टि से तीर-कमान आदि बनाना उसका मुख्य धंधा बन जाता है। विभिन्न मनुष्यों में प्राकृतिक प्रवणता (विशिष्ट क्षमता अथवा प्रतिभा) का अंतर श्रम-विभाजन का कारण इतना नहीं होता जितना कि उसका परिणाम। अदला-बदली करने तथा विनिमय करने की प्रवृत्ति न होती, तो हर मनुष्य के लिए आवश्यक होता कि अपने लिए जीवन की प्रत्येक आवश्यकता तथा सुविधा को वह स्वयं मुहैया करे। तब सबके लिए आवश्यक होता कि वे एक ही तरह का काम करें, और तब काम में ऐसा कोई फर्क न होता जो प्रवणताओं (विशिष्ट क्षमताओं) में कोई बड़ा अंतर उत्पन्न कर सकता।... प्रत्येक पशु अब भी इस बात के लिए विवश है कि, अलग-अलग तथा स्वतन्त्र रूप से, वह स्वयं अपना भरण-पोषण करे और अपनी रक्षा करे; उसे अपने संगी-पशुओं की निपुणताओं की उस विविधता से किसी भी तरह का लाभ नहीं प्राप्त होता जो प्रकृति ने प्रदान करके उन्हें विशिष्ट बनाया है। इसके विपरीत, मनुष्यों के बीच—एक दूसरे से सर्वथा भिन्न प्रतिभाएँ रखने वाले लोग—एक दूसरे के काम आते हैं; उनकी भिन्न-भिन्न निपुणताओं द्वारा उत्पादित नाना प्रकार की वस्तुएँ—अदला-बदली, वस्तु-विनिमय, तथा विनिमय करने के उनके आम रुझान के कारण—लगातार एक तरह से सामान्य भंडार में आती जाती हैं। वहाँ से प्रत्येक मनुष्य दूसरे मनुष्यों के उद्यम की पैदावारों के उस अंश को खरीद ले सकता है जिसकी उसे दरकार होती है।... चूँकि श्रम-विभाजन का उदय विनिमय करने की शक्ति के ही गर्भ से होता है, इसलिए यह अनिवार्य है कि इस विभाजन की सीमा भी सदा उस शक्ति की सीमा से, अथवा दूसरे शब्दों में, बाजार की सीमा से निर्धारित हो। बाजार जब बहुत छोटा होता है, तब इस बात के लिए किसी भी व्यक्ति को प्रोत्साहन नहीं मिल सकता है कि अपने को पूरे

तौर से वह एक ही काम में लगा दे—क्योंकि ऐसी स्थिति में उस शक्ति का अभाव होता है जिसकी मदद से स्वयं अपने श्रम की पैदावार के उस समस्त अतिरिक्त भाग को—जो उसके अपने उपभोग की आवश्यकता से अधिक तथा ऊपर होता है, वह दूसरे मनुष्यों के श्रम की पैदावार के ऐसे अंशों के साथ विनिमय कर ले जिसकी उसे जरूरत है।... समाज की उन्नत अवस्था में प्रत्येक मनुष्य इसी प्रकार विनिमय करके जीवित रहता है और किसी हद तक, एक व्यापारी बन जाता है, और समाज स्वयं तरक्की करके सही माने में एक व्यावसायिक समाज में परिवर्तित हो जाता है।... समाज पारस्परिक विनिमयों की एक श्रृंखला होता है; समाज का सम्पूर्ण सारतत्व व्यवसाय में अंतर्निहित होता है।..."

कार्ल मार्क्स इसी श्रम-विभाजन की परिघटना की व्याख्या करते हुए परकीयकृत श्रम, अर्थात् परकीयकृत मनुष्य की अवधारणा प्रस्तुत करते हैं जो आगे पूँजीवादी सम्बन्धों की व्याख्या में एक महत्वपूर्ण आधार का काम करती है। यहाँ हम पृथक्कृत श्रम की उनकी अवधारणा का संक्षिप्त अवलोकन कर सकते हैं।

कार्ल मार्क्स : "मनुष्य और पशु दोनों ही में जाति के जीवन का शारीरिक रूप से यह आधार होता है कि (पशु की ही तरह) मनुष्य अजैव (अकार्बनिक) प्रकृति के सहारे जीवित रहता है; और मनुष्य (अथवा पशु) जितना ही अधिक सार्वलौकिक होता है, उतना ही अधिक अजैव प्रकृति का वह क्षेत्र सार्वभौतिक होता है जिसके सहारे वह जीवनयापन करता है।... शारीरिक रूप से मनुष्य प्रकृति की केवल (इन्हीं) उत्पत्तियों के सहारे जिन्दा रहता है—चाहे वे भोजन, ताप, कपड़ों, निवास स्थान, आदि के रूप में ही क्यों न सामने आती हों। मनुष्य की सार्वलौकिकता व्यवहार में ठीक उस सार्वभौमिकता के ही रूप में सामने आती है जो समस्त प्रकृति को उसका अजैव शरीर बना देती है—ऐसा वह दोनों रूपों में करती है, क्योंकि प्रकृति उसके जीने का प्रत्यक्ष साधन है, और उसके जीवन की क्रियाशीलता की सामग्री, वस्तु तथा औजार भी है। प्रकृति मनुष्य का अजैव शरीर है—वह प्रकृति जो स्वयं मानव शरीर नहीं है। मनुष्य प्रकृति के सहारे जिन्दा रहता है—इसका अर्थ यह है कि प्रकृति ही उसका शरीर है, जिसके साथ यदि उसे मौत के मुँह में नहीं चला जाना है, तो आवश्यक है कि वह सतत् पारस्परिक आदान-प्रदान की स्थिति में बना रहे। मनुष्य का शारीरिक और आत्मिक जीवन प्रकृति के साथ जुड़ा है—इसका अर्थ केवल यही होता है कि प्रकृति स्वयं अपने से जुड़ी हुई है, क्योंकि मनुष्य प्रकृति का ही एक अंग है। मनुष्य से (1) प्रकृति का और (2) स्वयं अपना, अपने सक्रिय व्यापारों का, अपने जीवन की क्रियाशीलता का पृथक्करण करके पृथक्कृत श्रम जाति-मूल (स्पीशीज) का मनुष्य से पृथक्करण कर देता है। जाति-मूल के जीवन को वह उसके लिए व्यक्तिगत जीवन के साधन में बदल देता है। पहले वह मूल-जाति के जीवन और व्यक्तिगत जीवन का पृथक्करण करता है और फिर (दूसरे) व्यक्तिगत जीवन को उसके

निराकार रूप में वह, उसके निराकार और पृथक्कृत रूप में जाति-मूल के जीवन का लक्ष्य बना देता है।... अपनी व्यावहारिक क्रियाशीलता के माध्यम से, अजैव प्रकृति पर किये गये अपने काम के माध्यम से, वस्तुओं की एक दुनिया की रचना करके, मनुष्य अपने को एक सचेत जाति-मूल प्राणी, अर्थात् एक ऐसा प्राणी सिद्ध कर देता है जो जाति-मूल को स्वयं अपनी एक प्रभुसत्ता मानता है, अथवा जो अपने को एक जाति-मूल प्राणी समझता है। निस्सन्देह, पशु भी पैदा करते हैं। मधुमक्खियों, वनबिलावों, चीटियों, आदि की तरह वे भी अपने लिए घोंसले, रहने की जगहें बनाते हैं। परन्तु, पशु केवल उसी चीज़ को पैदा करता है जिसकी उसे स्वयं अपने लिए, अथवा अपने बच्चे के लिए तत्काल आवश्यकता होती है। वह एकांगी ढंग से पैदा करता है, परन्तु मनुष्य सार्वलौकिक रूप से पैदा करता है। वह केवल तात्कालिक शारीरिक आवश्यकता के दबाव से पैदा करता है, किन्तु मनुष्य उस समय भी पैदा करता है जिस समय कि शारीरिक आवश्यकता से वह मुक्त होता है और, इसलिए, वास्तव में, वह उससे स्वतन्त्र रहता हुआ पैदा करता है। पशु केवल अपने को पैदा करता है, परन्तु मनुष्य प्रकृति को पुनः पैदा करता है। पशु की पैदावार का सम्बन्ध तात्कालिक रूप से उसके भौतिक शरीर से होता है, परन्तु मनुष्य अपनी पैदावार का मुक्त रूप से सामना करता है।... अतएव, वस्तुगत संसार पर किए गए अपने कार्य के माध्यम से ही मनुष्य वास्तव में इस बात को सिद्ध करता है कि वह जाति-मूल प्राणी है। यह उत्पादन ही उसका क्रियाशील जाति-मूल जीवन है। इसी उत्पादन के कारण प्रकृति उसकी कृति तथा उसी की वास्तविकता प्रतीत होती है। अतः श्रम का लक्ष्य मनुष्य के जाति-मूल जीवन का अंगीभूतकरण होता है।...

इस तरह पृथक्कृत श्रम... मनुष्य की जाति-मूल सत्ता को, उसकी प्रकृति तथा उसके आत्मिक जातिमूल-धर्म गुण दोनों को, एक ऐसी सत्ता में बदल देता है जो उसके लिए परकीय होती है, वह उसे उसके व्यक्तिगत अस्तित्व के एक साधन में बदल देता है। वह मनुष्य से स्वयं उसके शरीर को, साथ ही साथ उसकी बाह्य प्रकृति तथा उसके आत्मिक पक्ष को, उसके मानवीय पक्ष को भी पृथक् कर देता है।... मनुष्य की अपने श्रम की उत्पत्ति से, अपने जीवन की क्रियाशीलता से, जाति-मूल प्राणी के अपने रूप से पृथक् हो जाने का एक तात्कालिक परिणाम यह होता है कि मनुष्य का मनुष्य से पृथक्करण हो जाता है। मनुष्य जब अपने सामने खड़ा होता है तब वह एक दूसरे आदमी के सामने खड़ा होता है। जो बात अपने काम के साथ, अपने श्रम की उत्पत्ति के साथ तथा स्वयं अपने साथ मनुष्य के सम्बन्ध के विषय में लागू होती है, वही दूसरे मनुष्यों के साथ, तथा दूसरे मनुष्यों के श्रम और श्रम के उद्देश्य के साथ मनुष्य के सम्बन्ध के विषय में भी लागू होती है।... इस सच्चाई को हमने अवधारणात्मक शब्दावली में सूत्रबद्ध करते हुए उसे पृथक्कृत, परकीयकृत श्रम कहा है..."[18]

निजी सम्पत्ति

कृषि के विकास तथा निरन्तर बढ़ते श्रम-विभाजन के क्रम में जन-समाज के विघटन तथा कृषि-आधारित ग्राम-केन्द्रित जनपदीय समाज के विकास की प्रक्रिया शताब्दियों तक चलती रही। इस प्रक्रिया में जनों की आबादी में विस्तार, विशिष्टीकृत श्रम तथा श्रम-विभाजन, जनों के बीच विनिमय, जनों से परे एक ही किस्म के विशिष्टीकृत श्रम से जुड़े समूहों के बीच सम्बन्ध, जन और निज के द्वंद्व, आदि के फलस्वरूप जनों का आन्तरिक ढाँचा शिथिल हुआ, अलग-अलग कार्यों में लगे लोगों में अपने-अपने निजी उत्पादों को अपने पास रख लेने और उसका अपनी जरूरत के हिसाब से विनिमय करने की प्रवृत्ति बढ़ी, और निजी सम्पत्ति तथा जन-सम्पत्ति का विभेद सामने आया। कृषि के विकास के बावजूद लम्बे समय तक जन और जन-भावना बनी हुई थी, लेकिन अब उपहारों के आदान-प्रदान में तब्दीली आने लगी थी। विभिन्न उत्पादक समूह अब अपने उत्पादों का एक हिस्सा अपने पास रखकर उसका एक अंश ही 'बलि' के रूप में उप-सरदारों तथा सरदारों को देने लगे। यह 'बलि' जन के साथ उनकी सम्बद्धता के प्रतीक के रूप में आगे के कृषि समाजों में भी काफ़ी दिनों तक जारी रही। कौटिल्य के समय में कृषि पर जो कर लगाये गये थे, उनमें भी एक 'बलि' थी—i. भाग (उपज में राज्य का हिस्सा); ii. बलि (भाग के अतिरिक्त अधिभार); iii. कर (नियत कालों पर उगाहा जाने वाला सम्पत्ति कर); iv. रज्जू (सर्वेक्षण एवं बन्दोबस्त के लिए लगाया जाने वाला कर); और v. चोर-रज्जू (चौकीदारी कर)।[19]

यह निजी सम्पत्ति निरन्तर बढ़ती गई और उत्पादक तथा व्यापारिक समूहों के बीच सम्पत्ति-भेद, धनी-निर्धन का भेद पैदा हुआ। जन-कार्य और निजी कार्य, जन के लिए श्रम और निजी श्रम, तथा जन-सम्पत्ति और निजी सम्पत्ति का द्वैत सामने आया। कालक्रम में बड़े-बड़े भूस्वामियों और सम्पत्तिशाली वणिकों का वर्ग उभरा। भू-राजस्व सम्पत्ति का सबसे बड़ा स्रोत बन गया, और इस आधार पर भूस्वामियों का श्रेणीकरण किया जाने लगा।

गुप्त काल में, शुक्रनीति (जिसे गुप्त शासन का कौटिल्यीय अर्थशास्त्र भी कहा जाता है) के अनुसार, वार्षिक भूमिकर से जिनकी आय 1 से 3 लाख राजत (चांदी के) कार्षापण थी, उन्हें सामन्त कहा जाता था, चार से दस लाख कार्षापण की आयवाले मांडलिक, ग्यारह से बीस लाख वाले राजा, इक्कीस से पचास लाख वाले महाराज, इक्यावन लाख से एक करोड़ वाले स्वराट, दो करोड़ से दस करोड़ वाले सम्राट, ग्यारह से पचास करोड़ वाले विराट, और पचास करोड़ राजत कार्षापणों से अधिक आय वाले सार्वभौम, सप्तदीपा पृथ्वी के स्वामी कहे जाते थे।[20]

दासता-भूदासता

कृषि के विकास, श्रम-विभाजन, निजी सम्पत्ति के उदय की पृष्ठभूमि में श्रम की बढ़ती मांग को पूरा करने के लिए नये उत्पादन तथा सामाजिक सम्बन्ध बने। जनों के बीच युद्ध में पराजित जनों के लोगों को, या फिर कृषि समुदाय के आसपास रहनेवाले आखेटक-फलसंग्राहक जनों को जबरन दास अथवा भूदास के रूप में कृषि कार्यों में लगाया जाने लगा। आगे चलकर, जन के निर्धन सदस्यों से भी भूदास के रूप में बेगार-श्रम लिया जाने लगा। रक्त सम्बन्धों पर आधारित जनों के बीच रंग-रूप के फर्क के कारण अनेक मामलों में दास-स्वामी जनों तथा दासों के बीच रंग-भेद भी रहा होगा (आधुनिक काल में अमेरिका की दास-प्रथा में भी हम यह बात देखते हैं) : इतिहास में इस प्रकार दास-भूदास और दास-स्वामी-भूस्वामी के बीच का उत्पादन-सम्बन्ध सामने आया।

"श्रम का उत्पाद यदि मेरे लिए परकीय है, यदि वह एक परकीय शक्ति के रूप में मेरा विरोध करती है, तो वह किसकी सम्पत्ति है? यदि स्वयं मेरी क्रियाशीलता मेरी नहीं है, यदि वह एक परकीय जबर्दस्ती कराई गई क्रियाशीलता है, तो वह किसकी है?... वह परकीय सत्ता, श्रम और श्रम का उत्पाद जिसकी सम्पत्ति बन जाते हैं, जिसकी सेवा के लिए श्रम किया जाता है, और जिसके फायदे के लिए श्रम की पैदावार जुटाई जाती, स्वयं मनुष्य ही होता है, दूसरा मनुष्य। दास-भूदास की क्रियाशीलता उसके लिए यंत्रणा है, तो किसी दूसरे को निश्चित ही वह संतोष (!) तथा सुख (!) देती है। मनुष्य के ऊपर शासन करने वाली यह परकीय शक्ति देवतागण नहीं, प्रकृति नहीं, बल्कि स्वयं मनुष्य ही होता है।... इस प्रकार उसके श्रम की पैदावार, अंगीभूतकृत उसका श्रम यदि उसके लिए एक परकीय, वैरपूर्ण, ऐसी शक्तिशाली वस्तु है, जो उससे स्वतन्त्र है, तो उसके सम्बन्ध में उसकी स्थिति यही होगी कि उक्त वस्तु का स्वामी कोई और व्यक्ति है, ऐसा कोई व्यक्ति जो परकीय, वैरपूर्ण, शक्तिशाली, और उससे स्वतन्त्र है। स्वयं अपनी क्रियाशीलता को यदि वह अस्वतन्त्र क्रियाशालता मानता है, तो उसे वह किसी दूसरे मनुष्य की सेवा के लिए, उसके आधिपत्य, उसकी जोर-जबर्दस्ती, तथा उसके जुए के नीचे की गई क्रियाशीलता मानता है।..."[21]

बिहार के दलित मुसहर समुदाय की लोक-कथा दीना-भद्री इस समुदाय को जबरन कृषि कार्य में शामिल करने की कोशिश और इस कोशिश के खिलाफ उनके विद्रोह की लोक-कथा है। यह जाति शिकार तथा फलसंग्रह कर जीवनयापन करती थी। 'एक दिन एक धामी (ओझा-गुणी) उनकी माँ निरसो से मिलने आया। उसने निरसो से अपने दोनों बेटों को खेत पर काम करने के लिए भेजने को कहा। दीना-भद्री ने यह कहते हुए जाने से इनकार कर दिया कि वे खेत पर काम कर नहीं, बल्कि

शिकार कर अपना गुजर-बसर करते हैं। उन्होंने धामी को मार-पीटकर भगा दिया। बाद में दोनों भाइयों को मार डाला जाता है। कहानी को उनकी आत्माएँ आगे बढ़ाती हैं। लगातार सात दिनों तक वापस घर नहीं लौटने के कारण उनके गाँव जोगिया-जांजरि के उरसीडीह टोले में मातम छा गया था—

कौनो मुसहरनी नहिं कएलक सिंगार।
हमरा मुइने एक उरसी भेल उद्गार।
कालू बबा कनबे धार बहि जाय।
अम्मा निरसो के कनबे बिरिछ झरि गेल
रजना बुधना के कनबे
कनै जोगिया क बेटा पुतोहु।।...[22]

आगे अन्तिम अध्याय में दीना-भद्री गुलामी जाट की मदद से अत्याचारी जोरावर सिंह पर विजय प्राप्त करते हैं। फिर कुश्ती के मुकाबले में गुलामी जाट जोरावर सिंह को मार डालता है।

खेतिहर समुदाय के भूस्वामियों के अत्याचार के खिलाफ आखेटक समुदाय के संघर्ष की अनेक मिसालें और कथाएँ हैं। यह महज संयोग नहीं कि मुसहर जाति की क़रीब-क़रीब पूरी आबादी कृषि समाज में भूदास थी। बहुत बाद ही उनके बीच से किसानों का एक छोटा वर्ग उभरा, परन्तु उस विकास की अलग कहानी है।

राज्य

कृषि के आगमन के साथ विकसित हो रहे उपर्युक्त सामाजिक-आर्थिक सम्बन्धों के परिप्रेक्ष्य में जन समाज का विघटन सत्ता-संरचना के क्षेत्र में भी स्वाभाविक विस्तार पा रहा था। जन समाज में ही सरदारों, उपसरदारों और उनके कुनबों का विशेषाधिकार प्राप्त समूह आकार ले चुका था—इस बुनियाद पर, कृषि समाज का आत्म-संगठन, शताब्दियों में, कुलीनतंत्र तथा राजतंत्र के अभ्युदय के रूप में सम्पन्न हुआ। जन क्षेत्र अब जनपदीय कुलीनतंत्र एवं राजतंत्र के रूप में सामने आए। जनपदों में विभिन्न वृत्तियों से जुड़े अन्य जनों के लोग भी आकर बसने लगे तथा उनके अधिकारों और कर्तव्यों का निरूपण हुआ। राजाओं का विभिन्न देवों के मूर्तिमान प्रतीकों के रूप में महिमामंडन हुआ और इससे जुड़े अनेक कर्मकाण्डों का भी विकास हुआ। चूँकि भू-सम्पत्ति अब आय का सबसे बड़ा स्रोत बन गई थी, इसीलिए भू-क्षेत्रों का विस्तार ऐसे राजतंत्रों का लक्ष्य बन गया—राज्यों के बीच निरन्तर चलने वाला युद्ध तथा साम्राज्य-निर्माण इसकी स्वाभाविक परिणति थी। प्रत्येक राजा समस्त पृथ्वी का स्वामी बनना चाहता था। मूलभूत समानताओं के साथ पृथक्-पृथक् समाजों में यह पूरी प्रक्रिया अपनी-अपनी विशिष्टताओं के साथ आविर्भूत हुई।

इतिहास में उत्तराधिकार का प्रश्न सभी समाजों में उन्हीं दिनों से आजतक

अत्यन्त महत्वपूर्ण प्रश्न बना रहा है। सम्पत्ति (कृषि युग में इसका आशय मूलतः भू-सम्पत्ति था) और सत्ता के उत्तराधिकार के लिए रक्त-सम्बन्धियों (भाइयों तथा पिता-पुत्रों) के बीच संघर्ष तथा हत्याएँ इतिहास के अनेक पृष्ठों में फैली हुई हैं और कोई भी समाज इनसे अछूता नहीं रहा है। भूमि के लिए और सत्ता के लिए अपने रक्त-सम्बन्धियों—पिता और भाइयों—की हत्या रक्त-सम्बन्ध पर आधारित जन समाज के विघटन का चरम उदाहरण था। (आगे चलकर, विनिमय के युग में धन के लिए अपनी पुश्तैनी ज़मीन का सौदा और अपने रक्त-सम्बन्धियों तक की हत्या कृषि युग की विदाई और विनिमय के युग के आगमन का प्रमाण बना।)

पुरुष-सत्ता

ज्येष्ठ नर-केन्द्रित आदिम यूथों से गणों के विकास के दौरान ही ज्येष्ठ नर के उत्तराधिकार का सवाल महत्व धारण करता गया होगा और ऐसा प्रतीत होता है कि सरदारी प्रथा वाले जनों के आगमन तक सरदार का उत्तराधिकारी सुनिश्चित करने के लिए कम-से-कम सरदार के मामले में एक-पत्नी अथवा बहु-पत्नी विवाह की व्यवस्था प्रचलन में आ चुकी थी। उपहार अथवा बलि प्राप्त करने की तरह यह प्रथा भी सरदार के विशेषाधिकार के रूप में सम्भवतः मान्य हो चुकी थी। जनों में गण-विवाह अथवा युग्म-विवाह के जारी रहने के बावजूद सरदार को प्राप्त यह विशेषाधिकार, कृषि के विकास के साथ निजी सम्पत्ति के उदय के दौर में लोगों द्वारा अपना उत्तराधिकारी सुनिश्चित करने, अपना निजी परिवार, परिवार की स्थिरता तथा निरन्तरता कायम करने के क्रम में मिसाल बन गया हो। सरदार के विशेषाधिकार ने एक सार्विक प्रथा का रूप ले लिया। यह भी जन के विघटन की दिशा में एक महत्वपूर्ण कदम था। जन की जगह अब एक पत्नी (अथवा बहुपत्नी) विवाह पर आधारित परिवार कृषि समाज की मूल इकाई बन गये। बहरहाल, यह सिर्फ़ जन का विघटन ही नहीं, नारी-पुरुष सम्बन्धों में एक युगान्तरकारी परिवर्तन का भी द्योतक था।

मातृ-केन्द्रित आदिम यूथों की संख्या ज्येष्ठ नर-केन्द्रित यूथों की तुलना में सम्भवतः कम थी। उन यूथों में गणों के विकास के दौरान जो मातृसत्ताक व्यवस्था बनी और कृषि एवं निजी सम्पत्ति के विकास के साथ उत्तराधिकार के प्रश्न को जिस रूप में हल किया गया, वे पितृसत्ताक गणों की तुलना में भिन्न थीं। उनमें बेटियों तथा स्त्रियों को उत्तराधिकार-मूलक अधिकार प्राप्त थे। बहरहाल, आस-पड़ोस के पितृसत्ताक जनों तथा आगे चलकर पुरुषसत्तावादी कृषि समाजों के प्रभाव से वे अछूती नहीं रह सकीं। उन समाजों में भी कालक्रम में, अधिकार सम्पन्न होने के बावजूद स्त्रियों को कमोबेश निष्क्रिय अवस्था में धकेल दिया गया और सम्पत्ति तथा सत्ता का प्रबन्धन-संचालन पुरुषों (पितृकुल के दादा, पिता, चाचा की जगह मातृकुल के नाना, मामा, आदि) ने अपने हाथों में ले लिया। बहरहाल, हम यहाँ इतिहास में उत्तराधिकार

की व्यवस्था की बारीकियों में नहीं जाते हुए स्त्री-पुरुष सम्बन्धों में आए परिवर्तन पर पुनः लौटना चाहेंगे।

एक ही मानवजाति-मूल के नर और मादा के रूप में स्त्री और पुरुष के बीच यौन आकर्षण, यौन-क्रीड़ा और यौन सम्बन्ध उनके स्वभाव में ही अंतर्निहित है। यह आजीवन चलता रहता है और मानवजाति की रोजमर्रे की क्रियाओं में—उठने-बैठने, चलने-बोलने, आदि में निरन्तर परिलक्षित होता है। स्वभावतः मानवजाति के हजारों वर्षों के कला-साहित्य और चिन्तन का सबसे बड़ा हिस्सा प्रेम-प्रसंगों, प्रेम-कहानियों-कविताओं से, स्त्री-पुरुष सम्बन्धों के विभिन्न आयामों के वर्णनों-विश्लेषणों से भरा पड़ा है।

मानवजाति के क्रिया व्यापार के लिहाज़ से स्त्री और पुरुष में सामान्यतः कोई विभेद नहीं है। आदिकाल से ही स्त्री सामूहिक श्रम-क्रिया तथा ज्ञान-क्रिया में पुरुष की समान, और कुछ मामलों में कुछ ज्यादा ही, साझीदार रही है। आज भी अगर हम विभिन्न समाजों पर नज़र दौड़ाएँ, तो इसके प्रमाण सहज ही मिल जाएँगे। शिकारी-फलसंग्राहक युग में भी वह शिकार में, फलसंग्रह में, मछली मारने में, सूक्ष्म उपकरण बनाने में, फसल बटोरने तथा मधु संग्रह में, जनों के बीच होने वाले युद्ध में, चित्रकारी और मूर्तिशिल्प में—कुल मिलाकर, सभी कार्यों में समान रूप से भागीदार थी। खेती और बागवानी तथा पशुपालन की ओर पहला कदम बढ़ाने का श्रेय भी स्त्रियों को ही दिया जाता है। आज भी कृषि के उत्पादक कार्यों में उनकी भागीदारी पुरुषों की तुलना में बीस ही ठहरती है। इसीलिए कुछ जैविक विशेषताओं का हवाला देकर अथवा अन्य तर्क गढ़कर उत्पादक श्रम में स्त्रियों की कतिपय अयोग्यताओं के वर्णन का सारा साहित्य, सारा पूर्वाग्रह, सारा प्रपंच कृषि समाज के साथ विकसित पुरुष सत्तावादी व्यवस्था द्वारा गढ़ा गया और हजारों वर्षों के दौरान इस दृष्टि ने स्त्रियों की एक रूढ़िबद्ध छवि विकसित तथा स्थापित की। स्त्रियों की कुछ जैविक विशेषताओं ने मानवजाति के विकास में उनकी उत्पादक भूमिका को कमतर नहीं किया है, बल्कि उन्हें मातृत्व की अतिरिक्त महिमा से मंडित ही किया है। कुछ ख़ास अवसरों पर और कुछेक ख़ास कार्यों में जैविक विशेषता के कारण जब-जब व्यवधान आया, तब-तब उन्होंने अन्य अनेक कार्यों के जरिए उसकी हमेशा जरूरत से ज्यादा ही क्षतिपूर्ति की है। मातृत्व और इन सारे क्रियाकलापों को जोड़ दें तो पुरुषों की तुलना में मानवजाति की प्रगति में स्त्रियों की भूमिका हमेशा भारी पड़ेगी।

बहरहाल, निजी सम्पत्ति के विकास, उसकी निरन्तरता तथा स्थिरता के लिए पितृसत्ताक समाज में पुरुषों को अपने जिस वास्तविक उत्तराधिकारी की तलाश थी, गण-विवाह अथवा इस संक्रमणकाल के दौरान प्रचलित, स्त्री-पुरुष के सहज, स्वाभाविक यौन-प्रेम पर आधारित अस्थायी युग्म-विवाह उन्हें वह नहीं दे सकता था। वास्तविक (अथवा कानूनी भाषा में वैध) उत्तराधिकारी पुरुषों को चाहिए था (स्त्रियों के लिए हर

संतान वास्तविक और वैध ही होती है)। एक-पत्नी अथवा बहु-पत्नी विवाह प्रथा इसी जरूरत की उपज थी, और इसके लिए स्त्री के शरीर और मन का कठोर नियमन जरूरी माना गया (पुरुष इस जरूरत से परे थे)। इस पूरी प्रक्रिया का अंत हुआ स्त्रियों की यंत्रणामय पराधीनता में। तब से लेकर आजतक स्त्रियों के अमूमन सारे फैसले पुरुष ही लेते रहे हैं—उन्हें क्या करना चाहिए, क्या नहीं; उन्हें क्या पहनना चाहिए, क्या नहीं; उन्हें कैसा दिखना चाहिए, कैसा नहीं; उन्हें किससे बोलना चाहिए, किससे नहीं; आदि, आदि। इन फैसलों के उल्लंघन की स्थिति में उन्हें तरह-तरह की यंत्रणाएँ भुगतनी पड़ती हैं, यहाँ तक कि जान से भी हाथ धोना पड़ता है। आधुनिक 'वैज्ञानिक' काल में यह हिंसा कन्या-भ्रूण तक जा पहुँची है।

स्त्री के शरीर तथा मन के नियमन के लिए पूरे स्त्री समुदाय का चरित्र-हनन जरूरी था। स्त्री-यौनिकता को समाज के लिए ख़तरा घोषित कर दिया गया। उसे समाज को पथ-भ्रष्ट करने का स्रोत कहा गया—कहा गया नरक का द्वार। स्वाधीन स्त्रियों को वश में करने के लिए बर्बरतापूर्ण दण्डों की, लोमहर्षक यंत्रणाओं की व्यवस्था की गई। अनेक लोक-कथाएँ 'उन्मत्त स्त्रियों' को हिंस्र तरीके से 'वश में करने' की कथाएँ हैं। यह चरित्र-हनन पूरे पुरुष समुदाय को स्त्री के खिलाफ हिंसा के लिए उकसाता रहा है। हजारों वर्षों के धर्म-सूत्रों, स्मृतियों, विधि-विधानों, और साहित्य को खंगाल डालिए, पृष्ठ-दर-पृष्ठ स्त्रियों के चरित्र पर, उनकी मानव सुलभ गरिमा पर आघात पहुँचाने वाली इतनी उक्तियाँ मिलेंगी कि उन्हें पढ़ना भी मुनासिब नहीं। लेकिन हजारों वर्षों के इस कुत्सित अभियान के बावजूद और स्त्रियों के एक हिस्से द्वारा उनका आभ्यन्तरीकरण करने के बावजूद स्त्री शरीर और मन का नियमन सम्भव नहीं हो पाया—इस लोक और परलोक में मिलने वाली यातनाओं, यंत्रणाओं का डर तथा आतंक पैदा करने के बावजूद स्त्रियों का प्रतिकार भी अनेक रूपों में अभिव्यक्त होता रहा। हालाँकि इस प्रतिकार में स्त्रियाँ हमेशा द्विविधाग्रस्त भी रहीं—स्त्रियाँ पुरुषों की माताएँ भी थीं।

कहा जा सकता है कि क्या स्त्रियाँ देवियों के रूप में पूजी नहीं गईं? क्या माताओं के रूप में उनकी स्तुति नहीं की गई और यह नहीं कहा गया 'यत्र नार्यस्तुपूज्यन्ते रमन्ते तत्र देवताः' (जहाँ नारियों की पूजा होती है, वहाँ देवता रमण करते हैं)?[23]

सही है कि प्रजनन-सम्बन्धी कर्मकाण्ड में 'गर्भवती स्त्रियों', वीनस की मूर्तियों के प्रमाण मध्यपाषाण काल में ही मिलने लगे थे और कृषि युग में तो सभी संस्कृतियों में मातृ-देवियों की उपासना बड़े पैमाने पर प्रचलित थी। लेकिन 'अमूर्त देवियों' और 'यथार्थ दासियों' के दो ध्रुवों के बीच एक सहज, स्वाभाविक स्त्री और उसकी सहज स्वाभाविक यौनिकता भी थी। देवियों की उपासना और दासियों की यंत्रणा के बीच अपनी सहज स्वाभाविक यौनिकता के साथ सहज स्वाभाविक स्त्री कहीं गहरे दब सी गई थी, जो कभी छिपे, कभी खुले रूप में, 'अपने प्रेमी से मिलने को आतुर प्रबल

झंझावात की तरह उन्माद में भागती स्त्री' के रूप में ताकती-झांकती नज़र आ जाती रही है।[24]

जिस मनुस्मृति में 'यत्रनार्यस्तु पूज्यन्ते रमन्ते तत्र देवताः' कहा गया है, उसी मनुस्मृति में यह भी निर्देश है : 'न स्त्री स्वातन्त्र्यमर्हति' (स्त्री स्वतन्त्रता के योग्य नहीं है)[25] और यह चेतावनी भी है :

स्वभावएषनारीणांनराणामिहदूषणम्।
अतोर्थान्नप्रमाद्यंतिप्रमदासु विपश्चितः।।
अविद्वांसमलं लोके विद्वांसमपि वा पुनः।
प्रमदा ह्युत्पथन्नेतुंकामक्रोधवशानुगम।।[26]

[पुरुषों को दूषित करना यह नारियों का स्वभाव ही है। इसीलिए पंडित लोग स्त्रियों में प्रमत्त नहीं होते (बड़े सावधान रहते हैं)। काम क्रोध के वश हुआ पुरुष, विद्वान या मूर्ख हो, उसे बुरे मार्ग पर ले जाने को स्त्री समर्थ है।] स्त्रियों के लिए उसमें इतने निषेधों तथा दण्डों का प्रावधान है कि उन्हें यहाँ दुहराना सम्भव नहीं।

स्त्रियाँ न पूजनीया होना चाहती हैं और न दासी। वह तो बस वही होना चाहती है, जो वह है—समान धरातल पर खड़ी अपनी यौनिकता, अपनी उदात्तता और उच्छृंखलता, अपने लावण्य और अपनी गरिमा से युक्त एक सहज, स्वाभाविक स्त्री। इस सहज, स्वाभाविक स्त्री के साथ सहज सहजीवन के प्रति पुरुषों की असहजता और समय-समय पर उग्र तथा हिंस्र प्रतिक्रिया आजतक जारी है। वैसे स्त्रियाँ अब अपने सहज, स्वाभाविक स्वत्व की प्राप्ति की ओर कदम बढ़ा चुकी हैं और इस प्राप्ति के आनन्द का इजहार भी कर रही हैं।

बहरहाल, स्त्रियों की पराधीनता का सम्बन्ध सिर्फ़ स्त्रियों से नहीं था—इसने पुरुषों में, और पूरी मानवजाति में भी अनेक विकृतियों और विद्रूपताओं की सृष्टि की।

"अनुकूलन द्वारा स्त्रियों को अपनी स्वायत्तता तजकर मार्गदर्शन मांगने के लिए ढाला जाता है। स्त्रीत्व की हमारी परिकल्पना कितनी कृत्रिम है इसका प्रमाण इसका बार-बार किया जाने वाला प्रतिपादन है।... अगर हम स्त्रियोचित लक्षणों की सम्भाव्यता को अनुकूलन का उत्पाद मानने का आग्रह करें तो हमें यह तर्क देना होगा कि स्त्रियोचित-पुरुषोचित ध्रुवीयता वास्तविक है, लेकिन आवश्यक नहीं। हमें सुनिश्चित शब्दों, जो हमेशा कृत्रिम होते हैं, की ध्रुवीयता को अस्वीकार करके अनिश्चित शब्दों में विचरने की स्वतन्त्रता के लिए संघर्ष करना होगा। इस आधार पर हमें काम प्रवृत्ति विहीन और इसलिए अपूर्ण, अवमाननीय, मानवीय सम्भावनाओं के एक सांस्कृतिक ह्रास होने के अर्थ में स्त्रियोचितता को अस्वीकार कर देना होगा और उस अनिश्चित शब्द स्त्री पर निर्भर रहना होगा जिसमें स्त्री-काम प्रवृत्ति की सम्भावना बची रही है। स्त्री कैसे बधिया होकर स्त्रियोचित बनती है, इसे समझ पाने के लिए हमें उन दबावों

को देखना होगा जो जन्मते ही उस पर पड़ते हैं।...

जब छोटे लड़के समूह और संगठन और घर के बाहर की दुनिया के बारे में सीख रहे होते हैं, तब लड़कियाँ घर में चुपचाप गुड़ियों से खेलती सपने बुनती हैं या माँ की मदद करती हैं। स्कूल में अपनी ऊर्जा का इस्तेमाल ख़ुद का दमन करने, अच्छी बच्ची बनने और चुप रहने और जो वे देख-सुन रही हैं, उसे याद रखने में करती हैं। घर में वे अर्थहीन कर्मकाण्डों में जुटी रहती हैं जिनमें कोई मानसिक गतिविधि नहीं होती। इसलिए उनमें ऐंद्रिक और बौद्धिक के बीच की खाई अपने भाइयों की तुलना में कहीं चौड़ी होती है। अगर ऐंद्रिक की पकड़ गहरी रहती है तो वे हाथों से काम करना ज्यादा पसन्द करती हैं, किसी के तय किए हुए नमूने का अनुसरण करते हुए खाना पकाना, सीना-पिरोना, बुनना-काढ़ना।... अगर स्त्रियाँ 'बुद्धिजीवी' बन जाती है तो वे अपनी देह से विलग हो जाती हैं, जो दमित, सघन, अकुशल और हमेशा जैसी ही दास्यभाव से भरी होती हैं। कुछ प्रतिभाशाली लोगों ने सब बंधनों को ध्वस्त करके सच्चाई को देखा है, लेकिन ज्यादातर सृजनशील स्त्रियों की सर्वोत्तम कलाकृतियों में भी असारता और व्यामोह की छाप दिखती है। वर्जीनिया वुल्फ एक हद तक राह देख पायी लेकिन उसका उन्हें भारी मूल्य चुकाना पड़ा। ज्यॉर्ज इलियट उन बहुत कम स्त्रियों में से थीं जो बन्धनों से पूरी तरह मुक्त हो पाई। दोनों में अंतर शायद मानस की ऊर्जा का रहा हो, या बुद्धि मत्ता का या शायद सीधे-साधे यही कि इलियट दिखने में साधारण थीं जबकि वर्जीनिया लावण्यमयी और सुन्दरी थी। जो भी हो, संघर्ष की नींव उनके शैशव में ही डाल दी गई थी।..."[27]

गोद लेने की प्रथा

कृषि समाज में जनों के विघटन के क्रम में जनों का अतिक्रमण कर नये सामाजिक सम्बन्धों के निर्माण की प्रक्रिया अनेक रूपों में सम्पन्न हुई। जनों की सीमा का अतिक्रमण उत्पादक शक्तियों के विकास की मांग थी, लेकिन जन तो रक्त-सम्बन्धों पर आधारित थे और उसमें किसी अन्य जन के सदस्य का प्रवेश वर्जित था—दासों के रूप में अन्य जन के सदस्यों का उपयोग किया जा सकता था और किया भी गया, लेकिन यह पर्याप्त नहीं था। कालक्रम में इसका भी समाधान निकाल लिया गया—जो समाधान निकाला गया, वह स्वभावतः जन के मूल उसूल का परित्याग था, इसीलिए हेनरी समनर मायने प्राचीन समाज के इस महत्वपूर्ण अवधारणात्मक गतिरोध-भंग को 'लीगल फिक्शन' (वैध मिथ) की संज्ञा देते हैं।[28]

आस-पड़ोस में रहने वाले ऐसे दो जनों की कल्पना कीजिए जो अपेक्षाकृत विकसित कृषि-जन हैं। उनके बीच यदा-कदा युद्ध भी होता रहता है। दोनों जनों की पारस्परिक समृद्धि के लिए दोनों का आपस में सम्बन्ध विकसित होना समय की मांग

है। अन्यथा, आपसी युद्धों में दोनों की शक्ति-क्षय होती रहती। ये दोनों जन एक-दूसरे को दास बनाने की क्षमता नहीं रखते। सम्बन्धों का यह गतिरोध भंग होता है गोद लेने की प्रथा के जरिए (मायने के शब्दों में 'फिक्शन ऑफ एडॉप्शन')। एक जन के सरदार अथवा राजा ने दूसरे जन के सरदार अथवा राजा के पुत्र को गोद ले लिया और उसे अपना पुत्र बना लिया। गोद लेने की इस एक क्रिया से दो पृथक्, प्रतिस्पर्धी जनों के बीच बिरादराना सम्बन्ध कायम हो गया। इस प्रकार दो भिन्न रक्त-सम्बन्ध वाले जन एक दूसरे के साथ रक्त-सम्बन्ध में बंध गये। गोद लेने की यह प्रथा स्वभावतः नये मिथकों के सृजन तथा नये कर्मकाण्डों की भी वजह बनी। गोद लेने के जरिए जनों के बीच सम्बन्ध, उससे जुड़े मिथक और कर्मकाण्ड प्राचीन भारतीय साहित्य में काफ़ी मात्रा में देखे जा सकते हैं।

वैवाहिक सम्बन्ध : जन की सीमा के अतिक्रमण का एक और रूप था जनों के बीच वैवाहिक सम्बन्धों की स्थापना। इतिहास इसके उदाहरणों से भरा पड़ा है। मगध और लिच्छवी जनों के बीच युद्धों तथा वैवाहिक सम्बन्धों का एक सिलसिला ही मिलता है जो मगध राजतंत्र (बिम्बिसार) से शुरू होकर मगध साम्राज्य होते हुए गुप्त साम्राज्य की स्थापना (चन्द्रगुप्त प्रथम) तक जाता है। मगध सम्राट चन्द्रगुप्त मौर्य ने ग्रीक राजा सेल्यूकस की पुत्री से विवाह कर मागधों को यूनानियों के साथ रक्त-सम्बन्ध में बांध दिया और वे अपने साम्राज्य की पश्चिमोत्तर सीमा को लेकर निश्चिन्त हुए।

जाति

जन की सीमा का अतिक्रमण जातियों के उद्भव का कारण बना और कालक्रम में जाति-प्रथा पर आधारित सामाजिक ढाँचा भारतीय समाज के अस्तित्व का ढंग बन गया।

जनों के अंदर पेशा-आधारित श्रम-विभाजन हो चुका था। विभिन्न जनों के एक ही पेशे से जुड़े समुदायों के बीच सम्बन्धों का तथा अलग-अलग वृत्तियों से जुड़े विभिन्न जनों के समुदायों के बीच पारस्परिक विनिमय का विस्तार हो रहा था। जन के परम्परागत ढाँचे में इस विस्तार की एक सीमा थी। तेजी से विकसित हो रहे कृषि समुदायों की उत्पादक शक्ति, कृषि समाजों की बढ़ती मांगें इस सीमा से लगातार टकरा रही थीं। गोद लेने तथा वैवाहिक सम्बन्ध इस आवश्यकता को अत्यन्त सीमित तथा संकुचित रूप में ही पूरा कर पा रहे थे। जरूरत बड़े स्तर पर नये सामाजिक सम्बन्धों के निर्माण की थी। ऊपरी स्तर पर ही नहीं, जन के बुनियादी स्तर पर जन की सीमा का अतिक्रमण करना जरूरी था। जातियों के उद्भव ने प्राचीन, विकसित होते कृषि समाज की इसी जरूरत को पूरा किया।

जातियाँ जन के स्वरूप में जन का अतिक्रमण थीं।

विभिन्न जनों के एक ही तरह के कर्म में लगे समुदायों का कर्म-आधारित सामाजिक सम्बन्धों में बंधना जन का अतिक्रमण था, कहिये तो जन का विघटन था। यह जन-आधारित रक्त-सम्बन्ध से कर्म-आधारित सामाजिक सम्बन्ध की ओर, जन्म-आधारित जनसमाज से कर्म-आधारित कृषि समाज की ओर छलांग लगाना था। इसीलिए प्रत्येक जाति में सामान्यतः अनेक जनों के लोग आकर समाहित हो गये—हाल-हाल तक जातियों को नस्लीय आधार पर श्रेणीकृत करने की कोशिशें नाकाम होती रही हैं। उन्नीसवीं सदी में बंगाल की जातियों को इस आधार पर श्रेणीकृत करने के हर्बर्ट रिस्ले के प्रयासों के दौरान भी जातियों में इतनी विविधताएँ पाई गईं कि इस तरह का कोई वर्गीकरण बेकार साबित हुआ।[29] उन्नीसवीं सदी के अंत तथा बीसवीं सदी के आरम्भ में विभिन्न क्षेत्रों तथा प्रदेशों में बने जाति संगठन जब अखिल भारतीय आधार पर संगठन बनाने की ओर बढ़े, तो उन्होंने विभिन्न प्रदेशों में अपने समकक्ष ऐसी जातियों को शामिल करना शुरू किया जिनके साथ समान वृत्ति को छोड़कर उनके और कोई सम्बन्ध नहीं थे और जो भाषाई रूप से भी पृथक् थे। हाँ, ऐसी जातियाँ भी थीं जो अतीत में पूरे जन के रूप में ही एक जाति में तब्दील हो गई थीं, लेकिन सामान्यतः जातियाँ विभिन्न जनों के समान कर्मवाले समुदायों से ही गठित हुईं। प्रत्येक जाति का नाम प्रायः उसके कर्म पर ही आधारित था। कर्म से ही उसकी पहचान थी। यह जातियों का एक पक्ष था।

जातियों का दूसरा पक्ष था—विभिन्न जनों के कर्म-आधारित समुदाय कालक्रम में जनों के स्वरूप में संगठित हुए। गोत्र के बाहर और जाति के अंदर विवाह तथा जन्म से सदस्यता ने कर्म-आधारित समुदायों को जन का स्वरूप प्रदान किया। श्रम-विभाजन के विस्तार के साथ कृषि समाज में जन के स्वरूप में कर्म-आधारित समुदायों, यानी जातियों का तेजी से क्षैतिज प्रसार हुआ। इसके साथ-साथ विभिन्न जनों की गाथाएँ, मिथक, देवी-देवता, कर्मकाण्ड, आदि भी आपस में घुलते-मिलते गये। भारत के पूरे इतिहास में पुराणों का संशोधन-परिवर्धन-नवीकरण अनवरत् प्रक्रिया बन गई। जन्म और कर्म का, जन्म-आधारित समुदायों और कर्म-आधारित समुदायों का द्वैत, उनका पृथक्करण और पुनस्संगठन सामने आया।

जन ने कर्म-आधारित समुदायों में विघटित होकर जाति का अवतार लिया। यह जन का कर्म-आधारित पुनर्जन्म था।

जातियों के इस क्षैतिज प्रसार के साथ उनका एक उर्ध्वाकार सोपान भी था। इस उर्ध्वाकार सोपान में 'उच्च से निम्न' के विभिन्न पायदानों पर विभिन्न जातियों के समूहों का स्थान जन्म से ही निर्धारित था।

दरअसल, जन समाज से कृषि समाज में संक्रमण के दौरान मानव समुदायों का

चार वृहत् श्रेणियों में विभाजन सामने आ चुका था जो आजतक जारी है। इन चार मूलभूत श्रेणियों को हम आज भी प्रत्येक समाज, राष्ट्र, संस्था, दल, यहाँ तक कि परिवार में भी देख सकते हैं। ये चार श्रेणियाँ हैं–i. चिन्तकों, नीति-निर्माताओं, बौद्धिकों की श्रेणी; ii. शासक-प्रशासकों की श्रेणी; iii. व्यवसायियों, वित्त-प्रबन्धकों की श्रेणी; और iv. सेवकों की श्रेणी। राष्ट्र, समाज की बात तो छोड़िए, किसी भी कार्यालय में, किसी भी संगठन में झांक कर देखिए, इन चारो श्रेणियों का सहज ही साक्षात् किया जा सकता है। ऐसे हर समुदाय या समूह में एक श्रेणी बौद्धिकों, नीति-निर्माताओं, पुरोहितों, आदि की होती है; दूसरी श्रेणी शासकों तथा प्रशासनिक अधिकारियों की; तीसरी श्रेणी वित्त अथवा कोष के प्रबन्धकों की, लेन-देन का कारोबार देखनेवालों की होती है; और चौथी श्रेणी शारीरिक श्रम करने वालों, साफ-सफाई समेत तमाम तरह के सेवा-कार्यों में जुटे लोगों की श्रेणी होती है। भारतीय समाज में ये चार श्रेणियाँ चार वर्णों ब्राह्मण, क्षत्रिय, वैश्य और शूद्र के रूप में वर्णित की गईं। इन चार श्रेणियों में प्रथम दो समाज की अतिरिक्त सम्पत्ति पर ही पलते हैं। तीन श्रेणियाँ तो जन-समाज में ही आकार ले चुकी थीं–पुरोहित और उनके कुनबे (ब्राह्मण), सरदारों के कुनबे (क्षत्रिय), और शारीरिक श्रम से जुड़े आम जन (वैश्य)। आगे चलकर, व्यवसाय से जुड़े समुदाय की ही वैश्य के रूप में खिनाख़्त की जाने लगी। कृषक तथा कारीगर समुदाय शूद्रों के रूप में परिगणित हुए। उनके 'नीचे' भी (साफ-सफाई, मरे जानवरों को उठानेवाले, चमड़े का काम करने वाले, श्मशान से जुड़े कामों की देखभाल करने वाले, आदि), तथाकथित 'निकृष्ट' समझे जाने वाले कर्मों में लगे लोगों अथवा समुदायों की एक अलग पंचम श्रेणी (अंतयज) बनी। दास के रूप में खेती तथा कारीगरी में जबरन श्रम के लिए मजबूर किए गए समुदाय प्रायः अन्य जन के लोग ही होते थे। आगे चलकर अपने जन के निर्धन लोग भी भूदास बनाये गये।

जातियों के विकास-क्रम में उपयुक्त चारो श्रेणियाँ भी जन्मजात श्रेणियाँ बन गईं और जातियों के क्षैतिज प्रसार को वर्णों के इस उर्ध्वाकार सोपान में अलग-अलग पायदानों पर समायोजित कर दिया गया। इस प्रकार वर्णों के उर्ध्वाकार सोपान में श्रेष्ठ-निम्न के आधार पर विभाजित, जन्म से निर्धारित जातियों के समूह के रूप में उस (अपेक्षाकृत) स्वयंसम्पूर्ण ग्राम समुदाय ने आकार लिया जो भारतीय कृषि समाज का केन्द्रक, उसकी 'कोशिका' थी। आखेटक-संग्राहक जन समाज का विघटन हुआ और कृषि युग में ग्राम-आधारित जनपदीय समाजों ने उसकी जगह ली। कृषि समाज के क्षैतिज प्रसार का मतलब था कृषि के लिए आवश्यक सभी जातियों–पुरोहितों, शासकों, वणिकों, कृषकों, कारीगरों, सेवकों–से युक्त ग्रामों का क्षैतिज प्रसार। कर्म-आधारित जातियों–कृषकों, कारीगरों, आदि के श्रम का विशिष्टीकरण और मजबूत तथा परिष्कृत हुआ। उत्पादक शक्तियों के विस्तार तथा अतिरिक्त सम्पत्ति के

निर्माण ने कृषि समाज में पहली बार अमूर्त चिन्तन, दर्शन, कला, साहित्य, आदि के लिए जरूरी अवकाश मुहैया किया। इस अवकाश का उपयोग करने वाली एक पृथक् जाति, ब्राह्मणों का उत्थान हुआ। अमूर्त चिन्तन और उत्पादक व्यवहार का द्वैत सामने आया। इन जनपदीय कृषि समाजों के आस-पड़ोस में आखेटक-संग्राहक जन समाज भी इतिहास में हाल के वर्षों तक बने रहे।

बहरहाल, जन समाज से कृषि समाज में यह संक्रमण हजारों वर्षों में सम्पन्न हुआ। इसलिए इस संक्रमण काल में—जो विभिन्न क्षेत्रों में शताब्दियों तक चलता रहा—स्थितियाँ काफ़ी ढीली-ढाली, गतिशील और अनेक संघर्षों तथा सम्मिलनों से भरी-पड़ी थीं। भारत के प्राचीन साहित्य में इसके भरपूर प्रमाण मिलते हैं। यहाँ यह स्मरण रखना चाहिए कि मानवजाति के क्रम-विकास तथा सामाजिक परिवर्तन के लिहाज़ से समय के मानक विभिन्न युगों में काफ़ी भिन्न रहे हैं। पूर्व पुरापाषाणकाल, मध्य पुरापाषाणकाल तथा उत्तर पुरापाषाणकाल के आरम्भिक युग तक समय को हम दस लाख से एक लाख वर्ष के पैमाने पर मापते हैं। आधुनिक मानवों के आगमन से मध्यपाषाणकाल तक हम समय को हजार वर्षों की इकाई में मापना शुरू करते हैं, कृषि युग में (वह भी ख़ासकर ई.पू. छठी शताब्दी के बाद से) हमारा पैमाना शताब्दियों का हो जाता है। औद्योगिक युग के बाद यह घटकर दशाब्दियों का हो जाता है, और आज के युग में तो एक वर्ष भी काफ़ी लम्बा प्रतीत होता है। इसीलिए जब वी गार्डन चाइल्ड ने नवपाषाण क्रान्ति की अवधारणा प्रस्तुत करते हुए उसका काल दो हजार वर्षों का (आठ से दस हजार वर्ष पूर्व का) निर्धारित किया तो अनेक लोगों को यह आपत्ति थी कि आखिर दो हजार वर्ष के काल को आप क्रान्ति-काल की संज्ञा कैसे दे सकते हैं—जो चीज़ दो हजार वर्षों में सम्पन्न हो, वह क्रान्ति कैसे कहला सकती है? समय के बारे में हम अपनी आज की अवधारणा से उन दिनों की व्याख्या नहीं कर सकते। आधुनिक मानवजाति के आगमन के क़रीब सवा लाख वर्षों तथा मध्य पाषाणकाल के पच्चीस हजार वर्षों की तुलना में दो हजार वर्ष की अवधि काफ़ी संक्षिप्त अवधि ही मानी जाएगी और इन दो हजार वर्षों के दौरान पूरी दुनिया में कृषि के आगमन के साथ उपकरणों, श्रम-विभाजनों, कर्मकाण्डों, प्रस्तर इमारतों, जीवन शैली में परिवर्तन, आदि के रूप में जो विकास घटित हुआ, वह क्रान्ति ही माना जाएगा। कल्पना कीजिए, दो हजार वर्ष! ईस्वी सन् की शुरुआत से आजतक का समय!!

बहरहाल, विश्व के अन्य हिस्सों में भी कृषि समाज के विकास के साथ जन समाज की जगह जो नई सामाजिक संरचना सामने आई, वह भी पुरोहितों, शासकों-प्रशासकों, वणिकों, कृषकों, कारीगरों, सेवकों, दासों-भूदासों के कई सोपान-मूलक सामाजिक संस्तरों में विभक्त थीं। इन सामाजिक संस्तरों के बीच लगानों, करों, दण्डों, आदि के मामलों में अनेक भेद थे, कुलीनों को अनेक विशेषाधिकार प्राप्त थे, जबकि

आम उत्पादक श्रेणियों पर कई तरह की बंदिशें थीं। चीन में कुलों और परिवारों के सोपानमूलक स्तरीकरण के बारे में कन्फ्यूशियस के शिष्य मेन्शियस (मृत्यु ई. पू. 314) की यह टिप्पणी देखिए, "गुणवान (श्रेष्ठ) व्यक्ति और निर्धन (निम्न) व्यक्तियों की वृत्तियाँ एक नहीं हैं। गुणवान व्यक्ति अपने दिमाग से काम करते हैं, जबकि निर्धन अपने शरीर से। दिमाग से काम करने वाले दूसरों पर शासन करते हैं, जबकि शारीरिक श्रम करनेवाले उनसे शासित होते हैं। शासित होने वाले दूसरों का भार वहन करते हैं, जबकि शासन करने वालों का भार अन्य सभी को उठाना पड़ता है।" बहरहाल, ये संस्तर जन्म द्वारा निर्धारित नहीं थे, इसीलिए तमाम बंदिशों, अयोग्यताओं और भेदभावों के बावजूद इन संस्तरों के बीच आवाजाही का दरवाजा बन्द नहीं था। इन समाजों की अपनी कुछ अलग विशेषताएँ और सीमाएँ थीं, लेकिन हम यहाँ उन समाजों के विश्लेषण में नहीं जाएंगे। जातियों के प्रश्न पर हम आगे पुनः कुछ चर्चा करेंगे।

कुल मिलाकर, शिकारी-फलसंग्राहक जन समाज के विघटन और कृषि समाज के आत्म-संगठन की प्रक्रिया की यह थी एक संक्षिप्त झांकी। जन समाज के अतिक्रमण और कृषि समाज के आगमन के साथ ही मानवजाति की उन तीन परतंत्रताओं का भी आविर्भाव हुआ जो रूपगत भिन्नताओं के बावजूद आजतक चली आ रही हैं—निर्धनों, नारियों और 'निम्न' समझे जानेवाले समुदायों की परतंत्रता। आर्थिक, लैंगिक और सामाजिक अन्याय तथा परतंत्रता के विरुद्ध आर्थिक, लैंगिक और सामाजिक न्याय तथा स्वतन्त्रता के विचार और उसके लिए संघर्ष की नींव भी उन्हीं दिनों रखी गई।

13

सामाजिक सोपान

प्राक्कथन

जन समाज के विघटन और जन के स्वरूप में जातियों के आगमन का वर्णन पहले किया जा चुका है। सोपानमूलक जाति-प्रथा में सबसे ऊपर ब्राह्मण थे और सबसे नीचे अंतयज। पायदानों की श्रेणियाँ ऐसी थीं कि बीच की पायदानों में हर जाति किसी-न-किसी से श्रेष्ठ थी और किसी-न-किसी से निम्न। इतना ही नहीं, इन जातियों के अंदर भी 'श्रेष्ठ-निम्न' की अनेक श्रेणियाँ थीं। अनेक जनों के पुरोहित वर्ग के समावेश से ब्राह्मणों के अंदर भी न केवल अनेक कथाओं, रीति-रिवाजों, आदि का समन्वय हुआ, बल्कि गोत्र, कर्मकाण्ड में स्थान, आदि के आधार पर श्रेष्ठ-निम्न की श्रेणियाँ बनीं। सबसे निम्न पायदान पर रहनेवाले अंतयजों के बीच भी करने-योग्य और न करने-योग्य कार्यों के अनेक बारीक विभाजनों के आधार पर श्रेष्ठ-निम्न का भाव पैदा हुआ। कृषक तथा कारीगर जातियों के साथ भी यही बात थी। इस तरह जातियों, उपजातियों, जातियों-उपजातियों के अंदर अनेक शाखाओं-उपशाखाओं का निरन्तर विस्तार होता गया।

ब्राह्मणों में पाँच गौड़ और पाँच द्रविड़ श्रेणियाँ तो है ही; सिर्फ़ गुजरात में ब्राह्मणों की 84 उपजातियाँ हैं। पुनः एक ही उपजाति में कई विभाजन पाए जाते हैं। पंजाब में सारस्वतों के लगभग 470 उपविभाग हैं। कान्यकुब्जों में भी सैकड़ों श्रेणियाँ हैं। क्षत्रियों में सूर्यवंशी, चन्द्रवंशी, अग्निकुल उपजातियों के अलावा, परमारों में 35, गुहिलोतों में 24, चाहमानों में 26 और सोलंकियों में 16 शाखाएँ हैं।

मनुस्मृति में 6 अनुलोम, 6 प्रतिलोम एवं 20 मिश्रित जातियों के साथ 23 व्यवसायों की चर्चा है, याज्ञवल्क्य स्मृति में चार वर्णों के अतिरिक्त 13 अन्य जातियों का उल्लेख है। उशना ने 40 जातियों एवं उनके विलक्षण व्यवसायों की चर्चा की है। सभी स्मृतियों की तालिका देखने पर लगभग 100 जातियों के नाम प्रकट हो जाते हैं। ईसा पूर्व 500 से ईस्वी सन् 1000 तक की सभी जातियों की (स्मृतियों तथा अन्य धर्मशास्त्र-ग्रंथों में वर्णित) संख्या 155 है (कुछेक नाम समानार्थक हैं और इनमें से अनेक जातियाँ अब भी ज्यों-की-त्यों पाई जाती हैं)। विष्णुधर्मसूत्र में असंख्य जातियों की

ओर संकेत कर यह सिद्ध गया किया है कि आज से लगभग 2000 वर्ष पूर्व भारतीय समाज में असंख्य जातियाँ एवं उपजातियाँ थीं। स्मृतिकारों ने, इसीलिए, उनके मूल निवास के विषय में जानकारी प्राप्त करने का प्रयास ही छोड़ दिया। मेधातिथि ने लिखा है कि 60 मिश्रित जातियाँ हैं, इनसे तथा चार वर्णों के पारस्परिक सम्मिलन से बहुभेदी उपजातियाँ बनती चली गईं। मिताक्षरा ने जातियों की गणना करना ही छोड़ दिया। बहरहाल, वर्णविभाजन से देवता भी अछूते नहीं रहे—अग्नि एवं वृहस्पति देवताओं में ब्राह्मण थे; इन्द्र, वरुण और यम क्षत्रिय थे; वसु, रुद्र, विश्वेदेव एवं मरुत् विश् थे; तथा पूषा शूद्र थे।[30]

इसी प्रक्रिया में विभिन्न जातियों के अंदर तथा पूरे समाज में अनेक परम्पराओं, मिथकों, देवी-देवताओं, रीति-रिवाजों, आदि का घालमेल होता गया। इन जातियों-उपजातियों के अपने अनेक सामान्य तत्व भी थे, लेकिन जैसा कि हम पहले कह चुके हैं, पहचान सामान्य तत्वों से नहीं, वरन् विशिष्ट तत्वों से, विभेदवाले तत्वों से बनती है, चाहे वे तत्व कितनी भी बारीक अथवा सतही क्यों न हों। इतने सारे विभेदों के बीच जाति-रूप में एकता, और अनेक भेदों वाली अनेक जातियों की सोपानमूलक संरचना में संगठित भारत का कृषि समाज ही वह वस्तुगत आधार था जिसकी वैचारिक अभिव्यक्ति हम 'विविधता में एकता' के रूप में देखते हैं। ये समुदाय अपने विभेदों के साथ निरन्तर संघर्षरत नहीं रह सकते थे—या ऐसे संघर्ष भी अपनी परम्परा, रीति-रिवाज, अपने विभेदों की स्वीकृति के साथ समाप्त हो जाते थे। इसी प्रक्रिया में, एक दूसरे की भिन्नताओं की स्वीकृति के साथ सह-जीवन का भाव पैदा हुआ। जाति-प्रथा पर आधारित समाज-व्यवस्था जाति के अन्दरूनी तथा जातियों के बीच परम्पराओं, रीति-रिवाजों पर आधारित विभेद को सामान्यतः एक सीमा से आगे नहीं बढ़ने देती थी। इतना ही नहीं, उसने नये-नये विभेदों के लिए गुंजाइश भी रख छोड़ी थी। इसीलिए समय-समय पर बाहर से आने वाले जनों के समूह भी अपनी गाथाओं, परम्पराओं और रीति-रिवाजों के साथ, अपनी-अपनी समकक्ष जातियों में शामिल होते गये—पुरोहित ब्राह्मणों की किसी नई शाखा-उपशाखा के बतौर, शासक क्षत्रियों अथवा राजपूतों की एक और श्रेणी के बतौर, और इसी तरह उन जनों के कृषक, कारीगर तथा सेवक समुदाय या तो किसी जाति की उपजाति के रूप में या फिर एक नई जाति के रूप में।

कुल मिलाकर, भारतीय कृषि समाज की कोई एकरेखीय, एकआयामी व्याख्या सम्भव नहीं है। इस समाज का कोई महावृत्तांत नहीं रचा जा सकता (ऐसा कोई प्रयास आम तौर पर जनता के बीच, ख़ासकर उत्पीड़ित जातियों और समुदायों के बीच दरार ही पैदा करेगा)। महावृत्तांत रचने का प्रयास हमें एक ऐसे कमरे में ला खड़ा कर देगा जिसके आगे जाने के लिए कोई दरवाजा/कोई झरोखा न हो—महावृत्तांत ऐसे ही बंद कमरे में घुटकर दम तोड़ने के लिए बाध्य होगा। वहीं दूसरी ओर, एक छोटे आख्यान

का अनुगमन करते हुए आप एक ऐसे कमरे में जा पहुँच सकते हैं, जहाँ आगे बढ़ने के अनन्त दरवाजे आपको इस कदर भ्रमित कर दें कि अनिर्णय की स्थिति में आखिरकार आप वहीं माथा पकड़कर बैठ जाएं। एक प्रचलित कथा यहाँ अनेक क्षेत्र में, अनेक लोगों द्वारा आज तक लिखी जाती रही है; हर बार उसमें लिखनेवाले लोगों का समय, उनका समाज और उनकी परम्पराएँ उसमें जुड़ती जाती हैं। उसका कथित रूप से 'अन्तिम' संस्करण एक और 'नया' संस्करण ही साबित होता है। 'रामायण' के बारे में तो यह बात लागू होती ही है; महाभारत, सिलपद्दिकरम, मणिमेखलै, और अन्य अनेक कथाओं-लोककथाओं के बारे में भी यही बात कही जा सकती है। एक जाति अथवा जनपद का नायक दूसरे क्षेत्र अथवा जाति की कथा में अपनी आभा खो बैठता है, या यहाँ तक कि खलनायक भी बन जाता है। किसी कथा का एक सामान्य पात्र दूसरी कथा में महानायक बन कर उभर आता है। यहाँ निरपेक्ष रूप से कोई नायक नहीं, कोई खलनायक नहीं हो सकता। यह वस्तुगत स्थिति ही चीज़ों को उनके सापेक्ष दिक्-काल में देखने की दृष्टि का आधार प्रदान करती है।

इस समाज की भूल-भुलैया में लोग अक्सर भटकते रहे हैं। इस बोर्हेसियन भंवरलोक[31] में फँसकर अनेक लोग मतिभ्रम का भी शिकार होते रहे हैं।

सामाजिक सोपान

अब तक हमने जातियों के क्षैतिज विस्तार-प्रसार तथा उसके परिणामों पर चर्चा की है। अब हम उसकी उर्ध्ववमुखी सोपानमूलक संरचना की चर्चा करेंगे। कई समाजशास्त्रीय रचनाओं में पृथक्-पृथक् जातियों की स्वायत्तता, अपने-अपने क्षेत्र में उनके अधिकार, आदि का हवाला देकर सामाजिक-आर्थिक उत्पीड़न पर आधारित सोपानमूलक व्यवस्था को अपेक्षाकृत नरम रूप में प्रस्तुत करने की कोशिश दिखाई देती है। कहा जाता है कि आखिर अछूत डोम जाति को भी अपने क्षेत्र में स्वायत्त अधिकार प्राप्त थे जिसका पालन अन्य उच्च जातियों को भी करना पड़ता था। प्रत्यक्षवाद के प्रवर्तक फ्रेंच विचारक भारतीय समाज में ब्राह्मणों के रूप में दार्शनिकों की एक जाति के अस्तित्व को लेकर काफ़ी आह्लादित थे (प्रसंगवश, वे कुलीन वर्गों के विशेषाधिकारों के पक्षपोषक तथा जनतांत्रिक प्रणाली के कटु आलोचक भी थे)—हम यहाँ ऑगस्ट कोम्टे और उनके अनुयायियों की बात कर रहे हैं।

जाति, जाति का आधार जन्म है या कर्म, ऐसे प्रश्नों पर प्राचीन भारतीय साहित्य में विचार-मंथन के पर्याप्त प्रमाण मिलते हैं। महाभारत के वन पर्व के अंतर्गत आजगर पर्व में इन्हीं प्रश्नों पर नहुष सर्प के सीधे सवालों के जवाब में युधिष्ठिर कहते हैं :

सत्यं दानं क्षमा शीलमानृशंस्यं तपोघृणा।
दृश्यन्ते यत्र नागेन्द्र स ब्राह्मण इति स्मृतः।।...

शूद्रं तु यद् भवेल्लक्ष्म द्विजे तच्च न विद्यते।
न वै शूद्रो भवेच्छूद्रो ब्राह्मणो न च ब्राह्मणः।।...
जातिरत्र महासर्प मनुष्यत्वे महामते।
संकरात् सर्ववर्णानां दुष्परीक्ष्येति मे मतिः।।
सर्वेसर्वास्वपत्यानि जनयन्ति सदा नराः।
वाङ्मैथुनमथो जन्म मरणं च समं नृपाम्।।...[32]

[युधिष्ठिर : नागराज! जिसमें सत्य, दान, क्षमा, सुशीलता, क्रूरता का अभाव, तप और दया—ये सद्गुण दिखाई देते हों, वही ब्राह्मण कहा गया है।... यदि शूद्र में उपयुक्त लक्षण हैं और ब्राह्मण में नहीं हैं तो वह शूद्र शूद्र नहीं और ब्राह्मण ब्राह्मण नहीं है।... महासर्प! महामते! मनुष्यों में जाति की परीक्षा करना बहुत ही कठिन है; क्योंकि इस समय सभी वर्णों का परस्पर संकर (सम्मिश्रण) हो रहा है, ऐसा मेरा विचार है। सभी मनुष्य सदा सब जातियों की स्त्रियों से संतान उत्पन्न करते रहे हैं। वाणी, मैथुन तथा जन्म और मरण—ये सब मनुष्यों में एक से देखे जाते हैं।]

सातवीं सदी के प्रख्यात बौद्ध दार्शनिक धर्मकीर्ति अपने ग्रंथ 'प्रमाणवार्तिक' में जातिवाद के घमण्ड को मूर्खता की निशानी बताते हैं :

वेद प्रामाण्यं कस्यचिद् कर्तृवादः स्नाने धर्मेच्छा जातिवादालेपः।
संतापारंभः पापहानाय चेति ध्वस्त प्रज्ञानां पंच लिंगानि जाड्ये।। (1/342)

[वेद की प्रमाणता, किसी (ईश्वर) का (सृष्टि) कर्तापन, स्नान (करने) में धर्म (होने) की इच्छा रखना, जातिवाद का घमण्ड, और पाप दूर करने के लिए (शरीर को) संताप देना—ये पाँच अक्ल के मारे (लोगों) की मूर्खता की निशानियाँ हैं।]

बहरहाल, इन प्रश्नों पर विचारों और वाद-विवादों के विस्तार में जाने की जरूरत नहीं। हम पहले ही देख आये हैं कि जन्म-आधारित सोपानमूलक जाति-व्यवस्था भारतीय समाज के अस्तित्व का ढंग बन चुकी थी। इस सोपान में विभिन्न पायदानों पर श्रेणीकृत जातियाँ सामाजिक रूप से श्रेष्ठ-निम्न के विभिन्न दरजों में तो विभक्त थी ही, एक ही प्रकार की ज़मीन अथवा व्यवसाय से उगाहे जानेवाले कर (सामाजिक सोपान में जातियों के स्थान के आधार पर) अलग-अलग निर्धारित किये जाते थे। एक ही किस्म के अपराध के लिए दण्ड भी अलग-अलग थे। समाज की समस्त अतिरिक्त सम्पत्ति पर दो उच्च जातियों का स्वामित्व था, और प्रभुत्व के लिए इन दो जातियों—ब्राह्मणों और क्षत्रियों के बीच प्रतिद्वंद्विता चलती रहती थी। वणिकों के पास कर चुकाने के बाद भी कुछ सम्पत्ति बची रहती थी और उनमें से कई काफ़ी धनाढ्य भी थे, लेकिन उन्हें भी अपनी सम्पत्ति हड़पे जाने का भय हमेशा बना रहता था। शूद्र और अंतयज जातियों को तो सम्पत्ति के अधिकार से ही वंचित कर दिया गया था और साथ ही उन पर कई बंदिशें भी थीं। उन्हें अस्त्र धारण करने का भी अधिकार नहीं था। ये जातियाँ प्रायः उच्च जातियों के हिंसक व्यवहार, प्रताड़ना और अपमान का शिकार होती

थीं—उनका एक हिस्सा 'अछूत' के रूप में समाज-बहिष्कृत था। कृषि समाज के उत्पादक तथा सेवा कर्म से जुड़ी जातियाँ, कृषि समाज की सारी सम्पदा की सर्जक जातियाँ सम्पत्ति, सम्मान, शिक्षा और किसी भी तरह की स्वतन्त्रता से सर्वथा वंचित थीं। जातियों के रूढ़ होने की स्थिति में 'निम्न' जातियों को वनस्पतियों तथा मानवेतर प्राणियों की तरह एक अलग प्रजाति, अलग योनि ही बना दिया गया।

जातियों के इस उत्पीड़क सोपान को, हिंसा पर आधारित अन्यायपूर्ण संरचना को बरकरार रखने के लिए, जाति-प्रथा पर आधारित समाज का कठोर नियमन जरूरी था—जातियों के करने और न करने योग्य कार्यों का निर्धारण, उनके उल्लंघन की स्थिति में बर्बर, लोमहर्षक दण्डों का प्रावधान, जातियों की अपनी सीमा का अतिक्रमण करने की सख्त मनाही तथा अतिक्रमण की स्थिति में हत्या समेत अन्य बर्बर यंत्रणाओं की व्यवस्था। धर्मसूत्र तथा स्मृतियाँ ऐसे प्रावधानों से भरी पड़ी हैं, जिनके ब्यौरे में जाना यहाँ सम्भव नहीं। नमूने के तौर पर मनुस्मृति के कुछ उद्ध रण ही पर्याप्त हैं।

(शूद्र तु कारयेद्दास्यं क्रीतमक्रीतमेव वा। दास्यायैव हि सृष्टोसौ ब्राह्मणस्य स्वयंभुवा।। न स्वामिना निसृष्टोऽपि शूद्रोदास्याद्वि मुच्यते। निसर्ग जं हि तत्तस्य कस्तस्मात्तदपोहति।।... शक्तेनापि हि शूद्रेण न कार्योधनसंचय। शूद्रो हि धनमास्यद्य ब्राह्मणानेव बाधते।।... उच्छिष्टमन्नंदातव्यं जीर्णानिवसनानि चापुलाकाङ्चैवधान्यानां जीर्णाश्चैव परिच्छदाः।।... एक जातिर्द्विजातींस्तु वाचा दारुणया क्षिपन्। जिह्वायाः प्राप्नुयाचछेदं जघन्य प्रभवो हि सः।। नाम जातिग्रहं त्वेषामभिद्रोहेण कुर्वतः। निक्षेप्योयोमयः शङ्कुर्ज्वलन्नास्ये दशाङ्गुलः।। धर्मोपदेशं दर्पेण विप्राणामस्य कुर्वतः। तप्तमासेचयेत्तैलं वक्रे श्रोत्रे च पार्थिवः।।... न ब्राह्मणवधाद्भूयानऽधर्मो विद्यते भुवि। तस्मादस्य वधं राजा मनसापि न चिन्तयेत्।।...[33]

(शूद्र से सेवा ही करावे, वह शूद्र खरीदा हो वा न खरीदा हुआ हो। क्योंकि ब्राह्मणादि की सेवा के लिए ब्रह्मा ने इसे उत्पन्न किया है।। स्वामी से छूटा हुआ भी शूद्र दास्य से नहीं छूट सकता। क्योंकि वह उसका स्वाभाविक धर्म है। उससे उसको कौन हटा सकता है।।... समर्थ शूद्र को भी धन संचय न करना चाहिए क्योंकि शूद्र धन पाकर ब्राह्मणादि को बाधा देता है।।... (शूद्रों को) भोजन से बचा अन्न, पुराने कपड़े, धान्यों की छटन तथा पुराना बर्तन-भाण्डा देना चाहिए।।... यदि शूद्र द्विजातियों को गाली दे तो जीभ के छेदन का दण्ड प्राप्त हो क्योंकि वह निकृष्ट से उत्पन्न है। जो शूद्र द्विजातियों के नाम और जाति का उच्चारण करे उसके मुँह में जलती हुई दश अंगुल की लोहे की कील ठोंकनी चाहिए। जो शूद्र अहंकार से ब्राह्मणों को धर्म का उपदेश करे, उसके मुख और कान में राजा गरम तैल डलवाये।।... ब्राह्मण के वध से बड़ा कोई पाप पृथिवी में नहीं है। इससे राजा इसके वध का मन से भी चिन्तन न करे।।...)

शारीरिक श्रम जो सारी सम्पत्ति का स्रोत था, 'निकृष्ट' कर्म के रूप में उच्च जातियों के लिए निषिद्ध था, और पढ़ना-लिखना-चिन्तन, आदि शूद्रों के लिए। इस तरह, अमूर्त चिन्तन और उत्पादक श्रम इस सोपान में निरपेक्ष रूप से एक दूसरे के विरुद्ध खड़े कर दिए गए—क्योंकि ये दोनों जन्म-आधारित जातियों, ब्राह्मणों तथा शूद्रों, के कर्म बना दिए गए और जन्म-आधारित होने के कारण जातियाँ एक दूसरे में न तो रूपान्तरित हो सकती थीं और न ही उनके सदस्य एक दूसरे में प्रवेश पा सकते थे। इसी तरह जातीय सोपान ने जितने विभेद पैदा किए, वे सबके सब निरपेक्ष विभेद थे— अनुल्लंघनीय और शाश्वत। भारतीय समाज में दो प्रचलित संदर्भ (इन निरपेक्ष विभेदों के) अतिक्रमण और अतिक्रमण की सजा के रूप में प्रायः उद्धृत होते रहे हैं। एक, शूद्र शम्बूक का, जिन्होंने अपनी जाति की सीमा का अतिक्रमण कर ब्राह्मणों के कर्मक्षेत्र में प्रवेश करने का 'दुस्साहस' किया। वे अपने तप के जरिए अपने मानव-शरीर के साथ देवत्व प्राप्त करना तथा देवलोक जीतना चाहते थे ('देवत्वं प्रार्थये राम सशरीरो महायशः। न मिथ्याहं वदे राजन देवलोक जिगीषया।'[34])। दूसरा, एक जनजातीय युवक एकलव्य का जिन्होंने क्षत्रियों के लिए सुरक्षित धनुर्विद्या खुद ही सीखकर 'सर्वश्रेष्ठ धनुर्धर क्षत्रिय अर्जुन' और उनके ब्राह्मण गुरू द्रोणाचार्य, दोनों की महिमा, प्रतिष्ठा और प्रतिमा को सदा के लिए संदिग्ध बना दिया। इन अतिक्रमणों के लिए एक को बतौर दण्ड मर्यादा पुरुषोत्तम राम के हाथों मृत्यु का वरण करना पड़ा, और दूसरे को अपना अँगूठा गँवाना पड़ा। राजा के रूप में मर्यादा पुरुषोत्तम होने का एक दायित्व यह भी था कि जातियों को उनकी 'मर्यादा' में रखा जाए, अन्यथा जातीय सोपान पर आधारित ब्राह्मणवादी समाज व्यवस्था अराजकता और विघटन का शिकार हो जाती। उत्तररामचरित में इस प्रसंग का वर्णन करते समय भवभूति की द्विविधा स्पष्ट झलकती है। भवभूति के शम्बूक अपना वध करने आये राम से पूछते हैं—राम! आपने अपने वनवास के दौरान इन वनों के राक्षसों का विनाश कर शूद्र को तप करने का अवसर प्रदान किया था, अब राजा के रूप में (ब्राह्मणों की शिकायत पर) आप मेरा वध करने आये हैं? भवभूति के राम निरुत्तर हैं और उनके हाथ भी तलवार उठाते काँपते हैं। बहरहाल, यह प्रसंग कृषि समाज के राजाओं के लिए एक दिशानिर्देश भी था—जाति सोपान को बरकरार रखना, जातियों को अपनी मर्यादा में, अपनी-अपनी वृत्तियों की सीमाओं में रखना राजाओं का प्रमुख कर्तव्य माना गया। 'दशकुमारचरित' समेत अनेक साहित्यिक कृतियों में जहाँ राजाओं के कर्तव्यों का अथवा उनके द्वारा शपथ ग्रहण करने का जिक्र आता है, वहाँ उनका एक प्रमुख दायित्व मनुस्मृति के निर्देशों का पालन करना भी बताया गया है।

जाति प्रथा पर आधारित समाज व्यवस्था का नियमन करने के लिए समय-समय पर विधि-शास्त्रों की रचना की गई। इन विधि-शास्त्रों में अनेक समानताओं के साथ-साथ दिक्-काल-मूलक विभेद भी मिलते हैं, तथापि कृषि समाज की

सामाजिक-आर्थिक-राजनीतिक व्यवस्था से सम्बन्धित ब्राह्मणवादी विचारधारा का क्रमबद्ध वर्णन इन शास्त्रों की मूल विशेषता है। करारोपण, सम्पत्ति-रक्षा, जातियों का वर्गीकरण, उनके कर्तव्य-अकर्तव्य, खाद्य-अखाद्य, शुद्धि, संस्कार, दण्ड, राजकर्म संपादन, आदि का निरूपण इन्हीं विधि-शास्त्रों में हुआ और ये विधि-शास्त्र कृषि समाजों के 'संविधान' माने गए। भारत में प्राचीनतम विधि-शास्त्रों के रूप में (क़रीब 600 से 200 ई.पू. रचित) धर्मसूत्र माने जाते हैं। इन धर्मसूत्रों में आपस्तम्ब और बौधायन धर्मसूत्र प्राचीनतम हैं और इनके बाद गौतम और वशिष्ठ का नाम आता है। क़रीब 300-100 ई.पू. विष्णु धर्मसूत्र की रचना हुई, लेकिन इसमें सातवीं सदी तक संशोधन-परिवर्धन होता रहा। धर्मसूत्रों के पश्चात् स्मृतियों का विकास हुआ। इन श्लोकबद्ध स्मृतियों में सबसे प्राचीन मनुस्मृति (या मानव धर्मशास्त्र) है जिसकी रचना सम्भवतः 200 ई.पू. से 200 ई. के बीच मानी जाती है। वैसे, एक अल्पज्ञात, किन्तु प्राचीन स्मृति शंखालिखित स्मृति भी है जिसका रचना काल 300 से 100 ई.पू. माना जाता है। बहरहाल, मनुस्मृति ही भारतीय कृषि समाज में सबसे प्रचलित धर्मशास्त्र अथवा विधिशास्त्र रही है। विष्णु स्मृति की रचना 200 से 400 ई. के बीच हुई। याज्ञवल्क्य स्मृति मनुस्मृति का ही और परिष्कृत रूप है और उसमें चाणक्य के अर्थशास्त्र की कई व्यवस्थाओं का भी उल्लेख है। क़रीब ग्यारहवीं सदी में विज्ञानेश्वर ने याज्ञवल्क्य स्मृति पर एक टीका लिखी जो मिताक्षरा कहलाती है। यह हिन्दू दीवानी कानून का आधार मानी जाती है। मेधातिथि की मनुस्मृति पर लिखी टीका भी महत्वपूर्ण विधि ग्रंथ है। 300 से 600 ई. के बीच रचित नारद स्मृति, वृहस्पति स्मृति और कात्यायन स्मृति पूर्णतः विधिविषयक स्मृतियाँ हैं। इनमें 14 शीर्षकों में दीवानी तथा 4 शीर्षकों में फौजदारी कानूनों का विवेचन किया गया है।[35] इन विधिशास्त्रों में शूद्रों-अतिशूद्रों तथा नारियों के बारे में इतने अपशब्द, इतनी अपमानजनक टिप्पणियाँ हैं कि उन्हें बयां करना कठिन है। शताब्दियों से इन समुदायों को इन्हीं गालियों और हिंसा के बीच जीवन गुजारना पड़ा है।

सामाजिक संघर्ष

जबसे जाति-प्रथा पर आधारित समाज-व्यवस्था अस्तित्व में आई, तब से ही विचार और व्यवहार, दोनों स्तरों पर, इसका विरोध होना भी शुरू हो गया। उत्पीड़क समाज व्यवस्था के विरुद्ध मानवीय समानता और गरिमा के पक्ष में लगातार आवाज़ उठती रही। जन्म-आधार या कर्म-आधार, छुआछूत, अनेक कर्मकाण्डों-रीति-रिवाजों, आदि को लेकर उन्हीं दिनों से चले वैचारिक संघर्ष के प्रमाण पूरे भारतीय साहित्य में बिखरे पड़े हैं। ई.पू. छठी शताब्दी में हम जो बड़े पैमाने पर सामाजिक उथल-पुथल और जैन, बौद्ध, आजीवक, आदि मतों के उत्थान की परिघटना देखते हैं, वह भी इसी सामाजिक संघर्ष का एक विराट चित्र उपस्थित करती है। इन मतों के अनुयायियों में वणिकों

की अच्छी-ख़ासी संख्या तो थी ही, उनमें शूद्र जातियों के लोगों की भी उल्लेखनीय उपस्थिति थी।

प्राचीन भारतीय कृषि समाज में कुरु-पाँचाल के वैदिक आर्यजनों की नज़र में मगध तथा आम तौर पर पूर्वी क्षेत्रों में रहने वाले जन निम्न श्रेणी के माने जाते थे और उन्हें सामूहिक रूप से व्रात्य जनों के रूप में जाना जाता था। कालक्रम में 'आर्य' तथा 'व्रात्य' श्रेष्ठ और निम्न के पर्यायवाची हो गये। मगध, अंग, लिच्छवी, शाक्य, मल्ल, पुंड्र, निषाद, वाह्लिक, आदि सभी जन व्रात्यों की श्रेणी में ही आते थे। आगे चलकर, आम तौर पर बिहार, और ख़ासकर मगध क्षेत्र, इन दोनों संस्कृतियों का मिलन-स्थल बना और अनेक संघर्षों, नये-नये पंथों तथा सम्प्रदायों के उद्भव के जरिये इतिहास का केन्द्र कुरु-पाँचाल से स्थानान्तरित होकर मगध की ओर आ गया।

मनुस्मृति में लिच्छवियों को व्रात्य क्षत्रिय के रूप में सम्बोधित किया गया है। पतंजलि ने ब्राह्मणिक कर्मकाण्डों के बाहर रहनेवाले सभी जनों को व्रात्य के रूप में वर्णित किया है। अनेक विद्वानों का विचार है कि कई उपनिषदों तथा पुराणों की रचना या तो व्रात्य क्षेत्र में ही हुई या फिर वे व्रात्य स्रोतों से काफ़ी प्रभावित रही हैं। यहाँ तक कि अथर्ववेद की उत्पत्ति भी मगध के व्रात्य क्षेत्र में मानी जाती है। अथर्ववेद में कृषि के विकास का श्रेय पृथु वैश्य को दिया गया है। काफ़ी संघर्ष तथा आर्य और व्रात्य संस्कृतियों के सम्मिलन की प्रक्रिया में अथर्ववेद को चतुर्थ वेद की मान्यता मिली।

अथर्ववेद तथा कौषितकी उपनिषद बौद्धिक क्षेत्र में व्रात्य जनों के योगदान का सजीव प्रमाण प्रस्तुत करते हैं। अथर्ववेद के प्रश्न तथा श्वेताश्वतर उपनिषद में भी व्रात्य परम्परा का साक्षात् किया जा सकता है। आगे चलकर यह क्षेत्र अनेक सुधार तथा परिवर्तनकारी आन्दोलन का केन्द्र बना। जैन, बौद्ध, आजीवक, आदि पंथों और सम्प्रदायों का हृदय-स्थल पूर्वी भारत का यही क्षेत्र था।[36]

उत्पीड़ित समुदाय जातीय आधार पर सम्पत्ति, शिक्षा, स्वतन्त्रता से वंचित होने और अपमान तथा हिंसा का शिकार होने के बावजूद जीवन्त समुदाय थे, और वे अनेक बार इन उत्पीड़नों के खिलाफ विद्रोह में भी उठ खड़े हुए। हाँ, उनके एक छोटे हिस्से ने शताब्दियों के उत्पीड़न के बीच इन प्रथाओं को आत्मसात भी कर लिया, लेकिन उनका यह आभ्यन्तरीकरण अपवाद था, और यह अपवाद बगावत के नियम की ही पुष्टि करता है। भारतीय समाज कभी वैसा शान्त और जड़ नहीं रहा, प्रायः जैसी उसकी छवि पेश की जाती है। लेकिन इन बगावतों की भी अपनी समस्याएँ और सीमाएँ थीं। सोपान-आधारित जाति-प्रथा उत्पीड़ित शूद्र और पंचम जातियों की एकता को प्रायः मुश्किल बना देती थी—प्रत्येक जाति किसी-न-किसी से श्रेष्ठ और किसी-न-किसी से निम्न थी।

बगावत प्रथमतः राजनीतिक रूप में ही प्रकट होती है। संख्या के लिहाज़

से—कृषक शूद्र जातियाँ हमेशा मजबूत स्थिति में रही हैं, इसीलिए बगावत के जरिए राज्य पर कब्जा करना—यह पहला कदम प्रायः हासिल कर लिया जाता था। मगध का दूसरा राजतंत्र—नंद वंश शूद्रों का ही राज्य था। बाद में भी शूद्र और वैश्य जातियाँ इसी तरह विद्रोह के जरिए सत्ता में आती रही थीं। सोपान में ऊपर उठने की जद्दोजहद भी प्रायः चलती रहती थी। अराजकता की स्थिति में, ख़ासकर केन्द्रीय साम्राज्यों के पतन-काल में, उन क्षेत्रों में जहाँ दलित जातियाँ या जनजातियाँ संख्या में मजबूत थीं, दलित-जनजाति समुदाय भी क्षेत्रीय सत्ता की बागडोर अपने हाथों में लेने में कामयाब हो जाते थे, और याद रहे, ऐसी क्षेत्रीय सत्ताएँ भी सौ-दो सौ सालों तक राजकाज चलाती रहती थीं—तबतक जब तक कि कोई नई बड़ी शक्ति आकर उन्हें सत्ताच्युत न कर दे। भारतीय इतिहास इस तरह के उदाहरणों से भरा पड़ा है। यह इन उत्पीड़ित जातियों-जनजातियों की जीवन्तता और उनकी गरिमा का साक्ष्य भी प्रस्तुत करता है। बहरहाल, जैसे कोई विद्रोही किसान बगावत के जरिए सत्ता पर कब्जा कर ख़ुद राजा बन जाता है, उसके समर्थक नये भूस्वामी बन जाते हैं तथा भूस्वामियों की इस अदला-बदली, कुछेक अन्य सुधारों और भूमि के सीमित बंटवारे के साथ वही कृषि व्यवस्था बनी रह जाती है, कुछ वैसा ही इन बगावतों के साथ भी होता रहा। जातीय जद्दोजहद के जरिए कुछ कुल, कुछ समूह सोपान में अपने स्थान में कुछ परिवर्तन करा ले सकते थे, कुछ नये समूह नये क्षत्रियों के रूप में जुड़ जा सकते थे, सत्ता शूद्रों के हाथों में आ जाने के बाद शूद्रों का एक समूह समृद्ध हो जा सकता था, तथा समृद्धि और सत्ता के जोर पर अपने कुछ विशेषाधिकार भी सुरक्षित कर ले सकता था, लेकिन समाज व्यवस्था जाति प्रथा पर ही आधारित रह जाती थी। फलतः कुछ व्यक्तियों, कुलों, समूहों के इधर-उधर होने से, अथवा उनकी स्थितियों में परिवर्तन होने से कृषि समाज की इस जाति व्यवस्था में कोई मूलभूत परिवर्तन नहीं आता। इस तरह बगावत, उथल-पुथल और इस उथल-पुथल के दौरान होने वाले सामाजिक-आर्थिक रूपान्तरणों के बाद कुछ बदली हुई स्थितियों में समाज फिर उसी ढर्रे पर चलने लगता।

भारतीय साहित्य में इन बगावतों, संघर्षों, आदि के अनेक प्रमाण मिलते हैं। शासक वर्गों की विचारधारा और उनकी सत्ता को चुनौती देना, उनके विचारों तथा आचरणों का मखौल उड़ाना, उनके पाखण्ड तथा अत्याचारों का वर्णन, आदि कई रचनाओं की विषय-वस्तु रही है। शिक्षा से वंचित रहने तथा अनेक किस्म की बंदिशों का शिकार होने के बावजूद शूद्र जातियों से कई ऋषि, संत, लेखक सामने आये और उन्होंने न्याय, सम्मान और समानता के विचारों का प्रसार करने के साथ-साथ अपनी-अपनी भाषाओं के विकास में भी अमूल्य योगदान दिया। यह भी सच है कि इन बगावतों के दौरान प्रायः हर मामले में बाग़ी अथवा विक्षुब्ध ब्राह्मणों तथा क्षत्रियों का एक हिस्सा बागियों के साथ जुड़ जाता था।

भयावह निर्धनता, सामाजिक अत्याचार और उसके खिलाफ उत्पीड़ित जातियों और जनों के संघर्ष का अच्छा-ख़ासा विवरण विभिन्न ग्रंथों में उपलब्ध है। यूं तो वह एक पूरी किताब का विषय है, तथापि यहाँ कुछ उदाहरण प्रस्तुत करना समीचीन होगा। महाभारत में निषादों और किरातों के संयुक्त विद्रोह का वर्णन मिलता है, हालाँकि उनका चित्रण पहाड़ों और जंगलों में बसनेवाले दुष्ट जनों के रूप में किया गया है। निषादों का वर्णन कौआ जैसा काला, नाटा, छोटी-छोटी बाँहों वाला, उभरी हुई गाल की हड्डीवाला, आदि रूप में किया गया है। (वैसे निषादों का उल्लेख सबसे पहले यजुर्वेद के रुद्राध्याय में मिलता है)। महाभारत के अनुसार, इस निषाद-किरात विद्रोह का नेतृत्व वेन और उनकी पत्नी सुनीता ने किया था।

जातकों में आम जनों पर ढ़ाये जाने वाले जुल्म-अत्याचार और उसके खिलाफ विद्रोहों के कई प्रसंग मिलते हैं। जरूरतमंद राजा दिहात के सारे-के-सारे लोगों को अपने काम में लगा देते थे और इसकी तनिक भी परवाह नहीं करते थे कि उनके घर के भंडार एकदम खाली हैं। सम्राट के अधिकारियों के उत्पीड़न की प्रतिक्रिया में प्रान्त-दर-प्रान्त विद्रोही होते गये। अत्यधिक कर से तबाह होकर काम्पिल्य राज्य पूरा-का-पूरा उजाड़ हो गया। उत्पीड़न के डर से लोग परिवार सहित जंगलों में जा छुपते थे। लोग रात में तो घर में बंद रहते थे, सुबह होते ही जंगल भाग जाते थे। प्राचीन काल में अनेक बार शूद्र और वैश्य, सभी लोग राजा के विरुद्ध खड़े हो गये, शूद्रों और वैश्यों ने राजा और उनके मंत्री को पीटते-पीटते मार डाला। एक दूसरे मामले में लोग एक अत्याचारी राजा को लाठी और पत्थर से मारने लगे (उपयुक्त सारे विवरण जातक I, II, III, IV और V के विभिन्न प्रसंगों से लिए गये हैं)। दक्षिण भारत के संगम साहित्य में राजा और उनके भेड़ चराने वाले दासों के बीच लड़ाई का वर्णन है जिसमें क़रीब 190 ई.पू. एक राजा के मारे जाने का उल्लेख है।[37]

दक्षिण भारत में ही द्वितीय शताब्दी में एक व्यापक जनविद्रोह का प्रमाण मिलता है जो शताब्दियों तक चलता रहा। यह विद्रोह 'कलभ्र युद्ध' के नाम से प्रसिद्ध है। लगभग नवम् शताब्दी में पाण्ड्यों के वेल विकुडि दानपत्र में कलभ्रों की 'दुष्ट' के रूप में निन्दा की गयी है, जिन्होंने अनेक 'अधिराजों' को उच्छिन्न किया तथा सारी भूमि को अपहृत कर चिर-स्थापित सामाजिक व्यवस्था को छिन्न-भिन्न कर दिया। तीसरी से छठी शताब्दी तक यह विद्रोह रुक-रुक कर चलता रहा। अंततः छठी शताब्दी में कलभ्रों ने एक बड़े विद्रोह के जरिए तमिलनाडु को अपने कब्जे में कर लिया और वहाँ 'ब्रह्मदाय' अधिकारों को उच्छिन्न कर दिया। इन विद्रोहियों ने बौद्ध विहारों का सम्पोषण किया था। इस विद्रोह को पाण्ड्यों, पल्लवों और चालुक्यों की सम्मिलित शक्ति से ही दबाना सम्भव हुआ। इसी तरह, उत्तर-चोल काल में—कृषक जातियों ने अपनी जोती हुई ज़मीन दूसरों को दे दिए जाने, अपनी ज़मीन को ब्रह्मदेय या देवदान बना देने के विरुद्ध अनेक बार संघर्ष किया। यह संघर्ष मन्दिरों के लिए ज़मीन के

अधिग्रहण के खिलाफ शीघ्र ही एक व्यापक जन-विद्रोह में बदल गया। सारा गाँव जलाकर राख कर दिया गया, तीर्थस्थल ध्वस्त कर दिए गए और मन्दिरों को धराशायी कर दिया गया। किसानों के आक्रमण का लक्ष्य अधिकतर मन्दिर होते थे। इन विद्रोहियों ने अपने पुरोहितों के इस उपदेश को मानने से इनकार कर दिया था कि उनकी दरिद्रता पूर्व-जन्म में किए हुए कुकर्मों का फल थी। 1070 ई. में चोल राजा अधिराजेन्द्र को किसानों ने मार डाला। 1073 ई. में पुनः एक दूसरा विद्रोह भड़क उठा। दक्षिण भारत में ब्राह्मणों और सामन्तों के विरुद्ध कृषकों का विद्रोह बार-बार फूटता रहा।[38]

इधर उत्तर भारत में भी स्थिति ज्यादा भिन्न नहीं थी। गुप्त सम्राटों के काल में अंतयजों की दुर्दशा का वर्णन तो फाहियान ने भी किया था। 592 ई. में सद्यः विष्णु सेन के शासन पत्र में बेगारी प्रथा को खत्म करने की आवाज़ उठाई गई और वणिकों से लिए जाने वाले नज़रानों की तहसील पर रोक लगाई गई। मृच्छकटिकम् की कथा तो बहुचर्चित है जिसमें शूद्रक ने अत्याचारी ब्राह्मण राजा पालक के खिलाफ गोप आर्यक के नेतृत्व में हुए विद्रोह का वर्णन किया है। इस विद्रोह में मदद करने वाले दलित और विक्षुब्ध ब्राह्मणों का भी उल्लेख है। कश्मीर के शंकरवर्मन (885-902 ई.) का वध किसानों के हाथों हुआ। कुछ ही वर्षों बाद यशस्कर के नेतृत्व में सर्ववर्मन द्वितीय (939 ई.) के खिलाफ पुनः विद्रोह भड़क उठा और उन्होंने राजा को गद्दी से उतार दिया। 1101 ई. में उच्छल के नेतृत्व में कश्मीर में एक और किसान विद्रोह हुआ और हर्ष सत्ताच्युत हुए।[39]

इसी काल में बंगाल-पूर्वी बिहार में कैवर्त्त-विद्रोह (1070-1084 ई.) फूट पड़ा था। कैवर्त्त मछुआरे समुदाय थे जिन्हें पहले दलित जाति के रूप में परिगणित किया गया था। बाद में वे खेती भी करने लगे और महिष्य कहलाये। कहा जाता है कि वल्लाल सेन ने सामाजिक सोपान में उनका दर्जा एक पायदान ऊपर उठाकर उन्हें स्पृश्य शूद्र बना दिया। 993 ई. में पाल राजा महिपाल ने उत्तर बंगाल के तीन गाँवों की ज़मीन बौद्ध मठ को दे दी। इन गाँवों में कैवर्त्तों की भी ज़मीन थी। (प्रसंगवश, उन दिनों विद्रोह का एक प्रमुख कारण हिन्दू मन्दिरों तथा बौद्ध मठों को दान में दी जाने वाली ज़मीन थी। राजाओं द्वारा ऐसा दान प्रायः किसानों की ज़मीन का अधिग्रहण कर दिया जाता था, जैसे आधुनिक काल में उद्योगों के लिए ज़मीन का जबरन अधिग्रहण किया जाता है। हिन्दू मन्दिरों तथा मठों की तरह तब पूर्वी भारत के बौद्ध विहारों में भी काफ़ी धन जमा होने लगा था।) यह विद्रोह सम्भवतः (बौद्ध विहार के लिए) इसी भूमि-दान से जुड़ा था।

दिव्य या दिव्योक कैवर्त्तों के लोकप्रिय नेता थे। महिपाल द्वितीय के उत्पीड़न के खिलाफ दिव्य के नेतृत्व में हुए जन विद्रोह में अन्य समुदायों के लोग भी शामिल थे। विद्रोह के दौरान महिपाल द्वितीय मारा गया और 1070 ई. में दिव्य राजा बने। क़रीब

14 वर्षों तक इस क्षेत्र में कैवर्त्तों का राज्य चलता रहा—दिव्य के बाद उनके भाई रुदोक और रुदोक के बाद दिव्य के पुत्र भीम राजा बने। 1084 ई. में रामपाल ने कैवर्त्त शासन का अंत किया, भीम तथा उनके परिवार के सदस्यों को मौत के घाट उतार दिया गया। संध्याकर नंदी ने अपने 'रामचरित' में इस विद्रोह का विवरण प्रस्तुत किया है। रामपाल का पक्षधर होने के बावजूद नंदी ने भीम के व्यक्तिगत गुणों, उनके राज्य की शक्ति तथा समृद्धि की भरपूर प्रशंसा की है।[40]

गया जिले (बिहार) में मिले एक दानपत्र में कहा गया है कि शूद्रों से दानग्राही की रक्षा की जाए। खेतिहर, कारीगर और अस्पृश्य जातियों के भयावह उत्पीड़न के वर्णन तो प्राचीन साहित्य में बिखरे पड़े हैं। ऋग्वेद, उपनिषद, सदुक्तिकर्णामृत, सुभाषित रत्नकोश, आदि में निर्धन, भुखमरी के शिकार ब्राह्मणों का भी वर्णन मिलता है। सदुक्तिकर्णामृत में एक गरीब किसान का अत्यन्त मार्मिक चित्रण किया गया है। इसी तरह सुभाषित रत्नकोश की यह पंक्ति देखिए, "तुमने मुझे चलते-चलते थकाने के लिए पाँव दिए। विरह के लिए पत्नी दी, भीख मांगने के लिए वाणी दी और कृश होने के लिए शरीर दिया। हे मेरे ईश्वर! यदि तुम ऐसे दान देने में लजाते नहीं हो तो अंततः थकते-ऊबते भी नहीं?"[41]

विरासत

भारत की साझी संस्कृति का, उसके साहित्य का कोई एक-रेखीय, एक-आयामी मूल्याँकन नहीं किया जा सकता। उसके रचनाकार अनेक समुदाय के लोग थे। जाति प्रथा के उद्भव की आरंभिक शताब्दियों में वर्ण और जाति ने रूढ़ रूप नहीं लिया था और उनके बीच परस्पर आवाजाही होती रहती थी। वेद, उपनिषद, ब्राह्मण, आदि के अनेक रचनाकार ऋषि विभिन्न वर्णों और जातियों के लोग थे, कुछ तो अपने पिता से भी अनजान थे और अपनी माताओं के नाम से ही विख्यात हुए। खुद उन ग्रंथों में इन प्रसंगों की चर्चा है। ऐतरेय (जिनके नाम पर ऐतरेय ब्राह्मण है) एक अविवाहित शूद्र माता के पुत्र थे। इसी तरह, एक शूद्र माता के पुत्र ऐल कवष को ब्राह्मण/क्षत्रिय बनाये जाने की भी कहानी मिलती है। सत्यकाम जाबाल जो एक अविवाहित माता जाबालि के पुत्र थे, की कथा तो सर्वज्ञात है। (मनुस्मृति तथा अन्य विधि शास्त्रों के मापदण्ड से देखें तो) कुन्ती, विश्वामित्र, मेनका, पराशर, उर्वशी तथा मत्स्यगंधा (वेदव्यास की माता) का जन्म अमान्य रीति से हुआ था।[42] रामायण और महाभारत के रचयिताओं की कहानी भी ऐसी ही है। वाल्मीकि दस्यु से साधु बने थे और वेदव्यास मत्स्यकन्या के पुत्र थे। बौद्ध लेखकों में तो अनेक विचारक-भिक्षु वणिक तथा शूद्र थे। आलवारों (तमिल) में कुलशेखर यदि राजा थे, तो गोदा (आंडाल) स्त्री एवं परकाल (नीलन् तरु मंगेआ अलवार) डाकू। इसी तरह अपभ्रंश साहित्य के निर्माताओं का एक महत्वपूर्ण हिस्सा शूद्र संतों का था। तमाम पाबन्दियों तथा

अयोग्यताओं के बावजूद शूद्र जातियों के बीच से ऐसे संत-विचारक-लेखक सामने आते रहे थे। इसके अलावा, प्रत्येक साहित्य को उसके दिक्-काल परिप्रेक्ष्य में ही परखा जाना चाहिए। उनके रूपक, उनकी शैली, उनके वर्णन, जाहिर है, अपनी दिक्-काल सीमा से बंधे होते थे। साथ ही, इन कृतियों में जीवन-जगत के अनेक प्रसंग मिलते हैं। अगर उनके कुछ पक्षों से सहमत नहीं भी हुआ जाये, तो भी उनमें ऐसी कई चीज़ें मिल जाएंगी जो अपनी दिक्-काल सीमा का अतिक्रमण कर उन्हें कालजयिता की महिमा से मंडित करती हैं। हमारी भाषा और संस्कृति के विकास में उनका अमूल्य योगदान रहा है।

किसी व्यक्ति, समुदाय, राष्ट्र, आदि के किसी उज्ज्वल पक्ष का वर्णन करने के क्रम में यह एक-रेखीय, एक-आयामी दृष्टि हमें उनके अन्य पक्षों पर दृष्टिपात करने से रोक देती है। एक व्यक्ति 'अच्छा' है तो जन्म से मृत्युपर्यन्त अच्छा ही होगा—अंततः हम उसके जन्म को भी एक विशिष्ट 'दैवीय परिघटना' बताने तक जा पहुँचते हैं। तथ्य यह है कि अभिनव प्रवर्तन करने वाले अधिकांश व्यक्तियों को नये ज्ञान की खोज और अनुसंधान में प्रायः समय और समाज की प्रचलित मान्यताओं का अतिक्रमण करना पड़ता है, असामाजिक होना पड़ता है। इसी कारण अपने समय और समाज में ऐसे लोग निन्दित हुए, प्रताड़ित किए गए और उनका अनुकरण करने से समाज को रोका गया। ऐसे अनुसंधानों और प्रयत्नों से समाज प्रायः (अपनी स्थिरता भंग होने के भय से) सहमा-सहमा रहता है और अनेक अवसरों पर उग्र तथा हिंस्र भी हो उठता है। मानवजाति के ऐसे अनेक अभिनव प्रवर्तकों का जीवन अपने असामाजिक, 'समाज-विरोधी' तथा 'अवारा आचरणों' के लिए भी विख्यात (अथवा कुख्यात) रहा है। ऐसे आचरणों के लिए उन्हें निर्वासन तथा मृत्युदण्ड भी भुगतना पड़ा है। ज्ञान अपने विस्तार के लिए इतिहास में प्रायः आवारगी का रास्ता ही चुनता रहा है। संन्यास अथवा फकीरी भी आवारगी का ही एक रूप है।

14

समाजों की सह-क्रिया

गतिरुद्ध समाज

कालक्रम में जाति-प्रथा ने भारतीय समाज को भारी गतिरुद्धता की अवस्था में ला खड़ा किया। यह सही है कि अपने उद्‌भव की आरम्भिक शताब्दियों में यह काफ़ी ढीली-ढाली थी और बाद के दौर में भी अनेक कालों में सामाजिक-राजनीतिक उथल-पुथल के बीच वह शिथिल होती रही। तथापि, जन्म-आधारित सोपानमूलक जाति व्यवस्था की परिणति समाज की गतिरुद्धता में होनी ही थी। इस गतिरुद्ध ता के अनेक आयाम थे और वह सामाजिक-आर्थिक-सांस्कृतिक-मनोवैज्ञानिक, सभी क्षेत्रों में प्रकट हुई। लेकिन यहाँ हम उसके एक मूल घटक की ही चर्चा करेंगे—इससे और कई बातें भी स्पष्ट हो जाएगी।

जाति-प्रथा ने अमूर्त चिन्तन और उत्पादक श्रम को दो निरपेक्ष श्रेणियों में बांट दिया था। जाति रूप में ये श्रेणियाँ जन्मजात रूप से दो जातियों—ब्राह्मणों और शूद्रों में विभाजित थीं। ब्राह्मणों के लिए उत्पादक श्रम वर्जित था और शूद्रों के लिए शिक्षा-दीक्षा तथा अमूर्त चिन्तन। इन दोनों क्षेत्रों के बीच आवाजाही का दरवाजा जन्म से ही बंद था। ठोस उत्पादक व्यवहार के बगैर अमूर्त चिन्तन के विकास की एक सीमा थी, और उत्पादक श्रम भी अमूर्त चिन्तन के सहारे के बिना एक सीमा से आगे नहीं जा सकता था। एक मंजिल के बाद दोनों जाति-प्रथा की सीमा में एक अनुल्लंघनीय गतिरोध में जा फँसे और समग्र रूप से भारतीय समाज की जड़ता, उसके दमघोंटू गतिरोध का कारण बने। समाजों की सह-क्रिया, उनके बीच आवाजाही प्रगति की आधारभूत शर्त है। अन्य समाजों के साथ भारतीय समाज की सहक्रिया, उसकी आवाजाही तो निश्चय ही प्रायः होती रही और इस कारण थोड़ी-बहुत प्रगति भी जारी रही, लेकिन भारतीय समाज का अन्दरूनी ढाँचा जाति-प्रथा पर आधारित था और इस ढाँचे ने भारतीय समाज के अंदर विभिन्न समूहों (जातियों) के बीच सहक्रिया को, उनके बीच की आवाजाही को जन्म आधार पर ही बाधित कर रखा था। फलतः बाह्य समाजों के साथ सहक्रिया भी अपने अंजाम तक नहीं पहुँच पाती और सतह पर ही ठहर कर रह जाती—भारतीय समाज की गतिरुद्धता उससे भंग नहीं होती।

मूर्त, उत्पादक व्यावहारिक जीवन से अलगाव की स्थिति में ब्राह्मण अमूर्त चिन्तन की जिस सीमा तक जा सकते थे, उस सीमा तक वे गये। कुछ ऐसे क्षेत्र थे जो शासक ब्राह्मण और क्षत्रिय जातियों के व्यावहारिक जीवन से प्रत्यक्ष रूप से जुड़े थे; जैसे, कर्मकाण्डों का संचालन, प्रशासनिक व्यवस्था, राजमहलों एवं मन्दिरों का निर्माण, मूर्ति शिल्प, कला-साहित्य-संगीत-नृत्य, आयुर्विज्ञान, नक्षत्र-ग्रहों का अध्ययन (कृषि के लिए ऋतुओं का अहम महत्त्व था और ऋतुओं का अध्ययन नक्षत्र-ग्रहों की गतियों के अध्ययन से जुड़ा हुआ था; यह कृषि-जन्य कर्मकाण्डों का भी अभिन्न अंग था और आरम्भ से ही पुरोहितों का विशेष क्षेत्र था), आदि। इन सारे विषयों को शामिल करते हुए अमूर्त चिन्तन के क्षेत्र में ब्राह्मण चिन्तकों ने ज्ञान को पर्याप्त विस्तार दिया। इस प्रक्रिया में बाह्य समाजों के साथ सहक्रिया ने भी अपना योगदान दिया। परिणामस्वरूप, दर्शन, ज्योतिष-शास्त्र, गणित-ज्यामिति, भाषा-विज्ञान, वास्तुशास्त्र, सौन्दर्यशास्त्र, आयुर्विज्ञान, कर्मकाण्ड, आदि क्षेत्रों में अनेक महत्वपूर्ण ग्रंथों की रचना की गई और ज्ञान की नई ऊँचाइयों को छूने का प्रयास किया गया। भारतीय चिन्तन की यह उपलब्धि पूरी मानवजाति के ज्ञान भंडार में अत्यन्त महत्वपूर्ण योगदान है।

दूसरी ओर, उत्पादक श्रम से जुड़ी, लेकिन शिक्षा से, अमूर्त चिन्तन के अवकाश से वंचित जातियाँ थीं—कृषक, कारीगर तथा सेवक जातियाँ। ये जातियाँ भी अमूर्त चिन्तन से अलगाव की स्थिति में जिस सीमा तक जा सकती थीं, उस सीमा तक गईं। कृषक जातियों ने बीजों की नई-नई किस्में ईजाद कीं और कारीगरों ने अपने उपकरणों का जहाँ तक हो सका, परिष्कार किया। यहाँ कुछेक उदाहरण देना ही पर्याप्त होगा। धातु-कर्म प्राचीन काल से ही महत्व हासिल कर चुका था, कृषि समाज में भी उसकी अहम उपयोगिता बनी हुई थी। (भावी औद्योगिक समाज के लिहाज़ से भी धातु-विज्ञान का विकास कितना महत्व रखता था, कहने की जरूरत नहीं।) भारत की ग्रामीण अर्थव्यवस्था में धातु-कर्म अत्यन्त महत्वपूर्ण स्थान रखता था और इससे लोहार (या कमार) जाति जुड़ी थी। कुछ जन भी इस कर्म से जुड़े थे, जैसे असुर। धातु-कर्म भारत में काफ़ी प्राचीन था, और मगध के उत्थान का श्रेय लोहा तथा उससे जुड़े धातु-कर्म में उसकी श्रेष्ठता को दिया जाता है। लोहार ग्रामवासियों के लिए उपकरण तो बनाते ही थे, सेना के लिए हथियार बनाने का काम भी उन्हीं के जिम्मे होता था। इन भारतीय कारीगरों ने लोहा और इस्पात के क्षेत्र में शोधन (कार्बनाइजेशन) की अपनी एक ख़ास विधि विकसित की थी और भारतीय लोहे की शुद्धता विदेशों में भी विख्यात थी। परिवहन साधनों में भी लोहे के उपकरणों का प्रयोग होता था। 'पेरिप्लस ऑफ द इरिथ्रियन सी' के अनुसार, भारत में लोहे और इस्पात का उत्पादन गुणवत्ता और मात्रा, दोनों लिहाज़ से इतना उन्नत था कि उसका निर्यात काठियावाड़ से पश्चिम एशिया तथा पूर्वी अफ्रीका तक होता था। दमिश्क (सीरिया) में प्रयोग किए जानेवाले फलक (ब्लेड) भारतीय इस्पात से ही बनते थे। कांसे तथा तांबे की

ढलाई की कला भी उतनी ही प्रचलित और परिष्कृत थी। अब देखिए, अमूर्त चिन्तन की दुनिया से जातीय तौर पर अलगाव की स्थिति में भारतीय लौह शिल्पी भी जिस सीमा तक जा सकते थे, वे गए। और यह उपलब्धि भी अमूर्त चिन्तन की उपलब्धि से कम न थी। भारतीय शिल्पियों की अनेको अनमोल कृतियों में से बस एक, क़रीब पन्द्रह सौ वर्षों से भी अधिक पुराने मेहरौली (दिल्ली) के लौह-स्तम्भ को देखिए—इसमें आज तक जंग नहीं लगी है और इसे देखकर आज के धातुविज्ञानी भी आश्चर्यचकित रह जाते हैं। यह स्तम्भ भी पूरी मानवजाति के शिल्प भंडार में भारतीय लौह-शिल्पियों का अमूल्य योगदान है।

इस तरह, हम देख सकते हैं कि उत्पादक श्रम से अलगाव में अमूर्त चिन्तन, और अमूर्त चिन्तन से अलगाव में उत्पादक श्रम किस सीमा तक गया। अमूर्त चिन्तन के अवकाश का लौह-स्तम्भ अगर पाणिनि का व्याकरण है, तो मेहरौली का लौह-स्तम्भ उत्पादक श्रम का एक मानक व्याकरण। लेकिन इसके आगे?

यह दोनों क्षेत्रों की सीमा थी। इसके आगे का रास्ता दोनों क्षेत्रों के बीच जिस सहक्रिया की पूर्वपेक्षा करता था, वह जाति-प्रथा के अंतर्गत सम्भव न था। परिणाम था दोनों क्षेत्रों का गतिरोध और पराभव। अमूर्त चिन्तन का क्षेत्र इसके बाद दुहरावों, टीकाओं, टीकाओं पर टीकाओं तथा कर्मकाण्डों की निरन्तर बढ़ती श्रृंखलाओं के भंवरजाल में उलझता गया और समाज पर बोझ बनकर उसकी जड़ता का कारण बना। दूसरी ओर, उत्पादक श्रम भी इस सीमा के बाद दुहरावों पर आकर ठहर गया—अन्वेषण की किसी उत्प्रेरणा और जरूरी शैक्षणिक सामग्री के अभाव में यह दुहराव भी क्रमशः अधोगति का शिकार हो गया। कारीगर वह ज्ञान भी भूलने लगे जो उनके पूर्वजों ने अर्जित किया था। अमूर्त चिन्तन और उत्पादक श्रम के बीच जन्मजात विभेद का एक दुष्परिणाम यह हुआ कि उत्पादक श्रम की उपलब्धियाँ तकनीकी पुस्तकों के रूप में सुरक्षित नहीं रह सकीं, फलतः तकनीकी ज्ञान का अपेक्षित प्रसार न हो सका—कई मामलों में तो वह लुप्त हो गया। ये जातियाँ शिक्षा से वंचित थीं, फलतः अपने अनुभवसिद्ध ज्ञान को भी तकनीकी पुस्तक का रूप न दे सकीं। मेहरौली के लौह-स्तम्भ में जिस लोहे का प्रयोग हुआ, वह किन-किन तत्वों को, किस-किस मात्रा में मिलाकर कितने तापमान पर ढ़ाला गया, यह तकनीकी पुस्तक के रूप में उपलब्ध नहीं है। उत्पादक श्रम से हासिल अनेको ज्ञान का तकनीकी पुस्तकों के रूप में उपलब्ध न होना भारतीय समाज का आगे भी एक कमजोर पक्ष बना रहा। आज भी अगर विदेशी भाषाओं की तकनीकी पुस्तकों का हिन्दी अनुवाद करने में हमें कठिनाई का सामना करना पड़ता है, तो उसका एक कारण यह कमजोरी भी है। तकनीकी पुस्तकों का घोर अभाव और कर्मकाण्डों की पुस्तकों का अम्बार जाति-प्रथा आधारित भारतीय समाज व्यवस्था की गतिरुद्धता तथा पतनशीलता का प्रमाण है।

उपयुक्त विभेद के कारण, एक सीमा के आगे आविष्कार, अन्वेषण और नवाचार की

प्रक्रिया बंद हो गई, तकनीकी ज्ञान और उसका प्रसार ठहर ही नहीं गया, बल्कि अधोगति का शिकार हो गया। अनुत्पादक कर्मकाण्डों और गतिरुद्ध समाज की दुहरावभरी कठिन-कठोर जिन्दगी के नियतिवादी प्रलापों के बीच आमजन का जीना अधिकाधिक दूभर होता गया। तकनीक का विकास उत्पादक श्रम और अमूर्त चिन्तन के मेल से ही सम्भव था। प्रचलित समाज इसकी इजाजत नहीं देता था। झारखण्ड के असुर श्रेष्ठ और कुशल धातुकर्मी थे, लेकिन वे अपनी तकनीक का, अपने कौशल का आसपास के जनों और जातियों में भी विस्तार न कर सके और न ही अपने ज्ञान को सुरक्षित रख सके।

लेकिन इस विभेद का दुष्परिणाम सिर्फ़ उत्पादक वर्गों को ही नहीं झेलना पड़ा। अमूर्त चिन्तन के क्षेत्र को भी इसकी कीमत चुकानी पड़ी। यहाँ भी एक उदाहरण पर्याप्त होगा। बारहवीं सदी के महान गणितज्ञ भास्कराचार्य ने जब ऋण इकाई के वर्गमूल ($\sqrt{-1}$) की कल्पना की तो यह गणित के क्षेत्र में अमूर्त चिन्तन की, उनके समय के लिहाज़ से, पराकाष्ठा थी।[43] लेकिन अपनी इस कल्पना को असम्भव मानकर उन्होंने इसे तुरन्त ख़ारिज भी कर दिया। वे किसी व्यावहारिक गणितीय समस्या के समाधान के क्रम में इस कल्पना तक नहीं पहुँचे थे। उनके क़रीब तीन शताब्दी बाद, इटली के पाविया में अविवाहित माता-पिता की संतान के रूप में जेरोलामो कारडानो (1501-1576) का एक गरीब परिवार में जन्म हुआ। बचपन से अनेक किस्म के धंधों में हाथ आजमाते हुए, वे आगे चलकर प्रख्यात चिकित्सक, गणितज्ञ और वास्तुशिल्पी हुए। इस प्रक्रिया में दरिद्रता तथा बदनामी ने कभी उनका साथ नहीं छोड़ा। सम्राट की बग्घी ऊबड़-खाबड़ रास्तों पर हिचकोले न खाये, इसके लिए उन्होंने जो उपकरण तैयार किया, वह उनकी मृत्यु के क़रीब सवा तीन सौ साल बाद मोटरकार के लिए भी काफ़ी उपयोगी साबित हुआ और कारडान-शाफ्ट के नाम से जाना गया। तिजोरियों में आजकल इस्तेमाल होने वाला 'कम्बिनेशन लॉक' भी उन्हीं का आविष्कार था। चिकित्सा विज्ञान के क्षेत्र में उन्होंने सूजाक तथा उपदंश की दो भिन्न बीमारियों के रूप में खिनाख़्त की थी और उनके लिए अलग-अलग चिकित्सा की नींव रखी थी। जुए के खेल में हमेशा बाजी जीतने के क्रम में ही उन्होंने गणित के संभाव्यता सिद्धान्तों का निरूपण किया था। वे भवन-निर्माण से भी जुड़े थे। इसी सिलसिले में उन्हें त्रिघाती समीकरणों की समस्या से जूझना पड़ा। इस समस्या के समाधान के क्रम में ही वे ऋण इकाई के वर्गमूल की अवधारणा तक जा पहुँचे। वे इस अवधारणा तक ही नहीं पहुँचे, बल्कि इससे आगे बढ़कर उन्होंने इस काल्पनिक संख्या (-1) और वास्तविक संख्या के योग के रूप में जटिल संख्याओं का सिद्धान्त निरूपित किया और समीकरण हल करने में उसका उपयोग भी किया। क़रीब सवा तीन सौ साल बाद सम्भाव्यता और जटिल संख्याओं का उनका गणितीय सिद्धांत क्वाण्टम यांत्रिकी का आधार बन गया।[44] भास्कराचार्य अपने अमूर्त चिन्तन के सहारे जहाँ पहुँचकर ठिठक गए और फिर वापस मुड़ गए थे,

कारडानो व्यावहारिक समीकरण के समाधान की प्रक्रिया में न सिर्फ़ वहाँ पहुँचे, बल्कि उससे आगे बढ़कर उन्होंने अपने तीन सौ साल बाद के विज्ञान के लिए भी गणितीय आधार प्रदान कर दिया।

श्रेष्ठ-निम्न के आधार पर निर्मित इस जाति-प्रथा के दुष्परिणामों की सूची काफ़ी लम्बी है, तथापि कुछेक और पहलुओं का जिक्र करना आवश्यक लगता है। किसी समाज के शासक उच्च वर्गों को ही प्रायः मानक के रूप में ग्रहण किया जाता है। औपनिवेशिक काल में भी हम देखते हैं किस प्रकार भारतीय समाज के धनाढ्य या नव-धनाढ्य तबके, मध्य वर्ग, और आगे बढ़ने की आकांक्षा रखने वाली श्रेणियाँ (औचित्य-अनौचित्य को जाँचे-परखे बिना) अँग्रेजों की भाषा, उनके तौर-तरीकों, उनके लिबास, उनके खान-पान, आदि को मानक के रूप में ग्रहण कर उनका अनुकरण करने लगीं। (प्रसंगवश, इस सिलसिले में उच्च जाति मध्यवर्ग द्वारा अनुकरण तथा शूद्र-अतिशूद्र जातियों के कुछ लोगों द्वारा अनुकरण में एक अहम फर्क था। संख्या के लिहाज़ से अत्यन्त नगण्य दलित-पिछड़ी जातियों के कुछेक पढ़े-लिखे लोग जब अँग्रेजी भाषा, आचरण, खान-पान, लिबास, आदि का अनुकरण करते तो यह उस ब्राह्मणवादी विधि-व्यवस्था का प्रतिकार था जिसके अंतर्गत उनके लिए उच्च जातियों की भाषा बोलना, साफ-सुथड़े कपड़े पहनना, आभूषण धारण करना, पढ़ना, सीधे खड़े होना या बैठना, सम्पत्ति रखना, आदि बिल्कुल निषिद्ध था और इन निषेधों के उल्लंघन की स्थिति में उन्हें हिंसा का शिकार होना पड़ता था, और यहाँ तक कि मौत का मुँह भी देखना पड़ता था।)

बहरहाल, अनुकरण की यह आम प्रवृत्ति विश्व में हर जगह दिखाई देती है। यह अनुकरण करनेवाली श्रेणियों की अपनी हीन स्थिति की स्वीकारोक्ति और उसका आभ्यन्तरीकरण भी है। भारतीय समाज में सामाजिक-राजनीतिक उथल-पुथल की स्थिति में, शूद्र-अतिशूद्र जातियों के बीच से जिन कुछ लोगों को उभरने का मौका मिला, उन्होंने बहुत हद तक इसी प्रवृत्ति का इजहार करते हुए ब्राह्मणों तथा क्षत्रियों के आचरण और कर्म का अनुकरण किया। ब्राह्मणों के चिन्तन-कर्म का अनुकरण करते हुए वे भी साधक-चिन्तक बन गए। क्षत्रिय का अनुसरण करते हुए 'राजा'। इस अनुकरण का अपना महत्व है और साधक-चिन्तक के रूप में उनके योगदान को नकारा नहीं जा सकता। अमूर्त चिन्तन के क्षेत्र में उनका आना जाति-सीमा का अतिक्रमण अवश्य था, लेकिन यह अतिक्रमण तकनीकी ज्ञान के क्षेत्र में, या सामाजिक-आर्थिक जीवन से जुड़ी अन्य ज्ञानशाखाओं के क्षेत्र में सामान्यतः कोई उल्लेखनीय योगदान नहीं कर सका। विज्ञान और तकनीक की दिशा में बढ़ने के बजाए अध्यात्म की ओर झुकाव ही प्रबल रहा—बावजूद इसके कि इन संत-साधकों की अच्छी ख़ासी संख्या बुनकरों, चर्मकारों तथा कारीगरों की विभिन्न श्रेणियों से आई थी। ये संत-साधक वैदिक ऋषियों के अमूर्त चिन्तन की ऊँचाइयों को छूना चाहते थे।

उन्होंने उन ऊँचाइयों को छुआ भी, जनभाषा में रचे जाने के कारण उनके अद्वैत, द्वैत, द्वैताद्वैत, या विशिष्टाद्वैत चिन्तन का आमजन में भी प्रसार हुआ। उनकी रचनाओं में संस्कृत के दार्शनिक-साहित्यिक ग्रंथों के अनुकरण की छाप साफ दिखाई देती है। अपभ्रंश तथा जनपदीय भाषाओं में रचे गए दोहे इन भाषाओं के विकास के लिहाज़ से महत्वपूर्ण थे (और उनमें उनके अपने जीवन की झलक अवश्य मिल जाती है), लेकिन अनेक मामलों में वे उपनिषद के श्लोकों का दोहों के रूप में अनुकरण थे। भाषा समेत विभिन्न क्षेत्रों के विकास में अनुकरण की अहम भूमिका का हम पहले जिक्र कर चुके हैं। बहरहाल, हम यहाँ शिल्प कर्म से सम्बन्धित तकनीकी ज्ञान तथा सामाजिक-आर्थिक विषयों पर ज्ञान के उन्नयन और प्रसार की समस्या को रेखांकित कर रहे हैं। इस मामले में अन्य समाजों में हो रहे कार्यों के तुलनात्मक मूल्याँकन का काम भी प्रायः उपेक्षित रह गया।

इस अनुकरण की प्रवृत्ति का ही उलट रूप था निरपेक्ष बहिष्कार की प्रवृत्ति और यह भी जाति-प्रथा का ही एक और दुष्परिणाम था। जाति उत्पीड़न के खिलाफ यह प्रतिक्रिया अमूर्त चिन्तन के ही नकार के रूप में अभिव्यक्त हुई—ब्राह्मणों के कर्म के सम्पूर्ण निषेध के रूप में। 'पढ़ना-लिखना, चिन्तन, सब व्यर्थ है, ढकोसला है। इनसे कुछ नहीं होने वाला—आखिर पढ़े-लिखे चिन्तकों ने ही तो इस अमानवीय जाति-प्रथा की नींव रखी और हजारों कर्मकाण्डों, पाप-पुण्य, कर्म और पुनर्जन्म का जाल रचा!' ये सब बातें भी सच थीं, लेकिन उत्पीड़न के इस जाल को अपने मुक्तिदायिनी नये ज्ञान से काटने की जगह ज्ञान के ही निषेध ने दलित-उत्पीड़ित जनों और जातियों को अपने-अपने जनों और जातियों की सीमाओं में ही और अधिक आबद्ध कर दिया। दूसरी ओर, अमूर्त चिन्तन के चरम को पा लेने के अहंकार में, अपने सीमित लोक में सिमटे ब्राह्मण थे। इस चरम के बाद जानने को कुछ रह ही नहीं गया था। जाति-प्रथा का दुष्परिणाम इस तरह अपनी-अपनी खोल में सिमटे, जाति रूप में दो जाति-समूहों के रूप में सामने आया।

सह-क्रिया

किसी भी उन्नतिशील समाज या समुदाय का एक विशिष्ट चरित्र-लक्षण हर दिशा से, हर स्रोत से आनेवाले ज्ञान के लिए अपने दरवाजे खुला रखना है। युद्धरत समदायों में भी जो समुदाय अपने विरोधी समुदायों की न सिर्फ़ सैन्य-व्यूह रचना, उनके अस्त्र-शस्त्र, उनकी तैयारियों और सैनिकों के बारे में, बल्कि उनके सामाजिक जीवन के हर पक्ष के बारे में जितना ज्ञानवान होता है, अंततः वही विजयी होता है। आजतक मानवजाति के विकास-क्रम में जितने युगान्तरकारी मोड़ आए हैं, वे सब उन्हीं क्षेत्रों में आए जहाँ विभिन्न समाजों के ज्ञान का सबसे अधिक समागम हुआ। इस समागम का क्रियास्थल बने समुदाय ही युग-परिवर्तन के प्रतिनिधि बने।

इसलिए मानवजाति के ऐसे महत्वपूर्ण पड़ावों के प्रतीक भले कुछ समुदाय रहे हों, प्रगति के ये पड़ाव सम्पूर्ण मानवजाति की उपलब्धि माने जाते हैं। नवपाषाण काल में कृषि का जन्मस्थान माना जानेवाला पश्चिम एशिया का क्षेत्र (या फिर बलुचिस्तान का मेहरगढ़ क्षेत्र), नील घाटी से दजला-फरात तक का क्षेत्र, पश्चिमोत्तर भारत और फिर पूर्वी भारत का क्षेत्र, चीन का उत्तरी क्षेत्र, रोम-यूनान और भूमध्यसागरीय क्षेत्र, चौथी से बारहवीं सदी के बीच दक्षिण भारत का क्षेत्र, सातवीं से बारहवीं सदी तक अरब क्षेत्र, पन्द्रहवीं सदी से अठारहवीं सदी तक युरोपीय क्षेत्र और आधुनिक काल में अमेरिकी महाद्वीप, आदि—ये सभी अपने-अपने समय अनेक संस्कृतियों, अनेक क्षेत्रों के ज्ञान-विज्ञान-अध्यात्म के संगम-स्थल थे।

जोसेफ हेनरिख ने नवाचार के लिए सांस्कृतिक अंतर्सम्बद्धता के निर्णायक महत्व को रेखांकित करते हुए एक गणितीय समीकरण सूत्रबद्ध किया है। उसकी बारीकियों में गये बगैर हम यहाँ उनके निष्कर्षों की चर्चा कर सकते हैं। उनके अनुसार, "किसी भी समूह की नवाचारिता उसके व्यक्तियों की व्यक्तिगत आविष्कारशीलता की तुलना में उस समूह के सदस्यों के बीच की सांस्कृतिक अंतर्सम्बद्धता के द्वारा कहीं अधिक निर्धारित होती है। अनुमान कीजिए कि संभावित आविष्कारकों की कुल आबादी की तुलना में आविष्कार की सम्भावना उतनी कम नहीं है, तब ऐसी स्थिति में अपने व्यक्तिगत सदस्यों की आविष्कारशीलता को उन्नत करने में निवेश करनेवाले समूह की तुलना में (विचारों को साझा करने के जरिए) सांस्कृतिक अंतर्सम्बद्धता में निवेश करनेवाले समूह कहीं अधिक नवाचारी होंगे।... इस आधार पर हम यह भी व्याख्या कर सकते हैं कि क्यों यूरेशिया की तुलना में ऑस्ट्रेलिया में प्राविधिक (तकनालॉजिकल) जटिलताओं का अभाव रहा। उसी तरह एक ओर अफ्रीका तथा अमेरिका और दूसरी ओर यूरेशिया में इतना फर्क रहा (आधुनिक काल के आगमन से पहले)। क्षेत्रीय पैमाने पर, इससे द्वीपों पर अलगाव में रहने वाले जनों और महाद्वीपीय आबादी के बीच के अंतरों को भी समझा जा सकता है और इस बात की भी व्याख्या की जा सकती है कि क्यों दस हजार से भी अधिक वर्षों के दौरान तस्मानियाई जन अपना तकनीकी ज्ञान भी गंवा बैठे। इससे इस बात के भी संकेत मिल सकते हैं कि लगभग समान आकार के मस्तिष्क के बावजूद शारीरिक संरचना के लिहाज़ से आधुनिक मानव और नीएंडरतलों के बीच इतना अंतर पैदा हो गया—आविष्कारशीलता की तुलना में शायद उनकी सामाजिक अंतर्सम्बद्धता में इसका कारण ढूँढ़ा जा सकता है।"[45]

हेनरिख 'आवश्यकता आविष्कार की जननी है', इस बहुप्रचलित अवधारणा का भी खण्डन करते हैं और दिखलाते हैं कि आवश्यकता रहने के बावजूद क्यों कई संस्कृतियाँ कुछ जरूरी चीज़ों का आविष्कार करने से वंचित रह गईं। साठ हजार वर्षों से ऑस्ट्रेलिया में रहने के बावजूद ऑस्ट्रेलियाई जन तीर-धनुष, धौंकनी, वाद्ययंत्रों से

वंचित रह गए (या तो इनका आविष्कार ही नहीं कर सके, या किया भी तो उसे गंवा बैठे)। न्यू गिनी के जन तीर-धनुष का प्रयोग तो करते थे, लेकिन तीरों का परिष्कार नहीं कर सके। पहिए का आविष्कार यूरेशिया में हुआ, लेकिन इंका लोग और अन्य कई जन इसका आविष्कार नहीं कर पाये। इंका लोगों का कोलम्बिया से लेकर चिली तक विशाल साम्राज्य था, लेकिन वे लेखनी का विकास नहीं कर पाए (अब यह कल्पना करना कठिन है कि उन्हें लेखनी की आवश्यकता ही नहीं थी)। कुछ भाषाओं में तीन से ऊपर गिनने की प्रणाली का, बुनियादी रंगों के लिए तथा दायें और बायें जैसे शब्दों का, और व्याकरण में समुच्चयबोधक वाक्यों का अभाव बना रहा। मानवजाति के इतिहास में शून्य का आविष्कार दो बार हुआ—सबसे पहले भारत में और फिर माया संस्कृति में। अधिकांश समाजों ने इसे तुरत अपना लिया, लेकिन युरोपीयन लोग शताब्दियों तक इसे अपनाने का प्रतिकार करते रहे। कुल मिलाकर, इस तरह के उदाहरण आधुनिक काल से भी दिए जा सकते हैं। सारांश के तौर पर कहा जा सकता है कि

1. नवाचार बुनियादी रूप से एक सामाजिक और सांस्कृतिक प्रक्रिया है। किसी आबादी की नवाचारिता की मात्रा का उसके व्यक्ति सदस्यों की आविष्कारशीलता से जुड़ा होना जरूरी नहीं है;

2. एक बड़ी आबादीवाले समुदाय में भी अगर अन्दरूनी तौर पर विभिन्न समूहों के बीच सामाजिक-सांस्कृतिक अंतर्सम्बद्धता का अभाव है तो उसकी नवाचारिता की सम्भावित क्षमता कुंद रहेगी। दूसरी तरफ, अपेक्षाकृत कम आबादीवाले समुदाय भी अगर अन्दरूनी तौर पर (विचारों को साझा करने के जरिए) सांस्कृतिक रूप से अधिक अंतर्सम्बद्ध हैं तो उनकी नवाचारिता की क्षमता अधिक होगी। ऐसे समुदायों में अन्वेषण, आविष्कार और नवाचारिता का प्रसार भी अधिक तेजी से होता है।[46]

कहने की जरूरत नहीं कि बड़ी आबादी के बावजूद जाति-प्रथा के कारण भारतीय समाज में अन्दरूनी तौर पर विभिन्न समूहों के बीच सामाजिक-सांस्कृतिक अंतर्सम्बद्धता का नितान्त अभाव था और इसने उसकी नवाचारिता की, अन्वेषण और आविष्कार की संभावित क्षमता को कुंद कर रखा था।

एक बार अस्तित्व में आ जाने के बाद ज्ञान मानवजाति की विरासत का अंग बन जाता है। उसपर किसी एक व्यक्ति, जन, वर्ग, जाति अथवा राष्ट्र का सामयिक तौर पर नियन्त्रण होने के बावजूद, कोई भी उन्नतिशील समुदाय उसकी प्राप्ति और उसके उपयोग के लिए जद्दोजहद करता है। हर दिशा से आने वाले ज्ञान के लिए दरवाजा खुला रखने के साथ-साथ, वह अनेक जटिल पासवर्ड्स से सुरक्षित-संरक्षित मूल्यवान ज्ञान को भी हैक करने की कला में दक्षता हासिल करने की कोशिश करता है—हैकिंग की यह दक्षता उसे मानव समाज के भावी विकास के कुशल प्रोग्रेमर की महिमा से मंडित करता है। स्मरण रहे, मानव जाति मूलतः हैकिंग प्राणी ही है। ज्ञान दरअसल

प्रकृति में मौजूद पासवर्ड्स की अनन्त श्रृंखला का अनवरत् उद्भेदन, उसकी हैकिंग है—इस हैकिंग के जरिए ही मानवजाति ने प्रकृति के अनेक रहस्यों का उद्घाटन किया और इन रहस्यों के उद्घाटन ने ही उसे अपनी सुरक्षा तथा अपने अस्तित्व के विराट विस्तार का आधार प्रदान किया। बहरहाल, जाति-प्रथा भारतीय समाज की इस हैकिंग क्षमता को कुंद कर इसकी जड़ता का कारण बनी।

अंत में, श्रेष्ठ-निम्न की जातिवादी मानसिकता हजारो वर्षों के दौरान सामाजिक जीवन में, उसके अंग-अंग में गहराई तक पैठ गई और आजतक बनी हुई है।

इसके साथ ही, एक और आत्मघाती प्रवृत्ति मानवजाति में आज तक विद्यमान है। वह है, किसी जन या जनों के कुछ समूहों को, किसी जाति या जातियों के समूहों को, वर्गों-तबकों के किसी समूह को, किसी पंथ, सम्प्रदाय या समुदाय को शत्रु अथवा शैतान के रूप में प्रस्तुत करना, उनके खिलाफ संगठित घृणा फैलाना और अंततः उनके खात्मे का, अथवा जनसंहार का अभियान चलाना। मानव जाति के इतिहास में इस प्रवृत्ति ने करोड़ो लोगों की जानें ली हैं।

अपने उत्पादक श्रम के जरिए मानवजाति ने प्रकृति से जो सापेक्ष स्वतन्त्रता हासिल की, उसकी उसे भारी कीमत चुकानी पड़ी। ऊपर के विवरणों से स्पष्ट है कि प्रकृति से सापेक्ष स्वतन्त्रता मानवजाति की बहुसंख्या—स्त्रियों, उत्पादक श्रम से जुड़े जनों, जातियों और वर्गों की परतंत्रता पर आधारित थी, और यह कि इस स्वतंत्रता का उपभोग उत्पादक श्रम से मुक्त एक अत्यन्त अल्पसंख्यक तबका ही कर रहा था। अपने स्वरूप में परिवर्तनों के बावजूद, प्रकृति से सापेक्ष स्वतन्त्रता तथा मानवजाति की बहुसंख्या की परतंत्रता का यह सिलसिला आजतक जारी है। मानवजाति के आगमन के साथ हम जितने द्वैतों का जिक्र कर चुके हैं, उसमें यह एक और द्वैत जुड़ गया।

सम्मिलन

मानवजाति आजतक विकास के जितने चरणों से गुजर चुकी है, वे सभी—औजारों से लेकर सामाजिक-राजनीतिक प्रणालियों तक—विभिन्न रूपों तथा अनुपातों में आज भी हमारे साथ मौजूद हैं। इसका जिक्र हम पहले भी करते आये हैं। इसी तरह, समाजों की सह-क्रिया के फलस्वरूप हमारे जीवन में इतनी संस्कृतियों का सम्मिलन हुआ है कि उन्हें पृथक्-पृथक् पहचानना भी सामान्यतः नामुमकिन ही कहा जाएगा। अपनी जीवन-दृष्टि की परतों को उघाड़िए—ऊपर सेक्यूलर विचारधाराएँ मिलेंगी, उसके ठीक नीचे विभिन्न पंथों का प्रभाव दिखेगा और सबसे नीचे टोने-टोटके के कितने निशानों का जादुई संसार साँस लेता सक्रिय होगा। इन परतों का अनुपात व्यक्तियों, समुदायों तथा राष्ट्रों में अलग-अलग अवश्य होगा, लेकिन ये मिलेंगी हर जगह। अपनी राजनीतिक प्रणाली की ग़ौर से पड़ताल कीजिए—अपनी ही नहीं, दुनिया के सभी देशों की। अनुपात की भिन्नता तो होगी, लेकिन वहाँ भी (अधिकांश देशों में) सतह पर

जनतंत्र दिखेगा, और इन जनतंत्रों के शरीर के विभिन्न अंगों में आप राजतंत्र, कुलीनतंत्र तथा सरदारी प्रथा के अक्श आसानी से देख सकते हैं। यही बात अन्य क्षेत्रों में भी लागू होती है। एकरेखीय, एकआयामी दृष्टि सभी चीज़ों, परिघटनाओं तथा प्रणालियों की एक आदर्श, अमूर्त टेक्स्टबुक छवि गढ़ती है, जिसका कहीं कोई वास्तविक अस्तित्व नहीं होता। और यह छवि हमें उन चीज़ों, परिघटनाओं तथा प्रणालियों की गति-प्रकृति समझने और उनमें सार्थक हस्तक्षेप करने से वंचित कर देती है। उस छवि के अनुरूप दुनिया की अनुपस्थिति हमें निरर्थक आक्रोश, निष्फल प्रयासों तथा क्रियाकलापों की ओर ले जाती है। इसके अलावा, हमें अपनी उपलब्धियों की तुलना (समाज की किसी अमूर्त, आदर्श छवि से नहीं, बल्कि) अतीत से करनी चाहिए और अपनी योजना भावी लक्ष्यों को ध्यान में रखकर बनानी चाहिए। उपलब्धियाँ अनेक हैं, और भावी लक्ष्य के लिहाज़ से अपनी उपलब्धियों पर ज्यादा खुश होने का वक्त अभी नहीं आया है।

समाजों की सह-क्रिया का परिणाम हम अपनी थाली में भी देख सकते हैं। चावल ज़रूर भारत का है, लेकिन गेहूं, चना, मसूर, गाजर, आदि मध्य एशिया का। आलू दक्षिण अमेरिका की इंका संस्कृति की देन है, तो बाजरा, सोया, मूली, आदि चीन की। ईख, नारंगी, संतरा, आम यदि हमारा है तो अंगूर, नाशपाती, अनार, बादाम, अखरोट, आदि तुर्कमानिस्तान, ईरान, कॉकेशस पार के क्षेत्रों और अनातोलिया (एशियाई तुर्की) की सौगात है। जौ की आदिभूमि यदि इथियोपिया (और बाद में भूमध्यसागरीय क्षेत्र) है, तो मक्का, राजमा, कद्दू, शकरकंद, टमाटर, आदि की जन्मभूमि मध्य अमेरिका। हमारे खाने की थाली में ही रोज दुनिया भर में फैली मानवजाति की अनेक संस्कृतियों का संसार सजता है। बहरहाल, समाजों की सह-क्रिया की इस मिसाल पर ज्यादा इतराने की जरूरत नहीं है। इस सह-क्रिया की सबसे बड़ी विफलता, उसका सबसे अन्धकारमय पक्ष यह है कि तमाम सह-क्रियाओं के बावजूद मानवजाति की विशाल आबादी आज भी उस थाली से वंचित है। यह लिखने के वक्त भी सोमालिया (और पूर्वी अफ्रीका) के लाखों लोग भयावह भुखमरी से जूझ रहे हैं और शरणार्थियों के रूप में आसपास के देशों में भटक रहे हैं। भूख से लड़ते-मरते ये लोग अकथनीय जुल्म, हिंसा, बलात्कार के शिकार हैं। याद रहे, ये क्षेत्र हमारे जन्मस्थान हैं—अपनी जन्मभूमि में ही मानवजाति आज भी भूखी-नंगी और बेइन्तहां जुल्म की बेड़ियों में जकड़ी है। क्या आज भी मानवजाति को 'जननी जन्मभूमिश्च स्वर्गादपि गरीयसी' का उद्घोष करते हुए शर्मशार नहीं होना चाहिए? यह कैसा व्यंग्य, कैसा विद्रूप है?

समाजों की सह-क्रिया की कथा समाप्त करने से पहले कुछ और तथ्यों पर हम सरसरी नज़र डाल सकते हैं। आज की स्थिति से देखें तो औद्योगिक समाज के आगमन तक का इतिहास अत्यन्त धीमी गति से रेंगता दिखाई देगा। आज की युवा

पीढ़ी के लिए उसकी कल्पना करना भी कठिन है।
पहले ऊर्जा को ही लीजिए। अठारहवीं सदी के दूसरे अर्धांश तक मानवजाति ने ऊर्जा के किसी नये स्रोत की रचना नहीं की थी। ऊर्जा-उपयोग हस्तगतकारी ही था, यानी प्रकृति-प्रदत्त शक्तियों (जल और पवन) का हस्तगतकरण। मनुष्य द्वारा रचित ऊर्जा का पहला स्रोत वाष्प-शक्ति थी जो 18वीं सदी के उत्तरार्ध में ही सामने आई। मानवजाति के प्रादुर्भाव से लेकर 18वीं सदी तक ऊर्जा के स्रोत थे : 1. लोगों की शारीरिक, मांसपेशियों की शक्ति; 2. अग्नि : लाखों वर्षों तक अग्नि की मदद से ही लोग जंगल जलाते, भोजन पकाते, चट्टानें तोड़ते, धातु गलाते, कांच बनाते, मिट्टी के बर्तन तथा ईंट पकाते थे; 3. पशु-शक्ति : पालतू पशुओं की शक्ति का उपयोग; 4. पन-चक्की : जल-ऊर्जा का उपयोग; और 5. पवन-शक्ति : पाल नौकाओं में, जहाज चलाने में, और बाद में पवन-चक्की के रूप में इस शक्ति का उपयोग किया जाता था। (दूसरी सहस्राब्दी के आरम्भ में इंगलैंड में सागर-तट पर प्रायः पचास व्यक्तियों के पीछे एक पन-चक्की थी। उस जमाने में कहीं भी लोग इतने ऊर्जा-सम्पन्न नहीं थे।[47])

18वीं सदी के अंत में, एक अध्ययन के अनुसार, युरोप की सारी ऊर्जा-क्षमता अधिक-से-अधिक तीन करोड़ अश्व-शक्ति थी—इसकी एक तिहाई पशु-शक्ति थी, लगभग इतना ही अंश जलाई गई लकड़ी की ऊर्जा का था, दस लाख अश्व-शक्ति स्वयं लोगों की शारीरिक शक्ति थी, इतनी ही या इससे थोड़ी कम पवन-शक्ति थी, और जल-शक्ति पन्द्रह से तीस लाख अश्व-शक्ति के बराबर थी। वाष्प-शक्ति के आने के बाद मानवजाति की ऊर्जा-क्षमता में जो अभूतपूर्व वृद्धि हुई, उसका अंदाजा इसी बात से लगाया जा सकता है कि 19वीं सदी के अंत में वाष्प-इंजनों की क्षमता ही तीन करोड़ अश्व-शक्ति हो गई थी।[48] आज के युग के मानव की ऊर्जा-क्षमता की ऊपर के आंकड़ों से कोई तुलना ही नहीं है—दोनों स्थितियों में ज़मीन-आसमान का फर्क है।

ऊर्जा के बाद अब तत्वों पर आइये। प्राचीन युग में लोग 18 रासायनिक तत्वों से अपना काम चलाते थे। 17वीं सदी तक इनमें मामूली वृद्धि ही हुई—18 की जगह 25 तत्वों का उपयोग होने लगा। यह संख्या 18वीं सदी में 29, 19वीं सदी में 47 और 20वीं सदी के आरम्भ में 54 थी। 20वीं सदी के मध्य में बढ़कर यह 97 हो गई। आज की बात तो बिल्कुल जुदा है। अब हम खुद नये-नये तत्वों की रचना की क्षमता हासिल कर चुके हैं। तत्वों की दुनिया से काफ़ी आगे निकल कर हम सूक्ष्म कणों की दुनिया का उपयोग कर रहे हैं, जिनकी संख्या में भी निरन्तर इजाफा हो रहा है, और फिलहाल हमारे वैज्ञानिक कथित रूप से एक 'देवकण', हिग्स-बोसोन की खोज में जुटे हैं।

1980 के दशक से विज्ञान और तकनालॉजी की एक नई शाखा तेजी से विस्तार पा रही है, वह है नैनो विज्ञान और तकनालॉजी। एक नैनोमीटर एक मीटर का अरबवाँ भाग है। वैज्ञानिकों ने पाया कि कोई भी पदार्थ एक नैनोमीटर से सौ नैनोमीटर के बीच अद्‌भुत गुण अख्तियार कर लेता है—वह न तो सूक्ष्म कणों

की दुनिया के क्वांटम नियमों का अनुपालन करता है, और न ही स्थूल दुनिया से सम्बन्धित न्यूटनीय यांत्रिकी तथा आइंस्टीनीय सापेक्षता के उसूलों का। सूचना तथा आनुवंशिकी विज्ञान और तकनालॉजी के साथ-साथ यह नैनो विज्ञान-तकनालॉजी आधुनिक विज्ञान-तकनालॉजी का महत्वपूर्ण स्तम्भ बन चुकी है। (प्रसंगवश, कमल के पत्तों तथा पंखुड़ियों की संरचना नैनो संरचना मानी जाती है—इसी नैनो संरचना के कारण जल-कण तथा धूल-कण उन पर ठहर नहीं पाते। इस तकनीक से बने वस्त्रों को धोने की जरूरत नहीं पड़ेगी, सिर्फ़ झाड़ देने से ही सारे धूल-कण, दाग-धब्बे, कमल के पत्तों से गिरते ओस की बूंदों की तरह स्वतः झड़ जाएंगे।)

ऊर्जा और तत्वों के बाद क्यों न थोड़ी चर्चा रफ़्तार की भी कर ली जाए। 19वीं सदी के द्वितीय चतुर्थांश तक मनुष्य के चलने-फिरने की गति उसकी अपनी टांगों की शारीरिक शक्ति से, घोड़े के दौड़ने की रफ़्तार से और पालदार जहाज की रफ़्तार से निर्धारित होती थी। घोड़े को पालतू बना लेने से थल पर मनुष्य की रफ़्तार कम-से-कम दोगुनी हो गई। पाल की खोज और परिष्कार से पतवारवाली नौकाओं की गति से दुगुनी, तिगुनी, चौगुनी तक रफ़्तार पा ली गई। बहरहाल, वाष्प-इंजन के आविष्कार और उससे युक्त रेलगाड़ियों तथा जलयानों के साथ उन्नीसवीं सदी में रफ़्तार के एक नये युग का सूत्रपात हुआ। फिर उसी सदी के अंत में आंतरिक दहन इंजन का आविष्कार होने के साथ मोटरगाड़ियाँ बनी और वायुयानों के रूप में हवा में उड़ने का मानवजाति का सपना साकार हुआ। बीसवीं सदी के मध्य में जेट विमान बने और आखिरकार आश्चर्यजनक रफ़्तार से युक्त अंतरिक्ष रॉकेटों पर सवार होकर मानव चाँद की सैर भी कर आया।

कुलमिलाकर, उन्नीसवीं सदी के आरम्भ तक रफ़्तार के क्षेत्र में भी मानवजाति की प्रगति अत्यन्त धीमी थी। ऑस्ट्रियाई लेखक स्टीफन श्वाइग के शब्दों में कहें तो "वैलेनश्टाइन की सेना सीजर की अक्षौहिणी से अधिक तेजी से नहीं बढ़ती थी; नेपोलियन की फौजें चंगेज खां के झुण्डों से अधिक तेजी से हमले नहीं करती थीं; नेलसन के सैनिक पोतों ने वाइकिंगों की नौकाओं या फिनीशियाइयों के पोतों से थोड़ी ही अधिक गति से सागर पार किया। लॉर्ड बाइरन ने चाइल्ड हैरल्ड की यात्राओं में प्रतिदिन प्रायः उतने ही मील की दूरी तय की, जितनी ओवीडियस ने पोंटियस में देश-निकाले के रास्ते में; 18वीं सदी में गेएठे ने प्रायः उतनी ही सुविधा और उतनी ही रफ़्तार से यात्राएं कीं, जितनी प्रथम सहस्राब्दी ईस्वी के आरम्भ में ईसा के धर्मदूत संत पॉल की यात्राओं की थी। नेपोलियन के युग में भी देशों के बीच दिक् और काल की उतनी ही दूरी थी, जितनी रोमन साम्राज्य के वर्षों में; प्रकृति की शक्ति अभी-भी मानव-संकल्प के काबू के बाहर थी।"[49]

औद्योगिक समाज में मशीनीकरण के जरिए मनुष्य अपने हाथों और पैरों की क्रियाओं को, अपनी मांसपेशियों की शक्ति को मशीनों के हवाले करने में सक्षम

हुआ। मानवजाति की ही एक छोटी अल्पसंख्या ने पहले अपने हाथों के श्रम को दूसरों के हाथों से कराकर, और फिर मशीनों के जरिए हाथों को ही विस्थापित कर यह प्रक्रिया पूरी की। यह मुक्त हाथों का अतिक्रमण था। क्या अब बारी मस्तिष्क की है? मस्तिष्क के कार्यों को पहले दूसरों के मस्तिष्क से कराकर, और फिर 'कृत्रिम बुद्धि' के जरिए मस्तिष्क को ही विस्थापित कर यह प्रक्रिया पूरी होगी? क्या हम मस्तिष्क का अतिक्रमण करने में कामयाब होंगे? हाथों की मुक्ति और मस्तिष्क के विकास ने मानवजाति के आगमन का आख्यान लिखा था, क्या हाथ और मस्तिष्क का अतिक्रमण उसके प्रस्थान का आलेख लिखेगा? उसका विदाई-गीत? मानवजनों की संस्कृति प्रकृति का अतिक्रमण थी, कृषि संस्कृति जनों की संस्कृति का अतिक्रमण थी, और औद्योगिक संस्कृति कृषि संस्कृति का। इस औद्योगिक संस्कृति का अतिक्रमण क्या रूप ग्रहण करेगा अथवा वह किस रूप में सम्पन्न हो रहा है?

एक अग्नि शिकारी-फलसंग्राहक जनों के जीवन का आधार थी। दूसरी अग्नि ने जंगलों को जला कर कृषि का मार्ग प्रशस्त किया। तीसरी अग्नि जल में वास करनेवाली अग्नि थी—वाष्प शक्ति ने औद्योगिक क्रान्ति की नींव रखी। "जल में वास करनेवाले सह नामक अग्नि की सहगामिनी मुदिता के गर्भ से 'अद्भुत' नामक उत्कृष्ट अग्नि ने जन्म लिया। यह अद्भुत अग्नि समस्त भूतों का और बुद्धितत्व का अधिपति है।..."[50] आगे हम इसी अद्भुत अग्नि के संधान का प्रयास करेंगे।

इतिहास निर्माण

मानव जाति के इतिहास निर्माण में वस्तु और विचार के 'जादूगरों' ने मुख्य उत्प्रेरक की भूमिका निभाई है—अमूमन अनाम ओझा-गुणियों, संतों-फकीरों, सेक्यूलर दार्शनिकों और तांत्रिकों, किमियागरों तथा वैज्ञानिकों ने ही अबतक इतिहास की दिशा तय की है। ग़ौर से देखिए। आज भी क़रीब सात अरब आबादी की मानसिक दुनिया, उनका सोच-विचार, उनका कर्मकाण्ड ज्ञात-अज्ञात ओझा-गुणियों, संतों-फकीरों, पैगम्बरों तथा सेक्यूलर दार्शनिकों द्वारा निर्धारित होता है और उनका भौतिक जीवन-यापन, खाना-पीना, पहनावा, उनके दैनिक जीवन में काम आनेवाले उपकरण, आदि ज्ञात-अज्ञात वैज्ञानिकों की खोजों द्वारा।

शिकारी और फलसंग्राहक युग में प्रत्यक्षतः ऐसा लगता था कि जनों के सरदार इतिहास का निर्माण करते हैं। वीर-गाथाओं के रूप में विभिन्न समुदायों के बीच इसके अवशेष आज भी हर जगह देखे जा सकते हैं। कृषि युग में यह श्रेय राजाओं को हासिल हुआ और उन राजाओं-सम्राटों के किस्सों से तो इतिहास के पन्ने पटे पड़े हैं। औद्योगिक युग में इसका श्रेय विभिन्न क्रान्तियों के नायकों और फिर जनतंत्र के राजनीतिज्ञों को मिला। समाजवाद ने अपना फैसला 'जनता' के पक्ष में सुनाया—जनता इतिहास का निर्माण करती है। जनतंत्र में आप्त वाक्य के रूप में यह स्वीकार भी कर लिया गया।

इतिहास-निर्माण के इन उग्र दावेदारों का कौन उपहास कर रहा है? इतिहास के रंगमंच के नेपथ्य में किसका अट्टहास गूंज रहा है? इन सारे दावेदारों के मन में झांकिए—वहाँ कोई आदिम ओझा-गुणी, कोई संत-फकीर-पैगम्बर, कोई प्लेटो-अरस्तू, थॉमस अक्विनास, रुसो, वाल्तेयर, मार्क्स, फ्रायड, लेवी-स्ट्रॉस, महात्मा गांधी, आदि विराजमान दिखेंगे। उनके भौतिक जीवन पर नज़र डालिए वहाँ किसी आदिम, मध्ययुगीन अथवा आधुनिक वैज्ञानिक के अनुसंधान का अक्श दिखाई देगा। जो अपने मानसिक तथा भौतिक जीवन का नियमन नहीं कर सकते, वे भला इतिहास का निर्माण क्योंकर करने लगे?

कुल मिलाकर देखा जाए तो मानव समाज की बेहतरी—एक न्यायपूर्ण, समृद्ध समाज की स्थापना (जो बतौर लक्ष्य अनेक सामाजिक-राजनीतिक क्रान्तिओं का उद्‌घोष रहा है) विचार और वस्तु के जादूगरों की कार्यसूची में कभी प्रमुखता नहीं पा सका। मानव समाज को जो हासिल हुआ, वह उनके क्रियाकलापों का महज उप-उत्पाद ही था। इसीलिए ऐसा नहीं कि अतीत में (चाहे शिकारी-फलसंग्राहक समाज हो, कृषि अथवा औद्योगिक समाज हो) ऐसे अवसर थे ही नहीं कि समाज के सभी लोगों को एक बेहतर जीवन उपलब्ध हो सके। ऐसे अवसर थे, लेकिन इतिहास का निर्माण करने वाली शक्तियों की कार्यसूची में यह कार्यभार ही शायद नहीं था।

आज भी हम देख सकते हैं कि किस तरह कोई व्यक्ति, समुदाय अथवा समाज थोड़ी-बहुत समृद्धि हासिल करने के बाद (समस्त मानवजाति की बेहतरी के प्रयासों के बजाए) वस्तु और विचार की इसी 'जादूगरी' की ओर प्रवृत्त हो जाता है। ऐसे समृद्ध समाजों के लोग स्मृति के जादूगरों के निष्क्रिय अनुयायी या वैज्ञानिक-तकनीकी अनुसंधानों के परिणामस्वरूप सामने आए उपकरणों के निष्क्रिय उपभोक्ता (अथवा दोनों) बन जाते हैं। अन्याय और उत्पीड़न पर आधारित समाज की एक प्रणाली का स्थान दूसरी प्रणाली लेती रही है।

आज भी समाज की बेहतरी के लिए संघर्ष करने का दावा करने वाले अनेक संगठनों की कार्यसूची में पहली प्राथमिकता अपनी-अपनी विचार-प्रणालियों की प्रमाणिकता स्थापित करनी है और ऐसा करने के लिए वे आपस में ही निरन्तर संघर्षरत रहने की हद तक जाने से भी नहीं हिचकते हैं। वे दरअसल विचार के किसी जादूगर के अनुयायी होते हैं—उनके मोहपाश में बंधे, अपने आस-पास की दुनिया के निष्पक्ष, वस्तुपरक मूल्याँकन में असमर्थ, दुनिया में चाहे जो कुछ हो जाए, अपने विचार की स्थापना के लिए प्रतिबद्ध और उसका सच्चा अनुयायी होने की होड़ में मग्न (भले ही यह होड़ उनके बीच ही हिंसक झड़पों का रूप क्यों न ले ले और इस होड़ में होने वाली टूट-फूट में वे बिल्कुल अकेले ही क्यों न रह जाएं)।

विचारों के जादूगर अपने द्वारा खोजे गए नियमों को प्रमाणित करने के लिए ज्यादा फिक्रमंद रहते हैं। इस दिशा में समाज उनका प्रयोगस्थल होता है, संगठन-संस्थाएँ

उपकरण। ऐसा नहीं कि उनके नियम बेमानी होते हैं–वे सापेक्ष रूप से सच होते हैं और यही उनके आकर्षण का कारण भी है। मानवजाति ऐसी खोजों से समृद्ध भी होती है। बहरहाल, समस्या सापेक्ष सच को सार्विक रूप देने की जिद से उत्पन्न होती है।

कुल मिलाकर, मानवजाति की बेहतरी की राह में विभिन्न विचार-प्रणालियाँ अब तक मध्यस्थ के रूप में सामने आती रही हैं, और विचार-प्रणालियों की परस्पर होड़ में, उनके नाम पर लड़े गए युद्धों में न केवल मानवजाति की बेहतरी का लक्ष्य भुला दिया गया, बल्कि विध्वंस, बर्बरता और जनसंहारों को भी औचित्य प्रदान किया गया। (कृषि समाज में इन संघर्षों ने पंथों-संप्रदायों के बीच 'धर्मयुद्धों' का रूप लिया और औद्योगिक समाज में राष्ट्रों तथा विचार-प्रणालियों के बीच युद्धों का।)

आज मध्यस्थ के रूप में विभिन्न विचार-प्रणालियों की साख समाप्तप्राय है, वे अपनी मुक्तिदायिनी आभा खो चुकी हैं। इतिहास में समय-समय पर इन मध्यस्थों ने मध्यस्थता की भारी कीमत भी वसूल की है। इसके अलावा, प्रायः मानवजाति की बेहतरी के विभिन्न घटकों में से किसी एक घटक (जैसे आर्थिक विकास) के नाम पर अन्य घटकों की अनदेखी कर दी जाती है, या फिर इन घटकों को एक दूसरे के विरुद्ध खड़ा कर दिया जाता है (आर्थिक प्रगति बनाम राजनीतिक स्वतन्त्रता, सुशासन बनाम सामाजिक-सामुदायिक न्याय, आदि, आदि)। अन्य घटकों की तुलना में किसी एक घटक की अतिशय वृद्धि भी समाजरूपी शरीर के लिए प्राण घातक साबित होती है।

मानवजाति की बेहतरी के लक्ष्य को सीधेतौर पर अपनाने का अर्थ है मानवजाति की उसकी (पहले वर्णित) तीन परतंत्रताओं से मुक्ति। मुक्ति का यह प्रश्न प्रकृति और संस्कृति के संतुलन के प्रश्न से, अपनी मानवता के साथ मानवजाति को मानवीय बनाने के प्रश्न से अभिन्न रूप से जुड़ा है। क्या मानवजाति हजारो वर्षों से चली आ रही इन परतंत्रताओं की और अवहेलना कर सकती है? क्या वह अपनी मानवता के साथ मानवीय होने की चुनौती की और उपेक्षा कर सकती है?

पहले के किसी भी समय की तुलना में मानवजाति आज इन प्रश्नों से निपटने के लिहाज़ से ज्यादा सक्षम स्थिति में है। मानवजाति को यह प्रमाणित करना है कि प्रकृति से सापेक्ष स्वतन्त्रता के साथ मानवजाति की बहुसंख्या की परतंत्रता उसकी नियति नहीं है। इस नियति की स्वीकृति मानवता का, मनुष्य के बुनियादी चरित्र-लक्षण का, उसकी स्वाधीन सृजनशीलता का परित्याग है।

संस्कृति का सारतत्व नियति का अतिक्रमण है।

"हूँ गर्मि-ए-नशात-ए-तसव्वुर से नग़्मः सँज
मैं 'अन्दलीब-ए-गुल्शन-ए-ना आफरीदः हूँ"[51]

[गर्मि-ए-नशात-ए-तसव्वुर : कल्पना के हर्ष की गर्मी (अतिरेक); नग़्मः सँज हूँ : गा रहा हूँ; 'अन्दलीब-ए-गुल्शन-ए-ना आफ़रीदः : अजात उद्यान का बुलबुल।]

ज्ञान का अर्थ

15

ज्ञान का संज्ञान

ये क्या जगह है

मानव इतिहास में पहली बार स्थूल पदार्थों तथा शक्तियों को विस्थापित कर अदृश्य सूक्ष्म कण और सूक्ष्म शक्तियाँ उत्पादन का प्रमुख उपकरण बन गई हैं। वैसे यह प्रक्रिया पिछले क़रीब डेढ़ सौ वर्षों से चल रही है, तथापि पिछली शताब्दी के 90 के दशक से इसने जीवन के सभी क्षेत्रों में निर्णायक स्थान ग्रहण कर लिया है। कार्यस्थल, बाजार, यातायात-केन्द्र, स्कूल, अस्पताल, रसोईघर, शयनकक्ष से लेकर अंतरिक्ष तक, जीवन के छोटे-बड़े सभी क्षेत्र आज इन उपकरणों से न सिर्फ़ भर गए हैं, बल्कि इन सभी क्षेत्रों के नितान्त जरूरी उपकरण बन गए हैं। सूक्ष्म शक्तियाँ अगर ब्रह्माण्ड में विचरती 'आत्माएँ' हैं, तो आज हम इन शक्ति-कणरूपी आत्माओं को वश में कर अपने उपयोग में लाने की कला कुछ-कुछ सीख गये हैं। यह मानवीय मेधा और प्रतिभा की आश्चर्यजनक, जादुई उपलब्धि है।

उत्पादन के उपकरण जितने स्थूल होते हैं, उनमें स्थानिकता का तत्व उतना ही अधिक होता है। वे जितने सूक्ष्म होते हैं, उनमें उतनी ही अधिक सार्विकता होती है। वर्तमान वैश्वीकरण का आधार उत्पादन के यही सूक्ष्म उपकरण हैं। सार्विकता इन उपकरणों की अंतर्निहित विशिष्टता है और इसीलिए उन्हें, निजी अथवा सामूहिक रूप में नहीं, बल्कि वैश्विक रूप में ही ग्रहण किया जा सकता है। इस अर्थ में आज का वैश्वीकरण पूर्व के वैश्वीकरण से भिन्न है। ऐसा नहीं कि स्थूल उपकरणों की विदाई हो गई है—वे तो प्रचुर मात्रा में हैं और आगे भी रहेंगे। लेकिन उनका नियन्त्रण अब सूक्ष्म कणों की दुनिया के हाथों में आ गया है। स्थूल पर सूक्ष्म का नियन्त्रण।

पत्थर के हस्तकुठार तथा खण्डकों से शुरू कर उन्नत यांत्रिक उपकरणों तक मानवजाति की विकास यात्रा अब अणु, परमाणु, इलेक्ट्रॉन, प्रोटोन, फोटोन, पोजीट्रोन, क्वार्क्स, ग्लुओन्स, आदि की दुनिया में जा पहुँची है। इस विकास की आधारशिला बीसवीं सदी के प्रथम अर्धांश में हुई क्वांटम क्रान्ति ने रखी (कृषि समाज का आधार नवपाषाण क्रान्ति थी और औद्योगिक समाज का आधार न्यूटोनियन क्रान्ति)। चूँकि यह प्रक्रिया आज पूरी रफ़्तार से जारी है और हम इसी दुनिया में रह रहे हैं, इसलिए

यहाँ हम नये विकासों की मूलभूत विशेषताएँ ही रखेंगे। स्थितियों को स्पष्ट करने के लिए कुछ आँकड़े तथा उदाहरण देना तो जरूरी होगा, लेकिन यह याद रखना चाहिए कि ये आँकड़े और उदाहरण आज की परिस्थिति में शीघ्र बासी होने को बाध्य हैं। आंकड़े हर क्षण बदलते रहते हैं। हम-आप नित्य नये दिलचस्प उदाहरणों से रोज-ब-रोज रू-ब-रू हो रहे हैं। एंडी ह्वार्लहोल की 'पन्द्रह मिनटों की प्रसिद्धि' की दुनिया अब सेकण्डों में सिमट गई है।

सूक्ष्म कणों और शक्तियों पर आधारित विकास के दो सबसे महत्वपूर्ण सूचक हैं : इंटरनेट और वेब। इन दोनों युग-परिवर्तनकारी आविष्कारों के पीछे वैज्ञानिकों-तकनीशियनों की गैर-स्वामित्वमूलक सह-क्रिया है। खुली प्रणालियों में नवाचार क्षमता का विश्लेषण करते हुए स्टीवन जॉन्सन नवाचार को चार श्रेणियों में बांटते हैं : पहला, एकाकी उद्यमी (जो वित्तीय लाभ की मंशा से अपने नवाचार को सुरक्षित रखता है); दूसरा, खोज या आविष्कार में आनन्द पाने वाला गैर-पेशेवर व्यक्ति; तीसरा, दूसरे निगमों के साथ प्रतिस्पर्धा में रहते हुए भी विचारों के बारे में आपस में सहयोग करने वाले निजी निगम; चौथा, सहयोगात्मक, गैर-स्वामित्ववाला नवाचार। इंटरनेट और वेब इसी चौथी श्रेणी का नवाचार था। इन दोनों आविष्कारों पर किसी का स्वामित्व नहीं है।[1]

ये नये उपकरण नये सामाजिक सम्बन्धों को जन्म दे रहे हैं और इन उपकरणों पर आधारित वैश्विकता जीवन के हर क्षेत्र को—आर्थिक, राजनीतिक, सांस्कृतिक, मनोवैज्ञानिक, आदि को बड़े पैमाने पर बदल रही है। मानवजाति ने आखिरकार अपनी एक प्रतिरूप, वर्चुअल दुनिया का सृजन कर लिया है और उसकी यथार्थ तथा वर्चुअल दुनिया की परस्पर आवाजाही अनेक रूपों में सम्पन्न हो रही है। हमारे जीने का ढंग बदल रहा है।

विश्व की एक तिहाई से भी ज्यादा आबादी इंटरनेट से जुड़ गई है और उसकी संख्या में निरन्तर इजाफा हो रहा है। चीन में इंटरनेट इस्तेमाल करने वालों की संख्या 50 करोड़ का आँकड़ा पार कर चुकी है (कुल आबादी का क़रीब 40 प्रतिशत) : इसमें 13 करोड़ लोग ग्रामीण इलाकों के हैं। चीन में सालाना क़रीब 80 अरब डॉलर का ऑनलाइन कारोबार होता है और इसमें भी निरन्तर वृद्धि हो रही है—वहाँ क़रीब 20 लाख लोग प्रत्यक्ष रूप से और 1.3 करोड़ लोग अप्रत्यक्ष रूप से इलेक्ट्रॉनिक व्यवसाय से रोजगार पाते हैं। चीनी अधिकारियों के अनुसार, तेजी से विस्तार पा रहा इंटरनेट उद्योग चीन का एक महत्वपूर्ण रणनीतिक उद्योग बन गया है।[2] एक अनुमान के अनुसार, 2014 तक क़रीब तीस करोड़ इंटरनेट उपयोगकर्ताओं के साथ भारत सम्भवतः अमेरिका को पीछे छोड़ देगा। भारत में सालाना ऑनलाइन कारोबार वैसे तो चीन की तुलना में काफ़ी कम (5 अरब डॉलर) है, लेकिन लगातार वृद्धि पा रहा है। मोबाइल उपभोक्ताओं का कहना ही क्या? सिर्फ़ भारत और चीन में ही डेढ़ अरब

से ज्यादा मोबाइल उपभोक्ता हैं और उनकी संख्या भी प्रतिदिन बढ़ रही है। फेसबुक–वर्चुअल दुनिया के इस सबसे बड़े वर्चुअल देश की आबादी क़रीब 90 करोड़ है और उसकी भी अनवरत् वृद्धि जारी है। ट्विटर पर दस करोड़ लोग हैं : संकट काल में भी सोशल मीडिया का लगातार विस्तार हो रहा है–फेसबुक, ट्विटर के अलावा गूगल, गूगलप्लस, यूट्युब, लिंक्डइन, ग्रुपोन, यम्मर, येल्प, फ्लिकर, निंग, डिग, आदि। यह सूची लगातार बढ़ रही है। इनमें से कई के नाम तो पाँच साल पहले तक किसी ने सुना तक नहीं था। ये सब निजी कम्पनियां हैं, फेसबुक क़रीब सौ अरब डॉलर की कम्पनी है, तो ग्रुपोन 25 अरब डॉलर की। अगर एक अरब लोग प्रतिदिन एक घण्टा भी नेट पर व्यतीत करते हैं, तो यह एक अरब घण्टे का मानव श्रमकाल है।

2010 में किए गए एक सर्वेक्षण के अनुसार, तेरह से सत्रह वर्ष के अमेरिकी किशोर-किशोरी प्रतिमाह औसतन 3,339 टेक्स्ट मैसेज भेजते या प्राप्त करते हैं, किशोरियों में यह संख्या 4,000 से अधिक है।[3] अरबों उंगलियाँ 24X7 मोबाइल या लैपटॉप-डेस्कटॉप के कीबोर्ड पर टिपटिपाती रहती हैं–सूचना के लिए, सम्पर्क के लिए, व्यवसाय और रोजगार के लिए, पढ़ने और अनुसंधान के लिए, संगीत रचने-सुनने-सुनाने, खेल खेलने या देखने, फिल्में देखने, समूह बनाने, प्रचार करने, आन्दोलन करने, प्रेम करने, शादी करने या तलाक लेने, पॉर्न देखने, छेड़ने, ठगने या लूटने, अड्डेबाजी करने, अपनी कुण्ठाएँ या भड़ाँस निकालने, घृणा फैलाने, अपराध का जाल बुनने, आदि, आदि के लिए।

इसके अलावा, टी वी चैनलों की विशाल दुनिया है, जहाँ ब्रुस स्प्रिंगस्टीन की 'फिफ्टी-सेवन चैनल्स एण्ड नथिंग ऑन' (1992) की जगह 24X7 हजारों चैनल्स और एवरीथिंग ऑन वाली स्थिति है। शिशुओं से लेकर शतक-पार वृद्धों तक के लिए खबर, खेल, ज्ञान-विज्ञान, धारावाहिक, कार्टून, सैर-सपाटा, गीत-संगीत, स्वास्थ्य, हास्य, मौज-मस्ती, एडवेंचर, झाड़-फूंक, तंत्र-मंत्र-पिशाच, धर्म-कर्म, आदि (अनेक भाषाओं में) सब कुछ उपलब्ध है। 24X7 दिनचर्या का वह अभिन्न हिस्सा बन चुकी है और हमारे खान-पान, चाल-ढ़ाल, फैशन, साज-सज्जा, आदि को अनेक रूपों में प्रभावित कर रही है। बच्चे-बच्चियों से लेकर बूढ़े-बूढ़ियों तक के गपशप का एक अच्छा-ख़ासा अंश अब टीवी पर देखे गए कार्यक्रमों का विषय होता है। अपने बाल-बच्चों की चिन्ता के साथ-साथ अपने पसंदीदा पात्रों की चिन्ता अब उनकी अपनी चिन्ताओं का हिस्सा बन गई है–वर्चुअल आनन्दी और अम्माजी उनके यथार्थ जीवन में कब का दाखिल हो चुकी हैं।

दुनिया के दस, पचास या सौ धनकुबेरों में अब इन नये आर्थिक क्षेत्रों से जुड़े धनपतियों की संख्या एक महत्वपूर्ण घटक बन गई है–ऐसे धनपति जिन्हें आज से एक, दो या तीन दशक पहले तक कोई नहीं जानता था। पहले के ऐतिहासिक कालों की तरह, इन नये

धनिकों की पृष्ठभूमि भी काफ़ी भिन्न है और वे समाज के विभिन्न वर्गों से आये हैं।

क्वांटम क्रान्ति की पृष्ठभूमि में विज्ञान की कुछ नयी शाखाओं (उपग्रह तकनालॉजी, आण्विक जीवविज्ञान, नैनो तकनालॉजी, बायोतकनालॉजी, आनुवंशिकी विज्ञान, तंत्रिका विज्ञान, आदि) का तेजी से विस्तार हुआ है। इनमें से कुछ शाखाएँ तो पहले से विद्यमान थीं, तथापि शक्तिशाली कम्प्यूटरों के विकास ने उन्हें नया आवेग प्रदान किया—ऐसे कम्प्यूटरों के अभाव में 'ह्यूमन जीनोम प्रोजेक्ट' को इतनी जल्दी कामयाबी नहीं मिलती। आगे से हम इन सभी अभिनव शाखाओं को सम्मिलित रूप से 'नये विज्ञान' के रूप में सम्बोधित करेंगे। जन्म से मृत्यु पर्यन्त नये विज्ञान पर आधारित तकनीकी उपकरण हमारे जीवन का अनिवार्य हिस्सा बन चुके हैं—कुल मिलाकर, हमारे शरीर का अजैव अंग।

इन उपकरणों ने बिल्कुल नये श्रम-विभाजनों को जन्म दिया है। जीविका/वृत्ति के बिल्कुल नये क्षेत्र और उसके लिए जरूरी शिक्षा के नये क्षेत्र सामने आये हैं। देखते-देखते कस्बों तथा गाँवों तक उनका विस्तार हो गया है। कुछ पुरानी वृत्तियाँ बेमानी हो गई हैं, अनेक पुरानी वृत्तियाँ अपना महत्व खो चुकी हैं, और उनकी जगह नये-नये किस्म के कार्यों तथा कौशल का महत्व बढ़ा है।

इन उपकरणों पर आधारित सूचना-संचार उद्योग अब सबसे ज्यादा धन पैदा करने वाला क्षेत्र बन गया है। अनेक देशों में सकल घरेलू उत्पाद में उसका हिस्सा कृषि और मैन्युफैक्चरिंग को पीछे छोड़कर सबसे बड़ा घटक बन गया है। सेवा उद्योग का बड़ा हिस्सा अब इन कम्प्यूटर-आधारित सेवाओं का है। देश के सकल घरेलू उत्पाद में ही नहीं, बल्कि एक आम मध्यवर्गीय परिवार के घरेलू बजट में भी (खाद्यान्न तथा अन्य जरूरी चीज़ों पर किए जाने वाले खर्च की तुलना में) विभिन्न सेवाओं के लिए चुकाए जाने वाले सेवा-शुल्कों का हिस्सा निरन्तर बढ़ रहा है।

विभिन्न सेवाओं की मांग बढ़ रही है और अधिकार के रूप में सेवाएँ प्राप्त करने से सम्बन्धित कानून भी बन रहे हैं। सूचना का अधिकार, डिजिटल अधिकार के साथ-साथ गवर्नेंस के क्षेत्र में इन उपकरणों के बहुविध उपयोग का भी तेजी से विस्तार हो रहा है। इसके अलावा, संगठनों के निर्माण, आन्दोलनों के लिए गोलबन्दी तथा उनके संचालन में भी इन उपकरणों का अब बड़े पैमाने पर प्रयोग होने लगा है। हाल के दिनों में भारत समेत विभिन्न देशों में होने वाले बड़े-बड़े नागरिक आन्दोलनों में सोशल मीडिया की बड़ी भूमिका रही है।

इस युग को क्या नाम दें

आज के युग की (पहले वर्णित) विशेषताओं के साथ-साथ कुछ और पहलुओं की चर्चा यहाँ अपेक्षित है। अर्थव्यवस्था की नयी शाखाओं और नयी वृत्तियों से जुड़े लोगों—जिन्हें 'ज्ञान श्रमिक' (नॉलेज वर्कर) कहा जाता है, की श्रेणी निरन्तर बढ़ती जा रही है। सेवा

क्षेत्र के अलावा, औद्योगिक तथा व्यावसायिक निगमों में ज्ञान श्रमिकों का अनुपात काफ़ी बढ़ा है। वित्त, मीडिया तथा दवा उद्योग में तो मैकेन्जी के एक अनुमान के अनुसार, 2007 में ही ऐसे कर्मचारी कुल कर्मचारियों के पच्चीस फीसदी का निर्माण करते थे। फैक्टरियों में संगठित औद्योगिक श्रमिकों की तुलना में इन ज्ञान श्रमिकों की कार्यस्थितियाँ, उनका संगठन काफ़ी भिन्न है। प्रबन्धन गुरू पीटर ड्रकर ने 1969 में ही लिखा था, ''पिछली (19वीं) सदी में जिस तरह प्रबन्धन का महत् कार्य शारीरिक श्रम को उत्पादक बनाना था, उसी तरह ज्ञान श्रम को उत्पादक बनाना प्रबन्धन के लिए इस शताब्दी (20वीं सदी) का महत् कार्य है।'' उनका संकेत 19वीं सदी के उत्तरार्ध में बैथलहम आइरन कम्पनी के लिए काम करते हुए एक अमेरिकन क्वेकर फ्रेडरिक विंसलो टेलर द्वारा विकसित की गई 'पीस रेट' पद्धति की ओर था जिससे (शिक्षा तथा कौशल से वंचित) शारीरिक श्रम करनेवाले औद्योगिक श्रमिकों की उत्पादकता में काफ़ी वृद्धि हुई थी।

कम्प्यूटरों पर आधारित नये उपकरणों और इन्हें संचालित करने वाले ज्ञान श्रमिकों ने कृषि-उद्योग-सेवा सभी क्षेत्रों में उत्पादकता में भारी वृद्धि की है तथा विकासशील समाजों के पूँजीवादी रूपान्तरण और वैश्विक बाजार के विस्तार को गति प्रदान की है। इसने वित्त-बीमा-रीयल इस्टेट क्षेत्र को भी विश्वव्यापी पैमाने पर तथा जीवन के विभिन्न क्षेत्रों में अनेक स्तरों पर अपना संजाल फैलाने की अभूतपूर्व क्षमता प्रदान की है। बाजार के विश्वव्यापी विस्तार को इसने न सिर्फ़ जबर्दस्त आवेग दिया, बल्कि उसे नई ऊँचाई और गहराई भी दी है। (यहाँ विश्लेषण में न जाते हुए भी बता दें कि अमेरिका तथा युरोप की आर्थिक मंदी और वित्तीय संकट की एक वजह यह भी रही है।)

कृषि से औद्योगिक समाज में संक्रमणकाल में जिस तरह भूदासों-गरीब किसानों को औद्योगिक श्रमिक बनने पर ऐसा लगता था कि उनकी मजदूरी सामन्तों द्वारा दी जानेवाली मजूरी से काफ़ी ज्यादा है और यह कि 'बारह घंटे काम करने' के बाद वे अब 'आजाद' हैं (हालाँकि उनकी उत्पादकता की तुलना में उनकी मजदूरी तुच्छ ही थी); उसी तरह ज्ञान श्रमिकों को लगता है कि सालाना लाखों रुपये का उनका 'पैकेज' औद्योगिक मजदूरों की तुलना में काफ़ी ज्यादा है, और साथ ही कार्य स्थितियाँ भी काफ़ी बेहतर हैं। अनेक मामलों में तो काम भी घर बैठे कम्प्यूटर पर ही किया जा सकता है। कम्प्यूटर और प्लास्टिक मनी के आगमन के साथ कार्यालयों का पुराना स्वरूप तथा कागजी काम अब पूरी तरह बदल चुका है।

बहरहाल, इन ज्ञान श्रमिकों की उत्पादकता का अंदाजा इस बात से लगाया जा सकता है कि ज्ञान-उद्योगों के स्वामी अपेक्षाकृत संक्षिप्त काल में ही अरबपति हो जाते हैं। अपने स्वामियों की सम्पत्ति में होने वाले इजाफे के परिप्रेक्ष्य में देखने के बजाए ज्ञान श्रमिक प्रायः औद्योगिक श्रमिकों के वेतन से अपनी आमदनी की तुलना करते

हैं। जहाँ तक कार्यस्थिति की बात है, इन ज्ञान श्रमिकों का श्रमकाल कई संस्थाओं में आठ घण्टे से भी अधिक है, प्रशिक्षण-सेमिनार-कौशल-उन्नयन-जन्य कार्यशालाओं आदि के जरिए उनके अवकाश भी छिन जाते हैं और प्रबन्धन की कोशिश होती है कि कैसे कर्मचारियों की पूरी दिनचर्या अपने काम के इर्द-गिर्द घूमती रहे—आधुनिक उपकरणों ने इसके लिए साधन भी जुटा दिया है। इस तरह के श्रमिक चौबीसो घंटे अपने प्रबन्धकों की, 'बिग बॉस' की नज़रों में रहते हैं। संगठन, विरोध, आदि की गुंजाइश न के बराबर रहती है और रोजगार की सुरक्षा हमेशा खतरे में। कम्प्यूटर पर लम्बे समय तक बैठकर काम करना नई-नई शारीरिक तथा मानसिक बीमारियों को जन्म दे रहा है और इन विशिष्ट पेशा-आधारित बीमारियों के इलाज के लिए काउन्सिलिंग अथवा थेरापी-केन्द्र भी खुल रहे हैं।

अरबों डॉलर के स्वामी बिल गेट्स के एक तिहाई ज्ञान श्रमिक अस्थाई कर्मचारी हैं। मनीला (फिलीपींस) के उपनगरीय इलाकों में बेहद कम वेतन और दयनीय कार्यस्थितियों में आई बी एम के लिए सीडी-रोम ड्राइव बनानेवाले किशोर-किशोरियाँ खुद कम्प्यूटर शिक्षा से वंचित हैं। स्टीव जोब्स के आइफोन्स की मैन्युफैक्चरिंग इकाई शेनझेन (चीन) में है जहाँ 2010 में तीन महीनों के अंदर 9 कर्मचारियों ने आत्महत्या कर ली थी। उनके कर्मचारियों के पास 'किसी दूसरे की जिन्दगी जीने' के अलावा कोई और अवसर नहीं है।[4]

इन नये उपकरणों के आने के बाद पहले से चले आ रहे औद्योगिक समूहों को भी अपने-आपको बदलना पड़ा है। जो बदले और इस नयी प्रणाली से ठीक से जुड़े, वे तेजी से फले-फूले, और जो इससे अलग रहे, वे पिछड़ गए या फिर उन्हें बोरिया-बिस्तर समेटना पड़ा। विप्रो की पहचान उसकी उपभोक्ता सामग्रियों से नहीं, बल्कि बी पी ओ क्षेत्र से है। टाटा समूह की पहचान अब सिर्फ़ टाटा स्टील नहीं, बल्कि उससे कहीं अधिक टी सी एस (टाटा कसल्टेंसी सर्विसेज) है।

इस नये आर्थिक क्षेत्र के विकास में वेन्चॅ पूँजी की उत्प्रेरक की भूमिका रही है। अमेरिका में पहली वेन्चॅ पूँजी संस्था 'अमेरिकन रिसर्च एण्ड डेवलपमेण्ट' थी जिसने 1957 में डिजिटल इक्विपमेण्ट नामक उद्यम के लिए पूँजी जुटाई थी।[5] बाद के दशकों में वेन्चॅ पूँजी का विस्तार हुआ और 90 के दशक के बाद उसमें भारी वृद्धि हुई। (प्रसंगवश, भारत में कुछ बड़ी देशी-विदेशी वेन्चॅ पूँजी कम्पनियाँ और संस्थाएँ इस प्रकार हैं—वारवर्ग पिनकस, आइसीआइसीआइ वेन्चॅ, रिलायन्स टेक्नोलॉजी वेन्चॅस लि., यू टी आइ वेन्चॅ फण्ड, जनरल अटलांटिक पार्टनर्स, टेमासेक होल्डिंग्स, न्यूब्रिज कैपिटल, क्रिस कैपिटल, मर्लियोन इण्डिया, सी डी सी, दि स्मॉल फार्मर्स एग्री-बिजनेस कांसोर्टियम, एम एस स्वामीनाथन रिसर्च फाउण्डेशन, आदि। जिन क्षेत्रों में वे पूँजी उपलब्ध कराती हैं, उनमें प्रमुख हैं—सूचना-संचार, बायोटेक, बीपीओ, स्वास्थ्य सेवा, शिक्षा, ऊर्जा, फार्मा, अधिसंरचनात्मक ढाँचा, सॉफ्टवेयर, खुदरा व्यवसाय, आदि। भारत में वेन्चॅ पूँजी निवेश

2003 में क़रीब 59 करोड़ डॉलर था जो 2005 में बढ़कर 1.4 अरब डॉलर हो गया था।)

नयी अर्थव्यवस्था अनवरत् अन्वेषण, आविष्कार और नवाचार पर आधारित है—एक उपकरण, एक प्रविधि, एक विचार के बाजार में आते ही उससे उन्नत दूसरा उपकरण, दूसरी प्रविधि, दूसरा विचार उसके पीछे आ खड़ा होता है। इस तरह दो उपकरणों और प्रविधियों के बीच का अंतराल लगभग शून्य की ओर प्रवृत्त होता है—'सृजनात्मक विध्वंस' की प्रक्रिया अनवरत् चलती रहती है। उपकरणों की उपयोगिता सामान्यतः समाप्त हो जाती है और उनकी पुनः बिक्री अपना महत्व खो देती है। इन पुराने उपकरणों के कचरों को ठिकाने लगाना आज एक विश्वव्यापी समस्या है। इस आविष्कार तथा नवाचार में पहल लेने वाली कम्पनियों को शुरुआती महीनों में एकाधिकार मुनाफा अथवा शुल्क प्राप्त होता है। ऐसे नये उपकरण, जाहिर है, शुरू-शुरू में 'क्लास' के उपकरण होते हैं। 'क्लास' से 'मास' उपकरण बनने की प्रक्रिया में उपभोक्ता आधार बढ़ने से कीमतों में कमी आती है। वैसे प्रबन्धन गुरू सी के प्रह्लाद की 'फॉरच्यून एट दि बॉटम ऑफ द पिरामिड' की अवधारणा को कार्यरूप देते हुए अब नये उपकरणों का सस्ता संस्करण भी जारी किया जाता है। शैम्पू के एक रुपये के सैशे की तरह मुफ़्त सिम और दस रुपये के रीचार्ज कूपन ने मोबाइल ग्राहकों की संख्या में अभूतपूर्व वृद्धि की। सस्ते मोबाइल सेट का भी अपना बड़ा बाजार है।

इस नयी अर्थव्यवस्था ने आर्थिक विषमता में बेतहाशा वृद्धि को अंजाम दिया है। इससे जुड़ी कम्पनियों के कुछ मालिकों की सम्पत्ति अनेक देशों के सकल घरेलू उत्पाद से भी ज्यादा है। इस अर्थव्यवस्था के विस्तार की तुलना में रोजगार में वृद्धि की रफ़्तार काफ़ी धीमी रही है। इसीलिए इसे 'रोजगारविहीन संवृद्धि' की संज्ञा दी जाती है। (कृषि से उद्योग में संक्रमण के दौरान उद्योगों में रोजगार ने रफ़्तार पकड़ी थी और कालक्रम में प्रत्येक औद्योगिक देश में कृषि पर निर्भर आबादी में तेजी से ह्रास हुआ और मैन्युफैक्चरिंग क्षेत्र सबसे बड़ा रोजगारदाता बन गया। वैसे, यह प्रक्रिया उन देशों में शताब्दियों अथवा दशाब्दियों में सम्पन्न हुई।) कुलमिलाकर, देश के अंदर और विश्वव्यापी पैमाने पर आर्थिक विषमता की खाई और चौड़ी हुई है। अतिरिक्त सम्पत्ति के वितरण में लगान, मुनाफा, ब्याज के साथ-साथ सेवा-शुल्कों ने एक महत्वपूर्ण घटक का स्थान ग्रहण कर लिया है।

ये उपकरण चूँकि सूक्ष्म कणों पर आधारित हैं, इसीलिए इन कणों की खोज और उनके अध्ययन अत्यन्त उच्च स्तर के वैज्ञानिक अनुसंधान केन्द्रों की मांग करते हैं। इनमें काफ़ी पूँजी-निवेश की भी जरूरत होती है। पार्टिकल एक्सलेटर्स की संख्या काफ़ी कम है और वे कुछ विकसित देशों में (मुख्यतः अमेरिका और युरोप में) ही केन्द्रित हैं (न्यूट्रिनॉस के अध्ययन पर केन्द्रित एक संस्थान जापान में है)। इन

उपकरणों का मैन्युफैक्चरिंग हब मुख्यतः चीन है, जबकि सॉफ्टवेयर के विकास के मुख्य क्रियास्थल भारत, आयरलैंड, फिलीपींस (और अब वियतनाम) जैसे देश हैं। इसी तरह आनुवंशिकी, बायोटेक, नैनोतकनीक, आदि के क्षेत्रों में भी उन्नत स्तर की प्रयोगशालाएँ विकसित देशों में ही केन्द्रित हैं और वही देश इन अनुसंधानों में अग्रणी हैं। वैसे अंतरिक्ष तकनीक समेत इन सारे क्षेत्रों में चीन तेजी से उन देशों के काफ़ी क़रीब पहुँच रहा है। वैज्ञानिक अनुसंधान से जुड़े शोध पत्रों के प्रकाशन में अमेरिका और चीन के बीच का अंतराल पिछले दशक में काफ़ी कम हुआ है। 1996 में अमेरिका के 2,92,513 शोध पत्रों की तुलना में चीन में मात्र 25,474 शोध पत्र प्रकाशित हुए थे। बारह साल बाद, 2008 में अमेरिका में प्रकाशित शोध पत्रों की संख्या 3,16,317 थी, लेकिन 1,84,080 शोध पत्रों के साथ चीन भी काफ़ी पीछे नहीं रह गया था।[6]

अनवरत् अन्वेषण, आविष्कार और नवाचार पर आधारित होने के कारण इस नई अर्थव्यवस्था ने विचार और व्यवहार के क्षेत्र में रूढ़ियों को तोड़ने, अनजान क्षेत्रों में कदम बढ़ाने का साहस करने, लीक से हटकर सोचने तथा काम करने का जोखिम उठाने की उद्यमी भावना को आवेग प्रदान किया है। इन नये उपकरणों से जुड़े सारे आरंभिक उद्यमी अमूमन सामान्य पृष्ठभूमि से आने वाले ऐसे ही लीक से हटकर सोचने और काम करने वाले, प्रचलित से हटकर नया कुछ करने और इस प्रक्रिया में जोखिम उठाने वाले लोग ही थे (समाज की नज़रों में कुछ अवारा किस्म के लोग)। उनमें से कुछ ने तो अपनी पढ़ाई भी बीच में ही छोड़ दी थी। यहाँ उदाहरण देने के बजाए, स्टेनफोर्ड विश्वविद्यालय में एपल के संस्थापक स्टीव जोब्स के व्याख्यान की कुछ पंक्तियाँ उद्धृत करना ही पर्याप्त होगा। उन्होंने भी अपनी पढ़ाई बीच में ही छोड़ दी थी और स्टीव वोजनिएक के साथ मिलकर जब उन्होंने एपल की स्थापना की, तब उनकी उम्र मात्र बीस साल थी : "तुम्हारा समय सीमित है, इसलिए किसी दूसरे की जिन्दगी जीने में इसे बरबाद मत करना। किसी जड़सूत्र के जाल में मत फँसना—इसका मतलब है, दूसरे लोगों के चिन्तन के परिणामों के साथ मत जीना। दूसरे लोगों के मतों के शोर में अपनी खुद की पुकार को गुम मत होने देना।...(ज्ञान के लिए) हमेशा भूखा रहना, हमेशा मूर्ख बने रहना।...महान कार्य करने का बस एक ही रास्ता है अपने काम से प्यार करना। अगर तुम्हें वह अब तक प्राप्त नहीं हुआ है, तो खोज जारी रखो। स्थिर मत बैठना...साल भर पहले मुझे अपने कैंसर के बारे में पता चला।... इससे गुजरने के बाद, मैं अब तुम लोगों से कह सकता हूँ : तुम्हारा समय सीमित है, किसी दूसरे की जिन्दगी जीने में इसे बरबाद मत करना।"[7] (बहरहाल, हम पहले दिखा चुके हैं कि कैसे एपल के कर्मचारी दूसरे लोगों के चिन्तन के परिणामों के साथ जीने को बाध्य थे और यह कि उन्हें अपनी खुद की पुकार सुनने का अवसर उपलब्ध नहीं था।)

इन नये उपकरणों ने कला-संस्कृति की दुनिया को भी बदल डाला है। तकनीकी तौर पर संगीत, फिल्म जैसी विधाओं का डिजिटल कायाकल्प हुआ ही, चित्रकला, वास्तुकला, और यहाँ तक कि साहित्य भी इससे काफ़ी प्रभावित हुआ है। सारवस्तु के तौर पर इन कलाविधाओं में आने वाली नई प्रवृत्तियों का ठीक से मूल्याँकन होना अभी बाकी है। नैतिक मूल्यों में हो रहा बदलाव तो साफ-साफ परिलक्षित हो रहा है। ज्यादा नहीं, पच्चीस-तीस साल पहले प्रचलित मूल्यों से आज के कुछ स्वीकृत मूल्यों की तुलना कर देख लीजिए। सिर्फ़ लिंग के आधार पर ही नहीं, इन नये मूल्यों के आधार पर भी भाषा को खंगाला और स्वच्छ किया जा रहा है।

विज्ञापन अगर औद्योगिक अर्थव्यवस्था की पहचान है तो ब्रांडिंग इस नई अर्थव्यवस्था की। विज्ञापन से ब्रांडिंग में यह संक्रमण भी मुख्यतः पिछली शताब्दी के आखिरी दशक में सम्पन्न हुआ। विज्ञापन औद्योगिक उत्पादों का प्रचार था और पूँजी की परिचालन प्रक्रिया का अभिन्न अंग। ब्रांडिंग में उत्पाद पृष्ठभूमि में चला जाता है—ब्रांडों के रूप में उत्पाद 'मालों' के रूप में प्रस्तुत नहीं किए जाते, बल्कि एक 'अवधारणा', 'अनुभव' और 'जीवनशैली' के रूप में पेश किए जाते हैं। ब्रांडिंग के रूप में हमारे मन-मस्तिष्क में जगह बनाई जाती है। ब्रांड और ब्रांड की बिक्री एक अतिरिक्त 'आध्यात्मिक' तत्व ग्रहण कर लेती है। ब्रांडों को केन्द्र कर एक कॉरपोरेट मिथक रचा जाता है—एक नाम का लोगो उत्पादों में नया अर्थ भर देता है (भले ही वे उत्पाद अत्यन्त दयनीय कार्य स्थितियों वाले जकार्ता, मुम्बई, शंघाई, मनीला की उपनगरीय झुग्गी बस्तियों में हस्बमामूल कीमतों में बने हों)। ये ब्रांड निर्माता टॉम पीटर्स के शब्दों में 'प्योर प्लेअर्स इन ब्रेनवेयर' (मस्तिष्क उत्पादों के खालिस खिलाड़ी) होते हैं। आइ बी एम कम्प्यूटर नहीं बेचती, 'बिजनेस सोल्यूशन्स' बेचती है, स्वाच घड़ी नहीं 'समय का विचार' है, और जैसा कि डीजल जीन्स के मालिक ने कहा, 'डीजल जीने की, पहनावे की, कुछ भी करने की एक शैली है, महज एक उत्पाद नहीं।' नाइकी का मिशन जूते बेचना नहीं, खेल और फिटनेस के जरिए लोगों के जीवन को उन्नत करना और 'खेल के जादू को बरकरार रखना है।'[8] एअरटेल मोबाइल सेवाएँ प्रदान नहीं करती, 'हर फ्रेंड को जरूरी बनाती है।'

प्रायोजक के रूप में ब्रांड जीवन के प्रत्येक क्षेत्र में घुसपैठ कर जाता है। किसी चीज़ का प्रायोजन एक ही साथ उस चीज़ का अवमूल्यन भी है। प्रायोजित किए जानेवाले कार्यक्रमों की, चाहे वह कोई खेल हो, संगीत कार्यक्रम, नाटक या टेलीविजन धारावाहिक हो, अपनी ही पृथक्, सैद्धान्तिक रूप से स्वायत्त सत्ता छिन जाती है और वे कॉमर्शियल्स के बीच पिरो दिए जाते हैं। प्रायोजकों के लिए इन कार्यक्रमों का अस्तित्व ही ब्रांड उन्नयन के लिए है। धीरे-धीरे एक प्रायोजित 'माइंडसेट' बन जाता है—यह धारणा घर कर जाती है कि सृजनात्मक कार्यक्रमों तथा समारोहों का आयोजन ब्रांडों के उदार प्रायोजनों के बिना सम्भव ही नहीं है। (1991 में विश्वव्यापी पैमाने पर

कॉरपोरेट प्रायोजन का कारोबार सालाना 7 अरब डॉलर का था जो महज आठ वर्षों में छलांग लगाकर, 1999 में 19.2 अरब डॉलर का हो गया।)[9] धार्मिक आयोजनों से लेकर शादियों, स्कूल तथा मोहल्ले के छोटे-मोटे कार्यक्रमों के लिए भी प्रायोजक खोजे जाने लगते हैं। (अगस्तं, 1999 में अमेरिका में एक निजी शादी पहली बार कॉरपोरेट प्रायोजन में सम्पन्न हुई।)[10] वैसे इतिहास में कला-साहित्य और खेलकूद पहले भी प्रायोजित होते रहे हैं—प्रायः ऐसे प्रायोजक राजे-महाराजे अथवा समृद्ध भूस्वामी हुआ करते थे। उदाहरण देने की यहाँ जरूरत नहीं। लेकिन इस ब्रांडिंग और ब्रांड प्रायोजन की बात ही अलग है। नाओमी क्लेन इसे 'दि एज ऑफ ब्रांडासॉरस' की संज्ञा देती हैं।[11]

इसी प्रकार, शॉपिंग बाजार करना नहीं है, वह एक सांस्कृतिक अनुभव है, 'व्यग्र, व्याकुल प्राण' का मनोवैज्ञानिक उपचार है, यौनानंद की सुखानुभूति है, रेव पार्टी भी है और आध्यात्मिक 'निर्वाण' भी। अपनी जरूरी चीज़ों के लिए बाजार करना गरीबों का काम है। कौन कम्बख़्त जरूरी चीज़ें खरीदने के लिए शॉपिंग करता है! शॉपिंग और शॉपोहोलिक्स की उन्माद भरी दुनिया में 'लौकिक जगत के भेद, जरूरी-गैरजरूरी, सच-झूठ, अच्छा-बुरा', सब मिट जाते हैं, और 'अलौकिक के आध्यात्मिक सुकून में मुद्रा विनिमय का साधन नहीं, खेलने की चीज़' बन जाती है। उन्माद में ही सही, यह विनिमय का, मुद्रा का अतिक्रमण है। ब्रांडिंग का उद्देश्य अपने ग्राहकों के साथ 'भावनात्मक रिश्ता' बनाना होता है। अपने ब्रांड से भावनात्मक रूप से प्रतिबद्ध उपभोक्ता अपने ब्रांड के बारे में कुछ भी नकारात्मक सुनने को तैयार नहीं होते। इस प्रकार, ब्रांडों के बाजार में विवेक का निपात घटित होता है। ब्रांड मस्तिष्क के निर्णय लेनेवाले उच्च क्षेत्रों को नहीं, बल्कि उसकी लिम्बिक प्रणाली, भावनात्मक मस्तिष्क को सम्बोधित होता है। इसने अर्थशास्त्र की एक नई शाखा न्यूरोइकोनोमिक्स (तंत्रिका-अर्थशास्त्र) को जन्म दिया है जिसका उद्देश्य बचत और खर्च से सम्बन्धित, बाजार में व्यवहार से सम्बन्धित तंत्रिका-प्रणाली का अध्ययन करना है।

यथार्थ जीवन में इसके परिणामस्वरूप, मध्यवर्ग के घरों में ढेर सारी अनावश्यक चीज़ों का अम्बार लगता जाता है और मस्तिष्क उत्पादों के स्वामी अरबों डॉलर के स्वामी बन बैठते हैं। ऐसे अनेक स्वामी अपने यथार्थ जीवन में ख़ुद ये खेल नहीं खेलते, सादगी भरा जीवन जीते हैं, चैरिटी में जी खोलकर दान देते हैं, और समाज में उनके सादगीभरे जीवन की मिसाल दी जाती है। कैसिनो के मालिक ख़ुद जुआ नहीं खेलते, जुए से तबाह हुए परिवारों की सहायता करनेवाली संस्थाओं को खुलकर दान देते हैं, या फिर ख़ुद ही ऐसी संस्थाएँ खोलकर पुरस्कृत होते हैं।

उपर्युक्त सामाजिक-आर्थिक परिवर्तनों के दौर में एक नई परिघटना और जुड़ गई है। विश्वव्यापी शक्ति-संतुलन में परिवर्तन क्रमशः एक वास्तविकता का रूप ले रहा है। वैसे भविष्य के बारे में अभी निश्चयात्मक रूप से कुछ नहीं कहा जा सकता,

तथापि ऐसा लगता है कि क़रीब तीन सौ वर्षों बाद पश्चिमी देश वैश्विक राजनीतिक-आर्थिक व्यवस्था में अपना वर्चस्व खोने जा रहे हैं। अन्य कारणों के अलावा इसका एक प्रमुख कारण चीन का उत्थान है—वैश्विक तथा क्षेत्रीय स्तर पर, आर्थिक और राजनीतिक मामलों में चीन, भारत, ब्राजील, दक्षिण अफ्रीका जैसे देशों का दखल बढ़ा है, और (रूस, जापान, जर्मनी, इंडोनेशिया, मेक्सिको, तुर्की, नाइजीरिया, आदि देशों के साथ) वे भावी वैश्विक शक्ति-संतुलन में भागीदारी के प्रबल दावेदारों के रूप में उभर रहे हैं।

ऊपर हमने अपनी आँखों के सामने घट रहे जिन परिवर्तनों का संक्षिप्त ब्यौरा प्रस्तुत किया है, क्या वे इस बात के सबूत हैं कि हम मानव इतिहास के एक नये युग में दाखिल हो चुके हैं? एक ऐसा नया युग जिसमें इतिहास का मुख्य क्रियास्थल (जन, भूमि, विनिमय से आगे निकलकर) खुद मानव-मस्तिष्क है?

इस प्रश्न का आज के विचारक मुख्य रूप से दो उत्तर देते हैं। एक, अनेक विचारकों की नज़र में यह कोई नया युग नहीं, पूँजीवादी (विनिमय के) युग का ही नया विकास है, नया चरण है। यह नया चरण नए अध्ययन और विश्लेषण की मांग अवश्य करता है, तथापि इसकी बुनियादी सारवस्तु वही है जो पूँजीवादी समाज की। दूसरा पक्ष इन परिवर्तनों की खिनाख़्त नये युग के रूप में करता है और इसे ज्ञान युग की संज्ञा से अभिहित करता है। आखेटक-फलसंग्राहक समाज से कृषि समाज में, कृषि समाज से औद्योगिक समाज में होने वाले ऐतिहासिक युग परिवर्तन की तरह, यह पक्ष इन विकासों को भी औद्योगिक समाज से ज्ञान समाज में परिवर्तन के तौर पर देखता है। दोनों पक्षों के विचारकों के बीच भी इन विकासों को लेकर, उनकी गति-प्रकृति को लेकर अनेक विवाद हैं, लेकिन सामान्य रूप में उपयुक्त परिवर्तनों को लेकर यही दो पक्ष हैं। यह विवाद अब भी जारी है।

यहाँ ज्ञान को लेकर एक संक्षिप्त स्पष्टीकरण अप्रासंगिक नहीं होगा। आरम्भिक काल से आजतक आध्यात्मिक और पंथों से सम्बन्धित साहित्य में 'ज्ञान' का अर्थ व्यक्ति में उत्पन्न सार्विक भाव से, और विभिन्न पंथों के पवित्र ग्रंथों से अर्जित तथा अनुभूत शिक्षाओं से था। इसके अलावा, आदिम काल के पाषाण उपकरणों से लेकर आधुनिक मशीनों तक, हमारी सारी क्रियाओं में ज्ञान-तत्व रहता ही है—श्रमक्रिया की तरह ज्ञानक्रिया हमारे अस्तित्व का अनिवार्य अंग है। कहने की जरूरत नहीं कि आजकल हम ज्ञान का जिस अर्थ में प्रयोग करते हैं, वह न तो आध्यात्मिक-धार्मिक ज्ञान है, और न ही हमारे अस्तित्व के अनिवार्य अंग के रूप में सामान्य रूप से मौजूद ज्ञानक्रिया है। यह ज्ञान हमारी अंतर्निहित ज्ञान-क्षमता और ज्ञानक्रिया का विशिष्ट रूप है—वह सूचना उत्पाद है। ज्ञान के संधान का मतलब नई-नई सूचनाओं का अनवरत् संधान है और ज्ञानक्रिया का अर्थ है सूचनाओं का प्रसंस्करण तथा विनिमय के लिए तैयार सूचना-उत्पादों का सृजन। कम्प्यूटर इसी क्रिया को सम्पन्न करने वाला

ज्ञान-उपकरण है। इस अर्थ में यह ज्ञानक्रिया औद्योगिक समाज में फैक्टरियों या कार्यालयों में किए जाने वाले मानसिक श्रम से भिन्न श्रेणी है। उत्पादन के उपकरण जिस तरह सामूहिक श्रम-क्रिया की उपज थे, उसी तरह सूचना-उत्पाद व्यक्तिगत तथा सामूहिक ज्ञान-क्रिया के। किसी उत्पादन प्रक्रिया में सूचना-उत्पादों का निवेश—उत्पादन, श्रम-संगठन, प्रबन्धन, बाजार, उत्पादन-प्रक्रिया के ऐसे किसी भी क्षेत्र में बतौर 'सॉफ्टवेयर' सूचना-उत्पादों का निवेश—ज्ञान-निवेश कहलाता है। यह निवेश उत्पादन के साधन के रूप में प्रयुक्त मशीनों के परिष्कार अथवा नई मशीनों के निर्माण में निवेश से भिन्न निवेश है। औद्योगिक समाज में उत्पादकता बढ़ाने के लिए मशीनों में निवेश को ही ज्ञान के निवेश के रूप में देखा जाता था। मशीनों के रूप में ज्ञान के निवेश का परिचालन समय अपेक्षाकृत लम्बा होता है, जबकि सूचना-उत्पादों के रूप में ज्ञान के निवेश का परिचालन-समय अल्प अवधि का तो होता ही है, वह निवेश अनवरत् चलने वाली प्रक्रिया है।[12] इसके अलावा, दोनों निवेश औद्योगिक उत्पादन-प्रणाली को भिन्न रूप में प्रभावित करते हैं।

औद्योगिक उत्पादन-प्रणाली में इस तरह दाखिल होने के साथ ज्ञान शीघ्र ही उससे स्वतन्त्र हो जाता है और नई आर्थिक प्रणाली की रचना करता है। उपर्युक्त दोनों ज्ञान-निवेशों में, मशीनीकरण और नये ज्ञान अर्थतंत्र की रचना में आवयविक अंतर्सम्बन्ध है। लेकिन इसके विवरण में जाने से पहले औद्योगिक पूँजी के परिचालन की थोड़ी चर्चा अपेक्षित है। हमारी यह चर्चा मूलतः मार्क्स के औद्योगिक उत्पादन प्रणाली के विश्लेषण पर आधारित है। यहाँ भी हम गणितीय समीकरणों से बचते हुए मूल अवधारणाओं की सरल, संक्षिप्त व्याख्याओं तक ही खुद को सीमित रखेंगे। ज्ञान की पृष्ठभूमि में जाकर ही ज्ञान के संज्ञान की प्रक्रिया सम्पन्न होगी।

16

ज्ञान की पृष्ठभूमि

औद्योगिक पूँजी का परिचालन

पूँजी के सामान्य परिचालन को निम्नलिखित रूप में सूत्रबद्ध किया जाता है :
मुद्रा → माल → मुद्रा^{1} (मुद्रा^{1} > मुद्रा)
व्यापारी पूँजी में मुद्रा का परिचालन इसी रूप में होता है। व्यापारी मुद्रा से माल खरीदता है और उसी माल को बेचकर अधिक मुद्रा (मुद्रा^{1}) हासिल करता है। (मुद्रा^{1} और मुद्रा का अंतर, मुद्रा^{1}-मुद्रा, ही उसका मुनाफा होता है।) औद्योगिक पूँजी मुद्रा से जो माल खरीदती है, उसे ही नहीं बेचती, बल्कि उससे एक नया माल तैयार कर और उस नये माल को बेचकर अतिरिक्त (बेशी) मुद्रा प्राप्त करती है। इस प्रकार यह पूँजी उत्पादक पूँजी कहलाती है और अतिरिक्त मूल्य इस उत्पादन प्रक्रिया में ही पैदा होता है। इस उत्पादन प्रक्रिया में श्रमशक्ति एक ऐसा माल है जो अपने उपयोग के क्रम में अपने मूल्य से अतिरिक्त मूल्य का सृजन करती है और यही अतिरिक्त मूल्य (श्रम का मूल्य-श्रमशक्ति का मूल्य) उत्पादन प्रक्रिया में निहित मुनाफे का स्रोत है। इस प्रकार यह पूँजी आत्म-प्रसरणशील मूल्य रूप है—पूँजी की यह उत्पादकता इस पूँजी को अन्य तमाम तरह की पूँजी से पृथक् करती है।

"मालों का सामान्य परिचालन (माल → मुद्रा → माल)—खरीदने के उद्देश्य से बेचना—परिचालन के उद्देश्य से पृथक् एक उद्देश्य को पूरा करने का साधन है; वह उद्देश्य है : उपयोग मूल्य की प्राप्ति, आवश्यकता की पूर्ति। इसके अलावा, पूँजी के रूप में मुद्रा का परिचालन अपने आप में एक लक्ष्य बन जाता है क्योंकि निरन्तर बढ़ती जाने वाली इस प्रक्रिया के अंतर्गत ही मूल्य का विस्तार होता है। पूँजी के परिचालन की कोई सीमा नहीं है; इसीलिए इसका सचेतन प्रवक्ता, मुद्रा का स्वामी, पूँजीपति बन जाता है। मुद्रा उसकी जेब से निकलकर पुनः उसकी जेब में ही आ जाती है (वह भी बढ़ी हुई मात्रा में)। उपयोग मूल्य की प्राप्ति (आवश्यकताओं की पूर्ति) किसी भी पूँजीपति का असली उद्देश्य कभी भी नहीं होता है। न ही किसी एक व्यवसाय में मुनाफा हासिल कर लेना उसका उद्देश्य होता है। मुनाफा हासिल करने की अंतहीन प्रक्रिया ही उसका एकमात्र लक्ष्य होता है।"[13]

औद्योगिक उत्पादन-तंत्र में मुद्रा-पूँजी के परिचालन सूत्र पर पुनः लौटें :

मुद्रा → माल... उत्पादक पूँजी... माल[1] (नया माल) → मुद्रा[1] (बढ़ी हुई मात्रा में मुद्रा) या, मुद्रा → माल (श्रमशक्ति + उत्पादन के साधन)... उत्पादक पूँजी... माल[1] → मुद्रा[1]

या, मुद्रा → माल (चल पूँजी + अचल पूँजी)... उत्पादक पूँजी... माल[1] → मुद्रा[1]

उत्पादक पूँजी श्रमशक्ति और उत्पादन के साधन का युग्म है। यह युग्म ही विनिमय पर आधारित अर्थव्यवस्था में अतिरिक्त सम्पत्ति का आधार है (कृषि युग में भूस्वामी-भूदास का युग्म अतिरिक्त सम्पत्ति का आधार था)। इस युग्म में उत्पादन का साधन संचित अथवा मृत श्रम है, जबकि श्रमशक्ति कार्यशील या सजीव श्रम। श्रमशक्ति का मूल्य मजदूर के जीवन निर्वाह के खर्च से निर्धारित होता है। बहरहाल, एक मजदूर अपने श्रमकाल के दौरान अपनी श्रमशक्ति के मूल्य की तुलना में काफ़ी अधिक मूल्य का सृजन कर देता है और उसकी श्रमशक्ति के मूल्य से सृजित अधिक मूल्य ही अतिरिक्त मूल्य के रूप में उत्पादित माल के मूल्य में सन्निहित हो जाता है। दूसरे शब्दों में, इस युग्म में उत्पादन का साधन शव है जिसे श्रम-शक्ति ही अतिरिक्त मूल्य से युक्त उत्पादक पूँजीरूपी शिव में रूपान्तरित करती है।

मुद्रा → माल (श्रमशक्ति + उत्पादन के साधन)

औद्योगिक उत्पादन के लिए मुद्रा के जरिए दो भिन्न बाजारों (श्रम-बाजार और उत्पादन के साधनों का बाजार) से दो भिन्न चीज़ें (श्रमशक्ति और उत्पादन के साधन) खरीदी जाती हैं और इन दोनों के मेल से जो नया माल तैयार होता है, वह उत्पादन प्रक्रिया में ही अतिरिक्त मूल्य से सम्पन्न हो जाता है। (वैसे बाजार में कोई भी माल मांग और आपूर्ति के आधार पर अपनी कीमत पर ही बिकता है, लेकिन कीमतों में यह उतार-चढ़ाव माल के वास्तविक मूल्य के इर्द-गिर्द ही घूमता है।)

इस अतिरिक्त मूल्य को, जो मुनाफे का मूल स्रोत है, बढ़ाने के दो तरीके हैं—एक, श्रमकाल में वृद्धि कर, और दूसरा, मशीनीकरण के जरिए श्रम की उत्पादकता बढ़ाकर। पहला निरपेक्ष अतिरिक्त मूल्य कहलाता है और दूसरा, सापेक्ष अतिरिक्त मूल्य। पूँजी के विकास के प्रारम्भिक चरण में पहले तरीके से ही अतिरिक्त मूल्य की वृद्धि की गई—काम के घण्टे आठ करने को लेकर मजदूरों को कितनी लड़ाइयाँ लड़नी पड़ीं। पूँजी के विकास के दूसरे चरण में अतिरिक्त मूल्य में वृद्धि का दूसरा तरीका अपनाया गया। कुल मिलाकर, आदिम संचय (औपनिवेशीकरण, दास-श्रम, छोटे किसानों तथा कारीगरों को अपने उत्पादन के साधनों से जबरन बेदखल करने, आदि) के जरिए और फिर लगातार अतिरिक्त मूल्य अर्जित करने के जरिए पूँजी में निरन्तर वृद्धि होती रहती है। पूँजी में वृद्धि का मतलब है उद्योग-धंधों की वृद्धि। इस प्रक्रिया में पूँजीपति अपनी पूँजी के एक हिस्से को अचल पूँजी के रूप में, मशीन में बदलता रहता है। अपनी विकास प्रक्रिया में चल पूँजी के एक हिस्से को अचल पूँजी में

बदलकर और इस प्रकार, मशीनों के जरिए मजदूरों को बेदखल कर वह बेरोजगार मजदूरों की आरक्षित वाहिनी तैयार कर देता है। मजदूरों की आपूर्ति मांग की तुलना में हमेशा अधिक रहती है और इस तरह मजदूरी श्रमशक्ति के मूल्य से ऊपर नहीं जा पाती। अधिक-से अधिक मुनाफे के लिए पूँजी लगातार तकनीकी परिवर्तन करती जाती है, श्रम को अधिकाधिक वैज्ञानिक आधार पर संगठित करने की प्रक्रिया चलती रहती है। हम आगे देखेंगे कि किस प्रकार उत्पादक क्षमता में यह वृद्धि ख़ुद पूँजी के संकट का भी कारण बनती है।

अतिरिक्त मूल्य के साथ कुल निवेशित पूँजी के अनुपात [अतिरिक्त मूल्य/(अचल पूँजी + चल पूँजी)], से मुनाफे की दर तय होती है। चूँकि पूँजी के विभिन्न उद्योगों में यह अनुपात भिन्न होता है, इसीलिए मुनाफे की दर भी भिन्न-भिन्न होती है। जाहिर है, मुनाफे की दर जिस क्षेत्र में ज्यादा होगी, पूँजी का प्रवाह भी उसी ओर होगा। इसीलिए मुनाफे की कम दर वाले क्षेत्रों से मुनाफे की उच्च दर वाले क्षेत्रों में पूँजी का प्रवाह हमेशा होता रहता है। वैसे अगर हम एक ख़ास कालखण्ड में सामग्रिक तौर पर मुनाफे की दर प्राप्त करना चाहें तो हमें सम्बन्धित अर्थव्यवस्था में मुनाफे की औसत दर प्राप्त होगी।

सम्पूर्ण सामाजिक उत्पादन दो विभागों में बंटा होता है—(क) उत्पादन के साधनों (मशीनों, आदि) का उत्पादन; और (ख) उपभोक्ता सामग्रियों का उत्पादन। इन दोनों विभागों में अचल और चल पूँजी का अनुपात भिन्न होता है। अचल पूँजी के साथ चल पूँजी के अनुपात (अचल पूँजी/चल पूँजी) से पूँजी की सजीव अथवा आवयविक संरचना निर्धारित होती है। पहले विभाग वाले उद्योग (क) पूँजी की उच्च आवयविक संरचना वाले उद्योग कहलाते हैं, जबकि दूसरे विभाग वाले उद्योग (ख) पूँजी की निम्न आवयविक संरचना वाले उद्योग के रूप में जाने जाते हैं। इस आधार पर दोनों विभागों के अलग-अलग उद्योगों में भी फर्क होता है। देशों के स्तर पर भी यह फर्क देखा जा सकता है। विकसित पूँजीवादी देशों में पूँजी की आवयविक संरचना उच्च होती है, जबकि विकासशील देशों में यह निम्न होती है। इन दो विभागों के उद्योगों में मुनाफे की दर अलग-अलग होती है—उच्च आवयविक संरचना वाले उद्योगों में कम तथा निम्न आवयविक संरचना वाले उद्योगों में वह ज्यादा होती है। उदाहरण के लिए, क. उद्योग में अचल पूँजी 5,000 रु., चल पूँजी 1,000 रु. और अतिरिक्त मूल्य (100% की दर से) 1,000 रु. है, तो उस उद्योग में मुनाफे की दर [(अतिरिक्त मूल्य X 100)/(अचल पूँजी + चल पूँजी) = (1,000 X 100)/(5,000 + 1,000) =] 16.6 प्रतिशत होगी। ख. उद्योग में पूँजी की आवयविक संरचना क. उद्योग से कम है। मान लीजिए, ख. उद्योग में अचल पूँजी 3,000 रु., चल पूँजी 1,000 रु. और अतिरिक्त मूल्य (100% की दर से) 1,000 रु. है, तो ख. उद्योग में मुनाफे की दर [(1,000 X 100)/(3,000 + 1,000) =] 25 प्रतिशत होगी। इस प्रकार, दोनों

विभागों के मुनाफे की दर में भारी अंतर होगा। लेकिन अगर मुनाफे की दर में इस प्रकार का अंतर बना रहे तो सारी पूँजी अपने स्वभाव के अनुसार पूँजी की निम्न आवयविक संरचना वाले उद्योग में चली जाएगी और पूँजी की उच्च आवयविक संरचना वाले उद्योग रहेंगे ही नहीं। अब अगर पहले विभाग के (मशीनरी) उद्योग नहीं रहेंगे तो दूसरे विभाग के (उपभोक्ता सामग्री) उद्योग कब तक टिक पाएंगे। दरअसल, पूँजी के बाजार के जरिए मुनाफे की औसत दर कायम होती है–जिस प्रकार मालों का बाजार मालों के मूल्य का नियमन करता है और उसका एक औसत मूल्य कायम करता है, उसी प्रकार पूँजी का बाजार पूँजी के मुनाफे की औसत दर निर्धारित करता है। इसके बावजूद, मांग और आपूर्ति के आधार पर इस दर में उतार-चढ़ाव होता रहता है, लेकिन वह इसी औसत दर के आसपास होता है। यह औसत दर सभी उद्योगों के अतिरिक्त मूल्य के योगफल और सभी उद्योगों की अचल तथा चल पूँजी के योगफल के अनुपात द्वारा निर्धारित होती है। इस आधार पर उपर्युक्त दोनों विभागों के उद्योगों को मिलाकर मुनाफे की औसत दर होगी [(क-उद्योग का अतिरिक्त मूल्य + ख. उद्योग का अतिरिक्त मूल्य) X 100/(क और ख उद्योग की अचल पूँजी + क और ख उद्योग की चल पूँजी) = (1,000 + 1,000) X 100/(8,000 + 2,000) = 2,00,000/10,000 =] 20 प्रतिशत। यानी क. उद्योग को 16.6 प्रतिशत की जगह 20 प्रतिशत मुनाफा प्राप्त होगा, जबकि ख. उद्योग को 25 प्रतिशत की जगह मात्र 20 प्रतिशत से ही सन्तोष करना पड़ेगा। पूँजी की निम्न आवयविक संरचनावाले उद्योगों से पूँजी की उच्च आवयविक संरचनावाले उद्योगों में पूँजी का स्थानान्तरण पूँजी के विकास का सामान्य नियम है। इसी नियम के आधार पर पूँजी की निम्न आवयविक संरचना वाले कृषि, लघु तथा मंझोले उद्योग वाले क्षेत्रों से बड़े औद्योगिक क्षेत्रों में, विकासशील देशों से विकसित देशों में पूँजी का यह प्रवाह निरन्तर होता रहता है। (इसी कारण, कृषि क्षेत्र, लघु-मंझोले उद्योग, विकासशील देश क्षतिपूर्ति के रूप में सब्सीडी, विशेष आर्थिक सहायता, विभिन्न रियायतों एवं संरक्षणों की मांग करते हैं।)

यदि पूजी की निम्न आवयविक संरचना वाले उद्योगों से पूँजी की उच्च आवयविक संरचना वाले उद्योगों में पूँजी का बहाव पूँजी के विकास का सामान्य नियम है तो निश्चय ही प्रत्येक पूँजीपति अपनी पूँजी के एक हिस्से को अचल पूँजी में बदलने की ओर प्रवृत्त होगा। तब इसका क्या परिणाम होगा? मार्क्स इसे मुनाफे की औसत दर के गिरने की प्रवृत्ति के रूप में वर्णित करते हैं। उपयुक्त उदाहरण में ही अगर ख. उद्योग अपनी अचल पूँजी 3,000 रु. से बढ़ाकर 4,000 रु. कर दे, तो मुनाफे की औसत दर 20 प्रतिशत से गिरकर 18.1 प्रतिशत हो जाएगी। मुनाफे की औसत दर को गिरने से रोकने के लिए अनेक उपाय किए जाते हैं; जैसे, श्रम की उत्पादता बढ़ाने के जरिए अतिरिक्त मूल्य की दर में वृद्धि, मशीनों की कीमतों में कमी लाना, एकाधिकार कायम कर कीमतों (तथा मुनाफे) को नियंत्रित करना, विकासशील देशों

से सस्ते दर पर कच्चे माल तथा श्रमशक्ति प्राप्त करना, इन देशों में मैन्युफैक्चरिंग इकाइयाँ खोलना, आदि। ये सारे कदम अपनी-अपनी समस्याएँ भी पैदा करते हैं—इन सब के अलावा, पूँजी के वित्तीयकरण के जरिए पूँजी निवेश के नये-नये क्षेत्र भी खुलते हैं—अंश पूँजी, ऋण पूँजी, बीमा पूँजी, आदि अनेक रूपों में वित्त पूँजी की भूमिका विस्तार पाती है। वित्त पूँजी में मुद्रा का परिचालन (ब्याज पूँजी की तरह) मुद्रा → मुद्रा[1] के रूप में होता है, यानी बिना किसी उत्पादन-प्रक्रिया से गुजरे पूँजी अपना आत्म-विस्तार करती है। इस पर कुछ चर्चा हम आगे करेंगे।

स्थिर और परिचालित पूँजी

पूँजी को जिस तरह हमने अचल (मशीन और कच्चे माल के रूप में लगी पूँजी) और चल (श्रमशक्ति में लगी पूँजी, मजदूरी), दो श्रेणियों में बांटा है, उसी तरह पूँजी को स्थिर पूँजी तथा परिचालित पूँजी के रूप में भी बांटा जाता है। वह पूँजी जो मशीनों तथा मकानों में लगी होती है, लम्बे समय तक कायम रहती है तथा जिन्हें कई उत्पादन-चक्रों के बाद ही पुनः हासिल किया जाता है, स्थिर पूँजी कहलाती है। कच्चे माल, मजदूरी तथा अन्य सहायक वस्तुओं में लगी पूँजी परिचालित पूँजी कहलाती है। यह पूँजी परिचालित होती रहती है और प्रत्येक उत्पादन-चक्र के बाद पुनः हासिल कर ली जाती है। स्वाभाविक रूप से प्रत्येक पूँजीपति यह चाहता है कि उसकी परिचालित पूँजी शीघ्र वापस आ जाए ताकि वह उसे पुनः निवेशित कर सके। लेकिन इस पूँजी के शीघ्र वापस आने का मतलब है माल का तुरत बिक जाना। यह तभी सम्भव है जब मालों की परिचालन अवधि काफ़ी कम कर दी जाए। पूँजी के परिचालन की अवधि को कम करने से उसके लिए परिचालित पूँजी को लगातार स्थिर पूँजी में बदलते जाना—परिचालित पूँजी को स्थिर पूँजी की तुलना में कम करते जाना—सम्भव हो जाता है। यह औद्योगिक उत्पादन-प्रणाली का, औद्योगिक तंत्र का मूलभूत चरित्र-लक्षण है। मालों की परिचालन अवधि कम करने के लिए आवश्यक है दूकानों, एजेण्टों, गोदामों, सड़क, रेल, वायुयान, जहाज, विज्ञापन-संस्थानों, आदि, यानी विनिमय के क्षेत्रों और साधनों का विकास। यह काम औद्योगिक पूँजी वाणिज्यिक पूँजी के जरिए सम्पन्न करता है। वाणिज्यिक पूँजी वह पूँजी है जो परिवहन, दूकानों, विज्ञापनों, आदि में लगी होती है। वाणिज्यिक पूँजी का विकास औद्योगिक विकास को भी आवेग प्रदान करता है। परिवहन क्षेत्र में भारी पूँजी निवेश ने परिवहन के साधनों (यानी ट्रक, रेल, मोटरकार, जहाज, वायुयान, आदि) का निर्माण करनेवाले उद्योगों, तथा इसके लिए जरूरी अधिसंरचनात्मक ढाँचों (सड़क, रेल, हवाई अड्डों, बन्दरगाहों, ड्राइपोर्ट्स, आदि) को विकसित किया। समग्र रूप से परिवहन उद्योग ने भारी उद्योग के विकास में महत्वपूर्ण भूमिका निभाई। रेल, ऑटोमोबाइल, विमान, आदि उद्योग भारी उद्योगों के महत्वपूर्ण ग्राहक हो गये।

औद्योगिक पूँजी की तरह वाणिज्यिक पूँजी का झुकाव भी केन्द्रीकरण की ओर होता है। कुछ बड़ी वाणिज्यिक पूँजी परिवहन तथा व्यापार पर अपनी इजारेदारी कायम कर लेती है और अपनी एकाधिकारी स्थिति का फायदा उठाकर वह परिवहन शुल्क या दूसरे प्रकार के महसूलों में मनमानी वृद्धि की ओर प्रवृत्त होती है। इस तरह वाणिज्यिक और औद्योगिक पूँजी का अंतर्विरोध सामने आता है। अमूमन इस अंतर्विरोध को हल करने के लिए या तो परिवहन क्षेत्र को एकाधिकारी क्षेत्र (चाहे वह औद्योगिक हो या वित्तीय) में विलीन कर दिया जाता है, या फिर अंततः समग्र पूँजी के हित में राज्य द्वारा परिवहन क्षेत्र का राष्ट्रीयकरण कर दिया जाता है।

परिवहन का विकास विश्व-बाजार तथा अंतर्राष्ट्रीय श्रम-विभाजन के विकास को भी और गति प्रदान करता है। हर देश में हर चीज़ का उत्पादन करने की जगह हर देश में उन्हीं चाजों के उत्पादन को प्रोत्साहन दिया जाता है, जिसका उत्पादन वहाँ अपेक्षाकृत आसानी से सस्ते दरों पर हो सके। विश्व व्यापार के जरिये उनका विनिमय कर लिया जाता है। इस तरह कई देशों में बहुमुखी अर्थव्यवस्था का स्थान निर्यातोन्मुख एकात्मक अर्थव्यवस्था ले लेती है।

औद्योगिक पूँजी कोई अखण्ड इकाई नहीं होती। उसके विभिन्न घटकों के बीच भी अंतरविरोध चलता रहता है। खुद इस पूँजी के दो विभागों (उत्पादन के साधनों का उत्पादन करने वाले विभाग और उपभोक्ता सामग्री का उत्पादन करने वाले विभाग) के बीच भी हितों का टकराव चलता रहता है। यह टकराव हम भारत में आधुनिक उद्योगों के आरम्भ में भी देख सकते हैं। भारत में वस्त्र-उद्योग स्थापित हो, यह लंकाशायर तथा मैनचेस्टर के वस्त्र-उद्योग के हित में नहीं था। लेकिन ब्रिटेन के ही टेक्सटाइल मशीनरी उत्पादक अपनी टेक्सटाइल मशीनरी के बाजार का विस्तार चाहते थे। इस मशीनरी की खपत का मतलब था वस्त्र-उद्योग का विकास। 1854 में पारसी व्यापारी कावसजी नानाभाई डावर द्वारा मुम्बई में जिस वस्त्र-उद्योग की स्थापना की गई, उसके लिए टेक्सटाइल मशीनरी की आपूर्ति इंगलैंड की ही टेक्सटाइल मशीन निर्माता कम्पनी मेसर्स प्लेट ब्रदर्स एण्ड कम्पनी लि. ने की थी। ख़ैर, यहाँ हम इन प्रश्नों के विस्तार में नहीं जाएंगे। न ही ज्वाइंट स्टॉक कम्पनियों, शेयर बाजार, ऋण पूँजी, बीमा पूँजी, इजारेदारी, बहुराष्ट्रीय निगमों, आदि के विकास के विवरणों में। हम यहाँ औद्योगिक पूँजी के मीयादी संकट-चक्र की, तथा पूँजी के वित्तीयकरण की संक्षिप्त चर्चा के बाद पुनः सूचना-संचार उत्पादों के अपने विषय पर लौटेंगे।

पूँजी का प्रवाह उसी ओर होता है, जहाँ औसत से अधिक मुनाफा प्राप्त हो। स्वभावतः उस क्षेत्र में पूँजी बड़े पैमाने पर संचित होती जाती है, पूँजी की प्रतिद्वंदिता के क्रम में चल पूँजी का एक हिस्सा अचल पूँजी में बदलता जाता है, और पूँजी की उच्च आवयविक संरचना वाले उद्योग कायम होते जाते हैं। लेकिन इस मशीनीकरण

के कारण श्रम शक्ति बेकार हो जाती है। यानी, आबादी के एक हिस्से की क्रय शक्ति खत्म हो जाती है। यह प्रक्रिया एक ऐसी स्थिति पैदा करती देती है, जब मांग की तुलना में मालों की आपूर्ति काफ़ी बढ़ जाती है। पूँजीपतियों की परिचालित पूँजी बाजार में फँसी रह जाती है। ऐसे समय में ऋण-पूँजी परिचालन ऋण देकर औद्योगिक पूँजी को उत्पादन जारी रखने में सहायता प्रदान करती है। लेकिन इससे आपूर्ति और बढ़ती जाती है। बाजार बिना बिके मालों से पट जाता है—उन्हें कोई खरीदने वाला नहीं रह जाता। विनिमय मूल्य और उपयोग मूल्य की, मुद्रा और माल की एकता छिन्न-भिन्न हो जाती है। उत्पादित वस्तुओं का उपयोग मूल्य तो होता है, लेकिन वे अपना विनिमय मूल्य खो बैठती हैं। उन्हें खरीदने के लिए क्रयशक्ति नहीं रह जाती। उद्योग-धंधे बन्द होने लगते हैं—ऐसा लगता है जैसे अति-उत्पादन की महामारी आ गई हो। स्टॉक नष्ट कर दिए जाते हैं और लाखों लोग बेकार हो जाते हैं। उत्पादक शक्तियों की भयंकर पैमाने पर बर्बादी होती है। जन-धन की भयानक बर्बादी के बाद पुनः संतुलन कायम होता है और उत्पादन का पहिया फिर घूमने लगता है—अगली मंदी के आने तक। मीयादी संकट-चक्र को निम्नलिखित रूप में सूत्रबद्ध किया जा सकता है :

i. आर्थिक पुनर्जीवन : पहले से संचित स्टॉक धीरे-धीरे बिकने लगता है अथवा उसे नष्ट कर दिया जाता है। मालों की मांग पुनः बढ़ने लगती है और पूँजी निवेश भी।... विध्वंस के बाद आर्थिक पुनर्जीवन शुरू होता है।

ii. उभार और समृद्धि।

iii. अति-उत्पादन और गिरावट।

iv. संकट और मंदी।

यह प्रक्रिया नियमित अंतराल पर दुहराती रहती है। इसे ही औद्योगिक उत्पादन-तंत्र का मीयादी संकट-चक्र कहते हैं। इस प्रकार का पहला पूँजीवादी संकट 1825 में आया था और उसके बाद से आजतक कुछ-कुछ वर्षों के अंतराल पर यह चक्र चलता आ रहा है।

वैसे 1825 के पहले 1815 और 1818 में भी इंगलैंड संकट के दौर से गुजर चुका था, लेकिन युद्ध समेत उसके कुछ दूसरे कारण भी थे। 1825 का संकट ही पहला सबसे बड़ा व्यावसायिक संकट था। दक्षिण अमेरिका के नये खुले बाजार में ऋण-पूँजी का व्यापक निवेश इस संकट की एक वजह बना। इस संकट के दौरान इंगलैंड के क़रीब 70 व्यावसायिक बैंक दिवालिया हो गये, बड़े पैमाने पर मंदी ने भारी बर्बादी मचाई और आसपास के कई पड़ोसी देश भी इसकी चपेट में आ गये।

बीसवीं सदी के प्रथम अर्धांश में, मीयादी संकट चक्रों से गुजरता यह औद्योगिक समाज लगभग पूरी तरह विध्वंस के कगार पर जा खड़ा हुआ—जीवन के हर क्षेत्र में। 1929 से शुरू हुई महामंदी दीर्घकाल तक घिसटती रही—यह उसका आर्थिक विनाश

था। बीस वर्षों के अंतराल पर पूँजीवादी देशों की आपसी प्रतिद्वंद्विता के कारण औद्योगिक पूँजीवाद के हृदयस्थल—युरोप—में और उसकी परिधि के रूप में पूरी दुनिया में, दो-दो विश्वयुद्धों ने जो भयानक बर्बादी और तबाही मचाई, उसने पूँजीवादी समाज को तार-तार कर रख दिया तथा उसे अपनी बची-खुची नैतिक आभा से भी वंचित कर दिया। युरोप में एक ओर फासीवाद-नाजीवाद के उग्र उत्थान, और दूसरी ओर रूस की क्रान्ति ने पूँजीवादी जनतंत्र के दावों को तथा एक राजनीतिक प्रणाली के रूप में उसकी अक्षमताओं को जगजाहिर कर दिया। क्वांटम क्रान्ति ने न्यूटोनियन विज्ञान को विस्थापित कर औद्योगिक पूँजीवाद के मूल वैज्ञानिक आधार को बदल दिया। कला और साहित्य के क्षेत्र में नई-नई धाराओं ने—चेतन-प्रवाह, जादुई यथार्थवाद, क्यूबिज्म, दादावाद, अतियथार्थवाद, प्रगतिवाद, पूरे विश्व में चल रहे राष्ट्रीय मुक्ति संग्रामों में अपनी-अपनी विशिष्टताएँ लिए विभिन्न औपनिवेशिक, अर्ध-औपनिवेशिक देशों में उभरे साहित्यिक-कला आन्दोलनों, आदि ने पूँजीवादी मूल्यों, आधुनिकतावादी छद्‌मों की बखिया उधेड़ दी और उसकी वीभत्स अहमन्यताओं को आईना दिखाया। कुल मिलाकर, बीसवीं सदी का प्रथम अर्धांश औद्योगिक पूँजीवाद का विनाशकाल बन गया। सिर्फ़ अमेरिका ही इस विनाश से बहुत हद तक बचा रहा।

इस महाविध्वंस के बाद तो आर्थिक उभार आना ही था। 1945-70 के पच्चीस साल की जिस अवधि को पश्चिमी दुनिया युद्धोत्तर पूँजीवाद का 'स्वर्णकाल' बताती है, क्या वह सचमुच स्वर्णकाल माना जाना चाहिए? महाविनाश पर आधारित इस आर्थिक उभार को स्वर्णयुग कहना उस महाविनाश का अमानवीय महिमामंडन है। वैसे, युद्धों और जनसंहारों का यह सिलसिला 1945-70 के बीच की अवधि में (और आजतक) हिन्द-चीन तथा लैटिन अमेरिका और अफ्रीका से लेकर पश्चिम एशिया तक निर्बाध रूप से जारी रहा।

बहरहाल, यह आर्थिक उभार भी सत्तर का दशक आते-आते मंदीस्फीति के भंवरजाल में फँस गया। 1973 के तेल संकट ने औद्योगिक पूँजीवाद की मुश्किलें और बढ़ा दीं। आर्थिक उभार की प्रक्रिया में अकूत अतिरिक्त पूँजी जमा हो गई जिसका औद्योगिक पूँजी के रूप में निवेश की सम्भावनाएँ दिनोंदिन सीमित होती गईं। इसी दौर में बड़े पैमाने पर पूँजी के वित्तीयकरण का दौर शुरू हुआ और शीघ्र ही यह वित्तीय पूँजी अपने उत्पादक आधार से पृथक् हो गई। इसी बीच विकास कर रहा ज्ञान-उत्पाद उत्पादक पूँजी के साथ जुड़कर [मुद्रा $\rightarrow$ माल (उत्पादन के साधन + श्रमशक्ति + सूचना-उत्पाद... उत्पादक पूँजी... माल^1 $\rightarrow$ मुद्रा^{1}] औद्योगिक पूँजी के तीव्र विकास में जहाँ भागीदार बना, वहीं उसने वित्तीय पूँजी के भी त्वरित वैश्विक विस्तार को आधार प्रदान किया।

सैन्यीकरण-वित्तीयकरण

युद्धोत्तर उभार के दौरान, उद्योग में निवेश की सीमित होती सम्भावना के बीच, अतिरिक्त पूँजी मुख्यतः दो क्षेत्रों में निवेशित हुई—सैन्य-उद्योग में और वित्त-बीमा-रीयल इस्टेट क्षेत्र में। सैन्य उद्योग में भारी निवेश पूँजी की आवयविक संरचना में भी वृद्धि करता जाता है। इसके अलावा, सैन्य उद्योग तथा उससे जुड़ी लॉबी का राष्ट्रों के बीच सच्चे-झूठे तनावों को बढ़ावा देने, सैन्य ख़तरों को बढ़ा-चढ़ाकर प्रचारित करने, क्षेत्रीय युद्धों को हवा देने, और यहाँ तक कि झूठे बहाने बनाकर युद्ध थोपने, आदि में निहित स्वार्थ होता है। वैसे, विनिमय की अर्थव्यवस्था जब स्थापित हो जाती है और विनिमय हमारे रोजमर्रे के अस्तित्व में, जीवन के हर क्षेत्र में रच-बस जाता है, तब स्थितियाँ कैसी भी क्यों न हों, युद्ध हो, गृहयुद्ध हो या कुछ भी, इस अर्थव्यवस्था का क्रियाव्यापार चलता रहता है। अमेरिका में 9/11 की घटना के बाद, 'आतंक के खिलाफ युद्ध' का सबसे बड़ा फायदा सैन्य-उद्योग को तो हुआ ही, निजी तथा सार्वजनिक सुरक्षा से जुड़ी कम्पनियों और सुरक्षा उपकरण बनानेवाले उद्योगों का भी अभूतपूर्व विस्तार हुआ। सार्वजनिक स्थलों पर सीसीटीवी कैमरे लगने लगे, सुरक्षा गार्डों की मांग में बेतहाशा वृद्धि हुई, सुरक्षा अलार्म तथा विशेष किस्म के सुरक्षा उपकरणों का न सिर्फ़ व्यवसाय बढ़ा, बल्कि वे जीवन के अभिन्न अंग बन गये। आतंकी खतरे बने रहने में इस उद्योग का निहित स्वार्थ हो जाता है—उसके विज्ञापन आपको हमेशा जीवन की अनिश्चितता के बारे में दार्शनिक उपदेश देंगे और अपने सुरक्षा उपकरणों को अनिश्चितता के वातावरण में निश्चिंत रहने का सबसे कारगर उपाय बताएंगे। जिन देशों में हमेशा गृहयुद्ध चलता रहता है, वहाँ निर्माण उद्योगों की विकास दर ज्यादा होती है। स्थितियाँ बदल जाने पर कारोबार भी बदल जाता है। (प्रसंगवश, योग और 'योगा किट' का कारोबार भी अब खरबों रुपयों का है। टेनिस, क्रिकेट या गोल्फ किट की तरह योगा किट पतंजलि का विनिमेय वस्तु में रूपान्तरण है।) बहरहाल, सैन्य उद्योग में निवेश भी गतिरोध से पार पाने के लिए पर्याप्त नहीं था। पूँजी की उच्च आवयविक संरचना में वृद्धि कालक्रम में असंतुलन ही पैदा करती है।

कुल मिलाकर, पूँजी अपनी संवृद्धि के लिए वित्तीयकरण पर ही अधिकाधिक निर्भर होती गई। इस क्षेत्र का तेजी से विस्तार हुआ, बचत के रूप में संचित सम्पत्ति का काफ़ी बड़ा अंश वित्तीय पूँजी के प्रबन्ध में आ गया और शेयर बाजार में निवेशित होने लगा। मजदूरों का पेंशन फंड इस पूँजी का एक बड़ा घटक बन गया, अनेक किस्म के वित्तीय उत्पाद बाजार में उतारे गये, इस क्षेत्र में रोजगार में भी वृद्धि हुई और एक तबका इसके जरिये समृद्ध भी हुआ। सामयिक रूप से इस क्षेत्र में मुनाफे की दर औसत से अधिक थी, इसीलिए इस क्षेत्र में पूँजी का प्रवाह भी तेज हुआ। 2010 तक अमेरिकी अर्थव्यवस्था में वित्तीय पूँजी का हिस्सा 8 फीसदी से भी ऊपर जा पहुँचा।

इंजीनियरिंग तथा विज्ञान के स्नातक भी वाल स्ट्रीट की ओर रुख करने लगे। वाल स्ट्रीट में एम आइ टी स्नातकों का अनुपात 2003 में जहाँ 18 प्रतिशत था, वहीं 2006 में बढ़कर वह 25 प्रतिशत हो गया।[14]

औद्योगिक पूँजी का लक्ष्य जहाँ सामाजिक रूप से उपलब्ध अतिरिक्त श्रम को अपने नियन्त्रण में लेना होता है, वहीं वित्तीय पूँजी सामाजिक रूप से उपलब्ध समस्त बचत को, यहाँ तक कि भावी बचत को भी, अपने नियन्त्रण में ले लेने को प्रवृत्त होती है। कम्प्यूटरों के आगमन ने शेयर पूँजी, ऋण पूँजी, हेज फण्ड, इनवेस्टमेंट बैंक, वायदा कारोबार, आदि अनेक रूपों में वित्तीय कम्पनियों को अभूतपूर्व विस्तार प्रदान किया। लेकिन थी तो यह बिना किसी उत्पादन-प्रक्रिया से गुजरे पूँजी से अधिक पूँजी बनानेवाली पूँजी ही। क्रयशक्ति में ठहराव और गिरावट की स्थिति में, उत्पादक आधार से मुक्त होकर यह प्रक्रिया (मुद्रा-मुद्रा[1]) स्वतन्त्र रूप से कितने दिनों तक टिक पाती? अमेरिका में 70 के दशक के बाद के दशकों में औसत उत्पादकता दर उसके पहले के दशकों की तुलना में गिर गई थी। उत्पादकता में ह्रास और वित्तीय पूँजी के विस्तार का यह पार्थक्य अधिक दिनों तक जारी नहीं रह सकता था—फलतः अपने उत्पादों के साथ वित्तीय पूँजी भी औंधे मुँह गिर गई।

बहरहाल, औद्योगिक-वित्तीय पूँजी के इस अतिसंक्षिप्त विवरण को हम कार्ल मार्क्स के इस उद्धरण से समाप्त करना चाहेंगे :

"...अगर पूँजी परिचलन की सतह पर आरम्भ में पूँजी के प्रतीक, मूल्य-सर्जक मूल्य की तरह प्रकट होती थी, तो अब वह फिर ब्याजी पूँजी के रूप में उसके सबसे परकीय तथा लाक्षणिक रूप की तरह प्रकट होती है। और इसलिए ज़मीन-किराया और श्रम-मजदूरी की तीसरी कड़ी के नाते पूँजी-ब्याज सूत्र भी पूँजी-लाभ की अपेक्षा कहीं अधिक संगत है, क्योंकि लाभ में अब भी उसके उद्गम की स्मृति बनी रहती है, जो ब्याज में सिर्फ़ मिट ही नहीं जाती है, बल्कि वह ऐसे रूप में भी आ जाता है, जो इस उद्गम के पूर्णतः विपरीत है।...

पूँजी-लाभ, बल्कि इससे भी बेहतर पूँजी-ब्याज, ज़मीन-किराया, श्रम-मजदूरी सूत्र में, मूल्य के घटकों तथा सामान्यतः सम्पत्ति और उसके स्रोतों के बीच सम्बन्ध के द्योतक इस आर्थिक त्रिक् में, पूँजीवादी उत्पादन-प्रणाली का पूर्ण गुह्यीकरण, सामाजिक सम्बन्धों का वस्तुओं में परिवर्तन, भौतिक उत्पादन-सम्बन्धों का अपने ऐतिहासिक तथा सामाजिक निर्धारण से प्रत्यक्ष संलयन प्रकट होता है। यह एक मायाबद्ध, विपर्यस्त, औंधा जगत है, जिसमें श्रीमान पूँजी (मांस्यू ल ' कैपिटल) और श्रीमती भूमि (मैडम ल ' टेरे) सामाजिक चरित्रों और साथ ही प्रत्यक्षतः मात्र वस्तुओं की तरह अपना प्रेत विहार करते हैं। इस मिथ्या आभास तथा भ्रांतियों को, सम्पत्ति के विभिन्न सामाजिक तत्वों की इस पारस्परिक स्वतंत्रता तथा अश्मीभवन को, वस्तुओं के इस मानवीकरण और उत्पादन सम्बन्धों के वस्तुओं में इस परिवर्तन को,

दैनन्दिन जीवन के इस विश्वास को नष्ट कर देना, यही क्लासिकी अर्थशास्त्र की महती देन है।...

उत्पादन सम्बन्ध किस प्रकार वस्तुओं में परिवर्तित हो जाते हैं और उत्पादन के कर्ताओं की सापेक्षता में स्वतंत्र हो जाते हैं, इसके वर्णन में हम इस बात को अलग रहने देते हैं कि किस तरह से विश्व बाजार, उसके संयोगों, बाजार दामों की गतियों, उधार की मीयादों, औद्योगिक तथा वाणिज्यिक चक्रों, समृद्धि तथा संकट के एकांतरणों के कारण अंतःसम्बन्ध उन्हें ऐसे दुर्दमनीय नैसर्गिक नियमों जैसे प्रतीत होते हैं, जो अपनी इच्छा को उन पर अप्रतिरोध्य रूप में थोप देते हैं और उनके सामने अन्ध-अनिवार्यता की तरह आते हैं। हम इसे इसलिए अलग रहने देते हैं कि प्रतिद्वंद्विता की वास्तविक गति हमारी परिधि के बाहर है और हमें सिर्फ़ पूँजीवादी उत्पादन प्रणाली के आंतरिक संगठन को उसके आदर्श औसत रूप में प्रस्तुत करने की ही जरूरत है।"[15]

मशीनीकरण की परिणति

मशीनीकरण के जरिए श्रमशक्ति की उत्पादकता बढ़ाकर अतिरिक्त मूल्य का विस्तार करने के बारे में हम पहले चर्चा कर चुके हैं। अब हम मशीनीकरण के स्वाभाविक विकास-क्रम में उत्पन्न स्थितियों, औद्योगिक उत्पादन-प्रणाली पर उसके प्रभाव तथा नई अर्थव्यवस्था के साथ उसके आवयविक अंतर्सम्बन्धों की चर्चा करेंगे। यहाँ हम मशीनीकरण की स्वाभाविक गति-प्रकृति के बारे में मार्क्स के विश्लेषण से ही प्रस्थान करेंगे :

"पूँजी की उत्पादन प्रक्रिया में समाहित कर लिए जाने के बाद श्रम के उपकरण विभिन्न कायान्तरणों से गुजरते हैं जिनकी परिणति मशीन है, अथवा कहना चाहिए कि, मशीनरी की एक स्वचालित प्रणाली है। (स्वचालित मशीनरी मशीनरी प्रणाली का सबसे मुकम्मल, सबसे परिपूर्ण रूप है और एकमात्र वही मशीनरी को एक प्रणाली में रूपान्तरित करती है)... अनेक यांत्रिक तथा बौद्धिक घटकों से युक्त इस स्वचालन में मजदूर महज उसकी सचेत कड़ियों के रूप में प्रस्तुत किए जाते हैं।... मजदूर की कार्यवाही का, कार्यवाही के महज अमूर्तन के रूप में निपात घटित होता है। उसकी कार्यवाही चारो ओर से मशीनरी की गति द्वारा निर्धारित और नियंत्रित होती है। अपनी रचना के जरिए विज्ञान मशीनरी के निर्जीव पुर्जों को स्वचालन के रूप में लक्ष्योन्मुख क्रिया के लिए बाध्य करता है, लेकिन यह विज्ञान मजदूर की चेतना में अस्तित्वमान नहीं होता। वह तो एक पराई शक्ति के रूप में, खुद मशीन की शक्ति के रूप में मशीन के जरिए उसपर क्रिया करता है।... उत्पादन प्रक्रिया अपनी नियामक एकता के रूप में श्रम की प्राबल्यवाली प्रक्रिया के अर्थ में एक श्रम प्रक्रिया नहीं रह जाती। श्रम तो बस एक सचेत घटक के रूप में, मशीनरी प्रणाली के अनेक स्थलों पर व्यक्ति मजदूरों के बीच बिखरे रूप में उपस्थित होता है।...

श्रम की उत्पादक शक्ति में इजाफा और आवश्यक श्रम का अधिकतम सम्भव निषेध पूँजी की अनिवार्य प्रवृत्ति है, यह हम पहले देख चुके हैं। श्रम के उपकरणों का मशीनरी में रूपान्तरण इसी प्रवृत्ति की उपलब्धि है।... (मशीनरी, वैसे तो ख़ुद संचित, मूर्त श्रम है, वस्तु रूप में मूल्य है, लेकिन वह ख़ुद स्थिर पूँजी के रूप में मूल्य-सर्जक भूमिका में उपस्थित होती है, जिसकी तुलना में श्रमशक्ति की मूल्य-सर्जक शक्ति दिनोंदिन क्षीण होती जाती है।) ज्ञान और कौशल के, सामाजिक मस्तिष्क की आम उत्पादक शक्तियों के संचय को, श्रम के विरुद्ध पूँजी में आत्मसात कर लिया जाता है, और वह पूँजी के, ख़ास तौर पर स्थिर पूँजी के (जिस हद तक बतौर उत्पादन के साधन वह उत्पादन प्रक्रिया में शामिल होता है) गुण के रूप में उपस्थित होता है। इस प्रकार, मशीनरी स्थिर पूँजी के सबसे परिपूर्ण रूप में, और... स्थिर पूँजी ख़ुद पूँजी के सबसे परिपूर्ण रूप में सामने आती है।... इसके अलावा, जहाँ तक मशीनरी समाज के विज्ञान के, सामान्यतः उत्पादक शक्ति के संचय के साथ विकसित होती है, आम सामाजिक श्रम ख़ुद को श्रम में नहीं, बल्कि पूँजी में प्रस्तुत करता है। मशीनरी आम तौर पर श्रम के औजार के रूप में, एक भौतिक वस्तु के रूप में अपना प्रत्यक्ष रूप खो देती है। वह स्थिर पूँजी हो जाती है और भौतिक रूप से पूँजी के रूप में मजदूर के आमने-सामने होती है। मशीनरी में, ज्ञान मजदूर के समक्ष एक बाहरी, पराई चीज़ के रूप में और सजीव श्रम आत्म-क्रियाशील मूर्त श्रम के अधीनस्थ के रूप में उपस्थित होता है। जिस हद तक उसका कार्य (पूँजी की) जरूरतों द्वारा निर्धारित नहीं होता, मजदूर उस हद तक फालतू प्रतीत होता है।... पूरी उत्पादन प्रक्रिया मजदूर के प्रत्यक्ष कौशल के अधीन सम्पन्न होती नहीं दिखती, बल्कि विज्ञान के तकनालॉजिकल प्रयोग के रूप में उपस्थित होती है। इस प्रकार, उत्पादन को एक वैज्ञानिक चरित्र प्रदान करना पूँजी की प्रवृत्ति है; प्रत्यक्ष श्रम इस प्रक्रिया में महज एक क्षण के रूप में परिणत हो जाता है।... (मजदूर का श्रम परिचालित पूँजी के बस एक गुण के रूप में सामने आता है और परिचालित पूँजी के रूप में पूँजी विभिन्न मजदूरों के बीच मध्यस्थ के रूप में पेश आती है।) ऐतिहासिक रूप से मशीनरी का प्रयोग ख़ुद फालतू हाथों की पूर्वापेक्षा करता है। मशीन का प्रवेश (श्रम को विस्थापित करने के लिए) ख़ुद नहीं होता है, जहाँ श्रमशक्ति की आपूर्ति जरूरत से ज्यादा हो। वह, जैसा कि अर्थशास्त्रीगण कल्पना करते हैं, श्रमशक्ति के अभाव की स्थिति में, श्रमिक की सहायता के लिए नहीं आता। पूँजी के अनुपात में जहाँ श्रमशक्ति का संकेन्द्रण जरूरत से ज्यादा होता है, मशीनरी वहीं स्थापित की जाती है, ताकि प्रचुर मात्रा में उपलब्ध श्रमशक्ति को अपनी जरूरी मात्रा तक ही सीमित रखा जाए।...

मशीनरी में, पूँजी द्वारा सजीव श्रम का आत्मसातीकरण एक प्रत्यक्ष यथार्थ की शक्ल ले लेता है। अव्वल तो सीधे विज्ञान से हासिल यांत्रिक और रासायनिक नियमों

का विश्लेषण और प्रयोग मशीन को वह काम करने में सक्षम बनाता है जो पहले मजदूरों द्वारा किया जाता था। बहरहाल, इस राह पर मशीनरी का विकास सिर्फ़ तब ही घटित होता है जब बड़े उद्योग अपने विकास की उच्चतर अवस्था में पहुँच चुके होते हैं, और सारा विज्ञान पूँजी की सेवा में हाजिर हो चुका होता है। दूसरे, जब उपलब्ध मशीनरी खुद पहले से ही विराट क्षमताएँ प्रदान करती होती है। तब अनुसंधान एक व्यवसाय बन जाता है। और प्रत्यक्ष उत्पादन में विज्ञान का प्रयोग खुद एक निर्धारक एवं अपेक्षित सम्भावना बन जाता है।

लेकिन यह वह राह नहीं है जिस पर चलकर मशीनरी का कमोबेश उद्भव हुआ—वह राह तो और भी नहीं जिस पर चलकर आगे उसका और विस्तार हो रहा है। वह राह तो विभाजन की है—श्रमविभाजन के जरिए मजदूरों के कार्य क्रमशः यांत्रिक क्रियाओं में अधिकाधिक रूपान्तरित होने लगे और एक ख़ास बिन्दु पर जाकर मशीनरी द्वारा उनकी जगह लेना सम्भव हो गया। इस प्रकार, कार्य की यह विशिष्ट प्रणाली यहाँ प्रत्यक्षतः मशीन की शक्ल में मजदूर से पूँजी में बदल जाने के रूप में प्रकट होती है, और इसप्रकार खुद उसकी श्रमशक्ति का अवमूल्यन घटित होता है। इसीलिए मशीनरी के खिलाफ मजदूरों का संघर्ष जन्म लेता है। मजदूर की सजीव सक्रियता मशीन की सक्रियता बन जाती है। इसप्रकार पूँजी द्वारा श्रम का आत्मसातीकरण मजदूर के समक्ष एक भोंडे कामुक रूप में अवतरित होता है; पूँजी श्रम को अपने आप में समा लेती है—'मानो उसका शरीर प्रेम के वशीभूत हो गया हो।' (गेएठे; 'फॉस्ट', पार्ट 1, एक्ट 5)

मूर्त श्रम के लिए सजीव श्रम का विनिमय—अर्थात पूँजी और श्रमशक्ति के अंतर्विरोध के रूप में सामाजिक श्रम की प्रस्तुति—मूल्य-सम्बन्ध और मूल्य पर आधारित उत्पादन का चरम विकास है। इसका आधार है सम्पत्ति के उत्पादन में निर्धारक कारक के रूप में नियोजित श्रम की मात्रा, प्रत्यक्ष श्रमकाल की अवधि। लेकिन बड़े उद्योग के विकास की एक सीमा के बाद, वास्तविक सम्पत्ति का निर्माण नियोजित श्रम की मात्रा और श्रमकाल पर कम-से-कम निर्भर होता जाता है। वह तो अधिकाधिक श्रमकाल के दौरान क्रियाशील की गई एजेन्सियों की शक्ति पर निर्भर होता जाता है। उन एजेन्सियों (मशीनरी) की 'शक्तिशाली क्षमता' भी अपने उत्पादन पर लगे प्रत्यक्ष श्रमकाल की तुलना में विज्ञान की आम स्थिति, तकनालॉजी की प्रगति अथवा उत्पादन में इस विज्ञान के प्रयोग पर अधिकाधिक निर्भर होती जाती है।... श्रम अब उत्पादन प्रक्रिया के अंदर भागीदार के रूप में उतना उपस्थित नहीं दिखता—मनुष्य की भूमिका चौकीदार के रूप में या उत्पादन-प्रक्रिया के नियंत्रक के रूप में अधिक नज़र आती है।... पराये श्रमकाल की चोरी, जिसपर मौजूदा सम्पत्ति आधारित है, खुद बड़े उद्योग द्वारा सृजित इस नयी सम्पत्ति के समक्ष दयनीय आधार साबित होती है। जैसे ही प्रत्यक्ष रूप में श्रम सम्पत्ति का विराट स्रोत नहीं रह जाता, श्रमकाल

उसका मापदण्ड भी नहीं रह पाता है और न ही उसे रहना चाहिए। उसी तरह उपयोग मूल्य के मापदण्ड के रूप में विनिमय मूल्य की भूमिका भी समाप्त हो जानी चाहिए। जनसमुदाय का अतिरिक्त श्रम सामान्य सम्पत्ति के विकास की शर्त नहीं रह जाता, और उसी तरह कुछ लोगों का श्रम से मुक्त रहना मानव मस्तिष्क की आम शक्तियों के विकास के लिए जरूरी नहीं रह जाता। इसके साथ ही विनिमय मूल्य पर आधारित उत्पादन भी विघटित हो जाता है।...

समाज के आवश्यक श्रम में न्यूनतम हद तक आम गिरावट और उसी के अनुरूप मुक्त हुए समय में, और निर्मित साधनों के साथ, (सभी के लिए) व्यक्ति का कलात्मक, वैज्ञानिक, आदि विकास... पूँजी खुद एक गतिशील अंतरविरोध है, इस अर्थ में कि एक ओर तो वह श्रमकाल को न्यूनतम हद तक कम करने का दबाव बनाती है, और दूसरी ओर उसी श्रमकाल को सम्पत्ति के एकमात्र मापदण्ड और स्रोत के रूप में प्रस्तुत करती है। इसीलिए वह आवश्यक रूप से श्रमकाल को कम करती जाती है ताकि फाजिल रूप में उसकी वृद्धि हो; बढ़ता हुआ फाजिल काल आवश्यक श्रमकाल के लिए—जीवन-मरण का प्रश्न—एक शर्त बन जाता है। एक ओर वह विज्ञान तथा प्रकृति की सारी शक्तियों का, सामाजिक संयोजन तथा सामाजिक सह-क्रिया का आवाहन करती है ताकि सम्पत्ति का सृजन (सापेक्ष रूप से) उस पर व्यतीत श्रमकाल से स्वतंत्र हो जाये। दूसरी ओर, वह इस प्रकार सृजित विराट सामाजिक शक्तियों के मापदण्ड के रूप में श्रमकाल का प्रयोग करना चाहती है और पहले ही सृजित मूल्य को मूल्य के रूप में बरकरार रखने के लिए जरूरी सीमाओं के भीतर ही उन सामाजिक शक्तियों को कैद रखना चाहती है। उत्पादन की शक्तियाँ और सामाजिक सम्बन्ध—सामाजिक व्यक्ति के विकास के दो भिन्न पक्ष—पूँजी के समक्ष महज साधन के रूप में अवतरित होते हैं और वे सीमित आधार पर उत्पादन के लिए पूँजी के महज साधन ही हैं। बहरहाल, वे इस आधार को दरअसल आसमान की ऊँचाइयों तक ले जाने की भौतिक स्थितियाँ हैं। 'सच्चा समृद्ध राष्ट्र वही है, जहाँ कार्यदिवस बारह घण्टे की जगह छः घण्टे है। सम्पत्ति अतिरिक्त श्रमकाल पर कमान हासिल करना नहीं है। (वास्तविक सम्पत्ति तो) फाजिल समय पर, प्रत्येक व्यक्ति और समूचे समाज के लिए, प्रत्यक्ष उत्पादन में आवश्यक समय के बाहर फाजिल समय पर नियंत्रण करना है।'....

प्रकृति कोई मशीन नहीं बनाती, न इंजन, न रेलगाड़ी, न विद्युत टेलीग्राफ, न स्वचालित यंत्र, आदि। वे मानवीय उद्यम के उत्पाद हैं; वे प्रकृति के ऊपर मानवीय इच्छा शक्ति के, अथवा प्रकृति में मानवीय भागीदारी के अंग के रूप में रूपान्तरित प्राकृतिक संसाधन हैं। वे मानवीय हाथों द्वारा सृजित मानव मस्तिष्क के साधन हैं। ज्ञान की शक्ति, मूर्तिमान। स्थिर पूँजी का विकास इस बात का सूचक है कि आम सामाजिक ज्ञान किस मात्रा में प्रत्यक्ष उत्पादन शक्ति बन गया है। और इसीलिए,

सामाजिक जीवन प्रक्रिया की स्थितियाँ खुद किस हद तक आम बुद्धि के नियंत्रण में आ चुकी है और उसके अनुरूप ढ़ल चुकी है।...

आम तौर पर समाज के लिए और समाज के प्रत्येक सदस्य के लिए आवश्यक श्रमकाल से अलग फाजिल समय का बड़ी मात्रा में सृजन (दूसरे शब्दों में, व्यक्ति की, और इसीलिए समाज की उत्पादक शक्तियों के पूर्ण विकास के लिए अवसर का सृजन) पूँजी के (विकास के) चरण में ऐसे फाजिल समय का सृजन, जो श्रमकाल नहीं है, सामने आता है। (पूँजी-पूर्व के) सभी समाजों में भी यह फाजिल (खाली) समय (जो श्रमकाल नहीं है) दिखाई देता है, लेकिन तब वह कुछ लोगों को ही उपलब्ध हुआ करता था। पूँजी ने इसमें जो योगदान किया है, वह है कला और विज्ञान के समस्त साधनों के द्वारा जनसमुदाय के अतिरिक्त श्रमकाल में वृद्धि, क्योंकि इसकी सम्पत्ति अतिरिक्त श्रमकाल के प्रत्यक्ष अपहरण में निहित है—उपयोग मूल्य नहीं, बल्कि (विनिमय) मूल्य हासिल करना ही इसका प्रत्यक्ष प्रयोजन है। इस प्रकार, (और इसके बावजूद), इसने सामाजिक रूप से फाजिल समय के साधनों के निर्माण में सहायक की भूमिका अदा की है, ताकि पूरे समाज के लिए श्रमकाल को न्यूनतम हद तक कम किया जा सके, और इसप्रकार अपने विकास के लिए सभी को मुक्त समय उपलब्ध हो सके। लेकिन इसकी प्रवृत्ति हमेशा, एक ओर, फाजिल समय का सृजन करने, तथा दूसरी ओर, इसे अतिरिक्त समय में बदलने की रही है। यदि वह पहले कार्य में बहुत ज्यादा सफलता हासिल करती है तो वह अतिउत्पादन का शिकार हो जाती है और तब आवश्यक श्रम भी बाधित हो जाता है, क्योंकि पूँजी कोई अतिरिक्त श्रम हासिल नहीं कर पाती। यह अंतरविरोध जितना ही बढ़ता जाता है, उतना ही ज्यादा यह स्पष्ट हो जाता है कि उत्पादक शक्तियों का विकास अब पराये श्रम के अपहरण के साथ बँधा नहीं रह सकता, कि मजदूरों को खुद ही अपने अतिरिक्त श्रम को अपने अधिकार में ले लेना होगा। एक बार यदि वे ऐसा कर लेते हैं तो फाजिल समय का विरोधमूलक अस्तित्व समाप्त हो जाएगा। तब, एक ओर, आवश्यक श्रमकाल सामाजिक व्यक्ति की आवश्यकताओं द्वारा मापा जाएगा, और दूसरी ओर, सामाजिक उत्पादन की शक्ति का विकास इतनी तेजी से होगा कि, यद्यपि अब सभी की सम्पत्ति के लिए उत्पादन की गणना होगी, तथापि सभी के लिए फाजिल समय में वृद्धि होगी, क्योंकि वास्तविक सम्पत्ति सभी व्यक्तियों की विकसित उत्पादक शक्ति है। सम्पत्ति का मापदण्ड तब किसी भी रूप में श्रमकाल नहीं रह जाएगा, बल्कि प्रयोज्य काल हो जाएगा।...

'अगर किसी देश का सम्पूर्ण श्रम पूरी आबादी के निर्वाह मात्र पर ही खर्च हो जाता है, तो अतिरिक्त श्रम जैसी किसी चीज़ का अस्तित्व ही नहीं होगा, और परिणामस्वरूप ऐसी कुछ चीज़ भी नहीं रहेगी, जिसे पूँजी के रूप में संचित किया जा सके। यदि एक साल में लोग दो साल के निर्वाह के लायक उत्पादन कर लेते हैं, तो एक साल लोग उत्पादक श्रम स्थगित कर सकते हैं। लेकिन अतिरिक्त उत्पाद

अथवा पूँजी के स्वामी ....लोगों को कुछ ऐसे काम में नियोजित कर देते हैं जो प्रत्यक्षतः और तात्कालिक रूप से उत्पादक नहीं है, जैसे मशीनरी की स्थापना। इस तरह यह प्रक्रिया चलती रहती है।'...

श्रमकाल की बचत खाली समय, यानी व्यक्ति के पूर्ण विकास के लिए समय, की वृद्धि के बराबर है।...प्रत्यक्ष उत्पादन-प्रक्रिया की स्थिति से इसे स्थिर पूँजी के उत्पादन के रूप में देखा जा सकता है, यहाँ स्थिर पूँजी ख़ुद मनुष्य है। बहरहाल, कहने की जरूरत नहीं कि बुर्जुआ अर्थशास्त्र के परिप्रेक्ष्य से जिस रूप में यह उपस्थित होता है, उस रूप में प्रत्यक्ष श्रमकाल ख़ुद खाली समय के निरपेक्ष विरोध में बरकरार नहीं रह सकता।... खाली समय—जो एक ही साथ फालतू समय और उच्चतर कार्यों के लिए समय भी है—अपने स्वामी को स्वभावतः एक भिन्न व्यक्ति में बदल देता है, और वह तब इस भिन्न व्यक्ति के रूप में प्रत्यक्ष उत्पादन प्रक्रिया में शामिल होता है।...

बुर्जुआ अर्थव्यवस्था की प्रणाली हमारे लिए जैसे क्रमिक रूप से विकसित हुई है, उसी तरह उसका निषेध भी, जो उसकी अन्तिम परिणति है। हमारा वास्ता अब भी प्रत्यक्ष उत्पादन प्रक्रिया से है। जब हम बुर्जुआ समाज को एक लम्बे फलक पर और सम्पूर्णता में देखते हैं तो सामाजिक उत्पादन की प्रक्रिया का अन्तिम परिणाम हमेशा ख़ुद समाज के रूप में उपस्थित होता है। स्थिर रूप वाला सब कुछ, जैसे उत्पाद, आदि महज एक क्षण के रूप में, इस गति की प्रक्रिया के विलुप्त होते क्षण के रूप में उपस्थित होता है। प्रत्यक्ष उत्पादन प्रक्रिया ख़ुद महज एक क्षण के रूप में अवतरित होती है। इस प्रक्रिया की स्थितियाँ और वस्तु-रूपों में उसके रूपान्तरण, समान रूप से, उसके क्षण ही हैं। व्यक्ति, (लेकिन) पारस्परिक सम्बन्धों में बँधे व्यक्ति ही इसके एकमात्र विषय हैं—इन सम्बन्धों को भी वे उसी तरह पुनरुत्पादित और नये सिरे से उत्पादित करते रहते हैं। यह उनकी अपनी गति की सतत् प्रक्रिया है, जिसमें वे ख़ुद अपने द्वारा सृजित सम्पत्ति की दुनिया का पुनर्नवीकरण करते हुए अपना पुनर्नवीकरण भी करते रहते हैं।...''[16]

मार्क्स की 'ग्रुंड्रिसे' (फरवरी 1858 से जून 1858 के आरम्भ के बीच लिखी गई नोटबुक VI और VII) के कुछ अंशों के लम्बे उद्धरण का अभिप्राय यह दिखलाना था कि किस तरह औद्योगिक उत्पादन-प्रणाली के विकास, मशीनीकरण ने, ख़ुद ऐसी वस्तुगत स्थितियाँ उत्पन्न कीं जिनपर आधारित होकर एक नई अर्थव्यवस्था खड़ी हो गई है। [हम पहले देख चुके हैं कि किस प्रकार यह नई अर्थव्यवस्था औद्योगिक-वित्तीय पूँजी के साथ जुड़कर आगे बढ़ी। पूँजी के परिचालन की प्रक्रिया में सूचना-उत्पादों के रूप में ज्ञान का निवेश मशीनीकरण (स्थिर पूँजी) के साथ जुड़कर अतिरिक्त मूल्य के विस्तार का नया स्रोत बन गया, और इस प्रकार अतिरिक्त मूल्य के स्रोत के रूप में श्रमशक्ति की भूमिका का और अवमूल्यन घटित हुआ। लेकिन शीघ्र ही यह

ज्ञान-उद्योग औद्योगिक-वित्तीय पूँजी से स्वतंत्र हो गया और उसने मुक्त समय तथा ज्ञान-उत्पादों के पारस्परिक विनिमय पर आधारित अर्थव्यवस्था के रूप में काफ़ी तेजी से विस्तार लाभ किया।]

ज्ञान अर्थव्यवस्था का आग़ाज़

नई अर्थव्यवस्था सामाजिक रूप से उपलब्ध खाली समय पर आधारित अर्थव्यवस्था है : एक ऐसी अर्थव्यवस्था जिसके स्वतंत्र विकास के लिए पर्याप्त आबादी मौजूद है; जो क्वांटम क्रांति-जनित उत्पादन के नये उपकरणों पर आधारित है; जिसने व्यक्तियों तथा समूहों की अभूतपूर्व वैश्विक सह-क्रिया का और उनकी सृजनात्मक क्षमता तथा प्रतिभा के विकास का आधार मुहैया किया है; जो सबसे तेजी से विकास लाभ कर रही है और सम्पत्ति पैदा कर रही है; जो अब वैश्विक अर्थव्यवस्था का महत्वपूर्ण घटक बन चुकी है; जो नये-नये सामाजिक सम्बन्धों तथा मूल्यों को जन्म दे रही है; और जो निस्सन्देह एक वर्ग-आधारित व्यवस्था ही है।

इस नई अर्थव्यवस्था के प्रतिनिधि व्यक्तियों के समक्ष इस व्यवस्था की सारवस्तु के बारे में कोई भ्रम नहीं है। स्टीव जोब्स अपने उत्पादों को लोगों के खाली समय की ऊब से निजात दिलानेवाले उपकरणों के रूप में ही देखते थे। 'नीरसता कौतुहल उत्पन्न करती है। कौतुहल से ही सारी चीज़ें जन्म लेती हैं।' जोब्स की इस उक्ति को आगे बढ़ाते हुए बेन मैकइनटायर लिखते हैं कि जोब्स ने ऐसे जिज्ञासुओं के लिए उपकरणों का आविष्कार किया। इन उपकरणों को 'नीरसता-विरोधी मशीनों' का चरम कहा जा सकता है। उपभोक्ताओं का काम यह जानना नहीं है कि वे क्या चाहते हैं। वे चाहते हैं आसानी से उपलब्ध ज्ञान, अंतहीन मनोरंजन, बस बटन दबाकर संगीत की एक पूरी लाइब्रेरी, एक टेलिफोन जो आपके सवालों का जवाब दे और एक टेबलेट जो आपके सामने पूरी दुनिया हाजिर कर दे।[17]

'ग्रुंड्रिसे' में इस तरह की अर्थव्यवस्था के विकास का पूर्वाभास (उपर्युक्त उद्ध रण की रोशनी में) आसानी से लक्षित किया जा सकता है। इस अर्थव्यवस्था और औद्योगिक अर्थव्यवस्था का फर्क भी मार्क्स रेखांकित करते हैं। वैसे इसके लिए वे मजदूरों द्वारा अपने अतिरिक्त श्रम को खुद अपने अधिकार में लेने की जरूरत भी पेश करते हैं (यह अवधारणा साम्यवादी समाज की अवधारणा से जुड़ी है)। बहरहाल, औद्योगिक पूँजी के अन्दरूनी अंतर्विरोधों के बावजूद तथा उसके साथ इस नई अर्थव्यवस्था ने अपना विकास लाभ किया है।

ज्ञान अर्थव्यवस्था में विनिमय मूल्य पर आधारित उत्पादन की तुलना में सेवा-शुल्कों पर आधारित सेवाएँ अधिक महत्व ग्रहण कर लेती हैं। सेवा और सेवा-शुल्क माल और (विनिमय) मूल्य नहीं हैं। विनिमय-मूल्य का आधार उत्पादक श्रम-काल है, जबकि सेवा-शुल्कों का आधार उपभोग के लिए उपलब्ध प्रयोज्य-काल है। सेवा

प्रदाताओं का उद्देश्य उपभोग के लिए सामाजिक रूप से उपलब्ध प्रयोज्य-काल के, खाली समय के ज्यादा-से-ज्यादा हिस्से पर नियंत्रण करना है। सूचना-संचार सेवाओं के विज्ञापनों की सारवस्तु भी यही है। जो सेवाएँ सामाजिक रूप से उपलब्ध प्रयोज्य काल के सबसे अधिक हिस्से का नियंत्रण करती है, उन सेवाओं का शुल्क न्यूनतम हद तक कम होने अथवा शून्य होने की ओर प्रवृत्त होता है। दूसरे शब्दों में, सामाजिक रूप से उपलब्ध प्रयोज्य काल की अवधि अगर सम्बन्धित सेवा के लिए कम है तो सेवा-शुल्क अधिक होगा और अगर उपर्युक्त अवधि ज्यादा है तो सेवा-शुल्क कम होगा—यहाँ तक कि वह सेवा मुफ़्त में भी उपलब्ध होगी। सेवा-शुल्क सामाजिक रूप से उपलब्ध प्रयोज्य-काल में सम्बन्धित सेवा के हिस्से का व्युत्क्रमानुपाती होता है। सेवा-शुल्क यदि शून्य है, अर्थात् अगर सेवा मुफ़्त है तो इसका मतलब है कि सामाजिक रूप से उपलब्ध प्रयोज्य-काल में उसका हिस्सा अनन्त है—अनन्त से तात्पर्य यह है कि सामाजिक उत्पादकता में वृद्धि के साथ-साथ सामाजिक रूप से उपलब्ध प्रयोज्य-काल में भी निरन्तर वृद्धि होती रहेगी और इस निरन्तर वृद्धि में सम्बन्धित सेवा का हिस्सा भी निरन्तर विस्तार पाता रहेगा।

सामाजिक रूप से उपलब्ध खाली समय में अपनी हिस्सेदारी सुनिश्चित करने के लिए अनेक सेवाओं का आगाज़ मुफ़्त सेवाओं के रूप में ही होता है, लेकिन अगर वे खाली समय में अपनी हिस्सेदारी सुनिश्चित नहीं कर पातीं तो उन्हें अपना बोरिया-बिस्तर समेटना पड़ता है।

इस खाली समय में अपनी हिस्सेदारी का निरन्तर विस्तार करने तथा इसके लिए सामाजिक रूप से उपलब्ध इस खाली, मुक्त समय का निरन्तर प्रसार करने, दुनिया में प्रत्येक व्यक्ति के पास जो भी खाली समय है, उस तक अपनी पहुँच बनाने के लिए सूचना-संचार सेवाएँ प्रदान करनेवाली कम्पनियाँ राज्य की मदद से, राज्य की 'कल्याणकारी योजनाओं' के अंग के रूप में सूचना-संचार उपकरणों को सर्वसुलभ करने पर जोर देती हैं—मोबाइल, लैपटॉप, आदि का मुफ़्त वितरण इसी प्रक्रिया का अभिन्न अंग है।

मनुष्य का यह 'अवारा' मुक्त काल और उस मुक्त काल के दौरान की जानेवाली क्रियाएँ मानवजाति के इतिहास में अन्वेषण, आविष्कार तथा नवाचार का मौलिक स्रोत रही हैं। इसीलिए इस अवारा काल पर आधारित अर्थव्यवस्था ज्ञान अर्थव्यवस्था कहलाती है। अपनी संक्षिप्त अवधि में ही इस युग ने जिस तरह नये ज्ञान का, नये अनुसंधान-अन्वेषण-आविष्कार का सूत्रपात किया है, उसकी मानवजाति के इतिहास के किसी काल से तुलना नहीं की जा सकती है।

इस ज्ञान अर्थव्यवस्था के राजस्व के कई स्रोत हैं। यहाँ तक कि मुफ़्त सेवाएँ प्रदान करने वाली कम्पनियों के राजस्व के भी। मुफ़्त सेवाएँ प्रदान करने वाली कार्यशील कम्पनियों का उपलब्ध खाली समय के एक बड़े हिस्से पर नियंत्रण होता है

और यह हिस्सा निरन्तर विकासमान होता है। अगर किसी कम्पनी द्वारा प्रदत्त सेवा का 75 करोड़ लोग प्रतिदिन दो घण्टे उपयोग कर रहे हैं, अर्थात् उस सेवा के इर्द-गिर्द 75 करोड़ लोगों का एक वर्चुअल समाज बन रहा है, तो आखिर कौन होगा जो इस समाज की अवहेलना करेगा–यह वर्चुअल समाज विज्ञापनदाताओं का सबसे मनपसंद मुकाम होगा। इस प्रकार सेवा प्रदाता कम्पनियों के राजस्व का एक बड़ा स्रोत विज्ञापनों से प्राप्त राजस्व है।

सेवा प्रदाता कम्पनियाँ अपनी सेवाओं के जरिए उपभोक्ताओं के लिए आर्थिक क्रियाकलापों के अनेक दरवाजे खोल देती हैं। अपने उपभोक्ताओं के खाली समय की उद्यमिता को उन्मुक्त कर और उन्हें अपनी उद्यमिता से आमदनी के अवसर उपलब्ध कराकर मुफ़्त सेवा प्रदान करनेवाली कम्पनियाँ सहायक आर्थिक क्रियाकलापों से भी अच्छा-ख़ासा राजस्व अर्जित करती हैं। मूल सेवा मुफ़्त होने पर भी उस मूल सेवा से निःसृत अन्य अनेक सेवाएँ मुफ़्त नहीं होतीं।

मूलभूत सेवाएँ आत्म-प्रसरणशील सेवाएँ होती हैं, यानी उन सेवाओं की सार्थकता ही अन्य अनेक सेवाओं के उद्घाटन में है। इसलिए लोग इन मूलभूत सेवाओं को मूलभूत अधिकारों के रूप में हासिल करना चाहते हैं। नेट-कनेक्टिविटी के अधिकार/डिजिटल अधिकार की मांग को इसी संदर्भ में देखना चाहिए। बहरहाल, मूलभूत तथा सहायक सेवाएँ भी जड़ श्रेणियाँ नहीं हैं। कालक्रम में अनेक सहायक सेवाएँ भी मूलभूत सेवाओं के दायरे में आ जाती हैं। सेवा तथा सेवा-शुल्कों के अर्थशास्त्र का सामग्रिक अध्ययन अभी भी बाकी है। यहाँ हमने इस बाबत कुछ मूलभूल लाक्षणिकताओं का ही वर्णन किया है।

कहने की जरूरत नहीं कि यह अर्थव्यवस्था औद्योगिक उत्पादन-प्रणाली के अंतर्गत उत्पादक शक्तियों के विकास की एक ख़ास अवस्था की पूर्वापेक्षा करती है। यह बात खुद अतीत में विकसित आर्थिक प्रणालियों पर भी लागू होती है। "पूँजीवादी उत्पादन-प्रणाली का वैज्ञानिक विश्लेषण यह दिखलाता है कि यह विशिष्ट ऐतिहासिक लक्षणों से युक्त एक विशेष प्रकार की उत्पादन-प्रणाली है; कि किसी भी अन्य उत्पादन-प्रणाली की ही भांति यह अपनी ऐतिहासिक पूर्वापेक्षा के नाते सामाजिक उत्पादक शक्तियों और उनके विकास के रूपों के एक प्रदत्त स्तर की पूर्वकल्पना करती है : ऐसी पूर्वापेक्षा, जो स्वयं एक पूर्ववर्ती प्रक्रिया का ऐतिहासिक परिणाम और उत्पाद है और जिससे अपने प्रदत्त आधार के नाते नयी उत्पादन-प्रणाली निःसृत होती है; कि इस विशिष्ट, इतिहासतः निर्धारित उत्पादन-प्रणाली के अनुरूप उत्पादन-सम्बन्ध–सामाजिक जीवन की प्रक्रिया के दौरान और अपने सामाजिक जीवन के निर्माण में लोगों में बनने वाले सम्बन्ध–एक विशिष्ट, ऐतिहासिक और अस्थायी स्वरूप रखते हैं;...[18]

अनेक लोग बहुसंख्यक आबादी के पुराने उत्पादन-सम्बन्धों से जुड़े रहने, गरीबी,

आदि का हवाला देकर इस नयी अर्थव्यवस्था के उत्थान के तथ्य को मानने से इनकार करते हैं। बहरहाल, युरोप में जब औद्योगिक उत्पादन-प्रणाली का उत्थान हो रहा था, तब (शताब्दियों तक) कृषक आबादी ही बहुसंख्या में थी। किसी भी नयी आर्थिक प्रणाली की खासियत आरम्भ में उससे जुड़ी आबादी नहीं, बल्कि धन पैदा करने की उसकी क्षमता होती है। नई आर्थिक प्रणाली में अपनी पिछली प्रणालियों की तुलना में सम्पत्ति सृजन की क्षमता काफ़ी अधिक होती है।

नई अर्थव्यवस्था औद्योगिक अर्थव्यवस्था के मूलभूत अंतरविरोधों के समाधान के जरिए अस्तित्व में नहीं आई, बल्कि उन अंतरविरोधों और संकटों के बावजूद आयी। अतीत में कृषि समाज हो या औद्योगिक समाज, वे अपने-अपने पूर्ववर्ती समाजों के अंतरविरोधों और संकटों का समाधान कर नहीं आए थे, बल्कि उनके साथ आए थे और लम्बे समय तक उनके साथ बने रहे। पूँजीवादी उत्पादन प्रणाली, अपने विकास-क्रम में युरोप में तथा विश्व भर में शताब्दियों तक सामन्ती कृषि सम्बन्धों के साथ तालमेल बिठाकर और, यहाँ तक कि, दास-श्रम का बड़े पैमाने पर उपयोग कर चलती रही। यही बात गरीबी के साथ भी है। पूँजीवादी उत्पादन-प्रणाली के विकास-क्रम में भी विकसित पूँजीवादी देशों में तीव्र औद्योगिक विकास के बावजूद लम्बे समय तक गरीबी कमोबेश ज्यों-की-त्यों बनी रही। ब्रिटेन का ही उदाहरण दिया जा सकता है। 1846 में अनाज कानून रद्द किया जा चुका था और औद्योगिक पूँजी का प्रभुत्व स्थापित हो चुका था। दस वर्षीय मीयादी संकट-चक्र के क्रम में 1847-49 की मंदी भी बीत चुकी थी, और 1849 से औद्योगिक उभार का नया दौर शुरू हो गया था—और जैसा कि कमोबेश नियम है, यह नया उभार मंदी-पूर्व की समृद्धि की उच्चतम अवस्था से आरम्भ हुआ था। मंदी का अगला दौर (1858) अभी दस वर्ष दूर था। अभूतपूर्व औद्योगिक उभार से गुजर रहे ब्रिटेन के पास तब भारत जैसे विशाल देश समेत विश्व भर में फैले अनेकों उपनिवेश थे, वह सर्वप्रमुख आर्थिक-राजनीतिक विश्व-शक्ति था। इतना ही नहीं, कम आबादी वाला देश होने के बावजूद हर साल उसके हजारों-लाखों नागरिक ऑस्ट्रेलिया, न्यूजीलैंड, कनाडा के उपनिवेशों तथा संयुक्त राज्य अमेरिका में जा बस रहे थे। 1844-58 के बीच ऐसे लोगों की संख्या थी 34,19,048! इन स्थितियों के बावजूद अत्यन्त दयनीय स्थितियों में जीवन गुजार रहे गरीबों की संख्या लगभग स्थिर बनी हुई थी। 1849 में ऐसे गरीबों की संख्या थी 9,34,419 और 1858 में 9,08,186—मात्र 26,233 कम। 1853 में यह संख्या घटकर 7,98,822 हो गई थी, और अगर इसे आधार बनाया जाये, तो गरीबों की संख्या में 1858 आते-आते 1,09,364 की वृद्धि ही हुई थी। उपर्युक्त आंकड़ों की पृष्ठभूमि में कार्ल मार्क्स लिखते हैं—समाज व्यवस्था की बुनियाद में ही ऐसी कुछ सड़ी हुई चीज़ अवश्य है जिसके परिणामस्वरूप सम्पत्ति में बेशुमार वृद्धि के बावजूद गरीबी घट नहीं रही है। यह कैसी समाज व्यवस्था है जो अपनी गरीबी में गिरावट लाये बिना अपनी

सम्पत्ति में इजाफा करती जा रही है?[19]

कुल मिलाकर, औद्योगिक-वित्तीय पूँजी की आर्थिक प्रणाली में अपनी जगह बनाते हुए ही नई ज्ञान अर्थव्यवस्था का विकास हुआ। युद्धोत्तर अर्थव्यवस्था के पहले चरण में इलेक्ट्रॉनिक उपकरणों के निर्माण और उपयोग में तेजी से वृद्धि हुई। टेलीविजन का पहला प्रदर्शन न्यूयार्क के ए टी एण्ड टी बेल टेलिफोन लेबोरेटरीज में 7 अप्रैल, 1927 को हुआ था—अमेरिका के तत्कालीन वाणिज्य सचिव हर्बर्ट हूवर के चित्र और आवाज़ को वाशिंगटन डी सी से न्यूयार्क सिटी में सीधा प्रसारित किया गया। लेकिन अमेरिका में टेलीविजन की व्यावसायिक प्रसारण सेवा 29 साल बाद 19 जून, 1946 को ही शुरू हो पाई—पहला शो था जो लुई और बिली कॉन के बीच हैवीवेट बॉक्सिंग चैम्पियनशिप का मुकाबला और प्रायोजक था जिल्लेट। 1980 और 1990 के दशकों में ही विश्वव्यापी पैमाने पर टेलीविजन सेवा का विस्तार हुआ। जीवन के विभिन्न क्षेत्रों में इलेक्ट्रॉनिक उपकरणों के बढ़ते प्रयोग के बीच, साठ और सत्तर के दशक में जापान का उत्थान हुआ—ऑटोमोबाइल और टेलीविजन, म्युजिक सिस्टम, आदि से लेकर बच्चों के खिलौनों तक उसके इलेक्ट्रॉनिक उपकरण दुनिया भर में छा गये। वह दुनिया की दूसरी सबसे बड़ी अर्थव्यवस्था बन गया, और एक समय तो ऐसा भी लगा कि वह अमेरिका को भी पीछे छोड़ देगा। 1990 का दशक आते-आते उसकी अर्थव्यवस्था गतिरोध में फँस गयी और आज तक उससे उबर नहीं पाई है। (प्रसंगवश, किसी भी बड़ी औद्योगिक अर्थव्यवस्था के गतिरुद्ध होने का मतलब यह नहीं लगाना चाहिए कि सब कुछ खत्म हो गया। गतिरोध के कारण गरीबी तथा बेरोजगारी अवश्य बढ़ जाती है, लेकिन ये अर्थव्यवस्थाएँ इतनी विशाल होती हैं कि उनका सामान्य आत्म-पुनरुत्पादन भी समाज के सामाजिक-आर्थिक जीवन को कुछेक नुकसान के साथ क्रियाशील बनाये रखता है। क़रीब बीस वर्षों से कमोबेश गतिरुद्ध रहने के बावजूद जापान अभी भी तीसरी सबसे बड़ी अर्थव्यवस्था बना हुआ है, कि वह अभी भी अन्य अनेक देशों की तुलना में काफ़ी समृद्ध है। ऐसी बड़ी अर्थव्यवस्थाओं के लिए ढाई-तीन फीसदी विकास दर अच्छी मानी जाती है।)

बहरहाल, ज्ञान अर्थव्यवस्था की खिनाख़्त इन इलेक्ट्रॅनिक उपकरणों से नहीं की जाती है। ये उपकरण इस अर्थव्यवस्था के आगमन का संकेत तो देते हैं, लेकिन उसका आगाज़ इंटरनेट से, और आगे चलकर पर्सनल कम्प्यूटर तथा वर्ल्डवाइडवेब से हुआ माना जाता है (पीटर ड्रकर इंटरनेट से ही नये ज्ञान युग की शुरुआत मानते थे)।

यूनिवर्सिटी ऑफ कैलिफोर्निया लॉस एंजेल्स के दो स्नातक छात्रों, स्टीफन क्रोकर और विंटोन सर्फ ने दो बड़े कम्प्यूटरों को 15 फीट लम्बे केबुल से जोड़कर और डाटा आदान-प्रदान करने की नई विधि की परीक्षा कर 2 सितम्बर, 1969 को इंटरनेट के

युग का सूत्रपात किया था। वैसे कम्प्यूटरों के वैश्विक नेटवर्क का प्रस्ताव सर्वप्रथम 1962 में एम आइ टी के जे सी आर लिकलाइडर ने रखा था और इसको कार्यरूप देने के लिए वे डिफेंस एडवांस्ड रिसर्च प्रोजेक्ट्स एजेंसी (डी ए आर पी ए) से जुड़ गए थे। इंटरनेट कनेक्संस के आधार के रूप में पैकेट स्वीचिंग के सिद्धान्त का विकास लियोनार्ड क्लिनरॉक ने किया था। (दुनिया का पहला पैकेट स्वीचिंग नेटवर्क अप्रानेट था।) माइक्रोसॉफ्ट की स्थापना 1975 में हुई।

पोर्टेबल फोन का विचार वैसे तो ए टी एण्ड टी ने 1947 में ही पेटेंट करा लिया था, लेकिन मोबाइल फोन के आविष्कार का श्रेय मोटोरोला के सिस्टम्स डिवीजन के पूर्व महाप्रबन्धक मार्टिन कूपर को दिया जाता है। अप्रैल 1973 में उन्होंने अपने सेलफोन से पहला कॉल अपने प्रतिद्वन्द्वी बेल लेबोरेटरीज के रिसर्च प्रमुख जोएल एंगेल को किया था।

12 अगस्त, 1982 को आइ बी एम ने पहला पर्सनल कम्प्यूटर जारी किया। उसी वर्ष एडम ओसबोर्न ने लैपटॉप का आविष्कार किया। 1989 में टिम बर्नर-ली ने वर्ल्डवाइडवेब की नींव रखी, वैसे वेब का व्यावसायिक उपयोग 1991 से आरम्भ हुआ।

17

ज्ञान का अर्थ

दिल चाहता है फुरसत के रात दिन

प्रत्येक दिन हमारा समय सामान्यतः दो भागों में बंटा होता है। पहला, अपने जीविकोपार्जन में, किसी-न-किसी रोजगार में बिताया गया समय; और दूसरा, खाली समय, हमारा अपना मुक्त समय, फुरसत अथवा अवकाश का समय। अपने जीविकोपार्जन के लिए हम जो रोजगार करते हैं, प्रायः वह हमारा मनचाहा काम नहीं होता, मजबूरी में ही किया गया काम होता है। हम चाहते हैं कोई नया उपकरण बनाना, लेकिन मजबूरी में हमें किसी कारखाने में नीरस, यांत्रिक कार्य में दिन बिताना पड़ता है। हम चाहते हैं विज्ञान में शोध करना, लेकिन जीविकोपार्जन के लिए हमें किसी सरकारी दफ्तर में सहायक की नौकरी करनी पड़ती है। समाज में सभी लोग चित्रकारी की हमारी रुचि और प्रतिभा की दाद देते थकते नहीं, लेकिन पुलिस में भर्ती होने के लिए मैदान का चक्कर लगाते-लगाते हमें बेहोश होकर गिरना पड़ता है। किसी को ढोलक बजाते देखकर हमारे अंदर संगीत का न मालूम कौन-सा नशा छा जाता है, लेकिन अपने देश से दूर एक महानगर में एक ड्राइवर के पास बजाने के लिए सिर्फ़ हॉर्न ही होता है। शिक्षक या पत्रकार के रूप में अगर हमें अपनी मनचाही नौकरी मिल भी जाए, तब भी हम वह नहीं पढ़ा पाते या लिख पाते जो हम पढ़ाना या लिखना चाहते हैं।...

बहरहाल, अपने जीविकोपार्जन के लिए, रोजगार में मजबूरी में बिताए गए समय को ही आवश्यक, उत्पादक श्रम-काल कहा जाता है। क्या वह सचमुच उत्पादक श्रम-काल है? जाहिर है, नहीं। मानवजाति का, और व्यक्ति का, वास्तविक उत्पादक काल तो उसका फुरसत अथवा अवकाश का काल ही है, क्योंकि इसी फुरसत काल में वह बिना किसी बाध्यता के अपनी स्वतंत्र सृजनशीलता को साकार कर सकता है अथवा करता है। इतिहास में अब तक यह अवसर अत्यन्त सीमित लोगों को ही प्राप्त रहा है।

मानवजाति में आरम्भ से ही अपने जीविकोपार्जन में बिताए गए समय को कम-से-कम करने तथा अपने फुरसत-काल का विस्तार करने की प्रवृत्ति रही है।

लेकिन जन-समाज के विघटन के बाद से जो समाज-व्यवस्थाएँ रही हैं, उनमें बहुसंख्यक आबादी के बाध्यतामूलक श्रम-काल की बुनियाद पर आबादी का अत्यन्त अल्पसंख्यक समूह ही फुरसत-काल का उपभोग करता रहा है।

कृषि समाज के भूस्वामियों तथा औद्योगिक समाज के पूँजीपतियों के लिए यह खाली समय अनुत्पादक समय और खाली समय में किया गया सारा कार्य अनुत्पादक कार्य होता है। लेकिन सच्चाई इसके ठीक उलट है। कृषि और औद्योगिक समाज का बाध्यतामूलक कार्य ही दरअसल मानवजाति की उत्पादकता को पूरी तरह से सामने आने से रोके रहा है। मानवजाति की प्रतिभा का, उसकी सृजन-क्षमता का वास्तविक विस्फोट इस बाध्यतामूलक कार्य से मुक्ति और मुक्त समय के विस्तार से ही साकार हो सकता है। कृषि तथा औद्योगिक उत्पादन-प्रणाली के स्वामियों ने अपने श्रमिकों को इस 'बाध्यतामूलक, अतिरिक्त सम्पत्ति पैदा करने वाले श्रम-काल' से इतर किसी खाली समय से वंचित रखने के लिए कितने मुहावरे गढ़े, कितने मूल्य थोपे और कितने विधि-विधानों से दण्ड-अनुशासन की व्यवस्था की। कहा जाता है 'खाली समय शैतान का घर होता है'; खाली समय में श्रमिकों के जो भी क्रियाकलाप होते हैं, उसे 'अवारगी' की संज्ञा दी जाती है और अवारगी पर अंकुश के लिए कठोर दण्ड नियत किए गए हैं। शताब्दियों से लोगों को आजीवन—बचपन से वृद्धावस्था तक—भूमि और पूँजी के स्वामियों के हित में मानसिक रूप से इसी तरह गढ़ने की कोशिश की गई कि उन्हें 'बाध्यतामूलक काम ' ही अपना उत्पादक काम लगे और वे 'स्वेच्छा' से अपना बचा-खुचा समय भी उसी काम के हवाले करते रहें—मजदूरों को बैठने की फुरसत नहीं देनी चाहिए और किसी-न-किसी 'काम' में उलझाए रखना चाहिए। इस तरह, 'काम के प्रति समर्पित' लोगों को 'आदर्श' के रूप में पेश किया जाता। (बाध्यतामूलक) काम का महिमामंडन और खाली समय का कठोर नियमन-नियंत्रण! बहरहाल, 'शैतानियों' का, 'अवारागर्दी' का क्षण ही आम मेहनतकश लोगों का सबसे आनन्द का सृजनात्मक क्षण होता।

मानव समाज के अनेक चित्रणों में बाध्यतामूलक काम से मुक्ति और मुक्त समय के विस्तार के, आवश्यकता के राज से मुक्ति के राज में प्रवेश के सपने देखे गए। एक ऐसे समाज की कल्पना की गई जहाँ उत्पादकता में वृद्धि के कारण मनुष्य अत्यन्त कम समय में ही अपनी जरूरतों के लायक उत्पादन कर लेगा, समाज में पर्याप्त उत्पादन होगा और लोगों के पास निजी सपनों-क्षमताओं को साकार करने का पर्याप्त मुक्त समय।

"अपनी सभी पूर्ववर्तियों की भाँति पूँजीवादी उत्पादन-प्रणाली भी निश्चित भौतिक अवस्थाओं के अंतर्गत चलती है, लेकिन जो, साथ ही, उन निश्चित सामाजिक सम्बन्धों की वाहक भी होती है, जिनमें व्यक्ति अपने जीवन का पुनरुत्पादन करने वाली प्रक्रिया में आ जाते हैं। इन सम्बन्धों की ही भांति ये अवस्थाएँ एक ओर

तो पूँजीवादी उत्पादन प्रणाली की पूर्वापेक्षाएँ हैं, और दूसरी ओर, उसके परिणाम तथा उपज हैं; ये उसके द्वारा उत्पादित तथा पुनरुत्पादित की जाती हैं। हमने यह भी देखा था कि पूँजी और पूँजीपति मात्र मूर्त पूँजी ही है और उत्पादन प्रक्रिया में केवल पूँजी के अभिकर्ता के नाते ही कार्य करता है—अपने अनुरूप सामाजिक उत्पादन प्रक्रिया में प्रत्यक्ष उत्पादकों, अथवा श्रमिकों से अतिरिक्त श्रम की एक निश्चित मात्रा खींच निकाल लेती है; पूँजी यह अतिरिक्त श्रम समतुल्य के बिना प्राप्त करती है और सारतः वह सदा बलात् श्रम बना रहता है—फिर चाहे वह कितना ही स्वतंत्र संविदात्मक समझौते से उत्पन्न क्यों न प्रतीत हो। यह अतिरिक्त श्रम अतिरिक्त मूल्य की तरह प्रकट होता है, और इस अतिरिक्त मूल्य का अस्तित्व अतिरिक्त उत्पाद के रूप में होता है। सामान्यतः अतिरिक्त श्रम का नियत आवश्यकताओं के अलावा निष्पन्न किए गए श्रम की तरह बना रहना सदा अनिवार्य है। पूँजीवादी व्यवस्था और इसी प्रकार दास व्यवस्था, आदि के अंतर्गत यह बस एक विरोधी रूप ग्रहण कर लेता है और समाज के एक संस्तर की पूर्ण निष्क्रियता इसकी अनुपूरक हो जाती है।... यह पूँजी के सभ्यता-प्रसारक पहलुओं में एक है कि वह इस अतिरिक्त श्रम का इस प्रकार और ऐसी अवस्थाओं के अंतर्गत प्रवर्तन करती है जो उत्पादक शक्तिओं, सामाजिक सम्बन्धों के विकास और दास प्रथा, भूदासत्व, आदि के पूर्ववर्ती रूपों की तुलना में नये तथा उच्चतर रूप के लिए तत्वों के सर्जन के वास्ते अधिक अनुकूल होती है। इस प्रकार यह, एक ओर, एक ऐसे चरण को जन्म देती है, जिसमें समाज के एक हिस्से द्वारा दूसरे हिस्से के मोल जोर-जबर्दस्ती और सामाजिक विकास के एकाधिकरण (उसके भौतिक तथा बौद्धिक लाभों सहित) का खात्मा हो जाता है; दूसरी ओर, यह भौतिक साधनों तथा प्रारम्भिक अवस्थाओं का निर्माण करके समाज के उच्चतर रूप में इस अतिरिक्त श्रम का सामान्यतः भौतिक श्रम पर लगनेवाले समय की और अधिक कमी के साथ संयोग सम्भव बनाती है।... इस सूरत में यह श्रम-उत्पादकता पर निर्भर करता है कि एक निश्चित काल में, अतः एक निश्चित अतिरिक्त श्रम-काल में भी, कितने उपयोग मूल्य का उत्पादन होगा। इसलिए समाज की वास्तविक सम्पदा और उसकी पुनरुत्पादन प्रक्रिया का निरन्तर प्रसार करने की सम्भावना अतिरिक्त श्रम की मीयाद पर नहीं, बल्कि उसकी उत्पादकता पर और उसके निष्पादित किए जाने की न्यूनाधिक विपुल उत्पादन अवस्थाओं पर निर्भर करती है। वास्तव में स्वतंत्रता के अधिक्षेत्र का आरम्भ वहीं से होता है, जहाँ आवश्यकता और ऐहिक कारकों द्वारा निर्धारित श्रम बंद हो जाता है; अतः स्वाभाविकतया ही वह वास्तविक भौतिक उत्पादन के क्षेत्र के बाहर है। जिस प्रकार जंगली आदमी को अपनी आवश्यकताओं को तुष्ट करने के लिए, अपने जीवन के रक्षण तथा पुनरुत्पादन के लिए प्रकृति से जूझना होता है, इसी प्रकार सभ्य मानव को भी करना होता है और ऐसा उसे सभी सामाजिक संरचनाओं में और सभी सम्भव उत्पादन प्रणालियों के अंतर्गत करना होता

है। उसके विकास के साथ भौतिक आवश्यकता का यह अधिक्षेत्र उसकी जरूरतों के परिणामस्वरूप बढ़ता जाता है, लेकिन साथ ही वे उत्पादक शक्तियाँ भी बढ़ती जाती हैं, जो इन जरूरतों की तुष्टि करती हैं। इस क्षेत्र में स्वतंत्रता सामाजिक मानव में, प्रकृति के साथ अपने अंतर्विनिमय का युक्तिसंगत विनिमयन करने वाले, प्रकृति की अंधशक्तियों की भांति उसके द्वारा शासित होने के बजाए उसे अपने संयुक्त नियंत्रण के अधीन लाने वाले, और इसकी शक्ति के न्यूनतम व्यय के साथ और अपने मानवस्वरूप के अधिकतम अनुकूल तथा उसके योग्य अवस्थाओं के अंतर्गत सिद्धि करनेवाले सहयोगी उत्पादकों में ही सन्निहित हो सकती है। लेकिन फिर भी यह आवश्यकता का अधिक्षेत्र ही बना रहता है। इसके आगे मानव शक्ति का वह विकास शुरू हो जाता है जो अपने आप में साध्य है, स्वतंत्रता का सच्चा अधिक्षेत्र है, किन्तु जिसका मुकुलन आवश्यकता के इस अधिक्षेत्र को अपना आधार बना कर ही हो सकता है। कार्यदिवस का कम होना इसकी बुनियादी पूर्वापेक्षा है।''[20]

बहरहाल, औद्योगिक उत्पादन-प्रणाली के पिछले सौ वर्षों के दौरान ही, उत्पादकता में अभूतपूर्व वृद्धि ने संख्या के लिहाज़ से एक बड़ी आबादी के लिए, और समग्रतः सामाजिक रूप से उपलब्ध, पर्याप्त खाली समय मुहैया कर दिया है; आधुनिक सूचना-संचार उपकरणों, इंटरनेट तथा वेब ने इस खाली समय के उपयोग के लिए एक वैश्विक आधारभूत ढाँचा भी खड़ा कर दिया है; तथा विभिन्न सॉफ्टवेयर के जरिए इस खाली समय के उपयुक्त सेवाओं की निरन्तर परिष्कृत होने वाली व्यवस्था भी कायम कर दी गई है। पहली बार इस खाली समय को केन्द्र कर आत्मविस्तार पानेवाली अर्थव्यवस्था न सिर्फ़ एक स्वतंत्र अर्थव्यवस्था के रूप में विकसित हुई है, बल्कि वह सबसे गतिशील अर्थव्यवस्था बन गई है। (प्रसंगवश, अपने तमाम अंतरविरोधों और विध्वंसों के बावजूद और उसके साथ, मानवजाति के अब तक के उत्पादक क्रियाकलापों, ख़ासकर औद्योगिक उत्पादन तंत्र ने मानव समाज को इतनी उत्पादक क्षमता से अवश्य लैस कर दिया है कि वह पूरी मानवजाति की बुनियादी जरूरतों की पूर्ति कर सके। अगर आज भी मानवजाति की बहुसंख्या इन आवश्यकताओं से वंचित है तो उसका कारण हमें सम्पत्ति-वितरण की अन्यायपूर्ण प्रणाली में ढूँढ़ना होगा।)

हम पहले देख चुके हैं कि औद्योगिक पूँजी का लक्ष्य सामाजिक रूप से उपलब्ध अतिरिक्त श्रम पर नियंत्रण करना है, वित्तीय पूँजी का लक्ष्य सामाजिक रूप से उपलब्ध बचत पर नियंत्रण करना है और ज्ञान-उद्योग का लक्ष्य सामाजिक रूप से खाली समय पर। इसी प्रकार, औद्योगिक पूँजी सामाजिक रूप से उपलब्ध अतिरिक्त श्रम का विस्तार करने की ओर, वित्तीय पूँजी सामाजिक रूप से उपलब्ध बचत का विस्तार करने, और ज्ञान-उद्योग सामाजिक रूप से उपलब्ध खाली समय का विस्तार करने की ओर प्रवृत्त होता है। मोबाइल या नेट सेवाएँ प्रदान करने वाली कम्पनियाँ

स्वभावतया ये चाहेंगी कि लोग (जिनके पास काफ़ी कम खाली समय है, वे भी) अपना ज्यादा-से-ज्यादा वक्त मोबाइल या नेट पर बिताएँ; कार्यस्थलों तथा कार्यालयों में भी लोग चौटिंग करें, गेम खेलें, फेसबुक पर स्टेटस अपडेट करें, ट्विट करें, मैसेजेज का आदान-प्रदान करें, आदि-आदि। लोग भी इस तरह अपने कथित 'आवश्यक श्रम-काल' के दौरान अपने अवकाश-काल का विस्तार करने की ओर प्रवृत्त होते हैं। फलतः इन उपकरणों पर 'समाज को बरबाद और भ्रष्ट करने' का आरोप भी लगता है। ताने कसे जाते हैं—किसी को काम में मन नहीं लगता, जब देखो कान में मोबाइल सटाये रहता है। टीवी, कम्प्यूटर, मोबाइल पूरे समाज को भ्रष्ट करके ही दम लेगा। (इन तानों पर आप इतिहास को मुस्कुराते हुए देख सकते हैं। हर युगान्तरकारी मोड़ पर वह ऐसे ताने सुन चुका है।)

(अपनी जरूरी दिनचर्या और जीविकोपार्जन में व्यतीत समय के अलावा) मान लीजिए एक अरब लोगों को प्रतिदिन पाँच घण्टे का खाली समय उपलब्ध है तो यह पाँच अरब घण्टे का अवकाश-काल होगा और पाँच घण्टे के खाली समय में कुछेक सेवाओं के बदले ये एक अरब लोग प्रतिदिन दस रुपये भी खर्च करते हैं, तो यह प्रतिदिन दस अरब रूपये का, और सालाना 3,650 अरब रुपये का कारोबार होगा। यह बहुत ही सामान्य उदाहरण आपको इस अर्थव्यवस्था की एक झलक दे सकता है।

ज्ञान अर्थव्यवस्था

ज्ञान अर्थव्यवस्था सामाजिक रूप से उपलब्ध मुक्त समय और ज्ञान-उत्पादों के पारस्परिक अंतर्सम्बन्धों पर आधारित अर्थव्यवस्था है। इस तरह यह औद्योगिक-वित्तीय अर्थतंत्र से बुनियादी रूप से भिन्न अर्थव्यवस्था है। आवश्यकताओं के राज से मुक्ति के राज में प्रवेश करने की दिशा में यह मानवजाति की महत्वपूर्ण उपलब्धि है।

अब तक हमारा अवकाश-काल तथाकथित 'उत्पादक काल' का पूरक, उसका सहायक रहा है। इस अर्थव्यवस्था के विकास का मतलब है कि हमारा 'उत्पादक काल' हमारे अवकाश काल का पूरक होता जा रहा है, उसका सहायक बनता जा रहा है। यह कथित 'उत्पादन' पर अवकाश के शासन की प्रक्रिया है। ज्ञान अर्थव्यवस्था बाध्यतामूलक उत्पादन-क्रिया पर स्वाधीन सृजनशीलता के शासन का दावा प्रस्तुत करती है। नये ज्ञान उपकरणों के प्रति व्यापक आकर्षण के पीछे कहीं-न-कहीं स्वाधीन सृजनशीलता के आनन्द की आकांक्षा भी है। हम खाली समय को अनुत्पादक समय और खाली समय में किये गये विभिन्न कार्यों को अनुत्पादक कार्य नहीं कह सकते। इस खाली समय में विभिन्न किस्म की सेवाएँ प्रदान करने वाले उद्यमों को भी हम अनुत्पादक श्रेणी में नहीं डाल सकते, भले ऐसा लग सकता है कि उत्पादन के प्रचलित स्वरूप में वे किसी प्रत्यक्ष उत्पादक कार्य में संलग्न नहीं हैं।

कृषि-औद्योगिक-वित्तीय अर्थतंत्र से ज्ञान अर्थतंत्र का सम्बन्ध मूलतः हस्तगतकारी

है। दूसरे शब्दों में, हजारों वर्षों के दौरान मानवजाति ने जो उत्पादन-तंत्र विकसित किया है, उस मानव-निर्मित तंत्र के साथ नए ज्ञान अर्थतंत्र का सम्बन्ध विनियोगी या हस्तगतकारी है। यह नई अर्थव्यवस्था उस तंत्र की पूर्वापेक्षा करता है और उसे भी अपने अनुकूल ढ़ालता जाता है। साथ ही, यह ज्ञान-तंत्र भी मनुष्य के जैव शरीर का अजैव अंग बनता जा रहा है।

आखेटक-संग्राहक काल में प्रकृति मनुष्य का अजैव शरीर थी। मनुष्य अपना श्रम-काल देकर प्रकृति से अपने जीविकोपार्जन का साधन हस्तगत कर लेता था। इस प्रक्रिया में अलग-अलग प्राकृतिक परिवेश में मानव-निर्मित भूपारिस्थितिक तंत्र बना। अनेक प्राकृतिक विपदाओं के बावजूद आखेटक-संग्राहक जन इस तंत्र की पूर्वापेक्षा करते थे। उसके साथ उनका सम्बन्ध तो हस्तगतकारी था ही। (अब उस श्रमकाल को मुद्रा में तब्दील कर दीजिए; यह मुद्रा आप अपने कुछ घंटों के श्रमकाल से हासिल कर सकते हैं। वे लोग जिनके पास खाली समय है, इस मुद्रा के जरिए प्रचलित उत्पादन-तंत्र से अपनी जरूरत की चीज़ें हस्तगत कर लेते हैं।)

कृषि के विकास के साथ एक मानव-निर्मित कृषि उत्पादन-तंत्र का विकास हुआ और युद्धों, प्राकृतिक विपदाओं और अपने अन्दरूनी संकटों तथा बगावतों के बावजूद शताब्दियों में यह कृषि तंत्र मानवजाति के अजैव शरीर के रूप में स्थापित हो गया। औद्योगिक समाज के विकास के समय औद्योगिक प्रणाली भी इस कृषि-तंत्र की पूर्वापेक्षा करती थी और उसके साथ उसका सम्बन्ध मूलतः हस्तगतकारी ही था। काल-क्रम में उसने क्रमशः कृषि-तंत्र को भी अपने अनुरूप ढ़ाल लिया और उसे भी उद्योग में तब्दील कर दिया। उसी तरह, अपने तमाम संकटों, युद्धों, बर्बादियों के बावजूद मानव-निर्मित औद्योगिक उत्पादन-तंत्र भी उदीयमान ज्ञान समाज के लिए पूर्वापेक्षित तंत्र है जिसके साथ उसका सम्बन्ध हस्तगतकारी है और जिसे वह भी अपने अनुरूप ढ़ालता जा रहा है। बैंकों, कार्यालयों तथा अन्य क्षेत्रों के कम्प्यूटरीकरण और प्लास्टिक मुद्रा (ए टी एम, डेबिट और क्रेडिट कार्ड, आदि) ने इस हस्तगतकरण को सुलभ बना दिया है।

यह नई अर्थव्यवस्था नए जीवन-मूल्यों के साथ उपस्थित हो रही है। बाध्यतामूलक उत्पादन के जीवनानुशासन से उपजे मूल्य मुक्त, अवारा जीवन के मूल्य नहीं हो सकते। अबतक शारीरिक श्रम को ही उत्पादक श्रम माना जाता था। अब शारीरिक श्रम का अवमूल्यन हुआ है और उसका अच्छा-ख़ासा हिस्सा धीरे-धीरे व्यायाम तक सिमट जा रहा है, जैसे आखिटक-संग्राहक जीवन के कई महत्वपूर्ण क्रियाकलाप आज क्रीड़ाओं में तब्दील हो गए हैं। मस्तिष्क अब मुख्य उत्पादक शक्ति बन गया है—मस्तिष्क-श्रम तथा मस्तिष्क-उत्पादों की दुनिया अपने नए मूल्य और मुहावरे गढ़ रही है, जिसकी झांकी हम आज के विज्ञापनों में देख सकते हैं।

अपने संक्षिप्त जीवन काल में ही इस ज्ञान अर्थव्यवस्था ने अनेक नये आविष्कारों,

अन्वेषणों और नवाचारों को तथा अनवरत् अनुसंधान में लगे ज्ञान-उद्यमियों की एक नई पीढ़ी को जन्म दिया है। अंतरिक्ष से लेकर सुदूर गाँवों तक, जीवन के विविध क्षेत्रों में इन ज्ञान उपकरणों की परिवर्तनकारी भूमिका आसानी से देखी जा सकती है। इंटरनेट ने अनेक नए उदीयमान समूहों से लेकर पुराने वंचित समूहों, व्यक्तियों, संस्थाओं, आदि को अभिव्यक्ति का अवसर और स्वर प्रदान किया है। इसने व्यक्ति को खुद अपने कई परतों में दबे, अनदेखे व्यक्तित्व से परिचित कराया। सोशल नेटवर्किंग साइट्स पर, फेसबुक, ट्विटर, ब्लॉग्स, सेकंड लाइफ, आदि पर आपका अपना अवतार ज्यादा यथार्थ है या रोजमर्रे की दिनचर्या में उलझा आपका कथित रूप से यथार्थ जीवन? यथार्थ मनुष्य अपने वर्चुअल अवतार में अपनी मुक्ति तलाश रहा है। अनेक संकीर्ण दीवारों से घिरी अपनी यथार्थ दुनिया से ऊपर उठकर वह न सिर्फ़ एक विविधतापूर्ण वैश्विक समुदाय से जुड़ता जा रहा है, बल्कि खुद ऐसी ही अपनी एक दुनिया रच भी रहा है। माया और यथार्थ का एक दूसरे में निरन्तर रूपान्तरण, उनके बीच अनवरत् आवाजाही इस समाज की लाक्षणिकता है।

यह नया अर्थतंत्र सामाजिक-राजनीतिक क्षेत्रों में भी अनेक सुधारों के लिए उत्प्रेरक की भूमिका अदा कर रहा है। उन्नीसवीं सदी के उत्तरार्ध में औपनिवेशिक भारत में कृषि सुधार के, ख़ासकर काश्तकारी अधिनियमों के रूप में, जो अनेक कदम उठाये गये, उसके पीछे सिर्फ़ रैयतों तथा जनजातियों का आन्दोलन ही नहीं था। ब्रिटेन में तब तक व्यापारी पूँजी को पीछे छोड़कर औद्योगिक पूँजी अपना प्रभुत्व स्थापित कर चुकी थी (ख़ासकर जून, 1846 में अनाज कानून के रद्द किये जाने के बाद)। औद्योगिक मालों के बाजार के रूप में तथा पूँजी के निर्यात के हित में भारतीय किसानों की क्रयशक्ति बढ़ाना जरूरी था और यह काश्तकारी सुधारों के बिना सम्भव न था। इसीलिए इन सुधारों के लिए दबाव बनाने में ब्रिटेन की औद्योगिक पूँजी की भी अपनी भूमिका थी। उसी तरह आज के अनेक सुधारों—सूचना का अधिकार, सेवाओं के अधिकार, इ-गवर्नेन्स, अनेक सेवाओं, कार्यों, कार्यालयों, आदि का कम्प्यूटरीकरण, शिक्षा तथा स्वास्थ्य सेवाओं में सुधार, आदि के पीछे इस नये अर्थतंत्र का दबाव भी काम कर रहा है। बदले में ये सुधार सूचना-उत्पादों का व्यापक विस्तार भी कर रहे हैं।

प्रचलित सामाजिक-राजनीतिक प्रणाली के खिलाफ विक्षोभ को गोलबन्द तथा संगठित करने में भी यह नया तंत्र महत्वपूर्ण भूमिका निभा रहा है, क्योंकि इन आन्दोलनों के परिणामस्वरूप होने वाले सुधार इस नये अर्थतंत्र के विकास को और आवेग प्रदान करेंगे। जाहिर है, सामाजिक, आर्थिक तथा राजनीतिक रूप से पुरानी व्यवस्था से चिपके, यथास्थितिवादी शक्तियों को यह प्रणाली अस्थिर कर रही है और उसे इन शक्तियों के कोप का, प्रतिबन्धों तथा दमनात्मक कार्रवाइयों का भी सामना करना पड़ रहा है।

हम पहले देख चुके हैं कि आरम्भ में सूचना प्रौद्योगिकी के रूप में ज्ञान ने औद्योगिक-वित्तीय तंत्र के साथ जुड़कर ही अपनी जगह बनाई और वह इस तंत्र का अपरिहार्य अंग बन गया। इस प्रक्रिया में वह इस तंत्र को भी अपने अनुरूप ढ़ालता जा रहा है–उत्पादकता, बाजार, प्रबन्धन सभी क्षेत्रों में। ये सारे क्षेत्र अब कम्प्यूटर-आधारित हैं–नये-नये सॉफ्टवेयर इस आधार का निरन्तर नवीकरण भी करते रहते हैं। विकासशील देशों में तो इसने समाज के पूँजीवादी रूपान्तरण की प्रक्रिया को पर्याप्त गति प्रदान की है। लेकिन धीरे-धीरे यह अपना स्वायत्त-स्वतंत्र क्षेत्र भी बनाता गया और अब भी बनाता जा रहा है।

अब तक मानवजाति की सभी उत्पादन-प्रणालियाँ मुख्यतः मनुष्य की भौतिक जरूरतों पर आधारित रही हैं, खाली समय की मानसिक जरूरतें उसके पूरक की भूमिका में रही हैं। कालक्रम में इन भौतिक जरूरतों का भी विस्तार होता गया–विलासिता के रूप में देखी जाने वाली सामग्रियाँ निरन्तर जीवन की जरूरी सामग्रियों के रूप में स्थान पाती गईं। नई ज्ञान अर्थव्यवस्था मुख्यतः मनुष्य के खाली समय में मस्तिष्क की जरूरतों पर आधारित है और भौतिक जीवन पूरक की भूमिका लेता जा रहा है। दूसरे शब्दों में, मानसिक जरूरतें भौतिक जरूरतों का नियमन करने लगी हैं। चूँकि यह अर्थव्यवस्था मनुष्य के खाली समय में मस्तिष्क-उत्पादों के जरिए मस्तिष्क की जरूरतों को पूरा करने की प्रणाली पर आधारित अर्थव्यवस्था है, इसीलिए यह इस बात की पूर्वापेक्षा करता है कि समाज में पहले से ही भौतिक जरूरतों को पूरा करनेवाली एक कार्यशील उत्पादक प्रणाली है, कि काफ़ी अच्छी तादाद में ऐसे लोग हैं जिनके पास पर्याप्त खाली समय है, और यह कि ऐसे लोगों के पास अपना खाली वक्त गुजारने के लिए (विभिन्न मात्रा में) धन भी उपलब्ध है। यह अर्थव्यवस्था जहाँ व्यक्ति की उद्यमिता, अन्वेषण और नवाचार के लिए आधारभूत संरचना सुलभ कराती है, वहीं उसकी दिनचर्या में भी मौलिक परिवर्तन ला रही है। (खाली समय के लिए सेवाएँ मुहैया करने के साथ-साथ यह आमदनी के भी अनेक अवसर उपलब्ध कराती है।)

मैम, आप क्या खोज रही हैं? नदी-अभियांत्रिकी? ओके, ये रहा .12 सेकंड में 2.4 लाख रिजल्ट्स! बी स्पेसिफिक मैम। ओके, यू वांट टू गेट दि मैप ऑफ अ नार्थ बिहार रिवर नेम्ड कोसी? ये रहा 24 सेकंड में दस हजार रिजल्ट्स। बी मोर स्पेसिफिक मैम। ओके, यू मीन ग्रेडयॅण्ट (ढाल) ऑफ द सेड रिवर? ओके।... मैम, वी हैव फाउण्ड योर लोकेशन। यू आर लॉगिंग इन फ्राम अ रिमोट विलेज इन बिहार–वाटर लॉग्ड एण्ड विदाउट इलेक्ट्रिसिटी। व्हाट अ ग्रेट जॉब मैम! माइक्रोसॉफ्ट हैज सेलेक्टेड यू फॉर अ प्रेस्टीजस अवार्ड मैम! कांग्रेट्स, बधाई ....

सर, क्या आप जानना चाहते हैं कि मर्मर पक्षी लगभग नगण्य ऊर्जा खर्चकर मैक्सिको की खाड़ी कैसे पार कर जाती है? सर, ये रहा बायोमिमिक्री से सम्बन्धित

सारे साइट्स की लिस्ट। और हाँ, मैंने फेसबुक पर आपकी प्रोफाइल चेक कर ली है। सर, आप तो वैज्ञानिक हैं, और आपके पसंदीदा विषयों के वैज्ञानिकों का यह है चौट रूम। ये रही सारी वैज्ञानिक पत्रिकाओं की सूची। आप अपने शोधपत्र यहाँ भेज सकते हैं। चाहें तो पार्ट-टाइम या फुल टाइम जॉब का आवेदन भी इस लिंक पर क्लिक कर डाल सकते हैं।

बच्चे, यह माफिया वार्स तुम हजारवीं बार खेल चुके हो। गेम्स की यह नई सीरीज अभी-अभी आई है। इसे ट्राइ करो। चाहो तो दस डॉलर में डाउनलोड भी कर सकते हो।

एण्ड यू मैन! तुमने फेसबुक पर जिस मेन्स ब्यूटी प्रोडक्ट को लाइक किया है, उसे अबतक 25 करोड़ लोग लाइक कर चुके हैं। कम्पनी ने इस आंकड़े का सरसरी विश्लेषण भी जारी किया है—लाइक करने वालों में साठ प्रतिशत भारत के हैं, इस साठ प्रतिशत के साठ प्रतिशत बिहार, और बिहारियों में अस्सी प्रतिशत पटना क्षेत्र के। कम्पनी अपना नया प्रोडक्ट पटना में ही लांच करेगी और बिहार में रिटेल चेन की तैयारी है। लाइक करनेवाला 25 करोड़वां व्यक्ति होने पर कम्पनी आपको बधाई भेजती है और उपहार में एक आइपैड!

ऐ लड़की! तुम इतने गुस्से में क्यों हो? क्या तुम्हारे ब्यॉयफ्रेण्ड ने तुम्हारी कुछ आपत्तिजनक तस्वीरें अपलोड की हैं? या तुम अपने किसी स्टॉकर को खुलकर गालियाँ देना चाहती हो? ये देखो, ये रहा दुनिया भर की भाषाओं में मौजूद हर किस्म की गालियों की लिस्ट—ग्यारह सेकंड में एक अरब उनचास करोड़ उनतालिस लाख उनतीस हजार नौ सौ नौ गालियाँ! बी स्पेसिफिक। किस भाषा में, किस तरह की, कितने शब्दों की, आदि, आदि।... ओके। यू डॉण्ट वांट टू यूज द फक वर्ड! देखो तुमने काम कितना आसान कर दिया। एक अरब ग्यारह करोड़ ग्यारह लाख ग्यारह हजार ग्यारह सौ ग्यारह गालियाँ तो एक झटके में डिलीट हो गईं। बी मोर स्पेसिफिक। क्लिक द राइट बटन एण्ड चूज योर ऑप्संस।... अगर काउन्सेलिंग चाहती हो तो यह रही काउन्सेलिंग सेंटर्स की लिस्ट। तुम्हारे शहर में तीन हैं। जस्ट डायल।...

हियर इज हार्ड मेटल फॉर यू माइ ब्यॉय। और यह रहा बिल्कुल अभी-अभी जारी लेडी गागा को नया एल्बम। आइ हैव चेक्ड योर हिस्ट्री। तुम एनरिक इग्लेसियस और जस्टिन बीबर को सुनते-सुनते अब तक बोर हो चुके होगे। पृथक्

और आप? लगता है किसी पॉर्न साइट की सैर करना चाहते हैं...

9/11 के बाद पता है कितनी सख्ती है? फिर भी आप आतंकवादियों के संगठनों से सम्पर्क करना चाहते हैं? नीचे कुछ लिंक्स हैं जिन पर इस बाबत कुछ जानकारी मिल सकती है, आगे आपको खुद दिमाग लगाना हैं। वी डू नोट अप्रूव ऑफ सच साइट्स। वैसे दुनिया के कई देशों में, और द्वीपों में इस बाबत कोई सख्त नियंत्रण नहीं है। ऐसे साइट्स के संचालक दक्ष हैकर होते हैं। अगर आप जासूस हैं तो

सावधान, वे अपने डोमैन के आसपास फटकने वालों की डिटेल्स निकाल लेते हैं और आपके पगचिह्नों का अनुसरण करते-करते आप तक पहुँच सकते हैं, एण्ड यू मे गेट किल्ड।...

एक समय दुनिया के सबसे वांछित हैकर केविन मिटनिक पाँच वर्षों की सजा काटकर जब जेल से बाहर आये तो कम्पनियों के चहेते बन गये—कम्पनियाँ उन्हें अपने कम्प्यूटर नेटवर्क की सुरक्षा चूकों का पता लगाने के लिए नियुक्त करती हैं, वे उनके नेटवर्कों में सेंध लगाकर उन्हें और अधिक सुरक्षित करने के उपाय बताते हैं। आप भी इस लिंक पर उनसे संपर्क कर सकते हैं।...

लगता है आप क्रान्तिकारियों की तलाश में हैं। बी स्पेसिफिक। वैसे अभी सिनसिनाटी में कुछ क्रान्तिकारी समूहों का सेमिनार चल रहा है। यू कैन लॉग इन टू द लिंक बिलो एण्ड व्यू द लाइव प्रोसिडिंग्स। ओह तो आप अपने देश में क्रान्तिकारी आन्दोलन शुरू करना चाहते हैं—हिअर इज एन एंटायर लिस्ट ऑफ रिवोल्यूशनरी ग्रुप्स एण्ड पीपुल इन योर एरिया। आपके देश के विभिन्न क्षेत्रों की पूरी प्रोफाइल भी उपलब्ध है—इसे देखने के बाद आप तय कर सकते हैं कि कहाँ से शुरू करें।...

बोर्हेस का यह व्याख्यान उन्हीं की आवाज़ में आपको ज़रूर पसन्द आएगा। और नागार्जुन का 'बादल को घिरते देखा है' गीत भी। आपने एक सौ चालीस अक्षरों की यह कहानी पढ़ी है? लेखकों, कलाकरों, कहानियों, कविताओं, आदि की तो हमने ऐसी व्यवस्था कर रखी है कि आप दाँतों तले उंगली दबा लेंगे। ठीक इस क्षण कौन-सी कविता, कौन-सी कहानी सबसे अधिक पढ़ी जा रही है, जानना चाहेंगे? ओह तो आपकी रुचि क्लासिक्स में है? क्या आप पेनिलोप के प्रेमियों की भीड़ का हिस्सा बनना चाहेंगे? या द्रौपदी की स्वयंवर सभा में विराजना? हम अपने मायालोक में इसका भी इन्तजाम कर सकते हैं। मैम, 'गोन विद द विंड' का पाठ सुनकर तो देखिए। आप स्कारलेट ओ' हारा की दुनिया में खो जाएंगी।

मैम, इस कमरे में आइए। मूर्तिशिल्प की, इन्सटॉलेशन आर्ट की अद्‌भुत दुनिया है यहाँ। इन द रूम वूमेन कम एण्ड गो टॉकिंग ऑफ माइकलएंजेलो...[21]

सर, आपने अपने ब्लॉग पर नेटवर्किंग की चंचल, सतही दुनिया के खिलाफ जो आलेख लिखा है, उसे जबर्दस्त रेस्पांस मिला है। पिछले एक घण्टे में ही उसके व्यूअर्स की संख्या दस हजार का आंकड़ा पार कर चुकी है। मैक्लुहान और नोम चोम्स्की के दीवानों की संख्या नेट पर लाखों में है। इंटरनेट पर इंटरनेट लिबरेशन आर्मी की भी एक अत्यन्त लोकप्रिय साइट है। नीचे दिए गए लिंक पर क्लिक करके आप इस आर्मी में भर्ती हो सकते हैं। यह आर्मी सेकंड लाइफ पर कई धमाके भी कर चुकी है। इन धमाकों की वीडियो आप यूट्युब से डाउनलोड कर सकते हैं।...

इन विवरणों का कोई अंत नहीं। सोशल नेटवर्किंग साइट्स पर आज दुनिया के तमाम विषयों पर करोड़ों मत क्षण-क्षण अवतरित और विलुप्त होते रहते हैं, कितने

समूह बनते-बिगड़ते हैं, कितने लोग न मालूम कितने कॉजेज से जुड़े हैं। बीच-बीच में उगते-डूबते विज्ञापन हैं, ताकते-झांकते फेरी वाले हैं, भविष्य बांचते पंडित-ज्योतिषी हैं, आपस में बहस करते या तू-तू मैं-मैं करते वैचारिक-राजनीतिक-सांस्कृतिक समूह हैं। अरबों लोग हजारो भाषाओं में चीखते-चिल्लाते, उपदेश देते, बहस करते—आँखों को सुन्न कर देनेवाला शब्दों का शोर!

हर क्षण मानवजाति के करोड़ों लोगों का अरबों घण्टों का समय कुछ इसी तरह व्यतीत होता है और इस जीवन प्रणाली से रोज अरबों डॉलर की अतिरिक्त संपत्ति का सृजन हो रहा है—प्रकटतः अनेक लोगों को इस बात का अहसास भी नहीं होता। जैसे ही हम कान से मोबाइल लगाते हैं या लॉग ऑन करते हैं, इस अतिरिक्त सम्पदा का सृजन भी शुरू हो जाता है। माया उपकरणों की सहायता से माया दुनिया माया तरीकों से अकूत यथार्थ धन की सृष्टि करती है—इससे जुड़ना ही, नेटवर्किंग ही मूल बात है। इसीलिए हर फ्रेंण्ड जरूरी होता है।

इस नेटवर्किंग का आधार चूँकि विभिन्न भाषाई समूह हैं, इसीलिए विभिन्न क्षेत्रों में (औपनिवेशिक काल के जहाजियों की तरह) एक मिश्रित नेट भाषा भी आकार ले रही है—इनमें से कुछ क्रिओल का रूप लेने की ओर भी बढ़ रही है।

किसी भी विकासमान समाज की यह विशेषता है कि वह अपने पूर्व समाजों तथा विरोधियों को भी अपने आगोश में लेता जाता है। अपने पूर्वाग्रहों, अपने समाज के रीति-रिवाजों को ढोते हुए भी लोग नये समाज का जीवन जीने लगते हैं और उसमें रम जाते हैं। जो आखेटक-संग्राहक जन कृषि समाजों में तब्दील नहीं हुए, वे भी धीरे-धीरे अपने रीति-रिवाजों के साथ कालक्रम में कृषि समाज का ही अंग बन गए। औद्योगिक समाज के आगमन के समय जो राजे-महाराजे उसके विरोधी थे और औद्योगिक समाज के नागरिक जीवन को हेय दृष्टि से देखते थे, वे भी कालक्रम में अपनी पदवियों, हेठियों और लाव-लश्करों के साथ उसी नागरिक समाज के अंग बनते गए। ऐसे शायद सबसे ज्यादा राजे-महाराजे अब भी युरोप में ही देखे जा सकते हैं—राजतंत्र की संस्थाओं के साथ। आज औद्योगिक समाज के बागियों, क्रान्तिकारियों का अच्छा-ख़ासा हिस्सा नेट समाज से या तो जुड़ गया है या फिर जुड़ने की प्रक्रिया में है। खाली समय में मस्तिष्क की अनेक जरूरतों में से एक जरूरत क्रान्ति भी रही है—इसीलिए हर युग के शासक वर्ग अपनी प्रजा अथवा अपने नागरिकों के खाली समय से भय खाते रहे हैं, ऐसे समय में बनने वाले क्रान्तिकारी षडयन्त्रों की कड़ी निगहबानी करते रहे हैं, उन्हें कुचलने के लिए बेइन्तहां जुल्म ढ़ाते रहे हैं, और खाली समय को विभिन्न कर्मकाण्डों और आयोजनों के जरिए भरने की कोशिश करते रहे हैं।

कोई विकासमान समाज इसलिए विकासमान होता है कि उसमें अतिरिक्त सम्पत्ति पैदा करने की क्षमता अधिक होती है। आखेटक-संग्राहक समाज की तुलना में कृषि समाज में अतिरिक्त सम्पत्ति पैदा करने की क्षमता काफ़ी अधिक थी,

औद्योगिक समाज में कृषि समाज की तुलना में कई गुना अधिक। आज के विकासमान ज्ञान समाज में औद्योगिक समाज की तुलना में यह क्षमता काफ़ी अधिक है। पूरे विश्व के सकल घरेलू उत्पाद में आज थोड़े-बहुत बचे-खुचे आखेटक-संग्राहक जनों का हिस्सा नगण्य है, कृषि का हिस्सा काफ़ी सीमित हो चुका है, मैन्युफैक्चरिंग का हिस्सा कमता जा रहा है और इस नये ज्ञान क्षेत्र का हिस्सा बढ़ता जा रहा है (बावजूद इसके कि इस क्षेत्र से जुड़ी आबादी अभी भी अपेक्षाकृत कम है)। वैसे इस मामले में प्रारम्भिक दौर में आबादी का अधिक महत्व नहीं होता। जैसाकि हम पहले देख चुके हैं, कृषि के विकास के बाद कई शताब्दियों तक आखेटक-संग्राहक जनों की आबादी ही ज्यादा थी। पूँजीवादी विकास की शुरू की दो शताब्दियों तक युरोप के देशों में कृषि से जुड़ी आबादी ही बहुसंख्या में थी। अगर आबादी के चार फीसदी के उत्पादक श्रम से ही कृषि की जरूरतें पूरी हो जाती हैं और आवश्यक अतिरिक्त सम्पत्ति का भी सृजन हो जाता है तो इसका मतलब है कि कृषि की उत्पादकता काफ़ी बढ़ गई है और उसमें और अधिक उत्पादक श्रमकाल की आवश्यकता नहीं रह गई है। उसी प्रकार अगर तीस फीसदी आबादी के उत्पादक श्रमकाल से औद्योगिक जरूरतें पूरी हो जाती हैं और आवश्यक अतिरिक्त सम्पदा भी हासिल हो जाती है तो इसका मतलब है कि उद्योग की उत्पादकता काफ़ी बढ़ गई है और उसमें भी अधिक श्रमकाल की आवश्यकता नहीं रह गई है, कि उत्पादकता और बढ़ने से उससे जुड़ी आबादी और भी घटती जाएगी। इसका मतलब है कि समाज को उपलब्ध खाली समय में भी वृद्धि हुई है। बहरहाल, विभिन्न क्षेत्रों में जरूरी श्रमकाल और उसपर निर्भर आबादी के बीच संतुलन विकास की एक प्रक्रिया में ही कायम होता है—सभी घटकों का टेक्स्टबुक रूप में समानान्तर विकास नहीं होता।

मानवजाति की उत्पादकता में सबसे आश्चर्यजनक वृद्धि औद्योगिक समाज के पिछले दो सौ वर्षों में दर्ज की गई है। इसकी अभिव्यक्ति मानवजाति की आबादी में तेज वृद्धि में भी देखी जा सकती है। 1600 ई. के आसपास विश्व की पूरी आबादी क़रीब साठ करोड़ थी, आज यह दस गुनी से भी अधिक सात अरब है (अब तो फेसबुक पर उपस्थित लोगों की संख्या कृषि समाज की पूरी आबादी से भी ज्यादा है)। औद्योगिक समाज ने जो अकूत अतिरिक्त सम्पदा का सृजन किया, (औद्योगिक समाज की अपनी सीमाओं के कारण) वित्तीय पूँजी के विभिन्न उत्पादों के रूप में विस्तार पाता गया और इसमें सूचना-उत्पादों ने भी अपनी भूमिका अदा की—इन सबका हम पहले जिक्र कर चुके हैं।

बहरहाल, इस दौरान अमेरिकी अर्थव्यवस्था में जो वृद्धि भी हुई, उसका सबसे ज्यादा श्रेय नई अर्थव्यवस्था को जाता है। 2010-11 में अमेरिका के सकल घरेलू उत्पाद में 40 प्रतिशत हिस्सा उन कम्पनियों से आया था, जिनका अस्सी के दशक में वजूद भी नहीं था, और लगभग सारे नये रोजगार उन कम्पनियों ने सृजित किये

थे जिनकी उम्र पाँच वर्ष भी नहीं थी।[22] दरअसल, बीस वर्ष पहले, वर्ल्डवाइडवेब के आगमन तथा इंटरनेट की पहली लहर के क्रम में उभरे नये ज्ञान-उद्यमों को गंभीरता से लिया भी नहीं जाता था—लोग यही समझते थे कि यह एक नया शगल है, अपने 'काम' का समय लोग चौटिंग, या अपने पसंदीदा मूवी-म्युजिक-स्पोर्ट्स साइट्स पर बर्बाद कर रहे हैं। ये नये उद्यम उत्पादकता के लिहाज़ से अर्थव्यवस्था में क्या कुछ जोड़ रहे हैं, इसका पता लगाने के लिए न तो जरूरी आंकड़े उपलब्ध थे और न ही ऐसे आंकड़ों के लिए कोई पद्धति विकसित की गई थी। 90 के दशक के उत्तरार्ध में तब के फेड चेयरमैन एलेन ग्रीनस्पैन के आग्रह पर (अमेरिका के) फेडरल रिजर्व बैंक ने इसके लिए कुछ पद्धति विकसित की और इस दिशा में कुछ कदम उठाये गये। हालाँकि यह पद्धति भी विवादास्पद थी, और यह समस्या अब भी बनी हुई है। सोशल मीडिया उपकरण नये उद्यमों, नये नवाचारों-अन्वेषणों और रोजगार सृजन में, तथा कुल मिलाकर, अर्थव्यवस्था में उत्पादकता बढ़ाने में काफ़ी मदद तो कर रहे हैं, यह सब को पता है। लेकिन आंकड़ों के रेडार पर इसे दर्ज करने की पद्धति अभी भी ठीक से विकसित नहीं हुई है।[23] (प्रसंगवश, वित्तीय पूँजी जैसे औद्योगिक समाज की अतिरिक्त सम्पदा पर फली-फूली, वैसे ही वह ज्ञान समाज की अतिरिक्त सम्पदा पर भी फलती-फूलती है।)

यह खाली समय पिछले समाजों में भी उपलब्ध था और ऐसे खाली समय को भरनेवाले कुछ विशिष्ट समूह उन दिनों भी थे। शिकारी-फलसंग्राहक समाज में उपलब्ध खाली समय मुख्यतः ओझा-गुणियों के कर्मकाण्डों, गीत-संगीत-नृत्य, कथा-पिहानी, बतकही, चित्रकला-मूर्तिकला, आदि में बीतता था। इन कार्यों से जुड़े विशिष्ट समूह ओझा-गुणी, चित्रकार-मूर्तिकार, नर्तक-गायक तथा इन सबके लिए विशिष्ट उपकरण बनाने वाले कुछ लोग अपने समाज की थोड़ी-बहुत अतिरिक्त सम्पदा पर ही पलते थे। लेकिन तब यह अतिरिक्त सम्पदा थोड़ी ही हुआ करती थी और इन विशिष्ट समूहों और जन के आम सदस्यों के बीच की जीवन-स्थितियों में नाममात्र का ही फर्क होता था। प्राकृतिक विपदा, शिकार तथा फलसंग्रह के स्रोतों के छीजने के साथ ही इन क्रियाकलापों में हमेशा उतार-चढ़ाव आता रहता था।

कृषि समाज में इस खाली समय का अपेक्षाकृत ज्यादा विस्तार हुआ और खाली समय का उपभोग करनेवाले पेशेवर समूहों और उनके लिए आवश्यक संसाधन जुटाने वाले पेशेवर श्रेणियों-जातियों का समूह भी अस्तित्व में आया। राजा, सामन्त, सेना, पुरोहित तथा ज्ञान-विज्ञान, साहित्य-गीत-संगीत-नृत्य, चित्रकला-मूर्तिकला, वास्तुशास्त्र, खेल-कूद, आदि से जुड़े पेशेवर समूहों में भारी इजाफा हुआ। इसी खाली समय में भूदास (प्रायः अपने स्वामियों से छिपाकर) सहायक उत्पादक क्रियाकलापों में भी भाग लेते, लेकिन उनके भूस्वामी इन क्रियाकलापों पर भी कड़ी नज़र रखते और प्रायः इन सहायक उत्पादक क्रियाकलापों के उत्पादों को या तो पूरा हड़प जाते, या फिर उसका

एक बड़ा हिस्सा उगाह लेते। कृषि समाज में ही अतिरिक्त सम्पदा का एक अंश (व्यापार के अलावा) सूदखोरी और जुए (मुद्रा-मुद्रा[1]) जैसे क्षेत्रों में भी बड़े पैमाने पर हस्तान्तरित होने लगा। कभी-कभी ऐसे क्षेत्र अपने उत्पादक आधार से स्वतंत्र भी हो जाते थे, लेकिन ऐसी स्थिति में वे ज्यादा देर तक टिक नहीं पाते, उनका पराभव घटित होता और वे पुनः अपने उत्पादक आधार की ओर लौटने को विवश होते। महाभारत में, चौपड़ के खेल में अपने राज्य (भूमि) तथा रक्त-सम्बन्धियों (जन) को हार जाना जुए का अपने उत्पादक सामाजिक आधार से स्वतंत्र हो जाना ही था, हालाँकि इस क्षणिक स्वतंत्रता का अंजाम जुआ हारने वालों की परतंत्रता में हुआ। जैसा कि हम पहले देख चुके हैं, कृषि समाज में उत्पादकता काफ़ी धीमी रफ़्तार से बढ़ी। फलतः जो अतिरिक्त सम्पदा और खाली समय उस समय उपलब्ध हुआ, वह अपने आप में एक स्वतंत्र अर्थव्यवस्था का आधार नहीं बन सकता था। साथ ही, प्राकृतिक विपदाओं, युद्धों, अकाल, महामारी, आदि के कारण दुनिया के विभिन्न क्षेत्रों में फैले ये कृषि समुदाय भी आर्थिक तौर पर उतार-चढ़ाव से गुजरते रहते थे।

अब तक हमने ज्ञान समाज के विकास का जो ब्यौरा प्रस्तुत किया है, उससे यह स्पष्ट है कि यह समाज जनसंख्या के लिहाज़ से मानवजाति की अल्पसंख्या का ही निर्माण करती है। वैसे यह आबादी अरबों में है और इतनी आबादी के आधार पर तथा बढ़ती उत्पादकता पर यह अर्थव्यवस्था पिछली अन्य अर्थव्यवस्थाओं की तरह अपनी गमता हासिल कर चुकी है और निरन्तर विस्तार पा रही है। इसकी एक बड़ी वजह चीन, भारत, ब्राजील, रूस, इंडोनेशिया, मेक्सिको, दक्षिण अफ्रीका, तुर्की, आदि देशों में समृद्ध मध्यवर्ग का उभरना है।

विश्व की बहुसंख्यक आबादी इस विकास से वंचित है और उनके लिए मुक्त समय अभी भी एक सपना है। यह उभरता हुआ समाज भी अतीत के समाजों की तरह एक वर्ग समाज ही है। पहले हमने प्रकृति से हासिल स्वतंत्रता के साथ मानवजाति की जिस (लैंगिक, सामाजिक/सामुदायिक, आर्थिक) परतंत्रता की चर्चा की है, वह स्थिति बदस्तूर बनी हुई है। न सिर्फ़ बनी हुई है, बल्कि और भी भयावह होती जा रही है। घोर आर्थिक विषमता, सामाजिक-आर्थिक उत्पीड़न मानवजाति की सारी उपलब्धियों पर और सारे विकास-सम्बन्धी दावों पर बड़ा प्रश्न-चिह्न तो लगाती ही है, भविष्य के भयावह चित्र भी उपस्थित करती है।

ज्ञान का द्वंद्व

अपने पूर्ववर्ती समाजों की तरह ज्ञान अर्थप्रणाली भी विभिन्न समाजों में (चाहे वे विकास के किसी भी स्तर पर क्यों न हों) तथा जीवन के विभिन्न क्षेत्रों में घुसपैठ करती रहती है और अपनी जगह बनाती जाती है। वह इस बात का इन्तजार नहीं करती कि अविकसित अथवा अल्पविकसित समाज पहले साक्षर हो जाए, औद्योगिक

समाज में रूपान्तरित हो जाए, कम्प्यूटर शिक्षा प्राप्त कर ले, उस समाज का विद्युतीकरण पूरा हो जाए, तब उसके घर-आँगन में पैर रखा जाए। कोई भी विकासमान आर्थिक प्रणाली 'माननीया, क्या मैं अंदर आ सकती हूँ' कहकर किसी के निजी कक्ष या घर-आँगन का साँकल नहीं खटखटाती और जवाब की प्रतीक्षा में खड़ी नहीं रहती। सामाजिक जीवन का शिष्टाचार उसकी गति का नियमन नहीं करता है। वह तो जादू की तरह एक आश्चर्यजनक उपकरण के रूप में आपकी जेब या आँगन में आ टपकती है और लोग घेरकर उसे आँखें फाड़-फाड़कर ताकने लगते हैं—माई, घूर क्या रही हो? लो, बेंगलुरु में भैया से बात कर लो। हैलो, बबुआ हम माई बोल रहे हैं।... अब इसी से माई तुम पैसे भी मंगा सकती हो, इसमें सौ ठो गाना भी लोड कर दिए हैं, सुनते रहना। बढ़िया-बढ़िया भजन भी है। और हाँ, जब मन करे, फोटो भी खींच लेना। बस ई बटन दबाना पड़ेगा।... देखते-देखते यह नन्हा उपकरण पूरे गाँव के डेढ़ हजार लोगों का प्रतिदिन दो घण्टे का समय चुरा लेता है—रोज तीन हजार घण्टे का समय ऊँचे, तनकर खड़े टावरों से होते, नभ में विचरते, हँसते-गाते किसी कम्पनी के अकाउण्ट में मुद्रा में तब्दील होकर तीन हजार करोड़ रुपये हो जाता है। शीघ्र ही यह जादुई उपकरण बच्चे की ऊपरी जेब में, युवकों के बैक पॉकिट में, बुजुर्गों के गले या धोती की गांठ में, औरतों के आँचल या ब्लाउज में अपनी जगह पक्की कर लेता है। लोग भूलते जाते हैं कि उन दो घण्टों में वे क्या करते थे जब ये मुआ मोबाइल नहीं हुआ करता था। समय भी दो घण्टे पर ठिठका नहीं रहता, बढ़ता जाता है। इसी तरह निरक्षर लोगों के लिए भी कम्प्यूटर विकसित कर लिए गए। बिजली की जगह बैटरी तो थी ही—उपकरणों का इस तरह परिष्कार किया गया कि कम समय में चार्ज हों और चार्ज होने के बाद ज्यादा-से-ज्यादा घंटे सेवाएँ दे सकें।

बहरहाल, ज्ञान-समाज का मुख्य क्रियास्थल मानव मस्तिष्क है। इस सामाजिक-आर्थिक व्यवस्था की सैद्धान्तिकी के विकास में जिन अंतरसम्बन्धों की पड़ताल जरूरी है, वे हैं :

i. वैज्ञानिक अनुसंधान-विकास कार्यों और हार्डवेयर के विकास के बीच का अंतरसम्बन्ध;

ii. हार्डवेयर और सॉफ्टवेयर क्षेत्रों के बीच का अंतरसम्बन्ध;

iii. मस्तिष्क-उत्पादों के निर्माताओं के बीच प्रतिस्पर्धा और एकाधिकार के बीच का अंतरसम्बन्ध;

iv. मस्तिष्क-उत्पादों के व्यवसाय से उत्पन्न अतिरिक्त सम्पत्ति के वितरण के परिप्रेक्ष्य में ज्ञान-उद्यमियों, भूस्वामियों, औद्योगिक और वित्तीय पूँजी के बीच का अंतरसम्बन्ध (सेवा शुल्कों, किराया, मुनाफा और ब्याज के बीच का अंतरसम्बन्ध);

v. ज्ञान-उद्यमियों और ज्ञान-श्रमिकों के बीच का अंतरसम्बन्ध;

vi. मस्तिष्क-उत्पादों के निर्माण और परिचालन का अंतरसम्बन्ध (कन्वर्जेंस, ब्रांड-निर्माण, आदि);

vii. ज्ञान-उद्यम और वेन्चॅ पूँजी का अंतरसम्बन्ध;

viii. मस्तिष्क-उत्पादों के उपभोक्ताओं द्वारा किए गए आविष्कार-अन्वेषण-नवाचार तथा उनके द्वारा सृजित नये उत्पादों और स्थापित ज्ञान-उद्यमों के बीच का, यानी ऑफलाइन और ऑनलाइन ज्ञान-उत्पादों के बीच का अंतरसम्बन्ध (आविष्कार-अन्वेषण-नवाचार के क्षेत्र में ऊपर से किये जाने वाले संस्थागत प्रयास और उपभोक्ताओं द्वारा नीचे से किये जानेवाले प्रयासों का अंतरसम्बन्ध);

ix. ज्ञान अर्थव्यवस्था के विकास और सामाजिक रूपान्तरण के बीच का अंतरसम्बन्ध (समाज में वर्चस्वशाली समूह ज्ञान का प्रयोग अन्याय के विस्तार में करते रहे हैं, जबकि वंचित समूह न्याय की प्राप्ति के लिए ज्ञान का उपयोग करते हैं; इसके अलावा, ज्ञान समाज और राजनीतिक प्रणाली के बीच का अंतरसम्बन्ध–यह उभरता समाज विभिन्न देशों की प्रचलित राजनीतिक संस्थाओं को किस रूप में प्रभावित कर रहा है?); कुल मिलाकर, ज्ञान और न्याय का अंतरसम्बन्ध; और

x. इस नई अर्थव्यवस्था के विकास के क्रम में विश्व के प्रचलित शक्ति-संतुलन में होने वाले परिवर्तन और प्रमुख शक्तियों के बीच के अंतरसम्बन्ध।

इन विषयों पर टुकड़ों में, ख़ास-ख़ास क्षेत्रों से सम्बन्धित अध्ययन तो काफ़ी हो रहे हैं और हजारों शोध-पत्रों तथा पुस्तकों के रूप में सामने भी आ रहे हैं, लेकिन एक सर्वांगीण अध्ययन अब भी अपेक्षित है।

अब हम इंटरनेट की दुनिया के द्वंद्वों पर भी एक नज़र डाल सकते हैं। इंटरनेट की दुनिया भी कोई समरूप दुनिया नहीं हैं। उसमें भी अनेक संघर्ष हैं, ज्ञान को सर्वसुलभ करने, एकाधिकार तोड़ने, अनुसंधान-आविष्कार-नवाचार के जरिए जनोपयोगी उत्पाद तथा सेवाएँ विकसित करने, इंटरनेट उपयोग करने वालों द्वारा नवाचार-समुदायों तथा समृद्ध बौद्धिक मंडलियों के निर्माण, आदि के लिए निरन्तर जद्दोजहद चलती रहती है।

कृषि युग में भूस्वामियों की निजी जागीर और ज़मीन के अलावा कृषि समाज के समग्र हित में ज़मीन का एक हिस्सा सामुदायिक ज़मीन के रूप में रख छोड़ा जाता था, जैसे चारागाह की ज़मीन, या सामूहिक कार्यों के लिए चिह्नित ज़मीन, आदि। औद्योगिक युग में पूँजी के समग्र हित में, ख़ासकर अधिसंरचनात्मक ढाँचे के विकास के लिए राज्य द्वारा सामान्य कोष बनाया जाता है। इस कोष के लिए धन प्रायः करों पर अधिभार लगाकर जुटाया जाता है। ज्ञान समाज में, उसी तरह सतत् अनुसंधान और आविष्कार के लिए, निरन्तर जारी ज्ञान की सह-क्रिया के लिए, ज्ञान का एक स्वतंत्र भंडार बनाना और उसे सर्वसुलभ करना आवश्यक होता है। चारागाह के लिए सामुदायिक ज़मीन, या अधिसंरचनात्मक ढाँचों के लिए पूँजी के सामान्य कोष की

तरह हम इसे ज्ञान का ऐसा सामूहिक संसार कह सकते हैं जहाँ सतत् अनुसंधान में लगे लोग आवश्यक सूचनाएँ तत्काल हासिल कर सकें और अपने-अपने अनुसंधानों और निष्कर्षों को साझा करते हुए एक-दूसरे से लाभान्वित हो सकें। ज्ञान की यह 'सामुदायिक भूमि' ज्ञान समाज की विशिष्ट पहचान है। इसे 'इंटेलेक्चुअल कॉमन्स' भी कहा जाता है।

पेटेंट, कॉपीराइट, आदि औद्योगिक समाज की देन थी। [वैसे विश्व का पहला पेटेंट जब दिया गया, तब इंगलैंड में सामान्य सहयोग पर आधारित उत्पादन अपने शैशव काल में ही था। इंगलैंड मूलतः खेतिहर देश था और व्यापारी पूँजी भी तब ज्यादा विकास नहीं कर पाई थी। 1499 में उटिनैम के जॉन को अपने आविष्कार के लिए पहला पेटेंट दिया गया। उन्होंने शीशा बनाने की एक ऐसी विधि ईजाद की थी जो तब तक इंगलैंड में ज्ञात नहीं थी। इस पेटेंट के जरिए उन्हें इस विधि पर बीस वर्षों का एकाधिकार प्राप्त हो गया। साथ ही उन्हें यह विधि इंगलिश लोगों को सिखाने का भी फरमान मिला। यह पहला पेटेंट 'प्रोसेस पेटेंट' (प्रक्रियागत पेटेंट) था, 'प्रोडक्ट पेटेंट' (उत्पाद पेटेंट) नहीं।]

ज्ञान समाज में पेटेंट की यह व्यवस्था जारी तो रहती है, लेकिन उसका अवमूल्यन घटित होता है। पेटेंट की अवधि उत्तरोत्तर कम होती जाती है और उसका महत्व भी। यह समाज अनुसंधानों के बीच अंतराल का अवसर प्रदान नहीं करता—नए ज्ञान के निरन्तर सृजन पर आधारित इस समाज में पेटेंट/कॉपीराइट से सुरक्षित-संरक्षित ज्ञान पर एक तो हैक होने का और दूसरा अनुपयोगी होने का ख़तरा हमेशा मँडराता रहता है। ज्ञान के सर्वसुलभ भंडार की मौजूदगी के कारण इंटरनेट का उपयोग करने वाले लोगों के लिए अपेक्षाकृत बड़ी संख्या में अन्वेषण करना, प्रचलित उपकरणों या सॉफ्टवेयर में जरूरत के अनुरूप सुधार तथा विकास करना, नए प्रोग्राम तैयार करना सम्भव हुआ। दरअसल, इस समाज के आगमन के साथ ही पहले कुछ महत्वपूर्ण संघर्ष पेटेंट-कॉपीराइट से संरक्षित-सुरक्षित उत्पादों और उन्हें मुफ़्त में उपलब्ध कराने वाले नये युवा प्रोग्रेमरों के बीच हुए थे।

दो ज्ञान-उत्पादों के बीच अंतराल चूँकि अत्यन्त अल्प होता है, इसीलिए नए उत्पादों के निर्माता अपना एकाधिकार भी काफ़ी कम समय तक ही बरकरार रख पाते हैं। वैसे, ऐसे एकाधिकार को लेकर भी सॉफ्टवेयर कम्पनियों के बीच कानूनी लड़ाइयाँ चलती रही हैं। यहाँ पर याद रखना चाहिए कि इंटरनेट और वर्ल्डवाइडवेब पर किसी का मालिकाना नहीं है। सेवा प्रदाता कम्पनियों के एकाधिकारमूलक कार्यवाहियों का अनेक ज्ञान-उद्यमी सफलतापूर्वक प्रतिकार भी करते रहे हैं।

1960 और 1970 के दशक में ज्यादातर सॉफ्टवेयर का विकास शैक्षणिक और कॉरपोरेट प्रयोगशालाओं में वैज्ञानिकों और इंजीनियरों द्वारा किया गया। ये वैज्ञानिक और इंजीनियर अपने अनुसंधान के हित में अपने द्वारा तैयार किए गए सॉफ्टवेयर का

एक-दूसरे से खुलकर आदान-प्रदान करते थे, एक-दूसरे के सॉफ्टवेयर में सुधार और जरूरी परिवर्तन करते और इन परिवर्तनों को मुफ़्त में आपस में साझा करते। यह सामुदायिक व्यवहार हैकर संस्कृति की केन्द्रीय विशेषता बन गया—ओपन सोर्स प्रोग्रेमर्स के समुदायों में हैकर एक सकारात्मक शब्द है जिसका प्रयोग प्रतिभाशाली और समर्पित प्रोग्रेमरों के लिए किया जाता है।[24]

1969 में डिफेंस एडवांस्ड रिसर्च प्रोजेक्ट्स एजेन्सी (डीएआरपीए) जो अमेरिकी प्रतिरक्षा उद्योग की एक एजेंसी थी, ने पहले अंतरमहाद्वीपीय हाइ-स्पीड कम्प्यूटर नेटवर्क, अप्रानेट, की स्थापना की और बाद में इससे सैकड़ों विश्वविद्यालय, प्रतिरक्षा ठेकेदार, और अनुसंधान प्रयोगशालाएँ जुड़ गईं। इसी नेटवर्क का स्थान इंटरनेट ने लिया, और फिर इन हैकरों के लिए बड़े पैमाने पर, आसानी से और बिल्कुल सस्ते में अपनी सूचनाओं तथा सॉफ्टवेयर कोड का आदान-प्रदान करना सुलभ हुआ। इससे उन्हें हैकर संस्कृति का प्रसार करने में भी सहूलियत हुई। इसप्रकार 1960 और 1970 के दशक में एम आइ टी के आर्टिफिशियल इंटेलिजेंस प्रयोगशाला में प्रोग्रेमरों के समूह के बीच यह सामुदायिक हैकर संस्कृति काफ़ी मजबूत स्थिति में थी। लेकिन 1980 के दशक में इस समूह को तब बड़ा झटका लगा जब एम आइ टी ने अपने इन हैकर कर्मचारियों द्वारा सृजित कुछ कोड्स का लाइसेंस एक वाणिज्यिक कम्पनी को दे दिया। इस कम्पनी ने, अपने वाणिज्यिक व्यवहार के अनुरूप, उस सॉफ्टवेयर के 'सोर्स कोड' की उपलब्धि तुरन्त सीमित कर दी। फलतः न सिर्फ़ दूसरी कम्पनी के कर्मचारी, बल्कि इस सॉफ्टवेयर के निर्माण में अहम भूमिका निभानेवाले एम आइ टी हैकरों का समूह भी उसके इस्तेमाल से वंचित हो गया—वे अपने भावी अनुसंधान तथा विकास के लिए एक मंच के रूप में उसका इस्तेमाल जारी नहीं रख सकते थे।

एम आइ टी की इसी प्रयोगशाला के एक प्रतिभाशाली प्रोग्रेमर थे रिचर्ड स्टालमैन। सामूहिक रूप से विकसित सोर्स कोड की पहुँच से दूर हो जाने के कारण वे काफ़ी व्यथित थे। सॉफ्टवेयर जगत में एक आम प्रवृत्ति के रूप में विकसित हो रहे स्वामित्ववाले सॉफ्टवेयर पैकेजों के चलन से भी वे आहत महसूस कर रहे थे। सॉफ्टवेयर अब ऐसे रूपों में जारी किए जा रहे थे, जिनका कोई दूसरा व्यक्ति न तो अध्ययन कर सकता था और न ही जिनमें वह कोई सुधार कर सकता था। इसे वे नैतिक रूप से गलत और सॉफ्टवेयर उपयोगकर्ताओं के अधिकारों का, मुफ़्त में सीखने तथा सृजन करने के अधिकारों का हनन मानते थे। यही वह पृष्ठभूमि थी जिसमें उन्होंने 1985 में फ्री सॉफ्टवेयर फाउण्डेशन की स्थापना की। वे सॉफ्टवेयर हैकरों द्वारा विकसित सॉफ्टवेयर को सभी को मुफ़्त में उपलब्ध कराने की कानूनी व्यवस्था करना चाहते थे। स्टालमैन इस लक्ष्य के लिए मौजूदा कॉपीराइट कानून का ही इस्तेमाल करने के पक्षधर थे—यानी जो सॉफ्टवेयर लेखक अपने सॉफ्टवेयर को

'मुफ़्त' सॉफ्टवेयर के रूप में बरकरार रखना चाहते थे, वे अपनी कॉपीराइट का इस्तेमाल करते हुए लाइसेंस देते वक्त तमाम भावी उपयोगकर्ताओं के कई अधिकारों की गारंटी करने की शर्त लगा सकते थे। स्टालमैन द्वारा विकसित बुनियादी लाइसेंस का यह विधान 'जनरल पब्लिक लाइसेंस' (जी पी एल) के नाम से जाना जाता है। इसे 'कॉपीराइट' शब्द के विलोम के रूप में 'कॉपीलेफ्ट' भी कहा जाता है। बहरहाल, मुफ़्त या मुफ़्त सॉफ्टवेयर के इस विचार को ज्यादा सफलता हासिल नहीं हुई। उद्योग जगत 'मुफ़्त' शब्द को ही शंका की निगाह से देखता था।

इस परम्परा का अगला विकास—'ओपेन सोर्स सॅफ्टवेयर मूवमेंट' था जिसकी स्थापना 1998 में ब्रुस पेरेन्स और एरिक रेमण्ड ने कुछ अन्य प्रमुख हैकरों के साथ मिलकर की थी। यह आन्दोलन एक प्रमुख आर्थिक और सांस्कृतिक परिघटना के रूप में सामने आया। ओपेन सोर्स सॉफ्टवेयर प्रोजेक्ट्स की संख्या में तेजी से विस्तार हुआ। ओपेन सोर्स सॉफ्टवेयर प्रोजेक्ट्स के लिए अधिसंरचना प्रदान करनेवाला तथा ऐसे प्रोजेक्ट्स का प्रमुख भंडार सोर्सफोर्ज डॉट नेट है—मध्य 2004 तक यह 83,000 प्रोजेक्ट्स की मेजबानी कर चुका था और इसके पंजीकृत उपयोगकर्ताओं की संख्या 8,70,000 से भी अधिक थी। अब वाणिज्यिक कम्पनियों द्वारा विकसित सॉफ्टवेयर का अच्छा-ख़ासा हिस्सा ओपेन सोर्स लाइसेन्स के अंतर्गत जारी किया जाने लगा है। फेचमेल, अपाचे, लाइनक्स, आदि इसी आन्दोलन की उपज हैं।[25] लाइनक्स, अपाचे, आदि ने बाजार में भी अपनी बड़ी जगह बना ली है और वे माइक्रोसॉफ्ट विंडोज के मुफ़्त संस्करण की तरह हैं।

1991 में फिनलैंड के एक छात्र लाइनस टोरवाल्ड्स अपने पर्सनल कम्प्यूटर पर (जो 386 प्रोसेसर से युक्त था) यूनिक्स ऑपरेटिंग सिस्टम स्थापित करना चाहते थे। उन दिनों मिनिक्स ही एकमात्र उपलब्ध सॉफ्टवेयर था, लेकिन वह वाणिज्यिक, बन्द सोर्स था। तब उसकी कीमत डेढ़ सौ अमेरिकी डॉलर थी जो टोरवाल्ड्स की जेब पर काफ़ी भारी पड़ती थी। फिर उन्होंने ख़ुद एक ऑपरेटिंग सिस्टम विकसित करने की ठानी और लाइनक्स ओपेन सोर्स सॉफ्टवेयर उनके इसी संकल्प का परिणाम था। इसके लिए उन्होंने खुले तौर पर 3 जुलाई, 1991 को यूजनेट पर एक संवाद पोस्ट कर नेट इस्तेमाल करने वालों से सहयोग की अपील की, उन्हें अपनी योजना की जानकारी दी और अपेक्षित तकनीक साझा करने का अनुरोध किया। जवाब में उन्हें भरपूर सहयोग प्राप्त हुआ और वे अपने प्रोजेक्ट को कामयाब कर पाए।[26]

सन् 2000 में, 18-वर्षीय शॉन फैनिंग ने अपने छोटे कमरे से नैपस्टर नामक कम्पनी की शुरुआत कर म्युजिक कम्पनियों की दुनिया में तहलका मचा दिया। लोग एक सेंट्रल सर्वर में लॉग-इन कर नैपस्टर के जरिए दुनिया भर के लोगों के साथ फाइल साझा कर सकते थे—किसी व्यक्ति के पास अगर अभी-अभी जारी कोई म्युजिक एल्बम है तो वह उस एल्बम को दुनिया भर के अपने मित्रों के साथ मुफ़्त में साझा

कर सकता था और इस तरह पूरी दुनिया मुफ़्त में उस संगीत का लुत्फ उठा सकती थी। लोग इस आविष्कार पर टूट पड़े और फाइल-शेयरिंग का यह सिलसिला आँधी की तरह इंटरनेट की दुनिया में छाने लगा। म्युजिक कम्पनियों का खरबों डॉलर का कारोबार खतरे में था, फलतः शीघ्र ही, फरवरी 2000 में नैपस्टर के खिलाफ कानूनी कार्रवाई शुरू की गई—कॉपीराइट के उल्लंघन और संगीत की चोरी के मामले में 12 फरवरी, 2000 को कोर्ट ने नैपस्टर के खिलाफ फैसला सुनाया। जून 2003 में नैपस्टर ने ख़ुद को दिवालिया घोषित कर दिया और उसी साल दिसम्बर में नैपस्टर ने अपना ब्रांड नाम तथा अपनी बौद्धिक सम्पदा रोक्सियो इनकॉरपोरेटेड के हाथों बेच दी।

बहरहाल, एक बार फाइल-शेयरिंग की तकनीक हाथ आ गई तो यह सिलसिला कहाँ रुकनेवाला था। बल्कि उसमें सुधार लाकर उसे इस तरह अमल में लाने का प्रयास शुरू हो गया कि कानून के हाथ और इस तरह की सेवा प्रदान करने वाले साइट्स के बीच एक निश्चित फासला निरन्तर बना रहे। नैपस्टर का ही और उन्नत रूप था ग्रोक्सटर—इंटरनेट पर संगीत और फिल्म मुफ़्त में साझा करने का इसने सुनहला अवसर प्रदान किया। जिस दिन 'स्टार वार एपिसोड III : रिवेंज ऑफ द सिथ' थियेटरों में रिलीज हुई, उसी दिन यह फिल्म पी2पी (पीयर टू पीयर) नेटवर्क पर भी मुफ़्त में उपलब्ध थी। तब तक ग्रोक्सटर एक छोटी कम्पनी थी और लोगों ने इसका नाम तक नहीं सुना था। मार्च 2005 में इस छोटी-सी अनजान कम्पनी के खिलाफ अमेरिका के सर्वोच्च न्यायालय में अमेरिका की सर्वप्रमुख फिल्म निर्माता कम्पनियों में से एक एम जी एम ने जो मोर्चा खोला, वह अमेरिका के इतिहास में एक दिलचस्प मुकदमा था। ग्रोक्सटर जैसी छोटी कम्पनी के खिलाफ खड़ी कम्पनियों तथा नामों की सूची देखने से ही आप इस मुकदमे के चरित्र का अंदाजा लगा सकते हैं। इस मुकदमे में एम जी एम के साथ जो कम्पनियाँ शामिल थीं, वे थीं : कोलम्बिया, डिज्ने, वार्नर ब्रदर्स, अटलांटिक रेकर्ड्स, कैपिटोल रेकर्ड्स, आर सी ए, बी एम जी, सोनी और वर्जिन रेकर्ड्स। कहने की जरूरत नहीं कि एम जी एम के वकील अमेरिका के सबसे बड़े और महंगे वकील थे : डॉन वेरिली (प्रतिष्ठित कोलम्बिया लॉ रिव्यू के प्रधान सम्पादक), केन स्टार (मोनिका लेविंस्की प्रकरण में क्लिंटन पर महाअभियोग के सिलसिले में आपने इनका नाम अवश्य सुना होगा), और (उसी महाअभियोग के दौरान क्लिंटन का बचाव करनेवाले) डेविड कैंडल। सिर्फ़ अमेरिका में अप्रैल 2005 में पीयर-टू-पीयर सेवाओं के 86.3 लाख ग्राहक थे और तब तक इन सेवाओं के कारण रेकॉर्डिंग उद्योग अपने राजस्व का 25 फीसदी गंवा चुका था। इस लड़ाई में ग्रोक्सटर की हार तो निश्चित थी। लेकिन यह सिलसिला फिर भी नहीं थमा। काजा, काजालाइट होते हुए इ-म्यूल के रूप में पी2पी मुफ़्त सेवा की यह प्रक्रिया आज तक जारी है—वह निरन्तर पते बदलते, कानून की चंगुल से बचते अब ऐसे मुकाम पर जा पहुँची है, जहाँ कानून के लम्बे हाथों का पहुँचना लगभग नामुमकिन है।[27]

ये कुछ उदाहरण थे इंटरनेट की दुनिया के संघर्षों के। इस तरह के संघर्ष और अभियान इंटरनेट का अभिन्न अंग बन चुके हैं। ताजा उदाहरण विकीलीक्स का तो है ही। इंटरनेट पर किसी का स्वामित्व नहीं है और उसका अपना कोई अंतर्निहित सोपानमूलक ढाँचा नहीं है (उस पर ऐसी कई कम्पनियाँ, ऐसे समूह और साइट्स, आदि अवश्य हैं जिनका स्वामित्व है और जिनका सोपानमूलक ढाँचा भी है)। स्वामित्व के अभाव के कारण उसपर ऐसे कई शक्तिशाली समूह हैं या फिर ऐसे समूहों के उभरने का अवसर उपलब्ध है, जो उद्योग तथा समाज में काफ़ी उलट-पलट करने की क्षमता रखते हैं।

मस्तिष्क का नियमन

मस्तिष्क-उत्पादों के निर्माण के लिए मानव-मस्तिष्क की गति-प्रकृति और उसकी कार्यप्रणाली की गहन जानकारी जरूरी है—इसीलिए इस आर्थिक प्रणाली के विकास ने मस्तिष्क-विज्ञान तथा मनोविज्ञान की विभिन्न शाखाओं को जबर्दस्त आवेग प्रदान किया है। बहरहाल, किसी भी चीज़ का ज्ञान उसके कृत्रिम सृजन के रूप में ही प्रामाणिकता प्राप्त करता है और साथ ही उस पर वर्चस्व के रूप में अपनी उपलब्धि का डंका पीटता है—अगर आपने किसी चीज़ का ज्ञान प्राप्त कर लिया है तो उसे बनाकर दिखाइए और अपने ज्ञान के जरिए उसे रूपान्तरित करने की क्षमता का प्रदर्शन कीजिए।

इस प्रकार हम अपने विकास के उस स्तर पर जा पहुँचे हैं, जहाँ हमारे सामने चुनौती 'कृत्रिम मस्तिष्क' का निर्माण करना और मानव मस्तिष्क को वश में करने की क्षमता का इजहार करना है। मस्तिष्क का ज्ञान मस्तिष्क का अतिक्रमण है। इसके साथ ही मानवजाति के विकास का एक चक्र पूरा हो रहा है। अपने विकास-क्रम में मानवजाति ने न सिर्फ़ अपनी ज्ञानेन्द्रियों-कर्मेन्द्रियों का कृत्रिम रूप गढ़ा, बल्कि ये कृत्रिम रूप अपने वास्तविक रूपों की तुलना में कई गुणा सक्षम भी हैं। हमारे पैरों की गति की तुलना मोटरगाड़ी, हवाई जहाज या रॉकेटों की गति से नहीं की जा सकती; हमारे हाथों की क्षमता आधुनिक मशीनों की क्षमता के सामने कहीं नहीं ठहरती; हमारी आँखें अंतरिक्ष में अरबों वर्ष पहले के नजारे कभी नहीं देख पातीं; और न ही हमारे कान सुदूर आकाश में तारों के विस्फोट को कभी सुन पाते। आखिर में बचा था हमारा मस्तिष्क—और वह भी अब अपने अतिक्रमण की प्रतीक्षा में है। मानव मस्तिष्क अपनी इस चुनौती से हार मानने वाला नहीं है। मस्तिष्क की मुक्ति मस्तिष्क के अतिक्रमण में है। हमारी, आधुनिक मानवों की पहचान मस्तिष्क से थी। ज्ञान ने हमारा निर्माण किया, हमारा आगमन मध्यपाषाण संस्कृति के रूप में ज्ञान का आरम्भिक विस्फोट था। क्या ज्ञान का वर्तमान विस्फोट, ज्ञान द्वारा ज्ञान के अतिक्रमण का विस्फोट साबित होगा? क्या यह खुद होमो सेपियन्स सेपियन्स के, और उसके

ज्ञान के अतिक्रमण का शंखनाद है?

अपनी दुनिया में लौटते हैं। अपने मुक्त समय में मनुष्य आखिर क्या करता है या क्या करना चाहता है? यह तो ख़ुद अपने अनुभव से जान सकते हैं। एक तो हम अपने निजी ख्वाबों, चाहतों को पूरा करना चाहते हैं, जीवन के विभिन्न क्षेत्रों में कुछ 'नया' करना चाहते हैं—शोध-अनुसंधान, उद्यम, साहित्य, चित्रकला, मूर्तिकला, गीत-संगीत, नृत्य, आदि अपनी-अपनी पसन्द के अनुरूप किसी भी क्षेत्र में। खाली समय का एक अच्छा-ख़ासा हिस्सा यौन क्रियाकलापों या दमित यौन-आकांक्षाओं को पूरा करने के प्रयासों, आदि में बीतता है। फिर खेल-कूद, मौज-मस्ती में। इसके अलावा, लोगों के अनेक शौक होते हैं अथवा अपनी-अपनी कुछ प्रतिबद्धताएँ होती हैं—किसी सामाजिक कार्य से जुड़ना, पढ़ाना, बागबानी, पर्यटन, आदि।

मस्तिष्क-उत्पादों के निर्माता हमारे मस्तिष्क की जरूरतों के अनुसार ये सारी चीज़ें और उनसे जुड़ी सारी सूचनाएँ बेशुमार मात्रा में हमें उपलब्ध कराते हैं। वह भी तत्क्षण और ऐसी विशिष्टताओं के साथ जिससे आप अपनी निजी पसन्द के हिसाब से उसका उपयोग कर सकें। वे आपकी उद्यमिता, आपकी सृजनात्मकता के विकास के लिए अधिसंरचनात्मक ढाँचा और अवसर उपलब्ध कराते हैं, आपको अपनी कृति के प्रदर्शन और विक्रय के लिए वैश्विक मंच तथा बाज़ार देते हैं—वैश्विक श्रोता, दर्शक, खरीदार सभी कुछ। अपने मुक्त समय में आप अच्छी आमदनी कर सकते हैं—अपने उत्पाद बेचने, शेयरों की खरीद-बिक्री से लेकर नृत्य-गीत-संगीत-लेखन-फोटोग्राफी, आदि के जरिए भी। पढ़ने का मन हो तो श्रेष्ठ साहित्य भी। मौज-मस्ती, खेल-कूद, सब कुछ आपके सामने इतने भव्य और आकर्षक अंदाज में और इतनी बेशुमार मात्रा में परोसा जाता है, जो राजा-महाराजाओं को भी उपलब्ध नहीं था।

लेकिन जरा ठहरिए। सूचनाओं की बौछार और उत्पादों की विलक्षण विपुलता के बीच क्या आपका मस्तिष्क सुन्न तो नहीं हो गया है? क्या आप भूल तो नहीं गए कि आपका मस्तिष्क, यानी कि आप दरअसल चाहते क्या हैं? आपके खाली समय को अपने उत्पादों से, अपनी सूचनाओं से ठूंस देने के लिए न मालूम कितने लोग 24X7 घात लगाए बैठे हैं—अपने आकर्षक टैगलाइन्स, सेलेब्रिटी एण्डोर्समेण्ट्स और मोहक छवियों के साथ। लाखों कर्मी, लेखक, कलाकार, तकनीशियन, आदि आपके मन के एक-एक कोनो-अंतरों में झाँक कर कुछ ऐसे मनमोहक प्रोग्रेम्स, कॉमर्शियल्स, आदि बनाने में दिन-रात लगे रहते हैं ताकि आपके समय के कुछ क्षण उनकी मुट्ठी में आ जाएँ। इसके लिए वे कुछ भी करने और किसी भी हद तक जाने को तैयार रहते हैं।

सारे चौनेल्स चाहेंगे कि आप चौबीसों घण्टे उनसे चिपके रहें, सारी मोबाइल कम्पनियाँ चाहेंगी कि आप चौबीसों घण्टे बातें करते रहें और अनगिनत वेबसाइट्स आपके हर प्रश्न का जवाब देते और हर मुसीबत का हल पेश करते नज़र आएंगे। यहाँ विकल्पों

की बहुलता है और हाँ-ना, सेव-डिलीट, एक्सेप्ट-इग्नोर, लाइक-अनलाइक जैसी द्वैत श्रेणियाँ भी।
आपकी सारी अच्छी-बुरी प्रवृत्तियों का आह्वान किया जाता है—आपके 'पवित्र मुक्त समय' का एक छोटा अंश पाने की चाह में आपके दबे घाव उघाड़े जाते हैं; आपकी शान को ललकारा जाता है; आपकी ईर्ष्या भड़काई जाती है; आपको अच्छा नहीं, महान बनने का न्योता दिया जाता है; आपके खिलंदड़ेपन से खेला जाता है; सबसे झूठी और प्रयोजित खबर देने वाला चैनल सबसे सच्ची और पक्की खबर देने का दावा करता है; आदि, आदि। सारी छवियाँ, सारा गीत-संगीत-नृत्य, सारे शब्द आपको अपने पास क्षण भर सुस्ताने का निमंत्रण देते नज़र आएंगे। इस दृश्य-श्रव्य मायालोक के हिपनोटिज्म में फँसा आपका मस्तिष्क सुध-बुध खोकर वही तो नहीं कर रहा जो इन उत्पादों के सौदागर चाहते हैं? क्या आपका अवकाश सचमुच अवकाश रहा? हमारा मस्तिष्क कुछ मस्तिष्कों द्वारा मानव मस्तिष्क को वश में करने के प्रयोगों की प्रयोगशाला तो नहीं बन रहा? क्या आपके मस्तिष्क का ऐसा अनुकूलन तो नहीं हो गया कि जो चीज़ परोसी जा रही हैं, वे ही आपको भाने लगी हैं? आपकी विवेक-क्षमता कुंद हो गई है? चंचल छवियों और मुखौटों की तिलिस्मी दुनिया में आत्माएँ सचमुच आपके शरीर से निकलकर विचरने चली जाती हैं और कभी-कभी बहुत दिनों बाद वापस लौटती हैं!

मस्तिष्क द्वारा मस्तिष्क का वशीकरण, ज्ञान द्वारा विवेक का अपहरण—इस ज्ञान समाज की सबसे भयावह सम्भावना है। इसीलिए भी कि इसने शैशवावस्था के खाली समय में भी अपनी महत्वपूर्ण जगह घेर ली है। मस्तिष्क के जादूगरों की मायावी दुनिया में क्या आपके सपने सचमुच आपके सपने हैं या वे आपके सपनों की दुनिया में भी घुसपैठ कर उसके साथ खेल रहे हैं—आपको 'इन्सेप्सन' की याद आ रही है या 'ग्रेट डिक्टेटर' के चार्ली चैप्लिन की? आपका मस्तिष्क कबड्डी खेलना चाह रहा है और आप अलोंसो के पीछे-पीछे फार्मूला वन की रेसिंग में कहाँ भागे जा रहे हैं? (थोड़े समय के लिए इन सबसे अलग हटकर ठंडे दिमाग से विचार कीजिए तो उपयुक्त सारा परिदृश्य और बहुत कुछ अत्यन्त हास्यास्पद और बाहियात भी लग सकता है।)

पहले के समाजों में भी आम लोगों के मस्तिष्क पर राज करने की कोशिशें होती रही हैं, दिमागी तौर पर गुलाम बनाने के प्रयास कतई नये नहीं हैं। लेकिन उन प्रयासों से आज की परिघटना की तुलना नहीं की जा सकती। अब यहाँ फिर एक बार हम शिकारी-संग्राहक युग से लेकर औद्योगिक समाज तक विचारों के जादूगरों के ब्यौरों में नहीं जाएंगे।

अवकाश के विस्तृत होते अंतराल में एक ओर मस्तिष्क की उन्मुक्त सृजनशीलता की आधारशिला रखना, उसके लिए उपयुक्त अधिसंरचना तथा अवसर उपलब्ध कराना, और दूसरी ओर, आपके मस्तिष्क को वश में कर उसी अंतराल के एक-एक

क्षण को आपसे चुरा लेना—ज्ञान समाज का लाक्षणिक द्वैत है। आपको अपने 'मन का करने' का अवसर प्रदान करना, और साथ ही, आपके मन को वश में करने का मायाजाल रचना। यह सब कोई जबर्दस्ती नहीं कर रहा—आप अपने आत्ममुग्ध सम्मोहन में, मिथ्या छवियों के मायालोक में फँसकर ख़ुद इसका निमंत्रण देते हैं।...आपका मुक्त समय आपके मस्तिष्क की दासता का सबब तो नहीं बन रहा? मानवजाति की विशाल बहुसंख्या की ऐतिहासिक परतंत्रता इसका आधार है। इस ज्ञान समाज के लिए भी इस परतंत्रता से निजात पाना मस्तिष्क की उन्मुक्त सृजनशीलता की कार्यसूची में नहीं है। अगर अरबों लोग मूलभूत संसाधनों से, स्वतंत्रताओं और अधिकारों से वंचित रहेंगे तो ज्ञान समाज की बहुसंख्या भी मस्तिष्क के ज्ञान-उत्पादों का निष्क्रिय उपभोक्ता बनी रहेगी और अवकाश की स्वतंत्रता के भ्रम में मस्तिष्क की दासता से बच नहीं पाएगी। (अपनी सृजनात्मक क्रियाशीलता और मस्तिष्क-उत्पादों के निष्क्रिय उपभोग का द्वैत।)

ज्ञान का वास्तविक अर्थ संस्कृति के व्यापक फलक पर ही खुलेगा।

ज्ञान अर्थशास्त्र का विकास

अर्थशास्त्र की एक शाखा के रूप में ज्ञान अर्थशास्त्र का विकास वैसे तो काफ़ी नई परिघटना है और यह अभी भी एक विकासमान ज्ञानानुशासन है, तथापि इसकी शुरुआत हम कार्ल मार्क्स से ही करेंगे। उनके समय में क्वांटम क्रान्ति नहीं हुई थी, कम्प्यूटर जैसे उपकरण विकसित नहीं हुए थे, इंटरनेट तथा वर्ल्डवाइडवेब की तो तब कल्पना भी सम्भव नहीं थी। फिर भी वे बिल्कुल आज की शब्दावली में उन सारी स्थितियों का विलक्षण सूत्र प्रस्तुत करते हैं जिनसे हम आज रू-ब-रू हैं। कहने की जरूरत नहीं कि वे यह सब औद्योगिक पूँजीवाद के परिप्रेक्ष्य में, स्थिर पूँजी और परिचालित पूँजी के संदर्भ में कर रहे थे। यह स्वाभाविक भी है, क्योंकि आज की ज्ञान अर्थव्यवस्था औद्योगिक अर्थतंत्र पर ही फली-फूली है और यह कि विनिमय पर आधारित आर्थिक प्रणाली के मूलभूत द्वन्द्व इस अर्थव्यवस्था में भी बने रहते हैं। वे बतलाते हैं कि कैसे मशीनीकरण के विकास की स्वाभाविक प्रक्रिया में मस्तिष्क, ज्ञान की ताकत, सामान्य सामाजिक ज्ञान प्रत्यक्ष उत्पादक शक्ति बन जाता है, कि उत्पादकता बढ़ने के साथ समग्र रूप से मानवजाति को उपलब्ध खाली समय काफ़ी बढ़ता जाता है, कि कैसे सम्पत्ति "अतिरिक्त श्रम काल पर नियंत्रण नहीं, बल्कि प्रत्येक व्यक्ति और समूचे समाज के लिए, प्रत्यक्ष उत्पादन में जरूरी काल के अतिरिक्त (उससे पृथक्) प्रयोज्य काल पर शासन करना" हो जाता है, कि कैसे अन्वेषण ख़ुद एक व्यवसाय बन जाता है, कि कैसे इस प्रक्रिया में प्रत्यक्ष श्रम सम्पत्ति का विराट स्रोत नहीं रह जाता, कि कैसे इसके साथ ही विनिमय मूल्य पर आधारित उत्पादन का विघटन हो जाता है, आदि, आदि। इस संदर्भ में उनके विचारों को हम

पहले ही विस्तार के साथ रख चुके हैं, इसलिए यहाँ उन्हें दुहराने की जरूरत नहीं है।

प्रस्तुतीकरण की पद्धति और जाँच-पड़ताल की पद्धति के बीच फर्क को रेखांकित करते हुए मार्क्स ने ख़ुद लिखा था, "दरअसल, प्रस्तुतीकरण की पद्धति को जाँच-पड़ताल की पद्धति से निश्चय ही स्वरूप में भिन्न होना चाहिए। जाँच-पड़ताल के दौरान सामग्री को विस्तार में ग्रहण करना होता है, विकास के विभिन्न रूपों का विश्लेषण करना पड़ता है, उनके अन्दरूनी सम्बन्धों की खोजबीन करना पड़ती है। इस कार्य के सम्पन्न होने के बाद ही वास्तविक गति का यथेष्ट वर्णन किया जा सकता है। यदि यह कार्य सफलतापूर्वक सम्पन्न कर लिया जाए, दर्पण में प्रतिबिम्बित छवि की तरह यदि विषयवस्तु का जीवन आदर्श रूप में प्रतिबिम्बित हो जाए, तो ऐसा प्रतीत हो सकता है जैसे हमारे सामने महज एक पूर्व-अपेक्षित (निगमनिक) रचना ही है।"[28]

ग्रुंड्रिसे में हम जहाँ जाँच-पड़ताल की पद्धति का साक्षात करते हैं, वहीं पूँजी में प्रस्तुतीकरण की पद्धति का। ग्रुंड्रिसे में जाँच-पड़ताल जहाँ समाप्त होती है, पूँजी का प्रस्तुतीकरण वहीं से आरम्भ होता है। ग्रुड्रिसे (नोटबुक VII) के लगभग अंत में मार्क्स बुर्जुआ सम्पत्ति की पहली श्रेणी के रूप में 'माल' की चर्चा करते हैं और पूँजी का पहला अध्याय 'माल' से ही शुरू होता है। (प्रसंगवश, ग्रुंड्रिसे के इसी आखिरी अंश में वे तमाम संस्कृत-जनों के प्रस्थान-बिन्दु के रूप में भारत की चर्चा करते हैं।) अपनी अन्य रचना थ्योरी ऑफ सरप्लस वैल्यू में वे उन दिनों राजनीतिक अर्थशास्त्र के क्षेत्र में प्रचलित विभिन्न विचारशाखाओं की आलोचना के क्रम में अपनी अवधारणाओं की विवेचना करते हैं और उन्हें पर्याप्त विस्तार देते हैं।

जाँच-पड़ताल के दौरान, जाहिर है, पूँजी के विकास के विभिन्न विकल्पों का जायजा लिया जाता है, जबकि प्रस्तुतीकरण के दौरान सबसे उपयुक्त (लगने वाले) विकल्प को छोड़कर अन्य विकल्पों को प्रायः नज़रअंदाज कर दिया जाता है। मानव मस्तिष्क की भी यही कार्यप्रणाली है। वैसे मार्क्स उपयुक्त अंशों में वर्णित विश्लेषणों को सार रूप में पूँजी में भी जारी रखते हैं।

मार्क्स का उद्देश्य औद्योगिक-पूँजीवादी उत्पादन प्रणाली की गति-प्रकृति का सर्वांगीण अध्ययन था। ऐसे अध्ययन का मतलब है इस उत्पादन प्रणाली के उद्भव, विकास और अंत का अध्ययन करना, समग्र सामाजिक संदर्भ में उसकी ऐतिहासिकता का अध्ययन करना। हम पहले देख चुके हैं कि किसी चीज़ का ज्ञान उस चीज़ का अतिक्रमण करना है। पूँजी का ज्ञान पूँजी का अतिक्रमण भी है। मार्क्स का समाजवाद पूँजी का यही अतिक्रमण है जिसके बिना पूँजी की ज्ञान-प्रक्रिया पूरी नहीं होती। इस अतिक्रमण के साथ ही शास्त्रीय राजनीतिक अर्थशास्त्र का अंत भी घटित होता है। बहरहाल, पूँजी के अतिक्रमण के रूप में विकसित मार्क्स का समाजवाद तब प्रचलित फ्रांसीसी समाजवाद और कम्युनिज्म की समालोचना की प्रक्रिया में

अस्तित्व में आया था। मार्क्स के समय प्रचलित फ्रांसीसी समाजवादी तथा कम्युनिस्ट विचारशाखाएँ नैतिक और विभिन्न सतही आधारों पर पूँजी की आलोचना करती थीं। राइनिश जाइटुंग का सम्पादन करने के क्रम में (1842-43 में ही) मार्क्स ने यह महसूस किया था कि इन फ्रांसीसी प्रवृत्तियों की सारवस्तु के बारे में निर्णयात्मक रूप से कुछ कह पाना राजनीतिक अर्थशास्त्र के अध्ययन के बिना मुमकिन नहीं था और इसी तरह वे राजनीतिक अर्थशास्त्र के अध्ययन की ओर प्रवृत्त हुए।[29] फ्रांसीसी समाजवाद तथा कम्युनिज्म की आलोचना को उन्होंने इस प्रकार राजनीतिक अर्थशास्त्र के अपने अध्ययन के साथ जोड़ दिया। यह उनके समाजवाद का विशिष्ट संदर्भ था।

मार्क्स ने एक ओर औद्योगिक-पूँजीवादी उत्पादन प्रणाली को एक प्रगतिशील ऐतिहासिक युग की महिमा प्रदान की, वहीं दूसरी ओर उसकी गति-प्रकृति, उसके अन्दरूनी अंतरविरोधों के विश्लेषण के जरिए उसके अतिक्रमण के रूप में समाजवादी-साम्यवादी उत्पादन प्रणाली की अवधारणा भी पेश की। औद्योगिक-पूँजीवादी उत्पादन प्रणाली के अन्दरूनी अंतर्विरोध के समाधान के रूप में उन्होंने मजदूरों द्वारा अपने अतिरिक्त श्रम को अपने अधिकार में ले लेने, उत्पादन के साधनों पर समाज के नियंत्रण की अवधारणा पेश की, और यह कि एक नेतृत्वकारी वर्ग के रूप में औद्योगिक मजदूर वर्ग समाज के अन्य तमाम शोषित-उत्पीड़ित वर्गों को मुक्त किए बिना ख़ुद अपनी मुक्ति हासिल नहीं कर सकता और इस तरह, पूँजीवादी उत्पादन प्रणाली वर्ग शोषण पर आधारित अन्तिम प्रणाली है।

पूँजीवादी प्रणाली के निर्णायक रूप से स्थापित हो जाने के बाद अर्थशास्त्र के लिए इतिहास तथा समाज विज्ञान के सहारे की आवश्यकता समाप्त हो गई—इस उत्पादन प्रणाली को ऐतिहासिक परिप्रेक्ष्य तथा वृहत्तर सामाजिक पृष्ठभूमि में अपना औचित्य प्रमाणित करना जरूरी नहीं रह गया। फलतः राजनीतिक अर्थशास्त्र का अवसान घटित हुआ और उसका स्थान सिर्फ़ अर्थशास्त्र ने ले लिया। अर्थशास्त्र का मुख्य कार्यभार अब पूँजीवादी आर्थिक प्रणाली की विसंगतियों को, उसमें उत्पन्न असंतुलन को गणितीय सूत्रों तथा समीकरणों के जरिए दुरुस्त करना भर रह गया। इस अर्थशास्त्र का प्रस्थान-बिन्दु हम वालरा के सामान्य प्रतिस्पर्धात्मक संतुलन की अवधारणा से मान सकते हैं। आगे चलकर, विभिन्न अर्थशास्त्रियों ने पूँजीवादी उत्पादन प्रणाली के विभिन्न घटकों की गति-प्रकृति के बारीक अध्ययन-विश्लेषण के आधार पर ऐसे अनेक अमूर्त-आदर्श सूत्र, समीकरण तथा मानदंड विकसित किए जिनके आधार पर यथार्थ अर्थव्यवस्था की जाँच-पड़ताल की गई और उसमें उत्पन्न असंतुलन तथा विकृतियों को दूर करने के लिए समग्र अर्थव्यवस्था में विभिन्न घटकों का आदर्श अनुपात एवं विभिन्न कारकों के आदर्श सूचकांक सूत्रबद्ध किए गए। सामान्य काल में समूची अर्थव्यवस्था के संतुलित संचालन के लिहाज़ से ये सूत्र उपयोगी साबित हुए और आज भी समग्र अर्थव्यवस्था के नियमन में उनकी भूमिका

बनी हुई है। अर्थव्यवस्था में आये संकट अथवा असंतुलन के लिए ये अर्थशास्त्री प्रायः इस नियमन में चूक को जिम्मेवार ठहराते हैं। मांग-आपूर्ति, रोजगार, ब्याज दर, मुद्रास्फीति, सकल घरेलू उत्पाद में ऋण का अनुपात, बचत दर, सकल घरेलू उत्पाद में वित्तीय घाटे का अनुपात, सकल घरेलू उत्पाद में विभिन्न क्षेत्रों का अनुपात, शेयर बाजार, पूँजी निवेश में पोर्टफोलियो तथा प्रत्यक्ष निवेश का अनुपात, आयात-निर्यात, भुगतान सन्तुलन, गरीबी, सब्सिडी, कल्याणकारी कार्यक्रम, आदि—इन सारे विषयों पर मानक सूत्र, सूचकांक तथा अनुपात बने हुए हैं, जिनका कुशल अनुपालन अर्थव्यवस्था के सन्तुलित संचालन के लिए अपरिहार्य माना जाता है। यहाँ हम इन सूत्रों, सूचकांकों और अनुपातों के विस्तार में नहीं जाएंगे। बहरहाल, पहले हमने पूँजीवादी उत्पादन प्रणाली के जिस मीयादी संकट चक्र का जिक्र किया है, उस पर काबू पाने में ये सूत्र, सूचकांक और अनुपात कामयाब नहीं हुए। पूँजीवादी आर्थिक प्रणाली समय-समय पर तर्कातीत उमंग और संक्रामक निराशा के विनाशकारी झटकों से तबाही मचाती रही, और इस प्रक्रिया में तमाम समीकरणों, सूचकांकों और सूत्रों को उड़ा ले जाती रही।

19वीं सदी के उत्तरार्ध में ही लियोन वालरा (स्विट्जरलैंड) और विलियम जेवोंस (ब्रिटेन) के बाद जिन अर्थशास्त्रियों ने आर्थिक सिद्धान्तों के विकास में महत्वपूर्ण भूमिका निभाई उनमें कार्ल मेंगर, फ्रेडरिख वॉन वाएजर और यूजेन बोहम-बेवर्क (सभी ऑस्ट्रिया के) का नाम लिया जाता है—इन लोगों ने अर्थशास्त्र की ऑस्ट्रिया शाखा की नींव रखी। (यहाँ हम सीमान्त उपयोगिता के प्रचलित सिद्धान्त, इस सिद्धान्त के अनुयायियों में होने वाले विवादों, अल्फ्रेड मार्शल और पॉल सैमुअलसन, आदि के विचारों के विवरण में नहीं जाएंगे।

बीसवीं सदी में 1929 की महामंदी से मची भारी तबाही अर्थशास्त्र के लिहाज़ से भी एक महत्वपूर्ण मोड़ साबित हुई। एडम स्मिथ-रिकार्डो की आदर्श आर्थिक प्रणाली इस मान्यता पर आधारित थी कि बाजार की अंतर्निहित नमनीयता अर्थव्यवस्था के विभिन्न कारकों के बीच संतुलन बनाये रखने की पर्याप्त गारंटी प्रदान करती है, और किसी तरह के असन्तुलन की स्थिति में उसमें स्वतः पुनर्संतुलन कायम करने की क्षमता मौजूद होती है। बहरहाल, औद्योगिक क्रांति के आरम्भिक दिनों में बचत और निवेश की जो स्वाभाविक एकता थी, वह उन्नीसवीं सदी के उत्तरार्ध में, बड़े उद्योगों तथा तकनालॉजिकल प्रगति की पृष्ठभूमि में पूँजीवादी उत्पादन की निरन्तर जटिल होती प्रक्रिया के दौरान, बैंकिंग तथा वित्तीय पूँजी और औद्योगिक पूँजी की दो श्रेणियों में विभाजित हो चुकी थी। इजारेदारी तथा बहुराष्ट्रीय निगमों के उत्थान और उनके बीच प्रतियोगिता ने बचत-निवेश के सन्तुलन के प्रश्न को और जटिल बना दिया। इन विकासों की बारीकियों में जाने के बजाए यहाँ सिर्फ़ यह बताना काफ़ी होगा कि जटिल होती पूँजीवादी उत्पादन प्रणाली के विभिन्न घटकों

के बीच असंतुलन अब जिस महासंकट का सबब बननेवाला था, स्वतः पुनर्संतुलन कायम करने की बाजार की अंतर्निहित क्षमता के भरोसे उससे निपटना पूँजीवादी प्रणाली के लिए सम्भव नहीं था। जॉन मेनार्ड कीन्स के आर्थिक सिद्धान्तों के उदय की यही पृष्ठभूमि थी। कीन्सीय अर्थशास्त्र (जिसकी मूल प्रस्थापनाओं का निरूपण 1936 में प्रकाशित उनकी पुस्तक 'दि जनरल थ्योरी ऑफ एम्प्लाइमेण्ट, इंटेरेस्ट एण्ड मनी' में किया गया) आने वाले क़रीब तीन दशकों तक अर्थशास्त्र की सर्वाधिक प्रभावशाली शाखा बना रहा। कीन्स अर्थव्यवस्था में प्रभावशाली मांग के सृजन पर जोर देते थे, इसके लिए आर्थिक क्रियाकलापों में राज्य के हस्तक्षेप को जरूरी मानते थे, और इस प्रकार मंदी से निपटने के लिए मंद मुद्रास्फीति के पक्षधर थे। कीन्स की भी मुख्य चिन्ता पूँजीवादी प्रणाली के विभिन्न घटकों के बीच सन्तुलन कायम करना था, हालाँकि उनके नुस्खे एडम स्मिथ या वालरा के आम प्रतिस्पर्धात्मक संतुलन से भिन्न थे। उनकी नज़र में पूँजीवादी उत्पादन प्रणाली के अंतर्गत ही उत्पादक शक्तियों के विकास के एक ख़ास स्तर के बाद जब अभावों की स्थिति से छुटकारा मिल जाएगा, सभी की आवश्यकताओं को पूरा करने लायक प्रचुर सम्पदा उपलब्ध हो जाएगी तो पूँजीवाद अपने संकटों से भी छुटकारा पा जाएगा।

इसी दौर में ही कीन्स के समकालीन जोसेफ शूमपीटर के आर्थिक सिद्धान्तों ने भी अर्थशास्त्रियों की एक पूरी पीढ़ी को प्रभावित किया। कीन्स और शूमपीटर का जन्म उसी वर्ष (1883) हुआ था जिस वर्ष मार्क्स का निधन और दोनों द्वितीय विश्वयुद्ध के बाद के कुछ वर्षों में ही गुजर चुके थे (कीन्स 1946 में और शूमपीटर 1950 में)। शूमपीटर ने दस बड़े अर्थशास्त्रियों की जो जीवनी लिखी थी उसमें पहला स्थान कार्ल मार्क्स को और दसवाँ स्थान कीन्स को दिया था।[30]

बहरहाल, शूमपीटर की नज़र में कीन्स के नुस्खे तात्कालिक संकट से निपटने भर तक सीमित थे और वह भी सिर्फ़ इंगलैंड की विशिष्ट स्थितियों में ही उपयोगी थे। दरअसल कीन्स की दिलचस्पी भी चक्रीय संकट से पूँजीवाद को निजात दिलाने में थी, जबकि शूमपीटर की दिलचस्पी पूँजीवादी प्रणाली की दूरगामी गति-प्रकृति में। उनकी नज़र में पूँजीवादी उत्पादन प्रणाली की गतिशीलता का केन्द्रीय तत्व, उसकी गति-प्रकृति का आधार आविष्कार और नवाचार है, और सतत् आविष्कार तथा नवाचार का जोखिम उठाने वाला उद्यमी वर्ग है। आविष्कार से उनका तात्पर्य नये का सृजन तथा उसकी स्थापना से था, और नवाचार का मतलब था आर्थिक रूप से सफल तथा मुनाफा प्रदान करनेवाला आविष्कार। आविष्कार तथा नवाचार, और तद्जनित सृजनात्मक विध्वंस पूँजीवादी प्रणाली की विकास प्रक्रिया की जीवन्त लाक्षणिकता है। मंदी उनके लिए कोई चिन्ताजनक बात नहीं थी—वह तो अक्षम इकाइयों और संस्थाओं की या तो मर जाने या फिर सुधरने की एक प्रक्रिया थी। उससे नवाचार को प्रोत्साहन मिलता था। वे कीन्स के विपरीत राज्य के हस्तक्षेप के

भी सख्त खिलाफ थे क्योंकि नौकरशाही के हस्तक्षेप से नवाचार और उद्यमी भावना कुंठित होगी तथा कुलमिलाकर उससे पूँजीवादी प्रक्रिया की अन्दरूनी गतिशीलता बाधित होगी।[31]

आगे बढ़ने से पहले हम यहाँ 1930 और 1940 के दशक के अर्थशास्त्र की ऑस्ट्रियन शाखा की भी चर्चा कर सकते हैं जिसके मुख्य प्रतिनिधि थे लुडविग वॉन मिसेस और फ्रेडरिख हायेक। उन्होंने उद्यमी अन्वेषण के सिद्धान्त का निरूपण किया था। यह सिद्धान्त उन दिनों प्रचलित अलफ्रेड मार्शल के मांग और आपूर्ति के आदर्श मॉडल की आलोचना के रूप में सामने आया था। वे बाजार प्रक्रिया को सतत् उद्यमी खोजों की प्रक्रिया के रूप में देखते थे, ज्ञान और सूचना पर जोर देते थे, न कि व्यक्तिगत निर्णय पर। उनके अनुसार, पूँजीवादी बाजार अर्थव्यवस्था की सफलता इस बात में निहित है कि उसमें नये खोजे गये बेहतर तरीकों, बेहतर सामानों के उत्पादन, तथा अब तक अज्ञात किन्तु उपलब्ध संसाधन आपूर्ति के स्रोतों का लाभ उठाने के जरिए कम सक्षम, कम कल्पनाशील उत्पादक क्रियाओं को स्थानापन्न करने की शक्तिशाली प्रवृत्ति होती है। ''भविष्य की अनिश्चितता द्वारा सृजित धुंध के पार देखना ही उद्यमशीलता की सारवस्तु है।... भविष्य की यह श्रेष्ठ दृष्टि उद्यमी उत्पादक तथा विनिमय क्रिया की पहचान है। गतिशील बाजार प्रक्रिया भविष्य के प्रति मुनाफे से प्रेरित ऐसी ही सृजनात्मक क्रिया है।'' मिसेस पूँजीवाद और समाजवाद के बीच सामाजिक संगठन के किसी भी मध्यवर्ती रूप की उपलब्धता को बिल्कुल नकारते थे और उनकी नज़र में समाजवाद भी अंततः चलने वाला नहीं था। इस प्रकार, पूँजीवाद ही श्रम विभाजन पर आधारित सामाजिक संगठन की एकमात्र सम्भव प्रणाली है और इसका कोई विकल्प नहीं। वे किसी तीसरे रास्ते की सम्भावना से भी इनकार करते थे और उनके आत्म-नियंत्रणकारी बाजार के पक्षपोषण के सामने एडम स्मिथ भी खतरनाक हस्तक्षेपवादी दिखते थे।[32]

शूमपीटर और ऑस्ट्रियन शाखा के अर्थशास्त्री पूँजीवादी बाजारतंत्र के कट्टर समर्थक होने के साथ-साथ उद्यमिता, खोज, आविष्कार और नवाचार को ही पूँजीवादी प्रणाली की गतिशीलता का सारतत्व मानते थे।

1970 का दशक आते-आते पूँजीवादी उत्पादन प्रणाली मंदीस्फीति के जिस चक्र में फँस गई, उसने मांग-पक्षीय कीन्सीय अर्थशास्त्र की आभा फीका कर दी। आर्थिक क्षेत्र में राज्य के हस्तक्षेप से उत्पन्न विकृतियों तथा उसके दुष्परिणाम की चर्चा अब जोर पकड़ने लगी। फलतः अब बारी आपूर्ति-पक्षीय नव-उदारवादी अर्थशास्त्रियों के महिमागान की थी। इसका प्रतिनिधित्व करते थे शिकागो स्कूल के मिल्टन फ्रीडमैन, यूजीन फामा और रॉबर्ट लुकाच। राजनीतिक प्रतिनिधि थीं मार्गरेट थैचर, और रोनाल्ड रीगन। 1990 के दशक के आरम्भ में सोवियत संघ के विघटन ने तो इस धारा के प्रतिनिधियों को सचमुच तर्कातीत उमंग से भर दिया। आपूर्ति-पक्षीय नव-उदारवाद

करों में छूट, ब्याज दरों में कमी, कल्याणकारी कार्यक्रमों में कटौती और कुल मिलाकर, राज्य की भूमिका को सीमित करते हुए मुक्त बाजार का पैरोकार होता है। दरअसल, मीयादी संकट चक्र की तरह पूँजीवादी आर्थिक प्रणाली में मांग-पक्षीय और आपूर्ति-पक्षीय आर्थिक नीतियाँ भी बारी-बारी से एक दूसरे का स्थान लेती रहती हैं—पूँजीवादी उत्पादन प्रणाली में दोनों धाराओं की अपनी-अपनी उपयोगिता है, लेकिन वे सामयिक रूप से ही उपयोगी होती हैं। पूँजीवादी उत्पादन प्रणाली को मीयादी संकट चक्र से स्थायी रूप से निजात दिलाना दोनों में से किसी के वश में नहीं है। संकट हर बार नई-नई जटिलताओं के साथ अवतरित होता है और सांख्यिकीशास्त्रियों के समक्ष नई-नई चुनौतियाँ पेश करते हुए उन्हें निरन्तर व्यस्त रखता है।

पूँजीवादी उत्पादन प्रणाली में अंतर्निहित मांग-आपूर्ति युग्म का प्रतिबिम्ब हम न सिर्फ़ आर्थिक नीतियों के क्षेत्र में, बल्कि राजनीतिक क्षेत्र में भी देखते हैं—वाम-दक्षिण युग्म के रूप में। राजनीतिक क्षेत्र में भी वाम तथा दक्षिणपंथी राजनीतिक समूह बारी-बारी से अपनी भूमिका निभाते हैं।

बहरहाल, द्वितीय विश्वयुद्ध के बाद नये-नये उपकरणों के आगमन तथा आर्थिक क्षेत्र में ज्ञान के बढ़ते निवेश की पृष्ठभूमि में अर्थशास्त्र की नई शाखा ने भी आकार लेना शुरू कर दिया। इस दिशा में पहली रचना थी 1962 में प्रकाशित एफ माचलुप की पुस्तक 'नॉलेज प्रोडक्शन एण्ड डिस्ट्रीब्यूशन इन दि युनाइटेड स्टेट्स'। यह किताब औद्योगिक पूँजीवाद के परिप्रेक्ष्य में ही ज्ञान के उत्पादन और वितरण का अध्ययन करती है। उस समय तक न तो इंटरनेट का अस्तित्व था, न पर्सनल कम्प्यूटर और वर्ल्डवाइवेब का। इस सबके बावजूद माचलुप की किताब ने ज्ञान को केन्द्र कर अर्थव्यवस्था के अध्ययन की शुरुआत तो कर ही दी थी। तकनालॉजिकल प्रगति और ज्ञान की भूमिका को केन्द्र कर आर्थिक प्रणाली के विश्लेषण और उसकी समीक्षा को फिर आवेग तथा विस्तार प्रदान किया रॉबर्ट सोलो, पॉल रोमर, मॉरिस स्कॉट, आदि के अध्ययनों ने। अलग-अलग क्षेत्रों में सूचना-संचार उत्पादों के रूप में ज्ञान के निवेश, और उसके प्रभाव, आदि को केन्द्र कर अनेक लेख, शोधपत्र और पुस्तकें भी सामने आईं हैं। 1997 में प्रकाशित थॉमस ए स्टीवर्ट की पुस्तक 'द वेल्थ ऑफ नॉलेज : इनटेलेक्चुअल केपिटल एण्ड ट्वेंटीफर्स्ट सेंचुरी ऑर्गेनाइजेशन', ज्ञान को केन्द्र कर आर्थिक सिद्धान्त के निरूपण की दिशा में एक महत्वपूर्ण कोशिश के रूप में देखी जा सकती है। पूरी परिघटना के समग्र अध्ययन का एक प्रयास 2004 में प्रकाशित डी फोरे की किताब 'इकोनोमिक्स ऑफ नॉलेज' में किया गया है। अर्थशास्त्र की यह शाखा अभी भी विकसित हो रही है।

फोरे के अनुसार, सूचना तथा संचार प्रविधियों में क्रांतिकारी परिवर्तन ज्ञान-उत्पादन और वितरण के अर्थशास्त्र में विराट बदलावों को अंजाम दे रहे हैं। परम्परागत रूप से अर्थशास्त्री ज्ञान-उत्पादन को अनुसंधान तथा विकास कार्यों से जोड़कर देखते रहे

हैं, उसे ख़ास तौर से आविष्कार तथा नवाचार को समर्पित क्रिया के रूप में परिभाषित करते रहे हैं। माचलुप (1962) से शुरू कर ऐसे अर्थशास्त्री संचार, शिक्षा, मीडिया, कम्प्युटिंग और सूचना-आधारित सेवाओं पर केन्द्रीत विशिष्ट क्षेत्रों की ही ज्ञान-आधारित अर्थव्यवस्था के रूप में खिनाख़्त करते रहे हैं। ये सामान्यीकरण ज्ञान उत्पादन करने वाली क्रियाओं को मापने के एक तरीके के लिए तर्क तो प्रस्तुत करते हैं, लेकिन वे कतई उचित नहीं हैं और अब तो वे पूरी तरह भ्रामक भी हैं। फोरे के अनुसार, ज्ञान उत्पादन अब सभी औद्योगिक क्षेत्रों में एक प्रमुख कार्यवाही का रूप ले चुका है और वह महज अनुसंधान तथा विकास प्रयोगशालाओं में कतई सीमित नहीं रह गया है : हम ज्ञान अर्थव्यवस्था के युग में आ चुके हैं। वे यथार्थ उत्पादन क्रियाओं से दूर प्रयोगशालाओं में सम्पन्न किए जाने वाले अनुसंधान तथा विकास कार्यों और उत्पादन-स्थल पर कार्य करते हुए सीखने के बीच बुनियादी फर्क को रेखांकित करते हैं। दोनों महत्वपूर्ण हैं और दोनों के पूरक लाभ भी हैं और हानि भी। उनके अनुसार, ज्ञान उत्पादन के केन्द्र में, उसके हृदयस्थल में ज्ञान उत्पादों तथा सेवाओं के उपयोगकर्ता हैं। प्रबन्धकों के सामने एक बड़ी चुनौती काम करने तथा उत्पादन करने के दौरान उपयोगकर्ताओं द्वारा 'ऑनलाइन' सृजित ज्ञान को पहचानना और उसे प्रयोगशालाओं में सृजित 'ऑफलाइन' ज्ञान के साथ एकात्म करना है। उपयोगकर्ताओं तथा अन्य लोगों के बीच ज्ञान उत्पादन के इस बिखरे चरित्र का तात्पर्य समझना जरूरी है। सूचना तथा संचार तकनीक की निरन्तर समृद्ध होती क्षमता अपने द्वारा सृजित ज्ञान को नियंत्रित करने की नवाचारियों की क्षमता को क्रमशः कमजोर करती जाती है। फोरे यह प्रस्ताव करते हैं कि ज्ञान प्रबन्धन की सबसे कारगर नीतियों तथा व्यवहारों को ज्ञान को साझा करने के पक्ष में विकसित होना होगा।[33]

इसी तरह एस वेबर 'दि सक्सेस ऑफ ओपेन सोर्स' में लिखते हैं, "औद्योगिक युग के अर्थशास्त्र की परम्परागत भाषा उत्पादकों और उपभोक्ताओं, मांग और आपूर्ति की खिनाख़्त करती है। ओपेन सोर्स प्रक्रिया इन श्रेणियों को गड्डमड्ड कर देती है। ओपेन सोर्स सॉफ्टवेयर के उपयोगकर्ता परम्परागत अर्थ में उपभोक्ता नहीं हैं... उपयोगकर्ता उत्पादन प्रक्रिया में खुद बड़े रूप में एकात्म हो जाते हैं।" वेबर ओपेन सोर्स प्रोजेक्ट द्वारा प्रयुक्त सम्पत्ति-अधिकार प्रणाली, और ओपेन सोर्स इन्नोवेशन कम्युनिटीज तथा भागीदारों को मिलनेवाली उत्प्रेरणा के चरित्र पर भी विस्तार से प्रकाश डालते हैं। उनका यह निष्कर्ष है कि यह नई उत्पादन विधि ओपेन सोर्स सॉफ्टवेयर के विकास के भी परे विस्तार पाएगी—किस हद तक और किस मात्रा में उसे अभी भी समझा नहीं गया है।[34]

ज्ञान अर्थशास्त्र के विकास की इस संक्षिप्त झांकी के बाद कुछ और चर्चा अपेक्षित है। आज भी अर्थशास्त्रीय अध्ययन मुख्यतः औद्योगिक-वित्तीय पूँजी के आधार के इर्द-गिर्द ही घूमता दिखाई देता है। औद्योगिक श्रम को ही उत्पादक श्रम के रूप में देखा

जाता है और नये ज्ञान क्षेत्र को प्रायः अनुत्पादक क्षेत्र के रूप में पेश किया जाता है। यहाँ औद्योगिक युग के शुरुआती दिनों में जाना अप्रासंगिक नहीं होगा।

औद्योगिक उत्पादन प्रणाली के आगमन काल में अर्थशास्त्र की एक शाखा थी जिसे 'फिजियोक्रैट्स' के रूप में जाना जाता था। इसके प्रवर्तक थे फ्रांसुआ क्वेसने (1694-1774) जो लुई पन्द्रहवें तथा मादाम द पोंपादू के चिकित्सक भी थे। फिजियोक्रैसी शब्द सुझाया था दुपों द नेमूर ने, जिसका अर्थ है 'प्रकृति का नियम'। पेशे से डॉक्टर क्वेसने बासठ साल की उम्र में अर्थशास्त्र की ओर प्रवृत्त हुए थे। फिजियोक्रैट्स भूमि को ही सारी सम्पत्ति का स्रोत मानते थे और भूमि में किए गए श्रम के अलावा शेष सारे श्रम को बिल्कुल अनुत्पादक या बांझ श्रम की संज्ञा देते थे। उनका नज़र में खेतिहर समुदाय ही एकमात्र उत्पादक वर्ग था (मछुआरे तथा खनिक जो प्रकृति से सीधे जलज या खनिज सम्पदा हस्तगत करते थे, उन्हें भी वे सम्भवतः उत्पादक श्रेणी में शामिल मानते थे)। शेष सारे वर्ग–मैन्युफैक्चरर, मैन्युफैक्चरिंग में काम करनेवाले श्रमिक, व्यापारी, विभिन्न वृत्तियों में लगे पेशेवर लोग, घरेलू नौकर, सभी अनुत्पादक वर्ग थे जो एकमात्र उत्पादक कृषक वर्ग द्वारा पैदा की गई सम्पत्ति पर फलते-फूलते थे। कुलीन तथा पुरोहित वर्ग भूमि से प्राप्त लगान पर ही अपनी विलासितापूर्ण जिन्दगी बिताते थे। अगर किसान भूमि में अपने श्रम के जरिए अपने उपभोग से अतिरिक्त पैदावार नहीं उपजाते तो उन वर्गों का वैभव-विलास भी सम्भव न हो पाता। फिजियोक्रैट्स कारीगरों के श्रम को भी नौकरों के श्रम से अधिक दर्जा नहीं देते थे, क्योंकि ये कारीगर भी अपने अस्तित्व के लिए खोतिहरों पर ही निर्भर थे। (बहरहाल, खेतिहरों की उनकी श्रेणी में खेतों में ख़ुद श्रम न करने वाले और सिर्फ़ देखभाल करने वाले भूस्वामी तथा उनके श्रमिक असामी या बटाईदार दोनों शामिल थे–अपने श्रमिक असामियों या बटाईदार पर निकम्मे भूस्वामियों की सम्पूर्ण निर्भरता को स्वीकार करने से वे साफ बचकर निकल गये।)

औद्योगिक उत्पादन प्रणाली के स्थापित होने के साथ ही अर्थशास्त्र की फिजियोक्रैटिक शाखा का अवसान घटित हुआ। औद्योगिक युग के सभी अर्थशास्त्री उद्योग (कृषि क्षेत्र भी क्रमशः उद्योग में परिणत हो गया) को ही सम्पत्ति का स्रोत तथा औद्योगिक श्रम को ही उत्पादक श्रम मानते हैं।

1815 में अपनी एक रचना में रूसी अर्थशास्त्री हैनरिख़ स्टॉर्च (1766-1835) ने एडम स्मिथ की अनुत्पादक श्रम की अवधारणा की आलोचना करते हुए यह प्रस्ताव किया था कि उपभोग भी उत्पादन के लिए जरूरी उत्प्रेरक की भूमिका निभाता है, इसीलिए अनुत्पादक वेतनभोगी कर्मचारियों तथा पेशेवर लोगों को भी उतना ही उत्पादक नहीं माना जाना चाहिए जितना प्रत्यक्ष उत्पादन में लगे श्रमिकों को? क्या वेतनभोगी कर्मचारी और पेशेवर लोग अपनी भौतिक जरूरतों की पूर्ति के लिए बाजार मे नहीं आते, मांगों का सृजन कर भौतिक उत्पादन में अप्रत्यक्ष ढंग से ही सही

भागीदार नहीं बनते? वे सिर्फ़ 'अभौतिक उत्पादों' का उत्पादन करते हैं, लेकिन वे 'भौतिक उत्पादों' का, उत्पादक मजदूरों के उत्पादों का उपभोग करते हैं। उत्पादक और अनुत्पादक श्रम के बारे में एडम स्मिथ के विचारों से सहमति जताते हुए कार्ल मार्क्स ने स्टॉर्च की अवधारणा पर जो टिप्पणी की, वह दिलचस्प है और यहाँ उसका एक संक्षिप्त अंश प्रस्तुत है :

"स्टॉर्च के अनुसार, डॉक्टर स्वास्थ्य पैदा करते हैं (लेकिन बीमारी भी), प्रोफेसर तथा लेखक प्रबोधन पैदा करते हैं (लेकिन पोंगापंथ भी), कवि, चित्रकार, आदि परिष्कृत अभिरुचि पैदा करते हैं (लेकिन अभिरुचि का अभाव भी), नैतिकतावादी अच्छे तौर-तरीके पैदा करते हैं, पुरोहित उपासना पैदा करते हैं, शासकों का श्रम सुरक्षा पैदा करता है, आदि... इसी तरह हम यह भी कह सकते हैं कि बीमारी डॉक्टर पैदा करती है, मूर्खता प्रोफेसर तथा लेखक, अभिरुचि का अभाव कवि तथा चित्रकार, अमरता नैतिकतावादियों को पैदा करती है, अन्धविश्वास पुरोहितों को, और आम सुरक्षा सम्प्रभुओं को। इस तरह की तमाम कार्यवाहियाँ तथा सेवाएँ यथार्थ अथवा काल्पनिक उपयोग मूल्य पैदा करती हैं, ऐसा कहकर स्टॉर्च के उत्तराधिकारी यह दिखलाना चाहते हैं कि ये सभी काम करने वाले एडम स्मिथ की शब्दावली में उत्पादक मजदूर ही हैं, यानी वे प्रत्यक्ष रूप में तो किसी उत्पाद का सृजन नहीं करते, लेकिन वे भौतिक श्रम के उत्पादों के उत्पादन में, और इस प्रकार सम्पत्ति पैदा करने में योगदान देते हैं।...

दार्शनिक विचारों का उत्पादन करते हैं, कवि कविताओं का, पादरी उपदेशों का, प्रोफेसर पाठ्यपुस्तकों का, आदि। एक अपराधी अपराध का उत्पादन करता है।... एक अपराधी न सिर्फ़ अपराध का उत्पादन करता है, बल्कि फौजदारी कानून का भी; वह उन प्रोफेसरों को भी पैदा करता है जो फौजदारी कानून पर व्याख्यान देते हैं, और यहाँ तक कि उन अपरिहार्य पाठ्यपुस्तकों का भी जिसमें प्रोफेसर के व्याख्यान होते हैं और जिन्हें वह बाजार में बिक्री के लिए माल के रूप में प्रस्तुत करता है। इस पाठ्यपुस्तक की पाण्डुलिपि से लेखक खुद जो सुख प्राप्त करता है, उससे अलग (बाजार में उसकी बिक्री के परिणामस्वरूप) इससे भौतिक सम्पत्ति में भी वृद्धि होती है। इसके अलावा, अपराधी पुलिस तथा फौजदारी न्याय, जासूस, न्यायाधीश, तामीलदार, जूरी, और इसी तरह के विभिन्न पेशों को भी जन्म देता है जो श्रम के सामाजिक विभाजन की कितनी ही श्रेणियों का निर्माण करता है, मानवीय व्यक्तित्व की विविध क्षमताओं का विकास करता है, नई जरूरतें पैदा करता है और उन्हें पूरा करने के नये तरीके भी। यातना ने खुद सबसे उम्दा यांत्रिक आविष्कारों का अवसर प्रदान किया। इन उपकरणों के निर्माण में अनेक ईमानदार मजदूर रोजगार पाते हैं।

अपराधी कभी नैतिक, कभी त्रसद भाव पैदा करता है। वह लोगों में नैतिक तथा सौन्दर्यशास्त्रीय भाव जागृत कर अपनी 'सेवा' प्रदान करता है। वह न सिर्फ़ फौजदारी

कानून पर पाठ्यपुस्तक, बल्कि खुद फौजदारी कानून पैदा करता है, और इस प्रकार विधायकों को भी। वह कला, साहित्य, उपन्यास, और नाटकों का भी सृजन करता है—ईडिपस, रिचर्ड III, और मुल्नर का 'शुल्ड' तथा शिलर का 'रौबर', इसके जीते-जागते उदाहरण हैं। अपराधी बुर्जुआ जीवन की नीरसता तथा सुरक्षा को भंग कर उसे जड़ता से बचाता है और बेचैनी भरे तनाव को जन्म देता है, व्यक्तित्व की उस गतिशीलता को उभारता है जिसके बिना प्रतियोगिता की उत्प्रेरणा ही कुंद हो जाएगी। इस प्रकार वह उत्पादक शक्तियों को नया आवेग प्रदान करता है। श्रम बाजार से अतिरिक्त आबादी के एक हिस्से को अपने साथ लेकर अपराध मजदूरों के बीच प्रतिद्वंद्विता को कम करता है और इस प्रकार कुछ हद तक मजदूरी को न्यूनतम के नीचे गिरने से रोकता है। वहीं अपराध के खिलाफ युद्ध उसी आबादी के एक दूसरे हिस्से को अपने में समाहित कर लेता है। इस प्रकार अपराधी 'एक प्राकृतिक संतुलनकारी शक्ति' के रूप में उपस्थित होता है, जो एक न्यायपूर्ण संतुलन की स्थापना करता है और 'उपयोगी' वृत्तियों के उद्‍घाटन की सारी सम्भावनाएँ प्रस्तुत करता है। उत्पादक शक्तियों के विकास पर अपराधियों के प्रभाव को विस्तार में भी दिखाया जा सकता है। अगर चोर नहीं होते तो क्या ताला बनानेवालों का व्यवसाय मौजूदा दक्षता हासिल कर पाता? अगर जाली नोट बनानेवाले न होते तो क्या बैंक नोटों के मैन्युफैक्चरर मौजूदा उत्कर्ष हासिल कर पाते? जालसाज नहीं होते तो क्या माइक्रोस्कोप आम व्यावसायिक जीवन में प्रवेश कर पाता? व्यावहारिक रसायनशास्त्र के विकास में ईमानदार उत्पादक प्रयासों के जितना ही क्या मिलावटों का, तथा मिलावटों का पता लगाने के प्रयासों का भी योगदान नहीं है? सम्पत्ति पर प्रहार करने के नये तरीकों के अनवरत् विकास के जरिए अपराध सुरक्षा के नये उपायों को भी जन्म देता है और इस प्रकार उसका उत्पादक प्रभाव उतना ही बड़ा है जितना मशीनों के आविष्कार की उत्प्रेरणा के रूप में हड़तालों का।

निजी अपराध की दुनिया को छोड़ भी दें, तो क्या राष्ट्रीय अपराधों के बिना विश्व-बाजार का, खुद राष्ट्रों का अस्तित्व ही हो पाता? आदम के जमाने से ही क्या बुराई का वृक्ष ज्ञान का वृक्ष नहीं रहा है? 'फेबुल ऑफ दि बीज' (1708) में मेंडेविल ने पहले ही तमाम अंग्रेजी व्यवसायों की उत्पादकता दिखला दी थी, और हमारे तर्कों का पूर्वानुमान कर लिया था : 'इस दुनिया में जिसे हम नैतिक और प्राकृतिक बुराई कहते हैं, वह एक महत् नियम है जो हमें सामाजिक प्राणी बनाता है, जो निरपवाद रूप में तमाम व्यवसायों और रोजगारों का ठोस आधार, उसका जीवन और सहारा है : तमाम कलाओं तथा विज्ञान का सच्चा उत्स हमें वहीं मिलेगा, और जिस क्षण बुराई समाप्त हो जाएगी, उस क्षण समाज भी, अगर पूरी तरह विखंडित नहीं भी हुआ तो बर्बाद ज़रूर हो जाएगा।'

बुर्जुआ समाज के इन संकीर्णमना समर्थकों की तुलना में मेंडेविल में सहज ही

अनन्तगुना निर्भीकता और ईमानदारी थी।''[135]

[प्रसंगवश, बर्नार्ड डी मेंडेविल दार्शनिक अभिरुचियों वाले एक डॉक्टर थे जिन्होंने 1704 में एक कविता प्रकाशित की थी, जिसे कई और रचनाएँ शामिल कर 1774 में 'दि फेबुल ऑफ द बीज ऑर प्राइवेट वाइसेज पब्लिक बेनिफिट्स' (मधुमक्खियों का गल्प अथवा निजी बुराइयाँ सार्वजनिक लाभ) शीर्षक से पुनर्प्रकाशित किया गया। पुस्तक का मूल विचार यह था कि सभ्यता (जिससे तात्पर्य सिर्फ़ धन नहीं, बल्कि तमाम कलाएँ और विज्ञान भी था) मानवजाति की अच्छाइयों का परिणाम नहीं, बल्कि उसकी बुराइयों का परिणाम है। दूसरे शब्दों में, खुशहाली, सुविधा, विलासिता और जीवन के तमाम सुखों की इच्छा हमारी प्राकृतिक जरूरतों से जन्म लेती हैं। पुस्तक एक प्रकार से 'अच्छे' लोगों की आलोचना और प्राकृतिक मनुष्य का पक्षपोषण करती थी। उन दिनों इस किताब ने 'भद्र जनों' के समाज में खलबली मचा दी थी, और सरकार के आदेश से इसे जब्त कर लिया गया था। अपनी पुस्तक 'थ्योरी ऑफ मोरल सेंटीमेण्ट्स' में एडम स्मिथ ने मेंडेविल की आलोचना की और अभिरुचियों तथा इच्छाओं को बुराइयों के रूप में प्रस्तुत करने के लिए उन्हें काफ़ी खरी-खोटी भी सुनाई। स्मिथ के अनुसार, ये अभिरुचियाँ और इच्छाएँ अपने आप में बुराइयाँ नहीं हैं। स्मिथ ने अपने इस विश्वास को पुनः दुहराया कि निजी स्वार्थ (जो उनकी नज़र में कोई बुराई नहीं, बल्कि एक निम्न कोटि की अच्छाई है) न चाहते हुए भी समाज को खुशहाली और समृद्धि के रास्ते पर ले जाता है।]

इस दिलचस्प विषयांतर के बाद हम वापस उत्पादक और अनुत्पादक श्रम के अपने विषय पर लौटते हैं। अठारहवीं, उन्नीसवीं और बीसवीं सदी के भी अधिकांश काल में औद्योगिक उत्पादन-प्रणाली के आधार पर उत्पादक और अनुत्पादक श्रम का विभाजन करना एक बात है, आज की ज्ञान अर्थव्यवस्था के काल में वही विभाजन करना बिल्कुल दूसरी बात। आज भी प्रचलित अर्थशास्त्रीय अध्ययनों में औद्योगिक श्रम को ही उत्पादक श्रम मानने की प्रवृत्ति हावी है और ज्ञान क्षेत्र के श्रम को प्रायः अनुत्पादक या अनुपूरक श्रम की श्रेणी में डाल दिया जाता है। हमारी समझ से यह नव-फिजियोक्रैटिक प्रवृत्ति है।

उत्पादक श्रम के बारे में औद्योगिक समाज की अवधारणा इतनी घर कर चुकी है कि बाध्यतामूलक श्रम-काल से पृथक् फाजिल समय को अनुत्पादक समय मान लिया जाता है, जबकि मनुष्य का वही सबसे उत्पादक काल होता है। इसकी पर्याप्त चर्चा हम पहले कर चुके हैं। बाध्यतामूलक श्रम में नियुक्त हर मजदूर और कर्मचारी हर समय अपने खाली समय का विस्तार करना चाहता है, कार्यस्थल पर भी अपने कथित श्रम-काल से कुछ समय चुराकर उसे अपने खाली समय का हिस्सा बना लेना चाहता है और इस प्रयास में उसे समय-समय पर अनुशासनात्मक कार्रवाइयों तथा दण्डों का भी सामना करना पड़ता है, और अपने मन से किये जाने वाले किसी

उत्पादक क्रियाकलाप अथवा स्वाधीन कार्य सक्रियता के जरिए समुचित आय का अवसर उपलब्ध होने पर नौकरी भी छोड़ देता है। इसी तरह, किसी अखबार में या स्कूल-कॉलेज में काम करनेवाले पत्रकार-लेखक हमेशा अपनी बाध्यता मूलक लिखाई-पढ़ाई से पिण्ड छुड़ाकर अपने ब्लॉग या सोशल मीडिया साइट्स पर अपने मन का लिखना-पढ़ना चाहते हैं, और अवसर मिलने पर तथा आमदनी का आश्वासन होने पर अपनी नौकरी भी छोड़ देते हैं। यही बात इंजीनियरों, तकनीशियनों, लेखकों-पत्रकारों, और अन्य पेशेवर लोगों पर भी लागू होती है। ज्ञान-उत्पादों ने उन्हें अपने मुक्त समय का उपयोग करने की खातिर उपकरण प्रदान किया है।

कुलमिलाकर, औद्योगिक उत्पादन प्रणाली पर आधारित दृष्टि हमें ज्ञान समाज की समझ हासिल करने से वंचित कर देती है। यह वंचना हमें मस्तिष्क-उत्पादों का निष्क्रिय उपभोक्ता बनाने का आधार प्रदान करती है।

ज्ञान युग में इतिहास का मुख्य क्रियास्थल मस्तिष्क है, इसीलिए औद्योगिक समाज के गणितीय-सांख्यिकी अर्थशास्त्र का अवमूल्यन घटित हुआ है, हालाँकि सीमित रूप में उसकी उपयोगिता बनी हुई है। मस्तिष्क का दायरा अंतहीन है, इसीलिए 'मनोवैज्ञानिक' और 'तंत्रिका' अर्थशास्त्र की सीमाओं में भी इसे नहीं बांधा जा सकता। ज्ञान अर्थशास्त्र एक ओर ऐतिहासिक शास्त्रीय राजनीतिक अर्थशास्त्र को नये स्वरूप में नवजीवन प्रदान कर रहा है, वहीं दूसरी ओर संस्कृति के अनन्त आकाश में अपने अर्थ का सतत् संधान भी कर रहा है। अर्थ का 'अर्थ' से मिलन घटित हो रहा है। सांस्कृतिक अर्थशास्त्र के रूप में ज्ञान का अर्थशास्त्र अभी भी अपनी शैशवावस्था में ही है।

18

ज्ञान का प्रस्थान

प्राक्कथन

प्रकृति से सापेक्ष स्वतंत्रता के साथ-साथ मानवजाति की बहुसंख्या की परतंत्रता की हम पहले कई बार चर्चा कर चुके हैं। इस परतंत्रता से मुक्ति न्याय है, और चूँकि इस परतंत्रता के कई आयाम हैं, इसीलिए न्याय का प्रश्न भी मानव इतिहास में अनेक आयामों में उपस्थित होता रहा है। प्राचीन काल से आजतक न्याय के चिन्तन एवं विचार की, उसके लिए प्रयासों, संघर्षों तथा युद्धों की इतनी लम्बी परम्परा रही है कि उसकी एक संक्षिप्त झांकी भी प्रस्तुत करने का दुस्साहस हम नहीं कर सकते।

इस परतंत्रता के कारण अब तक समग्रतः मानव मस्तिष्क का अस्तित्व भी खंडित रहा है, उसकी मस्तिष्क-क्रिया अथवा सामूहिक ज्ञान-क्रिया या कार्य-सक्रियता भी सीमित, कुंठित और बाधित रही है। इसीलिए न्याय का मतलब अपने खंडित, सीमित, कुंठित और बाधित स्थिति से मस्तिष्क की, ज्ञान की मुक्ति भी है ताकि वह अपनी सारी सम्भावनाओं तथा क्षमताओं को साकार कर सके। ज्ञान की मुक्ति न्याय में है और अगर ज्ञान न्याय के साथ प्रस्थान नहीं करता तो खंडित और बाधित ज्ञान की विद्रूपताओं, वीभत्सताओं और विभीषिकाओं से मानवजाति मुक्त नहीं हो सकती—ज्ञान की पहली चुनौती न्याय की स्थापना है, उसका प्रस्थान-बिन्दु न्याय का विवेक है।

कृषि समाज के विभिन्न पंथों में मानवजाति के इस द्वैत अस्तित्व का औचित्य कर्म तथा दैवी न्याय के आधार पर ठहराने की कोशिश की गई जिसका निदान या तो भावी जन्मों में या परलोक में ही होना सम्भव था। वर्तमान को नियति मानकर स्वीकारना था और अगले जन्म या परलोक में अपनी स्थिति सुधारने के लिए पंथ-निर्देशित कर्मों पर आचरण करना था।

औद्योगिक समाज की सेक्यूलर विचार-प्रणालियों में इस द्वैत अस्तित्व के लिए इतिहास एवं समाज के नियमों का हवाला दिया गया—ये नियम समाज के वस्तुगत विकास की एक ख़ास अवस्था के बाद ही इस द्वैत अस्तित्व के समाप्त होने की सम्भावना उपस्थित करते थे। तब तक उसे ऐतिहासिक नियति मानकर और इन नियमों द्वारा निर्देशित कार्यक्रमों पर चलना था ताकि जब सम्भावना उपस्थित हो तो

निर्णायक कार्रवाई के लिए तैयार रहा जाए।

कहा जाता है कि मानव समाज में आजतक इतनी उत्पादक क्षमता नहीं रही है कि सभी लोगों को जरूरत के अनुरूप चीज़ें उपलब्ध हो सके। हम अब तक अभावों के युग में, आवश्यकता के राज में जीते आये हैं। इसी वस्तुगत स्थिति में शोषण पर आधारित उत्पादन-सम्बन्ध बनते हैं–बिना ऐसे सम्बन्ध बने सामाजिक रूप से अतिरिक्त सम्पदा का निर्माण हो ही नहीं सकता। कृषि समाज में यह उत्पादन-सम्बन्ध भूदास-भूस्वामी के युग्म के रूप में, और औद्योगिक युग में यह श्रमशक्ति-पूँजी के युग्म के रूप में प्रकट होता है। भूदास-भूस्वामी के युग्म में भूदास का बेगार श्रम तथा श्रमशक्ति-पूँजी के युग्म में श्रमशक्ति का अतिरिक्त श्रमकाल ही सामाजिक रूप से अतिरिक्त सम्पदा के उत्पादन का मूल स्रोत है। इसी अतिरिक्त सम्पदा पर राज्य और समाज की अन्य सारी शाखाएँ निर्भर करती हैं तथा फलती-फूलती हैं। समाज की उत्पादकता जब इतनी बढ़ जाएगी कि सभी लोगों की जरूरतों के अनुरूप प्रचुर सामग्री उपलब्ध होगी, तब शोषण-मूलक उत्पादन-सम्बन्धों की भी जरूरत नहीं रह जाएगी, हम अभावों के युग से प्रचुरता के युग में, और आवश्यकता के राज से स्वतंत्रता के राज में प्रवेश कर जाएंगे।

"जब समाज उत्पादन के साधनों पर अधिकार कर लेता है तो मालों का उत्पादन समाप्त हो जाता है, और उसके साथ-साथ, पैदा करने वाले के ऊपर पैदावार का प्रभुत्व भी समाप्त हो जाता है। सामाजिक उत्पादन में अराजकता का स्थान योजनाबद्ध, सचेत संगठन ग्रहण कर लेता है। तब व्यक्तियों को अपने-अपने अस्तित्व के लिए संघर्ष नहीं करना पड़ता। तब, एक अर्थ में, आदमी पहली बार बाकी पशुजगत से अपने को अन्तिम रूप से अलग करता है, और महज पाशविक अस्तित्व की परिस्थितियों को छोड़कर सचमुच मानव अस्तित्व की परिस्थितियों में प्रवेश कर जाता है। जीवन की वे समस्त परिस्थितियाँ जिनसे मानव का पर्यावरण तैयार होता है, और जो अभी तक मनुष्य पर शासन करती आई थीं, वे अब मनुष्य के प्रभुत्व तथा नियंत्रण के नीचे आ जाती हैं, और आदमी अपने सामाजिक संगठन का खुद मालिक बन जाने के कारण पहली बार प्रकृति का वास्तविक तथा सचेत स्वामी बन जाता है : अभी तक उसके सामाजिक कार्यों के नियम बाह्य प्राकृतिक नियमों के रूप में उसके ऊपर शासन किया करते थे। अब वह खुद उनका पूर्ण समझदारी के साथ उपयोग करेगा और उनको अपने काबू में ले आएगा। अभी तक मनुष्य का अपना सामाजिक संगठन प्रकृति और इतिहास द्वारा थोपी गई एक अनिवार्य आवश्यकता के रूप में मनुष्य का मुकाबला करता था। अब वह स्वयं मनुष्य के स्वतंत्र कार्य का परिणाम बन जाता है। अभी तक जो बाह्य वस्तुगत शक्तियाँ इतिहास पर शासन करती आई थीं, वे अब खुद मनुष्य के नियंत्रण में आ जाती हैं। यही वह बिन्दु है, जिसके आगे मनुष्य पूर्ण चेतना के साथ अपने इतिहास का खुद निर्माण करेगा। यही वह बिन्दु है, जिसके आगे मनुष्य जब

कभी कुछ सामाजिक कारणों को गतिमान बनाएगा तो उनके, मुख्यतः और निरन्तर बढ़ती हुई मात्रा में अभिप्रेत परिणाम होंगे। इस तरह मनुष्य आवश्यकता द्वारा शासित जगत से स्वतंत्रता के जगत में छलांग लगा जाएगा।...[36]

कहा जाता है कि अभावों की वस्तुगत स्थिति के कारण ही, अगर भूदास विद्रोह कर भूस्वामी बन जाए, तब भी वह इसी उत्पादन-सम्बन्ध में बंधने के लिए बाध्य होगा, यानी भूदास-भूस्वामी का युग्म बरकरार रहेगा—व्यक्तिगत रूप से कुछ भूदासों अथवा भूदासों के समूह के भूस्वामी बन जाने के बावजूद। अतीत में किसान विद्रोहों का यही हश्र हुआ—बाग़ी किसान निरंकुश सामंतों में रूपान्तरित हो गये। उसी तरह, श्रमशक्ति पूँजी के खिलाफ विद्रोह कर उत्पादन के साधनों और राज्य पर कब्जा भी कर ले, तो वह भी पुनः उसी उत्पादन-सम्बन्ध में, श्रमशक्ति-पूँजी के युग्म के रूप में बंधने को बाध्य होगी, और इस प्रक्रिया में पूँजीपतियों की एक नई खेप, ख़ासकर नौकरशाह पूँजीपतियों के रूप में, सामने आ जाएगी। अभावों के युग में श्रमशक्ति-पूँजी के युग्म के रूप में ही सामाजिक अतिरिक्त सम्पत्ति का उत्पादन हो पाएगा तथा विनिमय से, मूल्य के नियम से छुटकारा पाना सम्भव न होगा। बीसवीं सदी की लगभग सभी समाजवादी क्रान्तियों का हश्र भी अतीत की किसान क्रान्तियों की तरह ही हुआ—वे अल्पविकसित पूँजीवादी देशों अथवा अर्ध-सामंती, अर्ध-औपनिवेशिक समाजों के पूँजीवादी रूपान्तरणों का ही माध्यम साबित हुईं। मूल्य का नियम राजनीतिक परियोजनाओं पर भारी पड़ा और अपने अतिक्रमण की कोशिशों को धता बताते हुए उसने अपना सिक्का पुनः जमा लिया।

कहा जाता है कि श्रमशक्ति अगर (राजसत्ता पर कब्जा कर) उत्पादन के साधनों को (राष्ट्रीयकरण और सामूहिक स्वामित्व के विभिन्न रूपों में) अपने नियंत्रण में ले ले, सामाजिक अतिरिक्त सम्पदा का नियोजित रूप से संतुलन बनाते हुए निवेश करे, तो उत्पादक शक्तियों का तेज गति से विकास होगा, मीयादी संकट-चक्रों से छुटकारा मिलेगा, प्रारंभिक दौर में मूल्य के नियम के क्रियाशील रहने के बावजूद अभावों की दुनिया से निकलकर प्रचुरता की दुनिया में प्रवेश किया जा सकेगा, और तब विनिमय का, मूल्य के नियम का, अतिक्रमण करना सम्भव होगा, स्वतंत्रता के राज में मानवजाति के सभी सदस्यों को अपने व्यक्तित्व के विविध आयामों के विकास का, अपनी प्रतिभा को निखारने तथा उसे अंजाम तक पहुँचाने का प्रचुर समय और अवसर उपलब्ध होगा।

व्यवहार में हुआ यह कि शुरुआती दौर में, अभाव की स्थिति में तथा एक नये समाज के निर्माण के नाम पर, अधिक-से-अधिक अतिरिक्त सम्पत्ति पैदा करने के लिए कठिन-कठोर अनुशासन में श्रमशक्ति का जबर्दस्त दोहन किया गया। एकदलीय शासन तथा राष्ट्रीयकरण की स्थिति में, अर्थव्यवस्थाँ के विभिन्न क्षेत्रों के बीच अतिरिक्त सम्पत्ति का बंटवारा इस आधार पर तय होने लगा कि किस क्षेत्र के

प्रतिनिधियों की (या लॉबियों की) सत्ता पर कितनी पकड़ है। ऐसा प्रयोग करनेवाले देशों के आसपास और भी देश मौजूद थे, 'शत्रु' देश भी। (सत्ता भी हिंसात्मक तरीके से, फौजी ताकत के बल पर हासिल की गई थी)। फलतः अतिरिक्त सम्पत्ति का एक बड़ा हिस्सा सेना और प्रतिरक्षा उद्योग को मिला—सत्ता में सैन्य उद्योग से जुड़े नौकरशाहों, फौजियों और संबंधित लोगों का दबदबा निरन्तर बढ़ता गया। अर्थव्यवस्था के विभिन्न क्षेत्रों के बीच असंतुलन जारी रहा, वैसे अब इसका कारण बाजार नहीं, विभिन्न क्षेत्रों के बीच होने वाली राजनीतिक रस्साकशी थी। दूसरे शब्दों में, अर्थव्यवस्था में विकृति का कारण राजकीय (शासक दल के विभिन्न समूहों का) हस्तक्षेप था। क्रान्ति के आरम्भिक दौर में उठाये गये क्रान्तिकारी कदमों, ख़ासकर सामंती भू-सम्बन्धों के खात्मे के कारण उत्पादक शक्तियों का ज़रूर तीव्र गति से विकास हुआ और अतिरिक्त सम्पदा भी तेजी से बढ़ी। औद्योगीकरण में भी भारी विस्तार हुआ। सैन्य उद्योग समेत भारी उद्योगों के आनुपातिक रूप से प्रबल विस्तार के कारण पूँजी की आवयविक संरचना बढ़ती गई। राजकीय हस्तक्षेप से उत्पन्न असंतुलन के बावजूद समाजवाद के इस दौर में विनिमय तथा मूल्य के नियम क्रियाशील थे। पूँजी की आवयविक संरचना में वृद्धि का मतलब पूरी अर्थव्यवस्था में मुनाफे की औसत दर का गिरना था। अतिरिक्त सम्पत्ति को निवेश के नये अवसर चाहिये थे। इसके अभाव में वह कानूनी-गैरकानूनी ढंग से अन्य देशों में जहाँ अधिक ब्याज या मुनाफा उपलब्ध हो, स्थानान्तरित होने लगी, साथ ही, सत्ताधारियों के उपभोग में, उनके भोगविलास में अधिकाधिक खर्च होने लगी। कालक्रम में यह अर्थव्यवस्था अंतःस्फोट का शिकार होने को बाध्य थी। अंतःस्फोट का परिणाम समाजवादी राजकीय अर्थव्यवस्था के पतन तथा नव-उदारवादी आपूर्ति-पक्षीय आर्थिक नीतियों के आक्रामक उत्थान में हुआ। सोवियत संघ के पतन की प्रक्रिया कुछ ऐसी ही थी। चीन जैसे अर्ध-औपनिवेशिक, अर्ध-सामंती देश में विकास-प्रक्रिया भिन्न रही। वहाँ समाज के पूँजीवादी-औद्योगिक रूपान्तरण का विराट अवसर उपलब्ध था। बहरहाल, इन परिघटनाओं के विस्तार में जाने के बजाए हम वापस सेक्यूलर विचार प्रणालियों में मानवजाति के द्वैत अस्तित्व की, तथा उसके खात्मे के लिए जरूरी शर्तों की व्याख्या में प्रस्तुत इतिहास और समाज के नियमों पर लौटते हैं।

पूँजीवादी समाज के अधिकांश अर्थशास्त्रियों के लिए अपनी तमाम खामियों के बावजूद पूँजीवादी आर्थिक प्रणाली सतत् विकासोन्मुख आत्म-चालित उत्पादन प्रणाली है, अन्वेषण-आविष्कार-नवाचार के जरिये यह ख़ुद अपना नवीकरण करती रहती है, अर्थव्यवस्था के विभिन्न क्षेत्रों के बीच बाजार स्वयं संतुलन स्थापित करता रहता है, जरूरत पड़ने पर कुछ नीतियों में समयानुकूल परिवर्तन ही पर्याप्त है, वृहत् आर्थिक नियामकों पर ठीक ढंग से अमल कर उत्पन्न विकृतियाँ दुरुस्त की जा सकती हैं, इसीलिए बुनियादी सवाल इस आर्थिक प्रणाली के सुगम तथा संतुलित संचालन का है,

न कि इसमें किसी बुनियादी परिवर्तन का। मानवजाति के लिए यह सहज, स्वाभाविक आत्म-चालित उत्पादन प्रणाली इतिहास का अंत है—अपने विकास क्रम में यह उत्पादन प्रणाली निरन्तर आम जनसमुदाय के जीवन स्तर को भी उठाती जाती है, समृद्धि का निरन्तर विस्तार होता रहता है और इसी प्रक्रिया में उत्पादक शक्तियों के विकास के फलस्वरूप अभावों के युग का अंत होगा, मानवजाति सबके लिए प्रचुरता तथा स्वतंत्रा के राज में प्रवेश करेगी। इन अर्थशास्त्रियों के बीच विवाद का मुख्य विषय किसी संकट की स्थिति में अपनायी जानेवाली नीतियों को लेकर होता है, न कि इस उत्पादन प्रणाली के विकल्प को लेकर। जब तक समृद्धि उन तक नहीं पहुँचती, तब तक वंचित-उत्पीड़ित समूहों को धैर्य रखने तथा छोटे-मोटे सुधारों से सन्तुष्ट रहने की नसीहत दी जाती है।

बहरहाल, शोषित-उत्पीड़ित-वंचित वर्गों, समूहों तथा उनसे अभिन्न रूप से जुड़े विभिन्न छोटे-मोटे व्यवसायों से जुड़ी श्रेणियों के लिए पूँजीवादी संकट, मंदी अथवा 'सृजनात्मक विध्वंस' महज सांख्यिकी का प्रश्न नहीं होता। उनके लिए इसका मतलब होता है बेकारी, भुखमरी और भयानक त्रासदी भरा जीवन। ले-ऑफ, ऋण का बोझ, जीवन स्तर में भारी गिरावट। इस तरह, बाजार द्वारा अर्थव्यवस्था में सन्तुलन कायम करने की 'स्वाभाविक प्रक्रिया' की भारी कीमत इन समूहों को चुकानी पड़ती है। संकट का दौर अगर दो सालों तक भी जारी रहा, तो भयावह कीमत का अंदाजा लगाया जा सकता है। संकट के समय राज्य भी खुलकर पूँजी के स्वामियों के पक्ष में उतर आता है, ताकि उन्हें 'सन्तुलन' कायम करने की प्रक्रिया में तनिक भी नुकसान न पहुँचे और अगर पहुँचे भी तो उसकी जरूरत से ज्यादा भरपाई की जा सके। वैसे जब से राज्य की उत्पत्ति हुई, वह उत्पादन के साधनों के स्वामियों (चाहे वे भूमि के हों या पूँजी के) के हितों के साथ ही नाभि-नाल सम्बन्धों में बंधा रहा है; आखिरकार वे सामाजिक अतिरिक्त सम्पत्ति के स्वामी जो होते हैं।

कल्याण अर्थशास्त्र

राजनीतिक अर्थशास्त्र के विकास के साथ-साथ युरोप में कल्याण अर्थशास्त्र का भी विकास हुआ। यह कल्याण अर्थशास्त्र काल्पनिक और वैज्ञानिक समाजवादियों तथा कम्युनिस्टों की तरह पूँजीवादी उत्पादन प्रणाली की जगह एक वैकल्पिक उत्पादन प्रणाली की स्थापना की बात नहीं करता, बल्कि पूँजीवादी उत्पादन प्रणाली के दायरे में ही मजदूरों को अतिशोषण से निजात दिलाने और उनके लिए बेहतर जीवन स्थितियाँ मुहैया कराने की पैरवी करता था। कल्याण अर्थशास्त्र में दो ज्ञानानुशासनों—अर्थशास्त्र तथा समाजशास्त्र—का मिलन घटित हो जाता है। कल्याण अर्थशास्त्र की यह परम्परा, हमारी समझ से, जान शार्ल लियोनार्द सीमोन्द दे सिस्मौंदी (1773-1842, स्विट्जरलैंड) से शुरू मानी जा सकती है। (वैसे अनेक लोग इसकी शुरुआत

बेंथम-मिल के उपयोगितावादी सिद्धान्तों से मानते हैं। अमर्त्य सेन अपनी पुस्तक 'द आइडिया ऑफ जस्टिस' में सिस्मौंदी का कोई जिक्र नहीं करते। उपयोगितावादियों की उसमें कई जगह चर्चा है और कुछ प्रश्नों पर सेन ख़ुद को उनके काफ़ी क़रीब पाते हैं।) सिस्मौंदी से सेन तक इस अर्थशास्त्र ने लम्बी यात्रा तय की है।

दरअसल, 19वीं सदी के प्रथम अर्धांश में ही ऐसी कई पुस्तकें तथा रपटें प्रकाशित हो चुकी थीं जिनमें मैन्युफैक्चरिंग उद्योगों में मजदूरों की हृदयविदारक जीवन स्थितियों का मार्मिक चित्रण किया गया था। 1815 में इंगलैंड में अपनी यात्राओं के दौरान प्रसिद्ध अर्थशास्त्री जान बातिस्त सेय (1767-1832, फ्रांस) ने यह घोषणा की थी कि अपने परिवार के साथ रहने वाला मजदूर अपने हर सम्भव 'वीरोचित' प्रयासों के बावजूद अपने निर्वाह के लिए जरूरी आय का तीन-चौथाई से अधिक हासिल नहीं कर पाता था, और कभी-कभी तो उसका मात्र आधा ही पाता था। 1835 में ऐंड्रू यूरे ने अपनी पुस्तक 'फिलॉसॉफी ऑफ मैन्युफैक्चर्स' में बताया कि इंगलैंड के कपास, ऊन, वस्त्र और सिल्क मैन्युफैक्चरिंग उद्योग में 11 साल से कम उम्र के 4,800 बच्चे तथा 5,308 बच्चियाँ, 11 से 18 साल के बीच की उम्र के 67,000 किशोर तथा 89,000 किशोरियाँ, 18 साल से ऊपर के 88,000 युवक तथा 1,02,000 युवतियाँ; कुल मिलाकर, 1,60,000 बच्चे, किशोर तथा वयस्क पुरुष और 1,96,000 बच्चियाँ, किशोरियाँ तथा वयस्क महिलाएँ अत्यन्त दयनीय कार्यस्थितियों में काम कर रही थीं! 1840 में डॉ विलर्मे ने फ्रांस के मज़दूरों, ख़ासकर बाल मजदूरों की अवस्था का हृदय विदारक चित्र प्रस्तुत किया था और दिखलाया था कि कैसे बच्चों को दण्ड देने के लिए इस्तेमाल किया जानेवाला कोड़ा उत्पादन का एक उपकरण बन गया था! इसके बाद, 1845 में फ्रेडरिक एंगेल्स की 'द कंडीशन ऑफ द वर्किंग क्लास इन इंगलैंड' पुस्तक आई। कल्याण अर्थशास्त्र के विकास की यह वस्तुगत पृष्ठभूमि थी।

सिस्मौंदी राजनीतिक अर्थशास्त्र की सैद्धान्तिक प्रस्थापनाओं से असहमत नहीं थे, बल्कि उन्होंने ख़ुद को एडम स्मिथ (1723-90, इंगलैंड) का शिष्य घोषित कर रखा था। उन्होंने शास्त्रीय राजनीतिक अर्थशास्त्र की पद्धति, उसके लक्ष्य और उसके व्यावहारिक निष्कर्षों से अपनी असहमति दर्ज की थी। वे राजनीतिक अर्थशास्त्र को मनुष्यों के अध्ययन पर आधारित एक नैतिक विज्ञान के रूप में देखते थे जहाँ सारे तथ्य एक दूसरे से जुड़े हों—'हमें मानवीय स्वभाव की, विभिन्न कालों में तथा विभिन्न क्षेत्रों के राष्ट्रों के चरित्र तथा उनके भविष्य की जानकारी प्राप्त करनी चाहिए। हमें इतिहासकारों की सलाह चाहिए, यात्रियों से संवाद, आदि...।' सिस्मौंदी यह तो मानते थे कि राजनीतिक अर्थशास्त्र एक विज्ञान है, लेकिन उनकी नज़र में इस विज्ञान का वास्तविक लक्ष्य मनुष्य, और कम-से-कम मनुष्य की बेहतरी तो होना ही चाहिए। सिर्फ़ सम्पत्ति का अध्ययन करना और मनुष्य को भूल जाना गलत शुरुआत का पक्का रास्ता है। सरकार किसी अन्य वर्ग की कीमत पर एक वर्ग के हितों को

आगे बढ़ाने के बारे में यदि कभी विचार करने का इरादा करती है, तो वह वर्ग निश्चय ही मजदूर वर्ग ही होना चाहिए।

वे आदमी की जगह मशीनों के प्रयोग के लाभ को भी नहीं नकारते थे, बशर्ते (मशीनों के कारण विस्थापित) मजदूरों को कहीं और रोजगार उपलब्ध करा दिया जाए। मशीनरी के प्रयोग से मजदूरों के खाली समय का, फुरसत काल का विस्तार होगा। दरअसल, कुछ ट्रेड यूनियनों द्वारा मशीनों के प्रयोग के एवज में काम के घंटे में कमी और वेतन में वृद्धि की मांग के पीछे यही विचार प्रेरक का काम करता था। बहरहाल, सिस्मौंदी का एक महत्वपूर्ण योगदान अतिरिक्त मूल्य के स्रोत के बारे में उनका मूल्याँकन था–उन्होंने इसके स्रोत की स्पष्ट रूप से पहचान कर ली थी और उसे अपनी रचनाओं में प्रस्तुत भी किया था। उनके अनुसार, मुनाफे का कारण यह नहीं है कि उद्योग अपने खर्च से अधिक उत्पादन करता है, बल्कि यह है कि उद्योग अपने मजदूर के श्रम की पर्याप्त क्षतिपूर्ति नहीं करता। "सर्वहारा के श्रम के पारिश्रमिक में कटौती को देखते हुए हम यह कह सकते हैं कि आधुनिक समाज सर्वहारा की कीमत पर पलता है।... व्यक्ति का जीवन जो उसे श्रम करने में सक्षम बनाता है और पूँजी जो उसे श्रम में नियोजित करती है–इन दो शक्तियों का मेल आत्म-विस्तारित चरित्र ग्रहण कर लेता है। साल भर के अपने श्रम से मजदूर साल भर के अपने जीवन निर्वाह के खर्च से कहीं अधिक उत्पादन कर देता है। इसी अतिरिक्त मूल्य के कारण समाज की सम्पत्ति में निरन्तर वृद्धि होती रहती है। उद्योग में कला और विज्ञान के क्रमशः बढ़ते प्रयोग से इसमें और बढ़ोत्तरी होती है।... सम्पत्ति, बहरहाल, श्रम के साथ सहयोग करता है। श्रमिक को दी गई सहायता की क्षतिपूर्ति के रूप में सम्पत्ति का स्वामी मजदूरों को अपने जीवन निर्वाह के खर्च से परे उनके उत्पादन से वंचित कर देता है।... उद्यमी मजदूर को सिर्फ़ जिन्दा रहने लायक पगार ही देता है, इसके ऊपर मजदूर जो कुछ पैदा करता है, उसे उद्यमी अपने पास रख लेता है।... कुछ मुट्ठी भर स्वामियों के हाथों में सम्पत्ति के केन्द्रीकरण के कारण घरेलू बाजार संकुचित होता जाता है और उद्योगपति अपने मालों के लिए विदेशी बाजारों की शरण लेने लगते हैं... किसी तरह गुजर-बसर कर लेने वाले एक हजार लोगों को रोजगार देनेवाले एक करोड़पति मालिक के उपभोग की तुलना में कम गरीब दस लोगों को रोजगार देने वाले कम धनी सौ लोगों का उपभोग राष्ट्र के लिए ज्यादा मूल्य रखता है।..."

[प्रसंगवश, कार्ल मार्क्स अतिरिक्त मूल्य के स्रोत की खिनाख़्त करने का श्रेय सिस्मौंदी को देते हैं और डेविड रिकार्डो (1772-1823, इंगलैंड) तथा सिस्मौंदी के साथ ही शास्त्रीय राजनीतिक अर्थशास्त्र का अंत घोषित करते हैं।[37] स्रोत की खिनाख़्त के बावजूद सिस्मौंद उस अतिरिक्त मूल्य के आधार पर पूँजीवादी उत्पादन प्रणाली की सर्वांगीण समालोचना की तरफ नहीं बढ़े–इस कार्यभार को पूरा करने का श्रेय मार्क्स

को ही जाता है। वैसे सिस्मौंदी से भी पहले तर्गोत ने अपने 'रिफ्लेक्शन्स, VI' में, यह लिख कर कि 'यह हो सकता है—और सचमुच यह प्रायः होता है—कि मजदूर की मजदूरी मात्र उसके जीवन निर्वाह के लिए जरूरी खर्च के बराबर होती है', अतिरिक्त मूल्य के स्रोत का संकेत दे दिया था।]

सिस्मौंदी एडम स्मिथ विचारशाखा के 'आर्थिक क्रियाओं में अहस्तक्षेप' की नीति के भी आलोचक थे। उनके अनुसार, निजी हितों की स्वाधीन क्रिया प्रायः सार्वजनिक हित को नुकसान पहुँचाती है और इसीलिए अहस्तक्षेप के सिद्धान्त का कोई औचित्य नहीं रह जाता। इसके विपरीत, समाज का हस्तक्षेप जरूरी हो जाता है ताकि निजी कार्यवाहियों पर लगाम लगाई जा सके और उसके कारण उत्पन्न विकृतियों को सुधारा जा सके। इस प्रकार सिस्मौंदी आर्थिक क्रियाओं में सामाजिक हस्तक्षेप के सबसे आरम्भिक पैरोकार भी माने जा सकते हैं।

लक्ष्य की समानता को स्वीकारते हुए भी सिस्मौंदी राबर्ट ओवेन, थॉमसन और फूरिये की 'यूटोपिया' के भी आलोचक थे। वे मजदूरों की जीवनदशा सुधारने के लिए अपेक्षित सुधारों के आग्रही थे। उनकी तब प्रमुख मांगें थीं—मजदूरों के संगठन के अधिकारों की गारण्टी, बाल श्रम पर अंकुश, रविवार के श्रम का खात्मा, काम के घण्टे में कमी, आदि। इसके अलावा, उनकी सर्वप्रमुख मांग थी 'पेशामूलक गारण्टी' की मांग—इसका मतलब था, बीमारी, तालाबन्दी या वृद्धावस्था के दौरान नियोक्ताओं को, चाहे वे खेतिहर हों या पूँजीपति, अपने खर्च पर मजदूरों की देखभाल के लिए बाध्य करना।

सिस्मौंदी की राजनीतिक अर्थशास्त्र में उतनी दिलचस्पी नहीं थी जितनी 'इकोनोमी सोसिएल' में, या जिसे जर्मनी में 'सोजल पोलिटिक' कहा जाता था। उन्हीं के समकालीन अर्थशास्त्री जे बी सेय जो फिजियोक्रैट्स के खण्डन के साथ-साथ राजनीतिक अर्थशास्त्र को विशुद्ध विज्ञान के रूप में विकसित करने के आग्रही थे और प्रायः तुलनाओं के रूप में न्यूटोनियन विज्ञान से उदाहरण देते थे, ने सिस्मौंदी की आलोचना करते हुए लिखा था, "सिस्मौंदी राजनीतिक अर्थशास्त्र का एक ऐसे विज्ञान के रूप में चर्चा करते हैं जिसका उद्देश्य मानवजाति के सुख का ख़याल रखना है। वे कहना चाहते हैं कि यह एक ऐसा विज्ञान है जिसकी जानकारी उन सभी के लिए जरूरी है जिनकी रुचि मानव कल्याण में है।" सेय के अनुसार, यदि हम आम नागरिकों की बुद्धि और उनके उद्योग पर भरोसा करने के बजाए सरकारों पर भरोसा करने लगें तो उससे मानवजाति के सुख पर ग्रहण ही लगेगा। उन्होंने उन जर्मन लेखकों की भी आलोचना की जो राजनीतिक अर्थशास्त्र को विशुद्ध रूप से प्रशासन के विज्ञान के रूप में देखने लगे थे।

प्रसंगवश, अपने युग या अपनी ज्ञान शाखा का हर प्रतिनिधि बुद्धिजीवी अपने समय में उपलब्ध समस्त ज्ञान का अधिकाधिक उपयोग करता है, विभिन्न क्षेत्रों में सामने आने वाली नयी-नयी अवधारणाओं का अपनी विकासमान विचार दृष्टि अथवा

विचार प्रणाली में इस तरह समायोजन करता है कि उसकी अपनी मौलिकता में और निखार आ जाता है। एडम स्मिथ की, कार्ल मार्क्स की, सभी की रचनाओं में इसका साक्षात् किया जा सकता है। एडम स्मिथ ख़ुद अपनी विचारयात्रा के विकास में हचेसन, डेविड ह्यूम, व्यापारवादियों, मेंडेविल, आदि के ऋणी थे। उन्हीं के समकालीन फ्रेंच दार्शनिक थे कोंडिलैक। जिस साल (1776) एडम स्मिथ की 'वेल्थ ऑफ नेशन्स' प्रकाशित हुई थी, उसी साल कोंडिलैक की मूल्य के सिद्धान्त को प्रतिपादित करने वाली पुस्तक भी प्रकाशित हुई। लेकिन एडम स्मिथ की महिमा के आगे कोंडिलैक खोये से रहे। आगे चलकर, वालरा, जेवोन्स और मेंगर की रचनाओं के प्रकाशन के बाद ही उनकी प्रतिष्ठा स्थापित हो सकी।

सिस्मौंदी और उनके काल के बारे में अपेक्षाकृत लम्बी चर्चा का कारण यह है कि हमारी समझ से कल्याण अर्थशास्त्र का आरम्भ उन्हीं से माना जाना चाहिए। उनकी उपेक्षा का एक कारण यह हो सकता है कि वे कल्याण अर्थशास्त्र की 'मर्यादा' का उल्लंघन कर अपने अध्ययन के क्रम में पूँजीवादी उत्पादन प्रणाली में अंतर्निहित 'वितरणमूलक अन्याय' तक जा पहुँचते हैं।

सिस्मौंदी से अमर्त्य सेन और माइकल सैंडल के बीच अर्थशास्त्रियों-समाजशास्त्रियों की एक पूरी परम्परा है। इसमें मार्क्सवादी अर्थशास्त्रियों-समाजशास्त्रियों तथा उपयोगितावादी विचारकों के अलावा विभिन्न विचार प्रणालियों के विचारक शामिल रहे हैं। विल्फ्रेड परेटो (1848-1923) हैं जिनकी परेटो ऑप्टिमलिटी (ऐसी आदर्श सन्तुलित स्थिति जहाँ अर्थव्यवस्था में किसी व्यक्ति को बदहाल बनाये बिना दूसरे किसी व्यक्ति को खुशहाल नहीं बनाया जा सकता) बहुचर्चित रही है। प्रतिस्पर्धात्मक बाजार प्रणाली कल्याण अर्थशास्त्र के कथित रूप से इस प्रथम प्रमेय पर आधारित होती है कि तमाम प्रतियोगी संतुलन आबंटन परेटो सम्मत हो। स्राफा हैं, वेब्लेन हैं। थॉर्न्सटीन वेब्लेन अखण्ड फुरसत का उपभोग करने वाले 'लेजर क्लास' के अध्ययन के जरिए इस वर्ग के उत्थान के साथ-साथ अमेरिकी समाज में आई विकृतियों और उसके आर्थिक-सामाजिक-राजनीतिक दुष्परिणामों की ओर ध्यान आकृष्ट करते हैं। पॉल ए बरान 'संवृद्धि के राजनीतिक अर्थशास्त्र' का अध्ययन पेश करते हुए औद्योगिक पूँजी की बर्बादियों का आर्थिक अध्ययन भी प्रस्तुत करते हैं। बीसवीं सदी के उत्तरार्ध में न्याय के प्रश्न पर प्रभावशाली अध्ययन जॉन रॉल्स का रहा है—अमर्त्य सेन की न्याय सम्बन्धी अवधारणा के विकास में रॉल्स और केनेथ एरो के आलोचनात्मक अध्ययन का बहुमूल्य योगदान रहा है। अमर्त्य सेन और माइकल सैंडल वर्तमान काल में इस धारा के सबसे चर्चित प्रतिनिधि हैं।

अमेरिकी राजनीतिक दार्शनिक माइकल सैंडल 2009 में प्रकाशित अपनी पुस्तक 'जस्टिस : व्हाट इज द राइट थिंग टू डु' में वितरणमूलक आर्थिक न्याय की तीन प्रमुख धाराओं की चर्चा करते हैं—इच्छास्वातंत्र्यवादी, योग्यतावादी और समतावादी।

इच्छा स्वातंत्र्यवादी धारा नागरिकों को समान बुनियादी स्वतंत्रताओं का आश्वासन देती है, और मुक्त बाजार आय तथा सम्पत्ति के वितरण का निर्धारण करता है। योग्यतावादी धारा योग्यता के आधार पर आय और सम्पत्ति के वितरण का पक्षपोषण करती है। यह धारा योग्यता को अमूर्त रूप में प्रस्तुत कर यथार्थ सामाजिक जीवन में विभिन्न समुदायों और वर्गों की ऐतिहासिक तथा सामाजिक अयोग्यता की अनदेखी करने तथा ऐतिहासिक रूप से सामाजिक अयोग्यताओं के शिकार वंचित समुदायों के लिए उठाये गये विशिष्ट 'सकारात्मक पक्षपातपूर्ण' कदमों, नीतियों, प्रावधानों तथा संवैधानिक-कानूनी संरक्षणों का सक्रिय विरोध करने वाली अभिजात्यवादी धारा है। तीसरी धारा जॉन रॉल्स की समतावादी धारा है—रॉल्स की मुख्य चिन्ता 'प्राथमिक सामग्रियों' (ऐसी सामग्रियाँ जो हर बुद्धिसंगत व्यक्ति जरूरी समझता है) के वितरण की थी। रॉल्स की एक महत्वपूर्ण अवधारणा 'निष्पक्षता के रूप में न्याय' की है। अमर्त्य सेन इसी अवधारणा की विस्तृत समालोचना के क्रम में न्याय की अपनी अवधारणा प्रस्तुत करते हैं।

अमर्त्य सेन सामाजिक न्याय की अवधारणा के लिहाज़ से अठारहवीं तथा उन्नीसवीं सदी के यूरोपियन प्रबोधन की दो धाराओं की खिनाख़्त करते हैं। उन दिनों के सभी प्रमुख विचारक-दार्शनिक, उनकी निगाह में, अपनी-अपनी विशेषताओं के साथ इन्हीं दो धाराओं में विभक्त थे। एक धारा के प्रवर्तक सत्रहवीं सदी के थॉमस हॉब्स थे और इस धारा के अन्य प्रमुख प्रतिनिधि थे—रूसो, जॉन लॉक और इमानुएल कांट। इन विचारकों में आपस में जो भी मतभिन्नता रही हो, समग्र रूप से वे इस धारा की मौलिक अवधारणाओं पर एकमत थे। सेन इस धारा का नामकरण 'ट्रांसेंडेंटल इन्स्टीट्युशनलिज्म' (सर्वोपरि संस्थावाद) के रूप में करते हैं और जॉन रॉल्स को इसी धारा के साथ जोड़ते हैं। यह धारा न्याय और अन्याय के सापेक्ष तुलनात्मक अध्ययन की जगह विशुद्ध न्याय की अवधारणा पर अपना ध्यान केन्द्रित करती थी। यह केवल उन्हीं सामाजिक चरित्र-लक्षणों की खिनाख़्त करने की कोशिश करती थी जिनका न्याय के लिहाज़ से अतिक्रमण नहीं किया जा सकता था। इस प्रकार इनका ध्यान यथार्थ समाजों की तुलना पर नहीं, बल्कि शुद्ध न्याय के आदर्शों पर केन्द्रित था। अब शुद्ध न्याय के मापदण्ड पर कोई भी समाज खरा नहीं उतरेगा, हर समाज में खामियाँ नज़र आएंगी। फलतः इसी प्रक्रिया के जारी रूप के बतौर आदर्श, शुद्ध न्याय (जो एक अमूर्त अवधारणा है और जिसका कहीं कोई अस्तित्व नहीं है) की स्थापना के लिए आप आदर्श संस्थाओं के निर्माण, या फिर आदर्श के अनुरूप संस्थाओं के सुधार पर जोर देंगे। संस्थाओं के समूह से समाज का जो स्वरूप तैयार होगा, वह निश्चय ही लोगों के वास्तविक आचरण तथा उनके सामाजिक अंतर्सम्पर्कों पर भी निर्भर करेगा। इसीलिए 'सर्वोपरि संस्थावादी' ऐसी संस्थाओं की कार्यशीलता के संदर्भ में लोगों से कुछ ख़ास आचरणमूलक अपेक्षाओं की भी चर्चा

करते हैं। कुल मिलाकर, उनका जोर सम्यक संस्थाओं और सभी लोगों के सम्यक आचरण पर है।[38]

इस 'सर्वोपरि संस्थावादी' धारा के विपरीत दूसरी धारा 'तुलनात्मक दृष्टिकोण' की धारा है जिसमें अपनी तमाम भिन्नताओं के बावजूद एडम स्मिथ, मार्की द' कोंडोर्से, जेरेमी बेंथम, मेरी वोल्स्टोनक्राफ्ट, कार्ल मार्क्स, जॉन स्टुअर्ट मिल, आदि शामिल माने गये। यह धारा यथार्थ सामाजिक संस्थाओं, यथार्थ आचरण और अन्य प्रभावों से उत्पन्न सामाजिक उपलब्धियों पर अपना ध्यान केन्द्रित करती है। यह उपलब्धि-केन्द्रित तुलनात्मक अध्ययन पर जोर देती है। सेन इन दोनों धाराओं को न्याय की व्यवस्था (संस्था)-केन्द्रित और न्याय की उपलब्धि-केन्द्रित समझ के रूप में पेश करते हैं। सेन लिखते हैं, "इस बात को स्वीकार करने के लिए कि महज अपनी सुख-समृद्धि के एकनिष्ठ अनुसरण से भिन्न हमारे और भी लक्ष्य अथवा हमारी और भी प्राथमिकताएँ हो सकती हैं, हमें गाँधी, मार्टिन लूथर किंग जूनियर, नेल्सन मंडेला या डेसमंड टुटु होने की जरूरत नहीं है। हमारी अपनी स्वतंत्रताएँ तथा सक्षमताएँ भी हमारे लिए मूल्यवान हो सकती हैं, और उपलब्ध स्वतंत्रता का उपयोग हम कैसे करें, यह अंततः हम पर ही निर्भर करता है।"[39] जेरेमी बेंथम और अन्य उपयोगितावादी अपने लाभों तथा सुखों के संदर्भ में ही लोगों की सामाजिक उपलब्धियों का मूल्याँकन करते हैं। लेकिन सेन के अनुसार, यह मूल्याँकन लोगों को यथार्थ में उपलब्ध सक्षमताओं के संदर्भ में किया जाए तो इससे कुछ महत्वपूर्ण निष्कर्ष निकाले जा सकते हैं। पहला, मानव जीवन को तब समावेशी रूप में देखा जाएगा। यानी सुखों अथवा लाभों को छोड़कर बाकी सारी चीज़ों की अवहेलना करने के बजाए हम लोगों को उपलब्ध सार्थक स्वतंत्रताओं का आकलन कर सकते हैं। स्वतंत्रता का दूसरा महत्वपूर्ण पहलू है कि वह हमें अपने काम के प्रति जवाबदेह भी बनाता है। चयन की स्वतंत्रता हमें अपने काम के बारे में निर्णय लेने का अवसर प्रदान करती है। लेकिन इस अवसर के साथ-साथ अपने चयनित काम के प्रति हमारी जवाबदेही भी जुड़ जाती है।... यदि न्याय का अर्थ किसी-न-किसी प्रकार की समानता है, तो प्रश्न उठता है किस चीज़ की समानता? सेन का जवाब है स्वतंत्रता की समानता। अपने चयन की स्वतंत्रता की अवधारणा का सम्बन्ध वे अठारहवीं सदी के मार्की द' कोंडोर्से तथा अन्य फ्रांसीसी गणितज्ञों से जोड़ते हैं जिन्होंने 'सामाजिक चयन सिद्धान्त' के विश्लेषणात्मक ज्ञानानुशासन का प्रवर्तन किया था। बीसवीं सदी के मध्य में केनेथ एरो ने इस ज्ञानानुशासन का पुनरुद्धार किया और अपने वर्तमान स्वरूप में इसकी स्थापना की।

चयन की स्वतंत्रता का प्रश्न स्वभावतः जनतंत्र तथा जनतांत्रिक आचरण से सम्बद्ध है। फिर जनतांत्रिक आचरण का प्रश्न विचार तथा शक्ति के स्रोतों की बहुलता से युक्त समाज में प्रतिसंतुलनकारी शक्ति की मौजूदगी और उसके उपयोग के साथ घनिष्ठ रूप से जुड़ा हुआ है। सोवियत संघ के पतन का एक कारण, सेन

के अनुसार, इन प्रतिसंतुलनकारी शक्तियों का पूर्ण अभाव था। सेन लिखते हैं, अक्टूबर क्रान्ति ने आरम्भ में जिस राजनीतिक उत्साह का और न्याय-सम्बन्धित जिन आशाओं का संचार किया था, सोवियत संघ की विराट राजनीतिक और आर्थिक विफलताओं ने शीघ्र ही उन पर पानी फेर दिया। अंशतः इसका कारण सोवियत सांस्थानिक ढाँचे में प्रति संतुलनकारी शक्तियों की पूर्ण अनुपस्थिति थी।

भारतीय परम्परा में सेन उपयुक्त दो धाराओं को 'नीति' और 'न्याय' की दो श्रेणियों में देखते हैं। नीति की व्याख्या प्रायः व्यवस्था (संस्था) केन्द्रित परिप्रेक्ष्य में की जाती है। सम्यक संस्थाओं की उपस्थिति न्याय की मांगों को पूरा करने के लिहाज़ से अपने आप में पर्याप्त मानी जाती है। न्याय का वृहत्तर परिप्रेक्ष्य संस्थागत आधार के जरिए यथार्थ में हासिल सामाजिक उपलब्धियों के परीक्षण की जरूरत पेश करता है। अंत में, मानवजाति के कुछ स्वाभाविक चरित्र-लक्षणों—सह-अनुभूति का भाव, दूसरे के दुःख-अपमान को महसूस करना, स्वतंत्रता की चाहना, तर्क करना, सहमत-असहमत होना, आदि—का जिक्र करते हुए वे कहते हैं कि इन विशेषताओं की सशक्त उपस्थिति इस मामले में कोई ख़ास मदद तो नहीं करती कि हम न्याय के किस सिद्धान्त का चयन करें, लेकिन वह इस बात का संकेत तो करती ही है कि मानव समाज में न्याय के लक्ष्य के अनुगमन की आम प्रवृत्ति का खात्मा नहीं किया जा सकता, भले ही हम उसका अनुगमन विभिन्न तरीकों से क्यों न करें।[40]

कल्याण से आगे

आरम्भ से ही न्याय के अनेक आयाम रहे हैं और वे कथित कल्याण की सीमाओं से काफ़ी आगे जाते हैं। एक आयाम वितरणमूलक न्याय का है—आर्थिक क्रियाओं की लाभ-हानि के आबंटन का मार्गदर्शक उसूल क्या होना चाहिए? हम देख चुके हैं कि कृषि समाज में उत्पन्न आर्थिक सम्पत्ति का (जिसका मूल स्रोत भूदास श्रम था) का वितरण भूस्वामियों, सूदखोरों और व्यापारियों के बीच लगान, ब्याज और व्यापारिक मुनाफे के रूप में होता था। औद्योगिक युग में अतिरिक्त सम्पत्ति का यह वितरण मुनाफा-ब्याज-किराए के रूप में होता है। उद्यमों के स्वामी पाँच-दस साल के अंतराल में अरबों रुपये के स्वामी बन जाते हैं, और उनके श्रमिक तथा कर्मचारी जिनमें बड़ी संख्या विभिन्न मौलिक अधिकारों से वंचित अस्थायी कर्मचारियों की होती है, पूरी जिन्दगी जीवन की जरूरी चीज़ें जुटाने में ही बिता देते हैं (फिर भी नहीं जुटतीं)। आज अगर दो सौ लोगों के पास दो अरब से भी अधिक लोगों के बराबर सम्पत्ति है, तो (सम्पत्ति के) वितरणमूलक अन्याय के साक्ष्य के रूप में किसी स्पष्टीकरण की जरूरत नहीं रह जाती। औद्योगिक युग के दो सौ वर्षों के दौरान इन प्रश्नों पर सबसे ज्यादा चिन्तन-मनन-विमर्श हुआ, बड़े-बड़े आन्दोलनों और संघर्षों का सिलसिला चला, दुनिया के अनेक देशों में इन्हीं प्रश्नों को केन्द्र कर क्रान्तियाँ

हुईं और उल्लेखनीय सामाजिक-आर्थिक-राजनीतिक प्रयोग हुए। एक उत्पादन-प्रणाली के रूप में समाज का जो बुनियादी ढाँचा है, जिस ढाँचे में वितरणमूलक अन्याय अंतर्निहित है, और जिस अंतर्निहित अन्याय से अन्याय की कई अन्य शाखाएँ फूटती हैं—कल्याण अर्थशास्त्र इस बुनियादी ढाँचे पर सामान्यतः कोई प्रश्न नहीं उठाता। वह इस प्रणाली के परिणामस्वरूप उत्पन्न जीवन की नारकीय तथा विकृत स्थितियों में सुधार के दायरे में ही ख़ुद को सीमित रखता है। जीवन की ये भयावह स्थितियाँ (जो प्रगति के सारे दावों को मुँह चिढ़ाती रहती हैं) कल्याण का 'पवित्र' विचार पैदा करती हैं; इस विचार को निरूपित करने वाले प्रोफेसरों और लेखकों को पैदा करती हैं; विश्वविद्यालयों में विभागों और विशेष पीठों की स्थापना करती हैं; कल्याण-कार्यों के लक्ष्य को 'समर्पित' सरकारी, गैर-सरकारी संगठनों, संस्थाओं तथा नौकरशाही को जन्म देती हैं; राष्ट्रव्यापी और अंतर्राष्ट्रीय गोष्ठियों-व्याख्यानमालाओं के सिलसिले का आगाज़ करती हैं; मुसहरों पर मांट्रियल या मैसेच्युसेट्स में कार्यशालाएँ आयोजित करवाती हैं; राष्ट्रीय और विश्व संगठनों के बजट का एक हिस्सा अपने नाम करवाती हैं; अनेक इवेंट मैनेजमेण्ट कम्पनियों और उनके कर्मचारियों को रोजगार प्रदान करती हैं; पाप का प्रायश्चित करने के इच्छुक लोगों को 'दान' का महान अवसर उपलब्ध कराती हैं... कुल मिलाकर, कल्याण ख़ुद अरबों रुपये का लाभप्रद व्यवसाय बन जाता है, और कल्याण में निवेश करने वाले कॉरपोरेट घरानों को, बहुराष्ट्रीय निगमों को 'नैतिक आभा' के साथ-साथ अच्छा-ख़ासा मुनाफा प्रदान कर आर्थिक प्रगति में 'बहुमूल्य' योगदान देता है।

इस तरह, कल्याण अर्थशास्त्र पूँजी के (मांग-पक्षीय और आपूर्ति-पक्षीय) अर्थशास्त्र का ही अभिन्न है। पूँजी का अन्याय कल्याण के 'न्याय' के जरिए अपने कथित उद्धार की कामना करता है। दोनों का युग्म कल्याण-उद्योग के रूप में मूर्त रूप ग्रहण करता है।

आगे बढ़ते हैं। जैसाकि हम पहले कह चुके हैं न्याय के प्रश्न पर अनेक कोणों से विचार किया गया है। समानता, आवश्यकता, योग्यता, उपयोगिता, साम्यता, पारदर्शिता, इच्छास्वातंत्र्यवादी, भिन्नता के उसूल, नारीवादी, समुदायवादी, मानव अधिकार-आधारित, मूल्य-गुण-आधारित, आदि, आदि। मार्क्सवादी विचार परम्परा में उत्पादन के साधनों पर सामाजिक नियंत्रण तथा नियोजित विकास को न्याय का आधार बनाया गया। इसकी हम पहले चर्चा कर चुके हैं।

महात्मा गांधी ने सम्पत्ति पर स्वामित्व के रूप में ट्रस्टीशिप का सिद्धान्त दिया था। साथ ही सम्पत्ति वितरण के मामले में शारीरिक श्रम पर जोर देते हुए सभी श्रेणी के कार्यों के लिए समान वेतन का भी सुझाव रखा था। फरवरी, 1946 में (जब वे नोआखली में थे), उन्होंने अपने इन विचारों को निम्नलिखित रूप में प्रस्तुत किया था : बौद्धिक कार्य निश्चय ही अपना महत्व रखता है और जीवन के आयोजन में निस्सन्देह उसका अपना महत्व है। लेकिन मैं सभी को अपने भरण-पोषण के लिए

ख़ुद ही शारीरिक श्रम करने पर जोर देता हूँ—इस बाध्यता से छूट हासिल करने का कोई भी दावा नहीं कर सकता। मैं इस बात पर टाल्सटॉय से सहमत हूँ कि शारीरिक श्रम बौद्धिक कार्यकलाप के लिए बाधक होने के बजाए उसकी गुणवत्ता को परिष्कृत करता है।... राज्य का यह कर्तव्य है कि सभी बच्चों को शिक्षा प्रदान करे और वृद्धों तथा शारीरिक रूप से अक्षम लोगों के भरण-पोषण की समुचित व्यवस्था करे।... अगर हर व्यक्ति अपने पसीने की कमाई पर जीवनयापन करने लगे तो धरती स्वर्ग बन जाएगी। इसमें विशिष्ट प्रतिभाओं की बर्बादी का सवाल ही नहीं उठता। अगर हर कोई अपने भरण-पोषण के लिए शारीरिक श्रम करता है तो कवि, चिकित्सक, वकील, आदि अपनी प्रतिभा का इस्तेमाल किसी लोभ या भोग-विलास के लिए नहीं, बल्कि मानवजाति की सेवा के लिए करेंगे। अपने काम के प्रति निस्वार्थ समर्पण के कारण उनकी सेवाएँ और अधिक समृद्ध होंगी।... वृत्ति के आधार पर समाज का संगठन दो रूपों में हो सकता है—एक, उर्ध्वोन्मुख और प्रतिस्पर्धात्मक; दूसरा, क्षैतिज और सहयोगात्मक। पहले रूप के अंतर्गत, किसी ख़ास वृत्ति को दिए गए महत्व और मांग तथा आपूर्ति के नियम के आधार पर वेतन निर्धारित किया जाता है। दूसरे रूप में, सभी वृत्तियों को समान धरातल पर रखा जाता है और समाज सभी को समान वेतन देता है। इस व्यवस्था के अंतर्गत प्रत्येक व्यक्ति अपनी वृत्ति चुनने के लिए स्वतंत्र होगा और (चूँकि सभी वृत्तियों के लिए मिलने वाला वेतन समान है इसलिए) व्यक्ति लोभ-लालच नहीं, बल्कि अपनी विशेष दक्षता अथवा अभिरुचि के अनुरूप इसका चयन करेगा।... सिद्धार्थ गौतम राजकुमार थे, सुकरात मूर्तिकार थे और संत पॉल टेंट बनाने वाले थे। लेकिन सिद्धार्थ गौतम बुद्ध हुए और मानवजाति के शिक्षक बने; सुकरात दार्शनिकों के युवराज बने और संत पॉल धर्म प्रचारक। कोई भी अपने कार्य को जीविकोपार्जन का साधन नहीं मानते थे। इसके विपरीत, उन्होंने चरम त्याग का उदाहरण प्रस्तुत करते हुए उन वृत्तियों का परित्याग कर दिया जिनमे उनका जन्म हुआ था। अगर समाज इन उसूलों का अनुसरण करे, तो दार्शनिकों और कलाकारों को अपने भरण-पोषण के लिए अपने हाथों से श्रम करना पड़ेगा। प्रत्येक कलाकार शिल्पी भी होगा और शिल्पी कलाकार भी।...[41]

बहरहाल, महात्मा गाँधी का सबसे उल्लेखनीय योगदान न्याय के लिए संघर्ष के क्षेत्र में सामने आया। अन्याय की भाषा हिंसा है, इसीलिए हिंसा का वरण अन्याय की भाषा का आत्मसातीकरण, उसका आभ्यन्तरीकरण है। न्याय का संघर्ष अन्याय की भाषा में, अन्याय की भाषा के आभ्यन्तरीकरण के जरिए संचालित नहीं हो सकता। हिंसा का वरण अन्याय की स्वीकृति है, उसके समक्ष समर्पण है। अन्याय का वास्तविक प्रतिकार अहिंसा की भाषा में ही सम्भव है। अहिंसा न्याय की भाषा है। न्याय सत्य है और सत्य का साहस, उसकी वीरता अहिंसा की भाषा में ही अभिव्यक्ति पाती है।

वितरणमूलक अन्याय के अलावा, लिंग-आधारित अन्याय का भी हम पहले जिक्र

कर चुके हैं। इतिहास में नारियों को अनेक सामाजिक बंदिशों और हिंसा का सामना करना पड़ा और उनकी एक रूढ़ छवि बना दी गई; लैंगिक उत्पीड़न और भेदभाव उनके जीवन का अभिन्न अंग रहा है। नारियों के उत्पादक श्रम का एक बड़ा हिस्सा बेमोल ही रहा है, और जब उसे कुछ मान्यता मिली भी तो पुरुषों की तुलना में उसे हमेशा कमतर आँका गया। औद्योगिक उत्पादन प्रणाली के आगमन के क़रीब-क़रीब साथ ही नारी आन्दोलन की भी शुरुआत हो गई थी। पूँजीवादी समाज के अनेक विचारक लिंग-आधारित अन्याय और भेदभाव का खुले तौर पर पक्षपोषण करते थे। भौतिकवाद के प्रवर्तक फ्रांसिस बेकन न सिर्फ़ प्रकृति पर स्वामित्व के, बल्कि उपनिवेशीकरण और स्त्री पराधीनता के भी पैरोकार थे। देकार्त स्त्रियों की तर्क क्षमता को पुरुषों की तरह विकसित नहीं मानते थे। ऐसे उदाहरणों की सूची काफ़ी लम्बी है, और ऐसे विचार तथा पूर्वाग्रह, भेदभाव तथा उत्पीड़न आज तक बने हुए हैं।

नारी आन्दोलन में भी कई धाराएँ रही हैं, लेकिन यहाँ उन धाराओं पर अथवा इस आन्दोलन की विकास-यात्रा पर चर्चा में हम नहीं जा रहे। सिर्फ़ कुछ नामों पर हम ग़ौर कर सकते हैं—मेरी वोल्स्टोनक्राफ्ट (1759-1873), हैरियट टेलर (1807-1858), अलेक्सांद्रा कोलंताई (समाजवादी), क्लारा जेटकिन, सिमोन द' बुवा ('दि सेकण्ड सेक्स'), बेला अबलेक्स, बेट्टी फ्रीडां, एलिजाबेथ हाउसमैन (1960 के दशक के नारी आन्दोलन से जुड़ी), केट मिलेट ('सेक्सुअल पोलिटिक्स', 1970), सुलामिथ फायरस्टोन ('डायलेक्टिस ऑफ सेक्स'), जूलियेट मिशेल ('वूमेन स्टेट', इनका प्रमुख नारा था 'दि पर्सनल इज पोलिटिकल'), एलेन सोवोलटा ('ए लिटरेचर ऑफ देअर ओन'), शीला रोबॉथम ('हिडेन फ्रॉम हिस्ट्री', 1973), डोना हार्वे, हेल्के सेंडर, कैथरीन मैक्नीन, नैन्सी सोडोरो (मनोविश्लेषक), जर्मेन ग्रीयर ('दि फीमेल यूनख'), गायत्री स्पीवाक, वुडलेक्सी, सिल्विया वॉलवाई, नोआमी वुल्फ, आदि, आदि। जाहिर है, यहाँ अनेक नाम छूटे हुए हैं। फिर भी विभिन्न धाराओं से जुड़े ये नाम इतना तो संकेत देते ही हैं कि इतिहास में पहली बार लिंग-आधारित अन्याय के हर सम्भव आयाम को गहराई से जाँचा-परखा जा रहा है और उसके निराकरण के उपाय ढूँढ़े जा रहे हैं।

आज भी पूरी दुनिया और लगभग सभी देशों में ऐसे कई समुदाय हैं जो सदियों से सामान्य मानवीय गरिमा और सम्मान से भी वंचित रहे हैं—आर्थिक अतिशोषण के शिकार तो वे रहे ही हैं, वर्चस्वशाली समाज और वर्ग के लोग उनके रंग-रूप, उनकी भाषा, जीवनशैली का उपहास उड़ाते हैं, वे नस्ल-भेद, रंग-भेद, ऊँच-नीच, छुआछूत के शिकार रहे हैं, सामाजिक जीवन में उनके ऊपर कई प्रत्यक्ष-अप्रत्यक्ष बंदिशें लगी होती हैं, वे सामान्य शिक्षा और प्राथमिक स्वास्थ्य सुविधाओं से वंचित रहे हैं, समाज में उनकी परम्पराओं तथा उनके प्रतीकों को न तो कोई स्थान दिया जाता है और न ही उन्हें सम्मान की नज़रों से देखा जाता है, पाठ्यपुस्तकों में उनके लिए कोई जगह नहीं, उनके प्रति समाज में एक रूढ़ छवि बना दी जाती है और दैनिक जीवन

में उन्हें निरन्तर अपमान और हिंसा का सामना करना पड़ता है। इन सबके बावजूद तुर्रा यह कि समाज की सारी समस्याओं के लिए प्रायः उन्हें ही जिम्मेवार ठहराया जाता है। मानवजाति के इतिहास में सामान्य मानवीय गरिमा और सम्मान के लिए सबसे ज्यादा संघर्ष इन्हीं समूहों ने किया और सबसे ज्यादा बलिदान भी इन्हीं लोगों ने दिया है, और यह आजतक जारी है।

इतना ही नहीं, समृद्ध लोगों के अनियंत्रित उपभोग के कारण मानव-प्रकृति सम्बन्धों में जो विकृति आई है, वन-क्षेत्रों तथा जैव-विविधता में जो ह्रास हुआ है, जो भारी प्रदूषण तथा पर्यावरण-असन्तुलन की समस्या पैदा हुई है, उसका परिणाम भी इन्हीं समुदायों को सबसे ज्यादा भुगतना पड़ रहा है।

अनेक संघर्षों के परिणामस्वरूप शासक समुदाय ऐतिहासिक रूप से अनेक सामाजिक अयोग्यताओं के शिकार इन दलित-पिछड़े-वंचित समुदायों के लिए विभिन्न रूपों में विशेष, 'सकारात्मक पक्षपातपूर्ण' कदम उठाने को बाध्य हुए हैं। कहने की जरूरत नहीं कि (इन समुदायों के लिए) विशेष अवसरों का सृजन किये बिना, इन विशेष अवसरों और प्रावधानों को समुचित संवैधानिक-कानूनी संरक्षण प्रदान किये बिना, और इन अवसरों, प्रावधानों तथा संरक्षणों के प्रभावशाली और ईमानदार कार्यान्वयन के बिना उन्हें समाज में समानता और सम्मान का सामान्य जीवन भी उपलब्ध नहीं हो सकता। योग्यतावादी-अभिजात्यवादी समूह उनके लिए ऐसे किसी भी विशेष अवसर के सृजन का सक्रिय विरोध करते हैं, उसे समाज तथा राष्ट्र के लिए नुकसानदेह बताकर उसके खिलाफ दुष्प्रचार करते हैं और ऐसे कदमों के कार्यान्वयन को बाधित करते हैं।

ऐसे योग्यतावादियों के संदर्भ में, हमारी समझ से, डॉ बाबा साहेब अम्बेडकर का निम्नलिखित उद्धरण उद्धृत करना ही पर्याप्त होगा, "इस सिद्धान्त पर किसी को कोई एतराज नहीं कि योग्यतम व्यक्ति की जगह उससे कम योग्य व्यक्ति को और साधारण योग्यता के व्यक्ति की जगह बिल्कुल अयोग्य व्यक्ति को न लगा दिया जाये। परन्तु ऐसा तर्क भारतीय इतिहास की घटनाओं पर दृष्टिपात करने से पूर्णतया निरर्थक सिद्ध होता है, क्योंकि भारतीय इतिहास के अनुसार, जो योग्यतम व्यक्ति चुना जाता था, वह शासक वर्ग से ही सम्बन्धित होता था। शासक वर्ग के विचार से यह सिद्धान्त बहुत ठीक था। परन्तु क्या वह सिद्धान्त शासित वर्ग के दृष्टिकोण से ठीक कहा जा सकता है?... इन बातों पर ध्यान देने से प्रकट होता है कि शासक वर्ग से सम्बन्धित श्रेष्ठ व्यक्ति शासित वर्गों के दृष्टिकोण से बहुत निषिद्ध साबित होगा।... शासक वर्ग शोषितों की मांगों का विरोध करते समय यह भी भूल जाता है कि उसने सत्ता में आने के लिए कौन से साधन अपनाये थे।... मनुस्मृति के अध्ययन से पता चलेगा कि ब्राह्मण जो शासक वर्ग का मुख्य घटक है, उसने राजनीतिक शक्ति अपने बौद्धिक बल से ही प्राप्त नहीं की। बौद्धिकता किसी की

बपौती नहीं है। इन्होंने तो जातिवाद के आधार पर अपना प्रभुत्व बनाए रखा। मनुस्मृति के अनुसार, पुरोहित के पद, सम्राट के पुरोहित, पुजारी, लार्ड चांसलर, उच्च न्यायालय के न्यायाधिपति और न्यायाधीशों, तथा सम्राट के मंत्रियों के पद ब्राह्मणों के लिए सुरक्षित थे। यहाँ तक कि सेना के सेनापति के पद पर ब्राह्मण के होने के आदेश दिए गए थे, चाहे वे अनुपयुक्त ही क्यों न हों। ब्राह्मण अपने वर्ग के लिए लाभ और सत्ता संरक्षण से ही सन्तुष्ट नहीं थे। वे जानते थे कि केवल संरक्षण ही पर्याप्त नहीं है। गैर-ब्राह्मण जातियों में, ब्राह्मणों के समान योग्यता वाले लोगों द्वारा मुख्य पदों को प्राप्त करने और ब्राह्मणों के आरक्षण को उखाड़ फेंक देने वाले लोगों के आन्दोलन की सम्भावना को समाप्त करना भी ब्राह्मणों ने आवश्यक समझा। ब्राह्मणों ने समस्त अधिशासी पदों को अपने लिए आरक्षित करने के साथ-साथ शिक्षा पर ब्राह्मणों का एकाधिकार कायम करने के लिए विधान बनाया।... ब्राह्मणों ने विधान बनाकर हिन्दू समाज के निम्नतर वर्ग के लिए पढ़ाई-लिखाई अपराध घोषित कर दिया, जिसका उल्लंघन करने वाले को कठोर तथा अमानुषिक दंड, जैसे अपराधी की जीभ कटवा लेना और उसके कान में पिघलता हुआ सीसा डलवा देना जैसी व्यवस्था की गई।... यदि आज शासित वर्ग के लोग अपने लिए संरक्षण मांगते हैं, तो उसका कारण यह है कि ब्राह्मण ने अपनी सुख-सुविधाओं को सुरक्षित रखने के लिए पहले ही से कानून बनाकर शासित वर्ग के विद्याध्ययन तथा सम्पत्ति संचय पर दंड का विधान कर दिया। वास्तव में शोषित वर्गों के लोग जिस संरक्षण की मांग कर रहे हैं, वह उसका आधा भी नहीं, जितना कि ब्राह्मणों ने अपनी उन्नति और सुख-सुविधाओं को सुरक्षित रखने के लिए लिया है जिसके लिए उन्होंने काले कानून बनाए और दास वर्गों को आज तक पद-दलित बनाकर रखा है।...''[42]

अन्याय के इन सारे आयामों के सम्मिलित नाम के रूप में ही हमने पहले मानवजाति की बहुसंख्या की परतंत्रता की चर्चा की है। इन अन्यायों के कारण मानवजाति आज तक अपनी मानवीयता से वंचित रही है। न्याय दरअसल मानवजाति द्वारा अपनी मानवीयता की प्राप्ति है।

न्याय के लिए संघर्षों की लम्बी परम्परा रही है और उसकी उपलब्धियाँ भी हैं। वेतन तथा जीवन स्थितियों में सुधार, इनसे सम्बन्धित विभिन्न कानूनों तथा संस्थाओं का निर्माण, सार्विक मताधिकार तथा जनतांत्रिक संस्थाओं में भागीदारी, संगठन तथा अभिव्यक्ति की स्वतंत्रता, इन स्वतंत्रताओं को सवैधानिक संरक्षण, वंचित समुदायों के लिए आरक्षण समेत सकारात्मक पक्षपातमूलक कदम, गरीबी-उन्मूलन कार्यक्रम, शिक्षा तथा स्वास्थ्य सेवाओं का विस्तार, सूचना तथा सेवाओं का अधिकार, नारी-अधिकार से सम्बन्धित कानून, पंचायतों में महिलाओं समेत वंचित समुदायों के लिए आरक्षण का प्रावधान, आदि, आदि—इन्हें 'कल्याण' के कदम कहने के बजाए सशक्तीकरण के कदम कहना उपयुक्त होगा। सशक्तीकरण के इन कदमों से बुनियादी सामाजिक ढाँचे में कोई बुनियादी तब्दीली भले

न आई हो, इनसे वंचित-उत्पीड़ित समुदायों की सामाजिक-राजनीतिक क्षमता का विस्तार होता है। उत्पादन के उपकरणों की भाँति सशक्तीकरण से सम्बन्धित उपलब्धियाँ तथा संस्थाएँ इन समुदायों के लिए न्याय के उपकरण हैं—न्याय के संघर्षों को विस्तार देने वाले उपकरण। संकट की स्थिति में वर्चस्वशाली वर्ग सबसे पहले उत्पीड़ित वर्गों से इन उपकरणों को छीनने का प्रयास करता है।

औद्योगिक समाज की समझ और श्रेणियों के आधार पर ज्ञान समाज की व्याख्या नहीं की जा सकती और न ही न्याय के लिए संघर्ष को विस्तार दिया जा सकता है। ऐसा करने से न सिर्फ़ विभ्रम की स्थिति पैदा होगी, बल्कि अन्याय के खिलाफ व्यापक एकजुटता भी खंडित होगी। वर्गों, श्रेणियों, आदि की स्थितियों में, उनकी भूमिकाओं में भी परिवर्तन घटित हुआ है।

अन्याय के अनेक आयाम हैं, इसीलिए विभिन्न वर्गों, समुदायों और राष्ट्रों में इनके खिलाफ संघर्ष भी अनेक रूपों में उपस्थित होगा (हो रहा है), मुद्दों और नेतृत्व की भिन्नताएँ होंगी, और संघर्ष के अनेक रूपों में यह अवतरित होगा (हो रहा है)। किसी एक वर्ग का नेतृत्व पर एकाधिकार, नेतृत्व का सोपानमूलक ढाँचा, औद्योगिक समाज के युग के पुराने नारे और पुरानी अवधारणाएँ, मुद्दों तथा संघर्षों के रूपों में एकरूपता का कोई प्रयास ऐसे संघर्षों को खण्ड-खण्ड ही करेगा। वैसे ये सब चीज़ें इस आर्थिक प्रणाली तथा नये-नये सूचना-संचार उपकरणों और विकासमान सामाजिक सम्बन्धों के चरित्र से भी मेल नहीं खाती हैं। साथ ही नये उभरते समाज के चरित्र के बारे में समझ का अभाव किसी संघर्ष को अल्पजीवन ही प्रदान कर पाएगा। वह पाँच मिनट की चमक-दमक और प्रसिद्धि में ही खोकर रह जाएगा। सूचनाओं के चंचल कलात्मक संसार में न्याय के विवेक को स्थायी तत्व के रूप में स्थापित करना काफ़ी सूझबूझभरी दक्ष प्रतिबद्धता की मांग करता है। इस समाज में न्याय की अवधारणा को ही हास्यास्पद बनाकर उसे कॉमेडी शो तक सीमित कर देने और न्याय के लिए आन्दोलनों को फुरसत काल का 'मनोरंजक आइटम' बना देने की भी 'कलात्मक क्षमता' है।

आज की चुनौतियों के समक्ष, युवाओं तथा आम लोगों में बढ़ रहे जादुई उपकरण तथा नेटवर्किंग के व्यसन से हतप्रभ कुछ विचारक इन तकनीकों के प्रति ही तिरस्कार का भाव रखते हैं, 'प्रकृति की ओर लौटने' तथा सार्विक नैतिक शिक्षाओं की शरण लेते हैं और यहाँ तक कि 'जनजातीय जीवन' का महिमामंडन करते देखे जा सकते हैं। यह वर्तमान सामाजिक जीवन में अपने किसी सक्रिय हस्तक्षेप की असमर्थता तथा खुद अपनी बढ़ती अप्रासंगिकता से उपजी हताशा का ही परिणाम माना जा सकता है।

न्याय का विवेक

इतने प्राण, इतने हाथ, इतनी बुद्धि,
इतना ज्ञान, संस्कृति और अंतःशुद्धि

इतना दिव्य, इतना भव्य, इतनी शक्ति
यह सौन्दर्य, वह वैचित्र्य, ईश्वर भक्ति,
इतना काव्य, इतने शब्द, इतने छन्द
जितना ढोंग, जितना भोग है निर्बन्ध;
इतना गूढ़, इतना गाढ़, सुन्दर जाल
केवल एक जलता सत्य देने टाल।...
मेरी ज्वाल, जन की ज्वाल होकर एक
अपनी उष्णता से धो चले अविवेक
तू है मरण, तू है रिक्त, तू है व्यर्थ
तेरा ध्वंस केवल एक तेरा अर्थ।[43]

उत्पादन प्रणालियों के उद्‌भव और विकास से सम्बन्धित इतिहास और समाज के नियम हैं और इन नियमों की उपयोगिता भी है, लेकिन ये नियम नियति नहीं होते, कुछ नियमों का समूह नियमों का एकमात्र समूह नहीं होता। वंचित समुदाय इस इन्तजार में बैठे नहीं रहते (और न ही रहे हैं) कि जब सम्बन्धित उत्पादन प्रणाली के अवसान का काल आएगा, तब ही वे अपनी मुक्ति का प्रयास करेंगे, तब तक नियति मानकर अन्याय को बर्दाश्त करते रहना होगा।

इसीलिए, नियमों के कुछ समूहों में बंधे रहने और नियति के रूप में स्वीकार करने की जगह हम उन नियमों का पता लगाने की कोशिश करते हैं जो समाज में न्याय को विस्तार दें और मानवजाति द्वारा अपनी मानवीयता की प्राप्ति में सहायक हों। मानव-मस्तिष्क की सृजनात्मक क्षमता सिर्फ़ उत्पादन के नये-नये उपकरणों के आविष्कार में ही प्रकट नहीं हुई है, वह न्याय को साकार करने के नये-नये विचारों के निरूपण तथा नये-नये अभियानों के संगठन में भी अभिव्यक्त हुई है। अन्वेषण, आविष्कार और नवाचार के जरिए न्याय के विचार और यथार्थ को नई ऊँचाई प्रदान करना इस ज्ञान युग में एक नई चुनौती के रूप में उपस्थित हुई है। इस चुनौती से हम कैसे निपटते हैं, इस पर आज हमारा भविष्य निर्भर करता है। सामाजिक विकास को मापने का पैमाना कोई अन्य कारक नहीं, बल्कि न्याय का विस्तार है।

न्याय के विवेक के अभाव में ज्ञान का अर्थ मस्तिष्क की दासता की नई दास्तान बन जाएगा। खण्डित मस्तिष्क अपने अतिक्रमण के प्रयास में विकृत मस्तिष्क को ही जन्म देगा। न्याय का विवेक ही मानव मस्तिष्क को अपने वास्तविक सृजनात्मक सारतत्व से सम्पन्न कर सकता है।

ज्ञान के आगमन से ज्ञान के प्रस्थान तक का सफर फिलहाल यहाँ विराम लेता है।

(समाप्त)

****

परिशिष्ट

I. आगमन का आख्यान

भूगर्भीय काल

महाकल्प	कल्प	काल/प्रणाली	युगारम्भ (लाख वर्षों में)	जीवजगत
आर्कियन	-	-	40,000	प्रारम्भिक शैवाल, बैक्टीरिया
प्रोटेरोजोइक	प्री-कैम्ब्रियन	-	25,000	संघजीवी शैवाल, नर्म अपृष्ठवंशी जीव
फेनोरोजोइक	पैलियोजोइक (पुराजीवी)	कैम्ब्रियन	5,700	मछली
		ओर्डोविसियन	5,050	मूंगा
		सिलुरियन	4,380	स्थल वनस्पति, कीट
		डेवोनियन	4,080	पर्ण, काई, उभयचर
		कार्बनिफेरस		
		पूर्व	3,600	पंखवाले कीट/पतंगा
		उत्तर	3,200	सरिसृप
		परमियन	2,860	-
	मेसोजोइक (मध्यजीवी)	ट्राइएसिक	2,480	डायनासोर
		जुरासिक	2,130	पक्षी, स्तनपायी
		क्रेटासियस		
		पूर्व	1,440	पुष्पित वनस्पति, डायनासोर का उत्थान काल
		उत्तर	980	डायनासोर का अवसान काल

महाकल्प	कल्प	काल/प्रणाली	युगारम्भ	जीवजगत
	सेनोजोइक	तृतीयक		डायनासोर की विलुप्ति
		पैलिओसीन	650	बड़े स्तनपायी
		ईओसीन (आदिनूतन)	550	घास
		ओलिगोसीन	380	-
		माइओसीन अल्पनूतन)	250	बन्दर
		प्लाइओसीन (अतिनूतन)	50	होमिनिड/प्राग्मानव
		चातुर्थिकी		
		प्लाइस्टोसीन (अभिनूतन)	18	मानव प्रजातियाँ, मवेशी, हाथी, घोड़ा
		होलोसीन (अद्यतन)	0.1	----

स्रोत : 'प्रीहिस्ट्री', इरफान हबीब, नई दिल्ली, 2001

II. मस्तिष्क का मायाजाल

तरंग-प्रकार्य निपात

संदर्भ	निपात का कारण	वर्णन	संकेतक
क्वांटम संगत अध्यारोपण	निपात नहीं	तरंग-प्रकार्य क्रिया का उद्‍भवृ (श्रोडिंगर समीकरण)	U
परम्परागत अथवा प्रचलित क्वांटम सिद्धान्त (कोपेनहेगन व्याख्या)	पर्यावरणीय विसंगति, मापने, सचेत पर्यवेक्षण की क्रिया	निपात, मनोगत निपात	R,SR
नया पदार्थ विज्ञान (पेनरोज, 1994)	क्वांटम गुरुत्व-जनित आत्म-निपात	वस्तुगत निपात	OR
चेतना	सूक्ष्म नलिकाओं के सहयोगी प्रोटीन्स द्वारा सूक्ष्म नलिकाओं में प्रेषित /प्रवाहित क्वांटम गुरुत्व द्वारा सम्पन्न आत्म-निपात	लयबद्ध वस्तुगत निपात	Orch OR

स्रोत : स्टुअर्ट हैमेरौफ/रोजर पेनरोज, 'कन्शस इवेण्ट्स एज ऑर्केस्ट्रेटेड स्पेस-टाइम सेलेक्शन्स', जर्नल ऑफ कंशसनेस स्टडीज, 1996।

IV. समाजों की सह-क्रिया

महत्वपूर्ण ग्रंथों तथा लेखकों का काल-निर्धारण

(इनमें से बहुतों का काल सम्भावित, कल्पनात्मक एवं विचाराधीन है। ई.पू.—ईसा के पूर्व; ई.उ.—ईसा के उपरांत)

4,000-1,000 ई.पू. : यह वैदिक संहिताओं, ब्राह्मणों एवं उपनिषदों का काल है। ऋग्वेद, अथर्ववेद एवं तैत्तिरीय संहिता तथा ब्राह्मण की कुछ ऋचाएँ 4,000 ई.पू. के बहुत पहले की भी हो सकती हैं, और कुछ उपनिषद (जिनमें कुछ वे भी हैं, जिन्हें विद्वान लोग अत्यन्त प्राचीन मानते हैं) 1,000 ई.पू. के पश्चात्कालीन भी हो सकती हैं। (अनेक विद्वान पी वी काणे की इस मान्यता को कि वैदिक संहिताएँ 4,000 ई.पू. प्राचीन हैं, नहीं स्वीकारते -लेखक।)

800-500 ई.पू. : यास्क की रचना निरुक्त।

800-400 ई.पू. : प्रमुख श्रौतसूत्र (यथा आपस्तम्ब, आश्वलायन, बौधायन, कात्यायन, सत्याषाढ, आदि) एवं कुछ गुह्यसूत्र (यथा आपस्तम्ब एवं आश्वलायन)।

600-300 ई.पू. : गौतम, आपस्तम्ब, बौधायन, वसिष्ठ के धर्मसूत्र एवं पारस्कर तथा कुछ अन्य लोगों के गृह्यसूत्र।

600-300 ई.पू. : पाणिनी।

500-200 ई.पू. : जैमिनी का पूर्वमीमांसासूत्र।

500-200 ई.पू. : भगवद्गीता।

300 ई.पू. : पाणिनी के सूत्रें पर वार्तिक लिखने वाले वररुचि कात्यायन।

300-100 ई.पू. : कौटिल्य का अर्थशास्त्र (अपेक्षाकृत पहली सीमा के आसपास)।

150 ई.पू.-100 ई.उ. : पतंजलि का महाभाष्य (सम्भवतः अपेक्षाकृत पहली सीमा के आसपास)।

200 ई.पू.-100 ई.उ. : मनुस्मृति।

100 ई.पू.-300 ई.उ. : याज्ञवल्क्यस्मृति।

100-300 ई.उ. : विष्णुधर्मसूत्र।

100-400 ई.उ. : नारदस्मृति।

200-500 ई.उ. : वैखानसस्मार्तसूत्र।

200-500 ई.उ. : जैमिनी के पूर्वमीमांसासूत्र के भाष्यकार शबर (अपेक्षाकृत पूर्व समय के आसपास)।

300-500 ई.उ. : व्यवहार आदि पर वृहस्पतिस्मृति (अभी तक इसकी प्रति नहीं मिल सकी है)।

300-600 ई.उ. : कुछ विद्यमान पुराण, यथा- वायु, विष्णु, मार्कण्डेय, मत्स्य, कूर्म।

400-600 ई.उ. : कात्यायनस्मृति (अभी तक प्राप्त नहीं)।

500-550 ई.उ. : वराहमिहिर; पंचसिद्धान्तिका, वृहत्संहिता, वृहज्जातक, आदि के लेखक।

600-650 ई.उ. : कादम्बरी और हर्षचरित के लेखक बाण।

650-665 ई.उ. : पाणिनी की अष्टाध्यायी पर 'काशिका'—व्याख्याकार वामन-जयादित्य।

650-700 ई.उ. : कुमारिल का तंत्रवार्तिक।

600-900 ई.उ. : अधिकांश स्मृतियाँ, यथा- पराशर, शंख, देवल तथा कुछ पुराण, यथा- अग्नि, गरुड़।

788-820 ई.उ. : अद्वैतवादी दार्शनिक शंकराचार्य।

800-850 ई.उ. : याज्ञवल्क्यस्मृति के टीकाकार विश्वरूप।

825-900 ई.उ. : मनुस्मृति के टीकाकार मेधातिथि।

966 ई.उ. : वराहमिहिर के वृज्जातक की टीका करने वाले उत्पल।

1000-1050 ई.उ. : बहुत से ग्रंथ के लेखक धारेश्वर भोज।

1080-1100 ई.उ. : याज्ञवल्क्यस्मृति की टीका मिताक्षरा के लेखक विज्ञानेश्वर।

1080-1100 ई.उ. : मनुस्मृति के व्याख्याकार गोविन्दराज।

1100-1130 ई.उ. : कल्पतरु या कृत्यकल्पतरु नामक विशाल धर्मशास्त्रविषयक निबन्ध के लेखक लक्ष्मीधर।

1100-1150 ई.उ. : दायभाग, कालविवेक एवं व्यवहारमातृका के लेखक जीमूतवाहन।

1100-1150 ई.उ. : प्रायश्चितप्रकरण एवं अन्य ग्रंथों के रचयिता भवदेव भट्ट।

1110-1130 ई.उ. : अपरार्क, शिलाहार राजा ने याज्ञवल्क्यस्मृति पर एक टीका लिखी।

1114-1183 ई.उ. : भास्कराचार्य, जो सिद्धान्तशिरोमणि, जिसका लीलावती एक अंश है, के प्रणेता हैं।

1127-1138 ई.उ. : सोमेश्वरदेव का मानसोल्लास या अभिलषितार्थ-चिन्तामणि।

1150-1180 ई.उ. : कल्हण की राजतरंगिणी।

1150-1180 ई.उ. : हारलता एवं पितृदयिता के प्रणेता अनिरुद्ध भट्ट।

1150-1200 ई.उ. : श्रीधर का स्मृत्यर्थसार।

1150-1300 ई.उ. : गौतम एवं आपस्तम्ब नामक धर्मसूत्रों तथा कुछ गृह्यसूत्रों के टीकाकार हरदत्त।

1150-1300 ई.उ. : मनुस्मृति के व्याख्याकार कुल्लूक।

1175-1200 ई.उ. : धनंजय के पुत्र एवं ब्राह्मणसर्वस्व के प्रणेता हलायुध।

1200-1225 ई.उ. : देवण्ण भट्ट की स्मृतिचन्द्रिका।

1200-1300 ई.उ. : वरदराज का व्यवहारनिर्णय।

1260-1270 ई.उ. : हेमाद्रि की चतुर्वर्गचिन्तामणि।

1275-1310 ई.उ. : पितृभक्ति, समयप्रदीप एवं अन्य ग्रंथों के प्रणेता श्रीदत्त।

1300-1370 ई.उ. : गृहस्थरत्नाकर, विवादरत्नाकर, क्रियारत्नाकर, आदि ग्रंथों के रचयिता चण्डेश्वर।

1300-1380 ई.उ. : वैदिक संहिताओं एवं ब्राह्मणों के भाष्यों के संग्रहकर्ता सायण।

1300-1380 ई.उ. : पराशरस्मृति की टीका पराशरमाधवीय तथा अन्य ग्रंथों के रचयिता एवं सायण के भाई माधवाचार्य।

1360-1380 ई.उ. : मदनपाल एवं उनके पुत्र के संरक्षण में मदन पारिजात एवं महार्णवप्रकाश संगृहित किये गये।

1360-1448 ई.उ. : गंगावाक्यावली आदि ग्रंथों के प्रणेता विद्यापति के जन्म एवं मरण की तिथियाँ।

1375-1440 ई.उ. : याज्ञवल्क्य की टीका दीपकलिका, प्रायश्चितविवेक, दुर्गोत्सवविवेक एवं अन्य ग्रंथों के लेखक शूलपाणि।

1375-1500 ई.उ. : विशाल निबन्ध धर्मतत्वकलानिधि (श्राद्ध, व्यवहार, आदि के प्रकाशों में विभाजित) के लेखक एवं नागमल्ल के पुत्र पृथ्वीचन्द्र।

1400-1450 ई.उ. : मिसरू मिश्र का विवादचन्द्र।

1400-1500 ई.उ. : तंत्रवार्तिक के टीकाकार सोमेश्वर की न्यायसुधा।

1405-1450 ई.उ. : मदनसिंहदेव राजा द्वारा संगृहित विशाल निबन्ध मदनरत्न।

1425-1460 ई.उ. : शुद्धिविवेक, श्राद्धविवेक, आदि के लेखक रुद्रधर।

1425-1490 ई.उ. : शुद्ध चिन्तामणि, तीर्थचिन्तामणि, आदि के रचयिता

वाचस्पति।

1450-1500 ई.उ.	:	दण्डविवेक, गंगा कृत्यविवेक, आदि के रचयिता वर्धमान।
1480-1512 ई.उ.	:	दलपति का नृसिंहप्रसाद, जिसके भाग ये हैं—श्राद्धसार, तीर्थसार, प्रायश्चितसार, आदि।
1500-1525 ई.उ.	:	प्रतापरुद्वदेव राजा के संरक्षण में संगृहित सरस्वतीविलास।
1500-1540 ई.उ.	:	शुद्धिकौमुदी, श्राद्धक्रियाकौमुदी, आदि के प्रणेता गोविन्दानन्द।
1513-1580 ई.उ.	:	प्रयोगरत्न, अंतयेष्टिपद्धति, त्रिस्थलीसेतु के लेखक नारायण भट्ट।
1520-1575 ई.उ.	:	श्राद्धतत्त्व, तीर्थतत्त्व, शुद्धितत्त्व, प्रायश्चिततत्त्व, आदि तत्त्वों के लेखक रघुनन्दन।
1520-1589 ई.उ.	:	टोडरमल के संरक्षण में टोडरानन्द ने कई सौख्यों में शुद्धि, तीर्थ, प्रायश्चित, कर्मविपाक एवं अन्य 15 विषयों पर ग्रंथ लिखे।
1560-1620 ई.उ.	:	द्वैतनिर्णय या धर्मद्वैतनिर्णय के लेखक शंकर भट्ट।
1590-1630 ई.उ.	:	वैजयन्ती (विष्णुधर्मसूत्र की टीका), श्राद्ध-कल्पलता, शुद्धि-चन्द्रिका एवं दत्तक मीमांसा के लेखक नन्द पंडित।
1610-1640 ई.उ.	:	निर्णयसिन्धु तथा विवादताण्डव, शूद्रकमलाकर, आदि अन्य 20 ग्रंथों के लेखक कमलाकर भट्ट।
1610-1640 ई.उ.	:	मित्र मिश्र का वीरमित्रोदय, जिसके भाग हैं तीर्थप्रकाश, प्रायश्चितप्रकाश, श्राद्धप्रकाश, आदि।
1610-1645 ई.उ.	:	प्रायश्चित, शुद्धि, श्राद्ध, आदि विषयों पर 12 मयूखों में (यथा-नीति-मयूख, व्यवहार-मयूख, आदि) रचित भगवन्तभास्कर के लेखक नीलकण्ठ।
1650-1680 ई.उ.	:	राजधर्मकौस्तुभ के प्रणेता अनन्तदेव।
1700-1740 ई.उ.	:	वैद्यनाथ का स्मृतिमुक्ताफल।
1700-1750 ई.उ.	:	तीर्थेन्दुशेखर, प्रायश्चितेन्दुशेखर, श्राद्धेन्दुशेखर, आदि लगभग 50 ग्रंथों के लेखक नागेश भट्ट या नागोजिभट्ट।
1730-1820 ई.उ.	:	मिताक्षरा पर 'बालम्भट्टी' नामक टीका के लेखक बालम्भट्ट।
1790 ई.उ.	:	धर्मसिन्धु के लेखक काशीनाथ उपाध्याय।

स्रोत : 'धर्मशास्त्र का इतिहास', डॉ पाण्डुरंग वामन काणे, लखनऊ, 1963।

सामाजिक आन्दोलन

औपनिवेशिक काल में जब जाति-आधारित समाज का औद्योगिक पूँजीवाद से सामना हुआ, तब इस समाज के समक्ष नई चुनौतियाँ उत्पन्न हुईं। औद्योगिक संस्कृति के मूल्य और उसकी सामाजिक संरचना भिन्न थी। अँग्रेजी शिक्षा और सम्पत्ति के जरिए वृत्ति की जन्म-आधारित सीमाएँ पार की जा सकती थीं और जीविका के अन्य क्षेत्रों में भी जाया जा सकता था। फैक्टरी-आधारित श्रम-संगठन भी कारीगरों के शिल्प-संगठनों से पृथक् संगठन था। कृषि समाज की दलित-पिछड़ी जातियों एवं जनों को यहाँ अवसर का नया संसार खुलता दिखा। उन्नीसवीं सदी के अंत और बीसवीं सदी के आरम्भ में इन जातियों के जागरण के पहले दौर में, कई महत्वपूर्ण सामाजिक आन्दोलन चले, कृषि समाज के अनुरूप सोपान में ऊँचे पायदान पर, ब्राह्मण या क्षत्रिय होने का दावा किया गया और यज्ञोपवीत धारण किया गया। अपनी-अपनी जातियों में आत्म-सम्मान का भाव जगाने, भूस्वामित्व का अधिकार मांगने, बेगारी न करने, आदि के लिहाज़ से इस आन्दोलन का अपना महत्व तो था, लेकिन शीघ्र ही इन जातियों ने जान लिया कि औद्योगिक समाज के लिहाज़ से इन मांगों की उपयोगिता अत्यन्त सीमित है। फलतः आगे चलकर वे दलित तथा पिछड़ा वर्ग के रूप में संगठित हुए और इन वर्गों के लिए रोजगार तथा शिक्षा के क्षेत्र में आरक्षण, राजनीतिक सत्ता में हिस्सेदारी तथा अन्य सकारात्मक कदम उठाने की मांग उनकी प्रमुख मांग बन गई।

दरअसल, औद्योगिक समाज में प्रवेश के लिए शिक्षा (ख़ासकर अँग्रेजी तथा तकनीकी शिक्षा) और सम्पत्ति जरूरी थी और ये दोनों चीज़ें ऐतिहासिक रूप से उनके पास अनुपस्थित थीं। अपनी इन सामाजिक अयोग्यताओं के कारण वे ब्रिटिश (औद्योगिक) औपनिवेशिक काल के दौरान उत्पन्न अवसरों का लाभ उठाने में असमर्थ थे—इन अवसरों का अमूमन सारा लाभ (औपनिवेशिक शासन के दौरान भी) तथाकथित उच्च जातियों के धनी और मध्य वर्ग के हाथों में ही बना रहा। राजनीतिक सत्ता पर इन 'उच्च' जातियों का वर्चस्व बरकरार था ही। पिछड़े तथा दलित वर्गों के आन्दोलन के परिणामस्वरूप (ख़ासकर स्वतंत्रता के बाद), जैसा कि हम पहले इतिहास में देख चुके हैं, स्थानीय तथा प्रादेशिक स्तर पर राजनीतिक

सत्ता में अपनी जगह बनाने में और, यहाँ तक कि, केन्द्रीय सत्ता को भी कुछ हद तक प्रभावित करने में वंचित समुदाय कामयाब हुए। लेकिन शिक्षा और धनार्जन की प्रक्रिया अत्यन्त धीमी रही। भारतीय संविधान में सामाजिक तथा शैक्षणिक रूप से पिछड़े वर्गों के पक्ष में सकारात्मक कदम उठाने के स्पष्ट दिशानिर्देश के बावजूद सरकारी मशीनरी तथा शिक्षा के क्षेत्र में मजबूती से जड़ जमाए 'उच्च' जाति-परस्त पूर्वाग्रहों के कारण ये कदम, वह भी आधे-अधूरे ढंग से, अत्यन्त विलम्ब से (केन्द्र-स्तर पर तो 40 और 60 साल बाद) उठाए गए। कई दलित जातियाँ आज भी सामान्यतः अक्षर ज्ञान से भी वंचित हैं। उच्च शिक्षा के क्षेत्र में, जो आज समाज में आगे बढ़ने की कुंजी है, इन वर्गों का प्रतिनिधित्व आज भी नगण्य है। सरकारी स्कूलों, कॉलेजों, स्वास्थ्य सेवाओं की दयनीय स्थितियों का एक कारण यह है कि गहरी पैठ बनाये दलित-विरोधी मानसिकता के कारण, सामाजिक रूप से वंचित वर्गों के लिए बनाये गये किसी भी कार्यक्रम के कार्यान्वयन में प्रशासनिक मशीनरी की कोई ख़ास दिलचस्पी नहीं होती और न इसके लिए कोई ईमानदार प्रयास होता है (दिलचस्पी इन कार्यक्रमों से सम्पत्ति बनाने में अधिक होती है)। दलित और अतिपिछड़े वर्गों के, जनजातियों के, ऐसे कई समुदाय हैं जिनमें समृद्ध मध्यवर्ग तो क्या, सामान्य खुशहाल लोगों की संख्या बमुश्किल ऊँगलियों पर गिनी जा सकती हैं। ऊपर से जले पर नमक छिड़कने के रूप में सवर्ण विचारकों के कुछ समूह भारत की दुर्दशा, गुणवत्ता के क्षरण, प्रशासनिक ह्रास, सवर्ण गरीबों की समस्याओं के लिए दलित-पिछड़े वर्गों के पक्ष में उठाये गये कदमों को जिम्मेवार ठहराने के तथ्यहीन दुष्प्रचार में अनवरत् संलग्न रहते हैं। तथ्यहीन दुष्प्रचार इसलिए कि ऐतिहासिक रूप से सत्ता और सम्पत्ति पर, शिक्षा पर सवर्ण जातियों का ही वर्चस्व रहा है, इसलिए भारतीय समाज की बुनियादी समस्याओं के लिए वंचित समुदायों को कैसे जिम्मेवार ठहराया जा सकता है? स्वतंत्रता के बाद भी, आज तक प्रशासनिक मशीनरी, उच्च शिक्षा, उद्योग-व्यवसाय, वैज्ञानिक अनुसंधान संस्थानों, आदि में दलितों, पिछड़ों, जनजातियों और अन्य वंचित वर्गों की भागीदारी नगण्य ही है। बहरहाल, ऐसे पूर्वाग्रह तथ्य और तर्क की परवाह नहीं करते। यह एक लम्बी वैचारिक, सामाजिक, राजनीतिक लड़ाई है और सकारात्मक बात यह है कि यह लड़ाई लड़नेवाला समूह इन समुदायों में जन्म ले चुका है।

ऐतिहासिक रूप से अपनी दमित स्थिति के कारण, दलित और अन्य वंचित वर्गों में सीमित अराजकता के प्रति, थोड़ी-बहुत उथल-पुथल के प्रति एक स्वाभाविक आकर्षण रहा है, क्योंकि यह सीमित अराजकता उन्हें सापेक्ष स्वतंत्रता का उपभोग करने का अवसर प्रदान करती है। दीर्घकालीन, बड़ी अराजकता सामयिक रूप से तो स्वतंत्रता के अवसर प्रदान करती है, लेकिन वह इतिहास में और भी बड़ी केन्द्रित हिंसक व्यवस्था का आमंत्रण भी देती रही है, जिसके परिणामस्वरूप इन समूहों को

भी कठोर यंत्रणा भुगतनी पड़ती है। भारत जैसे बड़े और विविधतापूर्ण देश में एक दीर्घकालीन सीमित अराजकता सामाजिक परिवर्तन और संवृद्धि के लिए एक आवश्यक शर्त है। 'स्थिरता और स्थायित्व' की जगह एक 'क्रियाशील अराजकता' (गैलब्रेथ) और 'मिलियन म्युटिनीज' (नायपॉल) भारतीय समाज की कमजोरी नहीं, बल्कि उसकी परिवर्तनमूलक गतिशीलता की निशानी है।

टिप्पणियाँ

टिप्पणियाँ

I. आगमन का आख्यान

अध्याय एक : आगमन का आगाज़

1. 'मिलिन्द प्रश्न', सारनाथ, 1937।

अध्याय दो : आगमन का आख्यान

2. इस अध्याय के लिए तथ्यों का संकलन जिन पुस्तकों और अन्य सहायक स्रोतों से किया गया है, उसका विवरण इस भाग से सम्बन्धित संदर्भ-सामग्री में उपलब्ध है।

3. टाइम्स ऑफ इण्डिया; 20 नवंबर, 2004।

4. बसु, विमान; 'मानव की कहानी', नई दिल्ली, 2000।

5. livescience. com. 'क्लोजेस्ट ह्युमन एनसेस्टर मे रीराइट स्टेप्स इन ऑवर इवोल्यूशन', कंट्रीब्यूटर : चार्लूस क्यू चॉइ; 8 सितम्बर, 2011।

6. अलेक्सेयेव, वलेरी; 'मानव जाति की उत्पत्ति', मास्को, 1987।

7. वही।

8. टाइम्स ऑफ इण्डिया; 10 सितम्बर, 2005। इस जीवावशेष की उम्र 6 लाख वर्ष बतायी जाती है। इरफान हबीब ('प्रीहिस्ट्री'; नई दिल्ली, 2001) इसे होमो इरेक्टस की ही किसी विकसित उपजाति का अवशेष होने की सम्भावना जताते हैं, जबकि राम शरण शर्मा ('प्रारम्भिक भारत का परिचय'; नई दिल्ली, 2004) इसकी खिनाख़्त 'आद्य होमो सेपियन्स' के रूप में करते हैं।

9. अलेक्सेयेव, वलेरी; ऊपर वर्णित

अध्याय तीन : आगमन का अभिप्राय

10. हेनरिख, जोसेफ; 'द इवोल्यूशन ऑफ इन्नोवेशन इनहेंसिंग इन्स्टीट्युशंस'। यह आलेख माइकल जे ओ'ब्रिएन और स्टीफन जे शेन्नान द्वारा सम्पादित पुस्तक 'इन्नोवेशन इन कल्चरल सिस्टम्स : कंट्रीब्यूशंस फ्रॉम इवोल्यूशनरी एंथ्रोपोलोजी', एम आइ टी प्रेस, 2010, में संकलित है।

11. मेसुदी, अलेक्स; 'द एक्सपेरिमेण्टल स्टडी ऑफ कल्चरल इन्नोवेशन'। यह आलेख

भी ऊपर वर्णित पुस्तक में संकलित है। और देखें : रामचन्द्रन, वी एस; 'दि टेल टे'ल ब्रेन : अनलॉकिंग द मिस्ट्री ऑफ ह्युमन नेचर', नोएडा, 2010।

12. एंगेल्स, फ्रेडरिक; 'वानर के नर बनने की प्रक्रिया में श्रम की भूमिका', कार्ल मार्क्स-फ्रेडरिक एंगेल्स संकलित रचनाएँ, भाग 3, मास्को, 1977।

13. वही।

14. क्लाउड, जॉन; 'व्हाइ जीन्स आर नोट डेस्टिनी', टाइम, 18 जनवरी, 2010।

15. श्रीनिवासन, पी एम वी; 'ओरिजिन ऑफ लाइफ ऑन अर्थ', सोशल साइंटिस्ट, खण्ड 5, नं. 5, दिसम्बर, 1976।

16. डॉकिन्स, रिचर्ड; 'दि सेल्फिश जीन', ऑक्सफोर्ड, 1976।

17. टाइम्स ऑफ इण्डिया; 'पावर्स ऑफ माइण्ड', 16 सितम्बर, 2005।

18. टॉयनबी, अर्नाल्ड; 'ए स्टडी ऑफ हिस्ट्री', खण्ड-I, ऑक्सफोर्ड, 1945।

19. प्रसाद, जयशंकर; 'कामायनी', नई दिल्ली, 2006।

20. वही।

II. मस्तिष्क का मायाजाल

अध्याय चार : मस्तिष्क का मानचित्र

1. इस अध्याय में तथ्यों का संग्रह जिन स्रोतों से किया गया है, उनका विवरण इस अध्याय से सम्बन्धित संदर्भ-सामग्री में उपलब्ध है।

2. महाभारत; 'मोक्षधर्म पर्व', श्वेतकेतु-सुवर्चला संवाद (220वाँ अध्याय), गीता प्रेस, गोरखपुर।

3. 'जंगल बुक' पर आधारित लोकप्रिय हिन्दी धारावाहिक 'मोगली' के गुलजार द्वारा रचित शार्षक गीत का एक टुकड़ा।

4. आमोट, सांड्रा और वांग, सैम; 'कम्प्यूटर वर्सस ब्रेन्स', न्यूयार्क टाइम्स न्यूज सर्विस, टाइम्स ऑफ इण्डिया, 2 अप्रैल, 2009।

5. द्विवेदी, हजारी प्रसाद; 'कबीर', हिन्दी ग्रंथ रत्नाकर कार्यालय, मुम्बई, 1942।

अध्याय पाँच : मस्तिष्क का मायाजाल

6. रामचन्द्रन, वी एस; 'दि टेल टे'ल ब्रेन : अनलॉकिंग द मिस्ट्री ऑफ ह्युमन नेचर', नोएडा, 2010।

7. द्विवेदी, हजारी प्रसाद; 'कबीर', हिन्दी ग्रंथ रत्नाकर कार्यालय, मुम्बई, 1942।

8. मिश्र, बैद्यनाथ (यात्री); 'पत्रहीन नग्न गाछ', इलाहाबाद, 1967।

9. ब्राउडेल, फर्नांड; 'ए हिस्ट्री ऑफ सिविलाइजेशन्स', पेंग्विन, इंगलैंड, 1993।

10. अलेक्सेयेव, वलेरी; 'मानव जाति की उत्पत्ति', मास्को, 1987।

11. वही।

12. पेनरोज, रोजर; 'शेडोज ऑफ द माइण्ड', ऑक्सफोर्ड, 1994। साथ ही देखें :

हैमरौफ, स्टुअर्ट और पेनरोज, रोजर; 'कन्शस इवेण्ट्स एज ऑर्केस्ट्रेटेड स्पेस-टाइम सेलेक्शन्स', जर्नल ऑफ कन्शसनेस स्टडीज, 1996।

13. 'मिलिन्द-प्रश्न'; सारनाथ, 1937।

14. ग्रॉसमैन, लेव; 'सिंगुलरिटी', टाइम, 21 फरवरी, 2011।

15. वही।

16. लैरी और एंडी वाचोव्स्की द्वारा निर्देशित तथा मार्च, 1999 में प्रदर्शित एक हॉलीवुड फिल्म। किआनु रीव्स और लॉरेंस फिशबर्न इस फिल्म के मुख्य किरदार हैं।

17. यीट्स, डब्ल्यू बी; 'द वर्क्स ऑफ डब्ल्यू बी यीट्स', हर्टफोर्डशायर, 1994।

18. ग्रॉसमैन, लेव; ऊपर वर्णित।

19. वही।

20. जॉन्सन, स्टीवन; 'माइण्ड वाइड ओपेन : योर ब्रेन एण्ड द न्यूरोसाइंस ऑफ एवरीडे लाइफ', न्यूयार्क, 2004।

21. वही।

22. अलेक्सेयेव, वलेरी; ऊपर वर्णित।

अध्याय छः : मस्तिष्क : स्मृति और ज्ञान

23. हॉक्स, जेक्वेटा और वूले, सर लियोनार्ड; 'हिस्ट्री ऑफ मैनकाइंड', खण्ड-I, 'प्रीहिस्ट्री एण्ड द विगिनिंग्स ऑफ सिविलाइजेशन', यूनेस्को, लंदन, 1963।

24. एंगेल्स, फ्रेडरिक; 'वानर से नर बनने की प्रक्रिया में श्रम की भूमिका', कार्ल मार्क्स-फ्रेडरिक एंगेल्स संकलित रचनाएँ, भाग 3, मास्को, 1977।

25. टाइम्स ऑफ इण्डिया य 18 अगस्त, 2008।

26. रामचन्द्रन, वी एस; 'दि टेल टे'ल ब्रेन : अनलॉकिंग द मिस्ट्री ऑफ ह्युमन नेचर', नोएडा, 2010।

27. फैरिंगटन, बेंजामिन; 'साइंस एण्ड पोलिटिक्स इन द एनसिएण्ट वर्ल्ड', लंदन, 1946। साथ ही देखें, प्लेटो, 'द रिपब्लिक', हेरोन बुक्स; तथा, रसेल, बर्ट्रेंड; 'हिस्ट्री ऑफ वेस्टर्न फिलॉसॉफी', लंदन, 1967।

28. माण्डूक्य उपनिषद (गौड़पाद की कारिका), III/17। इस प्रसंग में और देखें : चौधरी, प्रसन्न कुमार; 'राष्ट्रवाद और हिन्दी समुदाय', 'हंस', अगस्त-सितम्बर-अक्टूबर, 2010।

29. वही।

30. अलेक्सेयेव, वलेरी; 'मानव जाति की उत्पत्ति', मास्को, 1987।

III. मध्यपाषाणकालीन मानव

अध्याय सात : मध्यपाषाणकालीन जीवन

1. हॉक्स, जेक्वेटा और वूले, सर लियोनार्ड; 'हिस्ट्री ऑफ मैनकाइंड', खण्ड-I, 'प्रीहिस्ट्री एण्ड द बिगिनिंग्स ऑफ सिविलाइजेशन', लंदन, 1963।

2. वही।

3. वही।

अध्याय आठ : महापाषाण इमारत

4. चाइल्ड, वी गार्डन; 'ह्वाट हैपण्ड इन हिस्ट्री', पेंग्विन, इंगलैंड, 1942; और 'मैन मेक्स हिमसेल्फ', लंदन, 1936।

5. अलेक्सेयेव, वलेरी; 'मानव जाति की उत्पत्ति', मास्को, 1987।

6. रेनफ्र्यू, कोलिन; 'बिफोर सिविलाइजेशन : द रेडियो कार्बन रिवोल्यूशन एण्ड प्रीहिस्टोरिक युरोप', पेंग्विन, इंगलैंड, 1976।

7. वही।

8. कोसाम्बी, डी डी; 'प्राचीन भारत की संस्कृति और सभ्यता', दिल्ली, 1969।

9. रेनफ्र्यू, कोलिन; ऊपर वर्णित।

10. ब्रोमलेय, युलिआन और पोदोल्नी, रोमान; 'मानव और संस्कृति', मास्को, 1987।

11. वही।

12. थापर, रोमिला; 'अ पोसिबल आइडेंटिफिकेशन ऑफ मेलुहा, दिलमन एण्ड माकान', जर्नल ऑफ द इकोनोमिक एण्ड सोशल हिस्ट्री ऑफ द ओरिएण्ट, खण्ड 18, भाग I, जनवरी, 1975; लाइडेन, दि नीदरलैंड्स।

अध्याय नौ : मध्यपाषाण मैजिक

13. तैत्तिरीय उपनिषद; भाग 1, अध्याय 3, 1.2.3.4., अद्वैत आश्रम, कोलकाता, 1986।

14. वही; भाग 2, अध्याय 2, 1.।

15. फ्रेजर, जेम्स जी; 'द गोल्डन बाउ', ऑक्सफोर्ड, 1994।

16. वही।

17. कुमारस्वामी, आनन्द; 'क्रिश्चियन एण्ड ओरिएण्टल फिलॉसॉफी ऑफ आर्ट', न्यूयार्क, 1956।

18. फ्रायड, सिगमंड; 'टोटेम एण्ड टैबू', पेंग्विन, इंगलैंड, 1938।

अध्याय दस : मध्यपाषाण संस्कृति का विस्तार

19. हॉक्स, जेक्वेटा और वूले, सर लियोनार्ड; ऊपर वर्णित।

20. सटन, जे इ जी; 'द अफ्रीकन अक्वालिथिक', एण्टीक्विटी, खण्ड 51, नं. 201, मार्च 1977।

21. हबीब, इरफान; 'प्रीहिस्ट्री', नई दिल्ली, 2001।

22. ब्राउडेल, फर्नांड; 'ए हिस्ट्री ऑफ सिविलाइजेशंस', पेंग्विन, इंगलैंड, 1993।

23. वही।

24. एंगेल्स, फ्रेडरिक; 'द ओरिजिन ऑफ द फैमिली, प्राइवेट प्रोपर्टी एण्ड द स्टेट', मार्क्स-एंगेल्स सेलेक्टेड वर्क्स, मास्को, 1977।

25. वही।

26. टॉफ्लर, ऑल्विन और टॉफ्लर, हेयदी; 'द थर्ड वेव', न्यूयार्क, 1980।
27. अलेक्सेयेव, वलेरी; ऊपर वर्णित।

IV. समाजों की सह-क्रिया

अध्याय ग्यारह : समाजों का संसार

1. अलेक्सेयेव, वलेरी; 'मानव जाति की उत्पत्ति', मास्को, 1987।
2. ऋग्वेद, 10/10, यम-यमी संवाद; हरिमोहन मिश्र; 'वैदिक कविता' पटना, 1978।
3. टॉयनबी, अर्नाल्ड; 'ए स्टडी ऑफ हिस्ट्री', खण्ड-I, ऑक्सफोर्ड, 1945।
4. अचेबे, चिनुआ; 'थिंग्स फॉल अपार्ट', पेंग्विन, इंगलैंड, 1996।
5. सिंह, कुमार सुरेश; 'बिरसा मुण्डा और उनका आन्दोलन, 1872-1900', नई दिल्ली, 2001।
6. मुंज, पीटर; 'फिलॉसॉफिकल डार्विनिज्म', लंदन, 1993।
7. मार्क्स, कार्ल; 'ग्रुंड्रिसे, फाउंडेशन ऑफ द क्रिटिक ऑफ पोलिटिकल इकोनोमी', पेंग्विन, 1981।
8. पूर्णमिदः पूर्णमिदं पूर्णात्पूर्णमुदच्यते। पूर्णस्य पूर्णमादाय पूर्णमेवावशिष्यते।।, बृहदारण्यक उपनिषद, 5.1.1।
9. मुंज, पीटर; ऊपर वर्णित।

अध्याय बारह : समाजों की संरचना

10. ब्राउडेल, फर्नांड; 'ए हिस्ट्री ऑफ सिविलाइजेशंस', लंदन, 1993।
11. वही।
12. रेनफ्र्यू, कोलिन; 'बिफोर सिविलाइजेशन : दि रेडियोकार्बन रिवोल्यूशन एण्ड प्रीहिस्टोरिक युरोप', पेंग्विन, इंगलैंड, 1976।
13. चौधरी, राधा कृष्ण; 'द व्रात्याज इन एंशिएण्ट इण्डिया', वाराणसी, 1964।
14. रेनफ्र्यू, कोलिन; ऊपर वर्णित।
15. तिरिया, सोनी; 'हो दिशुम के भाषा निर्माता लाको बोदरा', प्रभात खबर, रांची, 16. 9.2011; साथ ही, पंकज, अश्विनी कुमार; 'लाको बोदरा 1919-1986', प्रभात खबर, रांची, 19.9.2005।
16. अलेक्सेयेव, वलेरी; ऊपर वर्णित।
17. चौधरी, राधाकृष्ण; 'प्राचीन भारत का आर्थिक इतिहास', पटना, 1986।
18. मार्क्स, कार्ल; 'अर्थशास्त्र और दर्शन सम्बन्धी 1844 की पाण्डुलिपियाँ', लखनऊ, 1981।
19. चौधरी, राधा कृष्ण; ऊपर वर्णित।
20. अग्रवाल, वासुदेव शरण; 'हर्षचरित : एक सांस्कृतिक अध्ययन', पटना, 1964।
21. मार्क्स, कार्ल; ऊपर वर्णित।

22. ग्रियर्सन, जॉर्ज; 'मैथिली क्रेस्टोमैथी', जर्नल ऑफ एशियाटिक सोसाइटी ऑफ बेंगाल, 1882। साथ ही, मिश्र, डॉ जयकांत; 'इंट्रोडक्शन टू द फोक लिटरेचर ऑफ मिथिला', भाग-I, कविता।
23. मनुस्मृति (अनुवाद : पं तुलसीराम स्वामी); मेरठ, 1909।
24. वाक्यांश ऋग्वेद की एक ऋचा का है जिसमें झंझावात की उपमा अपने प्रेमी से मिलने को आतुर उन्माद में भागती स्त्री से दी गई है।
25. मनुस्मृति; नवम् अध्याय,।।3।।।
26. वही; द्वितीय अध्याय,।।213।।,।।214।।।
27. ग्रीयर, जर्मेन; 'विद्रोही स्त्री', नई दिल्ली, 2001।
28. माइने, हेनरी समनर; 'एंशिएण्ट लॉ', लंदन, 1959।
29. रिस्ले, हर्बर्ट एच; 'द पीपुल ऑफ इण्डिया', नई दिल्ली, 1969।

अध्याय तेरह : सामाजिक सोपान

30. काणे, डॉ. पाण्डुरंग वामन; 'धर्मशास्त्र का इतिहास', लखनऊ, 1963।
31. बोर्हेस, जोर्ग लुई; 'फिक्शंस', पेंग्विन, लंदन, 1998। इसमें उनकी कहानी 'द लाइब्रेरी ऑफ बेबेल'।
32. महाभारत; वन पर्व के अंतर्गत आजगर पर्व में युधिष्ठिर-सर्प संवाद विषयक एक सौ अस्सीवाँ अध्याय; गीता प्रेस, गोरखपुर।
33. मनुस्मृति; अष्टम अध्याय, 413, 414; दशम अध्याय, 29, 25; अष्टम अध्याय, 270, 271, 272, 381।
34. वाल्मीकि रामायण; 7.67.2 – 7.67.3।
35. चौधरी, राधाकृष्ण; ऊपर वर्णित।
36. चौधरी, राधाकृष्ण; 'द व्रात्याज इन एंशिएण्ट इण्डिया', वाराणसी, 1964।
37. चौधरी, राधाकृष्ण; 'प्राचीन भारत का आर्थिक इतिहास', पटना, 1986।
38. चौधरी, राधाकृष्ण; वही।
39. वही।
40. चौधरी, राधाकृष्ण; 'माइनर डायनेस्टीज ऑफ बिहार एण्ड बेंगाल, 985-1206', 1985।
41. चौधरी, राधाकृष्ण; 'प्राचीन भारत का आर्थिक इतिहास', पटना, 1986।
42. वही।

अध्याय चौदह : समाजों की सह-क्रिया

43. गैमो, जॉर्ज; 'वन टू थ्री... इनफिनिटी', न्यूयार्क, 1972।
44. पेनरोज, रोजर; 'शेडोज ऑफ द माइण्ड', ऑक्सफोर्ड, 1994।
45. हेनरिख, जोसेफ; 'द इवोल्यूशन ऑफ इन्नोवेशन इनहेंसिंग इंस्टीट्यूशंस', जे ओ'ब्रिएन और स्टीफन जे शेन्नान द्वारा सम्पादित पूर्व वर्णित पुस्तक में संकलित लेख।

46. वही।
47. ब्रोमलेय, यूलिआन और पोदोल्नी, रोमान; 'मानव और संस्कृति', मास्को, 1987।
48. वही।
49. वही।
50. महाभारत; मार्कण्डेय समस्या पर्व, दो सौ बाइसवां अध्याय।
51. दीवान-ए-गालिब (सम्पादक : अली सरदार जाफरी) ; नई दिल्ली, 2004।

V. ज्ञान का अर्थ

अध्याय पन्द्रह : ज्ञान का संज्ञान

1. जॉन्सन, स्टीवन; 'इन्नोवेशन : इट इज नोट अ मैटर ऑफ लेफ्ट ऑर राइट', न्यूयार्क टाइम्स, 30 अक्टूबर, 2010।
2. 'न्यूज फ्रॉम चाइना'; अक्टूबर, 2011।
3. फर्गुसन, निएल; 'टेक्स्टिंग मेक्स यू स्टुपिड', न्यूजवीक, 19 सितम्बर, 2011; वर्ल्ड ऑन वाइ-फायर', न्यूजवीक, 10 अक्टूबर, 2011।
4. 'न्यूजवीक'; 17 अक्टूबर, 2011।
5. 'फॉरच्यून'; दिसम्बर, 2002। स्टुअर्ट अल्सॉप का लेख 'दि वेस्ट विल राइज अगेन'।
6. 'टाइम'; 25 अप्रैल, 2011।
7. स्टेनफोर्ड युनिवर्सिटी में स्टीव जोब्स का चर्चित व्याख्यान (2005)।
8. क्लेन, नाओमी; 'नो लोगो', लंदन, 2005।
9. वही।
10. वही।
11. वही।
12. चौधरी, प्रसन्न कुमार; 'अनन्त का छन्द', पंचकूला, 2004।

अध्याय सोलह : ज्ञान की पृष्ठभूमि

13. मार्क्स, कार्ल; 'कैपिटल', खण्ड 3, मास्को, 1977।
14. फरूहार, राना; 'दि ग्रेट वाल स्ट्रीट सकिंग साउण्ड', टाइम, 4 अप्रैल, 2011।
15. मार्क्स, कार्ल; ऊपर वर्णित।
16. मार्क्स, कार्ल; 'ग्रुंड्रिसे, फाउंडेशंस ऑफ द क्रिटिक ऑफ पोलिटिकल इकोनोमी', पेंग्विन, 1981।
17. मैकइनटायर, बेन; 'इन्वेंटर हू मैरिड आर्ट एण्ड साइंस', दि टेलिग्राफ, 8 अक. टूबर, 2011।
18. मार्क्स, कार्ल; ऊपर वर्णित।
19. मार्क्स, कार्ल; 'क्राइम एण्ड पॉपरिज्म', लंदन, 23 अगस्त, 1859; 'मैन्युफैक्चर एण्ड कॉमर्स', लंदन, 5 सितम्बर, 1859; (कार्ल मार्क्स-फ्रेडरिक एंगेल्स, कलेक्टेड

वर्क्स, मास्को, खण्ड 16)
अध्याय सत्रह : ज्ञान का अर्थ
20. मार्क्स, कार्ल; 'कैपिटल', खण्ड 3, मास्को, 1977।
21. इलियट, टी एस; 'द वेस्ट लैंड एण्ड अदर पोएम्स : द लव सांग ऑफ जे अल्फ्रेड प्रूफोक', लंदन, 1968।
22. काराबेल, जकारी; 'टू ट्वीट ऑर नोट टू ट्वीट', टाइम, 11 अप्रैल, 2011।
23. वही।
24. हिप्पेल, एरिक वॉन; 'डिमोक्रेटाइजिंग इन्नोवेशन', एम आइ टी प्रेस, 2005।
25. वही।
26. वही।
27. ब्रेफमैन, ओरी और बेकस्ट्रोम, रोड ए; 'दि स्टारफिश एण्ड द स्पाइडर', नई दिल्ली, 2007।
28. मार्क्स, कार्ल; 'आफ्टरवर्ड टु द सेकंड जर्मन एडिशन, कैपिटल', खण्ड 1, 1877। 'कैपिटल', खण्ड 1, मास्को, 1977।
29. मार्क्स, कार्ल; 'प्रीफेस टु 'ए कंट्रीब्यूशन टु द क्रिटिक ऑफ पोलिटिकल इक. ोनोमी', 1859।
30. नायक, पुलिन बी; 'एनेटोमी ऑफ दि फाइनान्सियल क्राइसिस : बिटवीन कीन्स एण्ड शूमपीटर', इकोनोमिक एण्ड पोलिटिकल वीकली, खण्ड 44, नं. 13, 28 मार्च, 2009।
31. शूमपीटर, जोसेफ; 'कैपिटलिज्म, सोशलिज्म एण्ड डिमोक्रेसी', लंदन, 1954।
32. कर्जनर, इजराइल एम; 'हाउ मार्केट्स वर्क : डिसइक्वीलिब्रियम, आंत्रेप्रेन्योरशिप एण्ड डिस्कवरी', नई दिल्ली, 1998।
33. फोरे, डी; 'इकोनोमिक्स ऑफ नॉलेज', एम आइ टी प्रेस, 2004।
34. वेबर, एस; 'द सक्सेस ऑफ ओपेन सोर्स', हार्वर्ड युनिवर्सिटी प्रेस, 2004।
35. मार्क्स, कार्ल; 'थ्योरी ऑफ सरप्लस वैल्यू', भाग दो, मास्को, 1975।
अध्याय अठारह : ज्ञान का प्रस्थान
36. एंगेल्स, फ्रेडरिक; 'ड्युहरिंग मत-खण्डन', मास्को।
37. मार्क्स, कार्ल; 'ग्रुंड्रिसे', ऊपर वर्णित।
38. सेन, अमर्त्य; 'द आइडिया ऑफ जस्टिस', लंदन, 2009।
39. वही।
40. वही।
41. प्यारेलाल; 'महात्मा : द लास्ट फेज', अहमदाबाद, 1966।
42. अम्बेडकर, डॉ बाबा साहेब; 'सम्पूर्ण वाङ्मय', नई दिल्ली, 2000।
43. मुक्तिबोध, गजानन माधव; 'पूँजीवादी समाज के प्रति', मुक्तिबोध रचनावली, खण्ड 1, नई दिल्ली, 1985।

शब्दावली

शब्दावली

अग्रखण्ड	:	Frontal lobe
अचल पूँजी	:	Constant capital
अतिचालकता	:	Superconductivity
अतितरलता	:	Super fluidity
अधि-आनुवंशिकी	:	Epigenetics
अनुत्पादक पूँजी	:	Unproductive capital
अनुमस्तिष्क	:	Cerebellum
अंतर्जंघिका	:	Tibia
अंतस्था	:	Medulla
अंतःस्थापित (सन्निहित)	:	Embedded
अन्य कर्णक	:	Another gyrus
अर्थगत	:	Semantic
अश्वमीन	:	Hippocampus
अक्षतंतु	:	Axon
आत्म-प्रसरणशील (आत्म-विस्तार करने वाला)	:	Self-expanding
आधारभूत गंडिका	:	Basal ganglia
आधुनिक मानव	:	Homo sapiens sapiens
आनुवंशिकी	:	Genetics
आविष्कार	:	Invention
उच्च भित्तीय खण्डक	:	Superior parietal lobule
उच्च शंख विदर	:	Superior temporal sulcus
उत्पादक पूँजी	:	Productive capital
उत्तोलक	:	Lever
उत्तर पूर्वपाषाणीय	:	Upper Palaeolithic
ऊतक	:	Tissue

कटक	:	Ridge
करभ	:	Metacarpus
करभास्थि	:	Metacarpal
कर्णावर्त	:	Cochlea
कर्णक मेखला	:	Cingulate gyrus
कोणीय कर्णक	:	Angular gyrus
कौटुम्बिक यौन सम्बन्ध	:	Incest
कंगन	:	Bracelet
क्रम-विकास (उद्विकास)	:	Evolution
खण्डक	:	Chopper
खाली समय (मुक्त समय, अवकाश काल)	:	Free time
खोज (अन्वेषण)	:	Discovery
गणचिह्न	:	Totem
गोलची (गोल रुखानी, छेद या खांचा काटना)	:	Gouge
ग्राही (अभिग्राहक)	:	Receptor
ग्रीवात्रण (कंठी)	:	Gorget
चकमक	:	Flint
चप्पू	:	Paddle
चल पूँजी	:	Variable capital
चालक	:	Motor
चालक तंत्रिका	:	Motor neuron
चिबुक (ठुड्डी, ठोड़ी)	:	Chin
चेतक	:	Thalamus
छेनी (रुखानी)	:	Chisel
जड़ना	:	Embed
जीन (आनुवंशिक तत्व)	:	Gene
टैबू (निषिद्ध, वर्जित)	:	Taboo
डोंगी	:	Canoe
तक्षणी	:	Burin
तानिका	:	Meninges
तंत्रिका (कोशिका)	:	Neuron
तंत्रिका प्रसारक	:	Neurotransmitter

दक्ष मानव	:	Homo habilis
दक्षिणी बन्दर	:	Australopithecus
द्वितयी	:	Dimerous
द्विपाद	:	Biped
द्वीपिका	:	Insula
दृश्यपटल	:	Retina
धमनी	:	Artery
नमनीयता (सुनम्यता)	:	Plasticity
नवाचार (नव प्रवर्तन)	:	Innovation
निपात (अपचयन)	:	Reduction
निम्न भित्तीय खण्डक	:	Inferior parietal lobule
निसेतु	:	Pons
नील-हरित शैवाल	:	Blue-green algae
परावर्ती	:	RefleÛive
परिचालित पूँजी	:	Circulating capital
परिपथ	:	Circuit
पर्याण	:	Saddle
पश्चकपाल खण्ड	:	Occipital lobe
पीयूष ग्रंथि	:	Pituitory gland
पुरापाषाणीय	:	Palaeolithic
पुरास्तनपायी मस्तिष्क	:	Palaeomammalian brain
पूर्वपुरापाषाणीय	:	Lower Palaeolithic
पूँजी की आवयविक संरचना	:	Organic composition of capital
पूर्वाग्र	:	Prefrontal
प्रतिरूप तंत्रिकाएँ	:	Mirror neurons
प्रतिस्पर्धात्मक संतुलन	:	Competitive equilibrium
प्रयोज्य काल	:	Disposable time
प्रसारण (विस्तार)	:	Diffusion
प्रस्तर के सूक्ष्म उपकरण	:	Microlith
प्रस्तर पत्ती	:	Flint blade
बसूला	:	Adze
बहिर्जंघिका	:	Fibula
बहुलक	:	Polymer
बादामी	:	Amygdala

ब्याज	:	Interest
भित्तीय खण्ड	:	Parietal lobe
मणिका (मनका)	:	Bead
मणिबंध (कलाई)	:	Carpus
मत्स्यभाला (कांटेदार बर्छी)	:	Harpoon
मध्यपाषाणीय	:	Mesolithic
मध्य पुरापाषाणीय	:	Middle Palaeolithic
मध्यमस्तिष्क	:	Midbrain
मस्तिष्क नाल	:	Brain stem
महापाषाण	:	Megalith
मूठ (दस्ता)	:	Haft
मेरुदण्ड	:	Spine
मेरु-रज्जू	:	Spinal cord
मैजिक (जादू-टोना)	:	Magic
मृगश्रृंग	:	Antler
लगान (किराया)	:	Rent
वाक्य-विन्यास	:	Syntax
वायदा कारोबार	:	Futures trading
वित्तीय पूँजी	:	Finance capital
विषम चतुर्भुज	:	Trapezoid
वेन्चॅ पूँजी	:	Venture capital
वैदुर्य मणि	:	Lapis lazuli
शल्क	:	Flake
शंख खण्ड	:	Temporal lobe
शाखा तंतु	:	Dendrite
समलम्ब	:	Trapeze
सरिसृप मस्तिष्क	:	Reptilian brain
सहजवृत्तिक	:	Instinctive
सह-संवेदन	:	Synaesthesia
सीमान्त उपयोगिता	:	Marginal utility
सुनम्यता	:	Plasticity
सुषम्ना	:	Spinal cord
सूक्ष्म नलिकाएँ	:	Microtubules
सूत्रयुग्मक	:	Synapse

संक्रियात्मक	:	Functional
संक्रियात्मक चुम्बकीय सस्पंद चित्रांकन Im	:	Functional Magnetic Resonance aging (f M R I)
स्नायु	:	Nerve
स्थिर पूँजी	:	Fixed capital
हस्त कुठार	:	Hand axe
त्रियेक मस्तिष्क	:	Triune brain

संदर्भ सामग्री

संदर्भ सामग्री

[आभार : किसी भी भाषा में अनुवाद एक महत् कार्य है। अनुवादक विभिन्न भाषा-समाजों के बीच सेतु का निर्माण करते हैं, विभिन्न भाषाओं में रची गई रचनाओं को अपनी-अपनी भाषाओं में उपलब्ध कराकर वे मानवजाति के साझा ज्ञानकोश के निर्माण में अहम् भूमिका अदा करते हैं, और इस तरह, आविष्कार-अन्वेषण-नवाचार की पृष्ठभूमि तैयार करते हैं। प्रत्येक समाज अपने अनुवादकों का हमेशा ऋणी होता है।

इस पुस्तक में अधिकांश संदर्भ सामग्रियाँ अँग्रेजी में हैं, उनमें से अधिकांश का कोई हिन्दी अनुवाद उपलब्ध नहीं है। इसीलिए उनका अनुवाद अथवा संक्षिप्त हिन्दी रूपान्तर लेखक ने ही किया है। तथापि जिन-जिन अनुवादित पुस्तकों का मैंने उपयोग किया है अथवा संदर्भ के रूप में उनसे मदद ली है, उन सभी पुस्तकों के माननीय अनुवादकों के प्रति मैं अपना हार्दिक आभार प्रकट करता हूँ। कहीं-कहीं मैंने उन अनुवादों के साथ थोड़ी-बहुत छेड़-छाड़ भी की है; छेड़-छाड़ का यह अवसर उपलब्ध कराने के लिए भी मैं उनका कृतज्ञ हूँ। उन अनुवादकों के नाम इस प्रकार हैं : नरेश बेदी ('पूँजी', कार्ल मार्क्स, खण्ड तीन), रमेश सिन्हा ('अर्थशास्त्र तथा दर्शन सम्बन्धी 1844 की पाण्डुलिपियाँ', कार्ल मार्क्स), नेमिचन्द्र जैन ('प्राचीन भारत की संस्कृति और सभ्यता', डी डी कोसाम्बी), शमशेर सिंह ('मानव की कहानी', बिमान बसु), योगेन्द्र नागपाल और बुद्धि प्रसाद भट्ट ('मानव जाति की उत्पत्ति', वलेरी अलेक्सेयेव), योगेन्द्र नागपाल ('मानव और संस्कृति', युलियन ब्रोमलेय और रोमान पोदोल्नी), मधु बी जोशी ('विद्रोही स्त्री', जर्मेन ग्रीयर), सीताराम खोड़ावाल ('सम्पूर्ण वाङमय', बाबासाहेब डॉ अम्बेडकर), अर्जुन चौबे काश्यप ('धर्मशास्त्र का इतिहास', डॉ पी वी काणे), भिक्षु जगदीश काश्यप ('मिलिन्द-प्रश्न')। कुछ अँग्रेजी किताबें फ्रेंच, जर्मन तथा रूसी से अनूदित हैं, इसीलिए उन पुस्तकों के अँग्रेजी अनुवादकों के प्रति भी मैं आभार प्रकट करता हूँ। यद्यपि मैंने शब्दकोशों की दुनिया में भटकने की कोशिश नहीं की है, तथापि 'अँग्रेजी-हिन्दी कोश' के रचयिता फादर कामिल बुल्के और 'हिन्दी समांतर कोश' के निर्माण में अपना पूरा जीवन समर्पित कर देनेवाले श्री अरविन्द कुमार और श्रीमती कुसुम के प्रति हम सदा ही ऋणी रहेंगे। साथ ही बचपन में पढ़ी तथा अभी तक स्मृति में बसी मुल्कराज आनन्द की दो पुस्तकों 'द स्टोरी ऑफ मैन'

और 'द स्टोरी ऑफ इण्डिया' का उल्लेख भी यहाँ अपेक्षित है।– लेखक।]

I. आगमन का आख्यान

1. अलेक्सेयेव, वलेरी; 'द ओरिजिन ऑफ द ह्युमन रेस', मास्को, 1986।
2. ओपरिन, ए आइ; 'द ओरिजिन ऑफ लाइफ ऑन अर्थ', एडिनबर्ग, 1957।
3. ओ'ब्रिएन, माइकल जे और शेन्नान, स्टीफन जे (सम्पादक); 'इन्नोवेशन इन कल्चरल सिस्टम्स : कंट्रीब्यूशंस फ्रॉम इवोल्यूशनरी एंथ्रोपोलोजी', एम आइ टी प्रेस, 2010। इस पुस्तक के निम्नलिखित लेख :
I. कैलेबाउट, बर्नर; 'इन्नोवेशन फ्रॉम इवोडेवो टू ह्युमन कल्चर'।
II. पाल्मर, कैग टी; 'कल्चरल ट्रेडिशंस एण्ड द इवोल्यूशनरी एडवांटेज ऑफ नन-इन्नोवेशन'।
III. मेसुदी, अलेक्स; 'द एक्सपेरिमेण्टल स्टडी ऑफ कल्चरल इन्नोवेशन'।
IV. रुक्स, वैलेंटाइन; 'टेक्नोलॉजिकल इन्नोवेशंस एण्ड डेवेलपमेण्टल ट्रेजेक्टरीज : सोशल फैक्टर्स एज इवोल्यूशनरी फोर्सेज'।
V. लारसन, डेनियल ओ; 'इन्नोवेशन, रेप्लिकेटिव बिहेवियर एण्ड इवोल्वेबिलिटी : कंट्रीब्यूशंस फ्रॉम न्यूरो साइंस एण्ड ह्युमन डिसीशन मेकिंग थ्योरी'।
VI. श्वात्ज, जेफ्री एच; 'ओर्गेनिज्मल इन्नोवेशन'।
VII. हेनरिख, जोसेफ; 'द इवोल्यूशन ऑफ इन्नोवेशन इनहेंसिंग इंस्टीट्युशंस'।
4. एंगेल्स, फ्रेडरिक; 'वानर से नर बनने की प्रक्रिया में श्रम की भूमिका', कार्ल मार्क्स-फ्रेडरिक एंगेल्स संकलित रचनाएँ, भाग 3, मास्को, 1977।
5. डॉकिन्स, रिचर्ड; 'दि सेल्फिश जीन', ऑक्सफोर्ड, 1976; - 'दि एक्सटेंडेड फेनोटाइम : द लांग रीच ऑफ द जीन', न्यूयार्क, 1982।
6. प्रसाद, जयशंकर; 'कामायनी', नई दिल्ली, 2006।
7. बरनाल, जे डी; 'द ओरिजिन आफ लाइफ', लंदन, 1967।
8. बसु, बिमान; 'मानव की कहानी', नई दिल्ली, 2000।
9. मिलिन्द-प्रश्न; सारनाथ, 1937।
10. वेल्स, एच जी; 'दि आउटलाइन ऑफ हिस्ट्री', न्यूयार्क, 1931।
11. शर्मा, रामशरण; 'प्रारंभिक भारत का परिचय', नई दिल्ली, 2004।
12. हबीब, इरफान; 'प्रीहिस्ट्री', नई दिल्ली, 2001।
13. हॉक्स, जेक्वेटा और वूले, सर लियोनार्ड; 'हिस्ट्री ऑफ मैनकाइण्ड', खण्ड 1, 'प्रीहिस्ट्री एण्ड दि बिगिनिंग्स ऑफ सिविलाइजेशन', यूनेस्को, लंदन, 1963।

लेख :

1. क्लाउड, जॉन; 'व्हाई जीन्स आर नोट डेस्टिनी', टाइम, 18 जनवरी, 2010।
2. श्रीनिवासन, पी एम वी; 'ओरिजिन ऑफ लाइफ ऑन अर्थ', सोशल साइंटिस्ट,

खण्ड 5, नं. 5, दिसम्बर, 1976।

वेबसाइट्स :

i. Sciencenow.com

ii. livescience.com

iii. Anthropologyclub.tribe.net

iv. bioevolution.tribe.net

II. मस्तिष्क का मायाजाल

1. अलेक्सेयेव, वलेरी; 'दि ओरिजिन ऑफ द ह्युमन रेस', मास्को, 1986।

2. ओपरिन, ए आइ; 'द ओरिजिन ऑफ लाइफ ऑन अर्थ', एडिनबर्ग, 1957।

3. ओ'ब्रिएन, माइकल जे और शेन्नान, स्टीफन जे (सम्पादक); 'इन्नोवेशन इन कल्चरल सिस्टम्स : कंट्रीब्यूशंस फ्रॉम इवोल्यूशनरी एंथ्रोपोलोजी', एम आइ टी प्रेस, 2010।

4. गोपीनाथ, गोमती; 'दि ब्रेन : ए प्रेशस पोजेशन', नई दिल्ली, 2009।

5. घोष, अमिताभ; 'सी ऑफ पॉपिज', नई दिल्ली, 2008।

6. चौधरी, प्रसन्न कुमार; 'अनन्त का छंद', पंचकूला, 2004।

7. छांदोग्य उपनिषद; अद्वैत आश्रम, कोलकाता, 1983।

8. जॉन्सन, स्टीवन; 'माइण्ड वाइड ओपेन : योर ब्रेन एण्ड द न्यूरोसाइंस ऑफ एवरीडे लाइफ', न्यूयार्क, 2004।

9. डेमासियो, अंटोनियो; 'द'कार्तेज एरर : इमोशन, रीजन एण्ड द ह्युमन ब्रेन', न्यूयार्क, 1994।

10. डोरेन, चार्ल्स वान; 'हिस्ट्री ऑफ नॉलेज : पास्ट, प्रजेण्ट एण्ड फ्यूचर', न्यूयार्क, 1991।

11. तैत्तिरीय उपनिषद; अद्वैत आश्रम, कोलकाता, 1986।

12. दास, श्रीश्याम सुन्दर (सम्पादक); कबीर ग्रंथावली, काशी नागरी प्रचारिणी सभा, काशी, 1928।

13. द्विवेदी, हजारी प्रसाद; 'कबीर', हिन्दी ग्रंथ रत्नाकर कार्यालय, मुम्बई, 1942।

14. पिंकर, स्टीवन; 'द ब्लैक स्लेट', लंदन, 2002।

15. पेनरोज, रोजर; 'शेडोज ऑफ द माइण्ड', ऑक्सफोर्ड, 1994; - 'दि एम्परेर्स न्यू माइण्ड', ऑक्सफोर्ड, 1984।

16. प्लेटो; 'द रिपब्लिक', हेरोन बुक्स (तारीख नहीं)।

17. फैरिंगटन, बेंजामिन; 'साइंस एण्ड पोलिटिक्स इन द एंशिएण्ट वर्ल्ड', लंदन, 1946।

18. बरनाल, जो डी; 'द ओरिजिन ऑफ लाइफ', लंदन, 1967।

19. बोर्हेस, जोर्ग लुई; 'सेलेक्टेड पोएम्स', (सं. अलेक्जेंडर कोलमैन), लंदन, 2000।

20. बृहदारण्यक उपनिषद; राम कृष्ण मठ, चेन्नई, 1951।

21. महाभारत; मोक्षधर्म पर्व, श्वेतकेतु-सुवर्चला संवाद, गीता प्रेस, गोरखपुर।

22. मिलिन्द-प्रश्न (अनुवाद : भिक्षु जगदीश काश्यप); सारनाथ, 1937।
23. मिश्र, बैद्यनाथ (यात्री); 'पत्रहीन नग्न गाछ', इलाहाबाद, 1967।
24. यीट्स, डब्ल्यू बी; 'द वर्क्स ऑफ डब्ल्यू बी यीट्स', हर्टफोर्डशायर, 1994।
25. यंग, जे जेड; 'फिलॉसॉफी एण्ड द ब्रेन', ऑक्सफोर्ड, 1987।
26. रसेल, ब्रैंड; 'दि एनालसिस ऑफ मैटर', न्यूयार्क, 1954; - 'हिस्ट्री ऑफ वेस्टर्न फिलॉसॉफी', लंदन, 1967।
27. रामचन्द्रन, वी एस; 'दि टेल टे'ल ब्रेन : अनलॉकिंग द मिस्ट्री ऑफ ह्युमन नेचर', नोएडा, 2010।
28. हॉक्स, जेक्वेटा और वूले, सर लियोनार्ड : 'हिस्ट्री ऑफ मैनकाइण्ड', खण्ड 1, 'प्रीहिस्ट्री एण्ड द बिगिनिंग्स ऑफ सिविलाइजेशन', यूनेस्को, लंदन, 1963।
29. ह्वाइटहेड, ए एन; 'साइंस एण्ड मॉडर्न वर्ल्ड', न्यूयार्क, 1929।

लेख :

1. ग्रॉसमैन, लेव; 'सिंगुलरिटी', टाइम, 21 फरवरी, 2011।
2. हैमरौफ, स्टुअर्ट और पेनरोज, रोजर; 'कंशस इवेण्ट्स एज ऑर्केस्ट्रेटेड स्पेस-टाइम सेलेक्शंस', जर्नल ऑफ कंशसनेस स्टडीज, (2)1 : 36-53, 1996। - 'कंशसनेस, द ब्रेन एण्ड स्पेस-टाइम ज्योमेट्री' (स्टुअर्ट हैमरौफ)

वेबसाइट्स :

iblogs.discovermagazine.com/portraits of the mind : visualizing brain from antiquity to the twenty first century

ii. philosophy-in-LA.tribe.net
iii. singularitarians.tribe.net
iv. forbes.com/blog singularity university
v. sciencenow.com
vi. physicstoday.com

III. मध्यपाषाणकालीन मानव

1. आलचिन, ब्रिजेट और रेमण्ड; 'ओरिजिन ऑफ ए सिविलाइजेशन : द प्रीहिस्ट्री एण्ड अर्ली ऑर्कियोलोजी ऑफ साउथ एशिया', नई दिल्ली, 1977।
2. ओ'ब्रिएन, माइकल जे और शेन्नान, स्टीफन जे (सम्पादन); 'इन्नोवेशन इन कल्चरल सिस्टम्स : कंट्रीब्यूशंस फ्रॉम इवोल्यूशनरी एंथ्रोपोलोजी', एम आइ टी प्रेस, 2010।
3. कोसाम्बी, डी डी; 'प्राचीन भारत की संस्कृति और सभ्यता', दिल्ली, 1969।
4. चाइल्ड, वी गॉर्डन; 'मैन मेक्स हिमसेल्फ', लंदन, 1936; - 'ह्वाट हैपेण्ड इन हिस्ट्री', पेंग्विन, इंगलैंड, 1942।

5. तैत्तिरीय उपनिषद; भाग 1, अध्याय, 3, 1.2.3.4., अद्वैत आश्रम, कोलकाता, 1986; - भाग 2, अध्याय, 2, 1., अद्वैत आश्रम, कोलकाता, 1986।
6. पिग्गोट, एस; 'प्रीहिस्टोरिक इण्डिया', पेंग्विन, इंगलैंड, 1950।
7. फ्रेजर, जेम्स जी; 'द गोल्डन बाउ', ऑक्सफोर्ड, 1994।
8. बाग, ए के (सम्पादन); 'हिस्ट्री ऑफ टेक्नोलॉजी इन इण्डिया' (विदुला जायसवाल का आलेख), नई दिल्ली, 1997।
9. बेल, क्लाइव; 'सिविलाइजेशन', पेंग्विन, इंगलैंड, 1947।
10. ब्राउडेल, फर्नांड; 'ए हिस्ट्री ऑफ सिविलाइजेशंस', पेंग्विन, इंगलैंड, 1993।
11. रेनफ्र्यू, कोलिन; 'बिफोर सिविलाइजेशन : द रेडियोकार्बन रिवोल्यूशन एण्ड प्रीहिस्टोरिक युरोप', पेंग्विन, इंगलैंड, 1976।
12. शर्मा, रामशरण; 'प्रारम्भिक भारत का परिचय', नई दिल्ली, 2004; - 'प्राचीन भारत का आर्थिक और सामाजिक इतिहास', दिल्ली, 2003।
13. सर्विस, इ आर; 'प्रिमिटिव सोशल ऑर्गेनाइजेशन', न्यूयार्क, 1962।
14. हबीब, इरफान; 'प्रीहिस्ट्री', नई दिल्ली, 2001।
15. हॉक्स, जेक्वेटा और वूले, सर लियोनार्ड; 'हिस्ट्री ऑफ मैनकाइण्ड', खण्ड 1, 'प्रीहिस्ट्री एण्ड दि बिगिनिंग्स ऑफ सिविलाइजेशंस', यूनेस्को, लंदन, 1963।

लेख :

1. थापर, रोमिला; 'अ पोसिबल आइडेंटिफिकेशन ऑफ मेलुहा, दिलमन एण्ड माकान', जर्नल ऑफ द इकोनोमिक एण्ड सोशल हिस्ट्री ऑफ द ओरिएण्ट, खण्ड 18, भाग 1, जनवरी 1975, लाइडेन, दि नीदरलैंड्स।
2. सटन, जे इ जी; 'द अफ्रीकन अक्वालिथिक', एंटीक्विटी, खण्ड 51, नं. 201, मार्च, 1977।

IV. समाजों की सह-क्रिया

1. अग्रवाल, वासुदेव शरण; 'हर्षचरित : एक सांस्कृतिक अध्ययन', पटना, 1964।
2. अम्बेडकर, डॉ बाबासाहेब; 'हू वेयर द शूद्राज', मुम्बई, 1946; - 'द अनटचेबल्स', नई दिल्ली, 1948; - 'सम्पूर्ण वाङमय', नई दिल्ली, 2000।
3. अचेबे, चिनुआ; 'थिंग्स फॉल अपार्ट', पेंग्विन, इंगलैंड, 1986।
4. ओरहान, पामुक; 'अदर कलर्स', लंदन, 2007।
5. एंगेल्स, फ्रेडरिक; 'द ओरिजिन ऑफ द फेमिली प्राइवेट प्रोपर्टी एण्ड स्टेट', मार्क्स-एंगेल्स सेलेक्टेड वर्क्स, मास्को, 1977।
6. काणे, डॉ पाण्डुरंग वामन; 'धर्मशास्त्र का इतिहास', लखनऊ, 1963।
7. कुमारस्वामी, आनन्द; 'क्रिश्चियन एण्ड ओरिएण्टल फिलॉसॉफी ऑफ आर्ट', न्यूयार्क, 1956।

8. कोठारी, मनु और मेहता, लोपा; 'गाययाज विल : द डाइंग डेक्लेरेशन ऑफ मदर अर्थ', कोलकाता, 2005।
9. गॉटशॉक, लुई मैक्किनी, लॉरेन सी और प्रिचार्ड, अर्ल एच; 'हिस्ट्री ऑफ मैनकाइण्ड : कल्चरल एण्ड साइंटिफिक डेवलपमेंट', खण्ड 4, भाग 1, 'द फाउण्डेशंस ऑफ द मॉडर्न वर्ल्ड, 1300-1775', लंदन, 1969।
10. गैमो, जॉर्ज; 'वन टू थ्री... इनफिनिटी', न्यूयार्क, 1972।
11. गीर्त्ज, क्लिफोर्ड; 'द इंटरप्रेटेशन ऑफ कल्चर्स', न्यूयार्क, 1973।
12. ग्राम्सी, अंतोनियो; 'सेलेक्शंस फ्रॉम कल्चरल राइटिंग्स', हार्वर्ड युनिवर्सिटी प्रेस, 1985।
13. ग्रीयर, जर्मेन; 'विद्रोही स्त्री', नई दिल्ली, 2001।
14. घुर्ये, जी एस; 'कास्ट एण्ड रेस इन इण्डिया', मुम्बई, 1994।
15. चट्टोपाध्याय, देवीप्रसाद; 'लोकायत : ए स्टडी इन एंशिएण्ट इण्डियन मैटेरियलिज्म', नई दिल्ली, 1959।
16. चौधरी, प्रसन्न कुमार और श्रीकान्त; 'बिहार में सामाजिक परिवर्तन के कुछ आयाम', नई दिल्ली, 2001; - 'स्वर्ग पर धावा : बिहार में दलित आन्दोलन, 1912-2000', नई दिल्ली, 2005।
17. चौधरी, राधाकृष्ण; 'द व्रात्याज इन एंशिएण्ट इण्डिया', वाराणसी, 1964;- 'प्राचीन भारत का आर्थिक इतिहास', पटना, 1986।
18. टॉयनबी, अर्नाल्ड; 'ए स्टडी ऑफ हिस्ट्री', खण्ड 1, ऑक्सफोर्ड, 1945; - 'ए स्टडी ऑफ हिस्ट्री', खण्ड 9, ऑक्सफोर्ड, 1954; - 'एन हिस्टोरियन्स अप्रोच टू रिलीजन', लंदन, 1957।
19. दण्डीकृत दशकुमारचरित, नई दिल्ली, तारीख नहीं।
20. दीवान-ए-गालिब (सम्पादक : अली सरदार जाफरी), नई दिल्ली, 2004।
21. नरवने, वी एस; 'दि एलिफेंट एण्ड दि लोटस', मुम्बई, 1965।
22. पाण्डेय, राजबली (सम्पादक); 'हिन्दी साहित्य का वृहत इतिहास', प्रथम भाग, 'हिन्दी साहित्य की पीठिका', काशी, 1957।
23. पोपर, कार्ल; 'ऑब्जेक्टिव नॉलेज', ऑक्सफोर्ड, 1972।
24. फ्रायड, सिंगमण्ड; 'टोटेम एण्ड टैबू', पेंग्विन, इंगलैंड, 1938।
25. ब्राउडेल, फर्नांड; 'ए हिस्ट्री ऑफ सिविलाइजेशंस', लंदन, 1993।
26. ब्रोमलेय, यूलिआन और पोदोल्नी, रोमान; 'मानव और संस्कृति', मास्को, 1987।
27. भवभूति; 'उत्तररामचरित', नई दिल्ली, 2008।
28. मनुस्मृति (अनुवाद पं तुलसीराम स्वामी); मेरठ, 1909।
29. महतो, मोहनलाल ('वियोगी'); 'जातककालीन भारतीय संस्कृति', पटना, 1958।
30. महाभारत; द्वितीय खण्ड, वन पर्व और विराट पर्व, गीता प्रेस, गोरखपुर।

31. मम्फोर्ड, लेविस; 'द सिटी इन हिस्ट्री', पेंग्विन, इंगलैंड, 1966।
32. माइने, हेनरी समनर; 'एंशिएण्ट लॉ', लंदन, 1959।
33. मार्क्स, कार्ल; 'ग्रुंड्रिसे, फाउण्डेशंस ऑफ द क्रिटिक ऑफ पोलिटिकल इकोनोमी', पेग्विन, 1981; - 'अर्थशास्त्र तथा दर्शनसम्बन्धी 1844 की पाण्डुलिपियाँ', लखनऊ, 1981।
34. मुंज, पीटर; 'फिलॉसॉफिकल डार्विनिज्म', लंदन, 1993।
35. राजवाड़े, काशीनाथ विश्वनाथ; 'भारतीय विवाह संस्था का इतिहास', दिल्ली, 1986।
36. रेनफ्र्यू, कोलिन; 'बिफोर सिविलाइजेशन : दि रेडियोकार्बन रिवोल्यूशन एण्ड प्रीहिस्टोरिक युरोप', पेंग्विन, इंगलैंड, 1976।
37. लुकाच, जॉर्ज; 'हिस्ट्री एण्ड क्लास कंशसनेस', लंदन, 1971।
38. लेवी-स्ट्रॉस, क्लाउड; 'द सेवेज माइण्ड', पेंग्विन, इंगलैंड, 1966।
39. लोहिया, राममनोहर; 'अर्थशास्त्र मार्क्स के आगे', 1942 और 'इतिहास चक्र'।
40. शर्मा, रामशरण; 'शूद्राज इन एंशिएण्ट इण्डिया', दिल्ली, 1958।
41. शाहिद, अमीन और पाण्डेय, ज्ञानेन्द्र (संपादक); 'निम्नवर्गीय प्रसंग', नई दिल्ली, 1995।
42. शूद्रक; 'मृच्छकटिकम्' (रूपान्तरकार : रांगेय राघव), दिल्ली, 2009।
43. श्रीनिवास, एम एन; 'आधुनिक भारत में सामाजिक परिवर्तन', नई दिल्ली, 1996; - 'यादों से रचा गाँव', नई दिल्ली, 1995।
44. सइद, एडवर्ड डब्ल्यू; 'कल्चर एण्ड इम्पीरियलिज्म', लंदन, 1994।
45. 'सदुक्तिकर्णामृत ऑफ श्रीधरदास' (सम्पादक : सुरेशचन्द्र बनर्जी); कोलकाता, 1965।
46. सिंह, कुमार सुरेश; 'बिरसा मुंडा और उनका आन्दोलन, 1872-1900', नई दिल्ली, 2001।
47. सेन, अमर्त्य; 'इनइक्वलिटी रीएक्जामिंड', ऑक्सफोर्ड, 1992।
48. स्प्राउल, बारबरा सी; 'मिथ', न्यूयार्क, 1979।
49. हटन, जे एच; 'भारत में जाति प्रथा', दिल्ली, 1993।
50. हॉब्सबॉम, एरिक; 'द एज ऑफ एम्पायर', नई दिल्ली, 1995।
51. हार्ट, माइकल और नेग्री, अंटोनियो; 'एम्पायर', लंदन, 2001।

लेख :

1. चौधरी, प्रसन्न कुमार; 'दलितों के नायक सलहेस', बयान, फरवरी, 2010, वर्ष 4, अंक 48, नई दिल्ली।
2. पंकज, अश्विनी कुमार; 'लाको बोदरा, 1919-1986', प्रभात खबर, रांची, 19 सितम्बर, 2005।

3. तिरिया, सोनी; 'हो दिशुम के भाषा निर्माता लाको बोदरा', प्रभात खबर, रांची, 16 सितम्बर, 2011।

V. ज्ञान का अर्थ

1. इलियट, टी एस; 'द वेस्ट लैंड एण्ड अदर पोयम्स : द लव सांग ऑफ जे अल्फ्रेड प्रूफ्रोक', लंदन, 1968।

2. एंगेल्स, फ्रेडरिक; 'दि कंडीशन ऑफ द वर्किंग क्लास इन इंगलैंड', कलेक्टेड वर्क्स, कार्ल मार्क्स-फ्रेडरिक एंगेल्स, खण्ड 4, मास्को, 1975। - 'ड्युहरिंग मत-खण्डन', मास्को।

3. कर्जनर, इजराइल एम; 'हाउ मार्केट्स वर्क : डिसइक्वीलिब्रियम, आंत्रेप्रेन्योरशिप एण्ड डिस्कवरी', नई दिल्ली, 1998।

4. कीन्स, जॉन मेनार्ड; 'द जनरल थ्योरी ऑफ एम्प्लॉयमेंट, इंटेरेस्ट एण्ड मनी', लंदन, 1973।

5. कैटलिन, जॉर्ज; 'ए हिस्ट्री ऑफ द पोलिटिकल फिलॉसॉफर्स', लंदन, 1950।

6. क्लेन, नाओमी; 'नो लोगो', लंदन, 2005।

7. गेलब्रेथ, जॉन केनेथ; 'द एज ऑफ अनसरटेंटी', बोस्टन, 1977।

8. ग्रीनस्पैन, एलेन; 'एज ऑफ टर्बुलेंस', पेंग्विन, 2007।

9. चोम्स्की, नोम; 'फॉर रीजन्स ऑफ स्टेट', नई दिल्ली, 2003; - 'अंडरस्टैण्डिंग पावर, द इनडिस्पेंसेबल चोम्स्की' (संपादक : पीटर आर मिशेल और जॉन शोएफेल), नई दिल्ली, 2003।

10. टॉफ्लर, आल्विन और टॉफ्लर, हेयदी; 'द थर्ड वेव', न्यूयार्क, 1980; - 'फ्यूचर शॉक', न्यूयार्क, 1970; - 'पावर शिफ्ट', न्यूयार्क, 1990।

11. प्यारेलाल; 'महात्मा : द लास्ट फेज', अहमदाबाद, 1966।

12. फोरे, डी; 'इकोनोमिक्स ऑफ नॉलेज', एम आइ टी प्रेस, 2004।

13. फोस्टर, जॉन बेलामी और मैगडॉफ, फ्रेड; 'द ग्रेट फाइनेन्सियल क्राइसिस : कॉजेज एण्ड कंसीक्वेंसेज', खड़गपुर, 2009।

14. फ्रीडमैन, टॉमस एल; 'द वर्ल्ड इज फ्लैट', लंदन, 2006; - 'द लेक्सस एण्ड द ओलिव ट्री', न्यूयार्क, 2005।

15. बरान, पॉल ए; 'द पोलिटिकल इकोनोमी ऑफ ग्रोथ', पेंग्विन, इंगलैंड, 1976।

16. ब्रेफमैन, ओरी और बेकस्ट्रॉम, रोड ए; 'दि स्टारफिश एण्ड दि स्पाइडर', पेंग्विन, नई दिल्ली, 2007।

17. ममफोर्ड, लेविस; 'द सिटी इन हिस्ट्री', पेंग्विन, इंगलैंड, 1966।

18. माचलुप, एफ; 'नॉलेज प्रोडक्शन एण्ड डिस्ट्रीब्यूशन इन दि युनाइटेड स्टेट्स', प्रिंसटन युनिवर्सिटी प्रेस, 1962।

19. मार्क्स, कार्ल; 'कैपिटल', खण्ड एक, मास्को, 1977; - 'कैपिटल', खण्ड दो, मास्को, 1977; - 'कैपिटल', खण्ड तीन, मास्को, 1977; - 'ग्रुंडिसे, फाउंडेशन ऑफ द क्रिटिक ऑफ पोलिटिकल इकोनोमी', पेंग्विन, 1981; - 'थ्योरी ऑफ सरप्लस वैल्यू', भाग दो, मास्को, 1975; - 'इकोनोमिक एण्ड फिलॉसॉफिकल मैन्युस्क्रिप्ट्स ऑफ 1844', कलेक्टेड वर्क्स, खण्ड तीन, मास्को, 1975।

20. मुक्तिबोध, गजानन माधव; 'मुक्तिबोध रचनावली', खण्ड एक, नई दिल्ली, 1985।

21. राजन, रघुराम जी और लुइगी जिंगेल्स; 'सेविंग कैपिटलिज्म फ्रॉम द कैपिटलिस्ट्स : अनलिसिंग द पावर ऑफ फाइनेंसियल मार्केट्स टु क्रिएट वेल्थ एण्ड स्प्रेड अपॉरचुनिटी', न्यूयार्क, 2003।

22. रॉल्स, जॉन; 'ए थ्योरी ऑफ जस्टिस', हार्वर्ड युनिवर्सिटी प्रेस, 1971; - 'पोलिटिकल लिबरलिज्म', कोलम्बिया युनिवर्सिटी प्रेस, न्यूयार्क, 1993।

23. लर्नर, मैक्स (संपादक); 'दि पोर्टेबल वेब्लेन', पेंग्विन, इंगलैंड, 1976।

24. लेविट, स्टीवन डी और डबनर, स्टीवन जे; 'फ्रीकोनोमिक्स', न्यूयार्क, 2005।

25. वेबर, एस; 'द सक्सेस ऑफ ओपेन सोर्स', हार्वर्ड युनिवर्सिटी प्रेस, 2004।

26. शूमपीटर, जोसेफ; 'कैपिटलिज्म, सोशलिज्म एण्ड डिमोक्रेसी', लंदन, 1954।

27. सेमुअलसन, पॉल; 'इकोनोमिक्स एन इंट्रोडक्टरी एनालिसिस', न्यूयार्क, 1964।

28. सेन, अमर्त्य; 'द आइडिया ऑफ जस्टिस', लंदन, 2009; - 'इनइक्वलिटी रीएक्जामिंड', ऑक्सफोर्ड, 1992।

29. सैंडल, माइकल जे; 'जस्टिस ए रीडर', ऑक्सफोर्ड, 2007; - 'जस्टिस व्हाट इज द राइट थिंग टू डू', फेरार, स्ट्रॉस एण्ड जिरूक्स, 2009।

30. सोरोस, जॉर्ज; 'द क्राइसिस ऑफ कैपिटलिज्म : ओपेन सोसाइटी इनडेंजर्ड', लंदन, 1998।

31. स्टिग्लिज, जोसेफ; 'मेकिंग ग्लोबलाइजेशन वर्क : द नेक्स्ट स्टेप टु ग्लोबल जस्टिस', लंदन, 2006; - 'द रोरिंग नाइनटीज : सीड्स ऑफ डिस्ट्रक्शन', लंदन, 2003।

32. हिप्पेल, एरिक वॉन; 'डिमोक्रेटाइजिंग इन्नोवेशन', एम आइ टी प्रेस, 2005।

लेख :

1. अरोड़ा, नमित; 'व्हाट डू वी डिजर्व', ह्यूमनिस्ट, मई-जून, 2011।

2. काराबेल, जकारी; 'टू ट्वीट ऑर नोट टू ट्वीट', टाइम, 11 अप्रैल, 2011।

3. चेसब्रॉ, हेनरी डब्ल्यू; 'द इरा ऑफ ओपेन इन्नोवेशन', एम आइ टी स्लोअन मैनेजमेंट रिव्यू, 2003।

4. जॉन्सन, स्टीवन; 'इन्नोवेशन इट इज नोट अ मैटर ऑफ लेफ्ट ऑर राइट', न्यूयार्क टाइम्स, 30 अक्टूबर, 2010।

5. नायक, पुलिन बी; 'एनेटोमी ऑफ दि फाइनान्सियल क्राइसिस : बिटवीन कीन्स एण्ड शूमपीटर', इकोनोमिक एण्ड पोलिटिकल वीकली, खण्ड 44, नं. 13, 28 मार्च, 2009।

6. फरूहार, राना; 'दि ग्रेट वाल स्ट्रीट सकिंग साउंड', टाइम, 4 अप्रैल, 2011।

7. फिल्स जुनियर, जेम्स ए; डेइग्लमेइएर, क्रिस और मिलर, डेल टी; 'रीडिस्कवरिंग सोशल इन्नोवेशन', स्टेनफोर्ड सोशल इन्नोवेशन रिव्यू, फॉल, 2008।

8. वाड्रियु, केविन जे और लखानी, करीम आर; 'हाउ टू मैनेज आउटसाइड इन्नोवेशन', एम आइ टी स्लोअन मैनेजमेंट रिव्यू, 2009।

वेबसाइट्स :

i. philosophy-in-LA.tribe.net

ii. carrick.tribe.net

bl iqLrd ls lEcfUèkr dbZ lanHkZZ&lkefxz;k¡ ys[kd ds CykWx www.prasannachoudhary.blogspot.com ij Hkh miyCèk gSaA

❑❑

चित्रावली

आस्ट्रेलोपिथेकस एफारेंसिस (एक परिकल्पित चित्र)

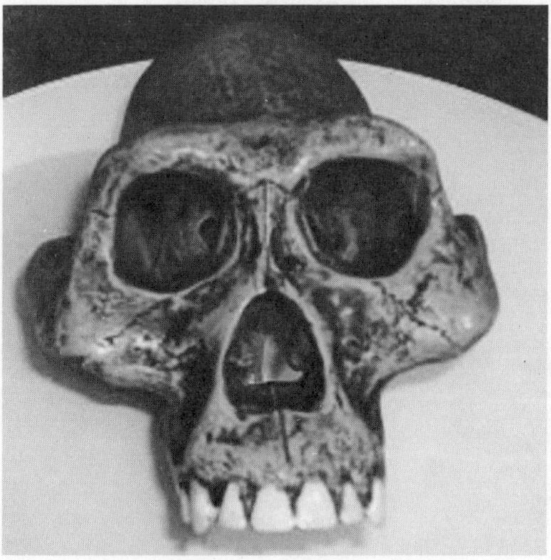

आस्ट्रेलोपिथेकस एफारेंसिस का कपाल

चित्र गूगल इमेजेज से साभार (Wikipedia-com, britainnica-com, nhm-com)

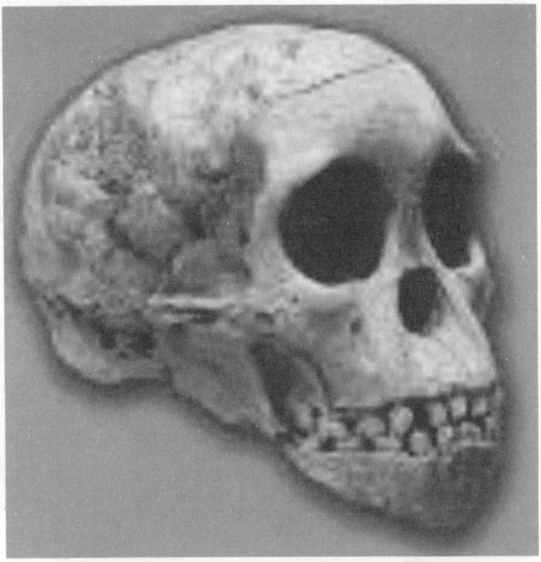

आस्ट्रालोपिथेकस अफ्रीकनस का कपाल

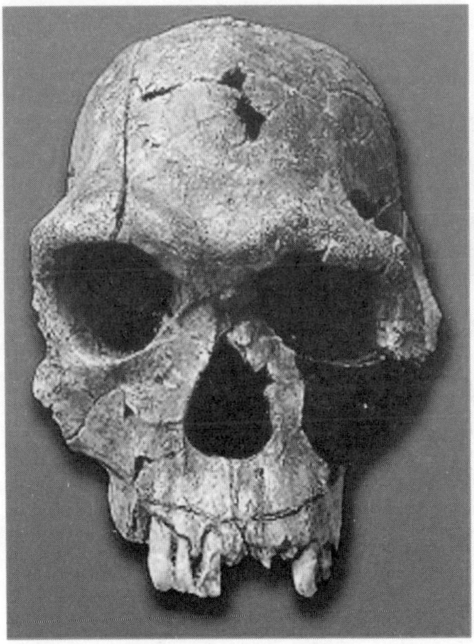

होमो हैबिलिस का कपाल

होमो हैबिलिस का एक परिकल्पित चित्र

होमो इरेक्टस का कपाल

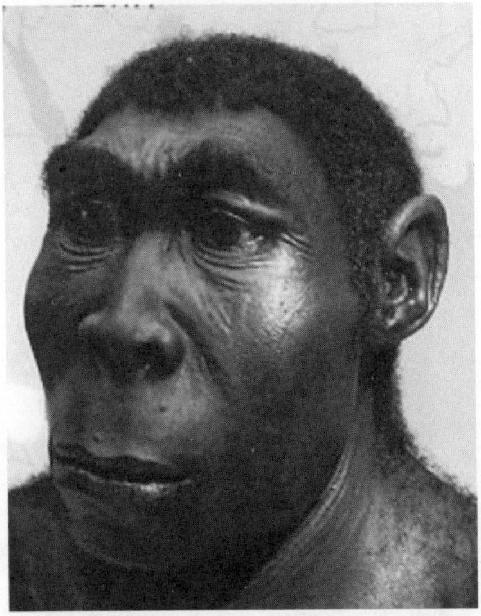

होमो इरेक्टस का एक परिकल्पित चित्र

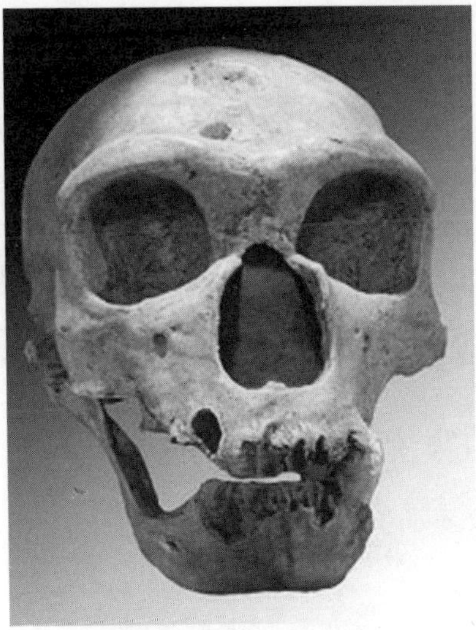

होमो नीएंडरतलेंसिस का कपाल

होमो नीएंडरतलेंसिस का एक परिकल्पित चित्र

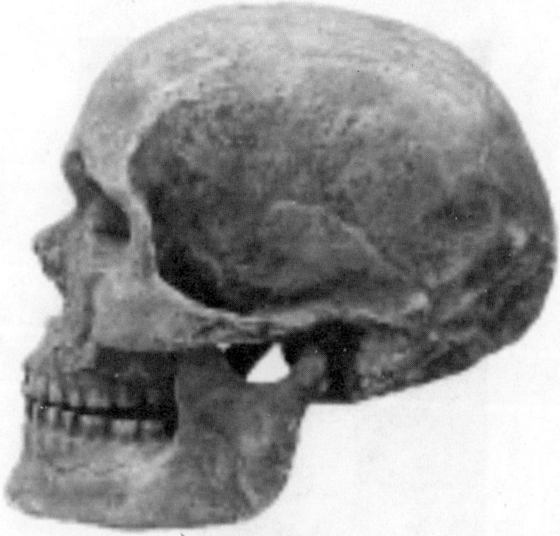

क्रोमेग्नन मानव का कपाल

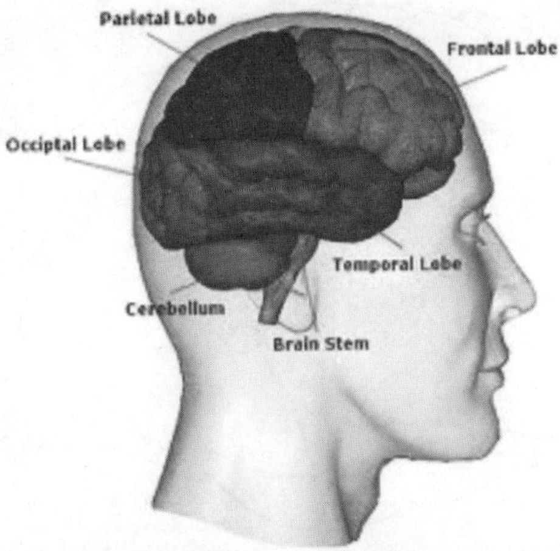

मानव मस्तिष्क का सामान्य मानचित्र

(Frontal lobe-अग्र खण्ड, Parietal lobe-भित्तीय खण्ड, Occipital lobe-पश्चकपाल खण्ड, Temporal lobe-शंख खण्ड, Cerebellum-अनुमस्तिष्क, Brain stem-मस्तिष्क नाल)

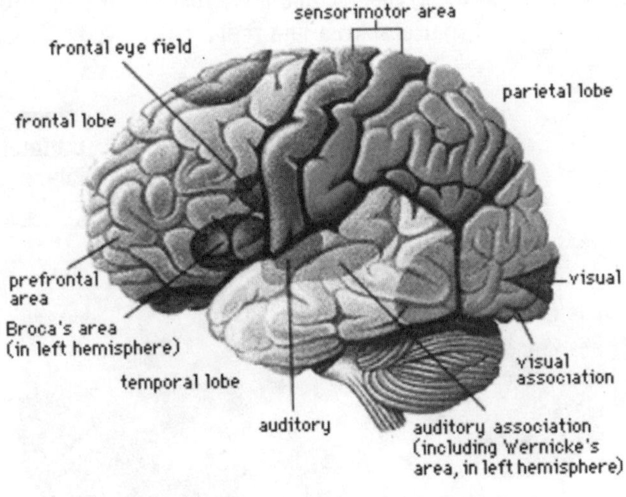

(sensorimotorAre-संवेदी चालक क्षेत्र, prefrontal Area-पूर्वाग्र क्षेत्र,Auditory – श्रवण क्षेत्र, visual-दृश्य क्षेत्र)

सभी चित्र गूगल इमेजेज से साभार। वेबसाइट्स – wright.edu, d.umn-edu, the brainmcgill.ca

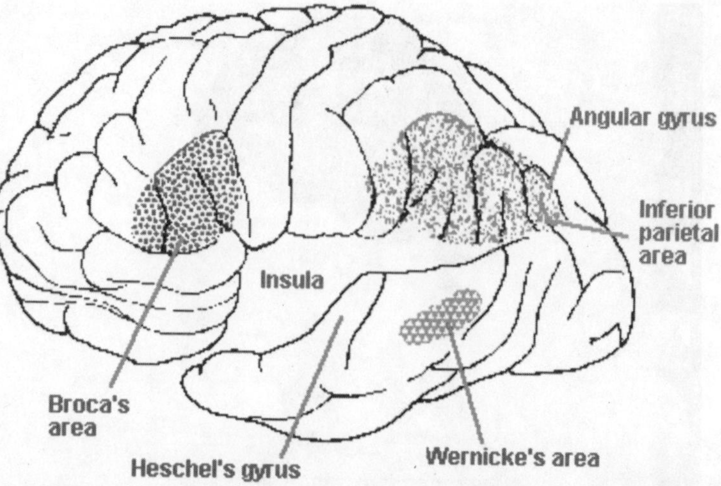

(Broca*sArea – ब्रोका क्षेत्र, Wernicke*sArea – वर्निक क्षेत्र (ये दोनों भाषा से जुड़े क्षेत्र हैं), Angular gyrus – कोणीय कर्णक, Insula – द्विपीका, Inferior parietalArea निम्न भित्तीय क्षेत्र)

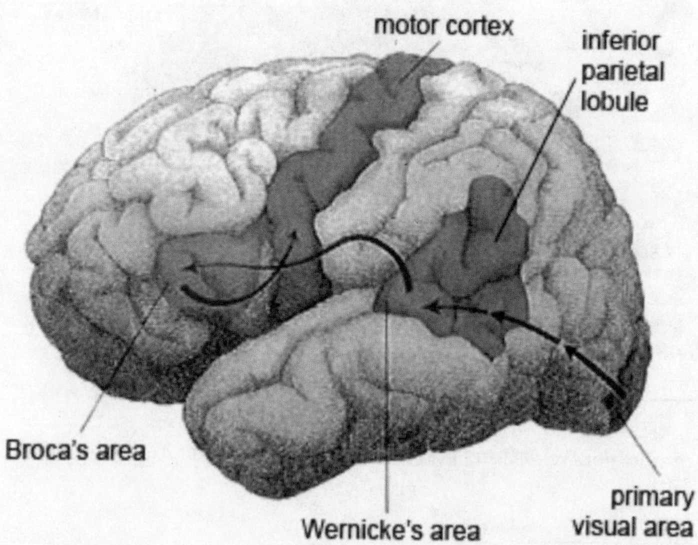

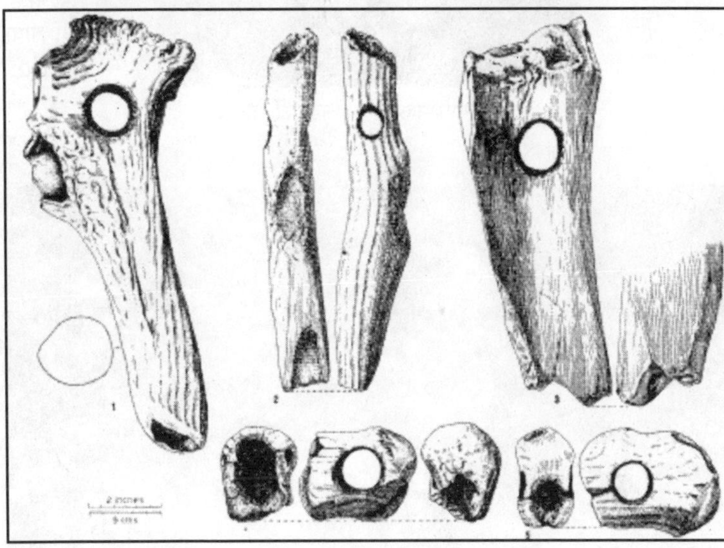

मध्यपाषाणकालीन उपकरण

सभी चित्र गूगल इमेजेज से साभार। वेबसाइट्स : historyking.com, british-history.ac.uk, Wikipedia.com

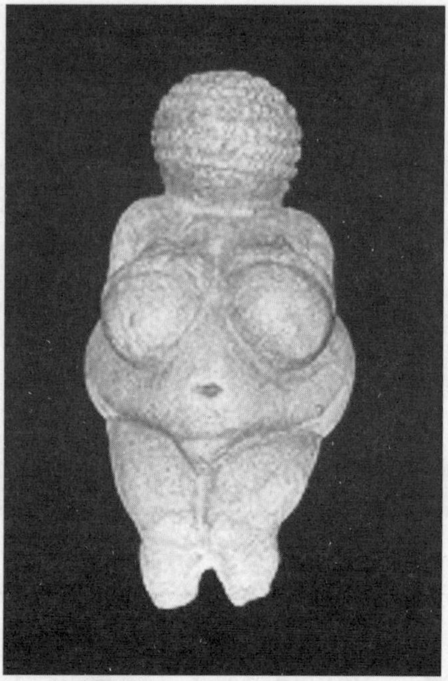

मध्यपाषाणकालीन वीनस की मूर्ति

लासकाक्स, फ्रांस का एक गुहा चित्र

भीमबेटका का शैल चित्र

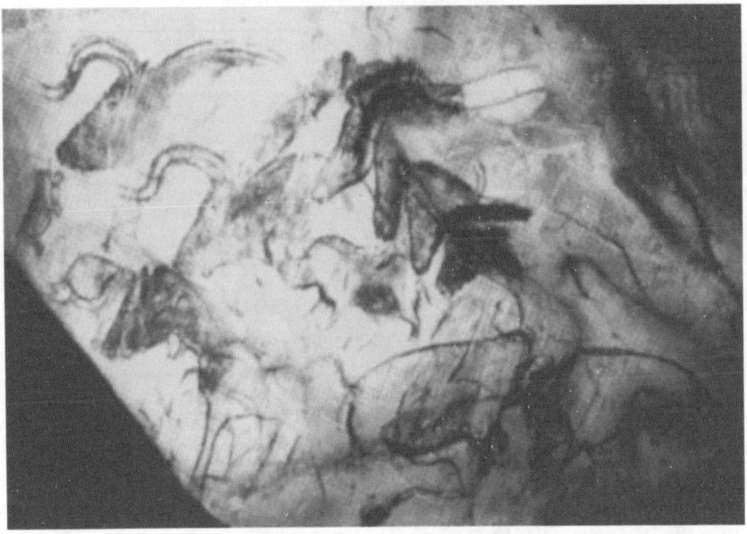

लास्काक्स, फ्रांस का एक गुहा चित्र

ल'ट्रॉय फ्रेरेरे का 'सोरसरर' (जादूगर)

लास्काक्स का चित्र : sandrashaw.com, सोरसरर का चित्र : donsmaps.com

हगार किम, माल्टा का भव्य महापाषाण मन्दिर

टार्कसिएन, माल्टा का महापाषाण मन्दिर

माल्टा की ही एक और महापाषाण संरचना

टार्कसिएन के मन्दिर में स्थित (एक बैठी हुई) नारी की विशाल भग्न मूर्ति।
इसे विश्व की प्राचीनतम विशाल मूर्ति के रूप में चिह्नित किया जाता है।

(सभी चित्र गूगल इमेजेज से साभार। माल्टा के चित्र flicknhivemind.net से साभार।)

अनुक्रमणिका

आ

इ

ई

उ

ऋ

ए

ऐ

ओ

औ

क

ख

ग

घ

च

छ

ज

झ

ट

ड

त

थ

द

ध

न

प

फ

ब

भ

म

य

र

ल

व

श

स

ह

क्ष

त्र

ज्ञ